Carlos Emílio Faraco
Licenciado em Letras pela Universidade de São Paulo

Francisco Marto de Moura
Licenciado em Letras pela Universidade de São Paulo

José Hamilton Maruxo Jr.
Licenciado em Letras pela Universidade de São Paulo

GRAMÁTICA

EDIÇÃO REFORMULADA

CB027913

editora ática

Gerente Editorial
Márcia Takeuchi
Editora
Sueli Campopiano
Editora-Assistente
Ana Maria Herrera
Revisão
Hélia de Jesus Gonsaga
Eliana Antonioli
Glória Cunha
Rosângela M. S. Rago
Edição de arte
Jorge Okura
Programação visual
Grace Arruda / Cítara Editora
Pesquisa iconográfica
Sílvio Kligin (coordenação)
Ana Vidotti
Ilustração
Amilton Ishikawa (AMj)
Capa
Amilton Ishikawa (AMj)
Impressão e Acabamento
Vox Gráfica

20ª edição
9ª impressão

ISBN 978 85 08 10628-8 (Aluno)
ISBN 978 85 08 10629-5 (Professor)

2018
Todos os direitos reservados pela Editora Ática S. A.
Av. Otaviano Alves de Lima, 4400 - 5º andar e andar intermediário Ala A
Freguesia do Ó - CEP 02909-900
São Paulo - SP
Tel.: 0800 115152 - Fax: 0(XX)11 3990-1616
www.atica.com.br
editora@atica.com.br

Apresentação

Esta é uma gramática normativa e, como tal, privilegia a variedade-padrão formal da língua escrita. Nesse tipo de gramática, a exemplificação costuma ser constituída basicamente por extratos de textos literários e a exposição teórica quase sempre apresenta complexidade proporcional à dos fatos gramaticais observados e extraídos dos exemplos.

Procurou-se realizar uma adequação tanto da complexidade da exposição teórica gramatical quanto da exemplificação tendo em vista o público a que esta *Gramática* se destina.

No que diz respeito à exposição da teoria gramatical, foram adotadas as proposições da Nomenclatura Gramatical Brasileira (NGB), documento que regulamenta oficialmente a terminologia gramatical em uso no país. Entretanto, sempre que necessário, comenta-se a NGB, dadas algumas imprecisões ou contradições desse documento – muitas das quais apontadas por inúmeros estudiosos das ciências da linguagem –, e, sobretudo, devido à sua insuficiência na descrição dos fenômenos gramaticais observados.

Relativamente à exemplificação utilizada, procuramos fazer a seleção de enunciados em textos de natureza literária, jornalística e técnica. Em nosso entender, essas fontes nos fornecem uma amostra confiável e uniforme do português-padrão escrito no Brasil. Nem sempre, contudo, o extrato é suficiente para ilustrar um determinado fenômeno de linguagem pertinente ao estudo gramatical. Nesse caso, recorremos ao texto inteiro no qual esse fenômeno ocorre.

Nos textos que se leem e se ouvem no dia a dia, os fenômenos gramaticais e as classificações não aparecem isoladamente. Ao contrário, quando o usuário da língua a põe em funcionamento, transformando-a em texto, todos os fenômenos estudados pela gramática ganham uma dimensão discursiva: a gramática deixa de existir por si e passa a dar forma às ideias por meio dos textos. A seção *Fatos de discurso* traz exemplos de como essa passagem do fato gramatical ao texto pode acontecer e procura mostrar como as estruturas da língua são empregadas pelos falantes nas situações autênticas de comunicação. Assim, além de enfatizar a validade do estudo da gramática, essa seção propõe mostrar como se pode compreender ou produzir melhor os textos pelo entendimento de como eles se constroem a partir dos fatos gramaticais.

Embora a oralidade não seja o alvo desta *Gramática*, na exemplificação são comentados os casos em que há divergência marcada entre o uso oral e o uso escrito. Abre-se, dessa forma, mais um caminho para a reflexão do usuário.

Foi também uma preocupação apresentar nos exemplos diferentes níveis de linguagem: os estudos linguísticos têm mostrado que, em cada situação de comunicação, há um nível de linguagem mais adequado que os demais. Assim, tanto o uso da norma-padrão quanto o que dela diverge devem ser analisados, quando se quer fornecer uma descrição tão precisa quanto possível dos usos da gramática.

Finalmente, por se tratar de uma gramática de uso também escolar, ampliamos o espaço destinado aos exercícios extraídos do Enem e de vestibulares de diferentes regiões do país.

Esperamos continuar merecedores da atenção dos colegas, aguardando sugestões e críticas.

Os autores

Sumário

INTRODUÇÃO

Linguagens

Para expressar-se e comunicar-se, o ser humano dispõe de uma série de recursos, como palavras, gestos, expressões fisionômicas, símbolos, sinais, sons, etc.

Esses recursos, quando organizados, constituem sistemas, que são as **linguagens**.

Mas a linguagem não é apenas um meio de comunicação, de transmissão de informação ou um suporte do pensamento: a linguagem é também uma forma de interação entre indivíduos.

Linguagem é todo sistema de sinais que serve de instrumento de expressão e comunicação.

Há dois tipos de linguagem:

a. linguagem verbal – aquela que utiliza palavras;

b. linguagem não verbal – aquela que utiliza outros signos, que não são palavras.

linguagem verbal	linguagem não verbal
Proibido fumar	 LUIS CARLOS KFOURI/EDITORA ABRIL
Positivo! Certo!	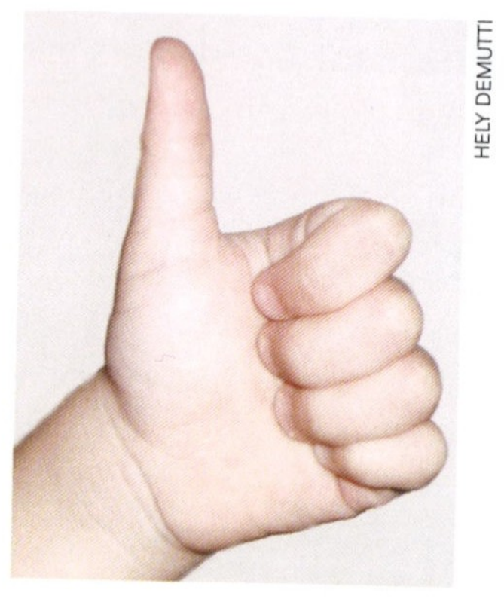 HELY DEMUTTI

Linguagem verbal

A linguagem verbal é uma atividade humana universal, mas realiza-se individualmente por meio das línguas. O francês, o italiano, o alemão, o português são línguas, ou seja, linguagens verbais historicamente determinadas, que os indivíduos de uma comunidade utilizam.

Segundo Antônio Houaiss, a língua oral é "um conjunto de sons e ruídos, combinados, com os quais um ser humano, falante, transmite a outro ou outros seres humanos, o ouvinte ou ouvintes, o que está em sua mente: emoções, sentimentos, vontades, ordens, apelos, ideias, raciocínios, argumentos e combinações de tudo isso" (*O que é língua*. 2. ed. São Paulo: Brasiliense, 1991. p. 7.).

Esses "sons e ruídos" são, na verdade, a manifestação material mais evidente da língua e constituem o que chamamos *signos linguísticos*.

O signo linguístico resulta da associação entre uma forma material, como os sons da fala (na língua oral) ou as letras (na língua escrita), e um conteúdo ou noção. A forma é também chamada de *significante* e o conteúdo é o *significado*. Assim é com as palavras, signos linguísticos por excelência.

Os signos que constituem uma língua não se combinam de forma aleatória: há uma maneira pela qual eles devem se combinar para que haja *sentido*. Há regras que determinam como os signos podem combinar-se para construir os sentidos.

Entre todas as linguagens criadas pelo ser humano, interessa-nos neste livro a língua, um bem social, compartilhado por todos que fazem parte de uma sociedade.

Uma língua viva pressupõe uma sociedade que a utilize. Ao mesmo tempo, um agrupamento de pessoas só será uma comunidade se tiver uma língua que possibilite a comunicação entre seus componentes. Nesse sentido, a língua é também conhecida como idioma. Há aproximadamente dois mil idiomas no mundo atualmente.

Linguagem não verbal

Entre as linguagens não verbais, é necessário destacar a linguagem digital, utilizada pelos computadores. A base da linguagem digital é matemática e conta apenas com dois signos: os algarismos 1 e zero. Palavras, imagens, sons podem ser codificados nessa linguagem. Só especialistas conseguem "ler" a linguagem digital. Para nós, leigos, as informações codificadas digitalmente aparecem já traduzidas na linguagem verbal ou em alguma das linguagens não verbais constituídas de imagens e sons. Quer dizer, quando utilizamos o computador, seja para ler um CD-R, seja para navegar na internet, as informações, codificadas digitalmente, chegam até nós em forma de palavras, imagens, sons, etc.

Graças à linguagem digital, é possível armazenar e organizar quantidades enormes de informações em pequenos espaços, bem como veiculá-las rapidamente, sem utilizar o papel como suporte. Para você ter ideia dessa capacidade, metade da obra deixada por Machado de Assis ou um dicionário inteiro, como o *Aurélio*, o *Houaiss*, o *Luft*, que podem chegar a ter algo em torno de três mil páginas, cabem num único CD-ROM.

Linguagem e sociedade relacionam-se de forma indissolúvel: uma não existe sem a outra. O desenvolvimento humano e o avanço das civilizações dependeram principalmente da criação e da utilização da linguagem.

A linguagem é, ao mesmo tempo, um elemento da cultura e a condição fundamental para que exista essa cultura.

Língua oral e língua escrita

Antes de inventar a escrita, o ser humano já se comunicava utilizando palavras, mas não tinha como registrá-las de forma duradoura. Informações, notícias, histórias ou quaisquer outros conteúdos informativos eram transmitidos oralmente, de uma pessoa a outra, de uma geração a outra.

A escrita tornou possível registrar de forma duradoura as mensagens construídas com palavras.

Diferenças entre a língua oral e a língua escrita

1. A aprendizagem da língua oral não depende de escolaridade. O indivíduo aprende em casa, na rua, por meio dos veículos de comunicação, etc. Já a aprendizagem da língua escrita depende, quase sempre, de se frequentar a escola.
2. Numa situação de fala, os interlocutores estão presentes. O texto é construído, em geral, na presença do interlocutor, fato que pode estimular ou desestimular o falante. Na escrita geralmente há uma distância física entre os interlocutores. Essa circunstância impõe algumas condições a quem escreve:
   - **a.** a necessidade de construir frases com estrutura lógica mais aprimorada;
   - **b.** o encadeamento mais gradual das frases, evitando mudanças bruscas de pensamento, fato que ocorre frequentemente na língua oral;
   - **c.** maior atenção à disciplina gramatical.
3. A recepção, na língua oral, é normalmente imediata, enquanto na língua escrita há um intervalo entre emissão e recepção. Esse fato impede que um interlocutor possa intervir na produção ou na recepção do outro, atitudes possíveis na língua oral, em que se pode pedir esclarecimentos ("por favor, repita"; "não entendi"; "o que você quis dizer com isso?"; "como é?"; e outras expressões desse tipo são frequentes na língua oral), interromper a fala do outro, etc.
4. A pessoa que está falando pode perceber, pela reação do ouvinte, o efeito de sua fala sobre ele. Com isso, pode ajustar seu discurso, a fim de garantir a comunicação. Na língua escrita, não existe esse imediatismo.
5. Na língua oral não se separam todas as palavras da frase, enquanto a língua escrita exige separação entre as palavras.
6. A língua oral e a língua escrita manifestam-se por meio de suportes materiais diferentes: a primeira materializa-se por meio do som, a segunda utiliza letras e imagens, que são recursos visuais. Essa diferença impõe determinadas características e peculiaridades a cada uma delas; na língua oral, podem-se citar: as pausas, entoações, o ritmo, inexistentes na escrita. Na língua escrita, forma e tamanho das letras, disposição no papel, uso de cores e imagens, pontuação são alguns dos recursos que não existem na oralidade. Essas diferenças impõem a ambas um modo de organização diverso, conforme vimos no item 2.
7. Recursos como entoação, pausa, ritmo (mais depressa, mais devagar), volume são exclusivos da linguagem oral.

   A língua escrita, que se organiza com base em outros tipos de signo, vale-se dos sinais de pontuação para representar esses recursos típicos da língua oral.
8. Na língua oral empregam-se frases mais curtas. É comum ocorrerem frases inacabadas, pois um interlocutor pode interromper o outro, fato que não tem lugar na língua escrita.
9. Ocorrem muito mais variações linguísticas na língua oral que na escrita.
10. Também é mais frequente na língua oral o uso de formas contraídas (cê < você; tá < está; pra < para, etc.).
11. O texto falado, se não for registrado, só dura na memória dos interlocutores.
12. O discurso oral é menos valorizado como testemunho de verdade ou compromisso do que o escrito. Os contratos verbais, por exemplo, têm pouca aceitação, dependendo naturalmente da cultura em que se produzem.

O uso oral da palavra ampliou-se com o desenvolvimento das comunicações radiofônicas, da televisão, da indústria de discos, etc. Isso significa que as pessoas mais *falam* e *ouvem* do que *escrevem* e *leem*. É natural, portanto, que passem a utilizar com muito mais segurança os recursos da língua oral. Alguns estudiosos chegam a falar em renascimento da *oralidade*, que marcou a cultura na Antiguidade.

Levando em conta essas diferenças, pode-se até afirmar que há duas gramáticas diferentes: uma da língua oral e uma da língua escrita.

Contemporaneamente, a informática tem posto à disposição das pessoas uma quantidade enorme de informação, além de possibilitar a comunicação à distância, através de computadores. Nos canais de bate-papo, quase sempre essa comunicação processa-se com um imediatismo semelhante ao da língua oral, fato que certamente tem exercido influência na escrita.

O texto seguinte trata dessa questão.

Sete educadores ouvidos pela Folha *afirmam que é comum encontrar vícios de linguagem típicos da internet em redações feitas por alunos em colégios.*

Pq jovens tc axim?

ANTÔNIO GÓIS
DA SUCURSAL DO RIO

Quando surgiu, a linguagem típica dos jovens na internet – onde *aqui* vira "aki", *não* é "naum" e *beleza* é "blz" – parecia estar restrita aos chats, blogs e ICQs. O uso do "internetês", no entanto, já começa a influenciar a escrita de adolescentes em sala de aula e preocupa educadores.

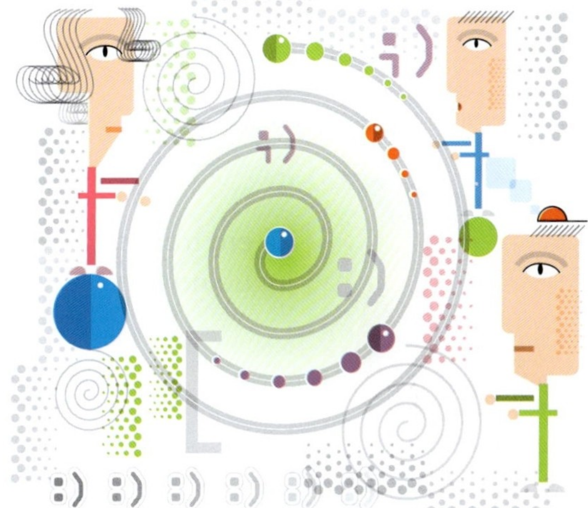

De doze escolas particulares do Rio de Janeiro e de São Paulo consultadas pela *Folha*, sete afirmaram que vícios típicos da internet já são comuns em redações e trabalhos, três disseram que eles aparecem raramente e somente duas nunca identificaram esse tipo de erro.

O uso dessa linguagem, com total desrespeito às normas cultas, não é uma invenção brasileira. Ela é fruto da primeira geração de jovens que foi alfabetizada ao mesmo tempo que aprendia a se comunicar pela internet. A necessidade de conversar usando o teclado do computador de forma ágil fez com que, rapidamente, o "internetês" se alastrasse em quase todos os grupos de adolescentes com acesso à internet.

Os educadores ouvidos pela *Folha* foram unânimes em afirmar que não cabe à escola punir ou tentar proibir que, entre eles, os adolescentes se comuniquem assim. O risco, apontam todos, é de eles usarem essa linguagem em ambientes onde ela não é adequada, como é o caso da escola.

Folha de S.Paulo, 24 abr. 2005, Cotidiano.

Língua, enunciado e discurso

Como a gramática normativa também se preocupa com a prescrição das regras que orientam a construção dos variados gêneros de discursos que os falantes podem utilizar para se comunicar, é importante conhecermos a diferença entre língua, discurso e enunciado.

As regras da língua são conhecidas pelos falantes e são as mesmas para todos. No entanto, a comunicação não se faz simplesmente por meio dessas regras. Há sempre, pelo menos, dois sujeitos que se comunicam, e a comunicação supõe um *contexto social* (onde e quando) e uma *situação de comunicação* (como e por quê). Portanto, para que haja comunicação, não basta haver a *língua*; é necessário que os *sujeitos* se comuniquem, num tempo e lugar definidos. A utilização da língua pelos sujeitos, para comunicarem-se, constitui a *enunciação*.

O *discurso* é o produto dessa atividade de comunicação entre os sujeitos. O contexto e a situação determinam a forma como o discurso se organizará. Por exemplo, escrever uma carta é diferente de contar uma história: mudando o contexto e a situação, muda também a forma por meio da qual se organizará a comunicação.

Nesse sentido, *discurso* se opõe a *língua* e a *enunciado*.

a. *Discurso* e *língua* – enquanto a língua é entendida como um conjunto de regras partilhada por uma comunidade, o discurso é a utilização individual ou restrita da língua.

b. *Discurso* e *enunciado* – o enunciado pode ser entendido como uma simples sequência de palavras dotada de sentido e sintaticamente completa. O discurso supõe o uso de enunciados em uma situação de comunicação específica. Por exemplo: fora de contexto, a sequência "Bom dia!" é um simples enunciado. Mas torna-se discurso quando é proferida a um grupo de alunos por um professor que acaba de entrar em sala de aula.

O que é gramática

Observe o seguinte anúncio publicitário:

Vá em frente.
Jogue no lixo.
Vá em frente.
Jogue no lixo.
SUZANA LEAL/CASA DA CRIAÇÃO

21º Anuário de Criação, p. 285.

As duas frases do enunciado são perfeitamente compreensíveis para os usuários alfabetizados do português, pois estão fundamentadas num código que conhecemos: a língua portuguesa. Se elas estivessem redigidas assim: *Frente em vá. Lixo jogue no*, por exemplo, não teriam sentido porque não se enquadrariam nas regras previstas pela gramática da língua portuguesa. As frases *Frente em vá/Lixo jogue no* são agramaticais.

Nesse sentido, entende-se *gramática* como um conjunto de regras que cada falante da língua portuguesa conhece intuitivamente e que lhe possibilita produzir frases compreensíveis por todos os outros que falem português.

É do senso comum considerar a gramática um manual de regras que determinam o que deve e o que não deve ser utilizado pelos usuários da língua. Porém, estudos mais ou menos recentes das ciências da linguagem, notadamente os da Linguística, mostram que a gramática não se restringe a isso. Haverá tantos tipos diferentes de gramáticas quantos forem os pontos de vista teóricos que se adotem na hora de descrever a língua. Há, por exemplo, gramáticas do bom uso, normativas, descritivas, gramáticas do sentido, gramáticas da expressão, gramáticas textuais, etc.

Esta é uma *gramática normativa*, porque descreve e estabelece regras a serem seguidas por todos aqueles que querem falar e escrever de acordo com a *norma-padrão*. A norma-padrão é aquela empregada nas situações *formais* de comunicação pelos meios de comunicação em geral (imprensa escrita, rádio, televisão, publicidade, etc.), pelos escritores e, de maneira geral, pela elite social e econômica. O falar regional, a linguagem coloquial, as gírias e tudo o que caracteriza situações *informais* não são levados em conta na norma-padrão. Assim sendo, segundo a gramática normativa, são consideradas "incorretas" formas como:

Te amo.

Vende-se casas.

A gente perdemos.

Nóis gosta.

O professor pediu pra mim fazer a chamada.

Já a *gramática descritiva* não leva em conta o conceito de "certo" ou "errado", pois considera que a língua é feita pelos falantes e que compete aos gramáticos recolher e analisar o material produzido por esses falantes; uma vez que a língua é viva e dinâmica, não está sujeita a regras eternas. Para essa gramática, frases como as citadas na página anterior são consideradas gramaticais já que funcionam em determinadas variedades linguísticas. Elas podem ser adequadas ou inadequadas a determinado contexto. Por exemplo, numa conversa informal, as frases *Assisti ao jogo ontem* e *O professor pediu-me que fizesse a chamada* soariam inadequadas. Da mesma maneira, será inadequado encaminhar, por escrito, ao prefeito da cidade um pedido como: *Dê um jeitinho nos buracos da minha rua, por favor*, visto que o contexto exigiria um formalismo maior.

Para que estudar gramática

Eis uma pergunta sempre formulada pela maioria das pessoas: se eu sei falar e escrever, por que preciso aprender gramática?

Uma primeira resposta à pergunta estaria relacionada ao desenvolvimento da capacidade de expressão do usuário da língua, ou seja, o estudo da gramática pode acrescentar ao usuário competências que ajudam a melhorar a utilização da língua, graças ao conhecimento dos diversos níveis de linguagem, desde o bem coloquial até a norma-padrão. Quando uma criança chega à escola, evidentemente já domina o nível coloquial da língua oral. Para o aprendizado da norma-padrão, no entanto, é fundamental que se adquiram noções básicas de gramática normativa.

O conhecimento da norma-padrão também é indispensável em situações como exames vestibulares, concursos, leitura de jornais e revistas, entendimento correto de documentos oficiais – como leis e contratos –, assim como na redação de correspondência comercial e oficial: ofício, carta comercial, requerimento, etc.

Além dessas utilidades todas, o estudo sistematizado da língua auxilia no desenvolvimento do raciocínio e da capacidade de análise e reflexão sobre a língua. Graças ao aprendizado da língua escrita e da gramática, passamos a utilizar nossas habilidades linguísticas de modo mais consciente, o que nos permite, entre outras tantas coisas, analisar os procedimentos empregados por determinado escritor, analisar a fala do outro com maior pertinência, escolher e empregar o nível de linguagem mais adequado a determinado contexto, etc.

As partes da gramática

A gramática normativa é dividida em três partes: *fonética*, *morfologia* e *sintaxe*.

Esta *Gramática*, sendo normativa, apresenta uma estrutura que contém as três grandes partes mencionadas acima. Está dividida da seguinte forma:

1. *Introdução* – nesta parte, apresentamos alguns conceitos ligados às ciências da linguagem que, por serem muito utilizados na descrição dos fenômenos gramaticais, exigem uma definição, ainda que breve.
2. *Mecanismos de construção de palavras e de sentidos* – aqui, a preocupação é descrever os recursos formais e estruturais que a língua põe à disposição dos falantes, permitindo a construção dos sentidos por meio de formas. Há também explicações relativas aos procedimentos que possibilitam que os falantes da língua engendrem diferentes efeitos de sentido, em decorrência dos contextos de utilização das formas e dos valores sociais dos quais elas se revestem quando em uso.
3. *Morfologia* – a terceira parte reúne a descrição das classes de palavras, de acordo com a NGB, além de oferecer explorações relativas aos variados *efeitos de sentido* produzidos pelo emprego dessas classes. No interior dos capítulos são levados em conta os contextos e as condições de produção dos enunciados, de modo a oferecer aos estudantes e aos consulentes desta *Gramática* exemplos por meio dos quais seja possível compreender os valores semânticos fundamentais de cada classe estudada.
4. *Sintaxe* – a quarta parte articula o estudo da estrutura da frase aos princípios de organização dos enunciados e do discurso. Nesta parte, é possível analisar como as diferentes categorias da língua se articulam para construir os diferentes sentidos, e os efeitos de sentido que advêm dessas construções.

Além dessas quatro partes, há no final da *Gramática* um apêndice que reúne as *figuras de linguagem*.

Merece ainda explicação a seção intitulada *Fatos de discurso*. Ela aparece ao final de alguns capítulos e mostra como os itens gramaticais estudados se manifestam em situações de discurso, em textos de gêneros variados. Além disso, ela apresenta alguns conceitos que, embora não façam parte da Nomenclatura Gramatical Brasileira (NGB), nem constem dos compêndios de gramática atualmente disponíveis, constituem um saber linguístico disponível ao estudo e à compreensão da gramática do texto. Pode, portanto, dar pistas de como se estudar a gramática a partir de textos, fazendo intervir nesse estudo as *condições de produção* e *características genéricas* dos textos analisados.

Fatos de discurso: o signo linguístico

A materialidade do signo linguístico

O signo linguístico é composto do significante e do significado. Enquanto este é de natureza abstrata, aquele é bem concreto: é constituído por sons (na língua oral) ou letras e símbolos gráficos (na língua escrita). Portanto, é a parte que apresenta manifestação concreta.

Em muitas situações de comunicação e em muitos textos, essa "concretude", normalmente chamada *a materialidade do signo*, passa a ter um valor especial, por contribuir na construção dos sentidos, ou mesmo gerar efeitos de sentidos peculiares à situação. Nos textos jornalísticos, publicitários e literários essa característica dos signos (palavras) é particularmente evidente.

Observe os textos seguintes:

1.

GLAUCO. Doy Jorge. Disponível em: <www2.uol.com.br/glauco/doyjorge/doy45.jpg>.

2.

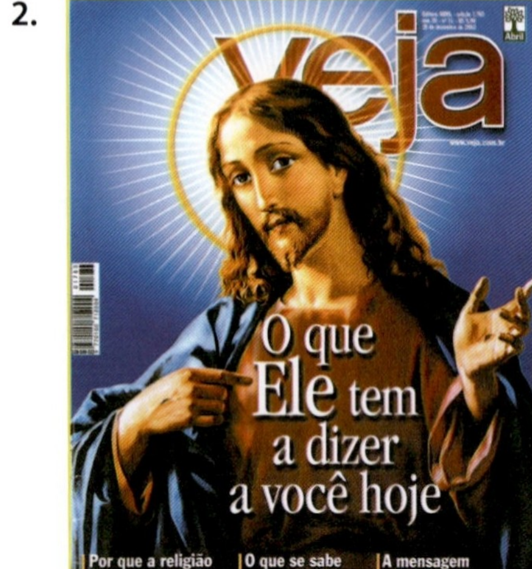

Revista *Veja*. São Paulo: Abril, 25 dez. 2002, capa.

3.

FOLHA DE S.PAULO

São Paulo, sábado, 4 de março de 2006

DIRETOR DE REDAÇÃO: OTAVIO FRIAS FILHO ★ UM JORNAL A SERVIÇO DO BRASIL ★ ALAMEDA BARÃO DE LIMEIRA, 425 ★ ANO 86 ★ Nº 28.094 ★ R$ 2,50

Governo vai investigar se há abusos na alta do álcool

A Secretaria de Direito Econômico decidiu avaliar a evolução do preço do álcool combustível para verificar eventuais abusos nos reajustes do produto. O preço do combustível subiu até 18% nos últimos dias nos postos de São Paulo.

Segundo a SDE, os consumidores devem fazer pesquisas de preços para se proteger de abusos. A alta do álcool é atribuída à entressafra da cana-de-açúcar e ao aumento do consumo devido à proliferação dos carros bicombustíveis no país. Para o governo, tem havido "especulação". Pág. B4

ACIDENTE Destroços de helicóptero que caiu em Alphaville (SP), matando um passageiro e ferindo gravemente outro, irmão do morto; causas da queda da aeronave, que pertence a empresa do pai dos passageiros, são desconhecidas Pág. C3

Tasso encontra Serra na 2ª e quer definir candidatura

O presidente do PSDB, senador Tasso Jereissati (CE), se encontra com o prefeito de São Paulo, José Serra, depois de amanhã, quando participa de evento em homenagem ao governador Mário Covas, morto há cinco anos. Tasso quer que o prefeito decida sobre sua candidatura à Presidência.

Segundo tucanos, porém, Serra pretende esticar ao máximo o prazo para anunciar sua decisão. Para o governador paulista, Geraldo Alckmin, que disputa a candidatura tucana com o prefeito, a questão deve se resolver em "dias". Pág. A5

Oferta maior de assentos deve reduzir tarifas aéreas

Analistas prevêem que a oferta de assentos pelas companhias aéreas neste ano cresça 27%, para um aumento de demanda estimado em 20% no mercado doméstico. Para atrair passageiros, as empresas devem continuar recorrendo a tarifas promocionais. É uma tentativa das companhias de diminuir a queda de rentabilidade decorrente da menor taxa de ocupação dos aviões.

A temporada de tarifas mais

Tribunal mantém verticalização nas eleições, mas Renan quer promulgar emenda que a derruba

Decisão do TSE prorroga impasse sobre coligações

A decisão do Tribunal Superior Eleitoral de manter a verticalização nas eleições deste ano atrasa a definição das coligações para o pleito de outubro. A verticalização obriga partidos a seguirem nos Estados a mesma coligação feita para a eleição presidencial.

Na próxima semana, o presidente do Senado, Renan Calheiros (PMDB-AL), quer promulgar a emenda constitucional que derrubou a verticalização, aprovada no Congresso em fevereiro. Há dúvida, porém, se a regra vale para este ano ou só para o pleito de 2008.

Há quem defenda que regras eleitorais precisem ser definidas até um ano antes do pleito.

A definição caberá ao Supremo Tribunal Federal. "O TSE não é tribunal constitucional, portanto extrapolou das suas atribuições", afirmou o presidente da Câmara, Aldo Rebelo.

Em outra decisão, os ministros do TSE proibiram que partidos políticos recebam doações em dinheiro na campanha deste ano. Todas terão de ser feitas por meio de cheque cruzado ou transferência bancária. A intenção é coibir os esquemas de caixa 2. Pág. A4

Executivo diz à PF que Furnas tinha "clube da propina"

Em depoimento à PF, o ex-superintendente da Toshiba José Antonio Talavera disse que a empresa integra um "clube" com outras grandes companhias para dominar negócios do setor elétrico no país em troca de propinas a políticos e dirigentes de estatais.

Talavera listou ainda, como supostos membros do "clube", as multinacionais WEG, Alston do Brasil, ABB e GE e o consórcio Gevisa (GE, Villares

FOLHA IMAGEM

Folha de S.Paulo, 4 mar. 2006.

Na tira humorística, as imagens compõem com o texto dos balões uma unidade de sentido única (as imagens completam o sentido das falas e vice-versa). No primeiro balão, há uma palavra que se destaca das demais, a palavra *nada*, escrita em vermelho. A cor é um elemento visual que empresta à palavra *nada* um destaque em relação às demais, *diferenciando-a* delas. Essa diferenciação cria efeitos de sentido diversos: a informação contida na palavra (ou seja, o seu significado) é posta em destaque, e o leitor deve interpretar essa diferença, atribuindo-lhe um sentido. No caso da tira, podemos considerar que a diferença gráfica simula uma inflexão de voz distinta dada à palavra, já que o quadrinho reproduz uma situação de diálogo oral.

Algo semelhante ocorre com "Chega", no último quadrinho da tira.

No texto 2, a palavra em destaque é "Ele", na frase "O que Ele tem a dizer a você hoje". Como é graficamente escrita com letras maiores do que o restante, além da composição com a imagem (o dedo que aponta a palavra), ela adquire um sentido especial nesse contexto: a materialidade da palavra é posta em relevo e acrescenta significados pertinentes ao contexto.

No texto 3, muitos são os recursos que levam em conta o aspecto material das palavras. Para falar do mais evidente, as letras variam de tamanho: letras maiores são mais visíveis que as menores e isso influencia diretamente a interpretação; palavras escritas com letras maiores são mais fáceis de ler; a diferença de tamanho faz com que haja uma hierarquização de informações: as maiores são vistas como mais "importantes" do que as menores.

Muitas vezes a materialidade do signo procura imitar aquilo que o significado designa. Por exemplo, o poeta José Paulo Paes consegue alguns efeitos de sentido sofisticados no poema "À minha perna esquerda", do qual se reproduzem trechos abaixo:

À minha perna esquerda

1

Pernas
para que vos quero?

Se já não tenho
por que dançar.

Se já não pretendo
ir a parte alguma.

Pernas?
Basta uma.

2

Desço
    que   subbo
        desço   que
            subo
            camas
            imensas.

Aonde me levas
todas as noites
            pé morto
            pé morto?

Corro, entre fezes
de infância, lençóis
hospitalares, as ruas
de uma cidade que não dorme
e onde vozes barrocas
enchem o ar
de p
    a
    i
    n
    a sufocante
e o amigo sem corpo
zomba dos amantes
a rolar na relva.

Por que me deixaste
            pé morto
            pé morto
a sangrar no meio
de tão grande sertão?

            não
            n ã o
            N Ã O !

....

Paes, José Paulo. *Melhores poemas*. São Paulo: Global, 1996. p. 189-90.

Nesse poema, a forma especial com que são grafadas as palavras e a maneira como se dispõem no espaço da página concretizam visualmente as ações descritas. Além disso, na segunda parte, a palavra *não* se repete em tamanhos tipográficos crescentes: essa variação procura intensificar, num crescendo visualmente expresso, o sentido da palavra.

Na música, e também na poesia, muitos são os efeitos conseguidos a partir da sonoridade das palavras. Esses efeitos também põem em jogo a materialidade, pois envolvem a sua expressão sonora, de tal forma que ela passa a ser significativa nos poemas ou letras de música. Nas páginas 47 e 48, há alguns exemplos desse tipo de exploração sonora dos signos.

Valores sociais do signo

Os diferentes estilos

Parodiando Raymond Queneau, que toma um livro inteiro para descrever de todos os modos possíveis um episódio corriqueiro, acontecido em um ônibus em Paris, narra-se aqui, em diversas modalidades de *estilo*, um fato comum da vida carioca, a saber: o corpo de um homem de quarenta anos presumíveis é encontrado de madrugada pelo vigia de uma construção, à margem da Lagoa Rodrigo de Freitas, não existindo sinais de morte violenta.

Estilo interjetivo – Um cadáver! Encontrado em plena madrugada! Em pleno bairro de Ipanema! Um homem desconhecido! Coitado! Menos de quarenta anos! Um que morreu quando a cidade acordava! Que pena!

Estilo colorido – Na hora cor-de-rosa da aurora, à margem da cinzenta Lagoa Rodrigo de Freitas, um vigia de cor preta encontrou o cadáver de um homem branco, cabelos louros, olhos azuis, trajando calça amarela, casaco pardo, sapato marrom, gravata branca com bolinhas azuis. Para este o destino foi negro.

[...]

Estilo feminino – Imagine você, Tutsi, que ontem eu fui ao Sacha's, legalíssimo, e dormi tarde. Com o Tony. Pois logo hoje, minha filha, que eu estava exausta e tinha hora marcada no cabeleireiro, e estava também querendo dar uma passada na costureira, acho mesmo que vou fazer aquele plissadinho, como o da Teresa, o Roberto resolveu me telefonar quando eu estava no melhor do sono. Mas o que era mesmo que eu queria te dizer? Ah, menina, quando eu olhei da janela, vi uma coisa horrível, um homem morto lá na beira da Lagoa. Estou tão nervosa! Logo eu que tenho horror de gente morta!

[...]

CAMPOS, Paulo Mendes e outros. *Crônicas 4*. São Paulo: Ática, 2002. v. 4, p. 43.

As situações discursivas de emprego dos signos linguísticos (palavras) muitas vezes acabam por revelar a identidade social daqueles que os empregam. Assim as *gírias*, as linguagens de especialidades (ironicamente designadas muitas vezes como "economês", "politiquês", "internetês", etc.), bem como os jargões profissionais, podem funcionar como forma de reconhecimento entre membros do(s) grupo(s) que os compartilham. Em geral, essa "*identidade social*" que surge do emprego de certos signos acaba por estabelecer um *valor*, que transmite ao sujeito que os emprega um status "positivo" ou "negativo", ou outra representação qualquer (esnobe, chique, poético, sofisticado, etc.), e ainda permite identificar o seu *meio social*. O texto "Os diferentes estilos" brinca com essa ideia: os *estilos* nada mais são do que formas peculiares com que se comunicam determinados grupos sociais. Essas diferenças surgem, entre outras coisas, da escolha dos signos linguísticos operada pelo(s) falante(s).

Isso é particularmente evidente no meio urbano, em que a distinção social (não necessariamente ligada à classe social) dos cidadãos é bem marcada: na cidade de São Paulo, por exemplo, pelas características da fala é quase sempre possível identificar a região da cidade de onde o falante provém, seu meio social.

Essa identificação por meio do valor social atribuído aos signos depende de algumas variáveis:

a. *variáveis geográficas*: são perceptíveis pelos "sotaques regionais" ou variantes lexicais: o que os paulistas chamam "menino" será "guri" para um paranaense, por exemplo. O mesmo se diz da forma de articulação dos ss: no Rio de Janeiro e em quase todas as cidades da costa brasileira, eles são pronunciados de forma diferente do restante do país.

b. *variáveis técnicas*: para um médico, uma simples dor de cabeça será chamada "cefaleia inespecífica", assim como para uma cozinheira "separar os ovos" não significa colocá-los uns longe dos outros... Essas diferenças lexicais para designar coisas idênticas constituem as linguagens técnicas ou de especialidades. Cada ramo do saber acaba por ter suas palavras específicas, e os falantes se identificam como pertencentes a um ou outro grupo em função dos usos dessas linguagens técnicas.

c. *variáveis sociológicas*: seria estranho ouvir um senhor de 60 anos expressar-se como um adolescente. Assim, as palavras podem constituir a identidade social dos falantes. Essas variáveis sociológicas envolvem a ideia de posição e/ou identidade social. Mulheres usam determinados termos "proibidos" aos homens e vice-versa. Não é comum ouvir um homem falar que um/a colega de trabalho está "chiquérrimo" ou "chiquérrima", assim como é menos comum ouvir mulheres utilizarem termos considerados grosseiros, os palavrões.

O conjunto dessas variáveis, entre outras, define os *socioletos*, que nada mais são do que falares específicos de certos grupos sociais. O texto seguinte mostra a importância desses valores sociais dos signos linguísticos: nele, descreve-se um uso especial do gerúndio que surgiu entre os *operadores de telemarketing* e acabou por se tornar uma característica desse grupo socioprofissional, espalhando-se depois para outros domínios.

Chamada a cobrar soluções

Empresa de callcenter cria curso de combate militante ao gerundismo

Toca o telefone. Um rapaz muito simpático quer fazer o novo cadastramento da minha linha telefônica. Tento escapar, dizendo que a linha estava em nome do meu marido, mas fui "fisgada" quando o rapaz se saiu com estas:

– A senhora, por favor, pode estar respondendo a duas ou três perguntas?

– Eu vou estar confirmando os dados...

– Nossa empresa vai estar lhe informando...

– A senhora vai estar pagando em conta corrente...

O relato acima, uma ficção, é exemplo agora comum no treinamento dos operadores de callcenter – o serviço de atendimento que ganhou a má fama de difundir o gerundismo no país.

Os profissionais do ramo se ressentem da reputação. Mas o efeito multiplicador é imenso numa profissão que estimula a impessoalidade (nunca saberemos se quem nos atendeu será a mesma pessoa em outra ligação) e em que cada um dos 555 mil telefonistas de empresas no país faz uma média de cem ligações diárias. Até o fim do ano serão 615 mil profissionais, segundo a Associação Brasileira de Telemarketing.

A proporção epidêmica do problema assustou o setor. O caso que abre este texto é da cartilha da Algar Callcenter Service (ACS). A empresa de Uberlândia (MG) atende chamadas de 28 grupos, como American Express, Tim, Claro e Avon. São 6 500 telefonistas na quinta maior do país entre 250 empresas terceirizadas.

A ACS faz dieta espartana contra a chamada linguagem ambiental, a gíria que circula no meio em que vivemos. Para o ingresso na empresa, o conhecimento de português tem o mesmo peso do aprendizado técnico. Todo mês, cerca de 300 alunos lotam sete salas para atenuar o sotaque mineiro ou corrigir um tropeço de concordância. Nada que se compare à repressão ao gerundismo, que ocupa 60% das aulas.

Há dois anos, as metodologias de avaliação ficaram mais rígidas. Na reciclagem semestral para os funcionários que sonham com promoção, aumento de salário ou prêmios, é pecado mortal usar o gerundismo. Ele zera a média mensal dos candidatos e mina as possibilidades de uma melhor remuneração variada no semestre.

– Não há nada pior do que ser atendido por quem não fala de forma clara. Com o gerundismo, o cliente desliga o telefone sem saber o que vai acontecer depois – diz Aparecida Garcia, diretora de Talentos Humanos da ACS.

Em todo o país, começam a ser notados diferentes níveis de combate ao gerundismo. Nos últimos meses, os ataques se intensificaram. Ele foi tema de questão eliminatória do vestibular da Fuvest, alvo de manifestos, blogs e cursos de treinamento empresarial, como os da ACS. Desde o ano passado, faz sucesso o blog www.chegadegerundismo.zip.net e a comunidade Eu Odeio Gerundismo, formada há um ano no Orkut, já recebeu a visita entusiasmada de mais de 12 mil integrantes.

Revista *Língua Portuguesa*. São Paulo: Segmento, ano 1, n. 1, jul. 2005.

Essa variedade toda de usos garante que a língua seja dinâmica e consiga sempre se renovar, acompanhando as transformações das sociedades que a falam.

Mecanismos de CONSTRUÇÃO de PALAVRAS e de SENTIDOS

Fonética e Fonologia

Fonema

Continho

Era uma vez um menino triste, magro e barrigudinho, do sertão de Pernambuco. Na soalheira danada de meio-dia, ele estava na poeira do caminho imaginando bobagem, quando passou um gordo vigário a cavalo:

–Você aí, menino, para onde vai essa estrada?

– Ela não vai não: nós é que vamos nela.

– Engraçadinho duma figa! Como você se chama?

– Eu não me chamo não, os outros é que me chamam de Zé.

CAMPOS, Paulo Mendes e outros. *Crônicas 1*. São Paulo: Ática, 2003. v. 1, p. 93.

Conceito de fonema

Nesse texto do escritor Paulo Mendes Campos, há a representação escrita de um diálogo entre um menino do sertão de Pernambuco e um padre. Em um diálogo as pessoas conversam, emitem os chamados **sons da fala**.

O ser humano é capaz de emitir uma grande variedade de sons e ruídos bucais, como tosse, ronco, espirro. Dessa grande diversidade, interessam para nosso estudo de gramática apenas os sons que, isolados ou agrupados, constituem **palavras**.

Leia em voz alta:

poeira/ zoeira

A diferença sonora entre essas duas palavras deve-se ao som inicial delas: **p/z**. Essa diferença é fundamental para que se possa discriminar o significado de cada palavra:

poeira: terra seca reduzida a fino pó
zoeira: zoada; barulheira; som confuso

Fonema é a menor unidade sonora capaz de estabelecer distinção entre palavras.

Essa unidade sonora capaz de estabelecer diferença de significado é chamada de **fonema**.

Cada fonema de uma palavra exerce, portanto, função distintiva. Veja:

a. **f**iga – alterando o primeiro fonema: **d**iga, **l**iga, **s**iga, **v**iga;
b. f**i**ga – alterando o segundo fonema: f**u**ga;
c. fi**g**a – alterando o terceiro fonema: fi**c**a, fi**l**a, fi**t**a, fi**r**a;
d. fig**a** – alterando o quarto fonema: fig**o**.

Os fonemas são os sons que caracterizam uma determinada língua e devem ser transcritos entre barras oblíquas. Com um número pequeno de fonemas, pode-se produzir um número quase infinito de palavras e frases.

Fonema e letra

Não se deve confundir fonema com letra. Na língua escrita, os fonemas são representados por sinais gráficos chamados **letras**. Uma mesma letra pode representar mais de um fonema:

a. na palavra **casa**, a letra **c** representa o fonema /k/;
b. na palavra **cela**, a letra **c** representa o fonema /s/.

No português do Brasil há 33 fonemas e 26 letras para representá-los na escrita.

O alfabeto empregado na escrita convencional não consegue simbolizar com exatidão a pronúncia efetiva dos fonemas. Por isso, criou-se o *alfabeto fonético*, que oferece maior precisão na representação dos fonemas e sons da fala. Há mais de um alfabeto fonético. Neste livro adotou-se o chamado Alfabeto Fonético Internacional, que é o mais comumente empregado nos estudos gramaticais.

Esse alfabeto apresenta, além das letras convencionais, outros símbolos. Quando se quer fazer a representação dos fonemas de alguma palavra, recorre-se ao alfabeto fonético, cujos sinais são escritos entre barras.

Às vezes, porém, um mesmo fonema pode ser pronunciado de maneiras diferentes, de acordo com as situações de comunicação, variações regionais, etc. (A respeito dessas variações, ver o conceito de alofone, na p. 28.) Nesses casos, para assinalar as diferentes maneiras de pronunciar um mesmo fonema, recorremos à *transcrição fonética*, que é feita também com símbolos do Alfabeto Fonético Internacional, mas entre colchetes. Além disso, é comum nas transcrições fonéticas o uso de um apóstrofo antes da sílaba tônica para indicá-la.

Veja dois exemplos:

a. A letra **o** pode representar mais de um som em português, como se pode observar pronunciando a palavra **b<u>o</u>l<u>o</u>ta**. Para representar esses dois fonemas, usam-se dois diferentes símbolos do alfabeto fonético: /o/ no primeiro caso e /ɔ/ no segundo. Assim, a representação dos fonemas da palavra **bolota** será: /bo'lɔta/.
b. Para representar o som **é** emprega-se este símbolo fonético: [ɛ]. Portanto, a palavra **pé** terá a seguinte transcrição fonética: [pɛ].

Nos dicionários de língua estrangeira é comum aparecer, logo no início do verbete, a transcrição fonética da palavra para facilitar sua pronúncia. Observe verbetes extraídos de um dicionário de inglês:

- carry ['kari]
- book [buk]
- table ['teibl]

Letra e fonema

Toda língua tem seu sistema ortográfico próprio, ou seja, a maneira como as letras se combinam para representar os fonemas. O ideal seria, num sistema ortográfico, que cada fonema fosse representado exclusivamente por uma letra. No entanto, o que ocorre não é isso, pois:

1. um fonema pode ser representado por mais de uma letra do alfabeto e isso gera problemas na escrita.

Em português, o fonema /s/ pode ser representado:

a. pela letra **s**:
sertão; estrada

b. pela letra **c** ou **ç**:
você, engraçadinho

c. pela letra **x**:
próximo; texto

d. pelo grupo **ss**:
essa; pessoa

e. pelo grupo **sc** ou **sç**:
nascer, nasça

f. pelo grupo **xc**:
excesso, excelente

2. em alguns casos, a mesma letra pode representar mais de um fonema. Observe os valores fonológicos da letra **x**:

a. representa o fonema /z/ em *exato, hexágono;*

b. representa o fonema /ʃ/ (**chê**) em *enxurrada, enxuto;*

c. representa o fonema /s/ em *proximidade, máximo;*

d. representa o som ks em *boxe, táxi.*

Por essas razões, nem sempre há coincidência entre o número de letras e o número de fonemas de uma palavra.

cavalo – c a v a l o – /k/ /a/ /v/ /a/ /l/ /o/
6 letras — 6 fonemas

sexo – s e x o – /s/ /ɛ/ /k/ /s/ /o/
4 letras — 5 fonemas

Observação

A palavra *cedilha* provém do espanhol *zedilla,* diminutivo de *zeda* (nome da letra **z** em espanhol). Era um sinal em forma de *z* colocado debaixo da letra **c**, para dar a essa letra o valor de /ts/. O *c cedilhado* podia ser usado diante de qualquer vogal e também iniciar palavras. Assim, no português arcaico, ocorriam palavras como **çapato** (sapato) e **çurra** (surra). Mais tarde, a pronúncia do **ç** confundiu-se com o fonema /s/ e ele passou a ser usado apenas diante de **a**, **o** e **u**. Por convenção, seu uso foi banido do início de palavra.

Atividades

1. Leia o poema:

Serenata sintética

Lua
torta.

Rua
morta.

Tua
porta.

(Cassiano Ricardo, *Poesias completas*)

a. Observe os grupos de palavras:

1º grupo: lua/rua/tua — 2º grupo: torta/morta/porta

Recorrendo a esses exemplos, explique o que é fonema.

b. Identifique o número de letras e de fonemas das palavras que compõem o poema:

c. Altere o quarto fonema das palavras **torta**, **morta** e **porta** e forme palavras que correspondam respectivamente aos significados que seguem:

- 3ª pessoa do singular do presente do indicativo de um verbo sinônimo de **voltar**, **regressar**.
- mamífero marinho encontrado nas regiões costeiras do oceano Ártico.
- suíno, substantivo feminino.

d. Sabendo que "**serenata** é uma cantata com acompanhamento musical que geralmente se faz ou se manda fazer à noite, ao ar livre, próximo à casa da amada", como você relaciona esse nome com os seis versos do poema?

2. Comparando a palavra com sua transcrição fonética, identifique o número de letras e o número de fonemas das palavras:

a. corre – ['kɔRi]

b. hora – ['ɔra]

c. aquela – [a'kɛla]

d. guerra – ['gɛRa]

e. anexo – [a'nɛksu]

f. pomba – ['põba]

3. Escreva uma palavra (diferente dos exemplos dados) em que a letra **x** represente:

a. o fonema /z/: exame, executar

b. o fonema /ʃ/ (chê): enxame, xale

c. o fonema /s/: aproximação

d. o som ks: sexo, fixo

4. Transcreva do texto "Continho", página 24, três palavras que representem maneiras diferentes de indicar o fonema /s/.

Letras que não representam fonemas

Em determinadas palavras há letras que não representam nenhum som. Compare:

a. **noite** – a letra **n** representa o fonema /n/.

b. **conto** – a letra **n** serve para indicar a nasalização da vogal **o** que a antecede.

c. **menina** – a letra **m** representa o fonema /m/.

d. **tempo** – a letra **m** indica a nasalização da vogal **e** que a antecede.

Em nosso alfabeto há letras que são mantidas apenas por razões etimológicas, pois não representam nenhum som. Etimologia é a parte da gramática que estuda a origem e a evolução das palavras. É o caso:

1. da letra **h**, que em português "... não é propriamente consoante, mas um símbolo que, em razão da etimologia e da tradição escrita do nosso idioma, se conserva no princípio de várias palavras e no fim de algumas interjeições" (*Pequeno Vocabulário Ortográfico da Língua Portuguesa*, Academia Brasileira de Letras).

   Assim, o **h** aparece:

   a. no início de palavras como ***h**oje* (do latim ***h**odie*); ***h**aver* (do latim ***h**abere*);

   b. no final de algumas interjeições: *A**h**! O**h**!*.

2. do **s** do grupo **sc**, como em *di**sc**ípulo* (do latim *di**sc**ipulum*).

3. do **u** dos grupos **gu** e **qu**, seguidos de **e** ou de **i**, como em ***qu**erer* (do latim ***qu**aerere*); *san**gu**e* (do latim *san**gu**en*).

4. do **x** do grupo **xc**, como em *e**xc**eção* (do latim *e**xc**eptionem*); *e**xc**elente* (do latim *e**xc**ellente*).

Fonemas que não são representados graficamente

Na pronúncia de algumas palavras, podem ocorrer sons que não são representados na escrita. Observe:

a. Na pronúncia da palavra *tem* aparece um som (espécie de **i**, representado pelo símbolo /j/) que não tem representação gráfica na palavra. Assim: *tem [tẽj].*

b. Na pronúncia de formas verbais como *cantam*, *falam*, *moram*, etc. aparece um som (espécie de **u**, representado pelo símbolo /w/) que não consta da palavra escrita. Assim: *cantam ['k ẽt ẽw].*

Alofones

O fonema representado por determinada letra pode ser realizado de formas diferentes, dependendo de fatores regionais ou de hábitos linguísticos individuais ou sociais.

Observe:

A letra **l** da palavra ***último*** representa um fonema que pode ser realizado de três maneiras diferentes:

a. último – ['uℓtimu] – como se fala entre os gaúchos;

b. último – ['uwtimu] – na maior parte do Brasil;

c. último – ['urtimu] – comum em algumas zonas rurais e até em zonas urbanas do interior de São Paulo e de Minas Gerais.

Analise outros exemplos:

a. O fonema /t/ da palavra **t**io pode ser realizado de duas maneiras:

[**t**ʃiw] – como no Rio de Janeiro; [**t**iw] – como na maior parte do Brasil.

b. O mesmo ocorre com o fonema /d/ da palavra **d**ia:

[**d**ʒia] – como no Rio de Janeiro; [**d**ia] – como em São Paulo.

c. Na palavra *calor*, o falante de Maceió, por exemplo, realizará o som de **r** com o fonema /R/ (som forte, como em ja**rr**o). Já no sul do estado de São Paulo, o fonema será /r/ (como em ba**r**ata). Portanto, há duas realizações possíveis: [a'mo**R**] e [a'mo**r**].

Alofone ou variante é cada uma das possibilidades de realização de um mesmo fonema.

Nos exemplos vistos, o fonema /l/ admite os seguintes alofones ou variantes: [ℓ], [w] e [r]. O fonema /t/ apresenta os alofones ou variantes [t] e [tʃ], sempre que estiver diante da vogal /i/. (Observe que, na escrita, o fonema /i/ pode ser representado pela letra **e**: parte, leste, etc.) O mesmo ocorre com o fonema /d/, que pode ser realizado como [d] ou [dʒ].

Essas diferentes realizações fonéticas de uma mesma palavra não chegam a afetar sua compreensão nem seu significado. Permitem, por exemplo, identificar se o falante vive em São Paulo, no Rio Grande do Sul, no Nordeste ou no Rio de Janeiro.

Atividades

1. Identifique, nas palavras destacadas, as letras que não representam fonemas:

Os *índios* sem-nome

Hoje, há mais de 29 mil **xavantes** no Brasil.

Bebês xavantes não **têm** nome. É carga pesada demais para corpo tão frágil. Se ganharem um, poderão adoecer e morrer. Só com 2 ou 3 anos, ganha-se resistência para suportar o peso da **identidade**. Até então, todo homem é chamado de menino e toda **mulher**, menina. Um nome xavante é associado à evolução da pessoa, ao seu desenvolvimento interior e à idade, **que** identifica a força vital útil à comunidade.

(Revista *Língua Portuguesa*, ano 1, n. 1, jul. 2005. Adaptado.)

2. O fator responsável pela existência do sotaque é a possibilidade de realizar o mesmo fonema de diferentes maneiras. Como se chama o som resultante dessa variante livre?

3. Pesquise os alofones dos fonemas /l/ e /r/ na região onde você vive e compare-os com os de outro lugar do país em que a pronúncia seja diferente. Escreva o resultado de sua pesquisa.

4. Quais são as variantes possíveis do fonema /l/ em **Brasil**?

5. Dois brasileiros, um carioca e um paraense, estão conversando. Cada um deles apresenta determinado sotaque, mas a comunicação entre eles é perfeitamente possível. Por que isso acontece?

6. Grave um pequeno diálogo de uma novela de televisão em que o sotaque empregado seja diferente daquele comum em sua região. Transcreva-o. Junto com um/a amigo/a, leia duas vezes em voz alta o texto transcrito: na primeira leitura, empreguem o modo de falar de sua comunidade e, na segunda, um terceiro, diferente dos anteriores.

Fonética e fonologia

A **fonética** estuda os sons da fala em seus aspectos físicos, em sua realização concreta, independentemente de sua função linguística. Interessa-se pela maneira como esses sons são produzidos, transmitidos e percebidos, isto é, pelos seus aspectos articulatórios, acústicos e auditivos. De acordo com o linguista N. Trubetzkoy, a fonética pode ser definida como "a ciência da face material dos sons da linguagem humana".

Os sons da fala devem ser representados entre colchetes.

Por exemplo: a palavra *sal* pode ser pronunciada de diferentes maneiras, conforme a região do Brasil:

[saw] – no Rio de Janeiro e na maior parte do país;
[saℓ] – no sul do país;
[sar] – na chamada pronúncia "caipira".

Veja, nas transcrições fonéticas abaixo, diferentes formas de pronunciar a palavra *porque*:

[puR'ke] [por'ke] [poR'ke] [pur'ke]

A **fonologia** não se preocupa com a realização física dos sons, mas sim com os chamados *fonemas*, que são os sons que têm função linguística. Assim, ela estuda os elementos fônicos que distinguem uma palavra da outra. Por exemplo: as palavras *bola* e *cola* se distinguem pelos sons /b/ e /k/. Esses são exemplos de sons que têm uma função linguística.

A transcrição fonética é, antes de tudo, um meio que se deve ajustar a um fim. Não existem transcrições perfeitas, pois mesmo foneticistas treinados dotados de ouvido absoluto discordam, às vezes, de um mesmo estímulo. O que pode existir é uma transcrição cuidadosa e flexível, que não só evite símbolos incomuns para não sobrecarregar a leitura, mas também permita a adição de detalhes na medida da necessidade. Isso ocorre porque o número de detalhes que se podem ouvir e, portanto, grafar é praticamente indeterminado. A fala é para o foneticista como a floresta para o índio: com atenção e perseverança, ele aprende a distinguir e identificar uma enorme gama de sons que para os outros não passam de vozes do silêncio.

Maia, Eleonora Motta. *No reino da fala*. São Paulo: Ática, 1985. p. 18.

A produção dos fonemas

Os fonemas são produzidos no aparelho fonador, que é constituído de diversos órgãos, como representado no desenho abaixo.

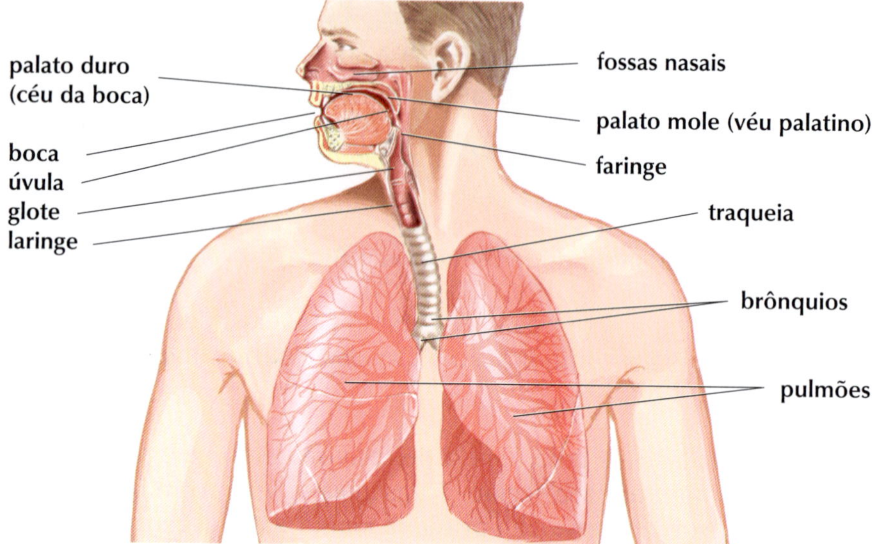

De todos esses órgãos, os mais importantes na articulação dos fonemas são a laringe e a boca. Na parte superior da laringe existem dois pares de pequenos músculos chamados *cordas vocais*. A *glote* é uma fenda que existe entre as cordas vocais inferiores.

Segundo o linguista Edward Sapir, "Não há, a rigor, órgãos da fala; há apenas órgãos que são incidentalmente utilizados para a produção da fala. Os pulmões, a laringe, a abóbada palatina, o nariz, a língua, os dentes e os lábios servem todos para esse fim, mas não podem ser considerados órgãos primordiais da fala, do mesmo modo que os dedos não são órgãos de tocar piano".

No processo respiratório, a corrente expiratória originada nos pulmões atravessa o aparelho fonador sem encontrar nenhum obstáculo se ele estiver em repouso. Isso acontece o tempo todo.

No entanto, quando o indivíduo se predispõe a falar, todo o aparelho fonador fica mais tenso, graças a algumas transformações: a expiração torna-se mais forte, os anéis da traqueia distendem-se ou contraem-se e as cordas vocais podem permanecer em repouso ou podem vibrar. O ar expulso dos pulmões, pela pressão dos músculos da caixa torácica, atravessa os brônquios, passa pela traqueia e chega à laringe. Como tem necessariamente de transpor a glote, podem ocorrer duas possibilidades:

1. A glote pode estar fechada, pois os bordos das cordas vocais estão próximos. O ar força a passagem através das cordas vocais, provocando a vibração dessas cordas. Assim são produzidos os **fonemas sonoros**.
2. A glote pode estar aberta, pois os bordos das cordas vocais estão afastados. O ar escapa sem dificuldade, e as cordas vocais não vibram. Produzem-se, assim, os **fonemas surdos**.

Atravessando a glote, o ar dirige-se para a caixa de ressonância (faringe, boca e fossas nasais). É aí que cada som ganha individualidade e pode transformar-se em fonema.

Fonemas sonoros e surdos

Se as cordas vocais vibram, o ar passa pela faringe e, através da úvula (campainha), é distribuído para a boca ou para as fossas nasais. Os fonemas sonoros resultam desse mecanismo. É o que acontece, por exemplo, com o fonema /b/.

Se as cordas vocais permanecem em repouso, o ar passa sem vibração, produzindo os fonemas surdos. É o que ocorre com o fonema /p/, por exemplo. Compare:

bata – **p**ata

A distinção entre essas duas palavras decorre sobretudo do fato de o fonema /b/ ser sonoro e o fonema /p/ ser surdo. O mesmo ocorre nos pares seguintes, que se distinguem pela diferença de apenas um fonema:

dia – **t**ia	**g**alo – **c**alo	**v**ila – **f**ila	ga**t**o – ga**d**o
sonoro surdo	sonoro surdo	sonoro surdo	surdo sonoro

Fonemas orais e nasais

Quando a corrente expiratória chega à úvula, dois fenômenos podem ocorrer:

1. A úvula levanta-se em direção à faringe, impedindo que o ar escape pelas fossas nasais. O ar sai apenas pela boca, produzindo fonemas orais. O fonema /a/, por exemplo, é oral.
2. A úvula se abaixa e, consequentemente, uma parte do ar escapa pelas fossas nasais, produzindo fonemas nasais. O fonema /ẽ/, por exemplo, é nasal. Observe como (sonoramente, não graficamente) os pares seguintes se diferenciam apenas pela oralidade ou pela nasalidade de um de seus fonemas:

lá – **lã**　　pau – **pão**　　viol**e**ta – viol**en**ta

Atividades

1. Reveja a figura que representa o aparelho fonador e responda: quais os nomes científicos dos órgãos conhecidos como **campainha** e **céu da boca**?
2. Algumas crianças em fase de alfabetização trocam letras. Por exemplo, em vez de escreverem **batata**, **cavalo** e **gola**, escrevem **patata**, **cafalo** e **cola**. Que tipo de dificuldade essas crianças apresentam?
3. Alfabetizadores relatam que certas crianças apresentam outra dificuldade na aprendizagem da escrita. Escrevem *praco*, no lugar de branco; *tete*, em vez de dente; *carcata*, em vez de garganta, e assim por diante.

   Que dificuldade essas crianças apresentam além da apontada na questão anterior?

Observação

Os exemplos das questões 2 e 3 foram cedidos por colegas que trabalham com alfabetização de crianças.

Classificação dos fonemas

De acordo com o modo de produção no aparelho fonador, os fonemas da língua portuguesa classificam-se em **vogais**, **semivogais** e **consoantes**.

Vogal

Na produção da fala interferem a corrente de ar expelida pelos pulmões, a existência ou não de um obstáculo a essa corrente de ar e a configuração da caixa de ressonância representada pela boca e pelas fossas nasais.

O ar expelido pelos pulmões atravessa os brônquios e faz vibrar as cordas vocais, permitindo a produção de fonemas que saem pela boca exclusivamente ou pela boca e pelas fossas nasais, sem encontrar

Vogal é o fonema produzido pelo ar que, expelido dos pulmões, faz vibrar as cordas vocais e não encontra nenhum obstáculo na sua passagem pelo aparelho fonador.

empecilho. Esses fonemas são as **vogais**. Na produção das vogais a boca fica aberta ou entreaberta. As diferentes vogais resultam de diferentes posições da musculatura bucal, ou seja, da língua, dos lábios e do véu palatino.

Em português a vogal ocupa sempre a posição de ápice da sílaba. Isso significa que em toda sílaba há necessariamente uma e só uma vogal e que esta pode representar uma sílaba, o que não ocorre com as consoantes, que são fonemas que só aparecem na sílaba acompanhados de vogal.

Veja o quadro fonológico das vogais e a representação de cada uma na língua escrita.

Quadro fonológico das vogais		
Representação fonológica	**Representação na língua escrita**	**Exemplos**
/a/	a	l**a**ta
/ɐ̃/	ã am an	manh**ã** c**am**po, l**âm**pada **an**tes
/ɛ/	e é	mulh**e**r **é**poca
/e/	e ê	**e**le voc**ê**
/ẽ/	em en	s**em**pre d**en**te
/i/	i í	l**i**vro sa**í**da
/ĩ/	im in	l**im**par, ass**im** **in**feliz, a**in**da
/ɔ/	o ó	p**o**rta vov**ó**
/o/	o ô	l**o**bo vov**ô**
/õ/	õ om on	coraç**õ**es **om**bro **on**da
/u/	u ú	**u**va **ú**ltimo
/ũ/	um un	c**um**prir corc**un**da

Em português, o **y** é realizado como vogal ou semivogal (ver conceito na página 37). Essa letra ocorre em nomes próprios, palavras derivadas de nomes próprios estrangeiros, abreviaturas, siglas e palavras estrangeiras ainda não aportuguesadas. Exemplos: *Yves* (nome próprio), *motoboy* (palavra não completamente aportuguesada), *yd* (abreviatura de *jarda*), *byroniano* (palavra derivada de nome próprio estrangeiro).

Sobre o uso de **w** e **k**, ver a página 40.

Classificação das vogais

As vogais do português são classificadas de acordo com os seguintes critérios:

1. intensidade;
2. papel das cavidades bucal e nasal;
3. zona de articulação;
4. timbre.

1. Quanto à intensidade

Vogal tônica é aquela pronunciada com maior intensidade.

Vogal átona é aquela pronunciada com intensidade menor que a da tônica.

Considera-se a força com que a vogal é emitida.

A palavra *olhada* apresenta duas vezes a vogal **a**. Apesar de receberem a mesma representação gráfica, trata-se de dois sons diferentes, por causa da intensidade.

Separando as sílabas da palavra, percebemos que a sílaba **lha** é pronunciada com maior intensidade que as demais: é a sílaba tônica. A vogal dessa sílaba, /a/, é uma vogal tônica. A outra vogal /a/ da palavra *olhada* é uma vogal átona.

Em português, toda palavra com mais de duas sílabas terá, necessariamente, uma vogal tônica.

Observação

Algumas palavras de uma ou duas sílabas podem não ter sílaba tônica. São chamadas monossílabas ou dissílabas átonas. Para mais explicações e detalhes, ver página 53.

Exemplos de ocorrência de vogal tônica em português:

c**a**sa, m**an**to, concr**e**ta, **í**nfimo, h**o**ra, **u**so

Exemplos de ocorrência de vogais átonas em português:

c**a**sar, m**an**ter, p**e**ru, **im**pério, p**o**rão, **u**sar

Observações

1. Em algumas regiões do Brasil (norte de Minas Gerais e alguns estados do Norte e Nordeste), a vogal /e/, quando átona e não final, torna-se aberta.

   pedaço [pɛ'dasu]

2. Em quase todo o território brasileiro, o **e** átono final se realiza como [i].

   leve ['lɛvi] hoje ['oʒi] quase ['kwazi]

   Esse fenômeno é conhecido como redução da vogal **e**. Observe que a redução não ocorre com o **e** final tônico. Compare:

   Aquele cantor **bebe** muito. → bebe ['bɛbi]

   O **bebê** nasceu com 4 quilos. → bebê [be'be]

   Não **rape** o fundo da panela, por favor. → rape ['Rapi]

   O hábito de cheirar **rapé** era comum no século XIX. → rapé [Ra'pɛ]

3. No português falado no Brasil, é comum ainda a ocorrência do fonema /i/ representado pela letra **e**, quando essa letra for inicial, átona e seguida de **s**.

   escada [is'kada] esperar [ispe'rar]
   escolher [isko'ʎer]

4. No caso da letra **o** em finais átonos, ocorre também o fenômeno da redução. Essa letra realiza-se como [u] na maior parte do Brasil. Observe:

   gato ['gatu] moço ['mosu] carro ['kaRu]

   Se o final for tônico, a redução não ocorre. Compare:

   Domino apenas um idioma. E você? → domino [do'minu]

   Vamos jogar **dominó**? → dominó [domi'nɔ]

   Meu **bisavô** já morreu. → bisavô [biza'vo]

5. Em posição átona final, a vogal /a/ também sofre redução. Passa a ser articulada como [ə], um som pronunciado com a boca quase fechada, e os lábios um pouco retraídos. Observe a diferença entre o /a/ tônico e o /a/ átono final, pronunciando rapidamente a palavra *mala* ['malə].

2. Quanto ao papel das cavidades bucal e nasal

Quando a corrente expiratória escapa somente pela boca, produzem-se as vogais orais. Se parte do ar se desvia para as fossas nasais, produzem-se as vogais nasais.

Portanto, quanto ao papel das cavidades bucal e nasal, a vogal pode ser **oral** ou **nasal**.

Tanto as vogais tônicas quanto as átonas podem ser orais ou nasais.

Quadro das vogais orais		
Representação fonológica	Exemplos	
	tônica	átona
/a/	sala, sofá, falado	pata
/ɛ/	café, pé, boneca	–
/e/	cedo, cinema, você	regar
/i/	aqui, isto, pito	bicar, táxi
/ɔ/	pó, cola, lote	–
/o/	ovo, namoro, vovô	olhar, comer
/u/	único, mudo, urutu	lutar

Quadro das vogais nasais			
Representação fonológica		Exemplos	
		tônica	átona
ã	/ɐ̃/	canto	andava
ẽ	/ẽ/	menta	atendimento
ĩ	/ĩ/	sinto	imploro
õ	/õ/	tonta	computador
ũ	/ũ/	fundo	umbanda

Observação

É de origem estrangeira – geralmente francesa – a quase totalidade das palavras em que a vogal [õ] ocupa posição final tônica: *cupom, garçom, maçom*, etc.

3. Quanto à zona de articulação

As vogais são articuladas em diferentes regiões da boca.

Para o estudo da zona de articulação das vogais divide-se a boca em três regiões: posterior, média e anterior.

Na palavra *bobinha*, por exemplo, ocorrem as vogais **o**, **i** e **a**.

O **o** é articulado quando a língua vai em direção ao palato mole, perto da garganta. É uma vogal posterior. O **a** é pronunciado com a língua abaixada, em estado de quase repouso. É uma vogal média. Para pronunciarmos o **i**, elevamos a língua em direção ao palato duro, perto dos dentes. É uma vogal anterior.

Conclui-se daí que quanto à zona de articulação as vogais se classificam em **anteriores**, **médias** e **posteriores**.

O quadro seguinte mostra as vogais de acordo com a zona de articulação.

Anteriores ou palatais	
/ɛ/ – levo /e/ – temo /ẽ/ – mente, gente, sempre	/i/ – risada, vi /ĩ/ – tímpano, vinte
Centrais ou médias	
/a/ – carro, batida	/ɐ̃/ – anta, câmara, pão
Posteriores ou velares	
/ɔ/ – ótimo, mole, cipó /o/ – hoje, pendor /õ/ – ponte, lombo	/u/ – rumo, arrumar, tatu /ũ/ – bumbo, atum, bagunça, junto

4. Quanto ao timbre

O timbre é o efeito acústico provocado pela ressonância da vogal na boca. Como essa ressonância decorre do grau de abertura bucal, as vogais são classificadas por esse critério em **abertas**, **fechadas** e **reduzidas**.

Quando ocorre a abertura máxima da boca, as vogais são chamadas de **abertas**, como as assinaladas nas palavras *sofá*, *café*, *avó*.

As vogais são **fechadas** quando ocorre um estreitamento do tubo de ressonância, quer dizer, uma abertura mínima da boca. É o caso das vogais assinaladas nas palavras *cama*, *ipê*, *avô*, *duro*, *livro*. São fechadas também todas as vogais nasais.

São **reduzidas** todas as vogais átonas orais finais, como as assinaladas nas palavras *cas**a***, *nev**e***, *táx**i***, *morr**o***, *lúp**u**s*. No caso das vogais **a**, **e** e **o** há uma redução tão grande que elas mudam de timbre:

a. /a/ reduzido passa a ser articulado como [ə]. Compare:

compr**a**s ['kõprəs] – com /a/ átono final reduzido;

compr**a**z [kõ'pras] – com /a/ tônico;

b. /e/ reduzido passa a ser articulado como [i]. Compare:

/e/ final tônico: beb**ê** [be'be]; tev**ê** [te've]; at**é** [a'tɛ]; ral**é** [ra'lɛ]; Tom**é** [to'mɛ];

/e/ final átono: beb**e** ['bɛbi]; tev**e** ['tevi]; at**e** (verbo atar) ['ati]; ral**e** ['Rali]; tom**e** ['tɔmi];

c. /o/ reduzido passa a ser articulado como [u]. Compare:

/o/ final tônico: bob**ó** [bo'bɔ]; camel**ô** [kɐ̃me'lo]; dominó [domi'nɔ]; forr**ó** [fo'Rɔ];

/o/ final átono: bob**o** ['bobu]; camel**o** [kɐ̃melu]; domin**o** [do'minu]; forr**o** ['foRu].

O quadro das vogais quanto ao timbre é o seguinte:

Vogais abertas	Vogais fechadas		Vogais reduzidas
	orais	nasais	
/a/ – sof**á** /ɛ/ – p**e**le /ɔ/ – s**o**da	/ɐ̃/ – c**a**ma /e/ – ip**ê** /o/ – t**o**la /i/ – b**i**co /u/ – b**u**le	/ɐ̃/ – p**â**ntano /ẽ/ – f**e**nda /ĩ/ – ass**i**m /õ/ – t**o**nto /ũ/ – m**u**ndo	/a/ – salad**a** /e/ [i] – pod**e** /i/ – tên**i**s /o/ [u] – ded**o** /u/ – bôn**u**s

Observação

O conceito de vogal reduzida é complexo. A quem estiver interessado em aprofundar seus estudos sobre esse assunto, sugerimos as seguintes referências:

1. Ali, M. Said. *Gramática secundária e gramática histórica da língua portuguesa.* Brasília: Editora da UnB, 1964.
2. Câmara Jr., Joaquim Mattoso. *Problemas de linguística descritiva.* 19. ed. Petrópolis: Vozes, 2004.
3. Jota, Zélio dos Santos. *Dicionário de linguística.* Rio de Janeiro: Presença, 1976.

Quadro-resumo da classificação das vogais	
1. Quanto à zona de articulação	anteriores ou palatais: /ɛ/ – l**e**vo; /e/ – t**e**mo; /ẽ/ – m**e**nte; /i/ – v**i**; /ĩ/ – v**i**nte central ou média: /a/ – b**a**tida; /ɐ̃/ – **a**nta posteriores ou velares: /ɔ/ – **ó**timo; /o/ – h**o**je; /õ/ – p**o**nte; /u/ – l**u**ta; /ũ/ – at**u**m
2. Quanto ao timbre	abertas: /a/ – Par**á**; /ɛ/ – p**e**le; /ɔ/ – r**o**da fechadas: /ɐ̃/ – l**a**ma; /e/ – voc**ê**; /o/ – t**o**do; /i/ – b**i**co; /u/ – b**u**le /ɐ̃/ – p**â**ntano; /ẽ/ – r**e**nda; /ĩ/ – ass**i**m; /õ/ – r**o**nco; /ũ/ – b**u**mbo reduzidas (finais átonas): /a/ – sal**a**; /e/ [i] – pel**e**; /i/ – júr**i**; /o/ [u] – tol**o**; /u/ – vír**u**s
3. Quanto à intensidade	tônicas: /a/ – b**a**la; /e/ – m**e**do; /ɛ/ – r**e**ta; /i/ – m**i**to; /ɔ/ – p**o**te; /o/ – b**o**ca; /u/ – n**u**ca átonas: /a/ – cas**a**; /e/ – l**e**var; /i/ – l**i**dar; /o/ – m**o**rtal; /u/ – l**u**tar
4. Quanto ao papel das cavidades bucal e nasal	orais: /a/ – sof**á**; /e/ – m**e**do; /ɛ/ – r**e**ta; /i/ – m**i**to; /ɔ/ – p**o**te; /o/ – p**o**tro; /u/ – n**u**ca nasais: /ɐ̃/ – c**a**nta; /ẽ/ – f**e**nda; /ĩ/ – v**i**m; /õ/ – r**o**nco; /ũ/ – b**u**mbo

Classificação completa de uma vogal

A classificação completa de uma vogal deve levar em conta, portanto, os quatro critérios analisados.

Veja alguns exemplos:

a. pente – a vogal assinalada é:
anterior, fechada, tônica, nasal

b. pente – a vogal assinalada é:
anterior, reduzida, átona, oral

c. pingo – a vogal assinalada é:
anterior, fechada, tônica, nasal

d. mudo – a vogal assinalada é:
posterior, fechada, tônica, oral

e. mundo – a vogal assinalada é:
posterior, fechada, tônica, nasal

Atividades

1. Identifique as vogais nasais do texto:

Dupla delícia

O livro traz a vantagem de a gente poder estar só e ao mesmo tempo acompanhado.

(Mário Quintana, *Lili inventa o mundo*)

2. Observe trecho de um abc, de intuito evidentemente mnemônico (*mnemônico*: diz-se de arranjos que ajudam a memorizar alguma informação):

O til é um S estirado,
nada vale estando só;
E a constipação do som
Faz fanhoso o A e o O!...

(Apud CASCUDO, Câmara. *Vaqueiros e cantadores*. Rio de Janeiro: Ediouro, s.d. p. 62.)

Explique, empregando termos técnicos, a que fenômeno fonético o cantador se referiu ao empregar o termo "constipação do som".

3. Escreva frases incorporando as palavras seguintes. Baseie-se na pronúncia indicada:

sede /ɛ/; sede /e/

força /ɔ/; força /o/

4. Identifique os traços distintivos das vogais em cada um dos pares de palavras abaixo:

a. força (substantivo)/ força (verbo)

b. macho/ mancho (verbo *manchar*)

c. para/ Pará

5. Observe:

abano – canja

Nos dois casos ocorre a letra **n**. Em qual das duas palavras essa letra representa um fonema?

6. Leia a primeira estrofe de um poema de Pedro Bandeira:

Choradeira

Bu**á**, buá!
O meu choro acaba em **á**.
Bu**é**, bué!
O carneiro chora em **é**.
Bu**í**, buí!
O sag**ui** tem choro em **i**.
Bu**ó**, buó!
Meu vizinho chora em **ó**.
Bu**ú**, buú!
O irmãozinho chora em **u**.

(BANDEIRA, Pedro. *Cavalgando o arco-íris*. São Paulo: Moderna, 1990. p. 28.)

a. Classifique as vogais em destaque quanto ao timbre, intensidade e papel das cavidades bucal e nasal.

b. Qual é o único traço que as diferencia?

Semivogal

Leia, observando as palavras em destaque:

Recentemente, **fui** a um jantar animado, onde serviram garrafas e garrafas de champanhe. Ao se despedir do dono da casa, uma convidada abriu os braços, calorosa:

– Adorei!

Ploct! Uma garrafa **deslizou** de dentro de sua jaqueta diretamente para o solo... O anfitrião **ficou** constrangido. A safada **morreu** de rir...

CARRASCO, Walcyr. Revista *Veja São Paulo*.

Compare:

uma – deslizou

A letra **u** representa fonemas diferentes. É uma vogal apenas na primeira palavra.

despedir – adorei

A letra **i** representa fonemas diferentes. É uma vogal apenas na primeira palavra.

As letras **i** e **u** algumas vezes não são vogais. Quando aparecem apoiadas em uma vogal, formando com ela uma só sílaba, essas letras representam fonemas chamados de **semivogais**.

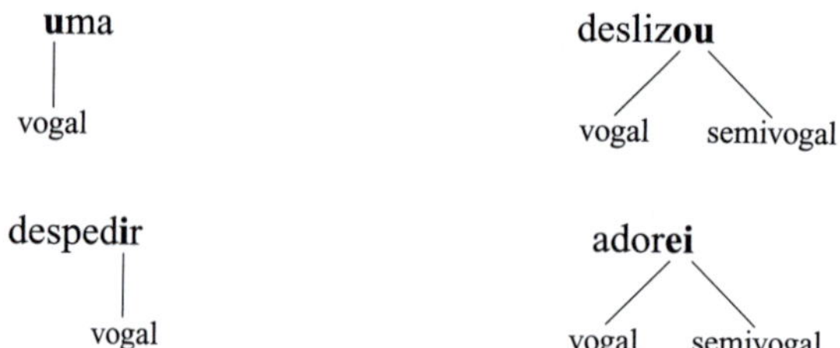

A representação fonológica das semivogais é esta:

i – /j/   u – /w/

A semivogal /j/ pode ser representada pelas letras **i** e **e**.

A semivogal /w/ pode ser representada pelas letras **u** e **o**.

Em algumas regiões do Brasil, a letra **l** pode ter o som da semivogal **u**:

mal [maw] – falta [fawta]

Alguns exemplos:

Semivogal é o nome que se dá ao fonema /j/ e ao fonema /w/ quando, juntos de uma vogal, formam com ela uma só sílaba.

Semivogais	Representações gráficas
i – /j/	i – baile ['bajle] e – mãe [mɐ̃j]; põe [põj] m (no grupo **em**) – bem [bẽj]; porém [po'rẽj]
u – /w/	u – vácuo ['vakwo] o – mão [mɐ̃w]; pão [pɐ̃w] m (no grupo **am**) – foram ['forɐ̃w]; deram ['dɛrɐ̃w]

Observação

O quadro fonético dos contextos em que ocorrem semivogais está na página 43, no estudo dos ditongos.

Consoante

Quando o ar expelido dos pulmões encontra obstáculos à sua passagem (língua, dentes, lábios), produzem-se fonemas chamados **consoantes**.

Consoante é o fonema produzido graças aos obstáculos que impedem a livre passagem da corrente expiratória.

Classificação das consoantes

São critérios de classificação das consoantes:

1. o papel das cavidades bucal e nasal;
2. o papel das cordas vocais;
3. o modo de articulação;
4. o ponto de articulação.

1. Quanto ao papel das cavidades bucal e nasal

Observe as consoantes destacadas:

"... uma **c**onvidada abriu os braços, ca**l**o**r**osa."

"... fui a um jantar a**n**i**m**ado..."

Na produção do /k/, do /l/ e do /r/ a corrente expiratória escapa apenas pela cavidade bucal. Essas consoantes são **orais**.

Na produção do /n/ e do /m/, parte do ar escapa pelas fossas nasais. Essas consoantes são **nasais**.

Do quadro geral de nossas consoantes, são nasais: /m/, /n/ e /ɲ/ (este último é representado pelas letras **nh**). As demais são orais.

2. Quanto ao papel das cordas vocais

Na produção dos fonemas, as cordas vocais podem vibrar ou não.

Compare:

par [par] – **dar** [dar]

Na produção do /p/ as cordas vocais não vibram. Trata-se de uma consoante surda.

Na produção do /d/ as cordas vocais vibram. Trata-se de uma consoante sonora.

Portanto, quanto ao papel das cordas vocais, as consoantes podem ser:

1. surdas: /f/, /k/, /p/, /s/, /t/, /ʃ/.

   O fonema /ʃ/ aparece em *xale*, *chapéu*, etc.

2. sonoras: /b/, /d/, /g/, /ʒ/, /l/, /ʎ/, /m/, /n, /ɲ/, /r/, /R/, /v/, /z/.

   O fonema /ʒ/ aparece em *jarro*, *geleia*, etc; o fonema /ʎ/ aparece em *filha*, *telha*, etc. O fonema /ɲ/ aparece em *senha*, *manhã*, etc.

3. Quanto ao modo de articulação

Na pronúncia das consoantes pode ocorrer um dos seguintes modos de articulação:

1. uma interrupção momentânea da corrente expiratória, pela aproximação completa de dois órgãos da boca, seguida do afastamento rápido desses órgãos e da expulsão do ar contido.

   Pelo fato de ocorrer uma oclusão num determinado momento da articulação, as consoantes assim produzidas chamam-se **oclusivas**.

   É o que se dá, por exemplo, na produção das consoantes /b/, /d/, /g/, /p/, /t/, /k/.

2. uma interrupção momentânea e parcial da corrente expiratória, pela aproximação incompleta de dois órgãos da boca, o que obriga o ar a comprimir-se a fim de passar pela fenda estreitada resultante da aproximação incompleta dos dois órgãos.

   Como ocorre uma compressão, uma constrição em determinado momento da articulação dessas consoantes, elas são chamadas de **constritivas**.

   É o que ocorre, por exemplo, na produção das consoantes /f/, /v/, /s/, /z/, /ʃ/, /ʒ/, /l/, /ʎ/, /r/, /R/.

   Portanto, quanto ao modo de articulação, as consoantes podem ser:

1. oclusivas;
2. constritivas.

As **constritivas** recebem nomes especiais, segundo o modo como se dá o escape do ar:

a. **fricativas** – resultam da passagem ruidosa do ar pela fenda formada no aparelho fonador. O ruído produzido assemelha-se a um barulho de fricção:

   /f/ – **fato, infinito**
   /v/ – **voto, inventar**
   /s/ – **sol, acidez**
   /z/ – **zero, atrasado**
   /ʃ/ – **ch**apéu, en**x**aguar
   /ʒ/ – **jeito, agitação**

b. **laterais** – o ar escapa pelos dois lados da cavidade bucal:

   /l/ – **gala, bala**
   /ʎ/ – **falha, calha**

c. **vibrantes** – a corrente expiratória faz vibrar a língua ou o véu palatino:

   /r/ – **caro**
   /R/ – **carro**

4. Quanto ao ponto de articulação

A realização das consoantes pode ocorrer em diversos pontos da boca. De acordo com esse ponto, que indicamos na classificação (p. 38), as consoantes podem ser:

a. bilabiais – lábio contra lábio:

/p/ – **pata** /b/ – **bata** /m/ – **mata**

b. labiodentais – lábio inferior contra dentes superiores:

/f/ – **foto** /v/ – **voto**

c. linguodentais – língua contra dentes superiores:

/t/ – **tela** /d/ – **dela** /n/ – **nela**

d. alveolares – ponta da língua contra alvéolos:

/s/ – **solo, caça, excluir** /z/ – **zero, casa, exame** /l/ – **leito** /r/ – **puro**

e. palatais – dorso da língua contra palato duro (céu da boca):

/ʃ/ – fe**ch**ar, **x**arope /λ/ – te**lh**a /ʒ/ – a**g**itar, **j**abuti, ha**j**a /ɲ/ – ni**nh**o, le**nh**a

f. velares – parte posterior da língua contra palato mole (véu palatino):

/k/ – **c**ama, **qu**ebra /g/ – **g**alo, **gu**erra /R/ – **r**ato, a**rr**umar

Quadro das consoantes

Papel das cavidades bucal e nasal		**Orais**						**Nasais**
Modo de articulação		Oclusivas		Constritivas				Oclusivas
				Fricativas		Laterais	Vibrantes	
Papel das cordas vocais		Surdas	Sonoras	Surdas	Sonoras	Sonoras	Sonoras	Sonoras
Ponto ou zona de articulação	Bilabiais	/p/	/b/					/m/
	Labiodentais			/f/	/v/			
	Linguodentais	/t/	/d/					/n/
	Alveolares			/s/	/z/	/l/	/r/	
	Palatais			/ʃ/	/ʒ/	/λ/		/ɲ/
	Velares	/k/	/g/				/R/	

Em português, a letra **k** sempre se realiza como consoante (tem o mesmo som de **qu** em *queijo*). Já a letra **w** pode se realizar, dependendo do caso, como consoante (tem o mesmo som de **v** em *vida*) ou semivogal (tem o mesmo som de **u** em *aquático*). Essas duas letras só se empregam em siglas e abreviaturas, nomes próprios, palavras estrangeiras ainda não aportuguesadas e palavras derivadas de palavras estrangeiras. Exemplos: *km* (abreviatura de quilômetro), *kWh* (abreviatura de quilowatt-hora); *Kátia*, *Washington* (nomes próprios); *kit*, *webdesign* (palavras estrangeiras); *kantiano*, *wagneriano* (palavras derivadas de nomes próprios estrangeiros).

Observações sobre a realização de alguns fonemas consonantais

1. A letra **l**
   a. realiza-se como [ℓ] no sul do país: ma**l** [maℓ];
   b. realiza-se como /w/ na maior parte do Brasil: ma**l** [maw];
   c. pode ser realizada como /r/: qua**l** [kwar]; qua**l**quer [kwar'kɛr]; anima**l** [ani'mar].
2. O dígrafo **lh**, que corresponde ao fonema /λ/, pode apresentar duas variantes em pronúncias regionais:
   a. [lj] – fi**lh**o ['fiλu] e ['filju]; ju**lh**o ['ʒuλu] e ['ʒulju];
   b. [j] – fi**lh**o ['fiju]; ju**lh**o ['ʒuju].

3. A letra **r**, que representa o fonema /r/:

a. pode realizar-se como [ℓ], num fenômeno conhecido como supracorreção: ma**r**mita [maℓ'mita];

b. geralmente em final de formas verbais, não é realizada por boa parte dos falantes do português brasileiro: leva**r** [le'va]; compra**r** [kõ'pra]; caminha**r** [kami'ɲa].

4. A letra **v**, que representa o fonema /v/, pode ser realizada, em algumas pronúncias regionais, como o fonema /b/: **v**arrer [**b**a'Re].

5. A letra **s**, que representa o fonema /s/:

a. pode ser realizada como [ʃ], especialmente na fala dos cariocas: i**s**to ['i**s**tu], ['iʃtu];

b. não se realiza no plural, em muitos casos: a**s** casa**s** [as 'kazas], [as 'kaza]; cantamo**s** [kẽ'tẽmus], [kẽ'tẽmu].

6. No gerúndio dos verbos, o fonema correspondente à letra **d** não se realiza em algumas pronúncias: falan**do** [fa'lẽdu], [fa'lẽnu]; cantando [kẽ'tẽdu], [kẽ'tẽnu].

Atividades

1. Leia o trecho a seguir:

Até quando a vida humana pode ser estendida?

Não é a vida eterna, mas pesquisas com animais sugerem que o corpo pode viver por mais tempo e em boas condições; alguns cientistas, no entanto, acreditam que há um limite. Só não chegaram a um acordo se ele fica em 85, 100 ou 150 anos.

(Ciência lista os mistérios da vida. *O Estado de S. Paulo*, 1º jul. 2005.)

A. Classifique as consoantes destacadas nas palavras, segundo os critérios indicados nos parênteses:

a. **pod**e (papel das cordas vocais);

b. e**t**e**rn**a (ponto de articulação);

c. **ch**e**g**aram (modo de articulação).

B. Substitua a consoante oclusiva linguodental sonora da palavra **vida** por uma consoante constritiva lateral alveolar sonora. Que palavra se obtém?

C. Substitua a consoante oclusiva bilabial surda da palavra **por** pela oclusiva velar surda. Que palavra se obtém?

D. Se substituirmos a consoante constritiva fricativa labiodental surda da palavra **fica** pela constritiva vibrante velar sonora, que palavra obteremos?

2. Substitua cada quadradinho pela consoante solicitada respectivamente.

a. ■á■io – oclusiva, bilabial, surda / oclusiva, linguodental, surda

b. ■a■o – oclusiva, velar, sonora / oclusiva, linguodental, sonora

c. ■a■or – constritiva fricativa, labiodental, surda / constritiva fricativa, labiodental, sonora

d. ■a■a – oclusiva, velar, surda / constritiva lateral, palatal, sonora

3. Leia o título da notícia:

Amapá desperta interesse de produtores do sul do país (*Jornal do Dia*)

a. Se um carioca lesse essa manchete em voz alta, que fonema corresponderia às letras em destaque nas palavras *de**s**perta, produtore**s*** e *paí**s***? Classifique-a.

b. A letra **l** da palavra **sul** admite três realizações fonéticas no Brasil. Quais são elas? Em que regiões cada uma delas é mais comum?

c. Faça a transcrição fonética da palavra **sul** da maneira como seria, provavelmente, lida na pronúncia dita "caipira".

4. Observe a transcrição de uma louvação (tipo de cantiga popular) citada por Câmara Cascudo:

Vou lová sua esposa
da cabeça ao calcanhá;
lovo mão e lovo dedo,
lovo braço e lovo pá;
ao dispois lovo a cabeça,
cabelo de penteá;
ao dispois a sobranceia,
lindos oios de enxergá;
ao dispois mimosa boca
e dos dentes de mastigá;
[...]

a. Valendo-se de exemplos da cantiga, explique o fenômeno fonético conhecido como redução. Explique ainda o que ocorre com o fonema /λ/ em certos registros da fala coloquial.

b. Observe: *lová* em lugar de *l**ou**var*; *lovo* em vez de *l**ou**vo*. Que fonema se suprimiu nessas pronúncias?

Encontros vocálicos, encontros consonantais, dígrafos

Encontros vocálicos

Vogais e semivogais podem aparecer juntas em determinadas palavras, formando os encontros vocálicos, que são de três tipos:

1. **ditongo** – é o grupo formado por:

a. semivogal + vogal numa mesma sílaba:

his-tó-**ria** (sv v) cá-**rie** (sv v) ar-má-**rio** (sv v)

b. vogal + semivogal numa mesma sílaba:

co-m**eu** (v sv) p**ai** (v sv) l**ei** (v sv)

2. **tritongo** – é o grupo formado por semivogal + vogal + semivogal, numa só sílaba:

i-g**uai**s (sv v sv) Pa-ra-g**uai** (sv v sv)

3. **hiato** – é o grupo formado por vogal + vogal em sílabas separadas:

ra-iz (v v) **sa-ú-va** 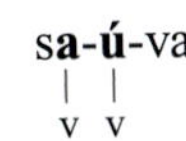 **co-e-lho** (v v) **le-em** 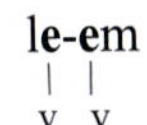

Ditongo

O ditongo pode ser:

1. **oral** – quando a vogal que o constitui é oral:
pai, **série**, **leu**, **coisa**

2. **nasal** – quando a vogal que o constitui é nasal:
mão, **quan**do

3. **crescente** – quando a semivogal vem antes da vogal:
tér**reo**, gê**nio**

4. **decrescente** – quando a semivogal vem depois da vogal:
seu, len**çóis**

Quadro de ditongos					
Crescentes					
Orais			**Nasais**		
eo, io	/jo/	ró**seo**, reló**gio**			
ea, ia	/ja/	ró**sea**, influên**cia**			
ie	/je/	sé**rie**, calví**cie**			
oa, ua	/wa/	pás**coa**, lín**gua**	uan	/wɐ̃/	**quan**to, min**guan**te
ue	/we/	tê**nue**, bilín**gue**	uen	/wẽ/	fre**quen**te, cin**quen**ta
ui	/wi/	tran**qui**lo, sa**gui**			
uo	/wo/	vá**cuo**, indiví**duo**	uim	/wĩ/	pin**guim**
Decrescentes					
Orais			**Nasais**		
ai	/aj/	**sai**, **pais**	ãi, ãe	/ɐ̃j/	**cãi**bra, **mãe**, **pães**
au	/aw/	**au**tomóvel	am, ão	/ɐ̃w/	fal**am**, órf**ão**, coraç**ão**
éi	/ɛj/	past**éi**s			
ei	/ej/	r**ei**no	em, ẽi	/ẽj/	**bem**, **tem**
éu	/ɛw/	r**éu**			
eu	/ew/	r**eu**matismo			
iu	/iw/	sum**iu**			
oi	/oj/	d**oi**s, d**oi**do,	õe	/õj/	p**õe**, sen**õe**s
ói	/ɔj/	far**ói**s, jib**oi**a			
ou	/ow/	**ou**ro, tes**ou**ra,			
ui	/uj/	grat**ui**to, poss**ui**	ũi	/ũj/	m**ui**to

Observações

1. Em algumas regiões, a leitura de **al**, **el** e **ol** resulta nos ditongos decrescentes [aw], [ɛw] e [ɔw]:
mal [maw]; anel [a'nɛw]; anzol [ɐ̃'zɔw]

2. A tendência do ditongo [ej] é reduzir-se a [e], quando anteceder [ʃ]:
peixe ['peʃi]; deixa ['deʃa]

3. A tendência do ditongo [ow] é reduzir-se a [o]:
tesoura [ti'zora], anulou [anu'lo]

Tritongo

Quadro dos tritongos					
Orais			**Nasais**		
uai	/waj/	quais, Uruguai	uão, uam	/w̃ɐ̃w/	quão, águam
uei	/wej/	enxaguei	uem	/wẽj/	enxáguem
uou	/wow/	averiguou	uõe	/wõj/	saguões
uiu	/wiw/	redarguiu			

Hiato

Pode ocorrer hiato:

a. entre duas vogais átonas:

re-**a**-gir, **co**-**o**-pe-rar, **a**-**e**-ro-por-to

b. entre uma vogal átona e uma tônica:

a-**é**-reo, **a**-**í**, bo-**a**-to, a-bo-to-**ar**, do-**í**-do, e-go-**ís**-ta, **ru**-**í**-do, a-**nu**-**al**, mor-**tu**-**á**-rio, **su**-**é**-ter, pa-ra-**na**-**en**-se, re-**gi**-**ão**, subs-ti-**tu**-**in**-do

c. entre uma vogal tônica e uma átona:

le-**em**, ca-**no**-**a**, **vi**-**a**

Observação

Os encontros vocálicos **-ia**, **-ie**, **-io**, **-ao**, **-ua**, **-uo**, quando átonos e finais, podem ser realizados como ditongos ou hiatos.

his-tó-ria ou his-tó-ri-a
ditongo — hiato

sé-rie ou sé-ri-e
ditongo — hiato

co-lé-gio ou co-lé-gi-o
ditongo — hiato

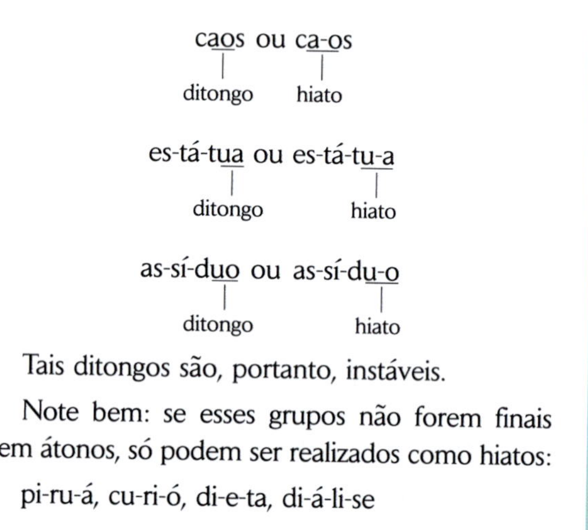

caos ou ca-os
ditongo — hiato

es-tá-tua ou es-tá-tu-a
ditongo — hiato

as-sí-duo ou as-sí-du-o
ditongo — hiato

Tais ditongos são, portanto, instáveis.

Note bem: se esses grupos não forem finais nem átonos, só podem ser realizados como hiatos:

pi-ru-á, cu-ri-ó, di-e-ta, di-á-li-se

Atividades

1. Leia a seguinte quadra popular:

Esta noite eu tive um sonho
Um sonho todo de **louco**
Abraçado a uma pedra
Dando bicota num **toco**.

(Disponível em: <http://jangadabrasil.com.br> nov. 2004. Acesso: jul. 2008.)

Que fenômeno fonético, comum em todo o país, permite que as palavras destacadas rimem?

2. Leia mais uma quadra popular:

As moças daqui da terra
Passam fome porque **quer**
Tanto coco macaúba
Tanto buriti no **pé**.

(Disponível em: <http://jangadabrasil.com.br> nov. 2004. Acesso: jul. 2008.)

a. Em um dos versos há um desvio da norma-padrão no que diz respeito à concordância verbal. Identifique o verso e reescreva-o de acordo com as regras da gramática normativa.

b. Que fenômeno fonético comum em algumas regiões do país permite que as palavras em destaque rimem?

3. Classifique os encontros vocálicos em destaque nas palavras do texto que segue:

O Parag**uai** é um p**aí**s do centro da América do Sul, limitado a norte e **oe**ste pela Bolív**ia**, a nordeste e leste pelo Brasil e a sul e oeste pela Argentina. Capital: Assunç**ão**. (Disponível em: <http://pt.wikipedia.org>. Acesso: jul. 2008.)

4. Classifique os ditongos que você identificou na atividade anterior.

5. Na palavra **Brasil** o segmento sublinhado pode ser realizado como ditongo: [iw]. Classifique esse ditongo.

Encontros consonantais

Encontro consonantal é a sequência de duas ou mais consoantes numa mesma palavra.

Os encontros consonantais podem ser:

1. **inseparáveis** – as duas consoantes ficam na mesma sílaba:

bl – blin-dar, o-blí-quo
br – brin-car, a-bra-çar
cl – clí-ni-ca, a-cla-mar
cr – cra-vo, en-cra-var
dr – dra-gão, po-dre
fl – flo-res, in-fla-ma-do
fr – fra-tu-ra, re-fres-co
gl – gla-ci-al, in-glês
gr – gre-go, ne-gro
pl – pla-ne-ta, am-plo
pr – prin-cí-pio, a-pro-vei-tar
tl – a-tlas, a-tle-tis-mo
tr – tro-te, a-tra-vés
vr – li-vrei-ro, ne-vral-gi-a

2. **separáveis** – cada uma das consoantes fica numa sílaba:

bn – sub-nu-tri-do, ab-ne-gar
bs – ab-sol-ver, ab-so-lu-to, ab-sur-do
cc – con-vic-ção, fic-ção
cn – téc-ni-co, ac-ne
ct – as-pec-to, bac-té-ria, au-tóc-to-ne, néc-tar
dv – ad-vo-ga-do, ad-ver-sá-rio
ft – af-to-sa, naf-ta-li-na
gn – dig-no (Em início de palavra, não se separam as consoantes. Assim, *gnomo* apresenta a seguinte divisão silábica: *gno-mo*.)
ls – con-vul-são, ex-pul-so
pt – ap-ti-dão, a-dap-tar (Em início de palavra, não se separam as consoantes. Em *pterodáctilo* temos: pte-ro-dác-ti-lo.)
rs – per-so-na-gem, per-su-a-dir
tm – rit-mo, a-rit-mé-ti-ca, at-mos-fe-ra

Há outros encontros, menos frequentes na língua:

cz – czar, ec-ze-ma
mn – mne-mô-ni-co
pn – pneu-mo-ni-a, hip-no-se
pc – núp-cias
ps – psi-co-téc-ni-co, au-tóp-sia, psiu, lap-so

Esses encontros, se ocorrem no início da palavra, ficam numa só sílaba. Caso contrário, separam-se:
mne-mô-ni-co; a**m**-**n**é-sia; **ps**i-có-lo-go; cá**p**-**s**u-la

Temos ainda:

dsp – felds-pa-to
dstr – ads-trin-gen-te
dscr – ads-cre-ver
stm – ist-mo

Pronúncia dos encontros consonantais

A respeito da pronúncia desses encontros, é necessário observar:

1. ocorrem registros de leitura diferentes da norma-padrão para os casos em que a segunda consoante é o **l**, frequentemente substituído por /r/:

   b**l**usa ['b**r**uza]; b**l**oco ['b**r**ɔku]; c**l**ima ['c**r**ima]; f**l**amengo [f**r**a'mẽgu]; g**l**obo ['g**r**obu]

Essa pronúncia pode ser inadequada, dependendo do contexto em que o falante está atuando, mas não impede a comunicação entre os falantes. Há casos, no entanto, em que a palavra pode mudar de sentido se o fonema for pronunciado diferentemente da forma prevista na norma-padrão:

p**l**eito – eleição → se pronunciado ['p**r**ejtu] se confunde com p**r**eito – homenagem;
b**l**indar – proteger, resguardar → se pronunciado ['b**r**ĩdar] se confunde com b**r**indar – erguer brindes.

2. na língua falada há uma tendência, no português do Brasil, de destruir os encontros consonantais pela inserção de uma vogal (geralmente **e** ou **i**) entre as duas consoantes:

   advogado – [ad**e**vo'gadu], [ad**i**vo'gadu]
   pneu – [p**e**'neu]
   apto – ['ap**i**tu]
   ritmo – ['Rit**i**mu]
   psicologia – [p**i**sikolo'ʒia]

Dígrafos

É o conjunto de duas letras que servem para indicar um único fonema.

ch – chácara, achar
lh – lhama, telhado
nh – nhambiquara, ninho
rr – terror, irresistível
ss – essa, pássaro
gu – guerra, joguinho
qu – quiabo, aquilo
sc – nascer, descer
sç – cresça, desça
xc – excelente, excêntrico

São considerados dígrafos também os grupos que servem para representar, na escrita, as vogais nasais.

am – amputar
an – anterior
em – embora
en – pente
im – impossível
in – vindo
om – bomba
on – onda
um – atum
un – profundo

Observação

Os grupos **gu** e **qu** são considerados dígrafos apenas quando, seguidos de **e** ou **i**, representam os fonemas /g/ e /k/. Em algumas palavras o **u** desses grupos representa um fonema, já que é pronunciado. É o que ocorre em *linguiça, frequente, aguar, oblíquo*, etc. Nesse caso não há dígrafo.

Atividades

1. Leia a manchete:

   Empresários pernambucanos estão menos otimistas com o desempenho da economia.
   (Jornal do Commercio)

   a. Identifique os encontros consonantais.
   b. Identifique os dígrafos.
   c. Dos dígrafos que você identificou, quais representam vogais nasais?

2. Escreva palavras relacionadas aos conceitos dados em que apareçam os encontros consonantais entre parênteses.

   a. Um dos mais antigos instrumentos musicais, formado por um tubo oco com orifícios. (fl)
   b. Revestimento de borracha inflado por ar comprimido nas rodas dos veículos. (pn)
   c. Mulher que tem fama de se utilizar de supostas forças sobrenaturais para causar malefícios. (br)
   d. Relativo ao período de três meses. (tr)
   e. Filho primogênito do rei. (pr)

3. Escreva a palavra relacionada à informação ou ao conceito dados. Em cada uma delas aparece um dígrafo.

   a. Rolo alongado de folhas de tabaco para fumar.
   b. Capital do estado da Paraíba.
   c. Veículo de quatro rodas sobre molas, de tração animal, para transporte de passageiros.
   d. Luta armada entre nações, ou entre partidos de uma mesma nacionalidade ou de etnias diferentes, com o fim de impor supremacia ou salvaguardar interesses materiais ou ideológicos.
   e. Passar a ter vida exterior no mundo, vir ao mundo.

FATOS DE DISCURSO

Os sons na construção do sentido

O estudo feito até agora sobre os *fonemas* leva em conta sua descrição articulatória e o seu valor como unidade distintiva mínima. Porém, no uso da língua, em muitas situações discursivas e em muitos tipos de textos (orais, como a música, ou escritos para serem lidos em voz alta, como a poesia), os sons da língua adquirem valores especiais.

A expressividade dos sons

Nos textos literários e publicitários, são comuns duas figuras de linguagem (sobre o conceito de figuras de linguagem, ver a página 517): a aliteração e a assonância.

1. **Aliteração** é o nome que se dá à repetição de uma consoante, ou grupo de consoantes, num enunciado. Em geral, isso produz efeitos de harmonia imitativa, como nesses versos do poeta Cruz e Sousa:

   Vozes veladas, veludosas vozes,
   Volúpia dos violões, vozes veladas,
   Vagam nos velhos vórtices velozes
   Dos ventos, vivas, vãs, vulcanizadas.

Neles, é evidente a repetição dos sons /z/ e /v/, que produzem a impressão de *sussurro* (o sentido dos versos corrobora essa ideia: repare que se fala em "vozes veladas e veludosas".

2. **Assonância** é a repetição de vogais. Seu efeito é semelhante ao da aliteração: presta-se à criação de jogos sonoros e de harmonia imitativa. No *Romanceiro da Inconfidência*, Cecília Meireles nos dá belos exemplos de assonâncias, como nestes versos:

Ai, palavras, ai palavras,
Que estranha potência a vossa!
Ai, palavras, ai, palavras
Sois de vento, ides no vento,
No vento que não retorna,
E, em tão rápida existência,
Tudo se forma e transforma!

(Cecília Meireles. Romance LIII. In: *Romanceiro da Inconfidência*. Rio de Janeiro: Nova Fronteira, 1989. p. 182.)

O som da vogal aberta *ó* e dos ditongos, repetidos alternadamente, cria a impressão de uma *prece* ou *ladainha*: de fato, nesse trecho do romanceiro, o eu-lírico chora a morte de Tiradentes.

Tanto num caso como no outro, como os sons não têm um significado em si mesmos (lembre-se: os fonemas têm função apenas distintiva), o valor semântico dessas figuras só se percebe através da interpretação do leitor.

Nos *textos publicitários*, esses recursos sonoros podem ter outra função: eles contribuem para a memorização de divisas ou *slogans*. Essa mesma função ocorre nas máximas e provérbios:

Ladrão que rouba a ladrão tem cem anos de perdão.

Quem com ferro fere com ferro será ferido.

Lé com lé, cré com cré.

Muitos textos populares, e também aqueles destinados às crianças, constroem-se com base nesses jogos sonoros. É o caso das *parlendas* e das *adivinhas*:

Amanhã é domingo
Pede cachimbo,
Cachimbo é de barro,
Bate no jarro.
Jarro é de ouro,
Bate no touro.
Touro é valente,
Bate na gente.
Gente é fraco,
Cai no buraco.
Buraco é fundo,
Acaba o mundo.

(Maria Regina Pereira et al. *Nosso folclore*. São Paulo: Ave-Maria, 1999.)

Onomatopeia

www.clickpremiado.com.br

Sua sorte está por um click.

Está no ar mais uma promoção incrível! Ganhe prêmios fantásticos com apenas um clique. Acesse www.clickpremiado.com.br e concorra aos prêmios que todo mundo quer: TVs, Home Theater com DVDs, Câmeras Digitais, MP3 e Gravadores de DVD. Serão sorteados 5 prêmios por semana, durante 11 semanas, num total de 55 prêmios. Promoção não vinculada à compra. Todos podem participar: basta clicar e concorrer. E se você indicar amigos suas chances aumentam.

Está no ar mais uma promoção incrível! Ganhe prêmios fantásticos com apenas um clique. Acesse www. clickpremiado. com.br e concorra aos prêmios que todo mundo quer: TVs, Home Theater com DVDs, Câmeras Digitais, MP3 e Gravadores de DVD.

Serão sorteados 5 prêmios por semana, durante 11 semanas, num total de 55 prêmios. Promoção não vinculada à compra. Todos podem participar: basta clicar e concorrer. E se você indicar amigos suas chances aumentam.

Anúncio veiculado na revista *Veja*. São Paulo: Abril, 24 ago. 2005.

SOUSA, Mauricio de. Revista *Cebolinha*. São Paulo: Globo, n. 217, jul. 2004.

Onomatopeia é a representação sonora de ruídos ou vozes de animais. É frequente nas tiras e histórias em quadrinhos, nas propagandas, nos textos literários, etc. Nos dois textos desta página, são evidentes as onomatopeias: "click", no texto de propaganda, e "póim" e "nhac", na história em quadrinhos. A função de representação de ruído é mais facilmente percebida na história em quadrinhos (a inserção da onomatopeia na imagem explicita essa função). Já no caso do texto de propaganda, a identificação depende da leitura do texto.

Em qualquer caso, porém, tenta-se transpor numa palavra-som o ruído percebido: mesmo assim, como se pode notar no caso da propaganda acima, o contexto de produção de uma onomatopeia é imprescindível à sua decodificação.

Insistência

[...] Aurélia voltou correndo para o formigueiro; queria contar o que tinha descoberto. No caminho, no meio de uma clareira, encontrou uma formiga conhecida sua, de walkman, dançando de olhos fechados.

– Deolinda! – gritou a Aurélia bem alto.

Mas a outra só escutava a música do walkman, e sacudia o corpo, as antenas e as risadas para tudo quanto é lado: tchan ran tchan tchan ran tcham ran tchan tchan...

– Deolinda, presta atenção, tenho uma novidade.

Que nada: a Deolinda virava a cabeça de um lado para o outro, para cima, para baixo, balançava a cintura, satisfeita com o ritmo da música; nem abria os olhos. Tchan ran tchan tchan ran... Três voltas para a esquerda, três voltas para a direita. Aurélia chegou bem perto dela e gritou:

– Aqui, ô Deoliiiiindaaaaa!

Ela abriu os olhos, levou o maior susto, a Aurélia grudada na cara dela. Tirou o walkman, enxugou o suor da testa.

– Precisava gritar tanto? Você atrapalhou bem na hora que eu estava inventando um passo novo! Agora, com o susto, esqueci.

[...]

(Regina Machado. *A formiga Aurélia*. São Paulo: Companhia das Letrinhas, 2003.)

Em situações de comunicação oral, é comum que, por alguma razão de expressividade, ao pronunciar uma palavra, o falante insista em um fonema, pronunciando-o com maior destaque.

O efeito de *insistência* é bastante evidente: em geral, para obtê-lo, prolonga-se a vogal de uma das sílabas da palavra.

Para transcrever em língua escrita essa insistência, muitas vezes se repete a vogal alongada na fala.

No trecho acima, extraído de um livro de histórias infantis, reproduz-se o diálogo entre Deolinda e Aurélia, as duas formigas personagens da história. Numa das falas, o efeito de insistência é bem marcado: “Deoliiiiindaaaaa!”.

Repare também, no mesmo diálogo, na sequência de onomatopeias: “tchan ran tchan tchan [...]”. Aqui fica evidente o que foi dito antes: apenas o contexto permite identificar o tipo de ruído que a onomatopeia tenta reproduzir.

A insistência pode ser criada de outros recursos, além do alongamento da vogal. Às vezes, acentua-se fortemente uma sílaba ou palavra para lhe dar destaque fonético (na escrita, utilizam-se recursos gráficos, como o negrito, para assinalar essa insistência):

Ela não é uma formiga qualquer... é **a** formiga Aurélia!

Sílaba

Esperança

Mário Quintana

Lá bem no alto do décimo segundo andar do Ano
Vive uma louca chamada Esperança
E ela pensa que quando todas as sirenas
Todas as buzinas
Todos os reco-recos tocarem
Atira-se

E

– Ó delicioso voo!
Ela será encontrada miraculosamente incólume na [calçada,
Outra vez criança...
E em torno dela indagará o povo:
– Como é teu nome, meninazinha de olhos verdes?
E ela lhes dirá
(É preciso dizer-lhes tudo de novo!)
Ela lhes dirá bem devagarinho, para que não [esqueçam:
– O meu nome é ES-PE-RAN-ÇA...

QUINTANA, Mário. *Nova antologia poética*. São Paulo: Globo, 1998. p. 118.

Conceito de sílaba

Sílaba é o fonema ou o conjunto de fonemas pronunciado numa só expiração.

Ao lermos o texto, observamos que a palavra *esperança* foi separada em grupos de letras (es-pe-ran-ça). Se lermos essa palavra em voz alta, produziremos quatro grupos de fonemas. A cada um desses grupos de fonemas pronunciados separadamente dá-se o nome de **sílaba**.

lá – 1 sílaba
al-to – 2 sílabas
cal-ça-da – 3 sílabas
me-ni-na-zi-nha – 5 sílabas

Os fonemas, estudados no capítulo anterior, funcionam combinados em unidades maiores, que são as sílabas. Estas, por sua vez, formam as palavras. Qualquer falante de português sabe pronunciar separadamente as sílabas da maior parte das palavras de nossa língua. Na escrita, entretanto, a divisão silábica nem sempre coincide com a divisão fonética.

As sílabas que constituem as palavras de uma língua se estruturam a partir daquilo que soa bem nessa língua; por isso há *padrões de sílaba* que são aceitos pelo falante e outros que são rejeitados. Nosso padrão silábico define-se, antes de mais nada, pela existência necessária de uma vogal em cada sílaba. Em português não existem sílabas sem vogal.

me-ni-na-zi-nha

Quando uma palavra tem um só fonema, esse fonema será necessariamente uma vogal. Portanto, essa palavra terá uma sílaba, constituída de uma vogal. As palavras destacadas nos fragmentos seguintes são palavras de uma só sílaba.

E em torno dela indagará **o** povo:

– Como **é teu** nome, meninazinha **de** olhos verdes?

Alguns tipos de sílabas são rejeitados pelo falante da língua. No caso do português falado no Brasil, por exemplo, a tendência a criar, na fala, uma vogal intermediária entre as duas consoantes de um encontro consonantal revela essa rejeição. Por exemplo: a palavra *psicologia* é pronunciada [pisikolo'ʒia] na maior parte do país. Logo, a palavra tem seis sílabas na língua falada, mas cinco na língua escrita: psi-co-lo-gi-a.

Ocorrências como essa permitem concluir que a convenção ortográfica não tem base fonológica.

De acordo com a norma-padrão da língua, emissões como ['apitu] *(apto)*; [adevo'gadu] *(advogado)* constituem "erros" de pronúncia, apesar de serem um fato corrente até em noticiários de televisão, que se guiam pela norma-padrão.

Outro índice de rejeição de padrões silábicos incomuns é a maneira como adaptamos palavras estrangeiras ao nosso sistema fonético toda vez que a palavra contraria o padrão silábico da língua portuguesa. O termo inglês *beef* transformou-se em *bife*, já que nosso padrão silábico rejeita finais em consoante, exceto /l/, /r/ e /z/. O mesmo ocorre com o nome *Stuart*, que é pronunciado [s'tuarti] ou [is'tuarti].

Divisão silábica

Aparentemente as palavras só admitem uma divisão silábica. Entretanto, na língua falada podem ocorrer divergências, dependendo do falante, conforme se viu no estudo dos encontros vocálicos. Observe que os encontros vocálicos das palavras seguintes podem ser realizados de duas maneiras:

voar pode ser realizado como *vo-ar* ou *voar*;

Mário pode ser realizado como *Má-rio* ou *Má-ri-o*;

história admite duas pronúncias: *his-tó-ria* ou *his-tó-ri-a*.

Conclusão: nos exemplos dados ocorrem duas possibilidades de pronúncia; a sequência é lida como um ditongo (v**oa**r, Má-r**io**, his-tó-r**ia**) ou como um hiato (v**o**-**a**r, Má-r**i**-**o**, his-tó-r**i**-**a**).

Essas possibilidades são decorrência dos diferentes contextos em que a palavra pode aparecer. Neles, interferem fatores de diversas ordens, como a carga emocional que o falante imprime à sua mensagem.

Interessa o fato de que nenhuma das duas pronúncias compromete a compreensão da palavra pelo ouvinte.

A norma escrita considera esses casos como ditongos.

A divisão silábica na língua escrita será estudada no capítulo Ortografia, na página 107.

Classificação das palavras quanto ao número de sílabas

1. **monossílaba** – palavra que tem apenas uma sílaba:

   lá, bem, vez, lhes, é

2. **dissílaba** – palavra de duas sílabas:

   alto, dela, outra, povo, verdes, quando, nome

3. **trissílaba** – palavra de três sílabas:

   décimo, segundo, buzinas, criança, calçada, preciso

4. **polissílaba** – palavra de quatro ou mais sílabas:

   esperança, delicioso, miraculosamente, indagará, devagarinho

Em português, normalmente as palavras não ultrapassam quatro sílabas e são raros os casos de palavras com sete ou oito sílabas.

Tonicidade

Sílaba tônica e sílaba átona

A palavra *décimo* tem três sílabas. Na leitura da sílaba **dé-**, há maior força expiratória que na leitura das demais sílabas da palavra. É a sílaba **tônica**, pois sobre ela recai o acento da fala.

As demais sílabas (**ci-** e **-mo**) são **átonas**, pois são pronunciadas com menor intensidade que a tônica.

É importante levar em conta que o acento da sílaba tônica sempre existe, mas nem sempre é marcado graficamente:

dé-ci-mo – a sílaba tônica é acentuada graficamente;
lou-ca – a sílaba tônica não é acentuada graficamente;
con-**tém** – a sílaba tônica é acentuada graficamente;
a-no – a sílaba tônica não é acentuada graficamente.

Na palavra *décimo* podemos observar, portanto:

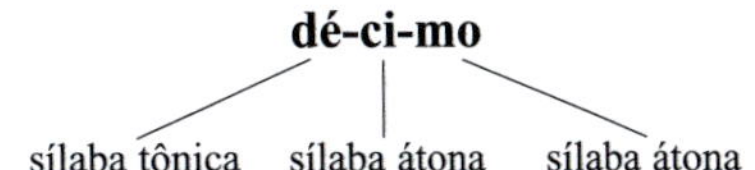

Em português, palavras com duas ou mais sílabas têm uma sílaba tônica.

> **Observação**
>
> Algumas poucas palavras dissílabas podem não ter sílaba tônica. É o caso de certas preposições e combinações de preposições com artigos: *para, pelo, duma, porque*, etc.

Sílaba subtônica

Existem palavras que apresentam uma sílaba chamada subtônica. Geralmente são palavras derivadas e polissílabas.

Nelas, além do acento principal, há um acento secundário; a sílaba em que recair esse acento secundário será a sílaba **subtônica**.

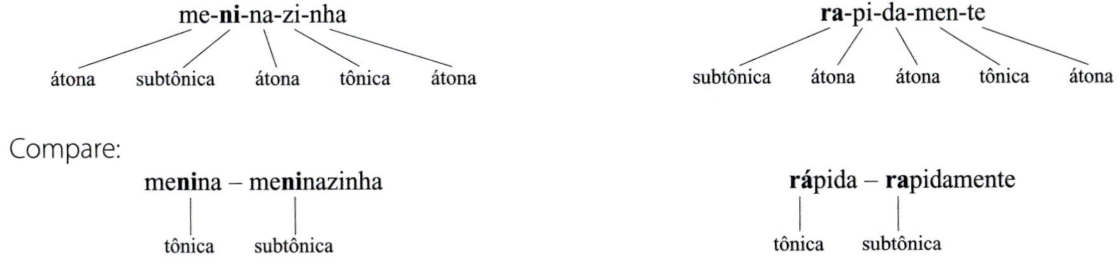

A sílaba tônica da palavra primitiva será a subtônica da palavra derivada.

Tomando a sílaba tônica como base, podemos ainda distinguir numa palavra:

1. **sílaba pretônica** – aquela que antecede a tônica.

   Na palavra *esperança* a sílaba tônica é **-ran**. A sílaba pretônica é **-pe**.

2. **sílaba postônica** – aquela que se localiza depois da tônica.

Na mesma palavra, a sílaba **-ça** é a postônica.

Portanto, na palavra que estamos analisando é possível distinguir:

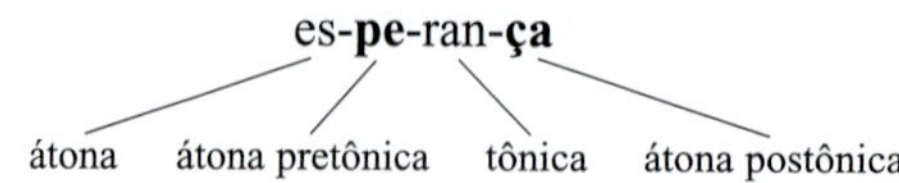

As sílabas átonas que não se encontram imediatamente antes ou imediatamente depois da tônica não apresentam nome específico. São sílabas átonas simplesmente.

Numa palavra como **diferentemente**, podemos distinguir: sílabas átonas (*di* e *fe*), sílaba tônica (*men*), sílaba subtônica (*ren*), sílaba átona pretônica (primeiro *te*) e sílaba átona postônica (segundo *te*).

Atividades

1. Coloque-se no lugar da atriz que está representando o papel da personagem Joana no texto seguinte. Que palavra do fragmento deve ser pronunciada sílaba por sílaba para expressar melhor a emoção da fala? Escreva essa palavra dividindo-a em sílabas.

   JOANA – A senhora ainda acredita na honestidade do Marcelo?

   MARTA – Eu? Como assim?

   JOANA – Honestidade. Repito: honestidade!

2. Observe:

   comércio → co-mér-cio ou co-mér-ci-o

   Na fala, são possíveis as duas realizações. Qual delas é aceita pela norma-padrão da língua escrita?

3. Leia uma fala extraída de uma peça de teatro:

   MOCINHA (*aumentando progressivamente a voz, até ao grito*) – Sônia!... Sônia!... Sônia!... (Nelson Rodrigues, *Valsa nº 6*)

   A atriz que representa a personagem MOCINHA conta com três possibilidades de leitura para a sequência sonora **ia**: ler como ditongo (Sô-n**ia**), como hiato (Sô-n**i**-**a**) ou alternando as duas possibilidades. Qual delas lhe parece ser a mais expressiva? Por quê?

4. Leia:

   BIÉ (*Sala*) Ehêêê! Vamo pará? Quero falá errado e falo, pronto. **P-r-o-f-i-s-s-i-o-n-á!** (Jorge de Andrade, *O telescópio*)

   O autor da peça separou a palavra em destaque em letras. Coloque-se no lugar do ator e separe as sílabas dessa palavra de duas maneiras possíveis.

5. Classifique, de acordo com o número de sílabas, as palavras destacadas no fragmento:

   Quando os eruditos **descobriram** a língua, ela **já estava** completamente pronta pelo povo. Os eruditos tiveram apenas que proibir o povo de falar **errado**. (Millôr Fernandes, *A bíblia do caos*)

6. Identifique a sílaba tônica das palavras destacadas:

   a. Não se **fabrica** mais o fusquinha?

   b. Aquela **fábrica** poluiu nossa cidade.

c. **Lastima**-se teu desempenho na prova...

d. Foi uma **lástima** o teu desempenho na prova.

e. Esta criança **maquina** coisas incríveis!

f. Não sabia ainda trabalhar com a nova **máquina**.

7. Pode-se concluir, comparando os pares *fábrica/ fabrica*; *lástima/ lastima*; *máquina/ maquina*, que nessas palavras a distinção de significados não se faz por meio dos fonemas. Explique.

8. Forme pares de frases com as palavras: estímulo/ estimulo; influência/ influencia; início/ inicio.

9. Explique por que, nos pares acima, o acento funciona como se fosse um fonema.

Classificação das palavras quanto à posição da sílaba tônica

Palavras com duas ou mais sílabas

A sílaba tônica pode ser:

- a última sílaba da palavra – *di**rá***;
- a penúltima sílaba da palavra – *si**re**nas*;
- a antepenúltima sílaba da palavra – *po**é**tica*.

De acordo com a posição da sílaba tônica, a palavra de duas ou mais sílabas será classificada como:

1. **oxítona** – a sílaba tônica é a última:
   an**dar**, di**zer**, se**rá**, indaga**rá**, vo**cê**

2. **paroxítona** – a sílaba tônica é a penúltima:
   cha**ma**da, bu**zi**na, **pen**sa, devaga**ri**nho, **tá**xi, **ál**bum, **tó**rax, a**çú**car

3. **proparoxítona** – a sílaba tônica é a antepenúltima:
   décimo, in**có**lume, **pá**gina, **sí**laba

Nas palavras compostas que apresentam hífen, cada elemento tem a sua sílaba tônica:

guarda-**rou**pa　　　　cria**do**-**mu**do

Palavras com uma sílaba (monossílabos)

O jogo das definições

A JUSTIÇA – É uma gota num copo de água.

O CÉU – Só não vê quem não quer.

FERNANDES, Millôr. *Literatura comentada*. São Paulo: Abril, 1980. p. 50.

Lendo esse trecho em voz alta, percebe-se que o monossílabo **de** é pronunciado fracamente na frase. Ele se apoia na palavra seguinte (água), como se fosse uma sílaba átona daquela palavra: ['djagwa]; quando pronunciamos as duas palavras (de + água) não ocorre nenhuma pausa entre elas. O monossílabo "encosta-se" na palavra vizinha. Nesse caso, ele é um **monossílabo átono**.

O mesmo ocorre com **o** em "o céu" [osɛw] e com **a** em "a justiça" [aʒus'tisa].

Ainda nesse texto, aparecem outros monossílabos: "Só não vê quem não quer".

Esses monossílabos são pronunciados fortemente na frase, têm acento próprio e não precisam apoiar-se em palavras vizinhas a eles. São **monossílabos tônicos**.

Existem alguns traços que permitem identificar monossílabo átono e monossílabo tônico.

Monossílabo átono é aquele pronunciado fracamente na frase em que aparece. Não tendo acento próprio, necessita apoiar-se na palavra que o antecede ou na palavra que vem depois dele.

Monossílabo tônico é aquele pronunciado fortemente na frase em que aparece. Tendo acento próprio, o monossílabo tônico não necessita apoiar-se na palavra que o antecede ou que o segue.

1. Os monossílabos cuja vogal se modifica ou pode se modificar na pronúncia são átonos. Com os tônicos, essa possibilidade não ocorre. Compare:

a. "... meninazinha **de** olhos verdes?"
monossílabo átono
(é possível a pronúncia [di])

b. **Dê** o material a ela.
monossílabo tônico
(a única pronúncia possível é [de])

c. "E ela pensa **que** quando todas as sirenas"
monossílabo átono
(é possível a pronúncia [ki])

d. Você pensou em **quê**?
monossílabo tônico
(a única pronúncia possível é [ke])

2. Há palavras vazias de significado quando estão fora de um contexto. É o caso de *mas*, *um*, *de*, *por*, *lhe*, *sob*, etc. Esses monossílabos serão átonos.

Outros monossílabos, que têm significado mesmo fora de um contexto, são tônicos: *não*, *vê*, *só*, etc.

3. A classe gramatical a que pertence um monossílabo permite distinguir se ele é átono ou tônico.

Monossílabos átonos

a. artigos definidos: *o*, *a*, *os*, *as*;

b. artigos indefinidos: *um*, *uma*, *uns*, *umas*;

c. alguns pronomes pessoais oblíquos: *me*, *te*, *se*, *o*, *a*, *lhe*, *nos*, *os*, *as*, *lhes*;

d. pronome relativo *que*;

e. preposições: *de*, *com*, *por*, *em*, *a*, *sob*, *sem*, etc.;

f. conjunções: *e*, *mas*, *nem*, *ou*, *se*, *que*, etc.

Monossílabos tônicos

a. substantivos: *fé*, *mar*, *cal*, *pó*, etc.;

b. adjetivos: *má*, *mau*, *só*, etc.;

c. advérbios: *mal*, *cá*, *já*, *lá*, etc.;

d. pronomes pessoais retos: *eu*, *tu*, *nós*, *vós*;

e. pronomes possessivos: *meu*, *teu*, *seu*;

f. alguns pronomes pessoais oblíquos: *mim*, *ti*, *si*, *nós*, *vós*;

g. verbos: *pôr*, *dá*, *dê*, *sê* (do verbo *ser*), *dás*, *dês*, *vê*, *vêm*, etc.;

h. interjeições: *ah!*, *oh!*, *ó*, *uf!*, *cruz!*, etc.;

i. numerais: *um*, *três*, *dez*, *cem*, etc.

Atividades

1. Compare os grupos de palavras:

   A. **ca**da, impor**tan**te, pa**ra**do

   B. **fá**cil, **tá**xi, re**vól**ver, **lá**tex

   Conhecer a posição da sílaba tônica é fundamental para aprender as regras de acentuação gráfica. As palavras acima são todas paroxítonas. As do grupo A não levam acento gráfico. As do grupo B são acentuadas graficamente. Baseando-se na *terminação das palavras* do grupo B, formule parte de uma regra de acentuação das palavras paroxítonas.

2. Leia o trecho seguinte em voz alta e, a seguir, identifique e classifique os monossílabos.

   Que língua, a nossa!
   A palavra oxítona é proparoxítona.

   (Millôr Fernandes, *A bíblia do caos*)

3. Baseando-se no critério das classes gramaticais, identifique os monossílabos átonos e os monossílabos tônicos em destaque de cada provérbio.

   a. Perdido por **um**, perdido por **cem**.

   b. Quem **vê** cara não **vê** coração.

   c. O hábito não **faz** o monge.

   d. Não **dê** pérolas aos porcos.

   e. Quem **dá** o que tem a pedir vem.

   f. Saco vazio não pára em **pé**.

   g. Se **a** carapuça servir, use-**a**.

4. Compare:

   A. O filme ***Por** trás do pano* ganhou o prêmio Glauber Rocha.

   B. Vamos **pôr** as coisas no lugar.

   Explique, utilizando dois critérios, a diferença entre os monossílabos destacados.

5. Identifique os monossílabos átonos e os monossílabos tônicos entre os destacados.

   a. Manual **dá** dicas **à** torcida **em** jogos universitários.

   b. Uma das recomendações **da** cartilha das Olimpíadas **diz** para **não se** usarem máquinas **com** flash. (*O Estado de S. Paulo*)

   c. Procura **por** rota **de** tubarão **dá** prêmio **em** Pernambuco. (*Diário do Commercio*)

   d. Volta **com a** tocha olímpica **deu a** largada **aos** Jogos Paradesportivos **de** Santa Catarina, **que** reúnem quase **mil** atletas deficientes físicos **em** Chapecó. (*A Notícia*)

6. Se trocarmos o monossílabo átono pelo tônico, na frase seguinte, ocorrerá mudança de sentido. Explique.

   a. Vamos todos **por** aqui.

   b. Vamos todos **pôr** aqui.

NOÇÕES DE VERSIFICAÇÃO

Soneto de véspera

Vinícius de Moraes

Quando chegares e eu te vir chorando
De tanto te esperar, que te direi?
E da angústia de amar-te, te esperando
Reencontrada, como te amarei?

Que beijo teu de lágrima terei?
Para esquecer o que vivi lembrando
E que farei da antiga mágoa quando
Não puder te dizer por que chorei?

Como ocultar a sombra em mim suspensa
Pelo martírio da memória imensa
Que a distância criou – fria de vida?

Imagem tua que eu compus serena
Atenta ao meu apelo e à minha pena
E que quisera nunca mais perdida...

MORAES, Vinícius de. *Obra poética*. Rio de Janeiro: Nova Aguilar, 1981. p. 206.

Conceito

O texto acima apresenta uma forma diferente da que comumente se vê numa notícia de jornal, num romance, numa crônica, num conto ou numa redação escolar. Ele é chamado de poema, pois está estruturado em versos.

Verso é o nome que se dá a cada linha da composição poética. Os versos podem apresentar rimas, alternância sistemática de sílabas átonas e tônicas, repetição de vogais, consoantes, enfim, inúmeros recursos fonológicos capazes de criar efeitos sonoros que despertem emoções e reações no leitor. O estudo desses recursos chama-se **versificação**.

Uma das principais características do poema é o **ritmo**, isto é, a musicalidade do verso. A forma do poema (rima, métrica, tamanho dos versos e das estrofes) é estruturada conforme as exigências do ritmo desejado. Vamos estudar, então, algumas noções básicas de versificação.

> **Versificação** é o estudo dos recursos usados na composição do poema. Para alguns especialistas, pode ser também a arte ou a técnica de escrever em forma de verso.

Noções básicas

Estrofe

É um conjunto de versos de uma composição poética. De acordo com o número de versos que apresenta, a estrofe recebe um nome diferente: **dístico** (dois versos); **terceto** (três versos); **quadra** ou **quarteto** (quatro versos); **quinteto** ou **quintilha** (cinco versos); **sexteto** ou **sextilha** (seis versos); **sétima** ou **septilha** (sete versos); **oitava** (oito versos); **nona** ou **novena** (nove versos) e **décima** (dez versos).

Observações

1. O **soneto** é um poema de forma fixa: tem catorze versos distribuídos em dois quartetos e dois tercetos – como você pode ver no poema da página ao lado, de Vinícius de Moraes.
2. As composições populares são feitas, geralmente, em quadras:

   Se eu fosse um peixinho,
   e soubesse nadar,
   Tirava o Joãozinho
   do fundo do mar.

Metro

É a medida ou extensão dos versos de um poema. Para medir o tamanho de um verso, contam-se as sílabas poéticas que compõem esse verso. A essa contagem de sílabas damos o nome de **metrificação** ou **escansão.** Escandir um verso é, portanto, contar suas sílabas poéticas.

Ao escandir um verso, deve-se levar em conta que o número de sílabas poéticas é diferente do número de sílabas gramaticais. Observe, por exemplo, a contagem de sílabas do primeiro verso do "Soneto de véspera":

a. Contagem de sílabas gramaticais:

Quan/ do/ che/ ga/ res/ e/ eu/ te/ vir/ cho/ ran/ do
1 2 3 4 5 6 7 8 9 10 11 12
12 sílabas gramaticais

b. Contagem de sílabas poéticas:

Quan/ do/ che/ ga/ res/ e eu/ te/ vir/ cho/ ran/ do
1 2 3 4 5 6 7 8 9 **10**
10 sílabas poéticas
última sílaba tônica

Você pode notar que:

1. A contagem vai apenas até a sílaba tônica da última palavra do verso. As sílabas posteriores à sílaba tônica não são contadas.
2. As sílabas **e** e **eu** transformaram-se numa só. Esse encontro entre vogais iguais do fim de uma palavra e começo de outra chama-se **crase**.

   Pode ocorrer também encontro entre vogais átonas diferentes do fim de uma palavra e começo de outra. Esse fenômeno chama-se **elisão**. Veja:

   Re-/ en/ con/ tra/ da,/ co/ mo/ te a/ ma/ rei?
   1 2 3 4 5 6 7 8 9 10
   10 sílabas poéticas

Te e **a** ficaram numa mesma sílaba; houve elisão.

Observação

Para o estudo da metrificação, alguns teóricos levam em consideração muitas outras ocorrências. Como nosso objetivo não é fazer um estudo aprofundado do assunto, tratamos apenas das mais importantes: **crase** e **elisão**.

É importante destacar também que os poetas se valem, entre outros recursos, da alternância de sílabas átonas e tônicas para conseguir o ritmo pretendido no poema. Veja a disposição das sílabas tônicas nos dois primeiros versos da segunda estrofe do "Soneto de véspera":

Que/ **bei/** jo/ teu/ de/ **lá/** gri/ ma/ te/ **rei**?
1 **2** 3 4 5 **6** 7 8 9 **10**
sílabas acentuadas: 2ª, 6ª e 10ª

Pa/ ra es/ que/ **cer/** o/ que/ vi/ **vi/** lem/ **bran/** do
1 2 3 **4** 5 6 7 **8** 9 **10**
sílabas acentuadas: 4ª, 8ª e 10ª

Os poetas clássicos, principalmente os parnasianos, seguem um esquema rítmico bem rígido: versos com o mesmo número de sílabas poéticas, rigor na distribuição das sílabas tônicas. A partir do começo do século XX, com o Modernismo, os poemas passaram a ser mais soltos, livres das regras da métrica tradicional.

Classificação dos versos quanto ao número de sílabas

1. **monossílabos** – versos de uma só sílaba.

Pin/ go
1
d'á/ gua
1
pin/ ga,
1
ba/ te
1
tu/ a
1
má/ goa.
1 (Cassiano Ricardo)

2. **dissílabos** – versos de duas sílabas.

E as/ bre/ ves
1 2
Fa/ le/ nas
1 2
Vão/ le/ ves,
1 2
Se/ re/ nas,
1 2
Em/ ban/ dos,
1 2
Gi/ ran/ do,
1 2
Val/ san/ do,
1 2
vo/ an/do
1 2 (Castro Alves)

3. **trissílabos** – versos de três sílabas.

Den/ sa/ bru/ ma
1 2 3
Pe/ lo es/ pa/ ço
1 2 3
Já/ se es/ fu/ ma.
1 2 3
E a/ ga/ ro/ a
1 2 3
Se/ po/ vo/ a
1 2 3
De/ mil/ gê/ nios
1 2 3 (Castro Alves)

4. **tetrassílabos** – versos de quatro sílabas.

Es/ tre/ la/ pá/ lida,
1 2 3 4
Mo/ ça/ di/ vi/ na!
1 2 3 4
Don/ ze/ la/ tí/ mida
1 2 3 4
Sob/ a/ ne/ bli/ na!
1 2 3 4

(Castro Alves)

5. **pentassílabos** (ou **redondilha menor**) – versos de cinco sílabas.

Um/ in/ se/ to/ ca/ va
1 2 3 4 5
ca/ va/ sem/ a/ lar/ me
1 2 3 4 5
per/ fu/ ran/ do a/ ter/ ra
1 2 3 4 5
sem/ a/ char/ es/ ca/ pe.
1 2 3 4 5

(Carlos Drummond de Andrade)

6. **hexassílabos** – versos de seis sílabas.

A/ chu/ va,/ qua/ se/ sem/ pre
1 2 3 4 5 6
cai/ em/ ci/ ma/ da/ gen/ te,
1 2 3 4 5 6
Ver/ ti/ cal/ men/ te, em/ bo/ ra
1 2 3 4 5 6
o/ blí/ qua/ tam/ bém/ pos/ sa.
1 2 3 4 5 6

(João Cabral de Melo Neto)

7. **heptassílabos** (ou **redondilha maior**) – versos de sete sílabas.

Dor/ me,/ ci/ da/ de/ mal/ di/ ta,
1 2 3 4 5 6 7
Teu/ so/ no/ de es/ cra/ vi/ dão!
1 2 3 4 5 6 7

(Castro Alves)

8. octossílabos – versos de oito sílabas.

O/ cro/ co/ di/ lo/ que/ do/ Ni/ lo
1 2 3 4 5 6 7 8

Ain/ da a/ pa/ vo/ ra a/ cris/ tan/ da/ de
1 2 3 4 5 6 7 8

Tem/ o/ cro/ co/ di/ lo um/ a/ mi/ go
1 2 3 4 5 6 7 8

Num/ pás/ sa/ ro/ que/ lhe/ pa/ li/ ta
1 2 3 4 5 6 7 8

Os/ den/ tes/ e o a/ ler/ ta ao/ pe/ ri/ go.
1 2 3 4 5 6 7 8 (Vinícius de Moraes)

9. eneassílabos – versos de nove sílabas.

Co/ mo/ nu/ vens/ em/ ne/ gra/ tor/ men/ ta
1 2 3 4 5 6 7 8 9

Em/ lu/ fa/ das/ ar/ ro/ ja o/ tu/ fão,
1 2 3 4 5 6 7 8 9

E em/ con/ fu/ so/ de/ lí/ rio a/ pi/ nha/ das
1 2 3 4 5 6 7 8 9

De/ tro/ pel/ en/ con/ tran/ do-/ se/ vão.
1 2 3 4 5 6 7 8 9 (Castro Alves)

10. decassílabos – versos de dez sílabas.

U/ ma/ se/ men/ te en/ gra/ vi/ da/ va a/ tar/ de.
1 2 3 4 5 6 7 8 9 10

E/ ra o/ di/ a/ nas/ cen/ do, em/ vez/ da/ noi/ te.
1 2 3 4 5 6 7 8 9 10

Per/ di/ a a/mor/ seu/ há/ li/ to/ co/ var/ de,
1 2 3 4 5 6 7 8 9 10

e a/ vi/ da,/ cor/ cel/ ru/ bro,/ da/ va um/ coi/ ce.
1 2 3 4 5 6 7 8 9 10

(Carlos Drummond de Andrade)

11. hendecassílabos – versos de onze sílabas.

A/ lin/ da/ mo/ re/ na/ que,/ lou/ co, a/ do/ ra/ va,
1 2 3 4 5 6 7 8 9 10 11

Que em/ so/ nhos/ bei/ ja/ va,/ tre/ men/ do/ de a/ mor,
1 2 3 4 5 6 7 8 9 10 11

Não/ viu/ meus/ a/ mo/ res,/ des/ creu/ do/ meu/ can/ to,
1 2 3 4 5 6 7 8 9 10 11

Sor/ riu/ do/ meu/ pran/ to,/ com/ ri/ so/ trai/ dor.
1 2 3 4 5 6 7 8 9 10 11

(Castro Alves)

12. alexandrinos – versos de doze sílabas.

A/ mou/ da/ que/ la/ vez/ co/ mo/ se/ fos/ se a/ úl/ tima
1 2 3 4 5 6 7 8 9 10 11 12

Bei/ jou/ su/ a/ mu/ lher/ co/ mo/ se/ fos/ se a/ ú/ nica.
1 2 3 4 5 6 7 8 9 10 11 12

(Chico Buarque de Hollanda)

Rima

É o nome que se dá à repetição de sons semelhantes, especialmente no final de dois ou mais versos. Para analisar as rimas de um poema, convencionou-se atribuir uma letra do alfabeto a cada par que rima. Assim:

Quando chegares e eu te vir chor**ando** rima A
De tanto te esperar, que te d**irei**? rima B
E da angústia de amar-te, te esper**ando** rima A
Reencontrada, como te am**arei**? rima B

(Vinícius de Moraes)

Portanto, o esquema de rimas dessa estrofe é ABAB.

Quanto à *disposição nas estrofes*, as rimas podem ser:

1. **cruzadas** (ABAB) – o primeiro verso rima com o terceiro e o segundo com o quarto, como na 1ª estrofe do "Soneto de véspera".
2. **interpoladas** (ABBA) – o primeiro verso rima com o quarto e o segundo com o terceiro.

Súbita mão de algum fantasma oculto A
Entre as dobras da noite do meu sono B
Sacode-me e eu acordo e no abandono B
Da noite não enxergo gesto ou vulto. A

(Fernando Pessoa)

3. **emparelhadas** (AABB) – o primeiro verso rima com o segundo e o terceiro com o quarto.

Leve, breve, suave A
Um canto de ave A
Sobe no ar com que principia B
O dia. B

(Fernando Pessoa)

As rimas também podem ser classificadas em *pobres* e *ricas*.

1. **pobres** – ocorrem entre palavras que pertencem à mesma classe gramatical.

Quando chegares e eu te vir chorando
De tanto te esperar, que te direi?
E da angústia de amar-te, te esperando
Reencontrada, como te amarei?

(Vinícius de Moraes)

Todas as palavras que rimam nesta estrofe (*chorando/ esperando; direi/ amarei*) são verbos. Logo, de acordo com esse critério, são rimas pobres.

2. **ricas** – ocorrem entre palavras que pertencem a classes gramaticais diferentes.

Imagem tua que eu compus serena
Atenta ao meu apelo e à minha pena

(Vinícius de Moraes)

Serena e *pena* constituem uma rima rica, pois *serena* é adjetivo e *pena*, substantivo.

Verso

Pode ser classificado em:

1. **regular** – é o verso que apresenta rimas e obedece às regras clássicas de metrificação. Todos os versos do "Soneto de véspera" são regulares.
2. **branco** – é o verso que não apresenta rima, mas obedece às regras clássicas de versificação. Assim:

Já não há mãos dadas no mundo.
Elas agora viajarão sozinhas.
Sem o fogo dos velhos contatos,
que ardia por dentro e dava coragem.

(Carlos Drummond de Andrade)

3. **livre** – é o verso que não segue nenhuma regra de metrificação nem apresenta rima. Num poema em versos livres, cada verso pode ter tamanho diferente e a acentuação não é fixa. Veja um exemplo, de autoria de Fernando Pessoa:

Quando me sento a escrever versos
Ou, passeando pelos caminhos ou pelos atalhos,
Escrevo versos num papel que está no meu pensamento,
Sinto um cajado nas mãos
E vejo um recorte de mim
No cimo dum outeiro...

Outros recursos sonoros

Aliteração

É a repetição de fonemas consonantais no início, no meio ou no fim de vocábulos próximos ou mesmo distantes para a obtenção de efeitos expressivos. Observe o efeito produzido pelas aliterações em /s/ e em /f/ em um trecho do poema "Um sonho", do poeta português Eugênio de Castro. A repetição regular e monótona dos sons semelhantes provoca uma sensação de leveza e suavidade.

....
Cítolas, cítaras, sistros,
Soam, suaves, sonolentos,
Sonolentos e suaves,
Em suaves,
Suaves, lentos lamentos...
....
Deixemos estes sons tão serenos e amenos,
Fujamos, Flor! à flor destes floridos fenos...
....

Assonância

É a repetição de fonemas vocálicos no poema. Note como a repetição das vogais **e** e **i** contribuem para destacar a brancura, a clareza e a limpidez das formas.

Ó Formas alvas, brancas, Formas claras
De luares, de neves, de neblinas!...
Ó Formas vagas, fluidas, cristalinas...
Incensos dos turíbulos das aras...

Formas do Amor, constelarmente puras,
De Virgens e de Santas vaporosas...
Brilhos errantes, mádidas frescuras
e dolência de lírios e de rosas...

(Cruz e Sousa)

Atividades

1. Leia o poema que segue, de Luís Vaz de Camões, um dos maiores poetas da língua portuguesa.

Amor é fogo que arde sem se ver;
É ferida que dói e não se sente;
É um contentamento descontente;
É dor que desatina sem doer;

É um não querer mais que bem querer;
É solitário andar por entre a gente;
É nunca contentar-se de contente;
É cuidar que se ganha em se perder;

É querer estar preso por vontade;
É servir a quem vence, o vencedor;
É ter com quem nos mata lealdade.

Mas como causar pode seu favor
Nos corações humanos amizade,
Se tão contrário a si é o mesmo Amor?

a. Trata-se de um poema de forma fixa chamado soneto. Como é formado o soneto?

b. Identifique as rimas de todo o soneto e classifique apenas as dos quartetos.

c. Faça a contagem das sílabas poéticas de todo o poema e destaque os acentos tônicos de cada verso.

d. Como se classificam todos os versos do poema quanto ao número de sílabas?

e. Transcreva o verso em que ocorrem duas elisões. Identifique-as.

f. Transcreva a aliteração em **t** da primeira estrofe.

2. Todos os versos do soneto de Camões são regulares, pois seguem a métrica tradicional e têm rima. Agora, classifique os versos que seguem, todos de autoria de poetas modernos.

a. Não calques o jardim
nem assustes o pássaro.
Um e outro pertencem
aos mortos do Carmo. (Carlos Drummond de Andrade)

b. Come chocolates, pequena;
Come chocolates!
Olha que não há mais metafísica no mundo senão chocolates.
Olha que as religiões todas não ensinam mais que a confeitaria.
Come, pequena sua, come! (Fernando Pessoa)

c. Os meninos carvoeiros
Passam a caminho da cidade.
– Eh, carvoero!
E vão tocando os animais com um relho enorme. (Manuel Bandeira)

d. Marinheiro triste
Que voltas para bordo
Que pensamentos são
Esses que te ocupam? (Manuel Bandeira)

Ortofonia

Leia:

Numa passagem da peça *A estória do formiguinho ou Deus ajuda os bão*, de Arnaldo Jabor, há esta fala da personagem CORONEL:

– [...] Ora, fiou, por quem sedes! Você que és da cidade, home curto, destruído, vejai estes caboclos, todos burros, analfabégicos, tudo analfabégicos. Dono da terra tem de se eu! Inteligentil, inteligentil. Reforma agrária é coisa séria.

JABOR, Arnaldo. In: PEIXOTO, Fernando. *O melhor teatro do CPC da UNE*. São Paulo: Global, 1989. p. 93.

O fragmento mostra alterações fonéticas que determinadas palavras podem sofrer na pronúncia dos falantes. Observe:

homem → home. A forma resulta do desaparecimento da nasalização do fonema /e/.

culto (adjetivo) → curto. A forma resulta da realização da letra **l** como a variante [r].

inteligente → inteligentil. A forma resulta do acréscimo da terminação /iw/ à palavra original.

Esses fenômenos resultam de variações de pronúncia que dependem de fatores sociais, regionais e, por vezes, estilísticos.

Uma das tarefas da gramática normativa é preservar uma relativa uniformidade da língua oral. A parte da fonologia encarregada de analisar a diversidade de pronúncia das palavras da língua e apontar a pronúncia-padrão chama-se **ortofonia**, palavra de origem grega composta de *orto* (correto) + *fonia* (som, pronúncia).

Ortofonia é a parte da fonologia que trata da pronúncia correta das palavras, tomando como modelo a norma-padrão.

Se na ortografia há *regras* impostas pela norma-padrão, na ortofonia há *recomendações* a respeito da pronúncia considerada padrão. Muitas vezes, o uso individual da língua e/ou as pronúncias regionais contrariam essas recomendações.

Veja como Oswald de Andrade trata poeticamente do tema.

Vício na fala

Pra dizerem milho dizem mio
Para melhor dizem mió
Para pior pió
Para telha dizem teia
Para telhado dizem teiado
E vão fazendo telhados

Andrade, Oswald de. *Primeiro caderno do aluno de poesia Oswald de Andrade*. São Paulo: Globo, 2006.

milho → mio – a forma *mio* resulta do desaparecimento do fonema /λ/.
melhor → mió – nesse caso o fonema /e/ foi substituído pelo fonema /i/ e o falante eliminou os fonemas /λ/ e /r/.
pior → pió – o falante eliminou o fonema final /r/.
telha → teia – nesse caso, o fonema /λ/ foi realizado com a variante [j].
telhado → teiado – a palavra *teiado* sofreu o mesmo tipo de realização do exemplo anterior.

A ortofonia (que diz respeito à língua oral) não se subordina à ortografia (que diz respeito à língua escrita).

Costuma-se dividir a ortofonia em:

1. **ortoépia** – que trata da pronúncia correta das palavras, tomando como modelo a chamada norma-padrão.
2. **prosódia** – que trata da acentuação, da entonação e do ritmo da fala.

Observação

O acento que interessa à prosódia é o acento da fala, não o acento gráfico, que diz respeito à escrita.

Ortoépia ou ortoepia

Tudo aquilo que foge à norma estabelecida pela gramática constitui uma "infração" à norma-padrão. Mas o conceito de *infração* deve ser considerado com cautela.

Primeiramente, o que a norma-padrão recomenda nem sempre é o mais adequado, dependendo do contexto em que ocorre a interlocução. Por isso, não se deve afirmar que um uso da língua é melhor ou pior que outro; a questão, na verdade, é de adequação ou inadequação ao contexto.

Em segundo lugar, temos de considerar que muitas vezes as regras estabelecidas pela gramática normativa se opõem à maneira escolhida pelos falantes para utilizar a língua, criando impasses entre aquilo que a gramática dita como norma e aquilo que efetivamente o falante emprega.

Há muitos exemplos que ilustram essa situação. Vejamos dois deles.

1. De acordo com a ortofonia, a vogal **e** da palavra *obeso* deve ser pronunciada como /ɛ/. Portanto, com timbre aberto. Dificilmente encontramos essa pronúncia em nosso país, isto é, a gramática emprega um princípio que contraria o fluxo normal da língua, que é aquele escolhido pela maioria dos falantes.
2. Na pronúncia corrente do português brasileiro, as palavras que apresentam encontros consonantais costumam sofrer alteração, pelo acréscimo de um fonema intermediário entre as consoantes do encontro, conforme vimos na página 46. Assim, a pronúncia corrente da palavra *psicólogo* é [pisi'kɔlogu], da palavra *advogado* é [adivo'gadu]. A ortofonia condena essa pronúncia.

Portanto, os parâmetros que se expõem a seguir para a ortoépia prendem-se exclusivamente aos princípios da norma-padrão. Fica implícito que as chamadas "infrações" não constituem emissões piores que as preconizadas por essa norma.

No português do Brasil, as infrações mais frequentes à pronúncia, se tomarmos a norma-padrão como referência, dizem respeito aos seguintes fenômenos fonéticos:

1. mudança de timbre das vogais **e** e **o** quando tônicas;
2. supressão de fonemas;
3. acréscimo de fonemas;
4. troca de um fonema por outro;
5. troca de posição de um ou mais fonemas da palavra;
6. nasalização inadequada de vogais orais;
7. leituras inadequadas da letra **x**;
8. leitura do **u** dos grupos q**u** e g**u**;
9. eliminação da metafonia na pronúncia de alguns plurais (plural metafônico);
10. leitura inadequada da letra **s**;
11. leitura inadequada do **à**.

1. Vogais tônicas e e o

Vogal tônica e

O timbre da vogal **e** é **fechado** (ê) nas seguintes palavras:

acervo
almeja
almejas
almejo (v.)
alveja
alvejas
alvejo
ambidestro
aparelha
aparelhas
aparelho (v. e s.)
apedreja
apedrejas
apedrejo
badejo
bafeja
bafejas
bafejo (v. e s.)
boceja
bocejas
bocejo (v. e s.)
caleja
calejas
calejo (v.)
caminhoneta
cerda
cerebelo
escaravelho
espelha
espelhas
espelho (v. e s.)
fareja
farejas
farejo
fecha
fechas
fecho (v.)
festeja
festejas
festejo (v. e s.)
maneja
manejas
manejo (v. e s.)
vexa
vexas
vexo (v.)

Observação

Embora a gramática normativa recomende a pronúncia fechada /ê/ do verbo *fechar*, predomina no Brasil a pronúncia aberta /é/: /fécho/, /féchas/, /fécha/.

O timbre da vogal **e** é **aberto** (é) nas seguintes palavras:

acerbo
cetro
coeso
coleta
servo

Vogal tônica *o*

O timbre da vogal **o** é **fechado** (ô) nas seguintes palavras:

alcova
algoz
boda
bodas
controle
corça
corso
crosta
desporto
filantropo
misantropo
molho (caldo)
poça
retoma
retomas
retomo
teor
toma
tomas
tomo (v. e s.)
torpe
virtuose

Observação

boda (ô) = mulata; corsa (ô) = espécie de veículo

O timbre da vogal **o** é **aberto** (ó) nas seguintes palavras:

coldre
inodoro
dolo
molho (feixe)

Observações

1. dolo = má-fé; astúcia; maquinação.
2. probo = honesto, honrado.

2. Supressão de fonemas

Na palavra

Norma-padrão	Infração
aleijar	alejar
abóbora	abobra
adivinhar	advinhar
apropriado	apropiado
bebedouro	bebedor
cabeleireiro	cabelereiro, cabeleiro
cavoucar e cavucar	cavocar
entretenimento	entretimento
etimologia	etmologia
frustrado	frustado

Norma-padrão	Infração
mesmo	memo
paralelepípedo	paralepípedo
problema	poblema / pobrema
prostrar	prostar
próprio	própio
proprietário	propietário
propriedade	propiedade
reivindicar	revindicar
raios X	raio X
superstição	supertição

Na frase

A infração mais comum é a supressão do fonema ou dos fonemas indicativos de plural.

As *criança trabalha*.
Vi duas *casa azul*.
Aquele livro custou dez *real*.

3. Acréscimo de fonemas

Muitas vezes, o acréscimo de fonemas deve-se a uma variante regional. Na pronúncia carioca, por exemplo, é comum o aparecimento de um /j/ antes de palavras grafadas com **sc**.

nascer – [najser]

Outras vezes, o acréscimo decorre porque o falante rejeita sílabas cujo padrão foge ao usual da língua.

Norma-padrão	Infração
absoluto	abissoluto
absurdo	abissurdo
advogado	adevogado, adivogado
afear	afeiar
assim	ansim
bandeja	bandeija
beneficência	beneficiência
caranguejo	carangueijo

Norma-padrão	Infração
digno	díguino
frear	freiar
hilaridade	hilariedade
má-criação	malcriação
optar	opitar
prazerosamente	prazeirosamente
ritmo	rítimo

4. Troca de um fonema por outro

Alguns casos comuns de troca de fonema:

Norma-padrão	Infração
abóbada	abóboda
antediluviano	antidiluviano
bueiro	boeiro
burburinho	borborinho, borburinho
cabeçalho	cabeçário
cataclismo	cataclisma
curinga	coringa
curtume	cortume
cutia	cotia
eletricista	eletrecista
empecilho	impecilho

Norma-padrão	Infração
irrequieto	irriquieto
meritíssimo	meretíssimo
pirulito	pirolito
pontiagudo	ponteagudo
privilégio	previlégio
supetão	sopetão
tóxico (ks)	tóchico
torácico	toráxico
umbigo	imbigo
umbilical	umbelical

Em alguns casos ocorre também a substituição do /r/ pelo /w/, por um fenômeno chamado de **hiperurbanismo**, ou seja, um esforço excessivo para pronunciar a palavra de forma que pareça correta em relação à norma-padrão.

Observações

Coringa = trabalhador de barco; cotia = embarcação.

marmita – [marmita] → forma recomendada pela norma-padrão;
[mawmita] → forma decorrente do **hiperurbanismo**.

garfo – [garfu] → forma recomendada pela norma-padrão;
[gawfu] → forma decorrente do **hiperurbanismo**.

É importante observar que formas antes consideradas infração à norma hoje estão dicionarizadas por imposição do uso. É o caso, por exemplo, de *aborígene*, *pantomina*, *salchicha* e *surrupiar*, variações respectivamente de *aborígine*, *pantomima*, *salsicha* e *surripiar*.

5. Troca da posição de um ou mais fonemas da palavra

Norma-padrão	Infração
aeroporto	areoporto
barganhar	braganhar
braguilha	barguilha
bicarbonato	bicabornato
caderneta	cardeneta
espontaneidade	espontaniedade
estupro	estrupo
faculdade	falcudade

Norma-padrão	Infração
lagarto	largato
lagartixa	largatixa
meteorologia	metereologia
muçulmano	mulçumano
xifópago	xipófago

Observação

O VOLP registra a forma *berganhar*. Registra também *barguilha*.

6. Nasalização inadequada de vogais orais

Norma-padrão	Infração
bugiganga	buginganga
engajar	enganjar
identidade	indentidade
mendigo	mendingo

Norma-padrão	Infração
mortadela	mortandela
sobrancelha	sombrancelha
traslado	translado

Observação

Os dicionários *Aurélio* e *Houaiss* registram também *translado*.

7. Leituras da letra *x*

x = ch	x = ks	x = z	x = ss/s	x = Ø (norma-padrão)
avexar	apoplexia	ex-aluno	cálix	exceção
bauxita	córtex	exangue	cóccix	excedente
exu	dúplex	exasperar	contexto	excêntrico
laxante	fênix	execrar	expensa	excitante
mixórdia	látex	exegese	expoente	inexcedível
	léxico	exíguo	expropriar	
	fluxo	exímio	êxtase	
	hexaedro	êxodo	extraescolar	
	hexágono	exoftalmia	fênix	
	intoxicar	exógeno	inexpugnável	
	intoxicação	exorcismo	próximo	
	marxismo	inexorável	sexto	
	paradoxo		sintaxe	
	prolixo		têxtil	
	sexagenário		trouxe	

São comuns pronúncias como: /bauksita/, /lésico/, /inekzorável/, /mákssimo/, /escitante/.

Observações

1. *exangue* = sem sangue; exausto; *execrar* = detestar, abominar; *exegese* = comentário sobre palavra ou passagem de um texto; *exoftalmia* = saliência exagerada do globo ocular; *ex-voto* = quadro, imagem, inscrição, ou órgão de cera, madeira, etc., que se oferece e expõe numa igreja ou numa capela em comemoração de voto ou promessa cumpridos; milagre; *prolixo* = muito longo ou difuso; exagerado.
2. As duas pronúncias da palavra *fênix* (ks e s) são aceitas, bem como as de *hexaedro* e *hexágono* (ks e z), registradas no VOLP.

8. Leitura do *u* dos grupos *qu* e *gu*

Observe:

gu/qu + a/o → o **u** é sempre pronunciado. Pode ser átono – *aguado, quase, aquoso* – ou tônico – (eu) *arguo*, (eu) *averiguo*;

Observação

São aceitas também as formas: (eu) *águo*, (eu) *averíguo*, (eu) *enxáguo*, (realizadas com **u** átono).

qu + e/i → o **u** é pronunciado como átono – *frequente, tranquilo*; ou não é pronunciado – *aquele, maquilagem*.

gu + e/i → o **u** pode ser pronunciado como tônico – (eles) *arguem*, (ele) *argui*; como átono – *aguente, arguia*; ou não ser pronunciado – *guerra, guiar*.

Gu + e/i		
Lê-se o *u*	**Não se lê o *u***	**A leitura do *u* é optativa**
aguentar	distinguir	antiguidade
ambiguidade	extinguir	lânguido
arguição		sangueira
arguir		sanguinário
banguê		sanguíneo
bilíngue		
ensanguentado		
exiguidade		
lingueta		
linguista		
redarguir		
sagui/saguim		

Qu + e/i		
Lê-se o *u*	**Não se lê o *u***	**A leitura do *u* é optativa**
cinquenta	adquirir	equidistante
consequência	aniquilar	equilátero
delinquência	aqueduto	equivalente
eloquência	equinócio	equivaler
equestre	equitação	liquefazer
equino	inquérito	liquidação
exequível	questão	liquidar
frequência		liquidificador
frequente		líquido
quinquagésimo		retorquir
quinquênio		séquito
quiproquó		
sequela		
tranquilo		
ubiquidade		

9. Plural metafônico

Algumas palavras do gênero masculino apresentam, no singular, na sílaba tônica, o fonema /o/ com timbre fechado (**ô**). No plural, esse fonema sofre mudança de timbre, tornando-se aberto /ɔ/ (**ó**). A esse plural dá-se o nome de **plural metafônico**:

caroço (ô) – [ka'rosu] → singular
caroços (ó) – [ka'rɔsus] → plural

Observações

1. O VOLP e o *Houaiss* registram a pronúncia do **u** em *questão*.
2. Equino (com **u** não pronunciado) = moldura curva.

Algumas palavras com plural metafônico:

Singular (ô)	Plural (ó)	Singular (ô)	Plural (ó)
abrolho	abrolhos	jogo	jogos
aeroporto	aeroportos	miolo	miolos
corno	cornos	morno	mornos
coro	coros	olho	olhos
corpo	corpos	osso	ossos
corvo	corvos	ovo	ovos
despojo	despojos	poço	poços
desporto	desportos	porco	porcos
destroço	destroços	porto	portos
esforço	esforços	posto	postos
fogo	fogos	povo	povos
forno	fornos	reforço	reforços
grosso	grossos	socorro	socorros
imposto	impostos	tijolo	tijolos

Observações

1. Apresentam ainda plural metafônico os adjetivos terminados em **-oso**:
   gost**o**so (ô) – gost**o**sos (ó)
   preci**o**so (ô) – preci**o**sos (ó)
   teim**o**so (ô) – teim**o**sos (ó)
2. As palavras femininas mantêm no plural o mesmo timbre do singular:
   b**o**lha (ô) – b**o**lhas (ô) m**o**da (ó) – m**o**das (ó)
   f**o**lha (ô) – f**o**lhas (ô)
3. Os nomes próprios jamais fazem plural com metafonia. Compare:
   a. porto
      p**o**rto (ô) – lugar da costa que permite ancorar um navio
      p**o**rtos (ó) – plural de porto
   b. Maria P**o**rto e Joaquim P**o**rto (ô)
      Os P**o**rtos não vieram hoje. (ô)
      Portanto: os Card**o**sos (ô); os Mat**o**sos (ô); etc.

10. Leitura inadequada da letra *s*

A letra **s** corresponde ao fonema /s/ quando ocorrer imediatamente após o prefixo **sub-**:

Norma-padrão	Infração
sub**s**idiar /s/	subsidiar /z/
sub**s**idiário /s/	subsidiário /z/
sub**s**ídio /s/	subsídio /z/
sub**s**istência /s/	subsistência /z/
sub**s**istir /s/	subsistir /z/

Observação

É comum ouvir, até na mídia, [sub'zidiu] [subzis'tir].

11. Leitura inadequada do *à*

A fusão do artigo **a**(**s**) ou do pronome demonstrativo **a**(**s**), **aquele**(**s**), **aquela**(**s**), **aquilo** com a preposição **a** é marcada com o acento grave (`) na escrita. Não se deve desdobrar esse **à** na leitura:

Norma-padrão	Infração
Vou **à** praia. (a)	Vou **à** praia. (aa)
Sairemos **às** seis horas. (as)	Sairemos **às** seis horas. (aas)
Dirigiu-se **à**quela loja. (a)	Dirigiu-se **à**quela loja. (aaquela)

Atividades

1. Atente para os fonemas destacados e, considerando a pronúncia recomendada pela norma-padrão, identifique os pares que não rimam em cada grupo:

A

a. bad**e**jo/ des**e**jo
b. ob**e**so/ ac**e**so
c. desp**o**rto/ m**o**rto
d. cr**o**sta/ t**o**rpe

B

a. filantr**o**po/ Es**o**po
b. su**o**r/ am**o**r
c. il**e**so/ r**e**zo
d. inod**o**ro/ cl**o**ro

C

a. (tu) apar**e**lhas/ cent**e**lhas
b. (tu) man**e**jas/ cer**e**jas
c. (ele) fest**e**ja/ f**e**sta
d. (ele) f**e**cha/ boch**e**cha

2. Considerando que rima é a semelhança sonora, identifique o problema de rima deste fragmento:

Soneto reflexivo

A velha hippie assim se sente: velha.
Ao menos é o que o espelho já lhe espelha. (Glauco Mattoso)

3. Quando transcrevem a fala de personagens, alguns escritores registram o nível de linguagem dessas personagens. Em todos os casos destacados ocorrem infrações à norma-padrão. Identifique o tipo de infração.

a. – **Pírulas**, disse consigo, então o negócio é sério. (Manuel Antônio de Almeida)

b. – Ah! É só **coroné**... (Visconde de Taunay)

c. – (...) E diga **tam'ém** que recebi o recado dele, que 'tou avisado.

d. Petronilho responde sereno:
– Não vou, general de **bobage**... (Érico Veríssimo)

4. Identifique, nos fragmentos abaixo, entre os substantivos destacados, aqueles que apresentam plural metafônico.

a. Telefone, secretária eletrônica, videocassete e **forno** de micro-ondas são algumas das ferramentas necessárias para sobreviver com **conforto** na selva urbana. Assim como o computador. (*O Globo*)

b. O time precisava de **reforço**.

c. Fragmento da lei nº 9 434, de 4 de fevereiro de 1997:

Dispõe sobre a remoção de órgãos, tecidos e partes do corpo humano para fins de transplante e tratamento e dá outras providências.

Art. 1º A disposição gratuita de tecidos, órgãos e partes do **corpo** humano, em vida ou *post mortem**, para fins de transplante e tratamento, é permitida na forma desta Lei.

5. Baseando-se nas rimas, identifique se a vogal tônica das palavras destacadas apresenta timbre aberto ou fechado.

a. A névoa se **enovela**
Na folhagem das araucárias
Há um suave encanto nela...
(Manuel Bandeira)

b. Quem tem sua filha **moça**
padece muito vexame;
contempla-se numa poça
de fel em cerca de arame.
(Carlos Drummond de Andrade)

c. Com impulsos da graça, que a convida,
A pintar sobre a flor aos nossos **olhos**
A Cruz de Cristo, as Chagas e os abrolhos.
(Santa Rita Durão)

* *post mortem*: expressão latina que significa *depois da morte*.

6. Pela rima, identifique a sílaba tônica das palavras em destaque:

a. Vejo erguer-se a república perjura
Sobre alicerces de um domínio **avaro**;
Vejo distintamente, se reparo,
De Caco usurpador a cova escura. (Alvarenga Peixoto)

b. Quando ausente o agressor se lhe não ponha,
Documento à alma casta, que lhe indica
Que quem cauta não foi, nunca é **pudica**. (Santa Rita Durão)

7. Identifique a frase em que a palavra destacada **não** fará plural metafônico:

a. ... vinha um amigo de nossa casa e prometia-me o **posto** de tenente. (Machado de Assis)

b. O vidro reproduziu então a figura integral; nenhuma linha de menos, nenhum **contorno** diverso. (Idem)

c. Ei-lo que desce do **coro**, apoiado na bengala. (Idem)

d. Esse homem que tinha corrido, em **socorro** seu, parecia nem já se lembrar de que ela existia e ali estava perto dele. (José de Alencar)

Prosódia

Leia:

"Não entendi nada", disse, mal disfarçando a irritação.

Revista *Exame*.

O jornalista soube que o entrevistado estava irritado pela entonação empregada.

A **entonação** (ou **entoação**) é um elemento bastante significativo da fala. Graças a ela, pode-se captar o sentimento do falante: raiva, alegria, ironia, desprezo, etc. A entonação é tão importante que, quando não se evidencia, causa estranheza.

Observe, por exemplo, o comentário do jornalista que entrevistou, por telefone, uma professora autista*:

Temple Grandin, uma autista que, aos 2 anos, recebeu um diagnóstico fatalista de "danos cerebrais", e hoje, aos 50, é professora universitária nos EUA, com PhD em ciências animais, e projetista de renome internacional na área de equipamentos para fazendas de gado. Com uma fala pausada e "quase sem entonação" Temple deu a seguinte entrevista à *Revista da Folha*.

Revista da Folha. *Folha de S.Paulo*.

Para o jornalista, a expressão "quase sem entonação" reforça a ausência – pelo menos aparente – de emoção na fala da entrevistada.

O estudo da entonação e suas implicações no significado mais profundo da fala faz parte da **prosódia**, uma das subdivisões da ortofonia.

Para identificar alguns aspectos da entonação, a língua escrita utiliza-se de descrições de comportamentos dos falantes. Leia trechos de uma reportagem sobre memorização e estudo, observando a diversidade de verbos empregados pelo jornalista ao relatar como foi a fala dos entrevistados, com a intenção de informar ao leitor a entonação empregada por eles.

* **autista**: pessoa que vive desligada do mundo exterior, absorvida pelo mundo dos pensamentos, das representações e sentimentos pessoais.

"Além de enigmática, a memória é delicada." Izquierdo *lembra* que períodos de muita ansiedade, estresse e depressão são a principal causa da amnésia. "Algo entre 6% e 8% da população mundial padece de depressão clínica e tem problemas de memória", *conta* ele. Não é o caso de quem sente que as lembranças se embaralham. Segundo o cientista, isso é normal porque uma mesma célula nervosa gera muitas memórias diferentes. A eventual confusão entre elas é uma espécie de curto-circuito causado pela sobrecarga de impulsos elétricos nas conexões entre os neurônios. "Aí, é melhor estudar um pouco menos", *aconselha*.

Por uma questão de sobrevivência, não se pode lembrar de tudo. "Ficaríamos loucos", *diz* o neuroquímico Ivan Izquierdo.

"A chamada memória fotográfica tem a ver com situações emocionais em associações que ocorrem no hemisfério direito", *exemplifica* Izquierdo.

[...]

"Isso é enganação", *opina* Alfredo Stavale, coordenador do Anglo Vestibulares, de São Paulo. "Dar bitolinhas não é educar."

[...]

Os verbos empregados tentam captar a entonação de cada entrevistado, pois ela pode ser decisiva para a compreensão do discurso oral. *Dizer* pressupõe uma entonação diferente de *opinar*, ou de *aconselhar*, ou ainda de *exemplificar*.

A prosódia preocupa-se, portanto, não só com a emissão de cada vocábulo, mas também com a entonação da frase e do discurso como um todo.

Nível vocabular

Leia:

– Quê que é belico?

– Bélico: acento no é. Bélico é guerra, coisas da guerra.

– Material bélico...

– Fuzil, metralhadora, canhão, tanque, morteiro, tudo isso.

Érico Veríssimo

Ao perguntar o significado de *bélico*, o falante deslocou a sílaba tônica da palavra: *be**li**co*. Cometeu uma infração denominada **silabada**.

Uma das partes da prosódia diz respeito à posição correta da sílaba tônica das palavras. Assim, de acordo com a norma-padrão:

rubrica – **bri** é a sílaba tônica e não **ru**, como se ouve comumente.

Eis algumas palavras que podem oferecer dúvida quanto à localização exata da sílaba tônica.

1. São **proparoxítonas** as palavras:

a**cô**nito	a**zá**fama	e**lé**trodo	leu**có**cito	**pé**riplo
ae**ró**dromo	a**zê**mola	**êm**bolo	**Lú**cifer	**plê**iade
ae**ró**lito	**bá**varo	e**pí**teto (s.)	mu**ní**cipe	pro**tó**tipo
ágape	**bí**mano	e**tí**ope	Ni**á**gara	qua**drú**mano
álacre	**bó**lido	fa**gó**cito	**ô**mega	**sá**trapa
álibi	**brâ**mane	**gár**rulo	**pá**ramo	**trâns**fuga
âmago	**chá**vena	**hé**gira	**Pé**gaso	**zé**firo
a**ná**tema	Cle**ó**patra	hie**ró**glifo		
an**tí**fona	**côm**puto (s.)	i**dó**latra (s.)		
an**tí**frase	coti**lé**done	**ím**pio (incrédulo)		
a**rí**ete	**é**cloga	**ím**probo		
ar**qué**tipo	**é**dito (ordem judicial)	**ín**greme		
au**tóc**tone	**é**gide	**ín**terim		

Observação

O VOLP registra a forma *omega*. Os dicionários *Aurélio* e *Houaiss* registram as formas *eletrodo* e *hieroglifo*.

2. São **paroxítonas** as palavras:

a**la**no	**cí**vel	**grá**cil	o**pi**mo	re**fre**ga
al**cá**cer	**clí**max	his**so**pe	pe**ga**da	ru**bri**ca
algara**vi**a	de**ca**no	ho**sa**na	pe**ri**to	sino**ní**mia
âmbar	**dís**par	Hun**gri**a	ple**to**ra	**só**tão
a**va**ro	e**di**to (lei, decreto)	i**be**ro	poli**cro**mo	**tác**til
aus**te**ro	esta**li**do	im**pi**o (cruel)	pri**ma**ta	**têx**til
azi**a**go	estra**té**gia	inau**di**to	pu**di**co	tran**si**do
azi**mu**te	exe**ge**se	**ín**dex	quiroman**ci**a	tu**li**pa
bar**bá**rie	filan**tro**po	maquina**ri**a	re**cor**de	
ba**ta**vo	filate**li**a	meteo**ri**to		
bo**ê**mia	**flé**bil	misan**tro**po		
cânon	**flui**do (s.)	necrop**si**a		
carac**te**res	**fór**ceps	ne**nú**far		
cartoman**ci**a	for**tui**to	Norman**di**a		
ci**clo**pe	gra**tui**to	**ô**nix		

Observação

A forma *boemia* é registrada pelo VOLP e pelos dicionários *Aurélio* e *Houaiss*.

3. São **oxítonas** as palavras:

cate**ter**	Gibral**tar**	mis**ter**	o**bus**	ru**im**
Cis**ter**	han**gar**	No**bel**	re**cém**	su**til**
con**dor**	masse**ter**	no**vel**	re**fém**	ure**ter**

4. Apresentam pronúncia oscilante as palavras:

a**cró**bata	ou	acro**ba**ta	Oce**â**nia	ou	Ocea**ni**a
am**bró**sia	ou	ambro**si**a	orto**é**pia	ou	ortoe**pi**a
a**ní**drido	ou	ani**dri**do	pro**jé**til	ou	proje**til**
Bálcãs	ou	Bal**cãs**	**rép**til	ou	rep**til**
bênção	ou	ben**ção**	rese**da**	ou	rese**dá**
cri**sân**temo	ou	crisan**te**mo	**só**ror	ou	so**ror**
geo**dé**sia	ou	geode**si**a	**xé**rox	ou	xe**rox**
ho**mí**lia	ou	homi**li**a	**zân**gão	ou	zan**gão**

Nesses casos, a norma-padrão considera corretas as duas formas.

Nível da frase e do texto

Nas páginas anteriores tratamos da maneira como são articulados os sons da fala. A prosódia trata de outros componentes, além da articulação: o acento da fala e a entonação.

Acento é a maior ou menor intensidade com que uma sílaba se opõe às demais sílabas da palavra. Além desse acento de cada vocábulo, interessa também à prosódia o *acento frasal*, ou seja, a elevação da voz em determinado ponto da enunciação da frase. A alternância desses acentos frasais determina o **ritmo** da fala.

A língua escrita procura, através de sinais de pontuação, representar esse fato. Observe os padrões de acentos frasais comuns em português:

- Você vai. → afirmação
- Você vai? → pergunta
- Você vai! → exclamação (admiração, espanto). Pode indicar também ordem.
- Você vai... → suspensão

Esses são apenas os padrões básicos. Dependendo das intenções de cada falante e do contexto em que a frase aparece, há uma diversidade enorme de entonações possíveis, mas todas servindo a um objetivo comum: reforçar determinadas partes da fala, visando a expressar a intenção do falante.

Observe algumas leituras possíveis da seguinte frase interrogativa:

Você comprou aquele livro nesta livraria?

O falante pode fazer o acento frasal recair sobre determinada palavra, dependendo da dúvida específica que deseja destacar.

1. **Você** comprou aquele livro nesta livraria? (A dúvida recai sobre a pessoa que praticou a ação de comprar.)
2. Você **comprou** aquele livro nesta livraria? (A dúvida recai sobre o tipo de ação praticada. Essa entonação será admissível em três casos: se a livraria tiver por hábito doar ou presentear livros; se o falante duvida da condição econômica do interlocutor; se o interlocutor costuma apossar-se indevidamente de livros, sem pagá-los.)
3. Você comprou **aquele** livro nesta livraria? (A dúvida recai sobre a existência daquele tipo de livro naquela determinada livraria. Pode-se também especular sobre a escolha do comprador: adquirir justamente o livro X no meio de tantos outros existentes na livraria.)
4. Você comprou aquele livro **nesta** livraria? (A dúvida recai sobre a especificidade da livraria. Podemos admitir ainda que o falante insinua que o livro poderia ter sido comprado por menor preço em outra livraria.)

Como se vê, a frase admite várias entonações de acordo com o que se quer sugerir: surpresa, espanto, ironia, dúvida, repreensão, etc.

A língua escrita não tem como representar esse fato fielmente, a não ser através do contexto em que está inserida a frase, de recursos gráficos ou de orientações fornecidas pelo escritor. Observe:

- Sua velha mania de fazer as coisas sem pesquisar... Você comprou aquele livro nesta livraria?

Pelo contexto, o acento frasal da segunda oração deve recair sobre a palavra *nesta*: o falante está enfatizando o fato, talvez, de a livraria ser mais careira que as demais.

A entonação frasal permite ao falante pôr certos elementos em destaque, deixando outros em segundo plano. Ou seja, o falante dá *pistas* de como quer ser entendido. Ao escolher uma entonação ou outra, parece dizer: "*quero que você me entenda desta forma, e não de outra*". Tudo isso deve ser considerado no nível da frase e do texto.

Vejamos alguns exemplos.

Ênfase

Leia a frase:

Ele comprou o carro.

Lida com a entonação padrão, a frase é uma afirmativa de que alguém comprou um carro a que falante e ouvinte já tinham se referido.

Agora leia a mesma frase enfatizando o **o**:

Ele comprou o carro.

Lida com essa entonação, a palavra **o** cumpre o papel de um adjetivo: trata-se de um carro magnífico, bonito, possante, etc.

Tessitura

A elevação ou rebaixamento do tom de voz pode determinar alguns significados mais precisos da mensagem. No exemplo seguinte, o falante baixa o tom de voz para inserir uma espécie de advertência ou ameaça na fala:

Quando você voltar – *lembre-se de que esperaremos no máximo uma hora* –, tudo poderá ser resolvido.

Neste outro exemplo, o rebaixamento do tom de voz no trecho destacado insere tom malicioso à frase:

O patrão, *que era muito malandro*, começou a chantagear as funcionárias do escritório.

No texto escrito, o autor pode dar algumas indicações para a leitura. Observe:

a. E Manuel, enxugando os olhos na manga do paletó, conclui *com a voz trêmula*:
– Aí tem os senhores o que eu pensava fazer... (Aluísio Azevedo, *O mulato*)

b. – Quer voar? – *pergunta papai distraído*.
– Não, responde Joana. – Pausa. – Que é que eu faço? (Clarice Lispector)

c. – Senhora Isaura, eu... eu... vinha... – *resmungou embaraçado* o jardineiro. (Bernardo Guimarães)

d. – Traga-me a outra cestinha de vime com os ovos frescos! – ordena a Afonso *com a autoridade do cargo*. (Zulmira Ribeiro Tavares)

e. – Você está completamente enganada, Clara! Ela *não* é polonesa. (Idem)

f. [...] caso finalmente eu consiga dormir e possa *de fato* ser operado, como vou acordar, hein? (Idem)

O valor das pausas também diz respeito à prosódia. Veja:

[...] volta-se para o filho, fala com dificuldade:

– Ontem (*hesita*), sim, foi ontem, pois que o enterro é hoje; ontem, sabe, passei por uma experiência muito desagradável, meu filho. Para dizer a verdade (*ri contrafeito*), desagradável não exprime bem a coisa. Horrível... (Idem)

A ironia de uma frase, dificilmente captada pela língua escrita, é outro recurso expresso pela entonação.

A frase "O doente pode muito bem chegar até o pátio", dita por um médico, com entonação padrão, indica simplesmente o estado do doente.

Pode, no entanto, indicar ironia:

O *doente* pode muito bem chegar até o pátio.

O doente pode *muito bem* chegar até o pátio.

Atividades

1. No texto abaixo, o pai dirige-se à filha:

Em primeiro lugar, não é simblefaro que se pronuncia, o correto é simbléfaro. Em segundo lugar, simbléfaro não é nada disto que a senhora está dizendo, simbléfaro, ouça e aprenda, quer dizer aderência da pálpebra com o globo ocular. (Carlos Drummond de Andrade)

A. A menina cometeu um erro de:

a. ortoepia; b. prosódia.

B. Que nome tem esse erro?

2. Identifique a sílaba tônica de cada uma das palavras em destaque nas frases seguintes:

a. O **condor** bateu o **recorde** de voo.

b. Aquele escritor **sutil** ganhou o prêmio **Nobel**.

c. **Ibero** é o nome genérico dado aos antigos moradores da Espanha.

d. Mocinhas e **efebos** atropelavam-se maliciosamente no passeio público.

e. Que olhar **pudico** tinha a donzela!

f. Os antigos habitantes dos Países Baixos eram chamados de **batavos**.

g. No momento do crime, o acusado estava em outra cidade. Esse era um **álibi** perfeito.

h. Nesse **ínterim**, ouviu-se um barulho ensurdecedor.

3. Leia um trecho de uma entrevista com uma estudiosa que analisa a migração de brasileiros para os Estados Unidos, publicada na revista *IstoÉ* de 1º de junho de 2005.

IstoÉ – Qual o perfil dos brasileiros que vão tentar a vida nos EUA?

Ana Cristina – Em 1994, quando cheguei a Boston para fazer a primeira pesquisa, havia um mito desse perfil: o imigrante brasileiro seria homem, jovem, sozinho e de Governador Valadares. É possível que no início o perfil fosse esse. Mas a pesquisa mostrou outro cenário: homens e mulheres, solteiros e casados em proporção equiparada. A maioria, 90%, tinha entre 21 e 45 anos. Quanto à origem no Brasil, 47% vinham de Minas, 15% do Rio de Janeiro, 12% de São Paulo, 10% do Espírito Santo e 8% de outros estados. É um fenômeno nacional, não só de Minas. O perfil educacional é o seguinte: pessoas que não conseguiram terminar o terceiro grau. Se entraram para a faculdade, não completaram ou se formaram em universidades não valorizadas pelo mercado de trabalho. Os que não têm muita expectativa aqui acabam indo embora. São pessoas com nível razoável de informação e com muita garra, dispostas a correr riscos. Imagine uma pessoa que não consegue falar nada de inglês ir morar nos EUA! Ela passa a ser quase criança de novo, não sabe falar, ler, se comunicar na rua. Precisa ter muita coragem.

a. Na pergunta do jornalista, que palavra provavelmente foi enfatizada?

b. Ana Cristina – Em 1994, quando cheguei a Boston para fazer a primeira pesquisa, havia um mito desse perfil: o imigrante brasileiro seria homem, jovem, sozinho e de Governador Valadares. É possível que no início o perfil fosse esse. Mas a pesquisa mostrou outro cenário [...].

Nesse trecho, que palavra provavelmente foi acentuada pela estudiosa com o objetivo de mostrar que a realidade era diferente do que se dizia?

c. Releia o penúltimo período do trecho destacado no item **b**, dando a entonação adequada para destacar a época a que se refere a autora da pesquisa.

d. "É um fenômeno nacional, não só de Minas." Pelo contexto, que termo deve ter sido destacado pela entrevistada?

e. **"Imagine uma pessoa que não consegue falar nada de inglês ir morar nos EUA!** Ela passa a ser quase criança de novo, não sabe falar, ler, se comunicar na rua. **Precisa ter muita coragem."**

Na sua opinião, que palavra foi enfatizada em cada um dos trechos destacados?

4. Leia um fragmento de uma entrevista sobre trânsito da mesma revista, datada de 16 de julho de 1997.

IstoÉ – Como será esse sistema de pontuação de faltas graves, gravíssimas?

A. K. – As infrações de trânsito serão divididas em basicamente quatro tipos. A *gravíssima*, que vale sete pontos; a *grave*, cinco pontos; a *média*, quatro pontos; e a *leve*, três pontos.

Tudo faz supor que a personagem entrevistada enfatizou as expressões destacadas e não outras. Por quê?

5. Leia o fragmento de outra entrevista da revista *IstoÉ*, de 9 de abril de 1997. O assunto é clonagem de seres vivos.

[...] Teríamos, nas duas situações, dois seres, com dois espíritos, duas individualidades, dois caminhos de vida distintos. Sinceramente, não vejo, em tese, barreira ética nesses casos.

Se o falante quis enfatizar que cada embrião geraria um ser vivo, independente do outro, que termos devem ter sido acentuados na fala?

Ortografia

Falência anunciada

"O Banespa pedirá falência de mal devedor." Esse foi o espantoso título de jornal que causou alguma perplexidade aos menos distraídos. "Mal devedor." Não por causa do pedido que o banco iria fazer, mas pelo uso da palavra "mal" nesse contexto, modificando "devedor". Será um devedor perverso, agressivo? Uma espécie de Mike Tyson irritado e sem estribeiras? [...]

Talvez convenha relembrar que a forma adequada é *mau* devedor ou *mau* pagador. *Mau* é adjetivo que classifica o substantivo "devedor" ou "pagador". O contrário de *bom*, que é boa forma de saber quando usar *mal* ou *mau* [...] E *mal* é advérbio, que modifica verbo, adjetivo ou outro advérbio. Usa-se *mau* quando no lugar dele *bom* vai bem; usa-se *mal* quando *bem* fica bom no lugar de *mau*. Para ser bem repetitivo, é só testar o antônimo: *mal* é o contrário de *bem* e *mau* é o contrário de *bom*. Quem sabe uma tabelinha grudada no computador que insiste em misturar coisas?

Teria escrito bem o mau redator: "O Banespa pedirá falência de *mau* devedor".

[...]

MACHADO, Josué. Revista *Educação*, ano 28, mar. 2002, p. 58.

O jornalista chama a atenção para um problema gramatical que ocorreu no título de uma notícia de jornal. Trata-se de uma falha ortográfica: o redator escreveu *mal* no lugar de *mau*.

A palavra **ortografia** vem do grego: *orto* (= correto) + *grafia* (= escrita).

Ortografia é a parte da gramática que trata da escrita correta das palavras.

Cada língua tem um sistema ortográfico ao qual os usuários dessa língua devem obedecer. No Brasil, está em vigor desde 1º/01/2009 o sistema registrado no *Acordo Ortográfico da Língua Portuguesa* (AOLP), assinado em 1998 por todos os oito países em que o Português é a língua oficial: Angola, Brasil, Cabo Verde, Guiné-Bissau, Moçambique, Portugal, São Tomé e Príncipe, Timor-Leste.

Representação gráfica dos fonemas

Desde épocas muito remotas, o ser humano preocupou-se em representar visualmente os sons da fala. Para isso, utilizava-se de desenhos e outros sinais. Com o tempo, surgiu a escrita, que, durante longo período, foi a única forma de preservar mensagens linguísticas.

Hoje, a fixação da língua falada faz-se não só pela escrita, mas também por discos, fitas magnéticas e outros recursos eletrônicos.

Para registrar a língua falada, a escrita conta com o **alfabeto** e as **notações léxicas**.

Alfabeto

É o conjunto de letras que o sistema de uma língua põe à disposição do falante para que ele possa escrever. O alfabeto português tem 26 letras: a, b, c, d, e, f, g, h, i, j, k, l, m, n, o, p, q, r, s, t, u, v, w, x, y, z.

O nome dessas letras é: á, bê, cê, dê, é, efe ou fê, gê ou guê, agá, i, jota ou ji, cá ou capa, ele ou lê, eme ou mê, ene ou nê, ó, pê, quê, erre ou rê, esse ou si, tê, u, vê, dábliu, xis, ípsilon, zê.

A indicação de plural do nome dessas letras pode ser feita de duas formas:

1. ás, bês, cês, dês, etc.

Assim, diremos:

A palavra **Saara** escreve-se com dois **ás**.

2. aa, bb, cc, dd, etc.

Assim, diremos:

A palavra **Saara** escreve-se com **aa**.

Notações léxicas

As notações léxicas, conhecidas também como sinais diacríticos, são sinais gráficos que auxiliam na escrita. Podem ser de dois tipos:

1. notações léxicas que dão valor fonético especial a determinadas letras:

a. **acento agudo** (´): indica o som aberto de vogais. Compare:
medo – série

b. **acento circunflexo** (^): indica o som fechado de vogais. Compare:
série – sêmen

c. **til** (~): indica a nasalização de vogais. Compare:
Ana – anã

d. **cedilha** (¸): colocada sob a letra **c**, antes de **a**, **o**, **u**, confere a ela o valor do fonema /s/. Compare:
peca /k/ – **peça** /s/

2. notações léxicas que não conferem som especial às letras:

a. **acento grave** (`): indica a fusão de dois **ás**.
Foram **a a** falência. → Foram **à** falência.
Não resisto **a** aquele prato goiano. → Não resisto **à**quele prato goiano.

b. **apóstrofo** ('): indica a supressão de uma letra.
frango-de-água → frango-d'água (o apóstrofo indica a supressão da letra **e**.)

c. **hífen** (-): tem quatro funções básicas:

- liga elementos de palavras compostas:
  guarda-chuva, beija-flor, bem-te-vi
- liga pronomes a verbos:
  amo-te, avisá-lo, agradecer-lhe
- indica partição de palavra no fim da linha:
  "O Banespa pedirá falência de mal devedor. " Esse foi o espantoso título de jornal que causou alguma perplexidade aos menos distraídos.

- liga duas ou mais palavas que ocasionalmente se combinam, formando não propriamente vocábulos, mas encadeamentos vocabulares:

a divisa Liberdade-Igualdade-Fraternidade

o percurso Lisboa-Coimbra-Porto

a ponte Rio-Niterói

d. trema (¨): empregado em nomes próprios estrangeiros e derivados:

Müller – mülleriano

Hübner – hübneriano

Orientações ortográficas

Emprego de *k*, *w*, *y*

As letras **k**, **w** e **y** são utilizadas em casos especiais. Veja:

1. Na grafia de nomes próprios estrangeiros e seus derivados:

A literatura universal resgatou o nome de pelo menos quatro escritores ingleses, considerados astros de segunda grandeza em seu país, do banimento decretado pela crítica dos seus conterrâneos. A hostilidade dos patrícios contemporâneos não impediu, porém, que esses rejeitados obtivessem enorme sucesso fora da Inglaterra. São eles: Lorde B**y**ron, Oscar **W**ilde, Conan Do**y**le (o criador do imortal detetive Sherloc**k** Holmes) e Rud**y**ard **K**ipling. Cada um deles recebeu, por motivos vários, a preconceituosa designação de autor de segunda linha... (Faria, Gentil de. *Folha de S.Paulo*.)

Nos derivados de nomes próprios estrangeiros escritos com essas letras, elas permanecem.

B**y**ron (poeta inglês) – b**y**ronismo

Kant (filósofo alemão) – **k**antiano

Wagner (compositor alemão) – **w**agneriano

"Eu também combati os nazistas, mas esses soldados não têm nada a ver com o nazismo." Ou com o teatro, o **wagneriano** teatro que o nazismo armava em toda parte, pois eram mais velhos de espírito que qualquer outro grupo humano. (*Folha de S.Paulo*)

2. Em abreviaturas e símbolos de uso internacional:

Amplificador tem potência inicial de 240 **W**.

No contexto acima, a letra **W** significa *watt* (no Sistema Internacional, unidade de medida de potência relacionada ao campo da energia elétrica).

Alguns símbolos internacionais comuns:

K – potássio	**W** – tungstênio	**y** – uma das incógnitas em matemática
kg – quilograma	**W** – oeste	**Y**d – jarda
km – quilômetro	**W** – watt	
Kr – criptônio	**W**C – sanitário	

3. Na grafia de palavras estrangeiras ainda não aportuguesadas:

feedbac**k**	mar**k**eting	ro**y**alt**y**
hard**w**are	mil**k**-sha**k**e	sho**w**
hobb**y**	office-bo**y**	smo**k**ing
kno**w**-ho**w**	pla**y**ground	soft**w**are

Quando as palavras estrangeiras são aportuguesadas:

a. o **k** é substituído pelo **c** ou pelo **qu**:

fol**k**-lore – fol**c**lore basketball – bas**qu**etebol

b. o **w** é substituído pelo **v** ou pelo **u**:

Wermut – **v**ermute s**w**eater – s**u**éter

c. o **y** é substituído pelo **i**:

yacht – **i**ate **y**en – **i**ene

Emprego do *h*

O **h** é uma letra que não tem valor fonético quando aparece no início ou no fim das palavras:

A**h**! Até que enfim **h**oje ela será **h**omenageada!

Essa letra se conserva na língua por algumas razões:

1. Etimológicas, ou seja, quando a palavra originária tem **h**:

Português	Língua de origem
hoje	hodie (latim)
horizonte	horizon (grego)
hulha (tipo de carvão)	houille (francês)
harpa	harpa (latim)

2. Faz parte dos dígrafos **ch**, **lh**, **nh**:

ch**apéu, vel**h**o, aran**h**a

3. Na palavra *Bahia* (nome de estado brasileiro), por tradição. No entanto, os derivados dessa palavra são escritos sem **h**:

Ba**h**ia → baiano, baião

4. Nas palavras compostas, quando escritas com hífen, se a palavra primitiva tem **h**:

super-**h**omem ← **h**omem

Observações

1. O **h** desaparece nas palavras compostas quando estas não têm hífen:

des + **h**onesto → desonesto

lobis + **h**omem → lobisomem

2. Há palavras derivadas que apresentam o **h**, apesar de ele ter sido eliminado da palavra primitiva:

Hispania (latim) → Espanha → **h**ispano, **h**ispânico

herba (latim) → erva → **h**erbívoro

hibernum (latim) → inverno → **h**ibernal

O **h** "... não é propriamente consoante, mas um símbolo que, em razão da etimologia e da tradição escrita do nosso idioma, conserva-se no princípio de várias palavras e no fim de algumas interjeições" (PVOLP).

5. No final de interjeições:

A**h**!, O**h**!

Emprego de *e*, *i*

1. Verbos terminados em **-uar**:

que ele at**ue** (atuar)
que ele aten**ue** (atenuar)
que ele averig**ue** (averiguar)
que ele contin**ue** (continuar)
que ele habit**ue** (habituar)
que ele pont**ue** (pontuar)
que ele rec**ue** (recuar)
que ele tumult**ue** (tumultuar)

Os verbos terminados em -uar são escritos com e na 3ª pessoa do singular do presente do subjuntivo.

2. Verbos terminados em **-oar**:

que ele abenço**e** (abençoar)
que ele co**e** (coar)
que ele desto**e** (destoar)
que ele do**e** (doar)
que ele mago**e** (magoar)
que ele perdo**e** (perdoar)
que ele resso**e** (ressoar)
que ele so**e** (soar)

Os verbos terminados em -oar são escritos com e na 3ª pessoa do singular do presente do subjuntivo.

3. Verbos terminados em **-uir**:

ele constitu**i** (constituir)
ele constró**i** (construir)
ele contribu**i** (contribuir)
ele destitu**i** (destituir)
ele destró**i** (destruir)
ele dilu**i** (diluir)
ele evolu**i** (evoluir)
ele instru**i** (instruir)
ele polu**i** (poluir)
ele restitu**i** (restituir)

Os verbos terminados em -uir são escritos com i na 3ª pessoa do singular do presente do indicativo.

4. Prefixos **ante-** e **anti-**:

anteboca
antebraço
antecâmara
antedatado
antemão (na expressão *de antemão*)
anteontem
antepasto
anterrepublicano
antiacadêmico
antialcoólico
anticonjugal
anticoncepcional
anticlerical
anti-herói
anti-higiênico
antirrepublicano

O prefixo ante- indica anterioridade.

O prefixo anti- indica posição contrária.

5. Palavras **parônimas**:

Leia:

> O **imigrante** serve de força de trabalho e constitui um problema para o país que o utiliza. É sempre considerado um estrangeiro. Ao voltar, o **emigrante** se torna um **imigrante** no seu país de origem.
>
> Eva Blay. Adaptado.

As palavras destacadas acima possuem grafia e pronúncia parecidas, mas têm significados diferentes. São palavras **parônimas**.

Veja alguns exemplos de parônimos que se diferenciam pela presença do **e** ou **i**:

São parônimas as palavras que possuem grafia e pronúncia parecidas, mas significados diferentes.

E	I
arrear (pôr arreios)	arriar (abaixar)
deferir (conceder)	diferir (adiar; ser diferente)
descrição (ato de descrever)	discrição (reserva, modéstia)
dessecar (tornar seco)	dissecar (cortar)
despensa (compartimento para guardar mantimentos)	dispensa (desobrigação)
destratar (insultar)	distratar (desfazer um trato)
emergir (vir à tona)	imergir (mergulhar)
emigrante (que sai de seu país de origem)	imigrante (que entra em país estranho)
eminente (alto, excelente)	iminente (que está para ocorrer)
enformar (dar forma; pôr na forma)	informar (avisar)
peão (aquele que anda a pé)	pião (tipo de brinquedo)
recrear (divertir)	recriar (criar de novo)

6. Escrevem-se com **i** e não com **e**, antes da sílaba tônica, os adjetivos e substantivos derivados em que entram os sufixos mistos de formação vernácula *-iano* e *-iense*:

acriano (do Acre)
açoriano (dos Açores)
rosiano (relativo a Guimarães Rosa)
camoniano (relativo a Camões)

7. Palavras que apresentam problemas quanto à grafia:

arrepio
cafeeiro
candeeiro
destilar
digladiar
disenteria
displicência
eletricista
empecilho
feminino
invólucro
irrequieto
lampião
marceneiro
meritíssimo
mexerica
mexerico
pontiagudo
prevenir
privilégio
réstia
seriema
seringa
silvícola
terebintina
umedecer

Observação

A forma *sariema* é registrada pelo VOLP. A forma *envólucro* é registrada pelo VOLP e pelo *Houaiss*. A forma *selvícola* é registrada pelo VOLP e pelos dicionários *Aurélio* e *Houaiss*.

Atividades

1. Leia:

"Pubricidade"

A língua portuguesa vai mal, obrigado. "Pneo"? Não, não se trata de uma sigla, nem de uma nova palavra. Concerto? Poderia até ser uma iniciativa da Secretaria Municipal de Cultura para promover algum espetáculo musical na zona norte, mas não é. Ali, na Avenida Deputado Cantídio Sampaio, em Brasilândia, um borracheiro conserta pneus por R$ 3,00. Se o objetivo era chamar a atenção para seu negócio, ele certamente deve ter conseguido. E muita!

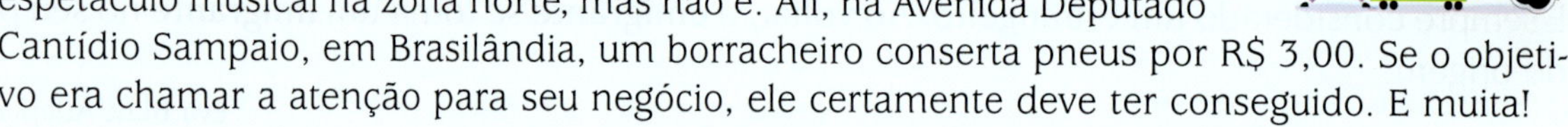

(*Jornal da Tarde*)

a. Por que o título da notícia é "Pubricidade" no lugar de "Publicidade"?

b. Identifique os erros apontados pelo(a) jornalista e corrija-os.

2. Responda, após a leitura do trecho a seguir, se o timbre da letra destacada é aberto ou fechado.

A falta de doadores do tipo sanguíneo **O** é a que mais preocupa os médicos. Menos de 15 bolsas do tipo **O** negativo, muito usado em emergências, estavam disponíveis ontem na fundação. (*O Estado de S. Paulo*)

3. Leia:

"Zé Rubem trocou uma letra do meu nome. O certo é Weksler: dáblio, é, k, esse, ele, é, erre. Não tem xis, mas não tem problema." (*O Estado de S. Paulo*)

O autor do depoimento refere-se à maneira como foi grafado seu nome: We**x**ler. Que possibilidade fonética da língua portuguesa levou a essa troca de letras?

4. Leia o título de duas notícias:

a. China fará exibição de **força** em Hong Kong. (*O Estado de S. Paulo*)

b. Sentindo a **"forca"**, empresariado faz aliança. Empresários brasileiros se mobilizam em torno da Alca para competir com a economia norte-americana. (*Folha de S.Paulo*)

Agora explique: a cedilha é uma notação léxica que atribui determinado valor fonético à letra **c** e, na língua escrita, estabelece diferença de significado entre palavras.

5. Leia:

Kamikaze: suicida em potencial; que ou aquele que ignora a própria segurança ou bem-estar. (Verbete de dicionário)

"Aportuguesamento – fenômeno que consiste em adaptar, fonológica e morfologicamente, os estrangeirismos ao português [...] O aportuguesamento integral atinge também a grafia..." (J. Mattoso Câmara Jr.)

Responda: como deveria estar grafado o termo de origem japonesa *kamikaze*, no verbete acima? Explique por quê.

6. Leia uma questão do vestibular da Universidade Federal de Viçosa (2000).

Uma indústria fabrica dois tipos de produtos, **x** e **y**, com custo por unidade de R$ 4,00 e R$ 10,00, respectivamente. Sabendo-se que essa indústria vendeu 260 unidades dos produtos **x** e **y** com preços 50% e 40%, respectivamente, acima do seu valor de custo, obtendo R$ 2 680,00 com a venda, determine a quantidade de cada produto.

Que uso se faz das letras **x** e **y** no texto acima?

7. Dê o significado dos parônimos das palavras destacadas em cada texto.

a. **Infringir** é o que mais se faz no Brasil; **infligir** é o que menos se faz. (*Folha de S.Paulo*)

b. O **eminente** economista argentino falou sobre o perigo **iminente** das crises cambiais nas economias latino-americanas. (Adaptado de: <www.econ.puc-rio.br >)

8. **Peões** paulistanos morrem mais cedo do que homens executivos. (*Folha da Tarde*)

a. Identifique o parônimo correspondente ao termo destacado.

b. Explique por que, nesse caso, a troca de um termo por outro comprometeria o significado da frase.

9. Substitua os quadradinhos pela forma adequada do verbo entre parênteses:

a. Ela sempre deseja que eu ■ como adulto, mas eu só tenho 15 anos! (atuar)

b. Embora ela ■ as crianças, parece ter bom coração. (magoar)

c. Não combine em demasia as cores das roupas e dos complementos, mas também não as ■. (destoar) (Disponível em: <www.portalbrasil.eti.br>)

d. Tomara que ela nos ■! (perdoar)

e. Que você ■, eu entendo. Mas que ■ o ambiente, não. (recuar – tumultuar)

10. Complete com o verbo dos parênteses no presente do indicativo:

a. Essa vitamina me ■ as forças. (restituir)

b. A declaração do deputado ■ para que haja desconfiança no governo. (contribuir) (*Zero Hora*)

c. Criação de equinos ■ no Brasil, mas é preciso mais investimentos e tecnologia. (evoluir) (*Valor Econômico*)

d. Você sabe como se ■ este remédio? (diluir)

11. Escreva a palavra correspondente a cada conceito. Todas começam com **ante** ou **anti**.

a. Estudo preparatório de um projeto.

b. É próprio para impedir a derrapagem de veículos.

c. Atenua ou evita a depressão.

d. Anterior ao dilúvio bíblico.

Emprego de *o, u*

1. Palavras que podem oferecer dúvida quanto à grafia:

O		U	
abolir	molambo	bueiro	léu (na expressão *ao léu*)
bolacha	nódoa	buliçoso	jabuticaba
botequim	óbolo	bulir	lóbulo
bússola	polenta	burburinho	míngua
costume	polia	cumbuca	supetão
fosquinha	polir	curtume	tabuada
goela	tossir	entupir	urtiga

Observação

O VOLP registra também as seguintes formas: *borborinho, mulambo*. As formas *borborinho* e *mulambo* também são registradas pelo dicionário *Houaiss*.

2. Parônimos:

O	U
bocal (embocadura)	bucal (relativo à boca)
comprido (longo)	cumprido (executado)
comprimento (extensão)	cumprimento (saudação)
insolar (expor ao sol)	insular (isolar; relativo a ilha)
soar (produzir som)	suar (transpirar)
sortir (abastecer)	surtir (produzir, alcançar)
vultoso (volumoso, de grande vulto)	vultuoso (atacado de uma doença chamada vultuosidade)

3. Alternância dos ditongos **ou** e **oi**:

ag**ou**ro – ag**oi**ro
c**ou**sa – c**oi**sa
d**ou**rado – d**oi**rado
l**ou**ro – l**oi**ro
sumid**ou**ro – sumid**oi**ro
ouro – **oi**ro

Em algumas palavras, os ditongos **ou** e **oi** podem ser utilizados indistintamente. Portanto, as duas formas são corretas.

Emprego de *j, g*

1. Palavras de origem tupi:

jandaia
bei**j**u*
jabuticaba
jacaré
jaguar
jaguatirica
jerimum
jenipapo
jiboia
jirau
Mo**j**i
pa**j**é

As palavras de origem tupi são escritas com j. Exceção: Sergipe.

2. Verbos terminados em **-jar**:

que eles enga**j**em (engajar)
que eles esban**j**em (esbanjar)
que eles ra**j**em (rajar)
que eles su**j**em (sujar)
que eles tra**j**em (trajar)
que eles ultra**j**em (ultrajar)
que eles via**j**em (viajar)

Os verbos terminados em -jar são escritos com j na 3ª pessoa do plural do presente do subjuntivo.

* **beiju**: bolo de massa de tapioca ou mandioca.

3. Formas derivadas:

gorjear → gorjeio, gorjeias, gorjeamos
granja → granjeiro, granjense, granjear
jeito → jeitoso, ajeitar
massagem → massagista, massagear
nojo → nojento, nojeira, enojar
selvagem → selvageria
vertigem → vertiginoso

Nas formas derivadas permanece a letra j ou g da palavra primitiva.

Emprego de c, ç, s, ss representando o fonema /s/

1. Palavras de origem tupi:

araçá	cipó	Juçara	paçoca	Paraguaçu
caiçara	Iguaçu	Moçoró	Paiçandu	Turiaçu

Nas palavras de origem tupi o fonema /s/ é representado por c ou ç.

2. c ou ç depois de ditongo:

arcabouço	calabouço	coice	foice	rejeição
beiço	caução	feição	refeição	sujeição

Depois de ditongo empregam-se as letras c e ç para representar o fonema /s/.

3. Palavras formadas com prefixo terminado em vogal + palavra iniciada em **s**:

a + segurar → **assegurar**
a + semelhar → **assemelhar**
bi + semanal → **bissemanal**
de + semelhante → **dessemelhante**
pre + supor → **pressupor**
re + surgir → **ressurgir**

Emprega-se ss em palavras com a seguinte estrutura: prefixo terminado em vogal + palavra iniciada em s.

4. Substantivos em **-ssão** e **-são**:

subme**ter** → **submissão**, conver**ter** → **conversão** — substantivos derivados de verbos terminados em **-ter**

demi**tir** → **demissão**, discu**tir** → **discussão** — substantivos derivados de verbos terminados em **-tir**

compreen**der** → **compreensão**, conce**der** → **concessão** — substantivos derivados de verbos terminados em **-der**

expan**dir** → **expansão**, escan**dir** → **escansão** — substantivos derivados de verbos terminados em **-dir**

compri**mir** → **compressão**, repri**mir** → **repressão** — substantivos derivados de verbos terminados em **-mir**

Escrevem-se com ss os substantivos derivados de verbos terminados em ter, tir, der, dir e mir, quando, na formação do substantivo, tais terminações caem. Veja: ***discutir → discussão; transmitir → transmissão.***
Depois de n ou r, emprega-se apenas um s. Veja: ***ascender → ascensão; inverter → inversão.***

Observação

O verbo **fletir** (ou **flectir**) e seus derivados relacionam-se a substantivos terminados em **-xão**:

fletir → fle**xão**
genu**fletir** → genufle**xão**
re**fletir** → refle**xão**

Importante

Se o verbo primitivo tiver uma das terminações citadas, mas não perdê-la na formação do substantivo derivado, a regra não se aplicará. Veja:

re**ter** → re**tenção**   abs**ter** → abs**tenção**

5. Substantivos terminados em **-ção**:

autorização ← autorizar
comoção ← comover
composição ← compor
contenção ← conter
contradição ← contradizer
descrição ← descrever
devolução ← devolver
exaltação ← exaltar
predição ← predizer
resolução ← resolver

> **Escrevem-se com ç os substantivos derivados de verbos que não estão incluídos na regra anterior.**

Atividades

1. Copie as frases substituindo os quadradinhos pelo parônimo adequado entre os sugeridos nos parênteses.
   a. O Sol batia-lhe na armadura e o cavaleiro ■ muito. (suava – soava) (Disponível em: <www.campo-letras.pt>)
   b. A fala do presidente da República não ■ efeito algum. (sortiu – surtiu) (*Jornal do Commercio*)
   c. As ondas sonoras que se propagam pelo meio têm uma certa extensão ou ■ de onda. (comprimento – cumprimento) (Disponível em: <www.eca.usp.br>)
   d. Seria importante cobrar dos sonegadores as ■ quantias que eles devem. (vultosas – vultuosas) (*Gazeta Mercantil*)

2. Copie as palavras completando-as com **j** ou **g** (todas são de origem tupi):
   a. Ficava no canto da maloca, trepado no ■irau de paxiúba, espiando o trabalho do outro. (Mário de Andrade)
   b. ... traz a selvagem seus perfumes, os alvos fios de crautá, as agulhas de ■uçara, com que tece a renda. (José de Alencar)
   c. – Tua boca mente como o ronco da ■iboia – exclamou Iracema. (Idem)

3. Use **j** ou **g** para completar cada uma das palavras seguintes:
   a. berin■ela
   b. pedá■io
   c. o■eriza
   d. ri■eza
   e. mon■e
   f. gen■iva
   g. ma■estade
   h. cafa■este
   i. al■ema
   j. prodí■io
   k. me■era
   l. rabu■ento
   m. refú■io
   n. ti■ela
   o. can■ica

4. Complete as frases com as formas adequadas dos verbos indicados entre parênteses.
   a. Não quero que estas roupas ■. (sujar)
   b. Tome cuidado para que este material não ■. (enferrujar)
   c. As vacas da fazenda vizinha ■ muito alto. (mugir)
   d. É necessário que vocês ■ imediatamente. (viajar)

5. Escreva substantivos terminados em **-ção**, **-são** ou **-ssão**, relacionados às palavras sublinhadas no texto a seguir:

Termina drama de arqueólogos na selva

Grupo se perdeu depois de ataque de bandidos

Quando obteve autorização do governo para transferir para um museu os restos de um antigo altar maia das ruínas de Desempeno, um vilarejo da região de El Cayo, no estado de Chiapas, sul do México, o arqueólogo australiano Peter Mathews imaginou que tivesse superado todos os obstáculos para a empreitada. Só não contava com o aparecimento de dúzias de homens que surgiram da selva armados de rifles e não apenas frustraram seu plano como também submeteram sua equipe a uma jornada digna de Indiana Jones. Dizendo-se descendentes dos maias e donos das ruínas, os homens agrediram e roubaram Mathews e seus colegas (três arqueólogos mexicanos e seis ajudantes) e os abandonaram sem comida na selva.

(*Zero Hora*)

6. Leia a sequência da notícia:

Ontem, Mathews, dado como perdido desde a semana passada, finalmente reapareceu para contar a aventura. Ele disse que a equipe foi surpreendida quando trabalhava na **remoção** do altar. Os bandidos levaram roupas extras, dinheiro, comida e equipamentos. O grupo foi autorizado a partir, mas, quando chegou a uma praia do rio Usumancita, na fronteira com a Guatemala, os bandidos surgiram novamente. Os arqueólogos passaram a ser agredidos a pontapés. Depois disso, os homens partiram outra vez, deixando Mathews com o nariz quebrado e um ajudante com as costelas fraturadas.

Observe: **remover** – **remoção**

Continue:

a. comover
b. promover
c. abolir
d. demolir
e. aceitar
f. aclamar
g. acusar
h. apresentar
i. conduzir
j. deduzir
k. produzir
l. reduzir

7. Reescreva as frases de forma que o verbo destacado seja substituído por um substantivo dele derivado, com a terminação **-ssão** ou **-são**.

Sua atitude é uma tentativa de **subverter** a organização da empresa.

Sua atitude é uma tentativa de **subversão** da organização da empresa.

a. Sabemos que evitam **admitir** o erro!
b. Parabéns por ter **conseguido** a nota!
c. Quem ficou encarregado de **emitir** as notas fiscais?
d. Não quero que se **intrometa** na minha vida.
e. Percebo que suas palavras **repercutiram** negativamente.
f. Está na hora de **reverter** as expectativas.
g. Diante desses argumentos, é necessário **conceder**.
h. Às vezes é viável **transgredir** regras.

Emprego de z, s

1. Substantivos terminados em **-eza**:

avar**eza**	←	avaro	espert**eza**	←	esperto
brav**eza**	←	bravo	franqu**eza**	←	franco
cert**eza**	←	certo	magr**eza**	←	magro
corrent**eza**	←	corrente	pobr**eza**	←	pobre
delicad**eza**	←	delicado	sutil**eza**	←	sutil

Os substantivos abstratos que indicam qualidade, estado e condição, quando derivados de adjetivos, escrevem-se com z.

2. Substantivos terminados em **-ez**:

alti**vez**	←	altivo	fixi**dez**	←	fixo
ari**dez**	←	árido	flaci**dez**	←	flácido
escas**sez**	←	escasso	intrepi**dez**	←	intrépido
estupi**dez**	←	estúpido	liqui**dez**	←	líquido

O sufixo **-ez** também forma substantivos abstratos derivados de adjetivos.

3. Adjetivos e substantivos terminados em **-ês**:

campon**ês**	←	campo	mont**ês**	←	monte
chin**ês**	←	China	montanh**ês**	←	montanha
franc**ês**	←	França	norueguês	←	Noruega
japon**ês**	←	Japão	pedr**ês**	←	pedra
liban**ês**	←	Líbano	polon**ês**	←	Polônia

O sufixo **-ês** aparece em adjetivos e substantivos derivados de substantivos concretos.

4. Palavras terminadas em **-esa**:

franc**esa**	norueg**uesa**	baron**esa**
montanh**esa**	princ**esa**	duqu**esa**

O feminino das palavras terminadas em **-ês** e títulos femininos de nobreza escrevem-se com o sufixo **-esa**.

5. Verbos terminados em **-(is)ar**:

análise	→	analisar	improviso	→	improvisar
aviso	→	avisar	paralisia	→	paralisar
divisa	→	divisar	pesquisa	→	pesquisar
friso	→	frisar			

Os verbos terminados em **-(is)ar** derivam de palavras cuja sílaba final apresenta a letra **s** (representando o fonema **/z/**).

6. Verbos terminados em **-izar**:

agonia	→	agon**izar**	legal	→	legal**izar**
álcool	→	alcool**izar**	polêmico	→	polem**izar**
alfabeto	→	alfabet**izar**	sinal	→	sinal**izar**
ameno	→	amen**izar**			
americano	→	american**izar**			
canal	→	canal**izar**			
caráter	→	caracter**izar**			
drama	→	dramat**izar**			
estilo	→	estil**izar**			
fiscal	→	fiscal**izar**			

Os verbos terminados em **-izar** derivam de palavras cuja sílaba final não apresenta **s** (correspondendo ao fonema **/z/**).

Observação

O verbo *cateq**u**izar* apresenta a letra **z** porque tem como substantivo correspondente *catequismo*. Quando o substantivo termina em **-ismo**, forma-se o verbo em **-izar**.

7. Verbo **pôr** e seus compostos:

pôr – eu pus; se eu pusesse; quando eu puser
compor – eu compus; se eu compusesse; quando eu compuser
supor – eu supus; se eu supusesse; quando eu supuser

Em todas as formas do verbo **pôr** e de seus compostos usa-se a letra **s** para representar o fonema **/z/**.

8. Verbo **querer**:

Eu sempre **quis** ajudar.
Se eu **quiser**, ainda consigo chegar a tempo.

Em todas as formas do verbo **querer** usa-se a letra **s** para representar o fonema **/z/**.

9. Adjetivos com a terminação **-oso**, **-osa**:

afeto	→	afetu**oso**, afetu**osa**	rumor	→	rumor**oso**, rumor**osa**
ânsia	→	ansi**oso**, ansi**osa**	tumulto	→	tumultu**oso**, tumultu**osa**
nervo	→	nerv**oso**, nerv**osa**	valor	→	valor**oso**, valor**osa**
perigo	→	perig**oso**, perig**osa**	vulto	→	vult**oso**, vult**osa**

Os sufixos **-oso** e **-osa** aparecem em adjetivos derivados de substantivos.

10. Terminações **-zinho** e **-(s)inho** de palavras no diminutivo:

a. Palavra terminada em qualquer letra, exceto **-z** e **-s**, + sufixo **-zinho/-zinha**:

tatu + zinho → tatu**zinho** professor + zinho → professor**zinho** pão + zinho → pão**zinho**

b. Palavra terminada em **-z** + sufixo **-inho/-inha**:

rai**z** + inha → rai**zinha** nari**z** + inho → nari**zinho** atri**z** + inha → atri**zinha**

c. Palavra terminada em **-s** mais sufixo **-inho/-inha**:

burguê**s** + inho → burgue**sinho**
ca**s**a + inha → ca**sinha**
chinê**s** + inho → chine**sinho**
me**s**a + inha → me**sinha**

O diminutivo será escrito com z quando a terminação acrescentada for -zinho ou quando a palavra primitiva terminada em z receber o sufixo -inho.

A terminação -(s)inho vai ocorrer quando a palavra primitiva tiver s na sílaba final.

11. Letra **s** depois de ditongo:

aplau**s**o coi**s**a náu**s**ea pou**s**a
cau**s**a lou**s**a ou**s**ar repou**s**ar

O fonema /z/, depois de ditongo, é representado pela letra s.

Atividades

1. Dê o verbo correspondente às palavras em negrito nas frases abaixo:

   a. O *e-mail* ressuscitou o costume da correspondência. Para muita gente, no entanto, representou exposição incômoda da própria **fragilidade** comunicativa. (Revista *Língua Portuguesa*)

   b. A **paralisia** do governo assusta a população brasileira.

   c. Muitos **ocidentais** têm dificuldade para entender os costumes orientais.

   d. A popularidade do presidente da República caiu nas últimas **pesquisas**.

   Por que foram empregados sufixos diferentes na formação desses verbos?

2. Dê o substantivo abstrato correspondente às palavras em negrito nas frases:

   a. A linguagem do *e-mail* deve ser **clara** e acessível.

   b. Fortaleza sedia encontro sobre **semiárido** e recursos hídricos. (Disponível em: <http://agronline.com.br>)

   c. Braço **flácido** tem solução. (Disponível em: <http://mulher.com.br>)

   d. Consideremos um corpo **fluido** aprisionado em um cilindro obturado por um êmbolo... (Disponível em: <www.feiradeciencias.com.br>)

3. Um contista poderia apenas sugerir sua história, suspendendo-a por alguma **sutileza** de linguagem. (Disponível em: <www.edmc.info>)

   Observe:

   sutil → sutileza

   Continue:

   a. avaro b. bravo c. franco d. esperto

4. Leia:

   Não sou homem de não tomar decisões. Sou homem **altivo**. Sou homem que respeita para ser respeitado. Mas não aceito desaforo. (*Jornal da Tarde*)

   No lugar do adjetivo destacado, o político que fez essa declaração empregou uma expressão formada por **de** + o substantivo abstrato derivado do adjetivo em questão. Qual expressão ele empregou?

5. Leia:

■ de chuvas reduz em 8% lavouras do interior do Paraná. (*Folha de S.Paulo*)

Pelo contexto, podemos descobrir o substantivo abstrato que ocupava o lugar do quadradinho. Trata-se de um substantivo derivado de um dos adjetivos seguintes. Escreva esse substantivo.

a. árido b. intrépido c. flácido d. escasso

6. A ■ é muito mais do que o simples entesouramento de dinheiro. (Disponível em: <www.geocities.com>)

No lugar do quadradinho há um substantivo derivado do adjetivo **avaro**. Escreva esse substantivo.

Emprego de *x*, *ch*

1. A letra **x** depois de ditongo:

amei**x**a	fei**x**e	frou**x**o	pai**x**ão
cai**x**a	quei**x**a	pei**x**e	dei**x**ar

Depois de ditongo, o fonema /ʃ/ é representado pela letra x.

2. A letra **x** depois de sílaba inicial **en**:

en**x**ada	en**x**aqueca	en**x**ofre	en**x**urrada
en**x**ame	en**x**erido	en**x**ugar	en**x**uto

Depois da sílaba inicial en, o fonema /ʃ/ é representado pela letra x.

Observação

A regra 2 não é válida:

a. para a palavra **encher** e seus derivados: en**ch**ente, en**ch**imento, preen**ch**er;

b. quando a sílaba **en** se junta a uma palavra começada por **ch**: en**ch**arcar (en + charco + ar); en**ch**ouriçar (en + chouriço + ar).

3. Palavras de origem tupi:

abaca**x**i	en**x**u	morubi**x**aba	pi**x**aim
capi**x**aba	maca**x**eira	pi**x**é (mau cheiro)	**x**ará

Em palavras de origem tupi o fonema /ʃ/ é geralmente representado pela letra x.

Consoantes dobradas – *cc*, *cç*, *rr*, *ss*

1. **cc** e **cç** = [ks]

circunspe**cç**ão	có**cc**ix	defe**cç**ão	retrospe**cç**ão
co**cç**ão	confe**cc**ionar	fi**cç**ão	su**cç**ão

Quando cada uma das consoantes soar nitidamente distinta da outra, a palavra apresenta as consoantes dobradas **cc** ou **cç**.

Compare:

desinfe**cç**ão ou desinfe**ç**ão

Como há duas possibilidades de pronúncia, há duas possibilidades de grafia. É o mesmo caso de:

interse**cç**ão ou interse**ç**ão

se**cç**ão ou se**ç**ão

introspe**cç**ão ou introspe**ç**ão

2. rr e ss:

São empregadas quando, entre outros casos, a uma palavra começada por **r** ou **s** se junta um prefixo terminado em vogal:

anti + **r**eflexo → anti**rr**eflexo re + **s**oar → re**ss**oar pre + **s**entir → pre**ss**entir

3. A consoante dobrada de uma palavra de origem estrangeira deve ser mantida:

quilowa**tt** garre**tt**iano (de Garre**tt**, escritor português)

Emprego de *por que, porque, por quê, porquê*

1. – **Por que** você a maltrata? (interrogativa direta)

– Quero saber **por que** você a maltrata. (interrogativa indireta)

> **Usa-se por que nas interrogativas diretas e indiretas. Nesse caso, *por que* é um advérbio interrogativo.**

2. – Ele a maltrata **porque** é estúpido.

> **Porque introduz uma causa. É uma conjunção subordinativa causal.**

3. – Venha logo **porque** precisamos de sua ajuda.

> **Porque introduz uma explicação. Equivale a *pois*. Nesse caso, *porque* é uma conjunção coordenativa explicativa.**

4. – Venha comigo **porque** não fique só.

> **Porque introduz uma finalidade. Equivale a *para que*. Nesse caso, *porque* é conjunção subordinativa final.**

5. – Esse é o caminho **por que** passamos.

> **Por que equivale a *pelo qual, pela qual, pelos quais, pelas quais*. O *que* é um pronome relativo.**

6. – Eis **por que** não te amo mais.

> **A construção é igual à anterior. No entanto, fica subentendido o antecedente do pronome relativo (razão, motivo, causa...): "Eis (a razão, o motivo) por que não te amo mais".**

7. – Ele agiu assim **por quê**?

– Nunca mais volto aqui.

– **Por quê**?

> **Por quê é empregado em final de frase ou quando a expressão estiver isolada.**

8. – Não me interessa o **porquê** de seu comportamento.

> **Porquê é um substantivo. Equivale a *causa, motivo, razão*.**

Note que, neste caso, o artigo precede o *porquê*.

Grafia dos nomes próprios

O direito impede que as pessoas sejam expostas ao ridículo, mas não apoia a sensibilidade extremada, que ultrapasse os limites médios da sociedade. Se todas as sensibilidades pudessem ser acolhidas, a música popular brasileira deveria passar por fortíssima revisão, que terminaria espraiando-se pela música internacional. Fico a ouvir o protesto das "**Genis**" contra Chico Buarque ou dos **Adolfos**, na crítica da marchinha carnavalesca que fala do Adolfinho mata-mouros. A história da mulher do Rui, que agitou mais de um Carnaval, ou a velha referência de Caymmi ao João Valentão, eventualmente incomodando muitos **joões**, também dariam margem a processos.

Walter Ceneviva, *Folha de S.Paulo*.

1. Os nomes próprios, sendo portugueses ou aportuguesados, estão sujeitos às mesmas regras estabelecidas para os nomes comuns.

   Cleusa (s depois do ditongo) **Moji (j em nomes de origem tupi)**
   Juçara (ç em nomes de origem tupi) **Joões** (plural de João)

2. Para resguardar os direitos individuais, quem quiser pode manter em sua **assinatura** a forma de costume, isto é, aquela que aparece no registro civil.

   Rachel (para a portadora do nome) – Raquel (para as demais)
   Luiz (para o portador do nome) – Luís (para os demais)
   Lygia (para a portadora do nome) – Lígia (para as demais)

Abreviaturas e siglas

São recursos que permitem economia de tempo e espaço na comunicação falada e escrita.

Abreviatura

É a redução da escrita de uma palavra ou uma locução, podendo:

a. limitar-se à letra inicial da palavra: **s.** (substantivo); **h** (hora/horas);
b. incorporar as letras iniciais da palavra: **ed.** (edição); **esp.** (espanhol); **juríd.** (jurídico);
c. utilizar a letra inicial e a final da palavra: **Sr.** (senhor); **Dr.** (doutor).

Veja algumas normas referentes a abreviatura:

1. Geralmente as abreviaturas terminam em consoante seguida de ponto:

   m. (masculino) **av.** (avenida) **méd.** (médico)

2. Algumas abreviaturas podem aparecer com vogal final:

   ago. (agosto)

3. Símbolos científicos escrevem-se sem o ponto:

   B (boro) **K** (potássio)

   Compare com:

   B. (letra que serve de abreviatura para beato, beata e boletim)

4. Existem abreviaturas que aparecem com variações:

   Antes de Cristo: **a.C.** ou **A.C.**
   folha: **f.**, **fl.**, **fol.**
   página: **p.**, **pág.**

5. A acentuação da palavra conserva-se na abreviatura:

   pág. (página) **gên.** (gênero) **catól.** (católico)

6. No plural, acrescenta-se **s** ou dobram-se as letras, se a abreviatura for constituída por letra maiúscula:

   autor: **A.** autores: **As.** ou **AA.**

É importante não confundir abreviatura com abreviação. **Abreviação** é a redução de uma palavra: *foto* (fotografia); *cine* (cinema); *quilo* (quilograma). Essa redução não pode comprometer o entendimento da palavra.

Esse processo de abreviação vocabular será estudado no capítulo Formação de palavras, na página 174.

Algumas abreviaturas importantes e usuais

A. = autor (de livro, artigo, etc.)
abr. = abril
a.C. ou **A.C.** = antes de Cristo
adj. = adjetivo
aeron. = aeronáutica
ago. = agosto
a.m. = *ante meridiem* (antes do meio-dia)
anat. = anatomia
ap. ou **apart.** = apartamento
av. = avenida
bibl. = biblioteca
biol. = biologia
bot. = botânica
cal = caloria
cap. = capital
cap. = capitão
c/c = conta corrente
C.^{el} = coronel
Cia. ou **C.**^{ia} = companhia
ciênc. = ciência(s)
clín. = clínica
cód. = código
com. ou **comérc.** = comércio
cor. = correios
cv = cavalo(s)-vapor
D. = dom, dona; digno
d.C. = depois de Cristo
DD. = digníssimo
dep. = departamento
dez. = dezembro
Dr. = doutor
Dr.^{a} = doutora
dz. = dúzia(s)
E. = Leste
econ. = economia
ed. = edição
educ. = educação
eletr. = eletricidade
estat. = estatística
estét. = estética
etc. = etecétera (e assim por diante, e os outros)
ex. = exemplo(s)
f. = feminino
fed. = federação
fev. = fevereiro
fís. = física
fisiol. = fisiologia
fr. = francês; franco(s) (moeda)
Fr. = Frei
g = grama
g. ou **gr.** = grau(s)
geogr. = geografia
geol. = geologia
gov. = governo
gram. = gramática
h = hora(s)
hab. = habitante(s)
hist. = história
H.P. = *horse-power* (cavalo-vapor)
id. = idem
i.e. = isto é
Il.^{ma} = ilustríssima
Il.^{mo} = ilustríssimo
jan. = janeiro
jul. = julho
jun. = junho
kg = quilograma(s)
km^{2} = quilômetro(s) quadrado(s)
km/h = quilômetro(s) por hora
ℓ = litro(s)
L. = largo (toponicamente)
lab. = laboratório
ling. = linguística
lit. = literatura
loc. = locução
Ltda. ou **L.**^{tda} = limitada (termo comercial)
m = metro(s)
m. = masculino
m ou **min** = minuto(s)
m^{2} = metro(s) quadrado(s)
maio = maio*
máq. = máquina
mar. = março
mat. = matemática
mec. = mecânica
mg = miligrama(s)
mit. = mitologia
mús. = música
N = nitrogênio
N. = Norte
nac. = nacional
náut. = náutica
N.E. = Nordeste
N.O. = Noroeste
nov. = novembro
O. = Oeste
obs. = observação
out. = outubro
p. ou **pág.** = página
pal. = palavra(s)
P.D. = pede deferimento
pg. = pago
pl. = plural
p.m. = *post meridiem* (depois do meio-dia)
pop. = popular(es); população
pp. ou **págs.** = páginas
prof. = professor
prof.^{a} = professora
prof.^{as} = professoras
profs. = professores
quím. = química
rod. = rodovia
s = segundo(s)
s. = substantivo(s)
S. = Sul
s.d. ou **s/d** = sem data
S.E. = Sudeste
séc. = século
sécs. = séculos
set. = setembro
s.f. = substantivo feminino
s.m. = substantivo masculino
S.O. = Sudoeste
Sr. = senhor
Sr.^{a} = senhora
Sras = senhoras
Srs. = senhores
Sr.^{ta} = senhorita
t = tonelada(s)
ton. = tonel ou tonéis
V.A. = Vossa Alteza
V.Ex.ª = Vossa Excelência
V.M. = Vossa Majestade
V.S. = Vossa Santidade
V.S.^{a} = Vossa Senhoria
W = watt
W.C. = *water-closet*, sanitário
x = primeira incógnita (em mat.)
y = segunda incógnita (em mat.)
z = terceira incógnita (em mat.)

* O nome do mês de **maio** não deve ser abreviado.

Sigla

É um tipo especial de abreviatura, em que se reduzem locuções substantivas próprias. A sigla forma-se:

1. com as letras iniciais maiúsculas dos elementos que formam o nome:

   ONU (Organização das Nações Unidas)

2. com a representação das sílabas iniciais de cada um dos elementos que formam o nome:

   EMBRATEL (Embratel) – EMpresa BRAsileira de TELecomunicações

   O uso moderno elimina os pontos entre as letras das siglas:

   E.U.A. ou EUA

   Mais informações sobre sigla são apresentadas no capítulo Formação de palavras, nas páginas 173 e 174.

Lista de algumas siglas importantes ou usuais

ABI = Associação Brasileira de Imprensa
ABL = Academia Brasileira de Letras
AC = Acre
AIDS (Aids) = Síndrome de Deficiência Imunológica Adquirida (*Acquired Immunological Deficiency Syndrome*)
AL = Alagoas
ALCA (Alca) = Área de Livre Comércio das Américas
AM = Amazonas
AOLP = Acordo Ortográfico da Língua Portuguesa
AP = Amapá
BA = Bahia
BCG = Bacilo de Calmette e Guérin (utilizado na preparação da vacina contra a tuberculose)
BNH = Banco Nacional de Habitação
CBD = Confederação Brasileira de Desportos
CE = Ceará
CEP = Código de Endereçamento Postal
CLT = Consolidação das Leis Trabalhistas
CUT = Central Única dos Trabalhadores
DDD = Discagem Direta a Distância
DF = Distrito Federal
DNA = Ácido Desoxirribonucleico (*Desoxyribonucleic Acid*)
ENEM (Enem) = Exame Nacional do Ensino Médio
ES = Espírito Santo
EUA (E.U.A.) = Estados Unidos da América
FAB (F.A.B.) = Força Aérea Brasileira
FGTS = Fundo de Garantia do Tempo de Serviço
FN = Fernando de Noronha
FUNAI (Funai) = Fundação Nacional do Índio
GMT = hora do meridiano de Greenwich (*Greenwich Meridian Time*)
GO = Goiás
HIV = Vírus da Imunodeficiência Humana (*Human Immunodeficiency Virus*)
IBGE = Instituto Brasileiro de Geografia e Estatística
IDEC (Idec) = Instituto Brasileiro de Defesa do Consumidor
INSS = Instituto Nacional de Seguro Social
IPTU = Imposto Predial e Territorial Urbano
IPVA = Imposto sobre a Propriedade de Veículos Automotores
MA = Maranhão
MERCOSUL (Mercosul) = Mercado Comum do Sul
MG = Minas Gerais
MS = Mato Grosso do Sul
MT = Mato Grosso
NGB = Nomenclatura Gramatical Brasileira
ONG = Organização Não Governamental
PA = Pará
PB = Paraíba
PE = Pernambuco
PI = Piauí
PIS = Plano de Integração Social
PR = Paraná
QG = quartel-general
RJ = Rio de Janeiro
RN = Rio Grande do Norte
RO = Rondônia
RR = Roraima
RS = Rio Grande do Sul
SC = Santa Catarina
SE = Sergipe
SENAC (Senac) = Serviço Nacional de Aprendizagem Comercial
SENAI (Senai) = Serviço Nacional de Aprendizagem Industrial
SOS = pedido de socorro enviado por navios
SP = São Paulo
TN = Tesouro Nacional
TO = Tocantins
UNESCO (Unesco) = Organização Educacional, Científica e Cultural das Nações Unidas
USA = Estados Unidos da América (*United States of America*)

Representação gráfica das unidades de medida

Leia a notícia:

> O aparente furacão se formou a cerca de **442 km** da costa sul do Brasil. Às **17h29** (hora de Brasília), o furacão produziu ventos sustentados de **150 km/h** com rajadas atingindo **178 km/h**.
>
> Disponível em: <www.apolo11.com>.

As partes destacadas representam unidades de medida:

km – quilômetro

h – hora

Veja outros exemplos:

A escola fica a quatrocentos **metros** daqui.

A escola fica a 400 **m** daqui.

São dez **horas** e quarenta **minutos** precisamente.

São 10**h**40**min** precisamente.

Gastei dez **litros** de gasolina para chegar aqui.

Gastei 10 ℓ de gasolina para chegar aqui.

1. Os símbolos de qualquer unidade de medida são escritos:

a. com letra minúscula (exceto quando derivam de nomes próprios);

b. sem ponto;

c. sempre no singular;

d. imediatamente após o número a que se referem, separados apenas por um espaço (exceto horas).

2. Quando escritas por extenso, começam sempre por letra minúscula, mesmo quando utilizam nomes próprios:

ampère, newton, kelvin

3. Não se pode misturar símbolo com escrita por extenso:

10 km/hora → ERRADO

10 km/h ou 10 quilômetros por hora → CERTO

Formas variantes

Existem palavras que apresentam duas ou mais grafias aceitas pela gramática. Eis alguns exemplos:

aluguel ou aluguer
alparcata, alpercata ou alpargata
amídala ou amígdala
assobiar ou assoviar
assobio ou assovio
azálea ou azaleia
bêbado ou bêbedo
bílis ou bile
cãibra ou câimbra
carroçaria ou carroceria
chimpanzé ou chipanzé
cociente ou quociente
cotidiano ou quotidiano
debulhar ou desbulhar
fleugma ou fleuma
hem? ou hein?
imundície ou imundícia
infarto ou enfarte
laje ou lajem
lantejoula ou lentejoula
nenê ou neném
nhambu, inhambu, nambu ou inambu
porcentagem ou percentagem
quatorze ou catorze
relampejar, relampear, relampaguear ou relampar
surripiar ou surrupiar
taramela ou tramela

Segundo o *Acordo Ortográfico da Língua Portuguesa*, mais palavras apresentam dupla grafia, se considerarmos também a ortografia utilizada em Portugal e nos países lusófonos da África e da Ásia.

amnistia ou anistia
aritmética ou arimética
aspecto ou aspeto
assumpção ou assunção
assumptível ou assuntível
cacto ou cato
caracteres ou carateres
ceptro ou cetro
concepção ou conceção
corrupto ou corruto
dicção ou dição
facto ou fato
indemnizar ou indenizar
omnipotente ou onipotente
omnisciente ou onisciente
peremptório ou perentório
recepção ou receção
sector ou setor
subtil ou sutil
súbdito ou súdito
sumptuoso ou suntuoso
sumptuosidade ou suntuosidade

Atividades

1. A **macaxeira**, denominada aipim no Sul e no Sudeste, é uma raiz da mesma família da **mandioca** (algumas vezes chamada mandioca-brava no Norte). Rica em nutrientes, é um dos mais importantes alimentos da população regional. (Adaptado de: <www.portovelho.ro.gov.br/gastronomia4.asp>)

   No texto acima foram destacadas duas palavras de origem tupi. Na palavra **macaxeira** o fonema /ʃ/ é representado pela letra **x**. Você saberia dizer por que foi usada essa letra e não o dígrafo **ch**? Você conhece alguma outra palavra que tenha a mesma origem das destacadas no texto?

2. Copie as palavras seguintes substituindo o quadradinho por **x** ou **ch** e depois explique como chegou à resposta.

   a. frou■o
   b. pai■ão
   c. ei■o
   d. pei■e
   e. deslei■o
   f. bau■ita
   g. amei■a
   h. rou■inol

3. Reescreva as frases substituindo o quadradinho por uma das formas: **por que**, **porque**, **por quê**, **porquê**.

   a. [...] Passo a explicar ■ considero a imprensa em geral "ruim, péssima", como escrevi no último dia 17. (*Folha de S.Paulo*)

   b. – ■ o papagaio fala?

   "Os papagaios não falam, imitam a voz humana." (*O Estado de S. Paulo*)

   c. Hoje, a produção agrícola dos ex-sem-terra é muito baixa ■ as terras são fracas para a agricultura. Só agora está sendo estimulada a criação de gado de leite. (*Jornal do Brasil*)

   d. *Folha* – Você quase não entrevista políticos. ■?

   Bruna – O problema do político é que, para a entrevista sair boa, você tem que brigar. Precisa haver uma certa discussão durante a conversa. Caso contrário, não funciona. (*Folha de S.Paulo*)

   e. – ■ não hei de ter coragem? (Érico Veríssimo)

   f. O caminho ■ passávamos era esburacado e escuro.

   g. – ■ não canta, Seu Cassi? Dizem que o senhor canta tão bem... (Lima Barreto)

h. – O Senhor anda mal adquirindo a propriedade sem me consultar, gritou Mendonça do outro lado da cerca.

– ■? (Graciliano Ramos)

4. Leia:

Mortos-vivos

No Vale dos Reis, Egito, o arqueólogo Kent Weeks explorou uma tumba prestes a virar estacionamento e fez descoberta digna de Indiana Jones: um labirinto de corredores com câmaras funerárias, abrigo para mais de cinquenta filhos do faraó Ramsés II (que reinou de 1279 **a.C.** a 1212 **a.C.**). Foi a maior descoberta do tipo desde 1922. (*Folha de S.Paulo*)

Explique o significado da abreviatura destacada e a outra forma como ela poderia ter sido escrita.

5. Cada vagão do metrô tem dois motores (com **170 HP** de potência cada um) que funcionam com a energia elétrica enviada pelo terceiro trilho. (Disponível em: <mundoestranho.abril.com.br>)

O que significa a abreviatura **HP**?

6. O Corinthians é o "campeão" do primeiro turno. Marcello Matos marcou aos 40 ■ da etapa final e assegurou o empate... (*Tribuna de Alagoas*)

Que palavra deveria ser escrita no quadradinho? Como se deve abreviá-la?

7. Veja o endereço do *site* do Senai localizado na cidade de Natal: www.cetcm.rn.senai.br

O que significam as siglas **RN** (estado do Brasil), **Senai** e **Br**?

Emprego de maiúsculas e minúsculas

Maiúsculas

Regras gerais

Emprega-se a inicial maiúscula, geralmente, nos seguintes casos:

a. em início de parágrafo, período, verso ou citação:

parágrafo

A indústria nacional de autopeças já alcançou um estágio de desenvolvimento tecnológico que a credencia a se tornar fornecedora de peças originais e de reposição para montadoras dos países desenvolvidos. Tendo em vista o pequeno mercado interno, essa é considerada uma excelente posição de crescimento. (*Folha de S.Paulo*)

período

O presidente norte-americano chegou a Madri, capital da Espanha, para uma visita de dois dias. (*Folha de S.Paulo*)

verso (não obrigatoriamente)

De tudo, ao meu amor serei atento
Antes, e com tal zelo, e sempre, e tanto
Que mesmo em face do maior encanto
Dele se encante mais meu pensamento. (Vinícius de Moraes)

citação

Escreveu Machado de Assis: "O homem é uma errata pensante... Cada estação da vida é uma edição que corrige a anterior, e que será corrigida também, até a edição definitiva, que o editor dá de graça aos vermes".

b. em nomes próprios:

Sueli, Hamílton, Carlos, Bárbara, Brasil, África, Pacífico

c. em tratamento mais formal ou respeitoso e suas abreviações:

– Ó **Deus**, onde estás que não respondes? (Castro Alves)

Não digo melhor porque o **Santo Padre** vale sempre mais que tudo. (Machado de Assis)

Faleceu anteontem, na fazenda dos Bambus, comarca de Pindobaville, na juvenil idade de 28 anos, sucumbindo a uma terrível pneumonia, a **Ex.ma Sr.a D.** Célia Cornélia da Cunha. (Oswald de Andrade)

d. em siglas:

Por sugestão de um cacique pataxó, a **FUNAI** [ou Funai] deveria ser transformada em **FUNAB** [ou Funab] – Fundação Nacional do Branco. (*Folha de S.Paulo*)

Casos particulares

Emprega-se também a inicial maiúscula para:

a. nomes de pessoas, incluindo os apelidos:

O francês Richard Virenque justificou o apelido de **"Rei da Montanha"** e conquistou a 14ª etapa da Volta da França [...]. Virenque percorreu 148 quilômetros em 4h34min16. (*O Estado de S. Paulo*)

b. nomes sagrados, religiosos, mitológicos ou referentes à astronomia:

Corpus Christi é uma festa móvel da **Igreja Católica** que celebra a presença de **Cristo** na **Eucaristia**. (Disponível em: <www.wikipedia.com>)

Em algum lugar da mitologia grega o herói **Hércules** (ou **Héracles**, para os mais xiitas) deve estar possesso. A nova versão de sua história feita pela Disney esquece a maior parte de seus trabalhos, ignora seu destino e o transforma num garoto imenso, bobão e com um coração de manteiga. (*O Globo*)

Capaz de reproduzir cerca de nove mil estrelas e viagens interplanetárias na **Via Láctea** com mais fidelidade, o novo projetor do planetário é fabricado pela empresa alemã Carl Zeiss Jena. (*O Globo*)

Incluem-se nesta regra: *Padre Eterno, Maria Santíssima, Júpiter, Mercúrio, Alá, Minerva*, etc.

c. nomes de dinastias, castas, clãs e tribos:

Duque de Bragança é um dos mais importantes títulos da **Família Real Portuguesa**. Desde a ascensão ao trono da **Dinastia de Bragança**, em 1640, o herdeiro da **Coroa Portuguesa** é o **Duque de Bragança**, uma tradição que prevaleceu mesmo depois da fundação da República a 5 de outubro de 1910. (*Enciclopédia Abril*)

A seleção brasileira indígena de futebol quer enfrentar outras seleções do mundo a partir de 1997. [...] Os 25 jogadores vêm de 13 nações indígenas – entre as quais **Xavantes**, **Fulniô**, **Carajás**, **Xerentes** e **Iaualapitis**. Todos cumprem uma rotina rigorosa. Treinam todos os dias e, nas semanas em que há jogos, concentram-se sem direito nem ao menos a cigarros. (*O Globo*)

d. nomes de vilas, cidades, estados, países, regiões geográficas, mares, etc.:

As seleções de **Pernambuco** e **Bahia** jogam amistoso hoje à tarde, em **Recife**. (*Jornal do Commercio*)

O **Negro** e o **Solimões** encontram-se para formar o **Amazonas**.

e. títulos de livros, jornais ou de qualquer criação do intelecto humano:

O único romance de João Guimarães Rosa (1908-1967), **Grande Sertão: Veredas**, é considerado um dos mais importantes da literatura brasileira do século XX.

f. nomes de épocas históricas, datas significativas, movimentos filosóficos, políticos, etc.:

O Brasil não teve **Renascimento**. (Afrânio Coutinho)

Não se pode afirmar que a **Contrarreforma** criou o estilo barroco. (Afrânio Coutinho)

Podem ser incluídos nesta regra: *Descobrimento do Brasil, Dia das Mães, Idade Média, Questão Religiosa, Socialismo, Cristianismo, Dia do Trabalho*, etc.

g. nomes de altos conceitos religiosos, sociológicos e políticos:

Os cardeais da **Cúria Romana** administram a **Igreja Católica** e assistem o Papa.

O **Senado Federal** compõe-se de representantes dos **Estados** e do **Distrito Federal** eleitos pelo voto direto e secreto.

Outros nomes que podem ser incluídos nesta regra: a *República*, a *Igreja*, a *Nação*, a *Democracia*, a *Marinha*, a *Aeronáutica*, o *Parlamento*, a *Câmara*, etc.

h. nomes de artes, ciências, disciplinas e escolas (literárias, artísticas, arquitetônicas, etc.):

O **Romantismo** na **Literatura Brasileira** teve início com Gonçalves de Magalhães.

Outros nomes: *Arquitetura, Geografia, Letras, Música, Pintura, História do Brasil*, etc.

i. nomes de altos cargos:

O **Arcebispo** de Olinda e Recife fez uma visita ao **Papa**.

Há uma outra face do **Marechal** Floriano que muito explica seus movimentos, atos e gestos. (Lima Barreto)

Outros cargos: *Cardeal, Imperador, Presidente, Governador, Secretário, General*, etc.

Observação

Embora a norma-padrão determine neste caso o uso de maiúsculas, modernamente os nomes que designam altos cargos têm sido grafados com iniciais minúsculas: *presidente, governador, ministro, papa, embaixador, cardeal,* etc.

j. leis, decretos ou qualquer ato oficial:

A **Lei do Inquilinato** precisa ser revista. (*A Tarde*)

k. festas religiosas:

Os festejos da **Páscoa** em todo o mundo possuem variações em suas origens e... (Disponível em: <www.zaz.com.br>)

Outras festas: *Natal, Quaresma, Sexta-Feira Santa, Ascensão*, etc.

l. nomes de pontos cardeais quando designam regiões:

Muitas indústrias estão se mudando do **Sudeste** para o **Nordeste** do país. (*Valor Econômico*)

m. nomes de partidos políticos, associações e similares:

... nem os Conselhos, nem a **Liga das Nações**

nada fizeram, nada resolveram, nada adiantaram. (J. Lima)

Outros nomes podem ser incluídos nesta regra: *Comissão Internacional dos Direitos Humanos, Partido Republicano, Partido dos Trabalhadores, Partido Socialista, Partido Democrático*, etc.

Observação

Os nomes de pontos cardeais devem ser escritos com minúscula quando indicarem direção ou limite geográfico:

Fortes chuvas atingiram o **sudeste** da cidade durante o carnaval.

n. nomes de instituições públicas e particulares:

Livros didáticos do Ensino Médio também serão avaliados pelo **Ministério da Educação**. (*Zero Hora*)

O **Instituto Nacional de Meteorologia** prevê geadas para o mês de junho.

Outros nomes: *Academia Brasileira de Letras, Organização das Nações Unidas, Instituto Histórico e Geográfico Brasileiro*, etc.

o. expressões de tratamento e fórmulas respeitosas:

– **V. Ex.ª** traiu seus eleitores.

p. nomes comuns quando personificados ou individuados:

Mas como causar pode seu favor
Nos corações humanos amizade,
Se tão contrário a si é o mesmo **Amor**? (Camões)

Observação

Os títulos e os cargos que acompanham as expressões de tratamento também devem vir iniciados por letra maiúscula:

Sua Santidade o **Papa** disse que o vício aumentou no mundo como esse matinho; a gente arranca, arranca e daí a pouco nasce tudo outra vez. (Lygia Fagundes Telles)

Atividades

1. Analise cada par de frases e identifique os casos em que a letra maiúscula exerce também a função de distinguir significados. Explique sua resposta.

   A. Os **Carvalhos** moravam neste bairro.
   Vi **carvalhos** antigos pelo caminho.

   B. O **neto** não queria saber de ficar parado: desorganizou toda a sala.
   O **Neto** não queria saber de ficar parado: desorganizou toda a sala.

   C. Uma única **rosa** bastava para torná-lo feliz.
   Uma única **Rosa** bastava para torná-lo feliz.

2. Entramos em Montes Claros orgulhosos. Na linha de chegada os jipeiros olhavam admirados. Foi em Minas que ganhamos o apelido de **"Pilotos Ninja"**. A difícil etapa entre Belo Horizonte e Montes Claros serviu para nos dar uma ideia exata da capacidade técnica do nosso equipamento. (*Jornal da Tarde*)

   Explique o emprego de maiúsculas na expressão destacada.

3. Muitos apelidos derivam de nomes comuns aplicados a pessoas como referência a alguma característica física ou psicológica. Nesse caso, transformam-se em nomes próprios.

   Uma **tartaruga** vive muitos anos.
   O **Tartaruga** chegou atrasado como sempre.

   Escreva duas frases em que haja apelidos formados por esse processo.

4. Explique o emprego da maiúscula nos casos assinalados:

   a. **Lei de Transplantes** entra em vigor, mas não traz nenhuma mudança imediata na vida de quem é a favor ou contra a doação de órgãos. (*Folha de S.Paulo*)

   b. Músico gravou temas de **Natal**. (*Correio Braziliense*)

   c. Sem-terra planejam "sacudir o **Nordeste**" (*Jornal da Tarde*)

   d. Sua biblioteca constava de três volumes: **Os Sertões**, de Euclides da Cunha; **Martín Fierro**, de José Hernandez, e **Antonio Chimango**, de Amaro Juvenal. (Érico Veríssimo)

   e. Meu Estado comemorou o 1º centenário da **Guerra dos Farrapos**. (Érico Veríssimo)

   f. A **Igreja Católica** possui 253 794 hectares de terra no Brasil. (*Enciclopédia Abril*)

   g. A **Matemática** é o pensamento sem dor. (Mário Quintana)

   h. A condição humana é a paixão de **Cristo**. (Clarice Lispector)

i. **O Deus Pã**
Cada campo que mostra
Aos sorrisos de **Apolo**
Os peitos nus de **Ceres**
Cedo ou tarde vereis
Por lá aparecer
O **Deus Pã**, o **Imortal**. (Fernando Pessoa)

j. A **Via Láctea** – o rio da paixão correndo sobre a pureza das estrelas. (Vinícius de Moraes)

k. São todos **Timbiras** guerreiros valentes! (Gonçalves Dias)

Minúsculas

Deve-se empregar a inicial minúscula nos casos que seguem:

a. nomes de meses, estações do ano e dias da semana:

A Polícia Federal prorrogou até dia 13 de **outubro** o prazo para o recadastramento dos estrangeiros que moram no País. O prazo inicial iria até 13 de **agosto**, mas foi alterado. (*Jornal da Tarde*)

b. monossílabos átonos no interior dos vocábulos e das locuções, como no título dessas obras:

Memórias Sentimentais ***de*** *João Miramar*
A Hora ***dos*** *Ruminantes*
Tristão ***e*** *Isolda*
O Coronel ***e o*** *Lobisomem*
Incidente ***em*** *Antares*

c. adjetivos pátrios e gentílicos:

Os **franceses** e os **ingleses** também entraram na disputa das novas terras americanas com o objetivo de angariar novos lucros. (Disponível em: <http://geocities.yahoo.com>)

d. nomes de fenômenos meteorológicos regionais:

A **seca** é um fenômeno que ocorre em boa parte do mundo em desenvolvimento. (*Jornal da Tarde*)

e. nomes próprios tornados comuns:

Durante essas ruas **paris**
de Barcelona, tão avenida,
entre uma gente meio **londres**
urbanizada em mansas filas... (João Cabral de Melo Neto)

f. nomes de festas populares e pagãs:

O **carnaval** baiano promete mais uma noite de folia nesta Quarta-Feira de Cinzas. (*A Tarde*)

g. substantivos próprios que passaram a fazer parte de substantivos compostos, comuns:

Após o "Creio em Deus Pai Todo-Poderoso", reza-se o **pai-nosso** e três ave-**marias**. (Disponível em: <www.auxiliadora.org.br>)

Outros substantivos que podem ser incluídos nesta regra: ***joão****-ninguém*, *castanha-do-****pará***, *laranja-da-****baía***, *lágrima-de-****santa-maria***, ***maria****-mole*, *pau-****brasil***, *chá-da-****índia***, *bálsamo-do-****peru***, etc.

h. depois de dois-pontos, se eles não estiverem imediatamente antes de citação direta ou de nome próprio:

E amor é isto: **que** duas solidões se protejam e uma à outra deem alegria. (Rainer Maria Rilke)

Compare com:

O poraquê Don Juan
Fracassou na abordagem.

A peixa-elétrica disse:
"Eu sou de outra voltagem". (Millôr Fernandes)

i. depois de pontos de interrogação e exclamação, quando têm valor de vírgula ou travessão:

Eu pago tudo! **i**nsultou-me ela com a mesma moeda com que teria lembrado de me agradecer. (Clarice Lispector)

Atividades

1. Copie cada frase substituindo os quadradinhos pelo nome do mês correspondente ao ordinal indicado nos parênteses.

   a. Uma das mais terríveis noites de minha vida foi a de dois de ■ (12º mês do ano) daquele ano de 1922. (Érico Veríssimo)

   b. Arrecadação de impostos em ■ (7º mês do ano) atinge R$ 31,649 bi e é recorde. (Disponível em: <www.estadao.com.br>)

2. Leia e compare:

   a. O **sudeste** da Europa está sendo atingido por fortes chuvas.

   b. Sistema de ensino muda no **Sudeste**.

   Explique por que se empregou inicial minúscula no primeiro caso e maiúscula no segundo.

3. Multidão recebe com alegria o novo **papa** na Praça de São Pedro. (Disponível em: <noticias.terra.com.br>)

   Segundo a gramática, há erro de grafia na palavra destacada. Explique.

4. Violência na **Páscoa** diminui em São Paulo. (*O Estado de S. Paulo*)

   Que outro nome, entre os listados abaixo, deve ser escrito com maiúscula pela mesma razão de *Páscoa*?

   a. Carnaval b. Quaresma c. Igreja d. Química

5. Compare:

   a. Cidade **natal** de García Márquez rejeita mudar de nome. (*Folha de S.Paulo*)

   b. A empresa avalia que o comércio adequou os preços e facilidades de pagamento às necessidades do consumidor, que ainda carrega o parcelamento assumido no **Natal**. (Disponível em: <www.estadao.com.br>)

   Explique por que, neste caso, o emprego de maiúscula determina diferença de significado.

6. Justifique o emprego da letra minúscula nos casos destacados:

   a. – Não acha? **n**inguém deve meter-se com a nossa vida. (Machado de Assis)
   – Ê, seu Manoel! **e**sta cadeira é minha – protestava Ardogênio. (Marques Rebelo)

   b. No próximo **carnaval**, o líder vai desfilar, no Rio de Janeiro, pela escola de samba Acadêmicos do Grande Rio. (*Jornal da Tarde*)

   c. O apreço não tem preço
   Eu vivo ao **deus**-dará. (Aldir Blanc)

7. Escreva por extenso as seguintes datas:

   a. 21/4/1500 b. 7/9/1822

Divisão silábica

Quando necessitamos dividir as sílabas de uma palavra, marcamos essa divisão com um hífen.

talvez → tal-vez   falência → fa-lên-cia

Regras de divisão silábica

1. **ch**apéu → **cha**-péu; ma**nh**a → ma-**nha**; agu**lh**a → a-gu-**lha**; **qu**ero → **que**-ro; **gu**isado → **gui**-sa-do

Não se separam as letras que formam os dígrafos **ch**, **nh**, **lh**, **qu**, **gu**.

2. a**tl**eta → a-**tle**-ta; **bl**usa → **blu**-sa; **cl**avícula → **cla**-ví-cu-la; **fl**agelo → **fla**-ge-lo; **gl**obo → **glo**-bo; im**pl**icar → im-**pli**-car; re**cl**amar → re-**cla**-mar; a**gr**ado → a-**gra**-do; a**tr**aso → a-**tra**-so; **dr**ama → **dra**-ma; **fr**aco → **fra**-co; **pr**ato → **pra**-to; que**br**ar → que-**brar**; re**cr**utar → re-**cru**-tar

consoante + l   **consoante + r**

Não se separam as letras dos encontros consonantais que apresentam a seguinte formação: **consoante + l** ou **consoante + r**.

3. co**rr**ida → co**r**-**ri**-da; pa**ss**ar → pa**s**-**sar**; de**sc**er → de**s**-**cer**; de**sç**am → de**s**-**çam**; e**xc**eção → e**x**-**ce**-ção

Separam-se as letras dos dígrafos **rr**, **ss**, **sc**, **sç**, **xc**.

4. histór**ia** → his-tó-**ria**; qu**ei**xo → **quei**-xo; sér**ie** → sé-**rie**

Não se separam as letras que representam um **ditongo**.

5. Parag**uai** → Pa-ra-**guai**; sag**uão** → sa-**guão**

Não se separam as letras que representam um **tritongo**.

6. cr**ue**l → **cru**-**el**; enj**oo** → en-**jo**-**o**; s**aú**va → **sa**-**ú**-va; t**ai**nha → **ta**-**i**-nha

Separam-se as letras que representam um **hiato**.

7. a**bs**oluto → a**b**-**so**-lu-to; nú**pc**ias → nú**p**-**cias**; pe**rsp**icaz → pe**rs**-**pi**-caz; su**bm**eter → su**b**-**me**-ter; té**cn**ica → té**c**-**ni**-ca; u**rn**a → u**r**-**na**

Separa-se o **encontro consonantal** que estiver no interior da palavra desde que a **última consoante** seja **diferente** de **l** ou de **r**.

8. **pn**eumático → **pn**eu-má-ti-co; **ps**icologia → **ps**i-co-lo-gi-a; **gn**omo → **gn**o-mo

Não se separa o **encontro consonantal** que inicia uma palavra.

9. su**bl**ingual → su**b**-**l**in-gual; su**bl**ocar → su**b**-**l**o-car

No grupo **bl**, às vezes cada consoante é pronunciada separadamente, mantendo sua autonomia fonética. Nesse caso, tais consoantes ficam em sílabas separadas.

Partição de palavras no fim da linha

Conhecer as regras de divisão silábica tem uma aplicação prática: a partição de palavras no fim da linha. É comum, quando chegamos ao final da linha, não haver espaço suficiente para escrever a palavra inteira. Nesse caso, podemos dividi-la em duas partes, ficando uma em cada linha. Essa partição obedece às regras de separação silábica e indica-se com o hífen.

Reproduzimos a seguir fragmentos de textos impressos, nos quais foi necessária a partição de palavras no fim da linha. A partição segue as regras de divisão silábica estudadas no item anterior.

O mesmo arrepio da noite. Várias
vezes, até que terminassem os guin-
chos, até que o sono a invadisse
tranquilamente. (A. C. Gomes) ← Regra nº 1

Pela janela aberta escutava o ruído
da chuva. Podia até ouvir a enxu**r**-
rada – ou era impressão? (Luís Vilela) ← Regra nº 3

Para João Teodoro, a coisa de menos importân-
cia no mundo era João Teodoro. ← Regra nº 4

Logo aos dezoito anos quis fazer-se militar; mas a junta de s**a**-
úde julgou-o incapaz. (Lima Barreto) ← Regra nº 6

E veio vagarosamente até uma das portas da rua, enquanto eu saía
literalmente esmagado. Naquela recusa do padeiro em me a**d**-
mitir, eu descobria uma espécie de sítio posto à minha vida. (Lima Barreto) ← Regra nº 7

Conselho Federal aprova novo Código de Ética para **psi**-
cólogos. ← Regra nº 8

As principais glândulas salivares
são as parótidas, submaxilares e su**b**-
linguais. (A. C. Guyton) ← Regra nº 9

Observações

1. Quando uma sílaba é formada por apenas uma vogal, deve-se evitar deixá-la isolada na linha. Veja:
   Camilo recebeu mais duas ou três cartas **anô**-
   nimas. (Machado de Assis)
   É preferível **não** separar as sílabas da palavra **anônimas** assim:
   a-
   nônimas.
2. Quando o final da linha coincidir com o lugar onde está o hífen da palavra, deve-se repetir esse hífen no início da linha seguinte:
   ... reparava que eram castanhos;
   castanhos-escuros; ou pretos? castanhos-
   -escuros. (Luís Vilela)

Atividades

1. Justifique a que regra de divisão silábica se obedeceu na partição das palavras destacadas:

   O Boi Araçá estava rindo no **cur**-
   ral. Cabeça erguida, beiços abertos
   João Vaqueiro torto no lom-
   bo do matungo, encantado e **as**-
   sustado... (Jair Vitória)

2. Copie as palavras seguintes dividindo-as em sílabas:

chuva	quina	problema	glóbulo	atlético	friagem
molhado	guincho	conclamar	glicose	branco	recesso
arranhão	argumento	flama	nascimento	abrandar	saída
naquilo	parreira	flagelo	saúva	embrulho	
agulha	dinheiro	aflito	aplicar	brilho	
águia	régua	englobar	retrato	afrouxar	

3. É comum a utilização de duas ou mais colunas na impressão de uma página de revista e por isso com frequência se recorre à partição da palavra no fim da linha. Além da partição efetuada, de que outras maneiras poderiam ser separadas as palavras em destaque?

Mao é venerado como o fundador
da República Popular da China, um símbolo da coesão de uma nação com **vá-**
rias etnias e centenas de dialetos. [...] Em
certa época, ordenou que os chineses **trocas-**
sem toda a sua agricultura de hortaliças e
chá pelo plantio exclusivo de cereais. (*Veja*)

4. Leia o trecho de um livro de Jair Vitória:

[...] uma chegadinha até a venda, mas o
moço foi em frente, levando a mu-
lherzinha... Podia estar com **ciú-**
me... O tio dele, não queria vê-lo.

A partição **ci-úme** também estaria correta? Por quê?

5. Copie as seguintes palavras dividindo-as em sílabas:

aracnídeo	tungstênio	submergir	secção	colapso	persuadir
persuasivo	egípcio	perspectiva	pneumotórax	calipso	pneumonia

6. Observe a divisão silábica das seguintes palavras:

a. **gn**omo: **gn**o-mo   b. a**gn**óstico: a**g-n**ós-ti-co

Explique por que o grupo **gn** foi tratado de maneiras diferentes.

7. Faça a divisão silábica das palavras:

nascente   abscissa   biscoito   pescado

Como você deve ter percebido, o grupo **sc** tanto pode ser um dígrafo como um encontro consonantal. Identifique em qual(is) palavra(s) cada um deles ocorre e explique o que acontece com esse grupo quando separamos as sílabas da palavra.

8. Justifique a repetição do hífen nas duas linhas do exemplo abaixo:

[...] sensação de quando em criança me
procuravam pela casa chamando-
-me e eu estava escondido debaixo
da cama... (Luís Vilela)

9. Responda:

a. É correto afirmar que nas palavras **sublocar** e **sublingual** o grupo **bl** tem a mesma pronúncia que em **blusa** e **emblemático**?

b. A divisão silábica dessas palavras obedece à mesma regra? Explique.

Emprego do hífen

Casos gerais

Observe os casos mais comuns de emprego do hífen (traço de união) em português:

1. O **médico-cirurgião** já desenganou o paciente.

   Usa-se hífen para unir os elementos que formam as palavras compostas ou derivadas.

2. A multidão, comovida, **despediu-se** do presidente.

   Usa-se hífen para ligar pronomes oblíquos átonos a verbos.

   Outros exemplos:

   Olhe, um conselho: **faça-se** forte aqui, **faça-se** homem. Os fracos **perdem-se**. (Raul Pompeia)

   Essa regra inclui a expressão **eis**, quando acompanhada de pronome:

   Eis-me de volta.

3. Devorava-o, noite e dia, uma **implacá-**
   vel amargura, uma surda tristeza de vencido. (Aluísio Azevedo)

   Usa-se hífen para separar palavras no fim da linha.

O hífen nas palavras compostas

1. Substantivos compostos

   Observe as palavras:

   guarda-roupa   criado-mudo

   Se tomarmos isoladamente cada componente dessas palavras (*guarda*, *roupa*, *criado* e *mudo*), notaremos que o significado de cada um deles não é o mesmo pretendido no substantivo composto correspondente, isto é, o composto constitui uma unidade de sentido própria, diferente do significado individual de cada componente. Notaremos também que os componentes conservam sua independência fonética, sua acentuação própria. Mantém-se, portanto, a noção de composição. Quando isso ocorrer, separam-se por hífen os elementos formadores dessas palavras.

   Emprega-se o hífen para unir os elementos dos substantivos compostos em que se mantém a noção de composição e o conjunto constitui uma unidade semântica.

   Veja outros exemplos:

água-marinha	couve-flor	sul-africano
arco-íris	cobra-d'água	porco-espinho

   Incluem-se nesse caso os componentes foneticamente reduzidos, como em:

   bel-prazer (**bel** = forma reduzida de **belo**)
   el-rei (**el** = forma arcaica do artigo **o** e que subsiste apenas na palavra **el-rei**)
   és-sueste (**és** = forma reduzida de **leste**): ponto cardeal do globo entre o leste e o sudeste.
   su-sueste (**su** = forma reduzida de **sul**): ponto do horizonte a igual distância do sul e do sudeste.

   Em certos compostos, em que os componentes perderam a noção de composição, não se usa o hífen:

aguardente → água + ardente	girassol → gira + sol
pontapé → ponta + pé	paraquedas → para + quedas

   Observação

   Os nomes que designam os dias da semana são substantivos compostos escritos com hífen: *segunda-feira*, *terça-feira*, *quarta-feira*, etc.

2. Adjetivos compostos

Observe as palavras em destaque nas expressões abaixo:

questão **político-financeira** conflito **anglo-americano**

As palavras **político-financeira** e **anglo-americano** são adjetivos compostos. Em português, o hífen também é usado para unir os elementos desses adjetivos.

> Emprega-se o **hífen** para unir os elementos dos **adjetivos compostos.**

Veja outros exemplos:

azul-claro
euro-africano
franco-espanhol
greco-romano
latino-americano
luso-brasileiro
mato-grossense
sino-soviético

3. Sufixos

Observe os compostos:

amoré-guaçu (tipo de peixe) araçá-mirim capim-açu

Emprega-se o hífen para separar os sufixos **-açu** (grande), **-guaçu** (grande) e **-mirim** (pequeno) em dois casos:

a. quando o último elemento da palavra que antecede o sufixo terminar em vogal acentuada graficamente: *amor**é**, araç**á***.

Veja outros exemplos:

aça**í**-mirim
anaj**á**-mirim (tipo de palmeira)
and**á**-açu (tipo de árvore)
arum**ã**-mirim (planta utilizada para fazer cestos, balaios)
maracuj**á**-açu
maracuj**á**-mirim
paran**á**-mirim (o menor dos dois braços em que um rio se divide)
sabi**á**-guaçu
tamandu**á**-açu
tamandu**á**-mirim
ub**á**-açu (planta empregada na confecção de cestos e balaios)

b. quando a pronúncia exigir essa separação. Em *capim-açu*, por exemplo, a ausência do hífen induziria à pronúncia "capinhaçu". O mesmo acontece em *capim-mirim*, *camurim-açu* (nome de um peixe), *jurema-mirim* (nome de um arbusto).

Já a palavra *tatuaçu* deve ser grafada sem hífen, porque *tatu* não tem acento gráfico nem a pronúncia exige que se separem os dois termos. É também o caso de *cajuaçu*, *itumirim* (tipo de árvore), *tapiaçu* (abelha), *urucumirim* (fruto do qual se extrai uma tinta), *nhambuaçu*, *mandiocaçu*, *sirimirim*, *buritimirim*.

4. Advérbios *bem* e *mal*

Emprega-se o hífen nos compostos com os advérbios **bem** e **mal**, quando estes formam com o elemento seguinte uma unidade semântica, desde que esse elemento comece por **vogal** ou **h**.

bem-aventurado
bem-humorado
mal-estar
bem-estar
mal-afortunado
mal-humorado

Observações

1. O advérbio **bem**, ao contrário de **mal**, pode não se aglutinar com palavras começadas por consoante:

bem-criado	malcriado
bem-falante	malfalante
bem-visto	malvisto

2. Em muitos compostos, o advérbio **bem** é utilizado sem hífen junto com o segundo elemento:

benfeito	benfazejo
benfeitor	benquerença

5. *Aquém, além, recém, sem*

Emprega-se o hífen nos compostos com os elementos **além**, **aquém**, **recém**, **sem**:

além-mar	recém-casado	sem-vergonha
além-fronteira	recém-nascido	sem-número
aquém-mar	sem-cerimônia	sem-terra

6. Prefixos

Em princípio, os prefixos devem ligar-se diretamente ao radical:

ante + datar → antedatar	inter + nacional → internacional
anti + alérgico → antialérgico	neo + clássico → neoclássico
auto + biografia → autobiografia	re + uso → reúso
auto + imune → autoimune	semi + vogal → semivogal
co + autor → coautor	super + agudo → superagudo
extra + oficial → extraoficial	ultra + elevado → ultraelevado

No entanto, alguns prefixos sempre se ligam por hífen ao elemento que os segue na palavra:

Prefixos	Exemplos
ex- (quando indica estado anterior ou cessamento)	ex-aluno, ex-primeiro-ministro
pós- (quando for tônico)	pós-operatório, pós-graduação
pré- (quando for tônico)	pré-datado, pré-escolar
pró- (quando for tônico)	pró-socialista, pró-africano
sota-, soto- (posição inferior)	soto-capitão, soto-mestre
vice-	vice-presidente, vice-reitor
vizo-	vizo-rei

Para a grande maioria dos prefixos (**ante-**, **anti-**, **circum-**, **co-**, **contra-**, **entre-**, **extra-**, **hiper-**, **infra-**, **intra-**, **re-**, **sobre-**, **sub-**, **super-**, **supra-**, **ultra-**, etc.) e dos chamados falsos prefixos, que são, na verdade, radicais gregos e latinos (**aero-**, **agro-**, **arqui-**, **auto-**, **bio-**, **eletro-**, **geo-**, **hidro-**, **inter-**, **macro-**, **maxi-**, **micro-**, **mini-**, **multi-**, **neo-**, **pan-**, **pluri-**, **proto-**, **pseudo-**, **retro-**, **semi-**, **tele-**, etc.), o *Acordo Ortográfico da Língua Portuguesa* orienta que se empregue o hífen nos seguintes casos:

a. quando o segundo elemento começa por **h**:

Prefixos	Exemplos
anti-	anti-**h**igiênico
arqui-	arqui-**h**iperbólico
extra-	extra-**h**ospitalar
geo-	geo-**h**istória
infra-	infra-**h**epático
neo-	neo-**h**umanismo, neo-**h**elênico
pré-	pré-**h**istória
proto-	proto-**h**istórico
pseudo-	pseudo-**h**erói
semi-	semi-**h**ospitalar
sub-	sub-**h**epático
ultra-	ultra-**h**umano

Observação

Não se usa o hífen em formações que contêm em geral os prefixos **des-**, **in-** e **re-** nas quais o segundo elemento perdeu o **h** inicial:

desumano
desumidificador
inábil
inumano
reabilitar
reidratar

b. quando o prefixo ou o pseudoprefixo termina com a mesma vogal que inicia o segundo elemento:

anti-inflamatório
anti-ibérico
auto-observação
contra-almirante
eletro-ótica
infra-axilar
micro-onda
semi-interno

Observações

1. Com o prefixo **co-**, não se usa hífen quando o segundo elemento começa por **o**:
   coobrigação, coocupação, coordenar, cooperar
2. Quando o prefixo ou pseudoprefixo terminar por **vogal** e vier seguido de palavra começada por **r** ou **s**, dobram-se essas letras:
   antirrepublicano, antirrevolucionário, contrarregra, minissaia, antissemita, antissocial, ultrassom, microssistema

c. quando os prefixos **circum-** e **pan-** são seguidos de palavras começadas por **vogal**, **m** ou **n** (além de **h**, que é a regra geral):

circum-**e**scolar
circum-**m**urado
circum-**n**avegação
pan-**a**fricano
pan-**a**mericano
pan-**n**egritude

d. quando os prefixos **hiper-**, **inter-** e **super-** são seguidos de palavras iniciadas por **r**:

hiper-**r**esistente
inter-**r**egional
super-**r**ealista
super-**r**equisitado

7. Topônimos compostos

Emprega-se hífen nos topônimos compostos:

a. iniciados por **grã**, **grão**:

Grã-Bretanha
Grão-Pará

b. iniciados por forma verbal:

Passa-Quatro

c. cujos elementos estão ligados por artigo:

Baía de Todos-os-Santos
Trás-os-Montes

Observação

Nos demais topônimos compostos os elementos são separados *sem* hífen:

América do Sul
Cabo Verde

Exceção

Guiné-Bissau

8. Espécies botânicas e zoológicas

Emprega-se hífen nas palavras compostas que designam espécies botânicas e zoológicas, ligadas ou não por preposição ou qualquer outro elemento:

couve-flor
cobra-coral
bem-te-vi
erva-doce
ervilha-de-cheiro
formiga-branca

9. Locuções

Não se emprega o hífen, em geral, nas locuções de qualquer tipo, à exceção das consagradas pelo uso:

água-de-colônia
arco-da-velha
bênção-de-deus
cor-de-rosa
mais-que-perfeito
pé-de-meia

Casos especiais

Emprega-se também o hífen:

1. nas palavras derivadas de nomes próprios compostos indicativos de lugar:

belo-horizontino (de Belo Horizonte)
cabo-verdiano (de Cabo Verde)
mato-grossense (de Mato Grosso)
norte-rio-grandense (do Rio Grande do Norte)
porto-alegrense (de Porto Alegre)
porto-riquenho (de Porto Rico)

2. para indicar paralelismo ou simetria:

acordo Brasil-Inglaterra
convênio China-Japão
relação professor-aluno
União Cultural Brasil-Estados Unidos

3. para indicar oposição:

jogo Santos-São Paulo
torneio Pernambuco-Rio

4. para ligar palavras ou grupo de palavras que formam encadeamentos vocabulares:

rodovia Rio-Bahia
ferrovia São Paulo-Mato Grosso
direção Rio-Belo Horizonte

5. nas datas:

São Paulo, 25-8-2008.
2000-2008
séculos XVIII-XX

Atividades

1. Observe as palavras destacadas nas frases e explique a razão pela qual se utilizou o hífen:

   a. Fomos **visitá-lo** ontem.

   b. No Nordeste brasileiro o inverno não é a estação do frio, mas das **chu-vas**.

   c. O **ex-diplomata** norte-americano Wayne Smith, chefe do escritório dos EUA em Havana entre 1979 e 1982, concorda plenamente com ele [o embaixador brasileiro]. (*Folha de S.Paulo*)

   d. A **couve-flor** é uma hortaliça bastante nutritiva, rica em cálcio e fósforo e importante fonte de fosfato e vitamina C.

2. Utilizando os prefixos indicados, escreva as palavras correspondentes a cada uma das expressões. Empregue ou não o hífen, de acordo com as regras expostas.

   Prefixo **sub**:

   a. categoria inferior;

   b. desenvolvimento abaixo do normal;

   c. funcionário imediatamente abaixo do gerente ou que o substitui;

   d. alto funcionário de uma instituição que está abaixo do secretário ou do ministro.

   Prefixo **inter**:

   a. que se efetua entre dois ou mais estados de um país;

   b. dependência recíproca;

   c. que se efetua entre duas ou mais cidades;

   d. que se realiza entre duas ou mais academias.

   Prefixo **super**:

   a. alimentação excessiva;

   b. estimar muito ou em excesso;

   c. muitíssimo natural;

   d. que tem a velocidade maior que a do som.

3. Utilizando os prefixos indicados, copie as frases substituindo as palavras ou expressões em destaque pelos sinônimos correspondentes:

   Prefixo **ante**:

   a. O cheque é um documento **pré-datado** largamente usado no comércio.

   b. Trata-se de animais **que viveram antes do dilúvio**.

   c. Quando os cientistas encontram um crânio, uma mandíbula ou um pedaço de osso de algum animal **pré-histórico**, pode apostar: vem novidade por aí. (*Ciência Hoje das Crianças*)

   d. Precisamos de documentos **que antecedem à Proclamação da República**.

   Prefixo **anti-**:

   a. Tal medida é **contrária ao que dispõe a constituição do país**.

   b. Não se aceitaram algumas opiniões **contrárias ao imperialismo**.

   c. Não conheço uma pessoa tão **avessa ao relacionamento social** quanto minha mãe.

   d. Todos os **que se opunham à revolução** foram exilados.

Prefixo **sobre-**:

a. Uns pensamentos sacodem sua alma e a **excitam vivamente a outros desejos**.

b. Só conseguiram seus objetivos fazendo uma força **superior à de um ser humano**.

c. O estilo **salienta-se** pela elegância.

4. Utilizando os prefixos indicados, escreva no caderno as palavras correspondentes às expressões que seguem:

Prefixo **auto-**:

a. rodovia para altas velocidades;

b. retrato de um indivíduo feito por ele próprio;

c. consciência que adquire capacidade de refletir sobre si mesma.

Prefixo **extra-**:

a. não ordinário, fora do comum;

b. estranho ao regulamento;

c. situado fora do território.

Prefixo **intra-**:

a. situado dentro do nariz;

b. relativo ao interior do útero;

c. relativo ao interior da veia.

Prefixo **semi-**:

a. quase oficial;

b. muito pouco racional;

c. quase selvagem.

Prefixo **ultra-**:

a. exageradamente revolucionário;

b. sensível ao extremo;

c. sobre-humano.

5. Todos os trechos seguintes são fragmentos de textos jornalísticos. Identifique as palavras formadas por prefixos e explique a ocorrência ou não do hífen entre os componentes de cada palavra.

Do jornal *O Globo*:

a. Eu, supernervoso, mostrei a ele o meu histórico e marcamos um duelo. Bati o George e me tornei o recordista mundial [...].

b. Cientistas ingleses estão estudando o DNA do cacau para produzir um superchocolate capaz de garantir níveis altíssimos de satisfação.

c. Muitos programas antivírus surgiram no mercado e, no final das contas, cada micreiro acabou adotando um ou outro de acordo com seu gosto pessoal.

d. Reprovadas 59,80% das 667 amostras de antibióticos; 52% dos 121 anti-inflamatórios; 62,5% dos 121 analgésicos; 75% dos 199 anti-hipertensivos e 85% dos 86 broncodilatadores. Alguns produtos foram rejeitados em mais de um item.

Do jornal *Folha de Londrina*:

e. O Governo lançou nas ruas, no cinema e na TV uma campanha contra racismo e antissemitismo.

f. [...] na madrugada do crime foram ouvidos ainda o suboficial da Polícia Militar Marcelo Alves, que ajudou a capturar [...]

Acento prosódico e acento gráfico

Em português, toda palavra com duas ou mais sílabas tem uma sílaba tônica, sobre a qual recai o acento da fala, conhecido como acento prosódico. Compare:

estômago – **todos** → **to** é a sílaba tônica

será – **arado** → **ra** é a sílaba tônica

Nem sempre a sílaba tônica recebe acento gráfico. Como você viu, somente uma das palavras em cada par recebeu o acento gráfico, isto é, o sinal com que se marca, na escrita, em algumas palavras, a sílaba em que recai o acento prosódico.

O acento gráfico é utilizado de acordo com determinadas regras e leva em conta:

a. a posição da sílaba tônica na palavra; **b.** a terminação da palavra.

Acento prosódico é aquele que ocorre em todas as palavras com duas ou mais sílabas. É o acento da fala.

Acento gráfico é o sinal que marca a sílaba tônica de algumas palavras. É o acento da escrita.

Regras de acentuação gráfica das palavras de duas ou mais sílabas

Palavras oxítonas

Observe os grupos:

A. Exemplos — Oxítonas terminadas em:

Exemplos		Oxítonas terminadas em:
está, **estás**	→	**a(s)**
você, **vocês**	→	**e(s)**
avô, **avós**	→	**o(s)**
alguém	→	**em**
parabéns	→	**ens**

B. Exemplos — Oxítonas terminadas em:

Exemplos		Oxítonas terminadas em:
ali	→	**i**
uru**bu**	→	**u**
le**var**, sutil	→	**consoante**

Acentuam-se graficamente as palavras **oxítonas** terminadas em **a(s), e(s), o(s), em, ens.**

Agora veja estes exemplos:

Depois de alguns abraços emocionados, os seis passageiros, parentes e amigos rezaram e cantaram **parabéns**. (*Jornal da Tarde*)

O governo propôs aos grevistas o cumprimento de uma pauta de seis **itens**, entre eles o policiamento do centro do Recife. (*Jornal da Tarde*)

Como você deve ter percebido, a palavra *itens*, destacada no segundo exemplo, não levou acento gráfico. É importante, sempre que se for acentuar uma palavra, observar, além da terminação, a posição da sílaba tônica. No caso de *itens*, a sílaba tônica é o **i**, o que justifica a ausência do acento gráfico, já que não se trata de uma oxítona terminada em *ens*.

Observação

Incluem-se na regra de acentuação das oxítonas as formas verbais seguidas dos pronomes **lo**, **la**, **los**, **las**.

A velha ave podia **pescá-los** até de olhos fechados...

Ele está indo longe demais. É preciso **detê-lo**.

Palavras proparoxítonas

Leia esta explicação sobre filmes fotográficos:

> Os **práticos** filmes 35 mm de hoje [...] são uma base **plástica**, revestida de uma emulsão sensível à luz, à base de nitrato de prata e outros componentes. Ao receber os diferentes raios de luz, as **partículas químicas** da emulsão sofrem diferentes modificações, desenhando a imagem. Essa imagem, porém, é invisível. É preciso "limpar" as **partículas** que não foram utilizadas para o desenho e depois interromper a possibilidade de sensibilização das **partículas** restantes. Esse trabalho é feito, respectivamente, pelos banhos **químicos** da revelação e da fixação. Só a partir da fixação é que o filme pode ser exposto à luz, sem riscos de se perder a imagem.
>
> Disponível em: <www.fujifilm.com.br>.

As palavras destacadas no texto são proparoxítonas. Todas apresentam o acento gráfico. Essas palavras são chamadas de **proparoxítonas reais**.

> **Todas as palavras proparoxítonas (reais ou aparentes) são acentuadas graficamente.**

Veja ainda:

> Em toda a **história** civilizada, o homem sempre produziu sua **subsistência** e posteriormente um excedente, com a finalidade de trocar ou vender. Essa relação demonstra claramente o que é o **comércio**.
>
> Disponível em: <www.brasilescola.com/historia>.

As palavras destacadas são paroxítonas terminadas em ditongo crescente. Podem também ser consideradas como **proparoxítonas aparentes**.

Veja outros exemplos de proparoxítonas aparentes:

ág**ua**	Lúc**ia**	sér**ie**
ár**ea**	Már**io**	tên**ue**
histór**ia**	Sérg**io**	vác**uo**

Palavras paroxítonas

Observe o grupo de palavras abaixo:

Exemplos		Paroxítonas terminadas em:
móve**l**, níve**l**	→	**l**
táx**i**, láp**is**	→	**i(s)**
póle**n**, Nélso**n**	→	**n**
jiu-jíts**u**, vír**us**	→	**u(s)**
álb**um**, álb**uns**	→	**um, uns**
iând**om***, elétr**ons**	→	**om, ons**
Césa**r**, repórte**r**	→	**r**
tóra**x**, ôni**x**	→	**x**
ím**ã**, ím**ãs**	→	**ã(s)**
órg**ão**, órg**ãos**	→	**ão(s)**
pôn**ei**, amáv**eis**	→	**ei(s)**
fórce**ps**, bíce**ps**	→	**ps**

> Acentuam-se graficamente as palavras **paroxítonas** terminadas em **l**, **i(s)**, **n**, **u(s)**, **um**, **uns**, **om**, **ons**, **r**, **x**, **ã(s)**, **ão(s)**, **ei(s)** e **ps**.

* **iândom**: espécie de avestruz.

Leia algumas frases em que aparecem palavras paroxítonas acentuadas graficamente:

O **táxi** viera, a rua estava ali na sua cara. (Rubem Braga)

Para o **vírus** a penicilina é uma doença. (Millôr Fernandes)

O **repórter** político sugeriu que ela fizesse um discurso (Rubem Braga)

As meninas nasceram ligadas pelo **tórax** e **abdômen**. (*O Estado de S. Paulo*)

Agora estão com a **consciência** tranquila: podem começar a nobre tarefa de transmitir de novo o seu **vício** e a sua **malícia**. (Rubem Braga)

Observação

Não se acentuam os prefixos paroxítonos. Exemplos: ***super***-*resfriado*, ***semi***-*integral*, ***inter***-*regional*, ***anti***-*higiênico*.

Atividades

1. O poeta e músico brasileiro Arnaldo Antunes entrevistou o americano Charles Perrone, especialista em cultura brasileira. No trecho transcrito da entrevista, estão destacadas algumas palavras oxítonas. Copie-as, acentuando-as corretamente, se necessário.

- Para **começar**, Charles, eu queria **perguntar** como **voce** aprendeu a falar **portugues**, como foram seus primeiros contatos com a cultura brasileira e quais os motivos que o levaram a se interessar pela música **popular** brasileira. Conte um pouquinho da história desse contato.
- Bem, acho que já estive no **Brasil** umas doze vezes e **aprendi** a língua portuguesa nos anos 70, inicialmente no curso da faculdade com uma professora baiana, a Nídia, que...
- Mora lá?
- Ainda mora lá, na Califórnia. Acho que se **aposentou** agora. Mas não **voltou** pra Bahia. **Casou** lá e **ficou**. Mas **alem** do ensino da língua portuguesa em si ela colocava muita música para eu **ouvir**. Colocava Caymmi, João Gilberto, Caetano. Lembro que certa vez ela me deu de presente o Cancioneiro da Bahia, de **Dorival** Caymmi. Aí eu **fiquei** maluco (risos). Aí nunca mais **deixei** de **ouvir**. Me **apaixonei**.
- Mas o que **levou voce** a **estudar portugues** com ela? Já era uma paixão pelo **Brasil**?
- Não. Eu estava fazendo estudos sobre a América Latina e para falar da América Latina como um todo **voce** tem que ter noções tanto do **portugues** quanto do **espanhol**. [...] Depois **ganhei** uma bolsa de um ano **aqui**, ainda nos anos 70. De lá pra cá vim mais ou menos de dois em dois anos, **atraves** de bolsas, para **fazer** pesquisas ou **visitar** os amigos.
- E **voce** inclusive **ministrou** cursos sobre poesia e música brasileira...
- Lá. Nunca **aqui**. Inclusive eu tenho um pouco de vergonha de dar esses cursos **aqui**.

(Revista do *Jornal do Brasil*)

2. Substitua a palavra ou a expressão destacada pelos pronomes **lo**, **la**, **los** ou **las** e faça as adaptações necessárias no verbo.

a. Aprendi a admirar **o Brasil**.

b. Vamos começar **a entrevista**?

c. Quero aprender **esta língua**.

d. Vou colocar **esta música** para você ouvir.

e. Nunca mais deixei de ouvir **música brasileira**.

f. Vinha sempre para visitar **as amigas**.

g. Tenho vergonha de ministrar **esses cursos** no Brasil.

h. Agora tenho tempo de reler **aqueles livros**...

3. Nos fragmentos seguintes há palavras proparoxítonas, das quais eliminamos o acento. Identifique essas palavras e copie-as com a acentuação adequada.

a. Cada vez que alguém sofre uma agressão fisica ou emocional, uma descarga eletrica passa pelo corpo e o coloca em estado de alerta. *(Jornal da Tarde)*

b. A redução na produção de material inorganico – papel, plastico, vidro, metal – é a saída para o problema de acumulo de lixo. "O verdadeiro simbolo do sucesso, a partir de agora, é consumir menos", informou o professor do departamento de Antropologia da Universidade do Arizona, Estados Unidos, William Ratnje. *(Correio do Povo)*

4. Reescreva as orações seguintes conjugando os verbos na primeira pessoa do plural.

a. Se eu fosse.
b. Se eu comprasse.
c. Se eu estudasse.
d. Se eu compusesse.
e. Se eu dividisse.
f. Se eu bebesse.
g. Eu punha.
h. Eu falava.
i. Eu gritava.
j. Eu reclamava.

5. Escreva as regras que justificam a acentuação das proparoxítonas e paroxítonas destacadas:

a. Casos recentes de **violência** praticada por jovens de classe **média** chocaram os americanos. *(O Estado de S. Paulo)*

b. O veneno de cobra é revendido para produção de medicamentos contra o **câncer** e anestésicos em **laboratórios** da Alemanha, do Japão, de Israel e dos Estados Unidos. (Idem)

c. Na última vez que viu sua mãe, N. Q., de 15 anos, de São Paulo, quase morreu de vergonha. Foi no **fórum**. N. Q. tinha ido ao local para uma entrevista com o juiz de menores e cruzou com a mãe, que estava à espera de uma **audiência** num processo por furto. (Idem)

d. Não estou vazio,
não estou sozinho,
pois carrego comigo
algo **indescritível**. (Carlos Drummond de Andrade, *A rosa do povo*)

6. No trecho seguinte há palavras paroxítonas destacadas. Copie apenas aquelas que devem ser acentuadas graficamente, acentuando-as.

Em código

Fui chamado ao **telefone**. Era o chefe de **escritorio** de meu irmão:

– Recebi de Belo Horizonte um recado dele para o senhor. É uma **mensagem** meio **esquisita**, com **varios itens**, convém tomar nota: o senhor tem um **lapis** aí?

– Tenho. **Pode** começar.

– Então lá vai. Primeiro: minha mãe precisa de uma **nora**.

– Precisa de quê?

– De uma nora.

– Que **historia** é essa? [...] (Fernando Sabino, *A mulher do vizinho*)

Ditongos abertos

Compare:

Viveu no tempo dos mil **réis**...
Ainda existem **reis** no mundo?
} ditongo **ei**

Minha cabeça **dói** muito.
Juvenal se **foi** da cidade.
} ditongo **oi**

Ela vive assim, ao **léu**.
Você **leu** a carta?
} ditongo **eu**

Ditongos abertos

réis **léu** **dói**

Ditongos fechados

reis **leu** **foi**

Veja também: past**éi**s, chap**éu**, her**ói**.

Réis, **léu**, **dói** são monossílabos tônicos.

Pastéis, **chapéu**, **herói** são palavras oxítonas.

Acentuam-se os ditongos abertos éi, éu, ói nos monossílabos tônicos e nas palavras oxítonas.

Observação

Não se acentuam mais os ditongos abertos **éi** e **ói** nas palavras paroxítonas:

ideia — Troia
assembleia — (eu) apoio
jiboia — heroico

Hiatos

Diversas pessoas disseram ter visto, por volta das 7h, uma bola de fogo azul e vermelha com um rastro cruzar o céu do município. Segundo os relatos, o objeto emitia um forte **ruído**, voava a baixa altitude e teria **caído** nos arredores da cidade. A Polícia Civil passou o dia investigando as fazendas nas redondezas de Santa Vitória e do município uruguaio de **Chuí**, mas nada encontrou.

Zero Hora

As palavras destacadas no texto apresentam hiato com a vogal tônica acentuada graficamente:

ru-í-do **ca-í-do** **Chu-í**

Nem todos os hiatos recebem acento:

ju-iz **ru-im** **pi-xa-im** **di-ur-no**

Vogais *i* e *u* no hiato

1. i e u tônicos do hiato, sozinhos na sílaba, são acentuados:

ba-**ú** ju-**í**-zes Ja-**ú** mo-**í**-do sa-**ú**-de sa-**í**-a

2. i e u tônicos do hiato, seguidos de **s** na mesma sílaba, são acentuados:

ba-la-**ús**-tre ba-**ús** ca-**ís**-te e-go-**ís**-ta

Acentuam-se o **i** e o **u** tônicos dos **hiatos** quando formarem sílabas sozinhos ou quando vierem seguidos de **s**.

Observe ainda:

3. i e u tônicos do hiato, seguidos de outra letra (diferente de **s**) na mesma sílaba, não são acentuados:

a-**in**-da ca-**ir**-mos ca-**iu** ju-**iz** ru-**im**

4. i e u tônicos do hiato, seguidos de **nh** na sílaba seguinte, não são acentuados:

cam-pa-**i**-nha mo-**i**-nho ra-**i**-nha ta-**i**-nha

Não se acentuam o **i** e o **u** tônicos do **hiato** quando vierem seguidos de outra letra (diferente de **s**) na mesma sílaba ou de **nh** na sílaba seguinte.

5. Veja ainda:

f**ei**-**u**-ra (paroxítona – sem acento gráfico) — ditongo decrescente

G**ua**-**í**-ba (paroxítona – com acento gráfico) — ditongo crescente

Pi-**au**-**í** (oxítona – com acento gráfico) — ditongo decrescente

Não se acentuam o **i** e o **u** tônicos do **hiato** quando vierem precedidos de ditongo decrescente, nas palavras **paroxítonas**.

Acentuam-se o **i** e o **u** tônicos do **hiato** das palavras **oxítonas**, quando, mesmo antecedidos de ditongo decrescente, estiverem em posição final, sozinhos na sílaba, ou seguidos de **s**.

Atividades

1. Escreva o feminino de:
   a. ateu
   b. europeu
   c. plebeu
   d. hebreu
   e. pigmeu
   f. galileu

2. Coloque no plural as palavras destacadas, fazendo as adaptações necessárias na frase:
   a. Levava comigo um inimigo **cruel**: a paixão.
   b. O **fiel** cantava um hino sacro.
   c. Preciso de um importante **papel** que deixei nesta gaveta.
   d. Que **pastel** delicioso!
   e. Devo um **aluguel**.
   f. Há um **hotel** barato no bairro.

3. Nós damos o significado. Você escreve os termos, que devem apresentar os ditongos colocados nos parênteses:
   a. Taças comemorativas de alguma vitória (éu)
   b. Vaqueiros típicos de filmes americanos (ói)
   c. Gritaria, alvoroço (éu)
   d. Erva daninha (oi)
   e. Artefato precioso que se usa como adorno (oi)
   f. Que tem formato de esfera (oi)

4. Nos versos extraídos de letras de músicas brasileiras, todas as palavras destacadas apresentam hiato. Copie-as e acentue-as, se necessário.
   a. Não ter o **ruido** do seu sorriso (Sandy e Júnior)
   b. Quero mais **saude**... (Gabriel, o Pensador)

c. Diz que este **voo** não vai ter fim (Camisa de Vênus)
d. **Ciume** de você, **ciume** de você... (Roberto Carlos)
e. **Enjoo** de vertigem, viagem de avião (Skank)
f. No fundo do oceano existe um **bau** que guarda o segredo (Raul Seixas)

5. As palavras destacadas nestes trechos extraídos de obras literárias apresentam hiato. Copie-as e acentue-as, se necessário.
a. Os homens saíram da **cadeia** para serem ouvidos pelo juiz. (José Lins do Rego)
b. As tropas recomeçaram a desfilar pelo vale do **Anhangabau**. A jiboia reluzente se movimentava. (Alcântara Machado)
c. No fundo do **bau**, a caixa de charutos com sol dourado na tampa. (Dalton Trevisan)
d. O palácio está em **ruinas**. (Fernando Pessoa)
e. Via-a assim, e **doia**-me que a vissem outros. (Machado de Assis)
f. Os olhos porém luziam de muita vida e **saude**. (Idem)

Regra de acentuação gráfica dos monossílabos

Antes de estudar esta regra, você deve saber distinguir monossílabo átono de monossílabo tônico. Se necessário, releia a teoria, que está nas páginas 55 e 56.

Observe:

1. Monossílabos tônicos terminados em a(s), e(s), o(s):

dá, dás, pá, pás — mês, vê, vês, três — Jó, nós, só, sós

2. Monossílabos tônicos terminados em i(s), u(s):

cri, li, quis, ti, vi — cru, nu, pus, tu

Acentuam-se graficamente os monossílabos tônicos terminados em a(s), e(s), o(s).

Veja algumas frases em que aparecem monossílabos tônicos acentuados:

As aves que aqui gorjeiam
Não gorjeiam como **lá**. (Gonçalves Dias)

É de sonho e de **pó**
O destino de um **só**
Feito eu perdido em pensamento
Sobre o meu cavalo. (Renato Teixeira)

Verbos *ter, vir* e seus compostos

Observe:

Ele tem – Eles têm — Ele retém – Eles retêm
Ele vem – Eles vêm — Ele intervém – Eles intervêm

Coloca-se acento circunflexo na 3ª pessoa do plural do presente do indicativo dos verbos ter e vir.

Veja estes exemplos:

Os conflitos atuais no mundo **vêm** da questão da identidade e da aceitação do outro. (*Folha de S.Paulo*)

As guerras **têm** aparentemente o fim de destruir o inimigo. O que elas conseguem afinal é destruir parte da humanidade – quando esta é atingida da psicose do suicídio [...]. (Mário Quintana)

Inflação **mantém** trajetória de queda segundo vários indicadores. (Disponível em: <http://cidadebiz.oi.com.br>)

O exemplo de impunidade **vem** de cima. (*Folha de S.Paulo*)

Na comunicação direta **intervêm** o olhar, o cheiro, a presença física. Em uma carta pode ainda cair uma lágrima, mas o *e-mail* nunca pode ir acompanhado de emoções. (José Saramago)

Os compostos dos verbos ter e vir recebem acento agudo na 3ª pessoa do singular do presente do indicativo e acento circunflexo na 3ª pessoa do plural do presente do indicativo.

Atividades

1. Transcreva corretamente os monossílabos destacados, acentuando-os se necessário:
   a. Dorme em **pe** porque não **ha** mais espaço para sua cama. (Oswaldo França Jr.)
   b. Vivíamos apenas **nos** dois e ninguém **nos** fazia falta. (Idem)
   c. **Pos**-se a tremer de repente... (Lúcio Cardoso)
   d. Acorda, Maria
   todos **ja** de **pe**
   muitos **ja** correndo
   a gritar por **ti**. (Carlos Drummond de Andrade)
   e. Ninguém **ha** de querer morrer ali **so** para estrear cemitério! (Aníbal Machado)
   f. – O senhor acredita nisso? perguntou João Nogueira.
   – Em **que**? (Graciliano Ramos)

2. Copie e acentue as formas verbais destacadas, se necessário:
   a. Seus pés **tem** vestígios da estrada. (Oswaldo França Jr.)
   b. As coisas vão e **vem**.
   c. O engraçado mesmo é que cada turista **ve** o que quer ver.
   d. Os homens **tem** pressa. Estão orgulhosos de sua tecnologia. (Luís Carlos Lisboa)
   e. Elas sempre **intervem** na minha vida...
   f. Todos **veem** sua iniciativa com bons olhos. **Va** em frente!
   g. Esse negócio não me **convem**.

3. Transcreva as frases, acentuando o que for necessário:
   A. – Que e que a minha filhinha estudou hoje na escola?
   – Estudei algebra, mamãe.
   – Ah, que gracinha! Então vai la e diz bom-dia pra vovo em algebra. (Ziraldo)
   B. [...] alem de politica
   voce não se interessa por
   bale? (T. Paes)

4. Separe em colunas as palavras que obedecem às mesmas regras de acentuação. Escreva essas regras:
   a. flácido, Nélson, látex, distância, fútil, chapéu, doía, paxá, hífen, você
   b. bárbaro, córtex, réis, cabriúva, grácil, trenó, invisível, pólen, Fênix
   c. plágio, infância, doméstico

Acento diferencial

Leia:

Você não **pode** ir. (presente)

Você não **pôde** ir. (pretérito)

1. Coloca-se acento circunflexo no **o** tônico da forma verbal **pôde** (pretérito perfeito do indicativo) para diferenciá-la de **pode** (presente do indicativo).

Anteontem, a polícia havia ido até a casa de C. sem o mandado e, por isso, não **pôde** entrar na casa. (*Folha de S.Paulo*)

Kyoto faz aniversário, mas o planeta continua em perigo

A entrada em vigor do Protocolo de Kyoto completa seu primeiro aniversário. Mas o planeta ainda está em grande perigo. Só uma redução mais drástica das emissões globais de gases de efeito estufa **pode** evitar um desastre, o que exige maiores contribuições de países desenvolvidos e em desenvolvimento. (Disponível em: <www.greenpeace.org.br>)

2. Acentua-se **pôr** (verbo) para diferenciar de **por** (preposição).

É preciso **pôr** o homem pra fora! Isto não tem jeito! (Aluísio Azevedo)

Desta vez, o que me distraiu a atenção foi uma fila de formigas a caminho do formigueiro, lá perto do bambuzal, e que o rio aberto **por** mim havia interrompido. (Fernando Sabino)

3. É facultativo o emprego do acento em:

a. **dêmos** (1ª pessoa do plural do presente do subjuntivo), para distingui-la de **demos** (1ª pessoa do plural do pretérito perfeito do indicativo).

É fundamental que **dêmos** (**demos**) ainda hoje o material ao professor. (presente do subjuntivo)

Ontem nós demos o material ao professor. (pretérito perfeito do indicativo)

b. **fôrma** (substantivo), para distingui-la de **forma** (substantivo ou 3ª pessoa do singular do presente do indicativo ou 2ª pessoa do singular do imperativo afirmativo).

A **fôrma** (**forma**) do bolo é pequena. (substantivo)

Esta mesa tem a **forma** retangular. (substantivo)

A turma do fundo da sala **forma** um grupo homogêneo. (3ª pessoa do singular do presente do indicativo)

Forma tua equipe, rapaz. (2ª pessoa do singular do imperativo afirmativo)

Trema

É empregado em nomes próprios estrangeiros e em seus derivados*:

Henry **Müller** foi um escritor norte-americano.

Hübner é um sobrenome de origem alemã.

O hormônio **antimülleriano** (AMH) foi identificado como um fator que leva à regressão dos ductos **müllerianos** no embrião do sexo masculino.

Disponível em: <www.imunologiamedicina.com.br>

* Ver pronúncia dos grupos **gu**, **qu** em Ortofonia, na página 70.

Atividades

1. Use o acento diferencial onde for necessário:
   a. Dias depois, mal **pode** recordar-se do que lhe sucedera. (Aníbal Machado)
   b. As **peras**, no prato,
   apodrecem. (Ferreira Gullar)
   c. A música do espaço **para**, a noite se divide em dois pedaços. (Murilo Mendes)
   d. O sol leva um dia para se **por** e os arredores da montanha são desertos. (Oswaldo França Jr.)
   e. Para evitar aborrecimento, levei Padilha **para** a cidade. (Graciliano Ramos)
   f. Ao passar **pelo** estábulo, notei que os animais não tinham ração. (Idem)
   g. ... às vezes as orelhas se aguçavam para trás, pontudas, malignas, e o **pelo** se eriçava elétrico, o rabo na vertical. (Lygia Fagundes Telles)

2. Leia:

   O presidente nunca pode passear sossegado.

   O presidente nunca pôde passear sossegado.

   Embora não haja nenhuma indicação de tempo, sabemos que uma das frases ocorreu no passado. Qual é o único traço, na escrita, que nos dá a indicação?

3. Na sua família há alguém cujo nome seja uma palavra proparoxítona? Escreva esse(s) nome(s) em caso de resposta afirmativa.

Observação

Lembre-se de que os nomes próprios, quando portugueses ou aportuguesados, ficam sujeitos às mesmas regras estabelecidas para os substantivos comuns. No entanto, para ressalvar os direitos individuais, a pessoa poderá grafar seu nome na forma adotada em sua certidão de nascimento. O mesmo vale para nomes comerciais (firmas, estabelecimentos, sociedades, marcas, etc.).

4. Escreva o nome do estado brasileiro (palavra oxítona) correspondente a cada capital:
   a. Macapá
   b. Fortaleza
   c. Belém
   d. Curitiba

5. Os trechos seguintes, em sua maioria, foram retirados de textos literários. Transcreva corretamente as palavras que necessitam de acentuação gráfica:
   a. Pouco se lhe dava o corpo moido, a dor nos rins... (Aníbal Machado)
   b. Marta e Olivia vem subindo agora, abraçadinhas. (Idem)
   c. Trata-se de convicções. As quais nada tem a ver com a logica. (Mário Quintana)
   d. O pe que doi por causa de um espinho esta pedindo um sapato. (Idem)
   e. A dona veio colocar em minha mesa um jarro de flores silvestres, privilegio, segundo me dissera, dos hospedes recem-chegados. (Aníbal Machado)
   f. Cumpria restituir a moeda, e o melhor meio, o unico meio, era faze-lo por intermedio de um anuncio ou da policia. (Machado de Assis)
   g. Abençoadas pernas! e ha quem vos trate com desdem ou indiferença. (Idem)
   h. Se não me veem, eu vejo
   E saudo velhos amigos. (C. D. Andrade)

i. Vulcão reduz atividade e nivel de alerta diminui na Indonesia. (*Folha de S.Paulo*)

j. – Acho intoleravel esta situação de joão-ninguem. (Érico Veríssimo)

k. Pensou em polen. Viu mentalmente o professor de Botanica, com o lapis nas mãos, os oculos brilhando. (Idem)

l. Entrei em panico. Rodopiei sobre mim mesmo, cai no chão e fiquei olhando para o ceu. (Idem)

FATOS DE DISCURSO

Uso estilístico de letras e notações léxicas

Maiúsculas e minúsculas

Muitos escritores empregam e têm empregado a inicial maiúscula para conseguir efeitos especiais em seus textos. Nesses casos, não obedecem a nenhuma regra prescrita pela gramática oficial. Veja um exemplo extraído de um texto simbolista (século XIX):

Tu, alma eleita, que trazes essa sede de **Espaço**, essa ansiedade de **Infinito**, essa doença do **Desconhecido** que te fascina os nervos... (Cruz e Sousa)

Outros autores têm utilizado a letra minúscula em casos consagrados de emprego da maiúscula. Veja:

Comigo vai tudo azul
Contigo vai tudo em paz
Vivemos na melhor cidade
da américa do sul
da américa do sul (Caetano Veloso)

A lente insinua: o tomate é um falso cometa, um falso **marte**. (Murilo Mendes)

Divisão silábica

Quando falamos, não procedemos à divisão das sílabas de cada palavra. A palavra soa como um todo. No entanto, a silabação é um recurso que pode ser utilizado para expressar e acentuar determinados estados emocionais.

– Esqueci-me de pôr o endereço para a resposta!...
– **I-di-o-ta!** (Alcântara Machado)

– Admiro o senhor, Seu Platão. O senhor é um **fi-ló-so-fo**, Seu Platão, um grande **fi-ló-so-fo**! (Idem)

Hífen

O hífen pode ser empregado literariamente como recurso gráfico para realçar uma expressão de valor adjetivo ou substantivo. Tais empregos são de ordem totalmente subjetiva, não obedecendo a nenhuma regra específica de ortografia. Eis alguns exemplos:

... meus-deus-do-céu,...
... dar um nó no rabo do seu café-com-leite...
– Eu cá não estou bêb'do nenhuns-nada!
O pau-comprido-com-o-marimbondo-na-ponta...
... os do-lado-de-lá correndo e pedindo perdão!... (Guimarães Rosa, *Sagarana*)

Dormem lá fora a tropa e a besta-madrinha.
Basta olhar, e flutuo sobre o verde
não verde-mata, o verde-além-do-verde.
... projeta-se do sobrado, na certeza-esperança do voo (Carlos Drummond de Andrade, *Boitempo I*)

Fonética sintática

Fonética sintática é o estudo das transformações que os sons e os fonemas de uma palavra sofrem quando, no discurso, entram em contato com os de outras palavras.

Ela compreende três tipos de fenômenos: a *ligação vocabular*, os *grupos rítmicos* (também chamados grupos de sopro ou grupos de força acentual) e a *entoação oracional.*

Ligação vocabular

A fronteira entre duas palavras é nítida na língua escrita: no enunciado, há um espaço em branco que "isola" cada palavra. Já na língua oral não existem "espaços em branco": o enunciado oral é um contínuo de sons que se ligam uns aos outros, de modo que não é possível saber onde termina uma palavra e começa outra, isto é, onde se localiza a fronteira entre duas palavras. Pode-se perceber esse contínuo nas redações de crianças que estão em fase de alfabetização ou até mesmo nas redações das já alfabetizadas. Na tentativa de escrever a fala, muitas vezes não conseguem delimitar as fronteiras entre palavras. Alguns exemplos retirados de redações de alunos do Ensino Fundamental demonstram como isso acontece: "derrepente", "porisso", "se ela canta-se co migo".

No encontro de duas palavras, podem ocorrer três situações:

1. consoante final + consoante inicial:

Na**s** **c**antigas infantis e no**s** **c**ontos, há muita**s** **r**imas.

2. consoante final + vogal inicial ou h:

As criança**s** **a**doram essa**s** **hi**stórias.

3. vogal final + vogal inicial:

De muito gord**a** **a** porca já não anda
De muito usad**a** **a** faca já não corta (Gilberto Gil e Chico Buarque)

Meu desej**o** **e**ra bom e m**eu** **a**mor fiel
Versos qu**e** **ou**trora fiz vinham-me sorrir à boca... (Vinícius de Moraes)

Essas situações originam os fenômenos de ligação vocabular. Os principais são:

a. **sândi** – ligação da consoante final com a vogal inicial.

Criança**s** **a**doram ganha**r** **u**m brinquedo. → "cri-an-sa-za-do-raum ga-nha-rum-brin-que-du"

b. **elisão** – supressão da vogal final em contato com a vogal inicial:

cas**a** **e**stranha → "ca-**ses**-tra-nha"

João foi par**a** **os** Estados Unidos, Teresa par**a** **o** convento (Carlos Drummond de Andrade)

c. **crase** – fusão de duas vogais iguais:

cas**a** **a**marela → ca-**sa**-ma-re-la

Eu já lh**e** **e**xpliquei que não vai dar, seu pranto não vai nad**a** **a**judar (Chico Buarque)

d. **ditongação** – formação de um ditongo na junção das vogais:

jog**o** **in**teressante → "jo-**guin**-te-res-san-te"

Eu sou como um arqueólogo decifrand**o** **a**s cinzas de uma cidade morta. (Mário Quintana)

Observações

1. **m** e **n** finais formam os dígrafos para representar as vogais nasais, não se ligam em sândi.
2. **l** final pode se ligar em sândi ou se ditongar com a vogal inicial da palavra seguinte (isso varia conforme a região do Brasil).
   Qua**l** **é** o melhor? → "qua-**lé**-o-me-lhor" ou "qua-**wé**-o-me-lhor"

Grupos rítmicos

Na organização dos enunciados as palavras átonas apoiam-se foneticamente nas palavras com sílaba tônica. Pode também acontecer de duas palavras tônicas se apoiarem uma na outra. Nesses casos, o grupo de palavras que se apoiam na mesma sílaba tônica chama-se *grupo rítmico* ou *de força*. No enunciado a seguir, há três grupos rítmicos (a sílaba tônica principal de cada um está destacada):

As belas cri**an**ças/ vão brin**car**/ no parque da ci**da**de.

Em geral, é na fronteira entre um grupo rítmico e outro que ocorrem as *inspirações*.

Entoação oracional

Um dos elementos prosódicos que caracterizam os enunciados é a *entoação*. Em português, a entoação tem duas funções:

1. **função gramatical** – é pela entoação que se faz a distinção entre uma asserção, uma interrogação e uma exclamação.

   Na asserção, o tom de voz se mantém constante em todos os grupos rítmicos da frase.

   Na interrogação, o tom de voz é ascendente no último grupo rítmico (nas perguntas sem palavras interrogativas) ou no grupo que contiver a palavra interrogativa:

   Meninos gostam de futebol?   De quem você está falando?

   Na exclamação, o tom de voz é descendente (em geral) no grupo rítmico sobre o qual recai a ideia de exclamação.

   Que estranha essa casa!

2. **função expressiva** – é pela entoação que se podem exprimir diversas nuances de sentido ou tipos diversos de modalizações. (Veja o conceito de modalização na página 429.)

Reunindo as ligações, o ritmo e a entoação, os enunciados ganham o que se chama *cadência melódica*. Em Noções de versificação, na página 58, há exemplos de como esses fenômenos se manifestam no nível do discurso.

Noções de semântica

Semântica é a ciência que estuda a significação das palavras. Nesse estudo, levam-se em conta:

1. o(s) significado(s) básico(s) da palavra registrado(s) nos dicionários.

> **Completo** *Sin.* Acabado, concluído, terminado, preenchido, consumado. Perfeito, total, inteiro, integral, cabal. Satisfeito, cumprido, realizado. Chapado, rematado, extremado, dos quatro costados. Redondo, rotundo.
>
> FERNANDES, Francisco. *Dicionário de sinônimos e antônimos da língua portuguesa*. 34. ed. São Paulo: Globo, 1995.

2. o significado contextual: aquele que se ajusta ao texto e à situação. Nesse caso, consideram-se:

a. o contexto verbal em que ocorre a palavra:

Os candidatos ao cargo deverão ter o terceiro grau **completo**. (*completo* = concluído, terminado)

Todos os meus desejos estão **completos**. (*completos* = satisfeitos, cumpridos, realizados)

b. o contexto extralinguístico em que ocorre a palavra, quer dizer, o contexto de situação:

Veja este exemplo:

Situação 1

Dois homens conversam, numa esquina, de noite. De repente um deles aponta para o céu e, assustado, diz a frase que segue.

– Que **negócio** é aquele no céu? (*negócio* = objeto, coisa)

Situação 2

Homem com talão de cheque entreaberto na mão olha interrogativamente para o interlocutor.

– E então, concluímos o **negócio** agora? (*negócio* = transação comercial)

Os dois tipos de contexto, o verbal e o extralinguístico, são fundamentais para o estabelecimento do significado de um texto. Esse significado que uma palavra ganha em contexto é o que se costuma chamar **sentido**.

O exemplo seguinte, extraído de Travaglia, ilustra com perfeição a importância do contexto.

> Considere os três enunciados:
>
> a. Sou amante de Maria.
>
> b. Sou amante de Pedro.
>
> c. Sou amante de Machado de Assis.
>
> Os efeitos de sentido dos enunciados *a* e *b* vão variar conforme sejam produzidos por um homem ou uma mulher; apresentarão nuances diversas de sentido, conforme os falantes sejam casados ou não, etc. Na frase *c* esses dados são secundários, já que *amante* remete ao sentido de "alguém que gosta muito do trabalho, da obra" de Machado de Assis.
>
> Resumidamente: "[...] o efeito de sentido depende de quem são os interlocutores e da situação em que eles estão interagindo comunicativamente".
>
> TRAVAGLIA, Luiz Carlos. *Gramática e interação*: uma proposta para o ensino de gramática no 1º e 2º graus. 2. ed. São Paulo: Cortez, 1997. p. 92.

Alguns conceitos básicos relacionados ao estudo do significado das palavras

1. Sinonímia

Sinonímia de palavras

Compare:

Suas atitudes **fingidas** incomodavam o professor.

Suas atitudes **falsas** incomodavam o professor.

As palavras destacadas são equivalentes quanto ao significado. São termos **sinônimos**.

Sinonímia é a equivalência de significado entre dois termos.

A determinação da sinonímia de dois termos obedece a alguns princípios:

1. Só pode ser efetivamente constatada em contextos.

O termo *falso*, por exemplo, não será sinônimo de *fingido* no contexto seguinte:

Moedas **falsas** circulavam naquela cidade.

2. Não existem sinônimos perfeitos. Observe:

Que rosto **belo**! Que rosto **bonito**! Que rosto **formoso**!

Embora tenham significados equivalentes, os termos destacados apresentam diferenças de gradação:

belo → que tem forma perfeita e proporções harmônicas.

bonito → que é agradável aos sentidos ou ao espírito, sem ser propriamente belo.

formoso → que tem formas, feições ou aspecto agradáveis.

Quando vê ou ouve duas palavras diferentes, o usuário da língua supõe, habitualmente, que deve existir entre elas alguma diferença de significado. Essa suposição é correta, já que duas palavras nunca são perfeitamente intercambiáveis sem que ocorra entre elas alteração de significado, ainda que pequena, seja ela objetiva, afetiva ou situacional. Compare:

A **morte** da criança foi consequência de desnutrição. O **óbito** da criança foi consequência de desnutrição.

Apesar de serem sinônimas no dicionário, as palavras destacadas apresentam uma distinção de uso: o segundo termo é mais técnico que o primeiro.

Já nos exemplos seguintes, a distinção de significado é de outra ordem. Compare:

As águas do **riacho** eram transparentes. As águas do **regato** eram transparentes.

Segundo o dicionário, *riacho* é mais volumoso que *regato*.

Neste outro exemplo, a diferença de significado entre os sinônimos decorre do espaço cultural em que circulam as palavras.

Nascera assim negro, e tinha
A cor da noite na **tez**... (Olavo Bilac)

A palavra *tez* é comum na linguagem literária e mais rara na linguagem coloquial.

Tinha a **pele** negra.

Pele é de uso mais comum, tanto na linguagem coloquial quanto na linguagem formal escrita.

Para alguns linguistas, as nomenclaturas técnicas da linguagem científica podem apresentar sinonímia perfeita. Por exemplo: um médico pode optar por empregar *tumor maligno* ou *tumor canceroso* como expressões perfeitamente sinônimas.

3. Palavras sinônimas podem sofrer especialização de sentido ou de uso.

Compare os dois verbos, sinônimos de *erguer*:

Elevou os olhos para o céu. Os piratas **içaram** a bandeira.

O termo *içar* geralmente se associa a bandeira, vela, guindaste.

Sinonímia de frases

A sinonímia pode também estabelecer-se em nível sintático, ou seja, duas frases com estruturas diferentes podem ser sinônimas, como nos pares seguintes:

I. **a.** Machado de Assis escreveu o romance *Dom Casmurro*. (voz ativa)
b. O romance *Dom Casmurro* foi escrito por Machado de Assis. (voz passiva)

II. **a.** A empresa ainda não me pagou o salário das férias.
b. Eu ainda não recebi da empresa o salário das férias.

Um caso particular de sinonímia é a relação que ocorre entre um termo de sentido amplo e um de sentido mais específico, que acaba tornando equivalentes duas frases. Esse fenômeno é chamado **hiponímia**.

Meus olhos ardiam. Por isso fui ao **médico**.
Meus olhos ardiam. Por isso fui ao **oftalmologista**.

O termo mais genérico (*médico*) engloba o mais específico (*oftalmologista*), de forma que não se pode negar a equivalência de sentido entre as frases.

Dessa situação derivam dois conceitos:

1. **hiperônimo** – termo de sentido mais amplo que inclui outro de sentido mais específico. *Cachorro* é hiperônimo de *labrador*.
2. **hipônimo** – termo cujo sentido está incluído em outro mais amplo. *Labrador* é hipônimo de *cachorro*.

O vocabulário de uma língua estrutura-se em redes organizadas por relações hiponímicas.

O usuário da língua deve ficar atento à questão da sinonímia, considerando o objetivo do texto que está produzindo e as sutilezas de significado do texto que está lendo/ ouvindo.

2. Antonímia

Leia:

Encontramos tudo **bem** arrumado.
Encontramos tudo **mal** arrumado.

Antonímia é a oposição de sentido entre dois termos.

Essa definição não engloba todos os casos de antônimos. Se a ideia de "sentido oposto", "sentido contrário" é válida para conjuntos como *bom/ mau, feliz/ infeliz, bem/ mal, fealdade/ formosura, persuadir/ dissuadir*, etc., não é válida para casos como *nascer/ morrer, chegar/ partir, chorar/ sorrir, começar/ terminar*, etc., que não são exatamente palavras antônimas.

"De fato, nascer e morrer não exprimem exatamente ações contrárias: representam antes os dois momentos extremos do processo de viver: quem nasce "começa a viver" e quem morre "termina de viver" – oposição que consiste em captar momentos diferentes de um mesmo processo..." (RODOLFO, Ilari; GERALDI, João Wanderley. *Semântica*. 4. ed. São Paulo: Ática, 1990. Série Princípios).

Outros tipos de relação, que não a de oposição propriamente dita, ocorrem em antônimos como *abrir/ fechar, dar/ receber, inaugurar/ encerrar, complicar/ simplificar*.

Assim como na sinonímia, para a antonímia é necessário considerar o contexto. No par seguinte, os verbos destacados são antônimos:

Fervem as insinuações a respeito do comportamento dele.

Arrefecem as insinuações a respeito do comportamento dele.

Em outros contextos, o verbo *ferver* não admite *arrefecer* como antônimo:

Quando a água **ferver** me chame para coar o café.

O emprego de termos antônimos pode gerar contradição no enunciado, caso eles se apliquem ao mesmo referente, quando na mensagem predominar a função referencial. Seriam contraditórios, portanto falsos, enunciados como estes:

O rosto dela era um modelo de **fealdade** e de **formosura**.

Sentia-se mal naquele terno **apertado** e **frouxo**.

Na linguagem figurada ou conotativa, esse emprego pode gerar figuras como a antítese e o paradoxo. (Ver Figuras de linguagem na página 517.)

3. Homonímia

Ocorre quando duas palavras de significado e origem (etimologia) diferentes apresentam formas iguais. Distinguem-se:

a. homônimos homógrafos – apresentam a mesma grafia. Alguns apresentam o mesmo som, outros apresentam som e grafia idênticos.

No **canto** da parede havia uma boneca esquecida.

Seu **canto** era melodioso e suave...

Veja outros exemplos:

sede – vontade de beber água	sede – casa principal; centro
cura – restabelecimento da saúde	cura – vigário
	cura – forma do verbo *curar*
compra – substantivo	compra – forma do verbo *comprar*
guarda – vigia, sentinela	guarda – forma do verbo *guardar*
lá – sexta nota musical	lá – advérbio

b. homônimos heterógrafos – apresentam idêntica pronúncia e grafias diferentes.

Na **cela** havia dez prisioneiros.

Escorregou da **sela** e foi pisoteada pelo cavalo.

Havia dois trajes **russos** em seu guarda-roupa. (*russo* = original da Rússia)

Havia dois trajes **ruços** em seu guarda-roupa. (*ruço* = pardacento, de cor desgastada)

Veja outros exemplos:

acender – atear fogo; ligar (luz, aparelho)	ascender – subir
acento – maior intensidade na pronúncia	assento – banco
acessório – não fundamental	assessório – auxiliar
apressar – dar pressa a	apreçar – avaliar o preço de
bucho – estômago de animais; ventre, barriga	buxo – certo arbusto ornamental
caça – forma do verbo *caçar*	cassa – tecido; forma do verbo *cassar* (= anular)
concerto – sessão musical; harmonia	conserto – reparo, remendo

censo – recenseamento
cerrar – fechar
cessão – ato de ceder

cheque – ordem de pagamento
coser – costurar
laço – laçada
paço – palácio
tenção – propósito

senso – juízo
serrar – cortar com serra
seção – divisão
sessão – reunião
xeque – lance do jogo de xadrez; perigo
cozer – cozinhar
lasso – frouxo
passo – ato de andar
tensão – estado de quem está tenso; voltagem

4. Paronímia

Chamam-se parônimas as palavras de forma parecida e significação diferente. (Ver lista de parônimos nas páginas 85 e 88.)

O perigo está **iminente**. → *iminente* = aquilo que está para acontecer brevemente.
Nunca havia falado com pessoa tão **eminente**. → *eminente* = elevado, sublime, excelente.

Vou apresentar ao músico meus **cumprimentos**. → *cumprimento* = saudação.
Qual o **comprimento** daquele terreno? → *comprimento* = extensão.

5. Polissemia

Vimos que palavras como *completo*, *negócio* apresentam mais de um significado. A essa multiplicidade de sentidos de um termo dá-se o nome de **polissemia**.

Leia algumas acepções de *mão*, encontradas em dicionário:

1. Extremidade de membro superior.
2. Camada de tinta ou cal.
3. Sentido em que trafegam os veículos em rua ou estrada.
4. Maneira pessoal de agir ou executar, participação, estilo.
5. Rodada completa no jogo de cartas.

Geralmente cada significado é mais adequado a dado contexto.

Ao tentar ultrapassar um carro parado na pista, o ônibus invadiu a pista contrária e colidiu com outro veículo que vinha em sua **mão** de direção.

O *trocadilho* é uma figura de linguagem que pode decorrer da polissemia. Veja:

Relógio que **adianta** não **adianta**.

O verbo *adiantar* é polissêmico. No exemplo, é tomado em dois sentidos: "avançar mais depressa que o normal, marcando a hora com adiantamento" e "compensar, valer a pena, ser útil".

Às vezes, a polissemia pode ocasionar duplo significado em uma frase, gerando ambiguidade.

6. Ambiguidade

Ocorre ambiguidade quando um enunciado admite interpretações alternativas.

A ambiguidade pode decorrer:

a. do emprego de palavras homônimas homófonas, na língua oral:

Quem **cerrou** a porta? (*cerrar* = fechar) Quem **serrou** a porta? (*serrar* = cortar)

b. do emprego de palavras homônimas homógrafas, na língua escrita:

Que **forma** esquisita! (/fórma/ ou /fôrma/?)

c. da estrutura da frase:

Ela pediu ao namorado para continuar estudando. (O sujeito de *continuar estudando* é ela ou o namorado?)

d. da situação em que se produz o enunciado:

José não pode ver mulher!

Dificilmente o ouvinte entenderia essa frase literalmente, ou seja, como uma referência à cegueira da personagem José. Certamente se concretizariam significados não literais da frase, entre eles:

- José é misógino (= indivíduo que tem aversão a mulheres) e, quando é obrigado a conviver com mulheres, sente-se desconfortável.
- José sente-se extremamente atraído pelo sexo oposto e sempre que se aproxima de uma mulher procura logo assediá-la.

São muitos os casos de ambiguidade situacional, especialmente na língua oral, em que o sentido da frase depende bastante do contexto extralinguístico. Geralmente essa ambiguidade se desfaz por meio da entonação, da gesticulação e da expressão fisionômica do falante.

Na língua escrita, a ambiguidade geralmente se desfaz pelo contexto.

A ambiguidade pode ser intencional. Nesse caso, é uma figura de linguagem.

7. Mudança de significado

A língua sofre mudança em todos os seus aspectos. O significado das palavras parece ser o que menos resiste a mudanças. Essas mudanças podem ocorrer por alguns fatores, como estes, por exemplo:

1. Uma geração passa a empregar um termo num sentido diferente do seu sentido original.

Em um fragmento de texto do século XVI, no qual se descreve o clima do Brasil em oposição ao de Portugal, o verbo *ofender* significa "lesar", "causar mal físico a":

E isso causa não haver lá frios, nem ruínas de inverno que **ofendam** as plantas, como cá **ofendem** às nossas. (Pero de Magalhães Gandavo)

Atualmente, esse verbo é empregado preferencialmente no sentido de "injuriar", "afrontar", "provocar ofensa moral".

2. A imprecisão de significado de um termo pode alterar seu uso.

Num romance do século XIX aparece:

[...] o taverneiro jurou que, se ela insistisse com desaforos, a mandaria jogar lá fora, junto com a filha, por um **urbano**. (Aluísio Azevedo)

O termo destacado apresenta três significados: "soldado de polícia" (sentido com que é empregado no texto); "cortês", "gentil", "afável" e "relativo a cidade". Na linguagem atual sobrevive praticamente apenas o último significado.

3. Pela polissemia: ao significado original de uma palavra podem se acrescentar outros. Essas inovações podem ser de curta duração (como ocorre na gíria) ou podem se incorporar na língua. É o caso das mudanças de aplicação de um termo, da especialização de sentido em determinado meio social, etc.

Do mesmo documento do século XVI, retiramos esta frase em que se descreve a forma de uma raiz:

Essas raízes são revoltas, de feição de **corno** de boi.

No contexto, a palavra destacada significa "chifre". Atualmente, esse significado caiu em desuso, provavelmente porque a palavra significa também, na gíria, "marido de adúltera". Nesse caso, o sentido empregado na gíria prevaleceu sobre o significado original da palavra, enfraquecendo-o. O exemplo seguinte, também do mesmo documento, ilustra a especialização de sentido:

O sumo desta raiz não é **peçonhento**...

O adjetivo destacado significa "venenoso" e aplica-se à secreção de uma raiz. Atualmente, prefere-se empregá-lo para indicar a secreção venenosa de alguns animais.

4. Por causa do tabu linguístico, ou seja, a interdição do emprego de algum termo ao qual se atribui poder sobrenatural. A infração a essa proibição traria infelicidade ou desgraça. Os vocábulos interditados não desaparecem; para substituí-los, o falante cria recursos como empregar eufemismos ou submeter o termo tabu a mudanças fonéticas.

A palavra *lepra* é substituída, em várias regiões do país, pelos eufemismos "mal-bruto" e "mal de lázaro". A palavra *tuberculose*, por "doença-ruim". Já o termo *diabo* aparece submetido a deformações fonéticas como "diabro", "diacho", "dialho", "dianho".

8. Sentido próprio (ou literal) e sentido figurado

Compare:

a. Por falta de água, a **flor** roxa murchou.

b. Maria é a **flor** da minha vida.

Na frase *a*, *flor* é o "órgão da reprodução sexuada das plantas superiores". Na frase *b*, a palavra sugere estas ideias: "melhor parte", "beleza", "encanto", "formosura", "parte excelente", etc.

O **sentido próprio** é o significado usual da palavra. O **sentido figurado** é aquele que decorre da associação com outros significados.

9. Denotação e conotação

A **denotação** é o sentido literal da palavra É ela que predomina nos verbetes do dicionário: quando recorremos ao dicionário, geralmente estamos em busca do significado denotativo de um termo.

A **conotação** de uma palavra engloba valores, impressões, sugestões, associações que se juntam ao significado denotativo das palavras.

Veja, por exemplo, o que diz sobre o assunto o *Dicionário de termos literários*, de Harry Shaw:

> As sugestões e associações que se ligam a uma palavra para lá do seu significado meramente literal constituem a sua conotação. Por exemplo: o sentido denotativo de ouro é 'um elemento metálico maleável, dúctil, amarelo, univalente e trivalente', mas o seu sentido conotativo é aquele que anda associado às ideias de cor, riqueza, poder, felicidade, cobiça, luxo, [...], avareza. Essas sugestões e implicações que estão para além do significado essencial de ouro constituem a sua conotação, as suas associações adicionadas ou acrescentadas.

SHAW, Harry. *Dicionário de termos literários*. 2. ed. Lisboa: Publicações Dom Quixote, 1982.

Observação

Há diferença entre conotação e sentido figurado. O sentido figurado prende-se ao uso simbólico de um termo. Por exemplo, ao chamar alguém de "baleia" estou empregando o sentido figurado do termo, já que a palavra se associa a gordura, peso excessivo. Já no romance *Vidas secas*, de Graciliano Ramos, a cadela que acompanha os retirantes no seu itinerário de seca tem o nome de Baleia. Nesse caso, o termo foi empregado em sentido conotativo. Pode-se enxergar nele, por exemplo, uma ironia do autor, pelo fato de evocar o contrário do que eles estão vivendo.

Atividades

1. Reescreva as frases substituindo os termos destacados em cada trecho por um sinônimo retirado dos verbetes transcritos a seguir.

   a. ... O sol **castigando** a terra **nua**. (Adonias Filho)

   b. ... os famosos bilhetinhos aos pais não prestam para nada a não ser para levá-los a **castigar** ou repreender os filhos... (*Folha de S.Paulo*)

   c. O caixão desce à terra **nua**, como o papa pediu... (*Folha de S.Paulo*)

   d. A sensação de ficar **nua** na areia é uma mistura de desconforto com sufocamento e desproteção. (*Folha de S.Paulo*)

   Castigar *V.t.d.* 1. Infligir castigo a; punir. 2. Repreender, admoestar, advertir. 3. Ferir. 4. Corrigir, emendar.
   Nu *Adj.* 1. Privado de vestuário; despido, desnudo. 2. Sem cobertura; exposto, descoberto. 3. Sem calçado; descalço. 4. Sem folhas. 5. Sem vegetação; escalvado. 6. Desguarnecido, desornado, desataviado. 7. Sem nada; vazio. 8. Privado, destituído, carecente. 9. Sem afetação; simples, sincero, franco. 10. Não disfarçado; patente, evidente. 11. Tosco, grosseiro. 12. Desembainhado (a espada).

2. Copie as frases seguintes substituindo os quadradinhos pelo termo adequado entre os indicados: **hóspede**, **usuário**, **freguês**, **cliente**:

   a. O ■ dos serviços públicos deve exigir bom atendimento.

   b. O médico afirmou que seu ■ escapara com vida por pouco.

   c. Tornei-me ■ daquela padaria há anos.

   d. O hotel não dispensava especial atenção a ■ tão ilustre?

3. Leia o verbete. Em seguida, substitua o verbo destacado em cada frase pelo sinônimo adequado.

   Manter *V.t.d.* 1. Prover do necessário à subsistência; sustentar. 2. Observar, cumprir. 3. Conservar, sustentar. 4. Defender, respeitar. 5. Sustentar em determinada posição ou no gozo de algum direito. 6. Fazer permanecer em algum lugar. *V.p.* 7. Alimentar-se, sustentar-se. 8. Conservar-se, permanecer. 9. Resistir com êxito.

   a. O presidente Mesa **mantém-se** em silêncio desde terça-feira, quando anunciou inesperadamente um novo plano econômico. (*Jornal do Commercio*)

   b. Para **manter** a família, ele trabalha cerca de 10 horas por dia.

   c. Ele **se mantinha** no poder, apesar da oposição do povo.

4. Houve uma pancadaria. A polícia **apanhou**, os monges **apanharam**... havia gente com o rosto ensanguentado. (*Jornal do Commercio*)

   Escreva três frases contextualizando o verbo *apanhar*, de forma que ele só admita significados diferentes daqueles possíveis para o texto acima.

5. Faça o mesmo com o termo destacado na frase seguinte:

   O sujeito passa quase toda a semana atrás de uma mesa e, quando chega o sábado ou o domingo, acha de bater uma bola, jogar uma **pelada**. É aí que mora o perigo. (*Jornal da Cidade*)

6. Fugiram no avião levando o piloto e o dinheiro. O monomotor foi encontrado no início da tarde numa estrada, com os pneus furados a tiros. O piloto foi resgatado em outra aeronave.

   Nesse contexto, **avião**, **monomotor** e **aeronave** são sinônimos. Qual das três palavras não terá, necessariamente, relação de significado com a palavra **aeroplano**, em outro contexto?

7. Leia:

a. Uma pessoa **morreu** e quatro ficaram feridas em um tiroteio no Morro de Dendê, na Ilha do Governador, zona norte do Rio. (*Jornal da Cidade*)

b. Uma pessoa **faleceu** e quatro ficaram feridas em um tiroteio no Morro de Dendê, na Ilha do Governador, zona norte do Rio.

Apesar de sinônimos, os termos destacados apresentam uma distinção de emprego. Explique.

8. Reescreva as frases substituindo os quadradinhos pelo termo adequado. Observe que as alternativas apresentam palavras homônimas ou parônimas.

a. Ela contava como tinha sido difícil ■ num mundo predominantemente masculino. (*Jornal da Tarde*) (acender/ ascender)

b. A Câmara dos Deputados ia ■ o mandato de J. S. (caçar/ cassar)

c. O guigó-de-sergipe é um animal de médio porte entre os primatas brasileiros, chegando a medir cerca de 80 cm da cabeça à ponta da ■. (*Jornal da Cidade*) (calda/ cauda)

d. No Brasil, a primeira ■ pública de cinema foi realizada no Rio de Janeiro em 8 de julho de 1896. (cessão/ seção/ sessão)

e. A crise punha em ■ a sobrevivência da nação. (xeque/ cheque)

f. Escavações põem em ■ origem de guaranis. (Revista *Ciência Hoje*) (xeque/ cheque)

g. O pagamento será à vista, em ■ visado ou dinheiro. (xeque/ cheque)

h. O urbanista holandês J. J. Crawford não imagina que o carro vá desaparecer, mas acredita que, com o fim ■ do petróleo, seja necessário encontrar novas fontes de energia para permitir a operação de veículos apenas fora das cidades. (Revista *Ciência Hoje*) (iminente/ eminente)

i. Robert Heilbroner é um ■ historiador do pensamento econômico. (iminente/ eminente)

j. Vídeo revela ■ inédito da corrupção política no Brasil. (Revista *Carta Maior*) (flagrante/ fragrante)

k. O narciso é um gênero de planta ornamental, muitas vezes ■. (flagrante/ fragrante)

9. No trecho seguinte, uma das palavras foi empregada erroneamente em lugar de seu parônimo. Identifique o erro e corrija-o.

Para ser um associado, basta preencher o formulário abaixo com os seus dados. Você vai receber no endereço descriminado um boleto bancário com o valor da primeira mensalidade, de acordo com o plano escolhido. (Disponível em: <www.riovipclub.com/secoes/associe_se/index.php?associese = associese>)

Sentido, traços semânticos e relações de sentido

Num texto, é possível perceber que não há significados absolutos, mas as palavras interagem para formar os **sentidos** (e os efeitos de sentido). Isso acontece porque o sentido de uma palavra só aparece quando se percebe uma diferença. Por exemplo: o sentido da palavra *riacho* só se define por oposição a *rio*, *córrego*, *regato*, *ribeirão*, etc. A percepção das diferenças acontece por meio do que se chama **traços semânticos**. Assim, *rio* terá traços semânticos distintos de *riacho*.

Os traços semânticos se definem a partir de uma rede de significados que constitui as **relações de sentido**. Essas relações podem ser de dois tipos:

1. Relações de oposição (ou relações paradigmáticas) – no interior de um mesmo contexto, duas palavras podem opor-se, e a escolha de uma ou de outra determina o sentido do conjunto:

Comprei uma bicicleta azul.

opõe-se a

Comprei uma bicicleta vermelha.

Trocando-se *azul* por *vermelha*, altera-se o sentido do conjunto. E como essas duas palavras podem ocupar a mesma posição no enunciado e desempenhar nele a mesma função, dizemos que pertencem a um mesmo *paradigma*. (A respeito do conceito de *função*, ver página 383.)

2. Relações de combinação (ou relações sintagmáticas) – nesse caso, não há oposição, mas acúmulo de sentidos, porque o sentido do conjunto é constituído pela soma dos sentidos de cada palavra. Compare:

a. O creme do bolo estava muito **grosso**.

b. Aquele dicionário bilíngue é muito **grosso**.

É possível perceber que o sentido de *grosso* em cada enunciado é resultado das combinações que essa palavra realiza com as demais. Assim, no enunciado *a*, *grosso* é sinônimo de *consistente*, ao passo que no enunciado *b* é sinônimo de *volumoso*.

Os traços semânticos, as relações de oposição e as de combinação constituem, em conjunto, o que se chama de **domínios da experiência**. O sentido de uma palavra será diferente conforme ela se refira a um ou outro domínio da experiência. Veja o exemplo da palavra *mosca*:

Há muitas **moscas** sobre os alimentos. (*mosca* = qualquer inseto muscídeo)

Acertei o alvo bem na **mosca**! (*mosca* = ponto central de um alvo)

Para prender o canto do bolso, usa-se em geral uma **mosca**. (*mosca* = conjunto de pontos de costura para unir fortemente duas partes de uma veste)

A luta será entre dois pesos-**mosca**. (*mosca* = categoria física de um pugilista)

É dessas relações que surgem os sentidos na língua (*denotação*) e os sentidos no discurso (*conotação*). (Sobre esses conceitos, ver página 136.)

Quanto a esses dois tipos de sentido, há duas considerações a fazer:

1. Não se troca livremente uma palavra por outra. Em *Hoje é sábado*, não é possível empregar *setembro* no lugar de *sábado*, pois cada um desses dois termos faz parte de uma rede de sentidos que lhe é própria: *setembro* – mês do ano; *sábado* – dia da semana. A escolha dos termos é *socialmente* condicionada. (Ver Valores sociais do signo, na página 20.)

2. As palavras podem ser utilizadas em situações especiais que dependem da escolha do sujeito falante.

Desse modo, cada palavra tem, ao mesmo tempo, um valor *único* e *social*. Por exemplo: um professor pode dizer a um colega: *Vou para a 7ª* (a sétima série) ou *Vou para a classe dos anjinhos* (pode-se considerar que a sétima é a classe mais calma – *anjinhos* = alunos calmos; ou a mais endiabrada – *anjinhos* = alunos agitados).

Neste último caso, *anjinhos* poderá ter dois sentidos, cada um dos quais só será possível perceber no *discurso*. O fato de o sentido de uma palavra só poder ser percebido no discurso, em contexto, é o que se costuma denominar **efeitos de sentido discursivos**.

A linguagem coloquial é repleta desses efeitos discursivos. Nos trechos abaixo, é possível observar como a colunista Danuza Leão consegue aproveitar termos da linguagem coloquial para criar efeitos de sentido bem-humorados:

> [...] Se alguém estiver com o zíper aberto, os peitos de fora, avise discretamente (correndo o risco da pessoa ficar com raiva de você ter estragado o número que ela preparou).
>
> Alguém vai jantar em sua casa. No dia seguinte te manda flores, agradecendo. Se você, por sua vez, telefonar agradecendo, não vai acabar nunca a **ladainha**. Fique atenta e basta que, na próxima vez que se encontrarem, agradeça. Mas não esqueça.

Homens merecem flores às vezes. Por que não mandar, no dia em que seu amigo está assumindo um cargo ou recebendo uma homenagem? Mas evite flores do campo, rosas vermelhas. Prefira orquídeas plantadas em vaso, por exemplo.

Em enterros ou missas, não vá **produzida**. Não é necessário vestir preto, mas é imperdoável **atacar** de perua numa hora dessas. Missas e enterros não são festas, embora às vezes certos velórios sejam tão animados quanto, só faltando mesmo bebida, música e alguém começar a dançar. Eu ouvi outro dia, na fila de uma missa, duas embaixatrizes conversando, uma dizia para a outra: "Ah, mas então seu ascendente deve ser Áries". E olha que eu estava uns dois metros atrás.

Você encontra num jantar a **coelhinha** da *Playboy* do mês, aquela que foi pôster e deixou você doidinho. Comporte-se. Não seja vulgar. Não trate a moça com intimidade, nada de piadinhas. Não seja grosseiro.

[...]

LEÃO, Danuza. *Na sala com Danuza*. São Paulo: Siciliano, 2000. p. 54. (Destaques nossos)

É fácil observar que os termos destacados adquirem, no contexto, sentidos diversos daqueles em que normalmente são usados. Basta comparar os trechos acima com os seguintes enunciados, em que os termos também aparecem:

a. Durante as festas religiosas, é comum que os fiéis profiram **ladainhas** para os santos.
b. Sujeira industrial é **produzida** nos grandes centros urbanos.
c. Tropas inimigas vão **atacar** e sitiar a cidade.
d. A **coelhinha** presa no engradado só come cenoura.

Ambiguidades e duplo sentido

Apesar de, na maior parte das vezes, a ambiguidade ser um problema de linguagem, em muitos casos, sobretudo quando resulta de efeitos de sentido discursivos, ela se torna um recurso de linguagem bastante expressivo, sendo frequentemente explorado na publicidade e na imprensa.

O efeito pode ser sutil, como o que se consegue com a palavra *revolução*, nesta propaganda:

Propaganda publicada no jornal *Folha de S.Paulo*, 13 jul. 2005, p. E1.

Hoje o Pão de Açúcar vai fazer um grande show de música brasileira em Paris para comemorar o ano do Brasil na França. Gilberto Gil, Gal Costa, Daniela Mercury, Lenine, Seu Jorge, Ilê Aiyê, Jorge Ben Jor e Henri Salvador vão sacudir a praça da Bastilha. Uma festa para os franceses aplaudirem e os brasileiros se orgulharem.

A ambiguidade resulta da relação da palavra *revolução* com a palavra *Bastilha*: esta remete à ideia da Revolução Francesa (um período histórico do século XVIII). Na propaganda, porém, *Bastilha* designa simplesmente um local da cidade de Paris, e a revolução a que o texto se refere compreende espetáculos de música realizados nessa praça.

Muitas vezes, o efeito é mais evidente, como em muitas manchetes de jornais ou títulos de matérias de revistas. Em uma única edição da revista *Veja*, por exemplo (edição de 14 de setembro de 2005), é possível encontrar vários títulos que exploram o recurso da ambiguidade. Para citar alguns:

Um filme que decola (resenha crítica sobre o filme *Voo noturno*. A ambiguidade é com o verbo *decola*: a resenha faz alusão às possibilidades de sucesso do filme e ao fato de ele contar uma história que progride em crescendo).

O último ato (crítica à gravação de uma ópera que poderá ser a última do seu gênero a ser gravada).

Quando a ambiguidade é assim empregada, há pelo menos duas possibilidades interpretativas (daí o efeito ambíguo do enunciado). E como os dois são convenientes ao contexto, fala-se que há *duplo sentido*.

Autonímia

Janela

Janela, palavra linda.
Janela é o bater das asas da borboleta amarela.
Abre para fora as duas folhas de madeira à-toa pintada,
Janela jeca, de azul.
Eu pulo você pra dentro e pra fora, monto a cavalo em você,
Meu pé esbarra no chão.
Janela sobre o mundo aberta, por onde vi
O casamento da Anita esperando neném, a mãe
Do Pedro Cisterna urinando na chuva, por onde vi
Meu bem chegar de bicicleta e dizer a meu pai:
– Minhas intenções com sua filha são as melhores possíveis.
Ó janela com tramela,
Brincadeira de ladrão,
Claraboia na minha alma,
Olho no meu coração.

Prado, Adélia. *Poesia reunida*. São Paulo: Siciliano, 1999. p. 105.

Atentando para o sentido da palavra *janela* em todas as suas ocorrências no poema lido, pode-se perceber que, em cada uma delas, o referente (ou seja, o ser do mundo que é designado pela palavra) muda. Mas a primeira ocorrência apresenta uma peculiaridade: nela, a palavra tem como referente a si própria.

Os signos linguísticos são os únicos que têm a capacidade de referirem-se a si próprios. Essa capacidade é chamada **autonímia**.

Ela se manifesta no discurso nas mais variadas situações:

1. na metalinguagem, comum em dicionários e gramáticas:

Democrata, democrático. Use *democrata* como substantivo: *Os democratas defendem a pluralidade partidária*. E *democrático* como adjetivo: *São homens democráticos, princípios democráticos, atitudes democráticas*, etc.

Martins, Eduardo. *Manual de redação e estilo*. São Paulo: Moderna, 2002. p. 89.

2. na imprensa, na linguagem literária, publicitária, na língua oral, etc., quando há *citação* ou *discurso relatado* (a respeito de discurso relatado, ver página 458):

> [...] "Comecei a escrever para fugir dos estereótipos dos personagens que existiam para o meu biótipo de jovem brasileiro", diz o maranhense Neto, 33, que migrou para São Paulo no início dos anos 80.
>
> *Folha de S.Paulo*, 18 jul. 2005, p. E7.

Na linguagem literária, a autonímia dá vez a empregos muito expressivos, gerando efeitos de sentido discursivos, como se pode notar nestes trechos de *Três mulheres de três PPPês*:

> Ermengarda ocupou minha vida anos e anos a fio e mais ocuparia não fosse uma dessas coisas que interrompe a continuidade do casamento e proíbe o retorno. Nunca foi tão adequado, como aqui, o verbo *ocupar* nos vários sentidos que o pequeno dicionário da língua propõe: tomar posse de; estar na posse de; habitar; tomar; encher; ser objeto de; atrair; exercer; ter direito a; invadir; estender-se sobre; tomar o lugar de; prender a atenção de; entreter; empregar; etc. Ermengarda instalou-se confortavelmente em mim de nossos trinta aos quarenta e tantos anos. Tínhamos a mesma idade.
>
> [...]
>
> O único nome inviolável era o seu. Homem progressista que sou, isto é, partidário de todas as reformas ortográficas, escrevera Ermengarda sem *H* nos formulários para o casamento no exterior. Sua reação foi violenta: impugnou o valor legal – aliás, nenhum – dos documentos e exigiu a reinstalação do H. Tudo precisou ser refeito, paguei de novo os emolumentos e a papelada só não voltou a atravessar a fronteira paraguaia no bojo das malas diplomáticas que carregam o destino das Américas porque os funcionários do consulado compreenderam o capricho feminino e mais uma vez foram sensíveis ao valor do cruzeiro perto de seu pobre guarani.
>
> SALLES GOMES, Paulo Emílio. P II: Ermengarda com H. *Três mulheres de três PPPês*. Rio de Janeiro: Paz e Terra, 1998. p. 71-6.

No primeiro trecho, destaca-se, por autonímia, o verbo *ocupar*. Já no segundo trecho, a autonímia recai sobre o nome *Ermengarda*.

Na quase totalidade dos casos, a autonímia é assinalada na língua escrita pelas aspas ou pelo itálico, e às vezes pelos dois. Na língua oral, a entoação pode marcar o emprego autonímico de um termo. A ausência de marcas pode provocar ambiguidade.

Estrutura e formação de palavras

Estrutura das palavras

Introdução

Anúncio veiculado no jornal
O Estado de S. Paulo, 5 set. 2005, p. A6.

Comprovado: existe vida estúpida na Terra.

A palavra *estúpida* pode ser analisada:

a. do ponto de vista fonológico – a palavra apresenta oito fonemas (/e/, /s/, /t/, /u/, /p/, /i/, /d/ e /a/) e divide-se em quatro sílabas (es-tú-pi-da). Fonemas e sílabas, isoladamente, não têm significado.

b. do ponto de vista morfológico – a palavra *estúpida* pode ser submetida a outra divisão, em unidades com significado: estupid-a.

Cada uma dessas duas unidades mínimas de significado é chamada de **morfema**.

Vejamos:

Na palavra *estúpida*, *estupid-* é a parte que se refere ao mundo extralinguístico. Aplica-se a qualquer ser ou ação que não se mostra inteligente ou se apresenta com grosseria. O morfema *-a* indica que a palavra pertence ao gênero feminino.

O primeiro morfema (*estupid-*) é chamado de **morfema lexical**. O segundo (*-a*) enquadra a palavra *estúpida* na categoria das palavras femininas da língua. Esse morfema é chamado de **morfema gramatical**.

c. do ponto de vista sintático, ou seja, das funções que é capaz de exercer na língua. Veja a função da palavra *estúpida* em cada frase:

Existe vida **estúpida** na Terra. → função: adjunto adnominal
Como a vida pode ser **estúpida** na Terra. → função: predicativo do sujeito

Por outro lado, há funções que a palavra não pode exercer. O adjetivo *estúpida* não pode exercer função de núcleo do predicado verbal.

d. do ponto de vista semântico, isto é, do seu significado. Compare:

Estúpida refere-se a qualquer ser ou ação que mostra ausência de inteligência ou se apresenta com grosseria.
Bola refere-se a um componente do mundo dos seres inanimados.

Esses são os quatro procedimentos básicos na análise de uma palavra.

Morfema

Identificação dos morfemas de uma língua

Identificam-se os morfemas comparando-se uma lista previamente selecionada de formas e observando-se o elemento que se repete nessas formas. Exemplo:

pedra **pedr**eiro em**pedr**ado **pedr**egulho

Deduz-se que a forma *pedr-*, comum em todas essas palavras, é um morfema.

Na lista seguinte, identificamos outro tipo de morfema:

pedra**s** livro**s** vida**s** planta**s**

A forma *-s* é um morfema que, em português, indica plural. A afirmativa não é válida para algumas palavras, como *simples*, *pires*, *lápis*, etc., em que o -s obviamente não indica plural.

Não se deve confundir *morfema* com *palavra*. A palavra é a menor unidade que pode ser falada sozinha durante a comunicação oral. Um morfema não ocorre sozinho.

No entanto, uma palavra inteira pode ser um único morfema. As palavras *rei* e *luz*, por exemplo, não podem ser divididas em unidades significativas menores: são palavras de um só morfema. Já as palavras *reis* e *luzes* têm mais de um morfema: *rei-* + *-s*; *luz-* + *-es*.

Classificação dos morfemas

Morfema lexical ou radical

Como já foi visto, na palavra *estúpida* há dois morfemas: *estupid-* e *-a*.

O primeiro morfema (*estupid-*), aquele que diz respeito ao mundo extralinguístico, isto é, à realidade a que a palavra se refere, é chamado de **morfema lexical** ou de **radical**.

O segundo (*-a*), que não tem significado autônomo, mas serve para enquadrar a palavra na categoria de palavras femininas da língua, é chamado de **morfema gramatical**.

Morfema lexical é a parte da palavra que se refere ao mundo psicológico, biológico ou social do ser humano. É a parte do significado propriamente dito, que se relaciona com o mundo extralinguístico.

Em todas as palavras da língua, há um elemento comum, invariável que é o responsável pela base do significado. A esse elemento dá-se o nome de **radical**.

encontramos → radical = **encontr-** vida → radical = **vid-**
terra → radical = **terr-**

Radical é o morfema que contém a significação lexical da palavra.

Léxico é o conjunto de palavras de uma língua.

As palavras que têm o mesmo radical são chamadas de **cognatas**. Veja exemplos de palavras cognatas e seus radicais:

caixa	**ferr**o	**pedr**a
caixeiro	**ferr**eiro	**pedr**eiro
en**caix**ar	en**ferr**ujar	em**pedr**ar
caixote	**ferr**ugem	**pedr**aria

Às vezes, o radical de uma família de palavras pode sofrer variações que não alteram seu significado. Exemplo:

fazer → o radical **faz-** sofre alteração em algumas formas do verbo: **fiz**emos, **far**emos, **faç**a, etc.

Morfemas gramaticais

Os morfemas gramaticais não nos dão nenhuma indicação sobre o significado básico da palavra; eles atuam na esfera da própria língua. A função deles é juntar-se aos radicais para permitir a flexão das palavras, adequando-as ao contexto em que aparecem.

São os seguintes os morfemas gramaticais: **vogal temática**, **desinências** e **afixos** (prefixos e sufixos).

1. Vogal temática

Observe o verbo **encontrar**:

encontr- → radical
-r → morfema gramatical que, em português, indica o infinitivo dos verbos; todos os verbos terminam em *-r* no infinitivo.

O morfema gramatical que indica infinitivo (*-r*) não pode se juntar diretamente ao radical, pois em português não é prevista a terminação *-trr*. Torna-se necessário acrescentar uma vogal entre esses dois morfemas:

encontr + **a** + **r**
|
vogal temática

Nesse exemplo, o **a** é uma vogal temática: indica que o verbo *encontrar* pertence à primeira conjugação. Assim, todos os verbos da 1ª conjugação são marcados pela presença da vogal temática **-a-**: *cant**a**r*, *danç**a**r*, *mor**a**r*, *pens**a**r*, etc.

Agora observe o substantivo **juízes**:

juiz- → radical
-s → morfema gramatical que indica plural

É impossível juntar os dois morfemas sem auxílio de uma vogal. Logo:

juiz + **e** + **s**
|
vogal temática

> **Vogal temática** é aquela que se junta ao radical de uma palavra para permitir que a ele se acrescentem elementos que indicam noções gramaticais: gênero, número, tempo, modo, etc.

A vogal temática aparece em verbos e em nomes (substantivos e adjetivos).

Nos verbos, a vogal temática indica a conjugação a que eles pertencem:

a → vogal temática da 1ª conjugação: *compr**a**r*, *fal**a**r*;

e → vogal temática da 2ª conjugação: *vend**e**r*, *receb**e**r*;

i → vogal temática da 3ª conjugação: *part**i**r*, *resid**i**r*.

O verbo **pôr**, antigamente, apresentava a vogal temática **-e-** (*poer*). Pertencia, portanto, à 2ª conjugação. Essa vogal temática conservou-se em algumas formas desse verbo e de seus compostos: *pões*, *puseram*, *põem*, *compuser*, *dispuseram*, etc.

Nos nomes, a vogal temática ocorre nos derivados de verbos, como: *fingimento*, *partição*, *perdoável*; e em substantivos e adjetivos que terminam em **a**, **e**, **o** átonos. Exemplos: *rosa*, *casa*; *livro*, *lobo*; *dente*, *análise*, *grande*.

Os nomes terminados em vogal tônica (oxítonos, portanto) não apresentam vogal temática: *sarará*, *urubu*, *dendê*, etc.

Para os nomes terminados em consoante, a vogal temática aparece apenas no plural: *mares*, *luzes*, *revólveres*, etc.

Dá-se o nome de **tema** ao grupo formado por **radical** + **vogal temática**. Veja:

O tema de **falar** é **fala** (*fal-* + *a*).
O tema de **vender** é **vende** (*vend-* + *e*).
O tema de **luzes** é **luze** (*luz-* + *e*).

2. Desinências

Se quisermos saber os significados do verbo *devastar* e consultarmos o dicionário, vamos encontrá-lo registrado da seguinte forma:

> Devastar *v.* 1. *t.d.* destruir de forma arrasadora [...] 2. *t.d.* despojar com violência [...] 3. *t.d.* causar dano a; arruinar [...].
>
> HOUAISS, Antônio. *Dicionário Houaiss da língua portuguesa*. Rio de Janeiro: Objetiva, 2001.

Tal como aparece no dicionário, a palavra nada nos informa sobre quem pratica a ação de *devastar*, quando a ação ocorre, ocorreu ou ocorrerá, etc. Para acrescentar essas informações à palavra, temos de flexioná-la. Os morfemas responsáveis por indicar agente, tempo e modo verbais são as **desinências**.

Nos verbos, as desinências podem indicar tempo, modo, pessoa e número. Veja este exemplo:

Devastávamos a mata sem a menor consciência.
devast + **á** + **va** + **mos**

Ao radical (*devast-*) foram anexados os seguintes morfemas gramaticais:

- a vogal temática (*-a-*)
- duas desinências:
  -va- → desinência que indica modo (indicativo) e tempo (pretérito imperfeito)
  -mos → desinência que indica pessoa (1ª) e número (plural)

Desinências são morfemas gramaticais que indicam flexões das palavras.

Nos nomes, as desinências servem para indicar gênero e número. Veja o exemplo:

As **meninas** rodopiavam de tal maneira à minha volta que fui ficando cada vez mais tonto.
menin + **a** + **s**
-a- → desinência que indica gênero (feminino)
-s → desinência que indica número (plural)

Observação

A desinência do feminino (*-a*) não deve ser confundida com a vogal temática (*-a*). Ela será desinência do feminino quando for marca de gênero. Veja:

casa (não se opõe a *caso*) — a: vogal temática

menina (opõe-se a *menino*) — a: desinência de gênero

Veja o quadro das principais desinências em português:

Desinências		
Nominais	**gênero**	masculino (*-o*) feminino (*-a*)
	número	singular (não há) plural (*-s*)
Verbais	**de tempo e modo**	*-va, -ve* – imperfeito do indicativo, 1ª conjugação *-ia, -ie* – imperfeito do indicativo, 2ª e 3ª conjugações *-ra, -re* – mais-que-perfeito do indicativo (átono) *-sse* – imperfeito do subjuntivo *-ra, -re* – futuro do presente do indicativo (tônico) *-ria, -rie* – futuro do pretérito do indicativo *-r* – futuro do subjuntivo *-e* – presente do subjuntivo, 1ª conjugação *-a* – presente do subjuntivo, 2ª e 3ª conjugações
	de pessoa e número	*-o* – 1ª pessoa do singular, presente do indicativo *-s* – 2ª pessoa do singular *-mos* – 1ª pessoa do plural *-is, -des* – 2ª pessoa do plural *-m* – 3ª pessoa do plural
Verbo-nominais		*-r* – infinitivo *-ndo* – gerúndio *-do* – particípio regular

3. Afixos

Compare:

terra = palavra-base
subterr**âneo**

À palavra *terra* foram acrescentados morfemas gramaticais que modificaram o sentido da palavra primitiva, adicionando uma nova informação à informação básica da palavra.

Esses morfemas gramaticais são os **afixos**.

Os afixos são classificados de acordo com a sua posição em relação ao radical da palavra. São denominados **prefixos** e **sufixos**.

Observação

As desinências *-ste* e *-stes* indicam ao mesmo tempo flexões de *tempo* e *modo* e de *pessoa* e *número*: pretérito perfeito do indicativo, 2ª pessoa do singular e do plural, respectivamente: *correste, correstes.*

Afixos são morfemas gramaticais que se acrescentam ao radical ou à palavra, atribuindo-lhe uma ideia acessória ou modificando-lhe o sentido.

1. **prefixo** – é o afixo colocado antes de um radical ou de uma palavra, atribuindo-lhe uma ideia acessória. Veja:

i + legal = ilegal
\
prefixo que indica negação

pre + ver = prever
|
prefixo que indica antecipação, conjectura, suposição

As ideias presentes num prefixo repetem-se em várias palavras da língua:

premeditar, **pre**núncio, **pre**conceito, etc. – em todas essas palavras existe a ideia de "anterioridade" expressa pelo prefixo *pre-*.

rever, **re**considerar, **re**definir, etc. – em todas essas palavras existe a ideia de "repetição", expressa pelo prefixo *re-*.

2. sufixo – é o afixo colocado depois do radical, do tema ou da palavra, atribuindo-lhe uma ideia acessória. Veja:

sabor + **oso** = saboroso
| \
radical sufixo que indica "cheio de"

canta + **dor** = cantador
| \
tema sufixo que indica "agente"

veloz + **mente** = velozmente
| \
palavra sufixo que indica "modo"

Vogal e consoante de ligação

Além dos morfemas, podem ocorrer na estrutura das palavras a vogal e a consoante de ligação.

Observe:

legal + dade = legalidade

Vogal e consoante de ligação constituem elementos não portadores de significação que servem para evitar dissonâncias (como o encontro consonantal ou o hiato). Raramente entram na estrutura das palavras.

A junção desses dois elementos cria um encontro consonantal dissonante na estrutura fonética do idioma. Para evitar esse encontro, surge a **vogal de ligação -i-**: legal**i**dade.

chá + eira = chaleira

Cria-se um hiato dissonante na estrutura fonética do idioma. Para evitar tal hiato, surge a **consoante de ligação -l-**: cha**l**eira.

A vogal e a consoante de ligação servem apenas de elementos que auxiliam na pronúncia da palavra. Como não apresentam significação, não são consideradas morfemas.

Atividade

Leia novamente o texto que aparece no anúncio publicitário da página 143.

Encontramos sinais na Amazônia. Sinais de socorro. A cada minuto uma área equivalente a 8 campos de futebol é devastada na Amazônia. Isso acontece principalmente para extração ilegal de madeira, criação de gado e plantio de soja. Para barrar essa destruição, nós pressionamos e ajudamos o governo a criar milhões de hectares de áreas protegidas na Amazônia. Você também pode fazer algo. Junte-se ao Greenpeace na defesa da floresta. 5 de setembro. Dia da Amazônia.

a. Copie as seguintes palavras e indique o radical (morfema lexical):

Amazônia plantio extração ajudamos

b. Copie a palavra **destruição** e identifique:

radical vogal temática sufixo

c. Dê a função exercida pelas desinências em destaque nas palavras:

pressiona**mos** campo**s** devastad**a**

d. O que indicam os sufixos em destaque nas palavras cria**ção** e plan**tio**?

e. Identifique os elementos que compõem as palavras:

pressionamos protegidas principalmente

f. Das palavras abaixo transcreva a única que não é cognata das demais.

aterrar aterrorizar enterrado subterrâneo terremoto

Radicais, prefixos e sufixos

Quando se quer pesquisar a origem das palavras ou o significado dos seus elementos, recorre-se à etimologia.

Etimologia é a parte da gramática que estuda a origem das palavras, analisa o significado de cada um dos seus elementos, permitindo-nos chegar ao sentido etimológico de um termo.

O significado etimológico de uma palavra nem sempre corresponde ao sentido atual. Por exemplo, a palavra *anarquia* (*an* + *arquia*) etimologicamente significa "sem governo". Hoje em dia, essa palavra pode ter o sentido de *confusão*, *desordem*, *bagunça*, *desrespeito*, *avacalhação*, etc.

Nas palavras portuguesas, é comum aparecerem radicais, prefixos e sufixos de origem grega e latina. Conhecê-los pode auxiliar na compreensão do significado etimológico das palavras por eles formadas.

Segue uma lista de radicais mais frequentes na formação de palavras, principalmente na linguagem técnica, científica e literária.

Radicais

Radicais gregos

Grupo A

Radicais que aparecem geralmente como primeiro elemento na composição de palavras:

Forma	Sentido	Exemplos
aero-	ar	**aero**fagia, **aero**nave
anemo-	vento	**anemó**grafo, **anemô**metro
antropo-	homem	**antropó**fago, **antropo**logia
arqueo-	antigo	**arqueo**grafia, **arqueo**logia
auto-	de si mesmo	**auto**biografia, **autó**grafo
biblio-	livro	**biblio**grafia, **biblio**teca
bio-	vida	**bio**grafia, **bio**logia
caco-	mau, disforme, irregular	**caco**fonia, **caco**grafia
cali-	belo	**cali**fasia, **cali**grafia
ciclo-	círculo	**ciclo**metria, **ciclo**tímico
cito-	cavidade, célula	**cito**logia, **cito**plasma
cosmo-	mundo	**cosmó**grafo, **cosmo**logia
criso-	ouro	**crisó**grafo, **crisó**lita

Forma	Sentido	Exemplos
cromo-	cor	**cromo**litografia, **cromo**ssomo
crono-	tempo	**crono**logia, **cronô**metro
da(c)tilo-	dedo	**dactilo**grafia, **dactilo**scopia
deca-	dez	**deca**edro, **deca**litro
demo-	povo	**demo**cracia, **dem**agogo
di-	dois	**di**pétalo, **di**ssílabo
eletro-	(âmbar) eletricidade	**eletro**ímã, **eletro**scopia
enea-	nove	**ene**ágono, **enea**ssílabo
etno-	povo, raça	**etno**grafia, **etno**logia
farmaco-	medicamento	**farmaco**logia, **farmaco**peia
filo-	amigo	**filo**logia, **filo**mático
fisio-	natureza	**fisio**logia, **fisio**nomia
fono-	voz, som	**fonó**grafo, **fono**logia
foto-	fogo, luz	**fotô**metro, **foto**sfera
gastro-	estômago	**gastro**colite, **gastrô**nomo
geo-	terra	**geo**grafia, **geo**logia
helio-	sol	**helio**grafia, **helio**scópio
hemi-	metade	**hemi**sfério, **hemi**stíquio
hemo- / hemato-	sangue	**hemo**globina, **hemató**crito
hepta-	sete	**heptá**gono, **hepta**ssílabo
hetero-	outro	**hetero**doxo, **hetero**gêneo
hexa-	seis	**hexá**gono, **hexâ**metro
hidro-	água	**hidro**gênio, **hidro**grafia
hipo-	cavalo	**hipó**dromo, **hipo**pótamo
hom(e)o-	semelhante	**homeo**patia, **homó**fono
ictio-	peixe	**ictió**grafo, **ictio**logia
iso-	igual	**isó**crono, **isó**scele
lito-	pedra	**lito**grafia, **lito**gravura
macro-	grande, longo	**macró**bio, **macro**dáctilo
mega(lo)-	grande	**mega**tério, **megalo**maníaco
melo-	canto	**melo**dia, **melo**peia
meso-	meio	**mesó**clise, **meso**potâmia
micro-	pequeno	**micró**bio, **micro**scópio
miria-	dez mil, numeroso	**miriâ**metro, **miría**de
miso-	que odeia	**misó**gino, **mis**antropo
mito-	fábula	**mito**logia, **mitô**mano
mono-	um só	**mon**arca, **monó**tono
necro-	morto	**necró**pole, **necro**tério
neo-	novo	**neo**latino, **neo**logismo
neuro- / nevro-	nervo	**neuro**logia, **neur**astenia **nevro**tomia, **nevr**algia
octo-	oito	**octo**ssílabo, **octa**edro
odonto-	dente	**odonto**logia, **odont**algia
oftalmo-	olho	**oftalmo**logia, **oftalmo**scópio
onomato-	nome	**onomato**logia, **onomato**peia

Forma	Sentido	Exemplos
oro-	montanha	**oro**genia, **oro**grafia
orto-	reto, justo	**orto**grafia, **orto**doxo
oxi-	agudo, penetrante	**oxí**gono, **oxí**tono
paleo-	antigo	**paleo**grafia, **paleo**ntologia
pan-	todos, tudo	**pan**teísmo, **pan**-americano
pato-	(sentimento) doença	**pato**genético, **pato**logia
ped(o)-	criança	**ped**iatria, **pedo**logia
penta-	cinco	**pentá**gono, **pentâ**metro
piro-	fogo	**piro**sfera, **piro**tecnia
pluto-	riqueza	**pluto**crata, **pluto**mania
poli-	muito	**poli**glota, **polí**gono
potamo-	rio	**potamo**grafia, **potamo**logia
proto-	primeiro	**protó**tipo, **proto**zoário
pseudo-	falso	**pseudô**nimo, **pseudo**esfera
psico-	alma, espírito	**psico**logia, **psic**análise
quilo-	mil	**quilo**grama, **quilô**metro
quiro-	mão	**quiro**mancia, **quiró**ptero
rino-	nariz	**rino**ceronte, **rino**plastia
rizo-	raiz	**rizó**filo, **rizo**tônico
sidero-	ferro	**sideró**lito, **sider**urgia
taqui-	rápido	**taqui**cardia, **taqui**grafia
tecno-	arte, ciência	**tecno**grafia, **tecno**logia
tele-	longe	**tele**fone, **tele**grama
teo-	deus	**teo**cracia, **teó**logo
termo-	quente	**termô**metro, **termo**química
tetra-	quatro	**tetra**rca, **tetra**edro
tipo-	figura, marca	**tipo**grafia, **tipo**logia
topo-	lugar	**topo**grafia, **topo**nímia
tri-	três	**trí**ade, **tri**ssílabo
xeno-	estrangeiro	**xeno**fobia, **xeno**mania
xilo-	madeira	**xiló**grafo, **xilo**gravura
zoo-	animal	**zoó**grafo, **zoo**logia

Observações

1. Alguns radicais têm a forma parecida com outros, de origem diferente, podendo causar equívocos na interpretação do significado etimológico do termo.

   Exemplo:

   cali (grego) = belo / *cali* (latim) = calo

   caligrafia (escrita bonita) / calista (profissional que trata dos pés, especialmente dos calos)

2. O radical *auto-* atualmente se confunde com a palavra *auto*, abreviatura de *automóvel*. Dessa abreviatura criaram-se palavras como *autódromo* e *autoestrada*.

3. Alguns desses radicais aparecem como segundo elemento da composição:

   -crono: sín**crono**

   -filo: ciné**filo**, biblió**filo**

   -pótamo: hipo**pótamo**

   -antropo: fil**antropo**

Grupo B

Radicais que geralmente aparecem como segundo elemento na composição de palavras:

Forma	Sentido	Exemplos
-agogo	que conduz	dem**agogo**, ped**agogo**
-algia	dor	cardi**algia**, nevr**algia**
-arca	que comanda	mon**arca**, matri**arca**
-arquia	comando, governo	mon**arquia**, olig**arquia**
-astenia	debilidade	neur**astenia**
-céfalo	cabeça	micro**céfalo**
-cracia	poder	demo**cracia**, pluto**cracia**
-doxo	que opina	hetero**doxo**, orto**doxo**
-dromo	lugar para correr	hipó**dromo**, veló**dromo**
-edro	base, face	penta**edro**, poli**edro**
-fagia	ato de comer	aero**fagia**, antropo**fagia**
-fago	que come	antropó**fago**, necró**fago**
-filia	amizade	biblio**filia**, luso**filia**
-fobia	inimizade, ódio, temor	foto**fobia**, hidro**fobia**
-fobo	que odeia, inimigo	xenó**fobo**, zoó**fobo**
-foro	que leva ou conduz	eletró**foro**, fós**foro**
-gamia	casamento	mono**gamia**, poli**gamia**
-gêneo	que gera	hetero**gêneo**, homo**gêneo**
-glota / -glossa	língua	poli**glota**, inter**glossa**
-gono	ângulo	pentá**gono**
-grafia	escrita, descrição	orto**grafia**, geo**grafia**
-grama	escrito, peso	tele**grama**, quilo**grama**
-latria	culto	ido**latria**, zoo**latria**
-logia	discurso, tratado, ciência	arqueo**logia**, filo**logia**
-logo	que fala ou trata	diá**logo**, teó**logo**
-mancia	adivinhação	quiro**mancia**
-mano	louco, inclinado	bibliô**mano**, mitô**mano**
-maquia	combate	logo**maquia**, tauro**maquia**
-metria	medida	antropo**metria**, bio**metria**
-metro	que mede	hidrô**metro**, pentâ**metro**
-morfo	que tem a forma	antropo**morfo**, poli**morfo**
-nomia	lei, regra	agro**nomia**, astro**nomia**
-nomo	que regula	autô**nomo**, metrô**nomo**
-pode	pé	gastró**pode**, mirió**pode**
-polis / -pole	cidade	Petró**polis**, metró**pole**
-ptero	que tem asas	dí**ptero**, helicó**ptero**
-scopia	ato de ver	macro**scopia**, micro**scopia**
-scópio	instrumento de ver	micro**scópio**, tele**scópio**
-sofia	sabedoria	filo**sofia**, teo**sofia**
-stico	verso	dí**stico**, monó**stico**
-teca	lugar onde se guarda	biblio**teca**, disco**teca**
-terapia	cura	fisio**terapia**, hidro**terapia**

Forma	Sentido	Exemplos
-tomia	corte, divisão	dico**tomia**, nevro**tomia**
-tono	tensão, tom	barí**tono**, monó**tono**

Observação

Alguns desses radicais aparecem como primeiro elemento da composição:

fago- = **fago**citose

grafo- = **grafo**logia

morfo- = **morfo**logia

ptero- = **ptero**dáctilo

Radicais latinos

Grupo A

Radicais que geralmente aparecem como primeiro elemento na composição de palavras:

Forma	Origem latina	Sentido	Exemplos
agri-	ager, agri	campo	**agri**cultura
ambi-	ambo	ambos	**ambi**destro
arbori-	arbor, -oris	árvore	**arborí**cola
avi-	avis, -is	ave	**avi**fauna
beli-	bellum, -i	guerra	**béli**co
calori-	calor, -oris	calor	**calorí**fero
cruci-	crux, -ucis	cruz	**cruci**fixo
curvi-	curvus, -a, -um	curvo	**curvi**líneo
equi-	aequus, -a, -um	igual	**equi**distante
ferri- / ferro-	ferrum, -i	ferro	**ferrí**fero, **ferro**via
igni-	ignis, -is	fogo	**ignÍ**vomo
loco-	locus, -i	lugar	**loco**motiva
morti-	mors, mortis	morte	**mortí**fero
multi-	multus, -a, -um	muito	**multi**forme
olei- / oleo-	oleum, -i	azeite, óleo	**oleí**geno, **oleo**duto
oni-	omnis, -e	todo	**oni**potente
pedi-	pes, pedis	pé	**pedi**lúvio
pisc- / pisci-	piscis, -is	peixe	**pisci**cultor
pluri	plus, pluris	muitos, vários	**pluri**forme
quadri- / quadru-	quattuor	quatro	**quadri**motor, **quadrú**pede
radio-	radius, -i	raio	**radio**grafia
reti-	rectus, -a, -um	reto	**reti**líneo
semi-	semi	metade	**semi**círculo
sesqui-	sesqui	um e meio	**sesqui**centenário
tri-	tres, tria	três	**tri**color
uni-	unus, -a, -um	um	**uní**ssono
vermi-	vermis, -is	verme	**vermí**fugo

Observações

1. O radical *-pede* aparece também como segundo elemento da composição: palmí**pede**, bí**pede**.
2. A palavra *avião* é de origem francesa (*avion*).

Grupo B

Radicais que aparecem como segundo elemento na composição de palavras:

Forma	Sentido	Exemplos
-cida	que mata	regi**cida**, sui**cida**
-cola	que cultiva ou habita	vití**cola**, arborí**cola**
-cultura	ato de cultivar	api**cultura**, pisci**cultura**
-fero	que contém ou produz	aurí**fero**, flamí**fero**
-fico	que faz ou produz	bené**fico**, frigorí**fico**
-forme	que tem forma de	cunei**forme**, flori**forme**
-fugo	que foge ou faz fugir	centrí**fugo**, febrí**fugo**
-gero	que contém ou produz	armí**gero**, belí**gero**
-paro	que produz	multí**paro**, oví**paro**
-pede	pé	palmí**pede**, velocí**pede**
-sono	que soa	horrí**ssono**, uní**ssono**
-vomo	que expele	fumí**vomo**, igní**vomo**
-voro	que come	carní**voro**, herbí**voro**

Observação

O radical *sono-* pode aparecer como primeiro elemento da composição: **sono**plasta, **sono**grafia.

Prefixos

Prefixos de origem grega

Forma	Sentido	Exemplos
an- / a-	privação, negação	**an**arquia, **a**teu
ana-	ação ou movimento inverso, repetição	**ana**grama, **aná**fora
anfi-	de um e outro lado, em torno	**anfí**bio, **anfi**teatro
anti-	oposição, ação contrária	**anti**aéreo, **antí**poda, **anti**rreligioso
apo-	afastamento, separação	**apo**geu, **apó**stata
arque- / arce- arqui- / arc-	superioridade	**arqué**tipo, **arce**bispo **arqui**duque, **arc**anjo
cata-	movimento de cima para baixo, oposição	**cata**dupa, **cata**plasma
dia- / di-	movimento através de, afastamento	**dia**gnóstico, **di**ocese
dis-	dificuldade, privação	**dis**pneia, **dis**enteria
ec- / ex-	movimento para fora	**ec**lipse, **ê**xodo
en- / em- / e-	posição interior	**en**céfalo, **em**plastro, **e**lipse
endo- / end-	posição interior, movimento para dentro	**endo**térmico, **end**osmose
epi- / ep-	posição superior (além de)	**epi**derme, **ep**ônimo
eu- / ev-	bem, bom	**eu**fonia, **ev**angelho
hiper-	posição superior, excesso	**hipér**bole, **hiper**tensão
hipo-	posição inferior	**hipo**dérmico, **hipo**tensão
meta- / met-	sucessão, mudança	**meta**carpo, **meta**linguagem
para- / par-	proximidade, ao lado de	**para**digma, **para**sita
per-	posição ou movimento em torno	**per**ímetro, **per**ífrase
pro-	posição em frente, anterior	**pro**gnóstico, **pró**logo
sin- / sim- / si-	simultaneidade, companhia	**sin**fonia, **sim**patia, **sí**laba

Prefixos de origem latina

Forma	Sentido	Exemplos
ab- / abs- / a-	afastamento, separação	**ab**dicar, **ab**jurar **abs**ter, **abs**trair **a**movível, **a**versão
ad- / a- / ar- / as-	aproximação, direção	**ad**junto, **ad**ventício **a**beirar, **arr**ibar, **ass**entir
ante-	anterioridade	**ante**braço, **ante**por
circum- / circun-	movimento em torno	**circum**-adjacente, **circun**vagar
cis-	posição aquém	**cis**alpino, **cis**platino
com- / con- / co- / cor-	contiguidade, companhia	**com**por, **con**ter, **co**operar, **cor**roborar
contra-	oposição, ação conjunta	**contra**dizer, **contra**-assinar
de-	movimento de cima para baixo	**de**cair, **de**crescer
des-	separação, ação contrária	**des**viar, **des**fazer
dis- / di- / dir-	separação, movimento para diversos lados, negação	**dis**sidente, **dis**tender, **di**lacerar, **dir**imir
ex- / es- / e-	movimento para fora, estado anterior	**ex**portar, **ex**trair, **es**correr, **es**tender, **e**migrar, **e**vadir
extra-	posição exterior (fora de)	**extra**oficial, **extra**viar
in- / im- / i- / ir- / em- / en-	movimento para dentro	**in**gerir, **im**pelir, **i**migrar, **ir**romper, **em**barcar, **en**terrar
in- / im- / i- / ir-	negação, privação	**in**ativo, **im**permeável **i**legal, **ir**restrito
inter- / entre-	posição intermediária	**inter**nacional, **inter**romper **entre**abrir, **entre**linha
intra-	posição interior	**intra**muscular, **intra**venoso
intro-	movimento para dentro	**intro**duzir, **intro**meter
justa-	posição ao lado	**justa**por, **justa**linear
ob-	posição em frente, oposição	**ob**reptício, **ob**stáculo
per-	movimento através	**per**correr, **per**furar
pos-	posterioridade	**pos**por, **pos**tônico
pre-	anterioridade	**pre**fácio, **pre**tônico
pro-	movimento para a frente	**pro**gresso, **pro**sseguir
re-	movimento para trás, repetição	**re**fluir, **re**fazer
retro-	movimento mais para trás	**retro**ceder, **retro**spectivo
soto- / sota-	posição inferior	**soto**-mestre, **soto**-soberania, **sota**-vento, **sota**-voga
sub- / sus- / su- /	movimento de baixo para cima	**sub**classe, **sub**delegado, **sus**pender, **su**ster, **su**ceder, **su**por
sob- / so-	inferioridade	**sob**estar, **sob**por, **so**erguer, **so**terrar
super- / sobre-	posição em cima, excesso	**super**fície, **super**povoado, **sobre**por, **sobre**carga
supra-	posição acima, excesso	**supra**citado, **supra**ssumo
trans- / tras- / tra- / tres-	movimento para além de, posição além de	**trans**por, **trans**alpino, **tras**ladar, **tra**passar, **tra**dição, **tra**duzir, **tres**loucado, **tres**malhar
ultra-	posição além do limite	**ultra**passar, **ultra**ssensível
vice- / vis- / vizo-	substituição, em lugar de	**vice**-reitor, **vice**-cônsul, **vis**conde, **vizo**-rei

Observações sobre os prefixos

1. Alguns prefixos podem ser usados como palavras, com sentido autônomo:

a. Os **prós** e os **contras** de comer carne, ovos e verduras sem cozinhar. (*Folha de S.Paulo*)

pró = vantagem, conveniência

contra = obstáculo, dificuldade

b. O BNDES tem como uma de suas ações prioritárias apoiar as **micro**, [...] O Cartão foi criado para que os **micro**, pequenos e médios empresários possam comprar [...] (Disponível em: <www.bndes.gov.br>)

as micro = as microempresas

os micro = os microempresários

micro = microcomputador

Preço de **micro** sobe outra vez.

c. Algumas mulheres impedem que os **ex** vejam seus filhos.

ex = ex-marido, no caso. Pode significar também ex-mulher.

2. Alguns prefixos expressam mais de um significado. Por exemplo, o prefixo *pré-* pode indicar antecedência espacial (*pré-dorso* – a parte anterior do dorso) ou antecedência temporal (*pré-história*).

3. A negação é expressa por *des-*, *dis-*, *a- (an-)* e *in- (im-, i-)*.

Des- e *in-* negam o valor da palavra-base à qual se antepõem: *descaracterizar*, *desconhecido*, *infeliz*, *impotente*, *ignorante*. Significa, portanto, "ausência de" ou "falta de". *In-* pode ocorrer como negação prévia (*invalidar*), e *des-* como negação do que já foi iniciado (*desvalidar*).

Dis- indica "mau estado", "dificuldade"; é pouco utilizado: *dissabor*, *distorcer*, *distrofia*.

A- (an-) indica privação: *acéfalo*, *anaeróbico*.

4. *Hiper-*, *macro-*, *super-* e *ultra-* podem indicar intensidade.

Hiper- equivale a "extremamente". Também tem adquirido vida autônoma, principalmente na gíria, assim como *super-*.

Macro- equivale a "grande".

Super-, com substantivos, significa "grande"; com adjetivos, intensifica o significado da base.

Ultra- pode significar "além de" ou "em excesso".

5. O prefixo *semi-* ("metade", como em *semiesfera*) pode denotar "não completamente" (como em *semicerrado*).

6. *Re-* denota, basicamente, repetição. Algumas vezes, intensidade (como em *ressentir*).

7. *Sem-* une-se a substantivos: *sem-teto*, *sem-terra*, *sem-número*. Palavras formadas com esse prefixo podem adquirir caráter de adjetivo: *pessoa sem-terra*; *pessoa sem-vergonha*.

8. Nem todos os prefixos apresentam o mesmo grau de produtividade na língua. Alguns raramente aparecem em palavras de formação recente, enquanto outros, como *inter-*, *pré-*, *auto-*, *anti-*, *des-*, *in-*, etc., são muito frequentes nas novas formações do idioma.

Sufixos

Há três tipos de sufixos:

1. *nominal* – forma substantivos e adjetivos:

cruel**dade** resist**ente**

2. *verbal* – forma verbos:

ded**ilhar** chuv**iscar**

3. *adverbial* – forma advérbios:

feroz**mente** mansa**mente**

Principais sufixos nominais

a. Sufixos aumentativos:

-aça – barc**aça**
-aço – bal**aço**
-alhão – med**alhão**
-ão – mulher**ão**
-aréu – pov**aréu**
-arra – boc**arra**
-ázio – cop**ázio**
-orra – cabeç**orra**

b. Sufixos diminutivos:

-acho – ri**acho**
-ebre – cas**ebre**
-ejo – vilar**ejo**
-ela – vi**ela**
-eto, -eta – livr**eto**, sal**eta**
-ico – namor**ico**
-inho, -inha – moc**inho**, moc**inha**
-isco – chuv**isco**
-ola – fazend**ola**
-ote, -ota – frac**ote**, velh**ota**
-ucho – papel**ucho**
-zinho, -zinha – pe**zinho**, flor**zinha**
-(z)ito, -(z)ita – cão**zito**, cas**ita**

c. Sufixos formadores de substantivos coletivos:

-ada – cachorr**ada**
-agem – plum**agem**, ram**agem**
-al – milhar**al**
-alha – gent**alha**
-ama – dinheir**ama**
-aria – livr**aria**
-edo – arvor**edo**
-eiro – formigu**eiro**
-io – mulher**io**

d. Sufixos indicadores de profissão, agente:

-ário – escritur**ário**
-eiro – verdur**eiro**
-nte – pedi**nte**
-(d)or – vende**dor**, compra**dor**
-(s)or – profes**sor**
-(t)or – escul**tor**

e. Sufixos indicadores de lugar:

-ário – vesti**ário**
-eiro – viv**eiro**
-douro – ancora**douro**
-tório – lava**tório**

f. Sufixos indicadores de ação, estado ou qualidade:

-ada – cart**ada**
-agem – aprendiz**agem**
-ança – fest**ança**, cobr**ança**
-ância – toler**ância**
-aria – pirat**aria**
-ção – admira**ção**
-dade – bon**dade**
-dão – escuri**dão**
-ência – influ**ência**
-ez, -eza – sensat**ez**, bel**eza**
-ice, -ície – burr**ice**, calv**ície**
-mento – casa**mento**
-são – ascen**são**
-ude – quiet**ude**
-ume – negr**ume**
-ura – doç**ura**

g. Sufixos indicadores de origem, naturalidade:

-ano – sergip**ano**
-ão – bret**ão**
-eiro – brasil**eiro**
-ense – parana**ense**
-ês, -esa – campon**ês**, campon**esa**
-eu – hebr**eu**
-ino – lat**ino**

h. Sufixos indicadores de abundância ("provido ou cheio de"):

-oso – bond**oso**, afetu**oso**
-udo – cabel**udo**, barb**udo**

i. Sufixos indicadores de ciência, arte, doutrina, sistema político ou religioso:

-ia – econom**ia**, astronom**ia**, trigonometr**ia**
-ismo – material**ismo**, social**ismo**, calvin**ismo**, real**ismo**

Principais sufixos verbais

A terminação **-ar** (vogal temática **a** + desinência **r** do infinitivo impessoal) é uma das mais empregadas na formação dos verbos em português. Tal terminação tem funcionado, na prática, como sufixo. Exemplos: *analisar, lutar, jogar, aportuguesar, alunissar*, etc.

Outros sufixos verbais:

-ear – folh**ear**
-ejar – vel**ejar**
-entar – amam**entar**
-ficar – glori**ficar**
-icar – beber**icar**
-ilhar – ded**ilhar**
-inhar – engat**inhar**
-iscar – chuv**iscar**
-itar – sal**titar**

Sufixo adverbial

O único sufixo adverbial existente em português é **-mente**. Esse sufixo é acrescentado ao feminino dos adjetivos, se houver: *bondosamente, presentemente, religiosamente, antigamente, alegremente*, etc.

Observações sobre os sufixos

1. Os sufixos aumentativos e diminutivos podem ser utilizados para expressar carinho ou depreciação:

– **Filhinho**, vem me ajudar!
– Já vou, **paizão**!
→ carinhoso

– Aquele **cantorzinho** fez sucesso. Quem diria!
– Esse filme não passa de um **dramalhão**.
→ depreciativo

2. Sufixos *-ista* e *-ano* são os mais empregados na formação de adjetivos originados de nomes próprios:

Machado (de Assis) – **machadiano**
Freud (Sigmund Freud) – **freudiano**
Buda – **budista**
Calvino – **calvinista**
Darwin – **darwinista**

3. No plural, o acréscimo do sufixo *-zinho* acarreta mudança de flexão da palavra-base, contrariando a tendência da língua, que é flexionar apenas o último elemento para indicar plural:

pastel → **pastelzinho** → **pasteizinhos**
botão → **botãozinho** → **botõezinhos**

4. Quando são empregados em sequência dois ou mais advérbios formados com o sufixo *-mente*, o usuário da língua pode juntar o sufixo apenas ao último adjetivo:

Antes de ouvir as críticas que lhe eram dirigidas, o deputado saiu da sala **rápida** e **estrategicamente**.

Atividades

1. [...] a língua portuguesa preserva a individualidade de um povo aventureiro, que circulou a África, chegou à China e ao Japão, avançou pela Índia e pela América. No auge da epopeia ultramarina do século XVI, Portugal era um país pouco povoado – 1 milhão de habitantes na época do descobrimento do Brasil. Aderiu ao luxo da mistura muito mais que outros europeus para dominar colônias mais populosas que ele. (Revista *Língua Portuguesa*)

   a. Indique o radical (morfema lexical) das seguintes palavras:

   portuguesa ultramarina aventureiro descobrimento

   b. Identifique os elementos solicitados de cada uma das palavras abaixo:

   individualidade: vogal de ligação e sufixo
   ultramarina: prefixo, sufixo e desinência de gênero
   descobrimento: prefixo, vogal temática e sufixo
   habitantes: tema, sufixo e desinência de número

   c. Identifique todos os morfemas da palavra **populosas**.

2. Consultando o quadro dos prefixos gregos, identifique o sentido dos prefixos em destaque nas palavras das frases que seguem:

   a. A **dis**lexia é uma das deficiências de aprendizado mais comuns.

   b. A utilização da Mapa (Monitorização Ambulatorial de Pressão Arterial) na avaliação da eficácia do tratamento está indicada em casos de suposta resistência às drogas em uso, detectando aqueles idosos **hiper**tensos bem controlados, porém com elevação da pressão arterial em consultório (efeito do avental branco), e quando se suspeita de períodos de **hipo**tensão ou picos hipertensivos durante o dia ou a noite. (Disponível em: <www.sbh.org.br/revista/2001>)

3. Substitua as expressões em destaque nas frases que seguem por palavras que tenham os prefixos **an-** e **a-** (indicadores de privação ou negação).

   a. Faz tempo que este departamento está **sem chefe**.

   b. No último show a cantora ficou **sem voz**.

   c. Com o tombo, parte da minha perna ficou **sem sensibilidade nenhuma**.

4. Empregando o prefixo **sin-**, forme palavras que signifiquem:

   a. simultaneidade de sons

   b. vida em comum com outros

   A seguir, escreva uma frase com cada uma dessas palavras.

5. Utilizando os prefixos **hipo-** ou **hiper-**, forme palavras que tenham os significados em destaque nas frases abaixo:

   a. Geralmente, alimentação **de baixo teor calórico** é a mais saudável.

   b. A ingestão de alimentos **demasiadamente ácidos** é uma das causas básicas da úlcera gástrica.

   c. É necessário ter cuidado nos treinos das academias para que não ocorra **crescimento muscular excessivo**.

   d. A **diminuição da temperatura normal do corpo** pode ser provocada artificialmente para fins terapêuticos.

6. Dê o significado do prefixo latino em destaque nas palavras que seguem:

   O **ad**junto **ad**nominal é um termo que modifica sempre o substantivo.

   Dê mais dois exemplos de palavras que contenham esse prefixo.

7. Deve-se **ex**patriar logo esse político, que é o pior antipatriota da atualidade.
   a. Dê o significado do prefixo latino **ex-** em destaque na palavra **expatriar**.
   b. **Anti-** é um prefixo grego. Qual é o prefixo latino correspondente?

8. **In**alamos muita poeira naquela estradinha **in**transitável.

   O prefixo latino em destaque é o mesmo, mas o significado é diferente. O que esse prefixo significa em cada uma dessas palavras?

9. Consultando o quadro dos radicais gregos, dê o significado etimológico das seguintes palavras:
   a. geografia
   b. filosofia
   c. democracia
   d. polifonia
   e. biologia
   f. zoologia
   g. microscopia
   h. morfologia
   i. acrópole
   j. geologia
   k. cronometria
   l. macrocéfalo
   m. datilografia
   n. antropófago

10. Segue uma lista de nomes de remédios. Indique a que órgão do corpo humano se refere o radical em destaque:
    a. **rino**ssoro
    b. iso**cord**
    c. **gastro**zepina
    d. **uro**pol
    e. **oftalm**irin

11. Dê o significado etimológico das doenças, sintomas e procedimentos médicos abaixo:
    a. cefaleia
    b. broncoespasmo
    c. rinofaringite
    d. tricotomia
    e. taquicardia

FATOS DE DISCURSO

A expressividade dos prefixos e sufixos

Para conseguir efeitos expressivos, os escritores lançam mão de recursos que possam surpreender o leitor pela originalidade, pelo inesperado. Merece destaque o emprego de prefixos e sufixos de forma diversa daquela prevista na linguagem cotidiana. Esse emprego inusitado projeta conotações novas sobre termos aparentemente inexpressivos.

Guimarães Rosa (1908-1967) é o escritor brasileiro que melhor utilizou esses recursos, com uma impressionante consciência das possibilidades criativas do idioma.

Vejamos alguns exemplos extraídos de sua obra.

1. A forma *sozinho*, no decorrer da história da língua, foi perdendo sua expressividade. Para revitalizá-la, o escritor repetiu o sufixo diminutivo, de onde resultou a forma *sozinhozinho*. (*Grande sertão: veredas*)

2. No exemplo seguinte, o prefixo *para-* perde seu significado original e passa a conotar "indecisão":

... dez homens [...] andavam **parapassando**, como que à espera do destino... *(Grande sertão: veredas)*

3. O prefixo *re-* aparece associado de forma inédita a radicais que costumeiramente não modifica:

... Na Serra do Cafundó – ouvir trovão de lá, e **retrovão**... *(Grande sertão: veredas)*

De forma econômica e inusitada, o autor sugere o eco do ruído do trovão.

4. O prefixo *des-* aparece também em combinações não previstas na língua:

Não fosse meu **despoder**... *(Grande sertão: veredas)*

Às vezes, substitui o prefixo de negação *in-*, como no trecho:

Era assim uma cantiga sorumbática, **desfeliz**... *(Sagarana)*

Muitas vezes forma combinações surpreendentes: *desexclamava, desenormes, desonda, desvinham*, etc.

Para o leitor que se interessa pelo assunto, indicamos a obra da qual foram retirados quase todos os exemplos que empregamos: Mary L. Daniel. *João Guimarães Rosa: Travessia literária.* José Olympio: Rio de Janeiro, 1968.

A publicidade também usa e abusa de prefixos e sufixos para criar efeitos expressivos. Observe o anúncio ao lado.

A combinação inusitada dos vários prefixos intensivos (*super, hiper, mega, master*), numa sequência linguisticamente incomum, tem a intenção de passar ao consumidor uma intensidade muito acima do comum para a qualidade *macio.* Além disso, a sonoridade obtida com a alternância das sílabas tônicas e átonas (os prefixos são todos paroxítonos) pode sugerir a ideia de *ondas*: SUperHIperMEgaMASter, à qual se faz alusão no texto do anúncio.

SuperHiperMegaMasterBlaster**Macio.**

Chegou Personal Unique.
O único com Ondas de Maciez.

Personal Unique é uma inovação no mercado de higiênicos que traz para você a mais nova e exclusiva tecnologia chamada "Ondas de Maciez".
"Ondas de maciez é uma combinação de microcanais e pequenas elevações que formam ondas na superfície do papel, proporcionando um papel super-macio e de alta performance, trazendo muito mais conforto e bem-estar para você."

Personal Unique é uma linha de produtos repleta de inovação e sofisticação. Com cores e fragrâncias inspiradas em perfumes famosos, a linha oferece quatro diferentes versões:

Anúncio publicitário de papel higiênico. Disponível em: <www.santher.com.br/conteudo.asp?conteudo=111>, em 20 set. 2005.

Formação de palavras

Introdução

Leia:

> [...] ao sentir que estava chegando a velhice, inventei a palavra envelhescência para me justificar. Ou seja, entre a maturidade e a velhice, existe a envelhescência. É onde me encontro agora, entre os 50 e os 70. Esta palavra pegou bem na boca dos psicanalistas. Outro dia vi um deles a usando na televisão com a maior naturalidade, sem dar a fonte. Claro que ele era um envelhescente. O envelhescente é muito parecido com o adolescente. Mas isso é outra crônica e deixa pra lá. Está no meu último livro *Minhas tudo*.
>
> PRATA, Mário. Palavras, palavras, palavras. *O Estado de S. Paulo*, 12 set. 2001.

O **léxico** – conjunto de palavras – de uma língua viva nunca se esgota, uma vez que está aberto a novas criações, que suprem necessidades expressivas e comunicativas dos falantes.

E como o usuário da língua forma essas palavras? Ele conhece as regras de formação? É capaz de discorrer sobre elas? Não necessariamente.

O que o falante faz é abstrair essa regra de outras palavras já existentes na língua. Por exemplo, o autor do texto acima, ao inventar a palavra *envelhescência*, valeu-se de um mecanismo que existe na língua portuguesa, o mesmo que permitiu a criação de palavras como *adolescência*, *incandescência*, *efervescência*.

Ao analisar as mudanças do léxico, temos de considerar:

1. A formação de novas palavras, como *ciberarte*, para designar a arte produzida e veiculada em linguagem digital; *dolarização*, para indicar a vinculação de uma moeda ao dólar; *hiperinflação*, para designar uma inflação muito alta; *meganegócio*, para indicar um negócio de grande importância ou valor; etc.

   As palavras novas são chamadas de **neologismos** e resultam sobretudo, mas não exclusivamente, de palavras formadas de outras palavras ou morfemas preexistentes na língua.

2. Palavras que já existem e que adquirem novos significados. Por exemplo, a palavra *garimpar* teve o alcance do seu significado ampliado. Antes, aplicava-se quase exclusivamente à exploração de metais. Hoje, fala-se em garimpar documentos, garimpar fotos, para denotar a "busca de elementos essenciais".

3. Palavras que caem em desuso. Por exemplo: poucas pessoas referem-se a um filme de cinema utilizando o termo *fita*, tão comum nas décadas de 1940 e 1950. *Retrato* é outro termo pouco utilizado, tendo cedido espaço a *fotografia*, *foto*.

Desse dinamismo decorre que nenhum dicionário é capaz de conter todas as palavras de uma língua e os verbetes (conjunto de sentidos e exemplos de cada vocábulo) não dão conta de abranger todas as significações de uma palavra. Os estudiosos afirmam que um dicionário já é antigo no dia de sua publicação, tal o dinamismo do léxico (vocabulário de uma língua).

O léxico é a parte da língua em que se manifesta de forma mais evidente e ampla a liberdade de intervenção e invenção do usuário do idioma.

Quando estudamos a **formação de palavras**, devemos ter em mente o estudo não só das palavras já existentes na língua, mas também dos procedimentos que permitem ao usuário criar palavras que poderão ou não se incorporar às já existentes no idioma.

Essas palavras são criadas tanto para designar coisas e fatos novos quanto para suprir uma necessidade sintática.

a. O Ceará foi o primeiro estado a **abolir** a escravatura no país.

b. O primeiro estado onde ocorreu a **abolição** da escravatura no país foi o Ceará.

Na frase *b*, para suprir a necessidade do usuário, era necessário um substantivo, que foi formado a partir do verbo.

Observe outro caso:

Novo tremor de terra atinge Caruaru (PE)

Nesta madrugada a terra **tremeu** na cidade de Caruaru (PE). Segundo os pesquisadores o tremor atingiu 1,9 graus na escala Richter, a qual vai até 9. Esse foi o segundo terremoto deste ano, o primeiro (com 2,4 graus) aconteceu no dia 2 de janeiro. Até o momento não há registros de pessoas feridas.

(Disponível em: <www.radionewsam.cidadeinternet.com.br>, 29 abr. 2005.)

O substantivo derivado (*tremor*) retoma a referência anterior feita pelo verbo (*tremeu*) e recupera na íntegra as informações dadas pelo verbo: o fato de a terra tremer, o tempo passado – já aconteceu –, a cidade em que ocorreu.

Pode ocorrer, ainda, de o usuário desejar acrescentar um significado a um termo já existente. Por exemplo, para indicar a repetição de uma ação expressa por um termo, utilizamos o prefixo *re-*: ler/reler.

Também formamos palavras para expressar nosso apreço ou desapreço. Por exemplo, utilizando *lavação* em vez de *lavagem*, no contexto "Lavação de roupa suja". (Sandmann, Antônio J. *Morfologia geral*. 2. ed. São Paulo: Contexto, 1993. p. 28). Em alguns estados do Brasil, o termo *lavação* é utilizado como sinônimo de *lavagem* ("lavação de carros").

Mas "[...] a razão básica de formarmos palavras é a de que seria muito difícil para nossa memória – além de pouco prático – captar e guardar formas diferentes para cada necessidade que temos de usar palavras em diferentes contextos e situações". (Basilio, Margarida. *Teoria lexical*. 5. ed. São Paulo: Ática, 1998. p. 10.)

Processos de formação de palavras

Derivação

Derivação é o processo pelo qual se formam palavras a partir de outra já existente na língua, à qual se acrescenta um prefixo ou um sufixo.

Observe:

amor → palavra primitiva
amor**oso** → palavra derivada (amor + sufixo **-oso**)
desamor → palavra derivada (prefixo **des-** + amor)

A palavra que pode dar origem a outra(s), que não provém de nenhuma outra palavra dentro da própria língua e tem um único radical chama-se **primitiva**. A palavra que se origina de outra, graças ao acréscimo de um prefixo ou de um sufixo, ou de ambos, chama-se **derivada**.

dente → palavra primitiva, pois não deriva de nenhuma outra da língua portuguesa e tem um só radical (**dent-**)

Algumas palavras derivadas dessa palavra primitiva:

dente + **al** = dental   dente + **ina** = dentina   dente + **ista** = dentista   **tri** + dente = tridente

Tipos de derivação

1. Derivação prefixal ou prefixação

Ocorre pelo acréscimo de um prefixo a uma palavra ou a um radical.

ver → palavra primitiva
rever, **ante**ver, **pre**ver, **entre**ver → palavras derivadas por prefixação

ácido → palavra primitiva
antiácido, **di**ácido, **hiper**ácido → palavras derivadas por prefixação

Observações sobre derivação prefixal ou prefixação

1. Os prefixos geralmente não provocam a mudança de classe gramatical da palavra a que se ligam. Portanto, a palavra derivada pertencerá à mesma classe gramatical da primitiva.

Ver, **re**ver, **ante**ver, **pre**ver, **entre**ver são verbos.
Antevisão, **re**visão, **pre**visão são substantivos.

Para analisar a permanência da palavra derivada na mesma categoria gramatical da primitiva, deve-se observar o contexto em que a palavra primitiva aparece. Veja:

Era um produto **ácido**. (adjetivo)
Vários litros de **ácido** clorídrico se quebraram. (substantivo)

Logo, o derivado *antiácido* pode funcionar como adjetivo ou substantivo:

O preparado tinha efeito **antiácido**. (adjetivo) Tomei um **antiácido**, pois estava com azia. (substantivo)

2. Em alguns casos, ocorre a mudança de classe gramatical da palavra derivada.

pulga → substantivo **antipulgas** → adjetivo. Coleira **antipulgas**.

3. Não se pode perder de vista que há *prefixos homófonos*, ou seja, com o mesmo som e diferentes significados. É o caso do prefixo *re-*, por exemplo:

a. re- → ideia de repetição em **reler**, **refazer**, **reabastecer**
b. re- → ideia de movimento para trás em **regressar**, **recolher**
c. re- → ideia de movimento contrário em **reagir**, **rebater**, **rechaçar**

O mesmo ocorre com o prefixo *in-*:

a. in- → indica negação em **ingrato**, **infeliz**, **inativo**
b. in- → indica movimento para dentro em **ingerir**, **infiltrar**, **incrustar**

4. A grafia das palavras formadas por derivação prefixal merece atenção.

a. O prefixo une-se à palavra primitiva, formando um único vocábulo: *rever, antiácido, antissocial, incoerente, descontente, sobrepor, preconceito, ultrassensível.*

b. Um hífen separa o prefixo da palavra primitiva: *vice-diretor, pré-adolescência, super-homem, sem-terra.* Essa grafia é estudada no item Emprego do hífen, página 110.

5. Alguns prefixos adquirem autonomia, podendo ser empregados como palavras.

Os **vices** devem ter suas funções reguladas por lei.
As **múltis** avançam. Acabam de chegar ao país três das maiores seguradoras do mundo. (*IstoÉ Dinheiro Online*)

6. Ao estudar a derivação prefixal, é preciso levar em conta que não há regularidade na junção de alguns prefixos ao termo primitivo. Por exemplo, os prefixos *in-* e *des-* significam negação. Apesar de se equivalerem quanto ao significado, algumas palavras não aceitam um, e outras não aceitam o outro prefixo.

Então temos *infeliz*, mas não "desfeliz"; *desestimular*, mas não "inestimular".

2. Derivação sufixal ou sufixação

Ocorre quando se acrescenta um sufixo:

a. a um radical:

leit + **eiro** → leiteiro
radical sufixo

b. a uma palavra primitiva:

amor + **oso** → amoroso
palavra primitiva sufixo

c. a uma palavra derivada:

amoroso + **mente** → amorosamente
palavra derivada sufixo

Como já vimos, o sufixo, elemento utilizado para gerar novas palavras, pode ser:

1. *nominal* – quando dá origem a substantivos e adjetivos:

   ferro → ferr**eiro**
   mar → mar**ítimo**

2. *verbal* – quando dá origem a verbos:

   dedo → ded**ilhar**
   cópia → copi**ar**

3. *adverbial* – é o sufixo **-mente**, que dá origem a advérbios:

   feroz → feroz**mente**
   jeitoso → jeitosa**mente**

Observações sobre derivação sufixal ou sufixação

1. A sufixação é o processo de formação de palavras mais rico da língua portuguesa. Por isso, é o mais empregado pelos falantes ao formar novas palavras.

2. Os sufixos podem provocar mudança de classe gramatical da palavra derivada em relação à primitiva. Geralmente o sufixo impõe sua classe ao radical.

   civil + **izar** = civilizar (verbo) → **-izar** é um sufixo verbal
   adjetivo sufixo

   bondoso + **mente** = bondosamente (advérbio) → **-mente** é um sufixo adverbial
   adjetivo sufixo

   tolerar + **ancia** = tolerância (substantivo) → **-ancia** é um sufixo nominal

   escuro + **ecer** = escurecer (verbo) → **-ecer** é um sufixo verbal

3. Algumas palavras, quando recebem sufixo diminutivo ou aumentativo, sofrem mudança de significado.

   carta → cart**ão**
   clarim → clarin**ete**
   palavra → palavr**ão**
   papel → papel**ão**
   porta → port**ão**

4. O mesmo pode ocorrer com algumas palavras que recebem o sufixo *-ante*:*

estudar → estud**ante** (não é "aquele que estuda", mas "aquele que frequenta uma escola ou um curso")

amar → am**ante** (não é "aquele que ama", mas "parceiro clandestino")

tratar → trat**ante** (não é "aquele que trata", mas "quem não cumpre um trato")

Considerando as observações estudadas nos processos de prefixação e sufixação, é importante não imaginar que a formação de palavras por derivação se trata de um recurso mecânico e que basta juntar um prefixo ou sufixo a um radical ou palavra já existente para formar outra.

Conforme adverte Assis Rocha, pode-se ter a falsa impressão de que "[...] para se formar um substantivo com o sentido de multidão, coleção, basta acrescentar *-ada* a qualquer substantivo, como em *boiada* e *papelada*. Desse modo, seriam formadas palavras discutíveis quanto à sua aceitabilidade, como: (?)cavalada, (?)vacada, (?)eguada, (?)jumentada...". (ROCHA, Luiz Carlos de Assis. *Estruturas morfológicas do português*. Belo Horizonte: Ed. da UFMG, 1998. p. 60.)

3. Derivação prefixal e sufixal

Ocorre sempre que um prefixo e um sufixo se juntam ao radical.

desgraç**ado**
infeliz**mente**
reflor**escer**

4. Derivação parassintética ou parassíntese

É a junção *simultânea* de um prefixo e um sufixo a um radical.

a + vermelh + **ar** → **a**vermelh**ar**
en + gavet + **ar** → **en**gavet**ar**
es + clar + **ecer** → **es**clar**ecer**
a + chocolat + **ado** → **a**chocolat**ado**

Como se distingue este caso do anterior?

Na derivação prefixal e sufixal, o prefixo ou o sufixo se juntam a uma palavra já existente, formada por derivação.

Observe:

leal → palavra primitiva
leal + **mente** → lealmente = palavra derivada por sufixação
des + leal → desleal = palavra derivada por prefixação
des + leal + **mente** → deslealmente = palavra derivada por prefixação e sufixação

Nos casos de parassíntese, o prefixo e o sufixo se unem à base concomitantemente. Por isso, a exclusão do prefixo ou do sufixo resulta numa forma que não existe na língua.

embarcar → retirando o prefixo, temos **barcar** (forma inexistente em português)

embarcar → retirando o sufixo, temos **embarca** (como substantivo, essa forma não existe em português)

Para identificar a parassíntese, portanto, retire da palavra derivada o prefixo. Se a palavra resultante existir, não será um caso de parassíntese. Faça o mesmo com o sufixo. Se resultar uma palavra existente, não será um caso de parassíntese.

---

* In: ROCHA, Luiz Carlos de Assis. *Estruturas morfológicas do português*. Belo Horizonte: Ed. da UFMG, 1998. p. 46.

Veja:

envernizar → menos o prefixo **en-** = "vernizar"
envernizar → menos o sufixo **-ar** = "enverniz"

Não existe o termo "vernizar" em português. Também não existe o termo "enverniz", o que prova que o prefixo e o sufixo foram simultaneamente anexados ao radical.

Em *descabelar* não existem as formas "cabelar" como verbo nem "descabela" como substantivo. Logo, a palavra é formada por parassíntese.

Já em *desanimado* existe a forma *animado*. Logo, a palavra é formada por derivação prefixal e sufixal.

Em alguns casos, a palavra resultante da exclusão do prefixo existe na língua, mas não mantém relação de significado com a palavra derivada.

Observe:

alargar → retirado o prefixo **a-**, resta a forma *largar*, que existe em português.

No entanto, não há relação de sentido entre os dois termos, já que *alargar* significa "tornar largo", enquanto *largar* significa "soltar".

Logo, *alargar* é um caso de derivação parassintética.

O mesmo ocorre com *embandeirar*, verbo que significa "ornar com bandeiras; engrandecer; enaltecer; cobrir-se de bandeiras".

Retirado o prefixo (*em-*), resulta *bandeirar*, forma existente, que significa "ser bandeirante; organizar bandeira", que não tem relação de significado com o verbo *embandeirar*. Logo, este é um caso de derivação parassintética, pois o verbo, com este sentido, foi criado pela junção simultânea de um prefixo e de um sufixo a um radical: em + bandeir + ar.

Portanto, para identificar os casos de parassíntese é necessário analisar também o aspecto semântico do termo, ou seja, seu significado, em relação a formas semelhantes.

A parassíntese é responsável pela formação de muitos verbos da nossa língua. São raros os substantivos e adjetivos formados por parassíntese, como *desalmado*, *achocolatado*.

5. Derivação regressiva

Em todos os casos de derivação vistos até aqui, a palavra derivada é mais extensa que a primitiva. Na derivação regressiva, a palavra derivada será menor, pois ocorre a redução de elementos existentes na palavra primitiva.

jogar → jogo	chorar → choro	lutar → luta
primitiva / derivada	primitiva / derivada	primitiva / derivada
buscar → busca	resgatar → resgate	pescar → pesca
primitiva / derivada	primitiva / derivada	primitiva / derivada

Esse tipo de derivação é frequente na formação de substantivos a partir de verbos. Os substantivos assim derivados chamam-se **deverbais** ou **pós-verbais**.

Em determinados casos, o radical sofre alteração gráfica:

ata**c**ar → ata**qu**e   desta**c**ar → desta**qu**e
batu**c**ar → batu**qu**e   repi**c**ar → repi**qu**e

No estágio atual da língua, é frequente a criação de deverbais terminados em *-o*, especialmente na linguagem coloquial: *agitar* → *agito*; *amassar* → *amasso*; *badalar* → *badalo*; *sufocar* → *sufoco*; *vacilar* → *vacilo*.

O cansaço é pelo **sufoco** da quarta-feira passada, quando (o Corinthians) correu demais para vencer o Brasiliense, enquanto o São Paulo descansava. (*Correio Braziliense*)

As derivações regressivas terminadas em *-e* são comumente decorrentes de verbos formados por *re-* e *des-*.

desajustar → desajuste

descartar → descarte

rebater → rebate

recortar → recorte

Observação

Na correspondência verbo/substantivo, em casos de derivação regressiva, fica difícil saber se o substantivo é a palavra derivada ou a primitiva. O filólogo Mário Barreto, em sua obra *De gramática e de linguagem*, sugere o seguinte critério: "... se o substantivo denota ação, será palavra derivada, e o verbo palavra primitiva; mas, se o nome denota algum objeto ou substância, se verificará o contrário. Portanto, os substantivos *briga*, *grito* e *ataque*, por exemplo, são formas derivadas, pois denotam respectivamente as ações de *brigar*, *gritar* e *atacar*. Já as formas *planta*, *âncora*, *escova*, *alfinete*, *pincel*, *escudo* são formas primitivas que dão origem aos verbos *plantar*, *ancorar*, *escovar*, *alfinetar*, *pincelar* e *escudar*".

6. Derivação imprópria ou conversão

Compare:

a. São duas lagoas de cor azul-**escura**, a 4 mil metros de altitude e cercadas por montanhas. (*Correio Popular*)

b. Transformador dá problema de novo e deixa comerciantes no **escuro**. (*Diário Popular*)

Na primeira frase, a palavra destacada é um adjetivo. Na segunda, é um substantivo. A passagem de uma palavra de uma classe gramatical para outra é o caso mais comum de **derivação imprópria**.

Na derivação imprópria é muito comum a *substantivação*, isto é, a transformação de qualquer classe gramatical em substantivo. Veja:

Derivação imprópria consiste na mudança de classe gramatical da palavra, sem alteração da forma primitiva.

a. adjetivos empregados como substantivos:

Ele não foi à sorveteria com a turma. Estava proibido de tomar **gelado**.

b. verbos empregados como substantivos:

Fazia tudo para aumentar seu **saber**.

c. advérbios empregados como substantivos:

Ela disse um **nunca** definitivo!

d. pronomes que passam a ser substantivos:

Mandei o **cujo** me procurar na esquina.

(*cujo* = sujeito, fulano, indivíduo)

e. interjeições que passam a ser substantivos:

Apaixonada, pronunciava **ais** de minuto em minuto...

Podem ocorrer ainda as seguintes transformações:

a. substantivo que funciona como adjetivo:

Tomé Cássio era grosso, de **ursos** ombros. (Guimarães Rosa)

b. adjetivo que funciona como advérbio:

Pisava **forte** sobre as tábuas do assoalho.

c. particípio verbal que funciona como adjetivo:

Parecia ser um indivíduo muito **lido**...

d. substantivo, adjetivo e verbo que funcionam como interjeições:

Silêncio! – Bravo! – Viva!

Ocorre ainda derivação imprópria nos seguintes casos:

a. transformação de um substantivo próprio em comum:

Damasco (nome de uma cidade) → damasco (tipo de tecido)

substantivo próprio — substantivo comum

O nome da cidade, famosa pela fabricação de tecidos de seda com desenhos lavrados, estendeu-se ao tecido.

b. transformação de um substantivo comum em próprio:

rocha → Rocha (sobrenome)

substantivo comum — substantivo próprio

Observações sobre derivação imprópria ou conversão

1. Os casos mais comuns de conversão ocorrem com substantivo → adjetivo e adjetivo → advérbio.

2. Na conversão de substantivo para adjetivo, na indicação de cores, a palavra derivada perde as características flexionais, permanecendo sempre no singular e no seu gênero original.

camisa **rosa**
camisas **rosa**
lenço **rosa**

sapatos **areia**
vestidos **cinza**

3. A conversão de adjetivo para advérbio é mais comum na linguagem coloquial. Compare:

Ele chegou **rápido**. — Ele chegou **rapidamente**.

4. Para alguns estudiosos, este não é um processo de formação, uma vez que dele não resulta palavra nova, nem no sentido fonológico nem no sentido semântico. Para outros, trata-se de um processo de formação porque a palavra derivada e a palavra derivante (aquela que dá origem a outra palavra por derivação) têm funcionalidades diferentes. Por exemplo:

a. caminhar = verbo

Muitas vezes, dependentes de bebidas alcoólicas ou aqueles que tinham hábitos estranhos (como **caminhar** pelas ruas durante a madrugada) eram considerados pessoas com problemas mentais e levados para os hospitais. (*Ciência Hoje Online*)

b. caminhar = substantivo

Os problemas de visão e o **caminhar** lento não prejudicam o desempenho de Amélia Gonçalves, 85, no jogo de cartas nem comprometem a memória, que conserva lembranças do último racionamento de energia na cidade. (*Folha de S.Paulo*)

Observação

Atualmente, consideram-se derivadas as palavras simples em que é possível reconhecer os afixos que ainda atuam na língua na formação de novas palavras, além das resultantes da derivação imprópria ou regressiva. As demais serão primitivas, ainda que em outro estágio da língua fossem consideradas derivadas.

Portanto, a palavra *desleal* é uma palavra derivada. A palavra *absolver* (ab + solver) é uma palavra primitiva.

Composição

Observe:

a. **Salário** mínimo deveria ser de quase R$ 1,5 mil. (*Estado de Minas*)

b. Mais de 1,1 mil crianças e adolescentes ganham o sustento da **família** nos sinais de trânsito. (*Estado de Minas*)

c. O valor do **salário-família** será de R$ 20 por filho, para quem ganhar até R$ 390. (*Jornal Hoje Online*)

salário → pagamento; remuneração, normalmente em dinheiro, devida pelo empregador a quem lhe presta serviço.

família → pessoas aparentadas, que vivem, em geral, na mesma casa, particularmente o pai, a mãe e os filhos.

Pela junção dessas duas palavras (*salário* + *família*) criou-se um novo termo, com significado diverso dos dois termos que o compõem.

salário-família → remuneração adicional, variável de acordo com o número de dependentes, à qual têm direito os trabalhadores de empresas privadas, públicas ou mistas.

Esse processo de formação de palavras chama-se **composição**.

Composição é o processo de formação de palavras pelo qual se criam novos termos a partir da junção de radicais ou palavras já existentes na língua.

Veja outros exemplos:

a. **pé** → parte inferior da perna que assenta no chão, permitindo a postura vertical e a marcha.
b. **frio** → que perdeu o calor.
c. **pé-frio** → pessoa sem sorte, cujo azar contagia os demais.

a. **guarda** → 3ª pessoa do singular do verbo **guardar** (= proteger).
b. **chuva** → precipitação atmosférica formada de gotas de água.
c. **guarda-chuva** → armação de varetas móveis, coberta de pano ou de outro material, usada para resguardar as pessoas da chuva ou do sol.

Essas palavras têm necessariamente mais de um radical. São chamadas de palavras **compostas**. As palavras que apresentam um só radical são chamadas de **simples**.

palavra + palavra	**radical + radical**	
alto-falante	agricultura	horóscopo
quebra-galho	autódromo	microcomputador
sofá-cama	fotossíntese	psicologia
topa-tudo	heterossexual	sambódromo
vaivém		

Como vimos, as palavras formadas por composição apresentam significado diferente do significado de cada um dos elementos que as compõem. Veja mais um exemplo:

pé → parte inferior da perna que assenta no chão, permitindo a postura vertical e a marcha.
meia → peça de vestuário para o pé e a perna ou parte dela.
pé-de-meia → dinheiro economizado e reservado; economias.

No entanto, o termo composto faz lembrar figuradamente os elementos que o compõem.

Observe que nos casos de *derivação* um dos elementos da palavra exige a presença do outro para adquirir sentido. Na palavra *amor**oso***, por exemplo, o sufixo **oso** não pode ser utilizado isoladamente.

Na composição, cada palavra tem sentido isoladamente.

Machuquei o **pé**.
Ele só usava **meia** de algodão.

Tipos de composição

1. Composição por justaposição

arco-íris = arco + íris
guarda-chuva = guarda + chuva
malmequer = mal + me + quer
sexta-feira = sexta + feira
vaivém = vai + vem
paraquedas = para + quedas

Observe que nesses compostos cada elemento mantém sua autonomia fonética. A esse tipo de composição dá-se o nome de **justaposição** (*justapor* significa "pôr ao lado", "pôr junto").

Nos compostos por justaposição é comum a ocorrência do hífen. Veja alguns exemplos:

alto-falante
ano-luz
arara-azul
ave-maria
bem-bom
cofre-forte
cor-de-rosa
corre-corre
empurra-empurra
erva-doce
estrela-do-mar
guarda-noturno
homem-rã
joão-ninguém
longa-metragem
louva-a-deus
mico-leão-dourado
pão-durismo
primeiro-ministro
pula-pula
quebra-galho
tenente-coronel
tico-tico
topa-tudo

Composição por justaposição é o processo de formação de palavras em que cada elemento do termo composto mantém sua autonomia fonética.

2. Composição por aglutinação

Veja:

plano + alto = planalto

água + ardente = aguardente

Nesses casos, um dos termos perdeu sua autonomia fonética. Esse tipo de composição chama-se **aglutinação** (*aglutinar* significa "unir, ligar, colar").

Os vocábulos formadores se fundiram e dessa fusão resultou nova palavra, com acento único:

plano + **al**to → as sílabas tônicas são as destacadas

pla**nal**to → a sílaba tônica é a destacada

Atualmente, tende-se a considerar como simples as palavras em que se perdeu a noção de composição, aquelas em que o usuário de hoje não reconhece mais os componentes. Compostas são aquelas em que permanece, para o usuário, a noção de composição.

Composição por aglutinação é um processo de formação de palavras em que um dos elementos – geralmente o primeiro – perde sua autonomia fonética.

Assim, em *vinagre* (vinum + acre), *embora* (em + boa + hora), *Portugal* (porto + Cale), o usuário não especialista já perdeu a noção de composição do termo, por não reconhecer de imediato os componentes da palavra. Essas palavras devem ser consideradas *palavras simples*.

Sobre flexão dos compostos, ver página 212.

Observações sobre a composição

Segundo Margarida Basilio*

1. Nos compostos de substantivo + substantivo, o segundo elemento funciona como especificador do primeiro. Assim, em *sofá-cama*, o termo *cama* especifica *sofá*, ou seja, indica que se trata de um sofá que pode ser utilizado como cama.

* Basilio, Margarida. *Teoria lexical*. 5. ed. São Paulo: Ática, 1998. p. 29-30.

2. Quando na estrutura dos compostos entram um adjetivo e um substantivo, qualquer que seja a ordem dos termos, o substantivo é sempre o núcleo da palavra e o adjetivo é o modificador desse núcleo. Veja:

cofre-forte — substantivo (núcleo)

longa-metragem — substantivo (núcleo)

3. Quando a composição integra um verbo + um substantivo, este exerce função semelhante à do objeto direto do verbo. Observe:

porta-bandeira (quem porta, porta alguma coisa. *Portar* é um verbo transitivo direto)
quebra-galho (quem quebra, quebra algo. *Quebrar* é um verbo transitivo direto)

4. Muitos compostos equivalem a metáforas, como:

louva-a-deus (nome de um inseto)
trem-bala (trem que desenvolve velocidade muito superior à dos demais)
pente-fino (triagem; crivo rigoroso)

Só podemos entender o que esses compostos denominam considerando-os como metáforas, diferentemente, por exemplo, de *couve-flor*, que é um tipo de couve; *alto-falante*, que é um ampliador de som, etc.

Outros processos de formação de palavras

Onomatopeia

Observe esta tirinha:

(BROWNE, Dik. *O melhor de Hagar, o horrível.* Porto Alegre: L&PM, 1986. p. 58.)

Para reproduzir o som da queda da personagem, o autor criou a palavra PLOP! Esse processo de criação de palavras chama-se **onomatopeia**.

Veja alguns exemplos:

atchim, bem-te-vi, cabrum, cataplan, chuá, ciciar, cocoricó, cricri, dindim, farfalhar, fogo-apagou, frufru, grugulejar, miau, pá, piupiu, pocotó, reco-reco, sussurrar, tique-taque, tchibum, zás

Onomatopeia é a criação de palavras que procuram reproduzir, aproximadamente, certos sons e ruídos.

As onomatopeias podem servir de base para substantivos e verbos que sugerem sons e vozes.

cici → cicio → ciciar (voz da cigarra)
pipi → pio → piar (voz de algumas aves)
chi → chio → chiar (voz de alguns animais)
béé → berro → berrar

Sigla

Leia os títulos de notícias:

a. Segundo a **PM**, cerca de 200 sem-terra do **MTL** invadiram a **Conab** no domingo. (*Folha de S.Paulo*)

PM – Polícia Militar

MTL – Movimento Terra, Trabalho e Liberdade

Conab – Companhia Nacional de Abastecimento

b. A lei prevê ainda a redução (para a empresa) da alíquota do **FGTS** de 8% para 2%, como incentivo à contratação dos jovens. (*Folha de S.Paulo*)

FGTS – Fundo de Garantia do Tempo de Serviço

c. A expectativa de Silvio Santos é de que o novo programa chegue a 10 pontos no **Ibope**. (*Jornal do Commercio*)

Ibope – Instituto Brasileiro de Opinião Pública e Estatística

Todos os termos destacados são siglas.

As siglas são consideradas substantivos simples e constituem nomes próprios.

> **Sigla é a redução de títulos ou expressões compostas. Resulta da utilização da letra ou da sílaba inicial de cada um dos componentes da expressão ou título.**

Observações gerais sobre siglas

1. A sigla pode dar origem a derivados:

celetista → pessoa cujo contrato de trabalho é regido pela CLT (Consolidação das Leis Trabalhistas)
uspiano → estudante da USP (Universidade de São Paulo)
petista → partidário do PT (Partido dos Trabalhadores)

(Ver lista de siglas na página 98.)

2. O plural das siglas se faz com o uso de **s**:

As ONGs (Organizações Não Governamentais)
Os CEPs (Códigos de Endereçamento Postal)

3. Há siglas polissêmicas. Veja:

Sua aula dá um bom *ibope*.

4. Algumas siglas continuam imutáveis, apesar das mudanças sofridas nas expressões de que são formadas. É o caso da sigla MEC, que atualmente designa o Ministério da Educação, antigo Ministério da Educação e Cultura.

5. O surgimento de um número muito maior de siglas na atualidade está relacionado à expansão do alcance da imprensa diária, que busca uma linguagem mais econômica.

6. Não se utilizam pontos entre as letras que compõem as siglas. Assim, *EUA* (Estados Unidos da América).

7. Quando se quer inserir uma sigla no texto, geralmente se escreve primeiro a locução completa que dá origem à sigla e, entre parênteses ou travessões, a sigla. Na segunda ocorrência no mesmo texto, utiliza-se apenas a sigla.

Integrantes da Frente de Luta por Moradia (FLM) invadiram, na madrugada desta segunda-feira, um terreno e um prédio do Instituto Nacional de Seguro Social (INSS) localizados no Anhangabaú, região central da cidade de São Paulo. [...] uma das coordenadoras da FLM disse que a invasão tem como objetivo pressionar representantes do Ministério das Cidades e do INSS para liberar 23 terrenos e imóveis, alguns deles particulares, para construção de moradias. (*Folha de S.Paulo*. Adaptado.)

8. As siglas com até três letras devem ser escritas com letra maiúscula. Quando tiverem mais de três letras, e cada grupo for lido como sílaba, escrevem-se com maiúscula e minúsculas. Por exemplo: Bradesco (Banco Brasileiro de Descontos).

Muitas entidades e setores são mais conhecidos pelas siglas do que pelos seus nomes completos. Uma pesquisa feita pelo Ibope demonstrou que a maioria das pessoas sabe o que é o SUS, para que serve, como ter acesso a ele, mas apenas 25% dos entrevistados sabiam que a sigla SUS significa Sistema Único de Saúde.

Admite-se letra minúscula na sílaba quando essa letra não for inicial de um dos componentes do nome. Assim: UnB (Universidade de Brasília); CNPq (antigo Conselho Nacional de Pesquisa, atualmente Conselho Nacional de Desenvolvimento Científico e Tecnológico).

Abreviação vocabular ou redução

Leia:

botequim → boteco
cinema → cine
menina → mina
São Paulo → Sampa

A redução é assistemática e imprevisível. Uma parte da palavra primitiva é suprimida, mas não se trata necessariamente de um morfema. Em alguns casos é morfema, como em *portuga* (por português), *satisfa* (por satisfação), *estranja* (por estrangeiro), em outros não: *cerva* (por cerveja), *cafa* (por cafajeste), *pneu* (por pneumático), *Fla* (por Flamengo), *Flu* (por Fluminense).

Nos compostos, a redução é sistemática: sempre cai um dos elementos da composição, como *micro* (por microcomputador); *vídeo* (por videocassete); *foto* (por fotografia), *pornô* (por pornografia/ pornográfico); *hidro* (por hidromassagem).

Redução é a eliminação de uma parte da palavra, de que resulta uma palavra derivada sinônima da primitiva (ou derivante) e geralmente mais utilizada na linguagem coloquial ou mesmo na gíria.

Observação

Não confunda redução com derivação regressiva. Na derivação regressiva, o que se elimina é o elemento percebido como afixo e a palavra derivada não tem o mesmo significado ou o mesmo uso da derivante ou primitiva: lutar (verbo) – luta (substantivo). São classes de uso diferente.

Reduplicação

Processo de composição de palavras pela duplicação de parte do termo. Atua mais na área da afetividade. São exemplos de termos reduplicados: *papai*, *mamãe*, *titio*, *Zezé*, *Cacá*, *Lili*, etc.

Algumas palavras onomatopaicas são formadas por reduplicação: *zunzum*, *ziguezague*, *toque-toque*.

Hibridismo

Observe:

disco-laser
|
português e inglês

agroboy
|
latim e inglês

Essas palavras são casos de **hibridismo**.

Hibridismo é um subprocesso de formação de palavras em que se juntam elementos de diferentes línguas.

Assim, o processo de formação dos vocábulos acima é a justaposição, e o subprocesso é o hibridismo. No caso de *darwinismo*, *shakespeariano*, temos palavras formadas por derivação sufixal em que ocorre o hibridismo.

De acordo com a NGB, o hibridismo é considerado um processo de formação de palavras.

Assim, ocorreria hibridismo também em palavras como *automóvel* (*auto* – grego + *movel* – latim), *centímetro* (*centi* – latim + *metro* – grego), *abreugrafia* (*abreu* – português + *grafia* – grego).

Com a globalização, disparidades dessa natureza – de região e renda, como as que opõem agricultura familiar e **agrobusiness** – tendem a se acentuar. (*Globo Rural*)

... está marcado para hoje um **showmício** da campanha de Serra naquela cidade com Chitãozinho e Xororó e o grupo KLB. (*Folha de S.Paulo*)

Na ampliação do léxico concorrem, além dos processos estudados, os empréstimos feitos de outras línguas.

Enriquecimento do léxico no português atual do Brasil

Nosso léxico é basicamente de origem latina, mas o português tem-se enriquecido desde o início de sua existência com empréstimos de outras línguas. A influência francesa foi marcante até a primeira metade do século XX. Hoje, porém, a influência da língua inglesa é predominante, graças ao poderio econômico norte-americano. Não há interesse no estudo da formação dos estrangeirismos, uma vez que eles chegam prontos à língua. Muitas palavras que entraram na língua como empréstimos já não são mais sentidas como tal pelos falantes. É o caso, por exemplo, de *futebol* (do inglês *football*), *abajur* (do francês *abat-jour*), *vôlei* (do inglês *volley*), *chalé* (do francês *chalet*), entre muitas outras.

Além desses procedimentos todos, há algumas palavras criadas sem obedecer aos processos comuns, cuja origem e formação é difícil de sistematizar. É o caso de *serelepe*, *bagunça*, *borocoxô*, *salafrário*, *saçaricar*, etc.

O léxico de uma língua viva está em constante processo de renovação. Algumas palavras deixam de ser utilizadas, outras sofrem acréscimos ou perdas de sentido, outras se criam. Todos os processos estudados enriquecem o léxico da língua.

Entre esses processos, são notáveis, hoje:

1. Ocorrência expressiva dos prefixos *pró-*, *sem-*, *mega-* e dos sufixos *-ável* e *-dromo*. Observe os exemplos:

O deputado lembrou ainda que a **megaobra** já foi vetada pelo Banco Mundial. (*Correio da Bahia*)

... a natureza deste governo é “burguesa e **pró-imperialista**”. (Revista *Espaço Acadêmico* on-line)

Milícias **pró-governo** matam 45 no oeste do Sudão. (Disponível em: <www.olhardireto.com.br/news>)

Pobre da Neide que inventou de namorar **colunável**. Já é a quarta festa da semana. Não tem roupa e orçamento que cheguem para tantos babados. (*Correio Braziliense*)

O **Camelódromo** Municipal de Florianópolis foi criado em 1990 com o objetivo de retirar da rua Conselheiro Mafra todos os vendedores ambulantes. (Disponível em: <www.an.uol.com.br/ancapital>)

Dublê sobrevoa **bumbódromo*** no primeiro dia do Festival de Parintins. (*Folha de S.Paulo*)

Voltou empolgado, dizendo que seria um bom contrato para o **selecionável**. [Jogador com possibilidade de ser convocado para a Seleção Brasileira.] (*Folha Online*)

2. Emprego acentuado de siglas e, em menor escala, de palavras derivadas de siglas, especialmente na imprensa.

[...] além do ministro, o **PTB** tem outros cargos valiosos. Nos escalões superiores, os **petebistas** ocupam mais de uma dúzia de cargos. (*Veja on-line*)

E não adianta vir me **dedetizar**
Pois nem o **DDT** pode assim me exterminar. (Raul Seixas, letra da canção *Mosca na sopa*)

---

* **bumbódromo**: local onde ocorrem as festas do bumba meu boi, tradicionais no Pará.

O léxico do português amplia-se, sobretudo, pela derivação, tanto a prefixal quanto a sufixal.

Devem ser considerados ainda os empréstimos, especialmente de palavras da língua inglesa, que são ou não aportuguesadas ao entrarem na língua. Observe os exemplos:

Objetivo geral deste **workshop**: aperfeiçoar fotógrafos nas técnicas e na arte de fotografar pessoas, desenvolvendo a prática e a linguagem da fotografia realizada em locações externas, tendo em vista a produção de retratos e **books** profissionais. (Revista *Photos on-line*)

workshop – do inglês *workshop*: seminário, curso.

book – do inglês *book*: álbum de fotografias profissionais.

Amada pelos jovens e rejeitada por alguns operadores especializados em viagens para estudantes, Porto Seguro, na Bahia, vira **point** de formandos ao longo do ano, promovendo festas que rolam até as cinco da manhã. (*Folha Online*)

point – do inglês *point*: ponto de encontro para lazer ou diversão, sobretudo noturna.

Estresse de funcionários atinge empresas. (*Jornal do Brasil*)

estresse – do inglês *stress*: conjunto de reações do organismo a agressões de ordem física, psíquica, infecciosa e outras.

São comuns ainda os termos *pole-position*, *laptop*, *notebook*, *expert*, *know-how*, *merchandising*, *marketing*, etc.

Atividades

Para resolver os exercícios, considere os critérios já expostos: são consideradas **derivadas** as palavras simples em que é possível destacar os afixos reconhecíveis no funcionamento atual da língua e as palavras resultantes de derivação imprópria ou de derivação regressiva. As demais são consideradas **primitivas**, ainda que em outro estágio da língua fossem consideradas derivadas.

São consideradas **compostas** as palavras que apresentam mais de um radical. As demais serão **simples**.

1. Classifique as palavras destacadas em primitivas ou derivadas:

a. UE pode proibir importação de peles de cães e gatos

A União Europeia (**UE**) pode proibir a importação de peles de gato e de **cachorro** usadas na **fabricação** de bichos de **pelúcia**, disse na **segunda-feira** o chefe do departamento de proteção ao **consumidor** do bloco. A proibição teria por alvo **principalmente** as peles vindas da **Ásia**, onde há acusações de que os animais são vítimas de **maus-tratos**. (Disponível em: <http://noticias.terra.com.br/popular>)

b. Ninguém gosta de tomar **antibiótico**. Entretanto, em caso de uma infecção **bacteriana** é indispensável. Mas, como qualquer remédio, quanto mais curto o tempo de **tratamento**, melhor. Uma pesquisa desenvolvida por um grupo de **médicos** de vários países da América Latina, inclusive do Brasil, deve **beneficiar** os pacientes nesse sentido. O estudo pretende demonstrar que o tratamento para pneumonia com antibióticos por 15 dias é muitas vezes **desnecessário**. Bastariam oito para a cura. (*JB Online*)

c. A nova cara do **brasileiro**

Trabalhador, **caseiro**, **vaidoso**, otimista, **religioso** e louco por um **celular**. Pesquisas revelam o retrato do brasileiro que mora nos grandes centros urbanos e representa a **maioria** da população. (*Época*)

2. Classifique as palavras destacadas como simples ou compostas:

a. **Procurador-geral** quer impedir pesquisa com **células-tronco** de embriões.

Cláudio Fonteles afirma que dispositivo da Lei de **Biossegurança** viola o direito à vida e fere a **dignidade** da pessoa humana. *(O Globo Online)*

b. Existem mais de 4,5 milhões de **soropositivos** na Índia, e especialistas dizem que a **Aids** está se espalhando muito **rapidamente**. *(Folha de S.Paulo)*

3. Transcreva:

a. uma sigla, do texto da atividade 1a.

b. duas palavras compostas, do texto da atividade 1a.

c. uma palavra formada por derivação prefixal e sufixal, do texto da atividade 1b.

d. uma palavra formada por derivação regressiva, do texto da atividade 1b.

4. Que palavras, formadas por derivação parassintética, originaram-se de:

a. frente?

b. cera?

c. terra?

5. Identifique o processo de formação das palavras destacadas:

a. “Esse **CD** mostra como estou no momento. É muito **sexual**”, explica Britney Spears. *(IstoÉ Gente)*

b. A Fundação **SOS** Mata Atlântica desenvolveu um processo de implantação do Polo Ecoturístico Lagamar, no Vale do Ribeira, que pode servir de modelo para outras regiões. O projeto contou com o patrocínio da **Embratur**, parceria com instituições, empresas, agências, entidades e organizações locais. *(IstoÉ Online)*

6. Leia:

Vital como água

O consumo diário de leite desnatado ou semidesnatado reduz o risco de infarto e derrame, revela uma avaliação de duas décadas realizada com 764 homens entre 45 e 59 anos. “A percepção de que o leite aumenta o risco de doenças cardiovasculares precisa mudar”, diz Andy Ness, da Universidade de Bristol, no Reino Unido. O estudo foi publicado no *Journal of Epidemiology and Community Health*.

(Época Online)

a. Identifique o processo de formação de:

- vital
- semidesnatado

b. Ocorre derivação regressiva em:

- risco de doenças
- risco do bordado
- consumo diário de leite
- vital como água

c. No texto, a palavra **diário** é um adjetivo. Escreva uma frase em que ela seja substantivo.

d. Forme uma palavra composta utilizando a palavra **leite**.

7. Leia:

Você certamente já passou pelo constrangimento de tentar desembrulhar devagarinho um bombom durante uma sessão de cinema, achando que não vai fazer barulho, e criar quase um escândalo. Segundo os físicos, é bom desistir de vez. Você sempre incomodará o espectador da cadeira ao lado. É que o som indiscreto produzido pelo plástico que embrulha o doce simplesmente não é contínuo. Ele se compõe de uma série de cliques descontínuos e isolados, cujo comportamento é imprevisível. "Os vincos e sulcos de cada dobra da folha amarrotada armazenam energia sonora, como se fossem molas acústicas comprimidas", explica o físico Erik Kramer, do Simon's College of Bard, nos Estados Unidos. Quando o plástico se desdobra, essas molas soltam, acionando várias outras. Quanto mais vincos, mais barulho. E, para piorar, um papel de bombom nunca se desdobra duas vezes do mesmo jeito. "Tentar conter os cliques ao abrir o bombom é o mesmo que tentar arrebentar uma bolha de sabão devagar", compara Kramer. Melhor assumir o incômodo. (*Superinteressante*)

a. Identifique o processo de formação das palavras:

- desembrulhar
- arrebentar
- cliques
- vincos

b. Empregando um prefixo, reescreva a frase seguinte, intensificando o significado do adjetivo destacado.

[...] molas acústicas **comprimidas**.

c. [...] o som indiscreto produzido pelo plástico que embrulha o doce simplesmente **não é contínuo**.

Reescreva a frase acima substituindo o que está em destaque por um adjetivo derivado.

d. [...] sessão de **cinema** [...].

Qual a forma abreviada da palavra destacada? Tente explicar em que contexto ela é utilizada.

e. Essa mesma ocorrência vale para qualquer palavra formada por esse processo?

f. Compare:

constrangi**mento** – conten**ção**

Os sufixos **-mento** e **-ção** constituem sufixos concorrentes na formação de substantivos abstratos derivados de verbos.

Forme frases utilizando substantivos derivados dos verbos seguintes e que apresentem um desses sufixos:

- aceitar
- afogar
- habitar
- afobar
- vazar
- mobilizar

8. Reescreva as frases substituindo o verbo destacado por um substantivo formado por derivação regressiva e faça as adaptações necessárias.

a. **Comprar** o material para a festa foi um processo demorado e cansativo.

b. Não avaliei como era difícil **combater** nas montanhas.

c. Ninguém previa que um raio pudesse **incendiar** todo o bosque!

d. Em nada me assusta **perder** a eleição.

e. Jurava que você ia **voltar** triunfante, mas você está cabisbaixo e triste.

9. Identifique os sobrenomes formados por derivação imprópria:

a. Joaquim Maria Machado de Assis.

b. Olavo Bilac

c. Manuel Carneiro de Sousa Bandeira

d. Osvaldo Aranha

10. Leia:

Apagão atinge 14 municípios de Mato Grosso do Sul

HUDSON CORRÊA
da Agência Folha, em Campo Grande

Catorze dos 78 municípios de Mato Grosso do Sul, entre eles a capital, ficaram sem energia elétrica no fim da tarde desta terça-feira por até 40 minutos, segundo a Enersul, empresa concessionária de energia no Estado.

Cerca de 1 milhão de pessoas vivem nas cidades atingidas pelo blecaute, o que representa quase metade da população de Mato Grosso do Sul, conforme estimativa de população relativa a 2003, feita pelo governo estadual.

A assessoria da Enersul informou que o apagão ocorreu devido a uma pane no fusível da subestação de Mimoso, em Ribas do Rio Pardo (90 km de Campo Grande).

As causas da pane ainda serão apuradas, mas a Enersul não descarta que a subestação tenha sido atingida por uma descarga elétrica atmosférica.

Campo Grande é a campeã no Brasil em incidência de raios, segundo um estudo do INPE (Instituto Nacional de Pesquisas Espaciais). São 13 casos por km^2. A cidade de Posadas, na Argentina, registra 17 por km^2, liderando o ranking na América do Sul.

O apagão ocorreu, ainda segundo a Enersul, às 17h40 (horário de Brasília). A subestação de Mimoso voltou a funcionar às 18h01, mas, para evitar sobrecarga no sistema, o fornecimento voltou aos poucos nas cidades.

Em Campo Grande, o principal transtorno ocorreu no trânsito. Sem energia, os semáforos ficaram desligados, o que causou engarrafamentos.

(*Folha Online*)

a. **Apagão** atinge 14 municípios de Mato Grosso do Sul

O sufixo que aparece na palavra destacada aparece em outros termos como barrigão, esfregão, jamegão (assinatura), zangão, vagão. Identifique o único caso em que o sufixo denota "aumento de tamanho".

b. **Enersul**

O texto não informa o nome exato da empresa que aparece em sigla (Empresa Energética de Mato Grosso do Sul). Qual o procedimento comum quando se insere uma sigla num texto? Esse procedimento foi utilizado em outro parágrafo do texto?

c. **Blecaute** e ***ranking***

Trata-se de empréstimos da língua inglesa. Quais os termos em inglês?

d. **Pane**

A palavra vem do francês *panne*. Empréstimos dessa língua são chamados de galicismo. Cite quatro galicismos e explique por que são poucos atualmente em nossa língua.

e. **Subestação, sobrecarga**

Quais os prefixos dessas palavras? Identifique-os e dê o significado de cada um.

f. **Semáforo**

Dê o significado etimológico do termo.

g. **Fusível** tem como termo paralelo a forma **fundível**. Como é formada esta palavra?

h. A palavra **raios**, na linha 11 do texto, resume uma expressão do parágrafo anterior. Qual?

i. [...] o principal transtorno ocorreu **no trânsito**.

Foi um transtorno ■.

- transitório
- transital
- trafegável
- não há adjetivo derivado desse substantivo

j. **Engarrafamento**

O processo de formação dessa palavra é o mesmo de:

- assessoria
- incidência
- descarga
- arremessar

11. As palavras **expatriar**, **desprestígio**, **sem-terra** apresentam, respectivamente, o mesmo processo de formação de:

a. encaixar, desculpa, girassol

b. infinitamente, embarque, passatempo

c. desleal, antebraço, cabisbaixo

d. acorrentar, amoral, vaivém

e. destampado, sertanista, vinagre

f. desvalorizar, nadador, antebraço

12. Os sufixos **-eiro** e **-eira** indicam, entre outros significados, nomes de árvores ou plantas frutíferas. Leia a série seguinte e responda: qual o fator que determina a escolha da forma masculina (-eiro) ou da feminina (-eira)?

limão – limoeiro
tomate – tomateiro
manga – mangueira
romã – romãzeira
coco – coqueiro
caju – cajueiro

13. Reescreva as frases, substituindo os termos destacados, na norma-padrão, por compostos típicos da linguagem coloquial. Faça as adaptações necessárias.

a. Joaquim é um **sovina**.

b. Aquele é o **camarada que gosta de delatar os outros**.

c. Está sempre fazendo o que os outros fazem. **Não tem personalidade**.

d. Nunca vi um camarada **azarado** como ele, credo!

e. Machuquei o **dedo anular**.

14. Identifique o processo de formação das seguintes marcas comerciais:

a. Doril (analgésico)

b. Pilomax (remédio para a prevenção da calvície)

c. Bombril (esponja de aço destinada à limpeza)

d. Isocola (cola especial para a colagem de isopor)

15. Leia os textos seguintes e identifique o processo de formação de palavras de que trata cada termo destacado:

a. No meio do caminho tem uma pedra: Morro **Bay** fica no chamado "Middle Kingdom", a 338 quilômetros de San Francisco e a 388 quilômetros de Los Angeles. Acidente geográfico dos mais notados para quem está na estrada, chamado de Gibraltar do Pacífico, essa imensa montanha rochosa fica na região de Cayukos, que é como os índios locais chamavam seus barcos – de onde deriva o termo caiaque. (*Folha de S.Paulo*)

b. Foram os brasileiros que criaram a expressão **balzaquiana** como adjetivo para a mulher madura. Em dicionários de outras línguas, o termo indica apenas algo relativo ou pertencente ao escritor Honoré de Balzac (1799-1850). Sabe-se que a expressão "pegou" no final dos anos 1940 e que deriva do título *A mulher de 30 anos*, um dos 80 livros deixados pelo escritor. (*Folha de S.Paulo*)

16. É preciso **redescobrir** o Brasil para estimularmos o turismo.

Explique o significado, no contexto, do verbo destacado.

17. Reescreva as frases seguintes substituindo o que está em destaque por palavras formadas por derivação prefixal:

a. No momento em que ela (a criança) se **adapta novamente** a um estilo de vida saudável, todo o quadro é reversível. (*Veja on-line*)

b. Vamos aguardar que **avaliem novamente** o trabalho, antes de tomar qualquer decisão.

c. A sala foi dividida em grupos. Depois, os grupos foram **divididos em grupos menores**.

18. Leia:

Alguns escritores criam seu próprio sistema de formação de palavras, ou fazem combinações novas, que podem ser extremamente expressivas, mas não "pegam" na linguagem corrente porque são atos individuais de fala, e a língua é um sistema criado inconsciente e coletivamente pela comunidade de falantes. (CARONE, Flávia de B. *Morfossintaxe*. São Paulo: Ática, 2000. p. 43. Adaptado.)

Comente o poema seguinte, considerando a afirmativa.

Eles enverdam jia nas auroras.
São viventes de ermo. Sujeitos
Que magnificam moscas – e que oram
Devante uma procissão de formigas...
São vezeiros de brenhas e gravanhas.
....

(BARROS, Manuel de. *O guardador de águas*. São Paulo: Art Editora, 1989.)

FATOS DE DISCURSO

Funções expressivas dos processos de formação de palavras

Os provérbios e as expressões lexicalizadas

No discurso, registra-se a ocorrência de muitas expressões que funcionam como verdadeiras palavras: têm uma estrutura que não pode ser quebrada (como nas palavras compostas) e equivalem semanticamente a uma palavra do léxico. Apresentam, porém, um valor enfático especial e são muito usuais na linguagem coloquial. É o caso, por exemplo, de:

Dar-se ao luxo, dar-se ao trabalho
Pôr na cabeça
Por baixo dos panos
Dar uma olhada
Lindo de morrer
Feio que dói

Algumas dessas expressões lexicalizadas podem constituir enunciados completos e passam a ter valor de verdade consensual. São as máximas e provérbios, de que são exemplos:

Nunca dois sem um terceiro.
Quem ri por último ri melhor.
Água mole em pedra dura tanto bate até que fura.
As aparências enganam.
Em terra de cego, quem tem um olho é rei
Em casa de ferreiro, espeto de pau.

Outras dessas expressões acabam se alterando quando perdem a motivação semântica que lhes deu origem. É o caso da expressão *esculpido e lavrado*, em enunciados como:

João é o pai, esculpido e lavrado.

Na linguagem popular, a expressão se alterou para *cuspido e escarrado*:

João é o pai, cuspido e escarrado.

A expressividade dos neologismos

Na literatura e na propaganda, os neologismos ocorrem com frequência. O que mais se explora, nesses casos, é a possibilidade de surpreender o receptor da mensagem com formações inesperadas, conforme já vimos no caso do emprego de sufixos e prefixos. Veja alguns exemplos e o processo de formação que orientou cada caso:

a. Na **brumalva** daquele falecido amanhecer... (Guimarães Rosa)

Composição por aglutinação. Bruma (nevoeiro, cerração) junta-se a *alva*, que, além de significar *amanhecer*, ainda carrega o sentido de brancura, claridade. Um termo reforça a ideia latente do outro. Notável ainda é o resultado fonético da composição.

b. Pedro Pedreiro, **penseiro** esperando o trem... (Chico Buarque)

Sufixação. A língua oferece as opções *pensador* e *pensativo*. O poeta preferiu criar um termo que rimasse com *Pedreiro*, integrando foneticamente e de modo mais estreito os dois termos.

c. ... petrificando **corpumano**... (José Lino Grünewald)

Composição por aglutinação.

d. Ainda era manhã **morcega**. (Guimarães Rosa)

Derivação imprópria. Naturalmente a expressão destacada, pelas conotações que implica, é muito mais expressiva que "escura", por exemplo.

e. Os magos **janeiram** dia 6.
Os mortos **novembram** dia 2. (Murilo Mendes)

Em ambos os casos, *derivação sufixal.*

f. ... onde criminoso vive seu **cristo-jesus**, arredado do arrocho de autoridade... (Guimarães Rosa)

Composição por justaposição. O substantivo destacado, formado de dois substantivos próprios, conota sofrimento, pena, aflição, infortúnio. A palavra criada pelo escritor é muito mais expressiva que qualquer um desses sinônimos.

g. Uma besta ruana [...] era o orgulho de Manuel Fulô [...] juntos, **centaurizavam** gloriosamente... (Guimarães Rosa)

Sufixação. Como se sabe, o centauro é uma figura mitológica metade homem e metade cavalo. Observe a expressividade do termo criado para insinuar a fusão do cavaleiro com sua montaria, em movimento.

Na linguagem jornalística, também têm vez os neologismos, muitas vezes com forte motivação semântica:

Brasília e a política severina

O deputado cobra para dar uma concessão. O empresário paga, mas quer abatimento. Entre a pechincha e a propina, ponto para a corrupção. Assim se fez mais uma crise do governo Lula, acertando em cheio o deputado Severino Cavalcanti bem na semana em que ele debutou na ONU. Por que o clientelismo à moda dos coronéis do Nordeste insiste em se reproduzir pelo País? "Brasília explica isso", afirma Edson Nery da Fonseca, especialista em Gilberto Freyre. É lá que o clientelismo mostra a sua face bruta, numa fachada de modernidade.

(*O Estado de S. Paulo*, 11 set. 2005, Aliás, p. J1.)

O adjetivo *severina*, que foi criado pelo poeta João Cabral de Melo Neto em seu conhecido poema *Morte e vida severina*, ganha no título do caderno Aliás, do jornal *O Estado de S. Paulo*, um novo sentido, em virtude do contexto em que aparece. Neste caso, *severina* se refere ao deputado Severino Cavalcanti (aludido no texto), envolvido num escândalo político. O neologismo ocorre aqui devido à mudança semântica.

Empréstimos e expressividade

Conforme vimos, uma das maneiras pelas quais o léxico da língua se enriquece é por meio dos empréstimos. Do ponto de vista do discurso, a maior frequência de empréstimos ocorre nas chamadas linguagens de especialidades e dependem, em geral, de atividades dos falantes da língua.

No entanto, em muitos casos os empréstimos estão a serviço da *expressividade*, e criam efeitos de sentido diversos, que vão desde o estranhamento ou linguagem cifrada até o humor. Observe como os termos ingleses *talk*, *send* e *play* são expressivamente utilizados na propaganda ao lado.

O uso dos termos ingleses traz ao leitor a dimensão da tecnologia e da modernidade: em geral, os avanços tecnológicos recentes são designados com palavras da língua inglesa. Além disso, esses termos restringem o número de destinatários do texto: possivelmente, a propaganda se dirige apenas a quem compreende o significado de *talk* (conversar), *send* (enviar) e *play* (tocar), os prováveis consumidores da novidade tecnológica anunciada.

Anúncio veiculado na revista *Superinteressante*, ago. 2005.

Atividades

1. Os escritores do século XX recorreram às estruturas de formação de palavras para criar efeitos expressivos importantes. Muitas vezes isso se dá por meio da criação de palavras ou pela utilização de derivações incomuns. Os trechos A e B, de Clarice Lispector, e o trecho C, de Guimarães Rosa, exemplificam esses fatos. Leia-os para responder às questões seguintes.

A. Talvez a nordestina já tivesse chegado à conclusão de que vida incomoda bastante, alma que não cabe bem no corpo, mesmo alma rala como a sua. Imaginavazinha, toda supersticiosa, que se por acaso viesse alguma vez a sentir um gosto bem bom de viver – se desencantaria de súbito de princesa que era e se transformaria em bicho rasteiro. (Clarice Lispector, *A hora da estrela*)

B. Glória tinha um traseiro alegre e fumava cigarro mentolado para manter o hálito bom nos seus beijos intermináveis com Olímpico. Ela era muito **satisfatona**: tinha tudo o que seu pouco anseio lhe dava. (Idem)

C. Vocês sabem, o que foi há tantos anos. Esse Mumbungo era célebre-cruel e iníquo, muito criminoso, homem de gostar do sabor de sangue, monstro de perversias. Esse nunca perdoou, emprestava ao diabo a alma dos outros. Matava, afligia, matava. Dizem que esfaqueava rasgado, só pelo ancho de ver a vítima **caretear**. Será a sua verdade? Nos tempos, e por causa dele, todos estremeciam sem pausa de remédio. Diziam-no maltratado do miolo. Era o punir de Deus, o avultado demo – o "cão". (João Guimarães Rosa, A benfazeja, em *Primeiras estórias*)

a. Quais elementos mórficos participam da formação da palavra **imaginavazinha** (trecho A)? Com base nesses elementos de formação, explique por que essa palavra provoca estranheza a quem lê o trecho.

b. Que efeitos de sentido essa formação pouco comum gera no trecho?

c. No trecho B e no C, estão destacadas duas palavras. Tente explicar os efeitos de sentido que essas formas produzem.

d. Como se forma o substantivo **perversias**? Que outra palavra formada pelo mesmo radical pode substituí-lo no contexto em que aparece?

2. Leia e observe a propaganda abaixo:

Propaganda de lubrificante. *Quatro Rodas*, São Paulo: Abril, ano 45, n. 547.

a. Indique o elemento mórfico que se repete nas palavras **renova**, **revitaliza** e **refresca**.

b. Que associação de sentido se pode fazer entre esse elemento mórfico e o trecho: "Shell Helix. Aprovado, em 2004 e 2005, pelo júri que mais entende de troca de óleo. Nossos consumidores."?

c. Com base na sua resposta aos itens *a* e *b*, tente explicar por que as palavras **renova**, **revitaliza** e **refresca** aparecem em grande destaque nessa propaganda.

numeral
substantivo
preposição
interjeição
artigo
adjetiv
conjunção
verbo

MORFOLOGIA

Classes de palavras e seus mecanismos de flexão

Quando surgiram, as gravatas eram lenços amarrados ao pescoço dos soldados e serviam para o indivíduo limpar o rosto de sangue ou suor. Os primeiros sinais do uso da gravata remontam ao século III a.C. Durante escavações, na década de 1970, arqueólogos desenterraram 7 500 corpos de guerreiros chineses e todos traziam no pescoço um pedaço de tecido amarrado. Na Roma antiga, para proteger a garganta do frio, os guerreiros amarravam um pedaço de linho em volta do pescoço, algo entre a echarpe e a gravata dos dias de hoje.

Mas foi durante o reinado de Luís XIV, o "Rei Sol", de 1643 a 1715, na França, que surgiu oficialmente a gravata. Conta-se que o rei, inspirado no uniforme dos soldados de regimentos do exército croata, ordenou ao alfaiate que adaptasse a novidade às suas roupas. Em pouco tempo, o novo adereço chegou às ruas e o povo deu um toque à invenção real: passou a prender o tecido em torno da gola com um charmoso nó. Nascia a gravata.

MEDEIROS, Paula. *Tam Magazine*. Revista de bordo da TAM, nov. 2004. p. 42-3.

Introdução

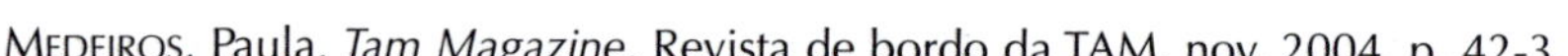

O texto lido constitui-se de palavras que, dispostas em determinada ordem, articuladas entre si e com o todo, compõem uma sequência de informações a respeito de um assunto: o surgimento da gravata. O código utilizado para expor essas informações sobre uma realidade histórica, no caso do texto acima, é a língua portuguesa.

Língua e realidade não são a mesma coisa. Na língua não existem *gravata*, *exército*, *ruas*, *escavações*, *pescoço*. O que existe na língua são palavras que cumprem alguns papéis: designar seres do mundo real (gravata, rosto, indivíduo, arqueólogos); designar seres do mundo imaginário (saci, assombração, lobisomem, fada...); exprimir processos (limpar, trazer, prender...); estabelecer relações entre duas ou mais palavras de uma frase (década *de* 1970); estabelecer relações entre períodos (mas, que, e...).

Ao agrupar dessa forma as palavras da língua, estamos fazendo uma **classificação**. Classificar é distribuir em classes ou grupos, seguindo determinado sistema ou método.

Na descrição da estrutura da língua, classificar as palavras é uma necessidade fundamental. Para uma classificação ser válida, tem de seguir métodos apropriados, como, por exemplo, os seguintes:

1. classe das palavras que apresentam "utilidade" semelhante: *soldados*, *arqueólogos*, *rei* são palavras que **nomeiam** os seres que existem no mundo real;
2. classes de palavras que se aproximam por apresentarem semelhança na variação de forma: *lenço* e *gravata* **formam o plural** pelo acréscimo de um **s**; *chinês* e *revólver* **formam o plural** pelo acréscimo de **es**;

3. classes de palavras que podem exercer determinadas funções sintáticas na frase. A palavra *escavações*, por exemplo, pode ser núcleo de qualquer função sintática, menos de um predicado verbal. Já a palavra *amarravam* pode ser núcleo de predicado, mas nunca de sujeito ou objeto.

Pois bem, cada um desses critérios forneceria dados mais ou menos seguros para classificar as palavras da língua. No entanto, nenhum deles isoladamente e mesmo o cruzamento deles é capaz de resolver todos os problemas da classificação de palavras de um idioma.

A gramática normativa vale-se do cruzamento dos seguintes critérios:

a. **critério semântico** – baseia-se no significado das palavras. Por exemplo: palavras que denominam pessoas, coisas, lugares, sentimentos, emoções se enquadram na categoria dos substantivos; palavras que indicam características de seres se enquadram na categoria dos adjetivos.

b. **critério mórfico** – baseia-se nos aspectos ligados à forma e aos mecanismos de flexão das palavras. Por exemplo: há palavras que recebem flexões nominais, palavras que recebem flexões verbais, palavras invariáveis.

c. **critério sintático** – baseia-se nos aspectos funcionais das palavras, relativos à(s) função(ões) que desempenham nos enunciados. Por exemplo: palavras que podem exercer a função de sujeito, palavras que podem exercer a função de adjunto, etc.

d. **critério lexical** – baseia-se no fato de a classe poder sofrer acréscimos por meio dos mecanismos de criação lexical. Por exemplo: podemos criar substantivos novos (por isso dizemos que o substantivo é uma classe de inventário aberto). Porém, não podemos criar novas preposições (a preposição é uma classe de inventário fechado). Esse mesmo critério define os vocábulos lexicais (signos plenos) e os vocábulos gramaticais.

A mescla desses critérios é responsável por algumas incoerências ou deficiências na classificação das palavras proposta pela Nomenclatura Gramatical Brasileira (NGB), documento que regulamenta oficialmente a terminologia empregada nas gramáticas. Sempre que necessário, chamaremos a atenção para tais incoerências, muitas delas solucionadas pela linguística.

Classes de palavras

Isoladas de um contexto, tal como aparecem no dicionário, as palavras se distribuem em classes. Por exemplo, a palavra *gravata* pertence à classe dos substantivos.

> [Do fr. *cravate*, 'soldado croata de cavalaria ligeira' (ant.); 'o lenço amarrado ao pescoço us. pelos soldados croatas'; (ant.) 'gravata', < fr. *cravate*, *corbate* (ant.), 'croata' (q. v.), < al. dial. *Krawat*.]
>
> S. f. 1. Tira de tecido, estreita e longa, usada em volta do pescoço e amarrada em nó ou laço na parte da frente. 2. Manta, lenço ou fita usados como gravata (1). 3. Tira de couro, ou coleira, que os militares usavam. 4. Zool. Penas de cor diversa das do resto do corpo, que orlam o pescoço de algumas aves. 5. Art. Gráf. Fio que separa o cabeçalho do corpo de uma tabela. 6. Bras. Golpe sufocante aplicado com o braço no pescoço do contendor ou da vítima. 7. Bras. RS Decepamento, degola.

FERREIRA, Aurélio Buarque de Holanda. *Novo Aurélio Século XXI Eletrônico*.

Ainda que o significado do termo varie bastante, a palavra é classificada como **substantivo**.

Em frases, podemos identificar a **função sintática** da palavra *gravata*.

A **gravata** escura estava dependurada no varal. → núcleo do sujeito
Ganhei uma **gravata** escura. → núcleo do objeto direto
Preciso de uma **gravata** escura. → núcleo do objeto indireto
O acordo enfatizava que era proibido o uso de **gravata** escura. → núcleo do complemento nominal

A morfologia trata da classificação das palavras, mas, como adverte Sandmann:

> [...] nem sempre é simples classificar as palavras, pô-las em gavetas pré-escolhidas em que elas fiquem bem comportadas e acomodadas. Os fatos da linguagem são complexos e dinâmicos, mutáveis no tempo.
>
> SANDMANN, Antônio J. *Morfologia geral*. 2. ed. São Paulo: Contexto, 1993. p. 32.

A NGB divide as palavras da língua portuguesa em dez classes, chamadas de **classes gramaticais**.

São elas:

1. **Substantivo** – palavra que dá nome aos seres: *pescoço, suor, Luís, Roma.*
2. **Adjetivo** – palavra que caracteriza os seres: *real, charmoso.*
3. **Verbo** – palavra que indica fato ou estado: *surgir, trazer, ficar.*
4. **Pronome** – palavra que representa ou acompanha o substantivo, considerando-o como pessoa do discurso (1ª, 2ª ou 3ª pessoa).

   O rei gostou do uniforme dos soldados. **Ele** solicitou a um alfaiate que adaptasse a novidade às **suas** roupas.

   O pronome **ele**, 3ª pessoa do singular, representa o substantivo *rei* na segunda oração. O pronome **suas**, 3ª pessoa do plural, acompanha o substantivo *roupas*, indicando posse, isto é, a quem pertencem as roupas.

5. **Numeral** – palavra que indica quantidade ou ordem: *Luís **XIV**, **sete mil e quinhentos** corpos.*
6. **Artigo** – palavra que acompanha o substantivo, determinando ou indeterminando-o.

   ... serviam para **o** indivíduo limpar **o** rosto de...   ... amarravam **um** pedaço de linho...

7. **Advérbio** – palavra que indica circunstância de lugar, modo, intensidade, etc.

   Guarde as gravatas **aqui**.   Pense **bem** antes de falar!

8. **Preposição** – palavra que serve para ligar dois termos de uma oração.

   ... reinado **de** Luís XIV...   ... passou **a** prender o tecido **em** torno da gola...

9. **Conjunção** – palavra que serve para relacionar duas orações ou termos semelhantes de uma mesma oração.

   ... as gravatas eram lenços amarrados ao pescoço dos soldados **e** serviam **para** o indivíduo limpar o rosto de sangue **ou** suor.

10. **Interjeição** – palavra que expressa sentimento, emoção, sensação, estado de espírito.

    – **Nossa!** Gravata horrível essa aí, **hein!**

    A interjeição é também utilizada para provocar uma ação ou reação do interlocutor.

    – **Ei**, olha pra mim!

    As interjeições, na verdade, equivalem a uma frase rudimentar.

    Compare:

    – **Estou surpreso** com sua negativa ao meu pedido.   – **Puxa!** Você não atendeu ao meu pedido!

Essas dez classes de palavras distribuem-se em dois grupos:

1. **variáveis** – palavras que podem apresentar mudança na forma, quando contextualizadas. São elas: substantivo, adjetivo, verbo, artigo, pronome e numeral.
2. **invariáveis** – palavras que não apresentam mudança na forma, mesmo quando contextualizadas. São elas: advérbio, preposição, conjunção e interjeição.

Essa classificação obedece ao critério semântico.

Se considerarmos os demais critérios expostos anteriormente, podemos montar este quadro:

Classe	Critério semântico	Critérios mórfico e lexical	Critério sintático
Substantivo	Palavra que dá nome aos seres.	• Variável em gênero e número • Derivável • Admite os graus aumentativo e diminutivo • Inventário aberto	Núcleo das funções: sujeito, objeto direto, objeto indireto, complemento nominal, aposto.
Adjetivo	Palavra que caracteriza os seres e as coisas.	• Variável em gênero e número • Derivável • Admite os graus comparativo e superlativo • Inventário aberto	Funções sintáticas: adjunto adnominal (epíteto), predicativo.
Pronome	Adjetivo ou substantivo que contém a categoria discursiva da pessoa.	• Variável em gênero, número e pessoa • Inventário fechado	Funções sintáticas: as mesmas do adjetivo e do substantivo.
Numeral	Adjetivo ou substantivo que indica quantidade ou ordem.	• Variável em gênero e número • Inventário fechado	Funções sintáticas: as mesmas do adjetivo e do substantivo.
Artigo	Índice de classe nominal (vem anteposto às palavras para indicar que são ou funcionam como substantivos).	• Variável em gênero e número • Inventário fechado	Função sintática: adjunto adnominal (índice de substantivo).
Verbo	Palavra que indica os processos (os processos podem ser de ação, de estado ou mudança de estado, de fenômenos naturais ou de existência).	• Variável em pessoa, número, modo, tempo • Inventário aberto	Função sintática: núcleo da oração.
Advérbio	Palavra que caracteriza os processos e indica circunstâncias (tempo, modo, lugar, etc.).	• Invariável • Inventário aberto	Função sintática: adjunto adverbial.
Preposição	Palavra que liga dois termos da oração, estabelecendo uma relação de subordinação entre ambos.	• Invariável • Inventário fechado	Função sintática: índice de função sintática.
Conjunção	Palavra que serve para relacionar duas orações ou termos de mesma natureza sintática.	• Invariável • Inventário fechado	Função sintática: índice de conexão sintática.
Interjeição	Palavra-grito: pode expressar sentimento ou emoção.	• Invariável • Inventário aberto	Não possui função sintática. Constitui um tipo de palavra-frase.

Mecanismos de flexão das palavras

Leia:

demográfico: relativo à demografia; populacional.
medicamento: substância que se administra como remédio.
baixo: de nível inferior.

Vejamos essas palavras num texto:

Aids na África

A aids é o principal fator de mortalidade na África. A dimensão da epidemia é tão grande que interfere nas tendências **demográficas**. Nos 38 países mais afetados, a população em 2015 será 10% menor do que seria na ausência da enfermidade. O principal obstáculo à diminuição de casos é a pobreza. O alto custo dos **medicamentos**, os serviços públicos de **baixa** qualidade e a falta de orientação continuam fazendo dos africanos o povo mais suscetível à aids.

Almanaque Abril 2005 – Mundo. São Paulo: Abril, 2005, p. 67.

A palavra *demográfico* teve de sofrer duas alterações em relação à forma como aparece no dicionário: mudar para a forma feminina (demográfic**a**) e para o plural (demográfica**s**) a fim de concordar com a palavra *tendências*. A palavra *medicamento* sofreu mudança de forma para indicar o número plural; a palavra *baixo* sofreu mudança de forma para indicar o feminino, concordando com *qualidade* (baixa qualidade).

Num enunciado, as palavras podem sofrer mudança de forma para se adequar ao contexto em que o falante pretende empregá-las. A essa mudança de forma dá-se o nome de **flexão**.

Flexão é a variação de forma e, consequentemente, de significado, de uma palavra.

As palavras são submetidas a flexão apenas quando empregadas num enunciado.

Duas observações importantes:

1. somente as palavras variáveis podem ser flexionadas;
2. cada tipo de flexão é sistemático, ou seja, vale para todas ou quase todas as palavras da mesma classe. Por exemplo: todos os substantivos podem se flexionar em número, com raras exceções.

Compare:

Palavra no dicionário	Palavra flexionada
apressado	Eles estão **apressados**. Elas estão **apressadas**.
estar	Ele **estava** apressado. Eles **estavam** apressados. Eles **estariam** apressados?

As variações formais de uma palavra, portanto, são as formas flexionadas dessa palavra.

Em português, as palavras podem apresentar flexões de *gênero*, *número*, *grau*, *tempo*, *modo* e *pessoa*.

A marca da flexão é sempre uma desinência. Por exemplo: a desinência **s** na palavra *dias* indica que ela está flexionada para indicar plural.

Flexão de gênero

Gênero é o termo que a gramática utiliza para classificar as palavras da língua em masculinas ou femininas. Na gramática há, portanto, **gênero masculino** e **gênero feminino**. Apresentam flexão de gênero as seguintes classes de palavras: substantivo, adjetivo, artigo, pronome e numeral.

Não se deve confundir **gênero** com **sexo**, pois a noção de gênero se aplica não só a seres animais (providos de sexo) como também a coisas (logicamente, desprovidas de sexo). Veja os exemplos:

Palavras do gênero masculino

- seres animais: *moço, menino, leão, gato, cantor*
- coisas: *pente, lápis, disco, amor, mar*

Palavras do gênero feminino

- seres animais: *moça, menina, leoa, gata, cantora*
- coisas: *gravata, revista, fumaça, raiva, chuva*

As demais palavras que admitem esse tipo de flexão (artigo, adjetivo, pronome e numeral) acompanham o gênero do substantivo a que se referem. Observe os exemplos:

... corpos de guerreiros **chineses**...

Na Roma **antiga**...

Em pouco tempo, **o novo** adereço...

... adaptasse a novidade às **suas** roupas.

Os **primeiros** sinais do uso...

Flexão de número

As palavras variáveis podem mudar sua terminação para indicar **singular** ou **plural**. Apresentam flexão de número o substantivo, o artigo, o adjetivo, o numeral e o verbo. Veja os exemplos:

Sua irmã sofreu um arranhão. (singular) Suas irmãs sofreram uns arranhões. (plural)

Observações

1. A terminação **s** nem sempre indica plural. Há palavras que têm essa terminação, mesmo estando no singular: um **lápis**, **pires** azul, grande **caos**, **camponês** esperto, **diabetes** grave.

   Dessas palavras, algumas exigem **-es** para formar o plural; outras, permanecem invariáveis, sendo seu plural percebido apenas pelo contexto, como nos exemplos:

   camponeses espertos **lápis** amarelos **pires** azuis

2. A concordância que se estabelece entre o substantivo e o adjetivo é obrigatória segundo a gramática normativa. Por isso, a flexão de gênero e de número do substantivo implica flexão correspondente do adjetivo.

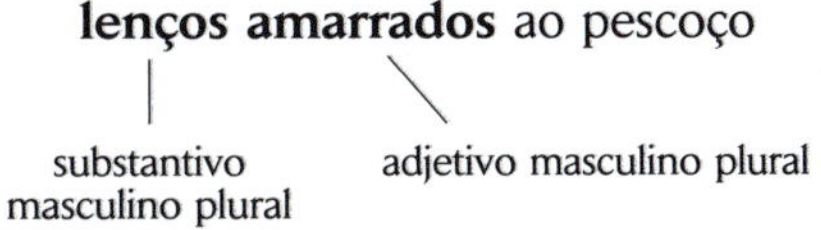

   A concordância de número pode não acontecer de fato e um dos termos pode ficar sem flexão numérica. Nesse caso, a gramática normativa assinala a ocorrência de *erro de concordância*.

   Tinha mãos **grande**.

   Achei coisas meio **esquisita** por aqui...

   A não concordância de número pode se dar ainda entre outros termos de uma oração, conforme veremos mais adiante em Sintaxe. Em todos os casos a gramática normativa assinala *erro de concordância*.

Flexão de grau

São as mudanças efetuadas na terminação para indicar tamanho (nos substantivos) e intensidade (nos adjetivos).

O menino estava nervoso.

O **menininho** estava nervoso.

O menino estava **nervosíssimo**.

O grau, algumas vezes, não indica intensidade ou tamanho, mas expressa apenas estado emotivo.

Que **doutorzinho**, hein! (ironia)

Filhinho, venha cá. (carinho)

O advérbio, embora seja uma palavra invariável, admite flexão de grau:

O fato aconteceu **cedo**. (advérbio não flexionado)

O fato aconteceu **cedinho**. (advérbio flexionado)

Observação

Para a linguística atual, o grau não se constitui numa flexão. Os motivos para negar essa flexão podem ser resumidos nestes pontos:

a. para indicar variação de tamanho, há duas possibilidades e nenhuma delas implica o emprego de uma desinência. Vejamos:

- É um menino pequeno. → O substantivo não se flexionou.
- É um menininho. → O substantivo recebeu apenas um sufixo (*-inho*), e não uma desinência.
- Estou muito feliz. → O adjetivo não se flexionou.
- Estou felicíssimo. → O adjetivo recebeu um sufixo (*-íssimo*), e não uma desinência.

b. o grau do adjetivo não exige concordância com o grau do substantivo, isto é, o adjetivo pode indicar mudança de grau sem que o substantivo o acompanhe nessa mudança:

"Era um homem felicíssimo", e não obrigatoriamente "Era um homenzarrão felicíssimo".

Segundo os linguistas, a flexão obriga que palavras em relação de interdependência assumam as mesmas mudanças, fenômeno (concordância) que ocorre sempre entre o substantivo e o adjetivo que a ele se refere. Como essa concordância não é obrigatória em relação ao grau, mas apenas em relação ao gênero e ao número, nega-se a expressão de grau como uma flexão.

As mudanças formais das palavras para expressar graus seriam casos de derivação sufixal.

Deve-se considerar ainda que muitas palavras apresentam os sufixos de grau esvaziados de sua função de indicar tamanho, no caso dos substantivos. Em palavras como *portão* e *camiseta*, por exemplo, além de os sufixos não mais indicarem grau, admite-se ainda o acréscimo de sufixos de significação contrária – *portãozinho, camisetona* –, fatos que provam o esvaziamento da noção de grau naqueles sufixos.

Apesar dessas objeções, a NGB considera a expressão de grau como um tipo de flexão.

Flexões de tempo, modo e pessoa

Só os verbos apresentam esses tipos de flexão.

a. tempo

É a mudança da forma para indicar o **momento** em que ocorre o fato.

Todos **trazem** ao pescoço um pedaço de tecido amarrado. (**presente**)

Todos **traziam** ao pescoço um pedaço de tecido amarrado. (**pretérito**)

Todos **trarão** ao pescoço um pedaço de tecido amarrado. (**futuro**)

b. modo

É a mudança da forma para indicar as diferentes atitudes do falante em relação aos fatos que deseja expressar. São três os modos: **indicativo**, **subjuntivo** e **imperativo**.

O alfaiate **incorporou** o adereço à roupa do rei. **(indicativo)**

É possível que o alfaiate **incorpore** o adereço à roupa do rei. **(subjuntivo)**

Alfaite, **incorpore** o adereço à roupa do rei. **(imperativo)**

c. pessoa

Esse tipo de flexão permite que o verbo se relacione com as três pessoas gramaticais:

1ª pessoa: emissor	eu, nós
2ª pessoa: receptor	tu, vós
3ª pessoa: mensagem	ele(s), ela(s)

A flexão de pessoa indica a concordância do verbo com a pessoa gramatical que lhe serve de sujeito.

Compare:

Forma não flexionada: *comprar* não se refere a nenhum sujeito.

Formas flexionadas do presente, modo indicativo:

eu compro	**nós** compramos
tu compras	**vós** comprais
ele compra	**eles** compram

As desinências verbais são morfemas que carregam dois significados simultâneos: de tempo e pessoa. Na forma amáva**mos**, por exemplo, o morfema *-mos* indica **1ª pessoa** (flexão de pessoa) **do plural** (flexão de número).

Atividades

1. Identifique a classe gramatical de cada uma das palavras destacadas no texto.

O queijo e a lua

O queijo e a **lua** se encontraram numa noite **escura**, **quando** a lua parecia **um** pedaço de queijo **e** o queijo parecia uma lua **cheia**. Ao **olhar** para o queijo, a lua pensou: "**Nós** nos completamos". Mas aí alguém chegou perto do queijo e **nhoct!**, tirou um pedaço! A lua não gostou daquela intimidade: estava **com** ciúmes! Apaixonada pelo pedaço de queijo, ela foi mudando. Quanto mais o tempo passava, mais **ela assumia** a forma dele e ele a forma dela: a lua ia ficando gordinha, e o queijo fininho! O tempo passou, até que a lua cheia chegou e iluminou a **última** fatia do queijo. Naquela noite, ela não resistiu, olhou para ele com paixão, e nhoct!, devorou-**o**, **lambendo** os beiços. No dia seguinte, a dona da casa onde morava o queijo comprou uma ratoeira. A lua riu que riu, esperando pelo próximo queijo.

(Frate, Diléa. *Histórias para acordar.* Rio de Janeiro: Companhia das Letras, 1996. p. 35.)

2. No trecho seguinte, classifique as palavras em variáveis e as invariáveis, entre as destacadas:

O queijo e a lua se encontraram numa noite escura, **quando** a lua **parecia** um pedaço de **queijo e** o queijo parecia uma lua cheia. Ao olhar para o queijo, a lua pensou: "Nós nos completamos". Mas aí alguém chegou **perto** do queijo e **nhoct!**, tirou **um** pedaço!

3. Entre as palavras destacadas, quais podem ser flexionadas em gênero?

Quanto mais o **tempo** passava, mais ela assumia a forma dele e **ele** a forma dela: a **lua** ia ficando gordinha, e o queijo **fininho**! O tempo passou, até que a lua **cheia** chegou e **iluminou** a última **fatia** do queijo.

4. Identifique, em cada frase, as palavras que expressam mudança de grau (tamanho ou intensidade).

a. Havia nascido em casa uma escravinha, que desde o berço atraiu por sua graça, gentileza e vivacidade toda a atenção e solicitude da boa velha. (Bernardo Guimarães, *A escrava Isaura*, cap. II)

b. ... trêmula e confusa não ousara sair do cantinho, a que se abrigara. (Idem, cap IV)

c. Mas deixa estar, que o tempo há de te amaciar esse coraçãozinho de pedra. (Idem, cap. VII)

d. Ele caiu e ela disse: "Coitadinho, está morto; vou dar-lhe um beijinho". (Adolfo Coelho, *Bela menina*. Disponível em: <www.bibvirt.futuro.usp.br/index.php>)

e. Encheu-se de bancos e cadeiras austríacas o vastíssimo salão. (Raul Pompeia, *O Ateneu*, cap. VI)

f. Curvou-se e proferiu um palavrão ao ouvido da rapariga. (Adolfo Caminha. *A normalista*, cap. I)

g. "É verdade, meninas, venho morta de calor. Uf! que solão, que solão! (Idem, cap. IV)

5. Compare:

a. O conflito continua.

b. O conflito continuou.

c. O conflito continuará.

Que tipo de flexão permite informar o momento do fato narrado?

Substantivo

Começam a soar os atabaques e o berimbau. A roda de capoeira vai se formando. Jonas, 29 anos, que tem paralisia cerebral, se aproxima. Os médicos lhe haviam dito que jamais moveria as pernas. Mas não é isso que se vê. Ele desce da cadeira de rodas e começa a gingar o corpo apoiado na cabeça, enquanto move as pernas aplicando e se esquivando de golpes. Depois de alguns rodopios, Jonas volta para sua cadeira, apanha o atabaque e marca o ritmo para os companheiros. Os quatro anos de capoeira lhe permitiram superar limites. "A capoeira deixa meu corpo mais ágil e leve", afirma. Depois de Jonas, é a vez de Dalton, 18 anos, entrar na roda. Com movimentos suaves e precisos, parece um capoeirista como qualquer outro. Mas Dalton é um aluno especial. Ele tem síndrome de Down.

Elementos simples como música, ritmo e movimento, cores e texturas são ferramentas valiosas na recuperação de deficientes físicos e mentais. A arte estimula regiões do cérebro que outras técnicas não conseguem alcançar, tem o poderoso dom de elevar a autoestima do portador de deficiência e ainda favorece sua integração com outras pessoas. O envolvimento que geralmente ocorre entre o paciente e a atividade artística promove também um tratamento em geral mais duradouro, porque o deficiente não encara as sessões como obrigação ou sofrimento e sim como um prazer. Resultado: o desenvolvimento é mais rápido.

LIANO JR., Nelson. *Superinteressante*, ago. 2001, p. 79.

Conceito

Observe alguns grupos de palavras extraídas do texto lido:

a. nomes de objetos, coisas, seres do mundo real: *atabaques, berimbau, cabeça, pernas*;

b. nomes de pessoas: *Jonas, Dalton*;

c. nomes de profissões: *médicos, capoeirista*;

d. nomes de estados e características: *paralisia, deficiência, dom*;

e. nomes de ações: *rodopios, movimentos, recuperação, golpe*;

f. nomes de sentimentos: *sofrimento, prazer*.

Essas palavras são substantivos.

São também substantivos:

a. nomes de seres imaginários: *saci, alma, fantasma*;

b. nomes de lugares: *Brasil, Suíça, China*.

Substantivo é a palavra que serve para nomear.

Identificação do substantivo

Cada classe de palavra ocupa um lugar na estrutura da língua e apresenta determinado comportamento no funcionamento dela. Alguns desses comportamentos ajudam a reconhecer a classe gramatical a que uma palavra pertence. No caso do substantivo, a palavra deve admitir os seguintes critérios ao mesmo tempo:

1. Será substantivo qualquer palavra que puder ser antecedida de um artigo:

os atabaques　　**um** capoeirista　　**a** arte

2. Segundo o linguista José Rebouças Macambira, será substantivo toda palavra variável que admitir os sufixos **-inho**, **-zinho**, **-ão** ou **-zão**, correspondentes a *pequeno* e *grande*, respectivamente:

rodinha　　cerebrozinho　　cabeção

Outras classes gramaticais podem admitir esses sufixos, mas eles não correspondem a *pequeno* e *grande*. Veja:

leve → levezinho (logicamente não corresponde a "pequeno leve", mas marca intensidade)

querido → queridão (não corresponde a "grande querido")

3. O número singular ou plural, determinado pela quantidade de seres a que se refere:

cadeira – cadeiras　　cabeça – cabeças　　capoeirista – capoeiristas

4. O substantivo caracteriza-se, finalmente, pelo fato de ocupar o núcleo do sujeito e dos complementos na análise sintática.

Substantivação de palavras

A rigor, cada palavra deveria se enquadrar em uma única classe gramatical. No entanto, não é o que ocorre na classificação proposta pela NGB.

Observe como o dicionário classifica a palavra *primeiro*:

> **primeiro** *Num.* 1. Ordinal correspondente a um. *Adj.* 2. Que está na frente de ou precede a todos em dignidade, aptidão, tempo, lugar, etc. *S.m.* 3. O que ocupa o primeiro lugar. *Adv.* 4. Antes; em primeiro lugar; primeiramente.

A palavra, originalmente um *numeral*, também pode ser empregada como *adjetivo*, *substantivo* ou *advérbio*. O termo **substantivação** define o fato de palavras de qualquer classe funcionarem como substantivos, desde que possam ser modificadas por artigo e pelos seguintes tipos de pronomes: pessoal, possessivo, demonstrativo ou indefinido.

Analise exemplos de substantivação, comparando as frases de cada grupo:

a. Ela usava uma saia **verde**.　　*verde* → adjetivo
b. Começa hoje a Festa do **Verde**.　　*verde* → substantivo

a. Espanhóis decidem **amanhã** se farão greve. (*O Estado de S. Paulo*)　　*amanhã* → advérbio
b. Ninguém sabe como será o **amanhã**.　　*amanhã* → substantivo

a. O feto era muito grande para **nascer** por meio de parto normal.　　*nascer* → verbo
b. Considere uma maneira inusitada de conhecer a cidade de Albuquerque, no Novo México: na cesta de um balão [...]. A maioria dos voos é feita ao **nascer** do sol... (*O Estado de S. Paulo*)　　*nascer* → substantivo

Outros exemplos:

Teu **sim** me comoveu.　　Aquele **agora** que você disse não admitiu contestação!

Atividades

1. Nos trechos abaixo, aparecem destacadas palavras de diferentes classes gramaticais. Identifique aquelas que, no contexto, são classificadas como substantivos.
   a. A criança figurará, em quaisquer circunstâncias, entre os **primeiros** a receber proteção e socorro. (Declaração dos Direitos da Criança, Princípio 8º)
   b. O **primeiro** corredor a chegar foi o nigeriano.
   c. Um domingo, Firmo esperou **bastante** tempo e Rita não apareceu. (Aluísio Azevedo)
   d. Só a lembrança de tudo isso, meu caro senhor, é o **bastante** para me tirar o sossego do espírito. (Aluísio Azevedo)
   e. Sentia **bulir** dentro de si uma coisa estranha, que lhe incomodava como uma perseguição... (Adolfo Caminha)
   f. ... o **silvar** dos répteis e o **bulir** das folhas secas... (Jorge Amado)

2. Empregando o critério proposto por José Rebouças Macambira (p. 196), identifique os substantivos entre as palavras destacadas:
   a. – Agora, D. Carolina, vais nos arranjar um **quartinho**, mesmo que seja no sótão, rematou; mas um quartinho sem luxo... (Adolfo Caminha, *Bom-Crioulo*, cap. IV)
   b. D. Carolina, essa tratava-o pelo carinhoso apelido de **bonitinho**... (Idem, cap. V)
   c. Caídos beiços, volumoso abdômen,
Grisalha cabeleira esparramada,
Tremendo **narigão**, mas testa curta... (Álvares de Azevedo, *Lira dos vinte anos*)
   d. **Miudinhos**, perdidos no deserto queimado, os fugitivos agarraram-se, somaram as suas desgraças e os seus pavores. (Graciliano Ramos, *Vidas secas*)

Classificação dos substantivos

Os substantivos podem ser classificados de acordo com dois critérios:

1. Quanto à sua estrutura e formação:
   a. simples ou compostos;
   b. primitivos ou derivados.
2. Quanto ao seu significado:
   a. comuns ou próprios;
   b. concretos ou abstratos.

Entre os substantivos comuns destacam-se os *coletivos*, que constituem um subgrupo à parte.

A análise morfológica de um substantivo deve considerar os dois critérios expostos. Por exemplo, no provérbio "Quem tem **boca** vai a **Roma**", a análise morfológica dos substantivos destacados é esta:

	boca ↓	**Roma** ↓
• Quanto à estrutura	primitivo	primitivo
• Quanto à formação	simples	simples
• Quanto ao significado	comum concreto	próprio concreto

1. Substantivos simples e compostos

Leia:

Por que alguns animais comem pedra?

Alguns animais têm hábitos que podemos considerar curiosos... Os gatos, por exemplo, se lambem para limpar o pelo. Já os cachorros instintivamente procuram comer certas ervas quando estão sentindo algum mal-estar. Mas tem bicho com hábitos ainda mais intrigantes, como comer pedras! É isso aí! E olha que, em vez de fazê-los passar mal, as pedras exercem funções úteis dentro do organismo.

As pedras engolidas por certos animais são chamadas gastrólitos, que quer dizer 'pedra do estômago'. É dentro desse órgão que elas ficam armazenadas e ajudam a triturar os alimentos e a limpar as paredes estomacais dos parasitos que a infestam. Além disso, as pedras aliviam a sensação de fome durante longos períodos em que os bichos precisam ficar sem comer, já que ocupam um bom lugar em seu organismo.

Crocodilos, pinguins, focas e leões-marinhos, entre outros animais aquáticos, estão na lista dos engolidores de pedra. Eles têm em comum o fato de serem excelentes mergulhadores. E as pedras ingeridas funcionam como lastro, isto é: os ajudam a afundar, da mesma forma que os cintos de chumbo servem aos mergulhadores profissionais.

É preciso dizer que as pedras não ficam no organismo desses animais para sempre. Eles é que determinam quanto tempo devem ficar, controlando a quantidade delas em seu estômago. Claro que isso não é algo pensado pelo bicho. O corpo dele é que dá sinais de desconforto. Então, o animal provoca vômito, botando algumas pedras para fora até se sentir bem.

Mas não pensem que os bichos engolem qualquer pedra que veem pela frente. Eles escolhem com muito cuidado as que vão para sua barriga. Valem as mais lisinhas e bem arredondadas. Dessa forma, ao serem engolidas, elas não machucam o animal por dentro. Mais do que uma mania, engolir pedras é uma maneira natural que os animais encontraram para garantir o seu bem-estar!

Ciência Hoje On-line, nov. 2003. Disponível em: <http://cienciahoje.uol.com.br/controlPanel/materia/view/1932>.

Compare:

a. Por que alguns animais comem **pedra**?

b. A escultura foi feita em **pedra-sabão**.

O substantivo *pedra* tem um só radical: **pedr-**. É um substantivo **simples**.

O substantivo *pedra-sabão* tem dois radicais: **pedr-** e **sab-**. É um substantivo **composto**.

Substantivo simples é aquele que apresenta um só radical em sua estrutura, como, por exemplo: *flor, amor, tempo, água, sol.*

Veja outros exemplos:

a. O circo tinha belos **leões**.

b. Crocodilos, pinguins, focas e **leões-marinhos**, entre outros animais aquáticos, estão na lista dos engolidores de pedra.

a. Os **gatos**, por exemplo, se lambem para limpar o pelo.

b. Utilizaram **gaticida** para exterminar os pobres bichinhos daqui.

a. Eles escolhem com muito cuidado as que vão para sua **barriga**.

b. A árvore **barriga-d'água** recebe esse nome porque armazena no interior de seu tronco grande quantidade de água.

Substantivo composto é aquele formado por dois ou mais radicais, como, por exemplo: *couve-flor, amor-perfeito, passatempo, aguardente, girassol.*

Observação

Conforme já se viu no estudo da estrutura das palavras, será considerado simples, no estágio atual da língua, mesmo que tenha dois ou mais radicais, o substantivo a respeito do qual se perdeu a noção de composição. É o caso de *vinagre* (vinho + acre); *alçapão* (alçar – *levantar* + pom – *põe, abaixa*). O falante já perdeu a noção dessa composição, diferentemente do que ocorre, por exemplo, em *olhômetro, fotofobia, macrorregião*, etc.

2. Substantivos primitivos e derivados

Leia e observe a relação:

Os **gatos**, por exemplo, se lambem para limpar o pelo.

gato → **gat**il (local onde se vendem gatos)

pelo → **pel**agem

As **pedras** engolidas por certos animais são chamadas gastrólitos...

pedra → **pedr**eiro

Os substantivos *gato, pelo* e *pedra* são substantivos **primitivos**.

Os substantivos *gatil, pelagem* e *pedreiro* são formados de outra palavra. São substantivos **derivados**.

Lembre-se: são considerados derivados os substantivos simples em que é possível reconhecer os afixos e os substantivos resultantes de derivação imprópria ou regressiva. Os demais serão considerados primitivos. Em relação ao substantivo *animal* (*anima = vida* + o sufixo *-al*), por exemplo, já se perdeu a noção de sufixação. Portanto, esse substantivo será considerado primitivo.

Substantivo primitivo é aquele que não deriva de nenhuma outra palavra dentro da própria língua, como, por exemplo: *escada, ferro, piano, noite*.

Substantivo derivado é aquele que se origina de outra palavra da língua, por um dos processos de derivação, como, por exemplo: *escadaria, ferreiro, pianista, noitada*.

3. Substantivos comuns e próprios

Leia:

O mecanismo de escolha dos nomes continua sendo compartilhado por pai e mãe. Foi em conjunto que o **sociólogo Mário M.** e a **historiadora Joana J.** decidiram chamar seu **filho** de **Francisco**.

Revista *IstoÉ*.

As palavras destacadas são substantivos:

sociólogo – nomeia qualquer indivíduo que se dedica ao estudo da sociologia.

historiadora – nomeia qualquer mulher especialista em história.

filho – nomeia qualquer indivíduo do sexo masculino, em relação aos pais.

As palavras *sociólogo, historiadora* e *filho* são substantivos **comuns**, pois cada um deles designa uma classe de seres.

Mário – denomina um sociólogo em particular.

Joana – denomina uma historiadora em particular.

Francisco – denomina um filho em particular.

As palavras *Mário, Joana* e *Francisco* são substantivos **próprios**, pois designam, respectivamente, **um** homem da classe dos sociólogos, **uma** mulher da classe das historiadoras e **um** indivíduo do sexo masculino, em relação aos pais. Naturalmente, esses nomes podem se repetir para outras pessoas, mas nem todos os homens se chamam Mário, por exemplo.

Substantivo comum é aquele que nomeia todos os seres de uma mesma espécie.

Substantivo próprio é aquele que nomeia um ser particular ou alguns seres particulares entre todos os outros da mesma espécie.

Analise outros exemplos:

A **São Paulo** que **Rosa** fotografou é uma **cidade** que seus próprios habitantes não enxergam. (*IstoÉ*)

Cidade é um substantivo comum, pois designa, segundo o dicionário, "qualquer complexo demográfico formado, social e economicamente, por uma importante concentração populacional dedicada a atividades de caráter mercantil, industrial, financeiro e cultural". Já **São Paulo** é um substantivo próprio, uma vez que se refere apenas a um ser entre todos da espécie *cidade*.

Rosa é um substantivo próprio, pois não se aplica a todos os seres humanos do sexo feminino, mas a apenas algumas pessoas da classe *mulher*.

Entre os substantivos próprios, os mais frequentes são os **antropônimos** e os **topônimos**.

Exemplos de antropônimos:

Manuel Geraldo Peri Antônio Ângela Sandra Márcia

Os indivíduos geralmente se identificam também por um sobrenome: *Manuel Bandeira*.

Exemplos de topônimos:

Recife Corumbá Paris Portugal Cabo das Tormentas

Antropônimos são os substantivos que designam indivíduos, para, num grupo social, distingui-los de outros.

Topônimos são substantivos próprios que designam lugares ou acidentes geográficos.

4. Substantivos concretos e abstratos

Leia:

> Alguns neurotransmissores – **substâncias** produzidas pelo organismo – são responsáveis pelas sensações de **prazer** e **bem-estar**. Praticar sexo ou esporte, ingerir alguns alimentos, como **chocolate** e **banana**, e até mesmo rezar aumenta a quantidade dessas fontes naturais de **felicidade**.
>
> *Jornal do Brasil*.

As palavras destacadas no texto são substantivos. Quanto à área de significado a que pertencem, podem ser divididas em dois grupos:

Grupo A	Grupo B
substâncias	prazer
chocolate	bem-estar
banana	felicidade

Os substantivos do grupo A são **concretos**: designam seres com existência própria, que independem de outros seres. Os substantivos do grupo B designam sensações e estados, ou seja, seres que dependem de outros para se manifestarem. São substantivos **abstratos**.

Veja outros exemplos:

A **galinha** do **vizinho** bota **ovo** amarelinho.

Costumava trabalhar resmungando todo o tempo para si mesma e para as **almas**, os **anjos** e **demônios** que sentia permanentemente ao seu redor. (Érico Veríssimo)

Substantivo concreto é aquele que designa o ser com existência própria e independente de outros seres. Esses seres podem ter existência no mundo real ou imaginário.

Substantivo abstrato é aquele que designa seres que têm existência dependente de outros seres: ações, sensações, estados, qualidades, processos; enfim, tudo o que só pode existir quando intermediado por outro ser, tudo o que representar conteúdo abstrato será nomeado por esse tipo de substantivo.

Esclarecendo melhor: quando se afirma que o substantivo **beleza** é um substantivo abstrato, está subentendida a ideia de que a **beleza** não existe por si só, não pode ser observada em si. O que podemos observar é a manifestação da beleza em pessoas, animais, objetos, situações, etc.

Os substantivos abstratos que designam ações apresentam afinidade com os verbos: *corrida* (*correr*), *viagem* (*viajar*), *voo* (*voar*), etc.

Outros exemplos de substantivos abstratos:

A **justiça** é a **verdade** em ação. (Joseph Joubert)
A **ironia** tem algo de desumano. (Mário Quintana)

5. Substantivos coletivos

Leia:

A.

Embora as florestas tropicais ocupem apenas 2% da superfície terrestre, mais da metade do total de espécies vegetais, de **animais** e de insetos do planeta encontram lá seu hábitat natural. Em uma área de 6 quilômetros quadrados é possível encontrar mais de 750 espécies de árvores e 1,5 mil de **plantas**, além de 125 mamíferos diferentes.

A Notícia Online.

B.

Fauna e **flora** têm espaço garantido nas reservas ecológicas.

Jornal do Brasil.

Na frase A estão destacados substantivos no plural, ou seja, indicam mais de um ser da mesma espécie (plantas, animais).

Na frase B, os substantivos destacados (fauna e flora) estão no singular, mas designam um conjunto de seres de uma espécie: **fauna** designa todos os animais de uma região; **flora**, todos os vegetais de uma região.

Substantivo coletivo é o substantivo comum que, no singular, designa um conjunto de seres da mesma espécie.

Leia:

Ao líder da **matilha** caberá manter a ordem, a disciplina e a segurança dos outros cães. (Disponível em: <www.dogtimes.com.br>)

O coletivo *matilha* é específico, já que se aplica exclusivamente a cães.

Outros coletivos são indeterminados, pois se aplicam a diversas espécies de seres. Nesse caso, geralmente vêm especificados.

Um **bando** *de aves* pousou na margem do riacho. → especificação do coletivo
Um **bando** *de crianças* alegrava o pátio da escola. → especificação do coletivo

Ainda há os coletivos que expressam número exato de alguns seres: *dúzia*, *centena*, *par*, etc. Esses coletivos não se confundem com os numerais porque exigem a presença da preposição *de* para relacioná-los ao substantivo que os especifica. Compare:

Doze bananas. (Doze → numeral)

Uma **dúzia** de bananas. (dúzia → coletivo)

(Essa distinção será tratada de maneira mais aprofundada no capítulo destinado ao estudo dos numerais.)

Veja coletivos contextualizados, em frases extraídas de obras literárias brasileiras e portuguesas:

coro (anjos, cantores)

A um sinal de Cremilde as monjas saíram do **coro**. (Alexandre Herculano. *Eurico, o presbítero*, cap. XII)

nuvem (de insetos, quando não especificado)

Uma **nuvem** de tiros choveu de toda a parte sobre os africanos e sobre os renegados godos. (Idem, cap. XIX)

clero (de sacerdotes)

O próprio **clero** se corrompeu por fim. O vício e a degeneração corriam soltamente... (Idem, cap. I)

bando (aves, crianças, ciganos, etc.)

Os passarinhos fugiam espavoridos, e um **bando** de garças, alvas como capuchos de algodão, voava remando no ar. (Domingos Olímpio, *Luzia-Homem*, cap. XXVI)

Os socorros, distribuídos pelo Governo, não podiam chegar aos centros afastados, por falta de condução, ou eram os comboios de víveres assaltados por **bandos** de famintos, malfeitores e bandidos, organizados em legiões de famosos cangaceiros. (Idem, cap. VI)

Esgueirando-se por entre os circunstantes, o **bando** infalível, barulhento de meninos... (Idem, cap. XXIV)

concílio (de prelados católicos)

O santo **concílio** de Milão recomenda que se toquem os sinos sempre que haja tormenta... (Eça de Queirós, *O crime do Padre Amaro*, cap. XVI)

colmeia (abelhas)

rebanho (gado, ovelhas)

– Vi a **colmeia** e o curral; vi o pomar e o **rebanho**... (Simões Lopes Neto, *Contos gauchescos*, Conto I)

Exemplos extraídos de jornal:

enxame (abelhas)

A camponesa M. J. P., 27, morreu na madrugada de ontem, no Hospital São Vicente de Paulo, em João Pessoa (PB), em consequência de picadas de abelhas africanas. Segundo seus parentes, ela ia para casa anteontem à tarde quando foi atacada por um **enxame**. (*Folha de S.Paulo*)

feixe (lenha, capim, várias coisas)

Atrás de cada nariz existem cerca de mil receptores de odores, aninhados em um pequeno retalho de tecido. Feitos de proteínas, os receptores brotam na superfície do tecido, que é um **feixe** de células nervosas. (*Folha de S.Paulo*)

elenco (atores; catálogos)

Todos os atores do **elenco** são franceses, menos um, brasileiro. (*Folha de S.Paulo*)

Observação

O coletivo **elenco** tem aparecido na imprensa com significado genérico de "conjunto de" ou na acepção de "jogadores de um time".

Segue uma lista de substantivos coletivos, alguns empregados com frequência:

- armada (de navios de guerra)
- arquipélago (de ilhas)
- banca (de examinadores)
- banda (de músicos)
- bando (de aves, de crianças, de ciganos, de salteadores)
- batalhão (de soldados)
- cacho (de bananas, de uvas, etc.)
- cáfila (de camelos)
- cancioneiro (de canções, de poemas líricos)
- caravana (de viajantes)
- cardume (de peixes)
- chusma (de gente, de pessoas)
- constelação (de estrelas)
- cordilheira (de montanhas)
- esquadra (de navios de guerra)
- esquadrilha (de aviões)
- exército (de soldados)
- fato (de cabras)
- frota (de navios mercantes, de ônibus, de táxi)
- horda (de desordeiros, de aventureiros, de bandidos)
- legião (de soldados, de demônios, etc.)
- malta (de desordeiros)
- manada (de bois, de búfalos, de elefantes)
- molho (de chaves, de verdura)
- multidão (de pessoas)
- ninhada (de pintos, de filhotes)
- nuvem (de insetos)
- plateia (de espectadores)
- quadrilha (de salteadores)
- ramalhete (de flores)
- rebanho (de gado, de ovelhas)
- resma (de folhas de papel)
- réstia (de cebolas, de alhos)
- turma (de estudantes, de trabalhadores, etc.)

Um tipo especial de coletivo é aquele que designa membros de instituições sociais, culturais, políticas ou religiosas. Eis alguns exemplos:

clero (de sacerdotes)
conclave (assembleia de cardeais para a eleição do papa)
concílio (de prelados católicos)
congresso (assembleia de parlamentares)
câmara (conjunto de deputados)
senado (conjunto de senadores)
sínodo (assembleia de párocos e outros padres, convocada pelo bispo local)
consistório (assembleia de cardeais, presidida pelo papa)

Atividades

1. Classifique os substantivos destacados em concretos ou abstratos.
   a. ... as pedras aliviam a sensação de **fome** durante longos períodos em que os bichos precisam ficar sem comer...
   b. Eles é que determinam quanto **tempo** devem ficar, controlando a quantidade delas em seu **estômago**.
   c. ... começa a gingar o corpo apoiado na cabeça, enquanto move as pernas aplicando e se esquivando de **golpes**.
   d. Elementos simples como **música**, **ritmo** e **movimento**, **cores** e **texturas** são ferramentas valiosas na recuperação de deficientes físicos e mentais.

2. Leia os títulos de notícias. Em seguida, reescreva-os substituindo os substantivos abstratos destacados por verbos correspondentes.
   a. **Confissão** de mais um criminoso. (*Jornal do Brasil*)
   b. Fósseis revelam **evolução** de doenças. (Idem)
   c. Durante **fuga** da polícia, homem atropela dois em SP. (Portal Terra)

3. Em cada frase destacamos um substantivo comum (designa classe). Identifique, na mesma frase, o substantivo próprio (designa um elemento da classe) que faz parte do conjunto contido no comum.
   a. Belém é considerada a **cidade** das mangueiras.
   b. **Moleque** travesso e distraído, Coquinho se perde na floresta e encontra o Saci, a Iara, o Boitatá e outros **seres**. (Sinopse da peça *Cocos e mitos*. *Guia da Folha de S.Paulo*)
   c. São Jorge é muito popular no Brasil, sobretudo entre a imensa torcida do Corinthians, o **clube** de futebol mais popular de São Paulo. (*Almanaque Brasil de Cultura Popular*)
   d. O **menino** nasce frágil. Os pais o registram Herbet, sem o segundo "r" de Herbert, erro do escrivão. (Idem, p. 15)
   e. Conceição abraçou com força a **avó**, e desceu do carro. Dona Inácia chorava. (Rachel de Queiroz, *O Quinze*).

4. Classifique cada um dos substantivos destacados em simples ou composto, primitivo ou derivado.
   a. Com a **sofisticação** dos computadores, as empresas procuram mão de obra cada vez mais qualificada. (*IstoÉ*)
   b. **Sabiá-laranjeira**

   Ave nacional, símbolo do Brasil, também conhecido como **sabiá-piranga** por ter peito e barriga vermelho-**ferrugem**; teve consagração literária em "Canção do Exílio", de Gonçalves Dias [...]"

   (*Folha Turismo*)

c. A lenda do **lobisomem** surgiu na Europa.

d. Todos correram para ver o **arco-íris** que cortava o céu.

e. Compre **couve-flor** e **pimenta-do-reino**.

5. Identifique os substantivos coletivos e escreva o significado de cada um no contexto:

a. Ao constituir seu governo em 1951, Getúlio Vargas declarou que seu ministério era um "ministério de experiência". (*IstoÉ*)

b. Nunca cantei para uma plateia de 300 mil pessoas. (Idem)

6. Escreva o coletivo correspondente aos substantivos destacados:

a. Ao regressar do Brasil à sua base de pesquisa na França, em 1804, Humboldt levava 60 mil exemplares de **plantas** e **animais** empalhados na bagagem. (*IstoÉ*)

b. ... eles correm para a praça, na perseguição de delicados, coloridos **passarinhos**. (Idem)

c. Uma biblioteca moderna abriga, além de livros, um grande número de outros materiais, como **filmes**, **fotos**, **fitas magnéticas**... (Idem)

d. Em toda a cidade existiam dois **ônibus**, trinta **caminhões** que transportavam leite, lenhadores e sacos de café, oito **carros** de aluguel e cinquenta **veículos** particulares. (I. L. Brandão)

Flexão

De acordo com a NGB, os substantivos podem variar em gênero, número e grau.

Gênero

Pertencem ao gênero masculino os substantivos que podem ser precedidos dos artigos **o**, **os**:

Começam a soar **os** atabaques e **o** berimbau.

Pertencem ao gênero feminino os substantivos que podem ser precedidos dos artigos **a**, **as**:

A roda de capoeira vai se formando.
... move **as** pernas aplicando e se esquivando de golpes.

Em português, grande parte dos substantivos que nomeiam seres vivos apresenta duas formas: uma para o gênero masculino e outra, diferente, para o feminino. Tais substantivos são chamados de **biformes**. Exemplos:

médico – médica

companheiro – companheira

Há outros substantivos, no entanto, que apresentam uma única forma para indicar os dois gêneros. São os substantivos **uniformes**. Exemplos:

um capoeirista – uma capoeirista

o colega – a colega

a criança

o indivíduo

Formação do feminino

1. Substantivos biformes

a. Regra geral

Troca-se a terminação **-o** por **-a**:

alun**o** – alun**a**

b. Substantivos terminados em *-ês*

Acrescenta-se **-a** ao masculino:

freguês – fregues**a** inglês – ingles**a**

c. Substantivos terminados em *-ão*

- -ão → -oa: patrão – patr**oa**
- -ão → -ã: campeão – campe**ã**
- -ão → -ona: solteirão – solteir**ona**

Exceções:

barão – baronesa
ladrão – ladra
lebrão – lebre
sultão – sultana

d. Substantivos terminados em *-or*

Acrescenta-se **-a** ao masculino:

leitor – leitor**a**

Podem ainda ocorrer:

- -or → -eira:

apanhador – apanhad**eira** arrumador – arrumad**eira** carpidor – carpid**eira**

- -or → -(tr)iz:

São poucos os casos em que há masculino e feminino correspondente, como em:

ator – **atriz** imperador – impera**triz**

A maioria dos substantivos terminados em **-(tr)iz** ou apresenta apenas a forma feminina, sem o masculino correspondente (como *meretriz*), ou está em desuso no português do Brasil, como *cantatriz*, *dançatriz*, *governatriz*, *senatriz*.

Observação

O substantivo **embaixador** tem dois femininos: **embaixadora** (funcionária da embaixada) e **embaixatriz** (esposa de embaixador). Observe os exemplos:

Embaixadora de Israel visita UFMG. (Disponível em: <www.ufmg.br/online>)

De acordo com Cármen, o mais importante na vida de uma **embaixatriz** é apoiar o embaixador em suas atividades. (*O Mossoroense*)

e. Substantivos com feminino em *-essa*, *-isa*, *-esa*

abade – abad**essa**
barão – baron**esa**
conde – cond**essa**
cônsul – consul**esa**
poeta – poet**isa**
profeta – profet**isa**

f. Substantivos que formam o feminino trocando o -e por *-a*

elefante – elefant**a**
mestre – mestr**a**
parente – parent**a**
presidente – president**a**

Observação

As formas **parenta** e **hóspeda** caíram em desuso.

g. Substantivos que formam o feminino de maneira especial

czar – czarina
frade – freira
herói – heroína
maestro – maestrina
réu – ré

h. Substantivos com feminino de radical diferente

Nesse caso, não se pode falar rigorosamente em flexão, já que palavras de radical diferente servem para cada um dos gêneros.

bode – cabra
boi – vaca
cão – cadela
carneiro – ovelha
cavalheiro – dama
frei – sóror
genro – nora
zangão – abelha

2. Substantivos uniformes

São uniformes os substantivos que não se flexionam para indicar feminino/masculino. Esses substantivos pertencem a um único gênero (masculino ou feminino). Quando for necessário indicar o sexo, utilizam-se modificadores que acompanham os substantivos (artigo, adjetivo, numeral, pronome). Muitas vezes, o contexto permite identificar o sexo dos seres designados por esse tipo de substantivo. O substantivo *ídolo*, por exemplo, tem uma única forma. Veja como nos contextos seguintes é possível evidenciar o sexo do ser a que se refere o substantivo.

Meu ídolo é Maria X.
Meu ídolo é Pedro Y.

a. Comuns de dois gêneros

Não se flexionam para indicar gênero. A indicação de sexo se faz por meio de modificadores do substantivo (adjetivo, artigo, pronome, numeral):

o colega – **a** colega
o herege – **a** herege
o imigrante – **a** imigrante
colega **novo** – colega **nova**
dois artistas – **duas** artistas
o indígena – **a** indígena
o jovem – **a** jovem
o pianista – **a** pianista
este dentista – **esta** dentista
pianista **alto** – pianista **alta**

b. Sobrecomuns

Apresentam um só gênero para designar o masculino e o feminino. A identificação do sexo do ser a que se refere o substantivo só é possível no contexto.

o algoz
o cônjuge
a criança
a criatura
o ídolo
o indivíduo
a pessoa
a vítima

c. Epicenos

Apresentam uma só forma para os dois gêneros que designam alguns animais. Quando há necessidade de especificar o sexo do animal, anexam-se as palavras **macho** ou **fêmea** ao substantivo.

Leia:

> [...] o último animal, um **crocodilo**, morreu de fome há alguns dias [...] Em outras épocas havia elefantes, leões, **jaguares**, **antílopes**, **camelos** e muitos outros animais [...]
>
> *O Estado de S. Paulo.*

Compare os grupos:

Grupo A	Grupo B
leão → leoa	antílope macho – antílope fêmea
elefante → elefanta	camelo macho – camelo fêmea
	crocodilo macho – crocodilo fêmea
	jaguar macho – jaguar fêmea

Naturalmente só se indica o sexo do animal quando houver necessidade (em textos científicos, por exemplo).

Podemos encontrar na literatura que cobras de cabeça triangular são venenosas e de cabeça ovalada não são venenosas. Isso até poderia ser verdade se não houvesse a bendita exceção. A referência citada pode ser apropriada para as cobras da Europa, porém, para nós essa indicação apresenta o sexo das cobras. Por exemplo: cabeça triangular, **cobra macho** e cabeça ovalada, **cobra fêmea**. Cauda curta, afinada bruscamente, **cobra macho** e cauda longa afinando gradualmente destaca uma **cobra fêmea**. (Disponível em: <www.pantanaldobrasil.hpg.ig.com.br>)

Um **mico fêmea** foi atropelado hoje, por volta das 9h, na av. Rui Barbosa, zona sul do Rio de Janeiro. Quando os bombeiros chegaram ao local, o animal já estava morto, mas havia acabado de dar à luz dois filhotes, que foram encontrados ao seu lado. (Portal Terra, 23 ago. 2005.)

É importantíssimo observar que esses substantivos são sempre de um único gênero: a palavra *cobra* é sempre substantivo feminino; a palavra *mico* é sempre substantivo masculino.

Observação

O adjetivo *macho* é também muito utilizado no nome de objetos ou peças de maquinaria em que uma das peças possui partes salientes que se ajustam em orifícios correspondentes de outras peças: *ficha-macho*.

Pertencem também à categoria dos epicenos os seguintes substantivos:

a águia	a girafa	a pulga
a baleia	a minhoca	o sabiá
a barata	a mosca	a sardinha
a borboleta	a onça	a tainha
a cobra	o peixe	o tatu

3. Substantivos de gênero vacilante

Podem ser masculinos ou femininos os seguintes substantivos:

o diabetes	ou	a diabetes
o hélice	ou	a hélice
o íris	ou	a íris
o laringe	ou	a laringe
o personagem	ou	a personagem
o preá	ou	a preá
o soprano	ou	a soprano
o tapa	ou	a tapa
o usucapião	ou	a usucapião

Veja os exemplos:

Eu nunca interpretei **um personagem** tão complexo como Howard Hughes. (Portal da revista *Atrevida*, 19 jan. 2005)

Para participar basta responder a seguinte pergunta: Por que você é louca **pela personagem** Hello Kitty? (Portal da revista *Capricho*)

O GLOBO: Você está completamente recuperado **da diabetes**?

Entrevistado: Eu estou ótimo. Continuo a tomar insulina, mas fora isso, tudo segue normal. (*O Globo*)

... andar de bicicleta reduz o colesterol, a pressão arterial, ajuda a controlar **o diabetes** e diminui o risco de doenças coronarianas. (*Folha Online*)

4. Substantivos que apresentam dificuldade quanto ao gênero

São **masculinos**:

o clã
o champanha
o dó
o eclipse
o estigma
o estratagema
o guaraná
o lança-perfume
o magma
o milhar
o plasma
o telefonema
o trema

São **femininos**:

a aluvião
a bólide
a cal
a cataplasma
a comichão
a dinamite
a faringe
a omoplata

Também são femininos os substantivos terminados em **-gem**, excetuando **personagem**, que pode ser masculino ou feminino.

imagem
ferrugem
folhagem
molecagem

5. Oposição de gênero/sentido

Há substantivos cujo sentido varia de acordo com o gênero:

O feiticeiro sacudiu **a cabeça**. (Érico Veríssimo)
(a cabeça: parte do corpo)

O cabeça da quadrilha foi preso.
(O cabeça: chefe)

Outros exemplos:

o capital (dinheiro) — a capital (cidade principal)
o caixa (pessoa) — a caixa (objeto)
o cisma (separação) — a cisma (desconfiança)
o crisma (óleo santo) — a crisma (cerimônia religiosa)
o cura (padre) — a cura (restabelecimento)
o grama (unidade de massa) — a grama (relva)
o guarda (vigia, sentinela) — a guarda (vigilância)
o guia (pessoa que orienta) — a guia (formulário)
o lente (professor) — a lente (vidro)
o moral (coragem) — a moral (ética)

Observação

Tem-se tornado regra entre os locutores e cronistas esportivos empregar indiscriminadamente o gênero feminino para designar marcas de carro, o que constitui erro. Diremos: **o** Mercedes, **o** Ferrari, **o** Lotus, **o** BMW, quando a referência for a carros dessas marcas.

Quando a referência for à fábrica desses automóveis, o substantivo será feminino:

A Mercedes promete lançar novos modelos ainda este ano.

A Ferrari patrocinou a corrida.

Número

Num enunciado os substantivos podem estar no singular ou no plural.

Estão no **singular** os substantivos que indicam um só ser ou, no caso dos coletivos, um conjunto de seres. Exemplos:

Fascinada por leituras, a jovem **princesa** Cleópatra visitava quase que diariamente a grande **biblioteca** de Alexandria. (Disponível em: <http://educaterra.terra.com.br/>)

Estão no **plural** os substantivos que indicam mais de um ser ou mais de um conjunto de seres. Exemplos:

Três **tigres** trituram três **pratos** de trigo. (Disponível em: <www.tvcultura.com.br/aloescola/linguaportuguesa/estilistica/aliteracao-trestigrestrituram.htm>)

Para se atraírem **enxames**, utilizam-se caixas de madeira. No seu interior coloca-se um pouco de cerume e resina, retirados de colônias de abelhas indígenas. (Disponível em: <http://rgm.fmrp.usp.br/beescience/criacao2.htm>)

Formação do plural

1. Substantivos simples

a. Regra geral

Acrescenta-se **-s** ao singular:

pássaro – pássaro**s**

b. Substantivos terminados em *-ão*

- -ão → -ões: ação – aç**ões**
- -ão → -ães: pão – p**ães**
- -ão → -ãos: mão – m**ãos**

Alguns substantivos terminados em **-ão** admitem mais de um plural. Na linguagem corrente, nota-se preferência pela terminação **-ões**. Veja:

Singular	Plurais	Singular	Plurais
aldeão	aldeãos aldeões aldeães	vilão	vilãos vilões
anão	anões anãos	charlatão	charlatães charlatões
ancião	anciãos anciões anciães	verão	verões verãos
corrimão	corrimãos corrimões	vulcão	vulcões vulcãos

c. Substantivos terminados em *-r, -z, -n*

Acrescenta-se **-es** ao singular:

açúcar – açúcar**es** vez – vez**es** abdômen – abdômen**es***

d. Substantivos terminados em *-s*

Acrescenta-se **-es** quando oxítonos:

convés – conves**es** freguês – fregues**es**

São invariáveis quando paroxítonos:

o pires – os pires o atlas – os atlas

e. Substantivos terminados em *-x*

São invariáveis:

o tórax – os tórax o clímax – os clímax

o xerox – os xerox o fax – os fax

Observação

O VOLP e o dicionário *Houaiss* registram também a forma *faxes*.

Vi uns poucos amigos meus, gente a beirar os quarenta, todos eles com **os tórax** começando a se aplastar em distensões abdominais mais ou menos consideráveis: essas irremediáveis deformações que o tempo impõe ao corpo humano... (Vinícius de Moraes, *Para viver um grande amor*)

A Ponte Preta recebeu **dois fax** no final da tarde. Num deles, a FPF comunicava a transferência do jogo para quinta-feira devido às fortes chuvas que assolam Campinas e toda a região. (Disponível em: <www.estadao.com.br>)

* O plural de **abdômen** também pode ser *abdomens*.

f. Substantivos terminados em *-al, -el, -ol, -ul*

Substitui-se o **-l** por **-is**:

canal – can**ais**
motel – mot**éis**
anzol – anz**óis**
paul (pântano) – pau**is**

Adeus! Vou por ti maldito
Vagar nos ermos **pauis**.
Tu ficas morta, na sombra,
Sem vida, sem fé, sem luz!...
(Castro Alves)

Observações

1. Há poucos substantivos terminados em **-ul**. Grande parte deles constitui-se de compostos com os termos **azul** e **sul**.
2. O substantivo **cônsul** faz o plural com o acréscimo de **-es**: **cônsules**.

g. Substantivos terminados em *-il*

Substitui-se o **-l** por **-s**, quando oxítonos:

cantil – cantis

Substitui-se o **-l** por **-eis**, quando paroxítonos:

fóssil – fósseis

h. Plural dos diminutivos

Para formar o plural dos substantivos em grau diminutivo que receberam os sufixos **-zinho(a)** ou **-zito(a)**, deve-se flexionar primeiro o substantivo na sua forma normal, eliminar a letra *s* e acrescentar o sufixo:

pãozinho → pães – s (pãe) + zinhos = pãezinhos
animalzinho → animais – s (animai) + zinhos = animaizinhos
balãozinho → balões – s (balõe) + zinhos = balõezinhos
cãozito → cães – s (cãe) + zitos = cãezitos

Esses substantivos apresentam, portanto, dupla marcação de plural:

anima**i**zinho**s**

i. Plural metafônico

Alguns substantivos trocam, no plural, o **o** tônico fechado pelo **o** tônico aberto.

Essa mudança de som é chamada de **metafonia**:

Singular (ô)	**Plural** (ó)	**Singular** (ô)	**Plural** (ó)
caroço	caroços	despojo	despojos
coro	coros	destroço	destroços
corpo	corpos	fogo	fogos

Esses substantivos apresentam, consequentemente, dupla marcação de plural: a **mudança de timbre da vogal tônica** e o **s**. (Ver lista mais completa no capítulo Ortofonia, página 71.)

Casos especiais

a. *Substantivos que só se empregam no plural*

Observe os substantivos destacados:

Uma substância química chamada bilirrubina é produzida quando seu corpo se livra das velhas células sanguíneas. A bilirrubina é marrom. É por isso que suas **fezes** têm coloração marrom. (Disponível em: <http://educar.sc.usp.br/>)

O cônsul disse ter expressado **condolências** à família de Jean... (AOL Notícias)

Existem substantivos, como os destacados nos trechos anteriores, que só se empregam no plural. Outros casos:

alvíssaras (prêmio ou recompensa que se concede a quem anuncia boas novas ou entrega coisa que se perdera)
anais (publicação periódica de ciências, letras ou artes; registro de fatos históricos)
bodas
cãs (cabelos brancos)
cócegas
exéquias (cerimônias ou honras fúnebres)
férias
núpcias
óculos
olheiras
pêsames

As palavras que indicam os naipes do baralho também só se empregam no plural: *copas*, *espadas*, *ouros*, *paus*.

b. Oposição de número/sentido

Compare:

a. Quatro homens assaltaram esta madrugada o restaurante Sol e Mar, em Botafogo, e levaram toda a **féria** do final de semana. A quantia levada pelos ladrões não foi divulgada. (*O Globo*)

b. Se o empregado não saiu de **férias** dentro do período previsto na lei, ele tem direito a uma indenização correspondente ao dobro da remuneração dessas **férias**. (*Jornal da Tarde*)

Alguns substantivos têm sentidos diferentes conforme estejam no singular ou no plural.

féria → dinheiro das vendas realizadas num período; salário
férias → período de descanso

Outros exemplos:

bem (virtude) / bens (propriedade)

cobre (metal) / cobres (dinheiro miúdo; trocados)

copa (ramagem) / copas (naipe do baralho)

costa (litoral) / costas (dorso)

ferro (metal) / ferros (ferramentas, aparelhos)

haver (crédito) / haveres (bens)

humanidade (gênero humano) / humanidades (letras clássicas)

letra (cada um dos caracteres do alfabeto) / letras (literatura)

ouro (metal) / ouros (naipe do baralho)

c. Plural de nomes de letras e números

Os nomes de letras e números formam o plural de acordo com as regras dos demais substantivos:

Pôr os pingos nos **is**.

Os **dês**, os **efes**, os **agás**, etc.

Falavam nossa língua
num sotaque estrangeirado,
com muitos **erres**. (Cora Coralina)

Na escrita, também podemos indicar o plural do nome das letras assim:

Os **ff**, os **ii**, os **gg**, etc.

d. *Plural de nomes próprios*

Os nomes próprios formam o plural como os nomes comuns: os *Maias*, os *Almeidas*, os *Silvas*, etc.

Foi assim que entre as duas dinastias antarenses, a dos **Vacarianos** e a dos **Campolargos**, começou uma feroz rivalidade. (Érico Veríssimo)

A obediência a essa norma da NGB não é unânime na imprensa, como se pode ver pelo exemplo seguinte:

Chegou a acumular uma fortuna maior que a de famílias paulistas como os **Prado**, cafeicultores, e os **Matarazzo**, pioneiros da industrialização. (*Veja*)

Os **Matarazzo** têm ainda uma carta na manga do colete para tentar comprovar a tese da extorsão. (*IstoÉ*)

e. *Plural de siglas*

Algumas siglas passam a constituir verdadeiros substantivos com flexão de número:

Um Jeep Cherokee, um aparelho celular, **400 CDs** [...]. Este foi o prejuízo de Viola, assaltado na noite de terça-feira. (*Jornal da Tarde*)

Mesmo quando a sigla é composta de letras maiúsculas, o **s** do plural fica em minúscula.

PMs suspeitos são presos. (*Folha de S.Paulo*)

2. Substantivos compostos

Compostos sem hífen

Quando os elementos componentes do substantivo não são separados por hífen, este forma o plural como se fosse um substantivo simples:

passatempo – passatempos
pontapé – pontapés
vaivém – vaivéns

Compostos com hífen

Nesse caso, a formação do plural segue as seguintes regras principais:

Regra geral

Vão para o plural os elementos variáveis (substantivos, adjetivos, numerais, pronomes adjetivos), quando não houver preposição entre eles:

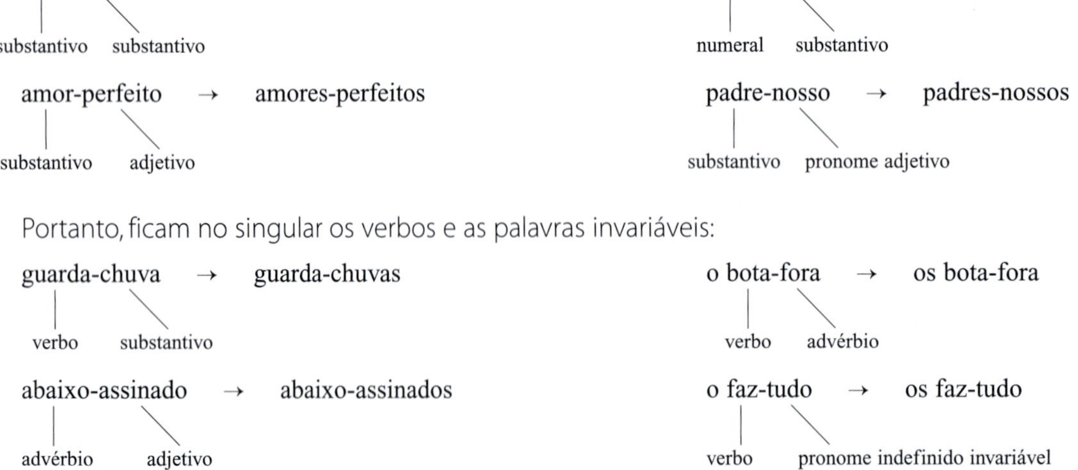

A pedido dos advogados de defesa [...] o juiz que preside o júri tirou do processo dois **abaixo-assinados** pedindo a condenação de R. (*Jornal da Tarde*)

Regras especiais

1. Só o primeiro elemento vai para o plural quando o segundo termo da composição é um substantivo que funciona como determinante específico, indicando forma, espécie ou finalidade do primeiro:

banana-prata – bananas-prata
café-concerto – cafés-concerto
caneta-tinteiro – canetas-tinteiro
cavalo-vapor – cavalos-vapor
escola-modelo – escolas-modelo
livro-caixa – livros-caixa
manga-espada – mangas-espada
navio-escola – navios-escola
pombo-correio – pombos-correio
salário-família – salários-família

Observação

O VOLP e os dicionários *Aurélio* e *Houaiss* registram também a regra geral, isto é, ambos os elementos vão para o plural: *cafés-concertos, canetas-tinteiros, escolas-modelos, pombos-correios, salários-famílias*. As formas: *bananas-pratas* e *navios-escolas* são registradas pelos dicionários *Aurélio* e *Houaiss* e a forma *livros-caixas*, pelo *Houaiss* e pelo VOLP.

2. Quando os elementos se ligam por preposição, só o primeiro é flexionado:

andorinha-do-mar – andorinhas-do-mar
ervilha-de-cheiro – ervilhas-de-cheiro
gato-do-mato – gatos-do-mato
porco-da-terra – porcos-da-terra

3. Só o último elemento vai para o plural se o substantivo é formado por palavras repetidas ou onomatopaicas:

bem-te-vi – bem-te-vis
corre-corre – corre-corres
pisca-pisca – pisca-piscas
reco-reco – reco-recos
tico-tico – tico-ticos
tique-taque – tique-taques

Exceção

Se os dois elementos são formados por verbos, ambos podem ir para o plural.
corre-corre (singular) – os corres-corres (plural)
pisca-pisca (singular) – os piscas-piscas (plural)

4. Não variam os substantivos com a seguinte estrutura:

verbo + palavra invariável

sabe-tudo (singular) – os sabe-tudo (plural)
vale-tudo (singular) – os vale-tudo (plural)

5. Não variam os compostos da palavra *sem* + substantivo, quando denominam unidade: *sem-terra, sem-teto, sem-trabalho*. Nesses casos, o termo se refere a todo o conjunto de indivíduos que nomeia.

Foi um momento histórico. Pela primeira vez, os **sem-terra** se uniram aos **sem-teto** e aos **sem-emprego**. (*Jornal da Tarde*)

Observação

Há substantivos compostos que têm o segundo elemento sempre no plural, mesmo que a palavra seja utilizada no singular. Veja alguns exemplos:

guarda-costas
lustra-móveis
porta-joias
toca-discos

Grau

Os substantivos admitem os graus aumentativo e diminutivo. Veja:

substantivo não flexionado → gato
substantivo no grau aumentativo → gatão
substantivo no grau diminutivo → gatinho

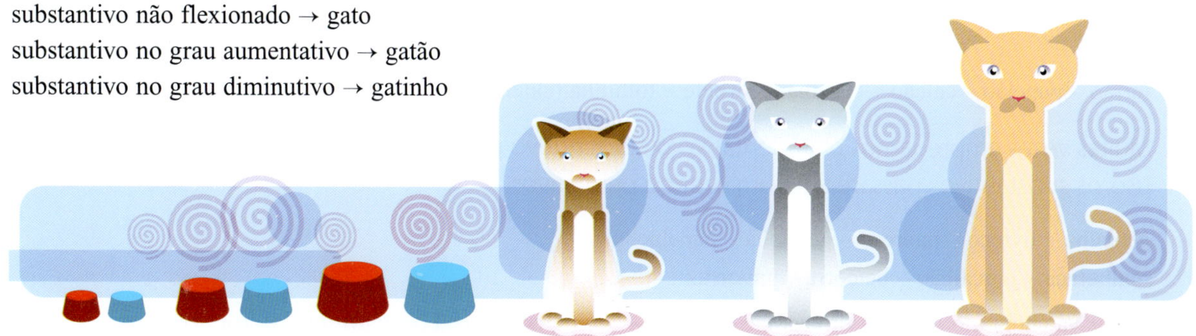

Formação do grau

Nos substantivos, o grau pode ser expresso de duas formas:

1. **Forma analítica** – por meio de adjetivos que indicam aumento ou diminuição:

aumentativo analítico	diminutivo analítico
nariz grande	nariz pequeno
nariz imenso	nariz minúsculo

Junto do tanque de lavar roupa costumava ficar uma **bacia grande** de enxaguar. (Fernando Sabino)

... **imenso pano** vermelho cobria completamente a mesa. (Joaquim Manuel de Macedo, *A luneta mágica*, cap. XVIII)

... sua fisionomia é plácida, tranquila como a face de um **pequeno lago**. (Idem, cap. VI)

2. **Forma sintética** – utilizando-se sufixos:

aumentativo sintético	diminutivo sintético
narigão	narizinho

... obtivera, por felicidade, uma **casinha** velha e desaprumada, onde se aboletou com relativo conforto. (Domingos Olímpio, *Luzia-Homem*, cap. III)

Momentos depois, o sertanejo surgiu do matagal, perto das pedras do **riacho**, ofegante do esforço da fantástica descida... (Idem, cap. XXVIII)

Eis alguns sufixos indicadores de grau em português:

Grau aumentativo	Grau diminutivo
-ão → menino – meninão	**-inho** ou **-zinho** { bolo – bolinho; cão – cãozinho }
-aça → barba – barbaça	**-ebre** → casa – casebre
-arra → boca – bocarra	**-eta** → sala – saleta
-az → ladrão – ladravaz	**-ejo** → lugar – lugarejo
-ázio → copo – copázio	**-acho** → rio – riacho
-ona → mulher – mulherona	**-ote** → velho – velhote
	-im → espada – espadim

Observação

Conforme já advertimos, muitos linguistas não consideram a expressão de grau uma flexão. De fato, no processo analítico o substantivo não muda sua forma original e a indicação de tamanho é fornecida pelo adjetivo que acompanha o substantivo. Na forma sintética, esses linguistas consideram que ocorre derivação sufixal.

Particularidades

1. Muitas formas que antes expressavam aumento ou diminuição de tamanho perdem essa capacidade expressiva e o substantivo adquire novo significado. Exemplos:

cartão → não é o aumentativo de carta, mas "folha composta de camadas de papel coladas entre si". Hoje, o significado se ampliou e abrange não só os cartões feitos de papel, mas os confeccionados com plástico e outros materiais.

portão → não é aumentativo de porta, mas vulgarizou-se com o sentido de "porta de madeira ou de ferro, geralmente trabalhada, que dá acesso ao jardim ou ao quintal de uma casa".

Outros exemplos:

ferrão – papelão – calção – cartilha – corpete – folhinha (calendário) – lingueta

2. Muitas vezes empregamos o aumentativo ou diminutivo para indicar desprezo, ironia, pouco-caso. Nesse uso, os substantivos passam a ter um sentido pejorativo:

gentalha – livreco – padreco – gentinha – papelucho
mulheraça – porcalhão – beiçorra – pratarraz

– Pois vá chorar no quarto – ordena-lhe a patroa. – Não suporto cena de **gentinha**! (Dalton Trevisan)

3. Alguns diminutivos podem exprimir carinho, ternura. Nesse caso, são considerados diminutivos afetivos:

filhinho – mãezinha – Joãozinho – Aninha

Vovozinha, não vai lhe fazer mal? (Clarice Lispector)

4. Para formar o plural dos substantivos em grau diminutivo que receberam os sufixos **-zinho(a)** ou **-zito(a)**, deve-se flexionar primeiro o substantivo na sua forma normal, eliminar a letra *s* e acrescentar o sufixo:

mãezinha → mães (– s) + zinhas = mãezinhas

canalzinho → canais (– s) + zinhos = canaizinhos

portãozinho → portões (– s) + zinhos = portõezinhos

papelzito → papéis (– s) + zitos = papeizitos

5. Os graus aumentativo e diminutivo podem exprimir intensidade, e não tamanho, em alguns contextos.

Sentia **imenso desprezo** pelo pai.

A garota nutria **grande estima** pela colega.

Atividades

1. Classifique cada substantivo destacado em comum de dois ou sobrecomum.
   a. Fica difícil não ser estressado hoje. O importante é aprender a conviver com esta situação, e não se tornar **vítima** dela... (*IstoÉ*)
   b. Quatro **tripulantes** de uma nave sofrem um acidente no espaço e passam por modificações genéticas. (Sinopse do filme *Quarteto fantástico, Guia da Folha de S.Paulo*)
   c. Com a ajuda da melhor amiga, uma **adolescente** tenta impedir o relacionamento de sua mãe com um médico... (Idem)

2. No texto seguinte, vários substantivos denominam classes de animais. Identifique os epicenos.

   A atriz A. B. O. não chega ao extremo de criar cobras e lagartos, mas abandonou o aquário de água doce cheio de singelos peixinhos e virou verdadeira mãe adotiva de um ouriço, uma anêmona, uma estrela-do-mar e seis cavalos-marinhos – que são as verdadeiras estrelas da casa. (*IstoÉ*)

3. Por alguma razão, o redator do texto acima teve de reescrevê-lo indicando que o primeiro animal citado é do sexo masculino e o segundo do sexo feminino. Como deve ter ficado o texto?

4. Explique o significado dos substantivos destacados nas frases abaixo, de acordo com o gênero.
   a. Ouviu-se o depoimento do **cabeça** do grupo.
   b. Há quem acredite em **cura** milagrosa.
   c. Sabe-se da existência de um **cura** milagroso naquela cidadezinha.
   d. A **guarda** presidencial deve andar armada?
   e. As siamesas iranianas L. e L. B. morreram no dia 8 de julho durante sua cirurgia de separação. Elas passaram 29 anos unidas pela **cabeça**. (Portal Terra Ciência)
   f. Quanto mais **capital** estrangeiro entra, mais **capital** nacional sai. (Disponível em: <www.usp.br/iea/revista>)
   g. A **capital** dos botecos: recordista nacional, Belo Horizonte tem bares para todos os gostos. (*IstoÉ*)

5. Identifique a(s) frase(s) em que o substantivo destacado foi utilizado de maneira genérica, isto é, singular equivalendo a plural.

   a. O **bibliotecário** planeja, implanta e faz funcionar centros de documentação de vários tipos.

   b. O **bibliotecário** não se conformava com aquilo tudo.

   c. Instrumento popular por excelência, o **violão** precisou esperar até nosso século para entrar definitivamente na sala de concerto.

   d. O **violão** que estava sobre a mesa parecia muito novo.

   e. O **brasileiro** fica mais exigente.

6. Leia um título de notícia:

   Motorista **atropela 11 pessoas e causa a morte de outras duas na BA** (*Folha Online*)

   O substantivo destacado é comum de dois. É possível identificar o sexo da pessoa que ele nomeia?

7. Leia:

   Testemunha apagada

   Dois anos depois, morte de adolescente que iria depor contra policial militar ainda é mistério.

   (*IstoÉ*)

   a. Classifique os substantivos **testemunha** e **adolescente** quanto ao gênero.

   b. Esse é o título de uma matéria publicada em revista. Sem ler a notícia, é impossível identificar o sexo da testemunha, do adolescente e do policial. Explique por quê.

   c. Reescreva o título e o subtítulo de forma que se evidencie o sexo dessas pessoas.

8. Dos substantivos destacados, identifique aquele(s) em que o gênero será indicado por flexão. (Lembre-se de que flexão é a modificação da forma da palavra a partir do radical.)

   a. O **jogador** profissional de futebol como o político é um **homem** público. Isso o obriga a ter conduta balizada por normas éticas. Se na política espera-se o respeito à coisa pública (uso de verbas, por exemplo), no futebol espera-se o respeito ao **colega** de profissão e ao público-torcedor. (*Folha de S.Paulo*)

   b. A gestante deve checar com o **dentista** se seus dentes estão em boas condições. Os cuidados para prevenir cáries devem ser intensificados. As bactérias responsáveis pela cárie dentária (que fazem parte da flora bucal do adulto) podem ser transmitidas para o **bebê**. (*Folha de S.Paulo*)

   c. **Gato**, **cachorro** e **urso** estão em vídeos natalinos. (*Folha de S.Paulo*)

9. Escreva contextos em que os substantivos destacados apareçam no plural.

   a. A maioria dos feridos sofreu escoriações provocadas por arame farpado, tiros de raspão e quedas durante o **corre-corre**. (Disponível em: <www.estadao.com.br>)

   b. Ele recebeu uma cobrança da prefeitura no valor de R$ 7 mil para que seja feita pavimentação, calçada e **meio-fio** na rua em que fica a casa. (*Folha de S.Paulo*)

   c. Art. 42 – Revogam-se as disposições em contrário e, especialmente, o **decreto-lei** nº 1.380, de 23 de dezembro de 1974, art. 27. (*Folha de S.Paulo*)

   d. No Brasil, os excluídos se organizam em movimentos "sem": **sem-terra**, **sem-casa**, **sem-escola**. (*Folha de S.Paulo*)

10. Identifique os substantivos que no plural sofrem metafonia:

a. Tratou imediatamente de mobilizar o povo... (Otto Lara Resende)

b. ... e o homem continua morrendo de fome, sozinho, isolado, perdido entre os homens, sem socorro e sem perdão. (Fernando Sabino)

c. Virou o rosto tão feio de sardento, viu a mãe, viu o chinelo... (Alcântara Machado)

d. Raimundo entristecia e fechava o olho esquerdo. (Graciliano Ramos)

11. Copie os pares que continuam rimando mesmo no plural:

a. caroço / osso
b. contorno / retorno
c. destroço / moço
d. fogo / jogo
e. lobo / bobo
f. posto / encosto
g. cachorro / socorro
h. ovo / povo
i. toco / coco

12. Leia a receita:

Tira-gosto

500 gramas de salsicha

250 gramas de azeitonas verdes sem caroços

200 gramas de queijo provolone em cubinhos

200 gramas de picles variados em cubinhos

2 cebolas grandes em quadradinhos

Misture as salsichas cortadas em rodelas de aproximadamente 2 cm, as azeitonas inteiras e o restante dos ingredientes. Tempere com orégano, azeite e pimenta calabresa, se desejar. Deixe gelar por algumas horas e sirva.

a. Levando em conta a formação do plural dos substantivos em português, explique por que a palavra **caroços** tem duas marcas de plural.

b. O substantivo **grama**, nesse contexto, é masculino ou feminino? Escreva uma frase em que esse substantivo tenha o gênero diferente do usado no texto.

13. Identifique o grau dos substantivos destacados:

A. aumentativo sintético
B. aumentativo analítico
C. diminutivo sintético
D. diminutivo analítico

a. Nessa edificação, **ovos** gigantes de gesso, colocados no telhado, contemplam o visitante, como símbolo de fertilidade e erotismo. (Revista *Gula*)

b. A. G. assumiu o cargo de secretário de Segurança do Rio de Janeiro adotando um **pacotão** de medidas contra o crime organizado no Estado. (*JB Online*)

c. [...] Outro caso de extinção premente é o do formigueiro do litoral [...], um **animalzinho** exigente que só consegue viver numa diminuta faixa de mata na restinga de Maçambaba e na ilha de Cabo Frio, no Rio de Janeiro. (Disponível em: <www.ambientebrasil.com.br/notícias>.)

14. Nas frases escritas em letra maiúscula no anúncio publicitário abaixo há um substantivo empregado no grau diminutivo analítico. Identifique-o.

Anúncio publicitário do cartão BNDES, Ministério do Desenvolvimento, Indústria e Comércio Exterior, *IstoÉ*, jul. 2005, p. 77.

15. Identifique os casos em que o grau do substantivo destacado não expressa tamanho.

a. Meses depois casou-se **Mariinha** com um senhor muito rico. (Dalton Trevisan)

b. Mas eu é que nunca havia de pôr a cabeça naquele **restico** de travesseiro que ela deixou pra mim… (Mário de Andrade)

c. Um **chinelão** como aquele ficaria folgado no pezinho de Matilde.

d. … apesar do **calorão** da noite ele dormira de roupa… (Mário de Andrade)

e. Vai vir até o **povinho** da imprensa, **racinha** abelhuda que tudo quer saber. (J. C. Carvalho)

f. Quando o **filmeco** acaba, fica uma estranha sensação de raiva e asco. (*Folha Online*)

FATOS DE DISCURSO

Substantivos: do comum ao próprio (e vice-versa)

Como vimos, o substantivo próprio tem a particularidade de designar um ser único, identificando-o de forma singular e própria ("próprio" quer dizer que ele pertence apenas a si mesmo, como unidade específica de sua classe). Como resultado disso, pode-se dizer que não são os seres, em si, que se distinguem em comuns e próprios, mas é a *designação* que é dada a eles que lhes atribui esse caráter. Assim, existe a possibilidade de conversão de substantivos comuns em próprios, e vice-versa. Por exemplo:

I. O **Ronaldo** já chegou?

II. Na Seleção Brasileira, havia dois **Ronaldos**.

E, como se vê, essa diferença só se manifesta em discurso (quer dizer, no uso da língua em situações de comunicação).

Outro fato que envolve a conversão de substantivos próprios em comuns, e vice-versa, são as designações de referentes únicos, na origem, que se multiplicam e passam a constituir uma classe da espécie. Por exemplo:

I. O **Palio** é o carro mais vendido do Brasil.

II. O motorista de um **Palio** foi morto na tarde de terça-feira (15), na zona sul de São Paulo, após bater levemente seu carro em uma **Kombi**. (*Folha Online*)

No segundo caso, **Palio** deixa de designar o nome de um modelo de veículo, e passa a constituir uma classe toda de seres. Repare que, no primeiro caso, não é possível pôr o substantivo no plural (ou seja, como designação de um ser único e próprio, o substantivo próprio não admite a flexão de número).

Representações simbólicas

Já que identifica um ser único, o substantivo próprio pode, muitas vezes, contaminar-se com o valor (positivo ou não) do ser que designa. Assim, **Judas** sempre trará a marca simbólica do traidor e, como tal, pode converter-se em substantivo comum como sinônimo de traidor.

Outros nomes próprios acabam traduzindo certos valores. Por exemplo, alguns nomes de pessoas adquirem uma carga semântica em função de fatores de ordem sociocultural. Assim:

Nomes "antigos" – *Eulália, Teodoro, Genoveva, Benedito.*

Nomes "clássicos" – *João, Maria, Antônio, Pedro, Ana.*

Nomes "sofisticados" – *Reginaldo, Audálio, Valter, Helena.*

No quadro dessas representações simbólicas, entram os **cognomes**, também chamados "alcunhas" ou "apelidos". Em geral, aplicam-se para evidenciar uma característica ou traço da pessoa ou, eventualmente, do ser que designam. Assim, **Baixinho** designa, muitas vezes, o jogador Romário.

Veja como isso ocorre no texto a seguir:

Dieta e seca de rivais recolocam Romário no topo dos artilheiros

Sérgio Rangel e Paulo Cobos

Quase 40 anos de vida e com a chance de conquistar a artilharia do Brasileiro-2005. Para conseguir a façanha, Romário tomou conta do corpo e teve ajuda na diminuição brusca da média de gols dos jogadores que puxam a lista de goleadores do Nacional.

Depois de 40 rodadas, Robson, do Paysandu, lidera a artilharia com 21 gols (só um a mais que Romário), ou média de 0,62 por partida que ele disputou.

Essa marca é 30% menor do que a média dos principais goleadores do Brasileiro neste século.

O próprio Romário, em 2001, foi o líder na hora de balançar as redes com média de 1,17 tento por partida. A média atual do vascaíno em 2005 – 0,69 – não supera a de nenhum dos goleadores do Nacional nos últimos cinco anos.

A queda dos homens-gol vem na edição do Brasileiro que está perto de ser a mais goleadora da história – a média está acima dos 3,1 gols/jogo pela primeira vez.

Na maioria dos times, o peso do principal goleador na artilharia da equipe tem números modestos – o corintiano Tevez, por exemplo, responde por apenas 23% dos tentos da sua equipe.

Além da concorrência mais frágil, Romário tem a ajuda de uma dieta adotada por lutadores de jiu-jítsu. Desde o início do ano, o jogador do Vasco de 39 anos mudou os hábitos alimentares para "ganhar mais tempo no futebol", segundo o vice-presidente e médico do clube, Pedro Valente.

Adepto do jiu-jítsu, Valente, 67, apresentou ao atleta uma "dieta Gracie adaptada", rica em alimentos energéticos de fácil digestão. "Ele ficou mais leve e resistente. A intenção da dieta, que foi elaborada de maneira empírica pelos Gracie (tradicional família de lutadores da modalidade), é esta e está dando certo com o Baixinho também", disse o médico.

Romário riscou do seu cardápio a carne de porco, o cafezinho e os refrigerantes de "cola". As carnes vermelhas também são proibidas. O jogador tem se alimentado, basicamente, de frango, peixe, legumes, frutas e sucos.

Sem as adaptações feitas para Romário, a dieta Gracie divide os alimentos em grupos básicos (proteína animal, gorduras, óleos e vegetais; cereais; frutas doces; frutas ácidas; leite e creme de leite). As bebidas alcoólicas também estão vetadas.

"Sei que o Romário não leva a dieta à risca. Mas, se cumprir 80%, ele vai jogar por mais uns dois anos", projetou Valente. A dieta Gracie foi criada por Carlos Gracie, um dos primeiros atletas do jiu-jítsu no país.

Além da artilharia, Romário tenta também chegar à marca de mil gols na carreira. Atualmente, ele diz somar 939 gols, sendo 868 tentos como profissional.

(Disponível em: <http://esporte.uol.com.br/futebol/ultimas/2005/11/27/ult59u98070.jhtm>. Acesso em: 25 abr. 2006.)

Às vezes, porém, os cognomes derivam do próprio nome. Assim, "Nico" designará uma pessoa cujo nome pode ser "Antônio"; "Val" será o apelido de Valquíria, Valdete, Valéria, etc. Ou, então, têm origem onomatopaica, com forte conotação afetiva. Por exemplo: Lula, para designar Luiz Inácio da Silva, ou Xuxa, para designar Maria da Graça Meneghel.

Do abstrato ao concreto (e vice-versa): empregos figurados ou metafóricos

Muitas vezes, a categoria de um substantivo muda em função do seu emprego. Assim é o caso de alguns substantivos, originariamente abstratos, que ganham conotação concreta, em situações de uso, sobretudo quando no plural. Veja alguns exemplos, retirados de textos poéticos:

[...] cura a dor de **amor** com mais **amores** (Chico César)

A oposição entre *amor* (sentimento) e *amores* (pessoas a quem se ama) evidencia a conotação concreta que o substantivo ganha no verso apresentado.

Passarinhos aveludam seus **cantos** quando o veem. (Manuel de Barros)

Nesse caso, *cantos* também adquire, no contexto, uma conotação concreta (= sons).

Veja outros exemplos:

Chorei sozinha minhas **mágoas** de criança. (Cora Coralina)

Acreditei no destino/ e deixei-me levar/ e no fim/ tudo é sonho perdido/ só desatino, **dores** demais. (Paulinho da Viola)

O emprego metafórico dos concretos pode fazê-los, muitas vezes, adquirir conotações abstratas. É o caso dos exemplos a seguir:

Eu vim/ com a **flor** dos acordes/ que você/ brotando cantou pra mim (Chico Buarque)

Eu não acho a **chave** de mim. (Abel Silva)

O grau como marca de modalização

Muitas vezes, o emprego dos aumentativos e diminutivos não se presta à expressão puramente dimensional dos substantivos aos quais se aplicam. Em muitos contextos, seu uso só se explica e justifica como marca de modalização (sobre o conceito de modalização, ver página 429). Por essa razão, podem exprimir sentimentos positivos ou negativos, que só podem ser compreendidos pela situação de uso.

Assim, a associação entre o tamanho pequeno e a ideia de fragilidade faz com que muitos diminutivos ganhem uma conotação afetiva:

Era uma vez uma **menininha** de oito anos, "linda e inteligente" que queria conhecer a todo o custo o poeta Quintana. (Clarice Lispector, *A descoberta do mundo*)

"Ai cigana, **ciganinha**/ **ciganinha** meu amor"/ Quando escutei essa cantiga/ era hora do almoço, há muitos anos. (Adélia Prado, *Bagagem*)

Às vezes, porém, pela mesma aproximação com coisas de pequeno tamanho, associa-se ao diminutivo a ideia de pouca importância, e a conotação adquirida é de *desprezo*, com forte carga pejorativa:

Os restantes são **gentinha**, com exceção de Joãozinho Paz, que faleceu no hospital. (Érico Veríssimo)

O caráter afetivo ou pejorativo desses diminutivos só se pode apreender pelo contexto, em situações de uso. O enunciador projeta sentimentos que só se deixam perceber no discurso.

Adjetivo

DAVIS, Jim. *Garfield fica em casa*. Campinas: Cedibra, s.d.

Conceito

Nos balões, o gato Garfield descreve os estados em que fica quando faz dieta: **malvado**, **fraco**, **emotivo**.

Estados e características são expressos por **adjetivos**.

Garfield fica **malvado** quando faz dieta. **Ele** fica **malvado** quando faz dieta.

substantivo — pronome

Adjetivo é a palavra variável que expressa característica, qualidade, estado, aparência dos seres. Modifica substantivos ou pronomes.

Veja outros adjetivos no texto seguinte, de Machado de Assis:

[...] Registrou a semana um fato **triste** e **consolador** ao mesmo tempo. Morreu um homem, que era **inteligente**, **ilustrado** e **laborioso**; mas que era também um homem **bom**. Os qualificativos estão já tão **gastos** que dizer homem **bom** parece que é não dizer nada. Mas quantos merecem rigorosamente esta qualificação tão **simples** e tão **curta**? O grande assombra, o glorioso ilumina, o intrépido arrebata; o bom não produz nenhum desses efeitos. Contudo, há uma grandeza, há uma glória, há uma intrepidez em ser simplesmente **bom**, sem aparato, nem interesse, nem cálculo; e sobretudo sem arrependimento.

Era-o o Dr. Dias da Cruz; e se a sua morte foi um caso **triste**, o seu saimento foi um caso **consolador**, porque essa virtude sem mácula pôde subir ao céu sem desgosto. Levou as lágrimas dos olhos que enxugara.

MACHADO DE ASSIS, Joaquim Maria. *Notas semanais*. Disponível em: <www.bibvirt.futuro.usp.br>.

Identificação do adjetivo

A maioria das palavras registradas no dicionário como adjetivos pode ter seu sentido intensificado. Essa intensificação pode ocorrer basicamente:

a. por meio de advérbios como *tão*, *muito*, *extremamente*, etc.:

caso **triste** → caso *tão* triste, *muito* triste, *extremamente* triste...
qualificação **simples** → qualificação *tão* simples, *muito* simples, *extremamente* simples...

b. por meio de sufixos que denotam intensidade: *-íssimo*, *-limo*, *-rimo*, etc.

qualificação **curta** → curtíssima
trabalho **fácil** → facílimo
caso **triste** → tristíssimo
meninos **pobres** → paupérrimos

Há palavras de outras classes gramaticais que também podem ser intensificadas. Nesse caso, essas palavras têm valor de adjetivo, já que funcionam como modificadores. É o que ocorre com os substantivos destacados:

Ele é *tão* **pierrô**. (Caetano Veloso)

Se ela não fosse *tão* **manteiga-derretida**, não teria chorado.

Adjetivo e substantivo

Leia o verbete:

brasileiro *Adj.* que se refere ao Brasil. *S.m.* O natural ou habitante do Brasil.

O dicionário registra a palavra *brasileiro* como pertencente a mais de uma classe gramatical. Nesse caso, a distinção de classe só se revela pelo contexto.

O uso de produtos derivados da natureza para cura e prevenção de doenças não é novidade no Brasil – de tradição e conhecimento indígenas ao chazinho preparado pela avó, o **brasileiro** há muito mostra-se culturalmente receptivo ao uso de produtos naturais. (*Folha de S.Paulo*)

substantivo (brasileiro)

A centenas de quilômetros de altitude, o primeiro astronauta **brasileiro** recebe as boas-vindas. (*Folha de S.Paulo*)

adjetivo (brasileiro)

Muitas palavras da língua apresentam essa possibilidade de se enquadrar em mais de uma classe gramatical, como substantivo e adjetivo. Compare as frases de cada dupla:

a. Tratava-se de um advogado **amigo**. (adjetivo)
Meu melhor **amigo** é o Juvenal. (substantivo)

b. O **faxineiro** estava doente. (substantivo)
Ela tem um marido **faxineiro**. (adjetivo)

Nem todo substantivo pode funcionar como modificador. Alguns podem, quando empregados em sentido figurado, fato comum na gíria e na linguagem poética.

A **mala** estava vazia.

O substantivo destacado não pode exercer a função de modificador, quando empregado em sentido denotativo. Mas veja no sentido figurado:

Ela tem um marido **mala**. (*mala* = chato, maçante. Termo da gíria)

Compare:

Estou com dor de **cabeça**.
Não aguento mais assistir a filmes **cabeça**!

Veja dois exemplos extraídos da literatura:

a. ... essas ruas **paris**
de Barcelona, tão avenida,
entre uma gente meio **londres**
urbanizada em mansas filas... (João Cabral de Melo Neto)

b. Tudo é veleiro sobre as ondas **íris**... (Jorge de Lima)

Locução adjetiva

Observe as expressões destacadas:

produtos **da natureza** virtude **sem mácula** doenças **dos olhos**

Para caracterizar *produtos*, *virtude* e *doenças*, empregaram-se expressões equivalentes a adjetivos. São as **locuções adjetivas**, formadas, geralmente, de preposição + substantivo:

produtos **da natureza**	→	produtos **naturais**	amor **de filho**	→	amor **filial**
virtude **sem mácula**	→	virtude **imaculada**	casa **do pai**	→	casa **paterna**
doenças **dos olhos**	→	doenças **oculares**	menino **sem coragem**	→	menino **medroso**
homem **sem capacidade**	→	homem **incapaz**	amor **sem limites**	→	amor **ilimitado**
material **de escola**	→	material **escolar**	zona **de fronteira**	→	zona **fronteiriça**

Tribuna de Minas

PARALISAÇÃO DE PROFESSORES

COPA 2006

Seleção da Alemanha segue 100% no Mundial

Com dois gols de Klose (acima), time da casa vence o Equador por 3 a 0

Na Copa, faculdades aproveitam para ensinar mais sobre jornalismo e esporte

No Brasil, Parreira ainda faz mistério sobre time que pega o Japão amanhã

BRASIL DE OLHO NO HEXA

MODELO MAIS VISADO É O GOL

Furto de veículos cresce nos bairros

Procura por vacina contra a meningite aumenta 4 vezes em JF

Preço do botijão de gás sobe 16% e chega a R$ 37

Acordo para liberar comércio fracassa na Câmara

Inverno começa hoje e terá grande variação térmica

NESTA EDIÇÃO

Fac-símile da primeira página do jornal *Tribuna de Minas*, 21 jun. 2006.

A locução adjetiva **de Minas** equivale ao adjetivo **mineira**. Na mesma página, na expressão *Seleção da Alemanha*, a locução adjetiva **da Alemanha** pode ser substituída pelo adjetivo **alemã**.

Há locuções adjetivas constituídas de preposição + advérbio:

pão **de hoje** | músicas **de sempre** | portão **da frente**

Correspondência entre locução adjetiva e adjetivo

Em alguns dos exemplos anteriores, vimos locuções adjetivas que apresentam adjetivos que correspondem a elas. Essa correspondência nem sempre ocorre. Veja:

aula **de Física** | desculpa **sem pés nem cabeça** | parede **de concreto**
cabeça **de um índio** | dia **do jogo** | sala **de televisão**
cama **com lençol** | livro **de Ana** | vestido **de bolinhas**

Nas expressões acima, nenhuma das locuções adjetivas destacadas apresenta adjetivo equivalente.

Preferência pela locução adjetiva

Leia:

O dia, como dizem na Bahia, era **plúmbeo**. A primeira vez que ouvi esta feia palavra fui ao dicionário ver o que significava. Fiquei decepcionado ao saber que era alguma coisa referente a chumbo, pensava que era outra coisa, meio mágica... (Carlos Heitor Cony, *Folha de S.Paulo*)

Síria nega envio de material **bélico** para o Iraque. (Portal Terra, 28 mar. 2003.)

A floresta existe na Amazônia há muito mais tempo do que se imaginava e sobreviveu intacta mesmo durante o período **glacial**, entre 10 mil e 18 mil anos atrás, quando o gelo cobria parte do norte do Hemisfério Norte. (*O Estado de S. Paulo*)

Os adjetivos destacados significam:

a. **plúmbeo** – de chumbo; da cor do chumbo; relativo ao chumbo
b. **bélico** – relativo à guerra
c. **glacial** – relativo ao gelo

Como esses, muitos adjetivos conservam um radical latino pouco comum para o usuário atual da língua, fato que dificulta o reconhecimento do seu significado. Na comunicação cotidiana o falante prefere substituir esse tipo de adjetivo pela locução correspondente, que permite entendimento mais imediato. Por isso as locuções equivalentes a esses adjetivos ocorrem com maior frequência do que os próprios adjetivos.

Assim, "atitude **de velho**" (locução adjetiva) é mais comum na fala cotidiana que "atitude **senil**" (adjetivo).

Veja alguns desses casos:

locução adjetiva	adjetivo
relativo a abelha	apícola
relativo a águia	aquilino
relativo a aluno	discente
relativo a astro	sideral
relativo a audição	ótico, auditivo
relativo a bispo	episcopal
relativo a boca	oral, bucal
relativo a boi	bovino
relativo a cabelo	capilar
relativo a cabra	caprino
relativo a cavalo	equino, equídeo

locução adjetiva	adjetivo
relativo a chumbo	plúmbeo
relativo a chuva	pluvial
relativo a cidade	urbano, citadino
relativo a coração	cardíaco, cordial
relativo a criança	pueril, infantil
relativo a estômago	gástrico, estomacal
relativo a estrela	estelar
relativo a fogo	ígneo
relativo a garganta	gutural
relativo a gelo	glacial
relativo a guerra	bélico
relativo a ilha	insular
relativo a inverno	hibernal
relativo a irmão	fraterno, fraternal
relativo a macaco	simiesco
relativo a marfim	ebúrneo
relativo a morte	mortal, letal
relativo a norte	setentrional
relativo a olho	ocular
relativo a orelha	auricular
relativo a ouro	áureo
relativo a paixão	passional
relativo a porco	suíno
relativo a prata	argênteo
relativo a professor	docente
relativo a rio	fluvial
relativo a rocha	rupestre
relativo a sonho	onírico
relativo a sul	meridional, austral
relativo a tarde	vespertino, vesperal
relativo a verão	estival
relativo a visão	óptico, ótico

Embora sejam raros na linguagem do dia a dia, esses adjetivos são frequentes em determinados tipos de texto, como o discurso científico, por exemplo, em que se dirá preferencialmente "depressão *senil*", e não "depressão *de velho*"; no discurso técnico, prefere-se "água *pluvial*" a "água *de chuva*"; um engenheiro de tráfego dificilmente diria "perímetro *da cidade*", mas "perímetro *urbano*".

Outros desses adjetivos são restritos quase exclusivamente ao texto literário:

A Catedral **ebúrnea** do meu sonho
Aparece, na paz do céu risonho... (Alphonsus de Guimaraens)

As ânsias e os desejos vão subindo,
Galgando azuis e **siderais** noivados... (Cruz e Sousa)

E assim, fitando-a noites inteiras,
Seu disco **argênteo** na alma imprimi... (Raimundo Correa)

Adjetivo usado como advérbio

O adjetivo pode ser usado como advérbio.

Caso 1

A mãe suspirava **suave**. (Guimarães Rosa)

Nessa frase o adjetivo destacado equivale ao advérbio **suavemente**.

Outros exemplos:

Fale **sério**!
Como não sabia falar **direito**, o menino balbuciava expressões complicadas... (Graciliano Ramos)

Caso 2

Especialmente em diálogos, alguns adjetivos são empregados para expressar acordo, aprovação, consentimento, funcionando como advérbios. Por exemplo: *certo*, *claro*, *correto*, *legal*, *lógico*, *óbvio*, *perfeito*, etc.

– De acordo, Júlio?
– Amanhã você estará apoiando as medidas radicais do Alto?
– Isto depende. Temos muitos interesses em comum.
– **Exato**. (Trecho de um roteiro de Gláuber Rocha. *Folha de S.Paulo*)

– Posso pegar uma Coca lá na geladeira?
– **Claro** – eu respondia aterrorizado.
– Também quero – pedia outro. (Walcyr Carrasco. *Veja São Paulo*)

Adjetivos que se referem a uma frase toda

Alguns adjetivos não funcionam como modificadores de um ou mais substantivos especificamente, mas de toda uma expressão ou frase.

Estranho, não vejo meu vizinho há meses...

O fato "não vejo meu vizinho há meses" é considerado *estranho* pelo falante.

Esquisito você ter esquecido tudo em casa logo hoje.

O fato de o interlocutor ter esquecido tudo em casa logo naquele dia é tido como *esquisito* pelo falante.

Descobriram a cura daquela moléstia. **Fantástico**, não é?

O adjetivo destacado refere-se a todo o fato expresso na primeira frase.

Posição do adjetivo em relação ao substantivo

Certos adjetivos, pelas suas propriedades semânticas (isto é, propriedades de significado), devem ocupar posição específica em relação ao substantivo, dependendo do sentido que se quer expressar. Nesses casos, a mudança na ordem das palavras pode afetar o significado da frase.

Compare estes dois casos:

a. **Bonita** roupa.
Roupa **bonita**.

b. **Grande** homem.
Homem **grande**.

No exemplo **a**, a mudança de posição do adjetivo não afeta o sentido da frase, pois uma *bonita roupa* é sempre uma *roupa bonita*; isso não ocorre no exemplo **b**, porque um *grande homem* nem sempre é um *homem grande*, e vice-versa.

Veja outros exemplos em que os adjetivos apresentam significados diferentes de acordo com sua posição em relação ao substantivo que modificam:

a. **Pobre** mulher → mulher infeliz
Mulher **pobre** → mulher sem recursos

b. **Velho** amigo → amigo de há muito tempo
Amigo **velho** → amigo idoso

c. **Único** trabalho → trabalho que é só um
Trabalho **único** → trabalho exclusivo, excepcional

Atividades

1. Identifique os adjetivos dos dois primeiros parágrafos e indique os substantivos a que eles se referem:

   A floresta Amazônica tem vegetação latifoliada, ou seja, em que predominam espécies de folhas largas, que vicejam em regiões de clima equatorial, tipicamente quente e bastante úmido. Apresenta três tipos de mata: de igapó, várzea e terra firme. A mata de igapó corresponde à parte da floresta onde o solo é permanentemente inundado. Ocorre principalmente no baixo Amazonas e reúne espécies vegetais como o mucuri, a sumaúma, o jauari e a vitória-régia.

   A mata de várzea é própria das regiões que são periodicamente inundadas, denominadas terraços fluviais. As espécies da mata de várzea, que ficam entre os igapós e a terra firme, têm formações variadas, como seringueira, palmeira, jatobá e maçaranduba. A altura dessas espécies aumenta à medida que se distanciam dos rios.

   As matas de terra firme correspondem à parte mais elevada do relevo. Em solo seco, livre de inundação durante todo o ano, as árvores podem chegar a 65 metros de altura. Em algumas regiões, o entrelaçamento de suas copas quase impede totalmente a passagem de luz, o que torna seu interior muito úmido, escuro e pouco ventilado. Em terra firme encontram-se espécies como o castanheiro, o mogno e o guaraná. (*Almanaque Abril 2005 – Brasil*. 1. ed. São Paulo: Abril, 2005, p. 142.)

2. Identifique as locuções adjetivas do texto lido.

3. Substituímos, no texto original, os adjetivos por locuções adjetivas. Refaça o texto original substituindo a locução adjetiva destacada pelo adjetivo correspondente:

   a. ... a ausência de planejamento e controle adequados do uso e ocupação do solo **da cidade** e o crescimento econômico desordenado provocaram forte e negativo impacto no meio ambiente. (Portal de *O Estado de S. Paulo*. Eleições 2002)

   b. Usaram o mesmo verde **semelhante ao mármore** nas [...] molduras das portas, escolheram o mesmo assoalho de carvalho. (*O Estado de S. Paulo*)

   c. ... sempre dele cuidou e cuida, com tocante solicitude **de irmão**. (Visconde de Taunay, *Memórias*)

   d. A quantidade de material **de guerra** espalhado pelo mundo na mão dos governantes é muito mais prejudicial à natureza do que a garrafa de vidro que demora 10 mil anos para se decompor. (Canal da Imprensa. Disponível em: <www.canaldaimprensa.com.br/cultura>)

   e. Novas descobertas de arte **gravada na rocha** em Santa Catarina. (Boletim informativo. Disponível em: <www.keler.lucas.nom.br/informativos/>)

4. Classifique cada palavra destacada nas frases abaixo como substantivo ou adjetivo.

   a. Os picos das montanhas são um grande desafio aos aventureiros. Escalar esses **gigantes** requer uma preparação e planos minuciosos. (*IstoÉ*)

   b. Um desenho **gigante** escavado no solo desértico intriga a polícia australiana. (Portal Terra)

c. A existência do racismo contra o **negro** numa cidade em que 80% da população é **negra** foi debatida na Câmara Municipal, marcando a passagem do “Dia Internacional de Combate ao Racismo”. (*A Tarde*)

d. Cada vez mais a informática passa a fazer parte do **cotidiano** dos **brasileiros**. (*O Estado de S. Paulo*)

e. (O lazer) repara as tensões das obrigações **cotidianas** e diverte, libertando o indivíduo da fadiga e do automatismo. (*O Estado de S. Paulo*)

5. Identifique o(s) adjetivo(s) empregado(s) como advérbio:

a. Enfim, o cantor certo, no tom certo, no lugar certo, na hora certa, cantando a coisa certa. Certo? (*Folha de S.Paulo*)

b. – O grande embate dramático do filme é entre seu personagem e o do inquisidor jovem, que age movido pela fé.

– Claro. A essência do filme está aí. (*Folha de S.Paulo*)

c. ....

Eu sob a capa da mangueira altiva
Nosso leito gentil cobri zelosa
Com mimoso tapiz de folhas brandas
Onde o frouxo luar brinca entre as flores.

....

Não me escutas, Jatir! nem tardo acodes
À voz do meu amor, que em vão te chama!
Tupã! lá rompe o sol! do leito inútil
A brisa da manhã sacuda as folhas.

(Antônio Gonçalves Dias, “Leito de folhas verdes”)

6. Compare os pares de frases e identifique a mudança de sentido decorrente da mudança de posição do adjetivo.

a. Com a morte de Mariana, perdemos uma **grande** escritora.

A escritora **grande** não conseguiu entrar no carro.

b. No início ocupava parte do tempo vendo classificados dos jornais ou telefonando do celular para **velhos** amigos. (*Folha de Londrina*)

Ficava telefonando do celular para seus amigos **velhos**.

c. São exemplos **simples**, mas tremendamente sérios. (*Folha de Londrina*)

Com a mesma dedicação que preparam pratos exóticos eles fazem um **simples** hambúrguer ou uma sopa. (*Folha de Londrina*)

d. Sua Majestade achou o acordo bastante infeliz e o **pobre** capitão perdeu a patente ficando ainda sob suspeita. (*Folha de Londrina*)

O capitão **pobre** perdeu a patente.

Classificação

O adjetivo pode ser **primitivo, derivado, simples, composto.**

1. Adjetivos primitivos

Os adjetivos *feliz* e *velho* não derivam de outra palavra da língua. São primitivos.

PAIVA, Marcelo Rubens. *Feliz ano velho.*

2. Adjetivos derivados

São aqueles que se originam de um substantivo, de um verbo ou de outro adjetivo da própria língua.

Observe no título do CD o adjetivo: **brasileira.**

Os derivados de substantivo e verbo são a maioria e guardam relação de significado com as palavras de que derivam.

azul **metálico** (metal → metálico)
voo **irregular** (regular → irregular)
frutas **fermentadas** (fermentar → fermentado)

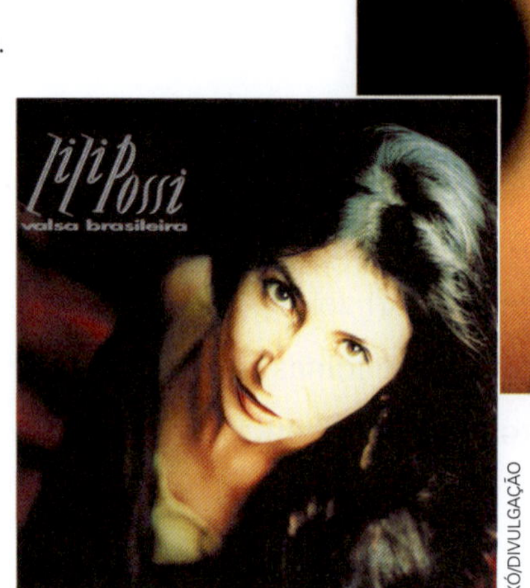

XÔ/DIVULGAÇÃO
POSSI, Zizi. *Valsa brasileira.*

Entre os derivados de substantivos há os **gentílicos** ou **pátrios**, adjetivos que se referem a nacionalidade ou lugar de origem.

O casal foi homenageado por um grupo de carimbó, dança folclórica **paraense**... (*Jornal da Tarde*)

A falta de chuvas já começa a reduzir o nível dos reservatórios e a despertar a ameaça de um racionamento de água na capital **paulista** [...] (*Jornal da Tarde*)

Adjetivos gentílicos relacionados a estados brasileiros:

Acre – acriano
Alagoas – alagoano
Amapá – amapaense
Amazonas – amazonense
Bahia – baiano
Ceará – cearense
Espírito Santo – espírito-santense
Goiás – goiano
Macapá – macapaense
Marajó – marajoara
Maranhão – maranhense
Mato Grosso – mato-grossense
Mato Grosso do Sul – mato-grossense-do-sul
Minas Gerais – mineiro
Pará – paraense
Paraíba – paraibano
Paraná – paranaense
Pernambuco – pernambucano
Piauí – piauiense
Rio de Janeiro (estado) – fluminense (forma originada da palavra latina *flumem* = rio)
Rio de Janeiro (cidade) – carioca
Rio Branco – rio-branquense
Rio Grande do Norte – rio-grandense-do-norte, norte-rio-grandense. Existe também a alcunha *potiguar* (forma não derivada do nome do estado).
Rio Grande do Sul – rio-grandense-do-sul, sul-rio-grandense. Existe também a alcunha *gaúcho* (forma não derivada do nome do estado).
Rondônia – rondoniense ou rondoniano
Santa Catarina – catarinense
São Paulo (estado) – paulista
São Paulo (cidade) – paulistano
Sergipe – sergipano
Tocantins – tocantinense

Alguns adjetivos pátrios que podem oferecer dúvida:

Baviera – bávaro

Cairo – cairota

Ceilão (atual República de Sri Lanka) – cingalês

Israel – israelense

País de Gales – galês

Quando dois adjetivos pátrios se juntam para caracterizar algum substantivo, o primeiro deles aparece em sua forma reduzida:

acordo luso-brasileiro (Portugal e Brasil)

tratado ítalo-africano (Itália e África)

Formas reduzidas de alguns adjetivos pátrios:

África – afro

Alemanha – germano ou teuto

Austrália – australo

Áustria – austro

Bélgica – belgo

China – sino

Espanha – hispano

Europa – euro

França – franco

Inglaterra – anglo

Japão – nipo

Portugal – luso

3. Adjetivos simples

São aqueles que apresentam um só radical.

garrafa **verde**

valsa **brasileira**

problema **econômico**

4. Adjetivos compostos

São aqueles que apresentam mais de um radical.

garrafa **verde-clara**

cidadania **luso-brasileira**

problema **socioeconômico**

Restritivos e explicativos

Todos os adjetivos, independentemente de sua formação, podem ainda ser classificados como:

1. restritivos – quando limitam, particularizam, restringem o significado de um substantivo.

   [...] Registrou a semana um fato **triste** e **consolador**. Morreu um homem, que era **inteligente**, **ilustrado** e **laborioso**...

2. explicativos – quando indicam uma qualidade que já é própria do substantivo a que se referem, ou seja, uma qualidade inseparavelmente associada ao significado do substantivo.

   leite **branco**

   ovelha **mansa**

   leão **feroz**

   Geralmente exercem função apenas estilística, uma vez que não acrescentam nenhuma informação ao substantivo com que se relacionam na frase.

   ... faz mal molhar as plantas com o sol **quente**. (Guimarães Rosa)

   Os explicativos aparecem quase sempre antepostos ao substantivo, pois seu emprego apenas enfatiza uma qualidade própria do substantivo a que se referem.

   A **fria** neve deixou tudo branco.

   As abelhas colhem o **doce** mel das flores...

Flexão

O adjetivo pode variar em **gênero**, **número** e **grau**.

Gênero

O adjetivo concorda com o substantivo em gênero, isto é, assume o gênero do substantivo por ele modificado.

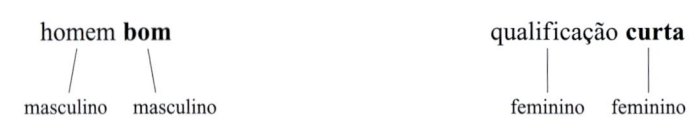

Os adjetivos podem ser **uniformes** ou **biformes**.

1. **adjetivos uniformes** – são os adjetivos que têm uma só forma para indicar os dois gêneros.

   fato **triste** – situação **triste**
   modelo **simples** – qualificação **simples**
   homem **inteligente** – mulher **inteligente**

   No superlativo absoluto, os adjetivos uniformes sofrem variação de gênero:

   fato **tristíssimo** – situação **tristíssima**

2. **adjetivos biformes** – são os adjetivos que têm duas formas diferentes: uma para o masculino e outra para o feminino.

   homem **ilustrado** – mulher **ilustrada**
   filme **bom** – comida **boa**
   cabelo **curto** – meia **curta**

Formação do feminino

Adjetivos simples

1. Regra geral

   Troca-se o **-o** por **-a**:

   ilustrad**o** – ilustrad**a**   bel**o** – bel**a**

2. Adjetivos terminados em *-u*, *-ês* e *-or*

   Acrescenta-se **-a** ao feminino:

   nu – nu**a**   francês – frances**a**   consolador – consolador**a**

Exceções

1. **hindu** e **zulu** são invariáveis:

   homem **hindu** – mulher **hindu**
   território **zulu** – tribo **zulu**

2. **cortês**, **descortês**, **pedrês** e **montês** são invariáveis:

   homem **cortês** – mulher **cortês**
   burrinho **pedrês** – galinha **pedrês**

3. **anterior**, **superior**, **interior**, **multicor**, **incolor**, **melhor** e **pior** são invariáveis:

   dia **anterior** – noite **anterior**

4. **trabalhador** tem a forma feminina **trabalhadeira**:

   menino **trabalhador** – menina **trabalhadeira**

5. **motor** tem o feminino **motriz**:

   força **motriz**

3. Adjetivos terminados em *-ão* fazem o feminino em

- -ã → homem cristão – mulher crist**ã**
- -ona → professor brincalh**ão** – professora brincalh**ona**

4. Adjetivos terminados em *-eu* fazem o feminino em *-eia*

governo **europeu** – força **europeia**
homem **ateu** – mulher **ateia**
homem **pigmeu** – mulher **pigmeia**

Exceções

1. **judeu** tem a forma feminina **judia**.
2. **sandeu** (idiota, tolo) tem a forma feminina **sandia**.

5. Os poucos adjetivos terminados em *-éu* fazem o feminino em *-oa*

ilhéu – ilhoa   tabaréu – tabaroa

Adjetivos compostos

Nos adjetivos compostos, só o último elemento assume a forma feminina.

relação franco-brasileir**a** – guerra luso-espanhol**a**
O filme, uma produção **ítalo-francesa**, foi indicado ao Oscar.
O Grêmio certamente terá a torcida **verde-amarela** ao seu lado.

A única exceção é **surdo-mudo**, que, no feminino, sofre alteração nos dois elementos.

menina surd**a**-mud**a**

Número

O adjetivo concorda com o substantivo por ele modificado, assumindo a forma singular ou plural desse substantivo.

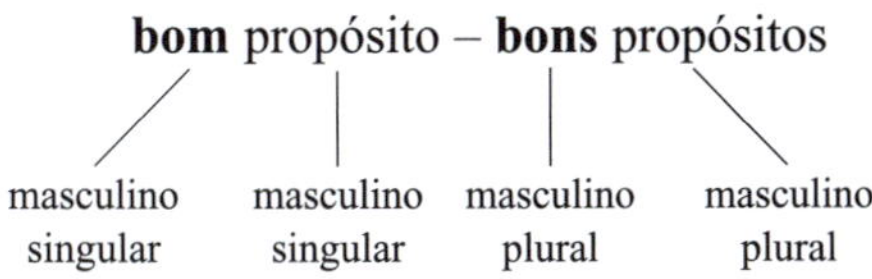

Formação do plural

Adjetivos simples

Seguem as mesmas regras de formação do plural dos substantivos simples.

caso **triste** – casos **tristes**   quadro **pequeno** – quadros **pequenos**

Adjetivos compostos

Nos adjetivos compostos, só o último elemento vai para o plural.

intervenção **médico-cirúrgica** – intervenções **médico-cirúrgicas**
caminho **recém-aberto** – caminhos **recém-abertos**
problema **socioeconômico** – problemas **socioeconômicos**

Exceções

1. **azul-marinho** é invariável:
   blusa **azul-marinho** – blusas **azul-marinho**
2. **surdo-mudo** – flexionam-se os dois elementos:
   menino **surdo-mudo** – meninos **surdos-mudos**
3. São invariáveis os adjetivos compostos referentes a cores quando o segundo elemento da composição é um substantivo:
   blusa **verde-abacate** – blusas **verde-abacate**
   vestido **azul-pavão** – vestidos **azul-pavão**

Grau

A característica de um ser pode variar em intensidade. Ao expressar essa variação, cabe ao falante colocar o adjetivo no grau **comparativo** ou no grau **superlativo**, dependendo da circunstância.

Grau comparativo

Resulta da comparação:

a. de duas qualidades do mesmo ser:

Observe esta frase:

O homem é **inteligente** e **ilustrado**.

Da comparação dessas duas características e de acordo com a intenção do falante, podem resultar essas variações:

O homem é mais inteligente que ilustrado. → comparativo de superioridade
O homem é tão inteligente quanto ilustrado. → comparativo de igualdade
O homem é menos inteligente que ilustrado. → comparativo de inferioridade

b. da mesma característica em dois ou mais seres:

Aquele caso é **triste**. Este caso é **triste**.

Da comparação da mesma característica e de acordo com a intenção do falante, podem resultar as seguintes variações:

Aquele caso é mais triste que este. → comparativo de superioridade
Aquele caso é tão triste quanto este. → comparativo de igualdade
Aquele caso é menos triste que este. → comparativo de inferioridade

Como se pode ver, a comparação não se expressou pela flexão do adjetivo, mas pelo emprego das formas seguintes:

Comparativo de superioridade

mais ... que → Ele é **mais** feliz **que** ela.
mais ... do que → Ele é **mais** feliz **do que** ela.

Comparativo de igualdade

tão ... quanto → Ele é **tão** feliz **quanto** ela.
tão ... como → Ele é **tão** feliz **como** ela.
... como → Ele é feliz **como** ela.

Observação

No nível coloquial ocorrem ainda as formas **que nem** e **feito** para o comparativo de igualdade:

Ele se sentia feliz **que nem** um passarinho.
Era uma girafa alta **feito** uma torre.

Comparativo de inferioridade

menos ... que → Ele é **menos** feliz **que** ela.
menos ... do que → Ele é **menos** feliz **do que** ela.

Grau superlativo

É o grau mais intenso da característica expressa por um adjetivo.

O superlativo resulta de uma das seguintes conclusões do falante:

Conclusão A

A qualidade apresenta-se no seu mais intenso grau, independentemente de ter sido relacionada com a mesma qualidade em outros seres. O adjetivo ficará no grau **superlativo absoluto**, que pode ser expresso basicamente de duas formas:

Superlativo absoluto sintético

O caso era **tristíssimo**.

O adjetivo foi flexionado. O sufixo **-íssimo** expressa a variação de grau.

Superlativo absoluto analítico

Leia:

Homens **muito obesos** ou **muito magros** têm maior chance de morrer de forma prematura [...] O risco de morte foi 150% maior nos **muito obesos** e 250% maior nos **excessivamente magros**. (*Folha de S.Paulo*)

Os adjetivos *obesos* e *magros* não foram flexionados para indicar grau. As palavras *muito* e *excessivamente* intensificam a característica expressa pelos adjetivos. Além dessas, são comuns como intensificadores as palavras *bastante*, *extremamente*, *incrivelmente*, *absolutamente*, etc.

Conclusão B

A característica apresenta-se no grau mais intenso (superior ou inferior) se relacionada com a mesma característica de outro ser. O adjetivo ficará no grau **superlativo relativo**, que se forma sempre pelo processo analítico e pode ser:

Superlativo relativo de superioridade

Foi **o** caso **mais** triste que já vi.

Superlativo relativo de inferioridade

Foi **o** caso **menos** triste que já vi.

Observe que o superlativo relativo resulta de uma espécie de comparação. Analise o exemplo a seguir:

Maria, João, Pedro, Lucas, Aparecida, Paulo... são alunos de uma sala de aula.

Comparando uma característica comum a todos (**esperteza**, por exemplo), teremos:

João é **o mais esperto** da classe. → superlativo relativo de superioridade
Lucas é **o menos esperto** da classe. → superlativo relativo de inferioridade

Resumo:

Superlativo
- absoluto
  - analítico
  - sintético
- relativo
  - de superioridade
  - de inferioridade

Alguns adjetivos apresentam formas especiais para o comparativo e o superlativo.

	bom	mau	grande	pequeno
comparativo de superioridade	melhor	pior	maior	menor
superlativo absoluto	ótimo	péssimo	máximo	mínimo
superlativo relativo	o melhor	o pior	o maior	o menor

Observações sobre os comparativos e superlativos irregulares

1. O adjetivo **bom** tem o superlativo absoluto sintético **boníssimo**, que se aplica a alguns sentidos do adjetivo. Compare:

médico **bom**

médico **ótimo**: muito competente, eficientíssimo

médico **boníssimo**: muito benévolo, bondoso, misericordioso

2. O adjetivo **pequeno** admite, ao lado da forma irregular, a forma **mais pequeno**, comum em Portugal.

Ele é **menor** que o irmão. Ele é **mais pequeno** que o irmão.

3. Esses adjetivos admitem a formação regular quando se comparam duas características do mesmo ser.

Seu comportamento foi mais **mau** que **bom**. Ela é **mais grande** que **pequena**.

Formação do superlativo absoluto sintético

Este superlativo forma-se de maneiras diferentes, dependendo do adjetivo.

a. Acrescentando-se o sufixo **-íssimo** à forma não flexionada do adjetivo:

normal – normalíssimo popular – popularíssimo

Se o adjetivo terminar em vogal, ela desaparece quando acrescentamos o sufixo **-íssimo**:

inteligente – inteligentíssimo curta – curtíssima

Veja – A ditadura da balança é **forte** entre os atores?

Eva – É **fortíssima**, mesmo porque, quando aparecem no vídeo, as pessoas parecem ser mais gordas do que realmente são. (*Veja*)

b. Os adjetivos terminados em **-vel** formam o superlativo em **-bilíssimo**:

solúvel – solubilíssimo confortável – confortabilíssimo terrível – terribilíssimo

c. Os adjetivos terminados em **-z** formam o superlativo em **-císsimo**:

feliz – felicíssimo feroz – ferocíssimo

Muitos adjetivos apresentam formas eruditas para o superlativo absoluto sintético.

Essas formas são derivadas do grau superlativo latino e algumas são pouco utilizadas na linguagem cotidiana.

Terminação *-íssimo*
agudo – acutíssimo
amargo – amaríssimo
amigo – amicíssimo
antigo – antiquíssimo
benéfico – beneficentíssimo
benévolo – benevolentíssimo
comum – comuníssimo
cristão – cristianíssimo
cruel – crudelíssimo
doce – dulcíssimo
fiel – fidelíssimo
geral – generalíssimo
maléfico – maleficentíssimo
malévolo – malevolentíssimo
nobre – nobilíssimo
pessoal – personalíssimo
provável – probabilíssimo
sábio – sapientíssimo
sagrado – sacratíssimo
são – saníssimo
simples – simplicíssimo
soberbo – superbíssimo

Terminação *-érrimo*
acre – acérrimo
áspero – aspérrimo
célebre – celebérrimo
íntegro – integérrimo
livre – libérrimo
magro – macérrimo (ou magríssimo)
mísero – misérrimo
negro – nigérrimo (ou negríssimo)
pobre – paupérrimo (ou pobríssimo)
salubre – salubérrimo

Terminação *-limo*
ágil – agílimo
difícil – dificílimo
dócil – docílimo
fácil – facílimo
frágil – fragílimo
humilde – humílimo

Observações

1. Os adjetivos terminados em **-ário**, **-ério** e **-ório**, de acordo com a norma culta, exigiriam dois **is** no superlativo absoluto sintético. No entanto, a língua atual prefere utilizar apenas um **i**:

sério { seriíssimo (norma culta)
seríssimo (tendência atual)

provisório { provisoriíssimo (norma culta)
provisoríssimo (tendência atual)

reacionário { reacionariíssimo (norma culta)
reacionaríssimo (tendência atual)

2. Alguns adjetivos, pelo significado ou pelo tipo de relação que mantêm com o substantivo, não se flexionam em grau. Exemplos: *mensal, anual, estadual, paterno, materno, ruminante, atmosférico*, etc.

Atividades

1. Classifique cada adjetivo destacado em **simples** ou **composto**, **primitivo** ou **derivado**:
   a. *Golubtzi* é o nome de um prato **tradicional ucraniano**.
   b. Essas características (do autor) estão particularmente evidenciadas no conto *Vivendo o cartaz*, no qual um homem induz um **jovem** balconista a refletir sobre a existência a partir da visão de uma mensagem **manuscrita**, dependurada num **gordurento** restaurante de beira de estrada. (*IstoÉ*)
   c. Apesar dos apelos da onda **naturalista** que invadiu o Brasil há alguns anos, o mel ainda é um produto praticamente **inexistente** na dieta **alimentar** do brasileiro. (*Folha de S.Paulo*)
   d. O único habitante do lugar é um cachorro **vira-lata** cuja sobrevivência, para o ferroviário Bonifácio de Souza, "é um mistério". (*Folha de S.Paulo*)

2. Responda ao que se pede, criando frases completas em que apareçam adjetivos pátrios relacionados a estados brasileiros. A frase não pode conter informação falsa. Se necessário, pesquise.
   a. O carimbó é uma dança típica do Paraná. E o frevo?
   b. Uma das riquezas do Ceará é o algodão. E o mate?
   c. O escritor Guimarães Rosa nasceu em Cordisburgo, Minas Gerais. E Mário de Andrade?
   d. O farol da Barra é um ponto turístico de Salvador, Bahia. E o Cristo Redentor?

3. Reescreva, substituindo o segmento destacado por adjetivos pátrios.
   a. Criança **nascida no Acre**.
   b. Pintor **natural da cidade do Rio de Janeiro**.
   c. Pintor **natural do estado do Rio de Janeiro**.
   d. Cozinheira **natural de uma cidade do interior de São Paulo**.
   e. Cozinheira **natural da capital de São Paulo**.
   f. Acordo **assinado entre o Japão e o Brasil**.
   g. Tratado **entre a China e os Estados Unidos**.

4. Classifique os adjetivos destacados em **restritivos** ou **explicativos**:
   a. O deus **sagrado** castigou-a.
   b. A noite **fria** afugentava os transeuntes.
   c. Existe é homem **humano**. (Guimarães Rosa)
   d. Vi as **compridas** agulhas tremerem novamente nas suas mãos... (Lúcio Cardoso)
   e. Vi as **pontudas** agulhas tremerem novamente nas suas mãos.

5. Classifique os adjetivos destacados em **biformes** ou **uniformes**:
   a. É um preço que até um presidente notoriamente **pão-duro** como este não tem o direito de regatear. (*Jornal da Tarde*)
   b. A televisão, apesar de nos trazer uma imagem **concreta**, não forma uma reprodução **fiel** da realidade. (M. Sodré)
   c. Segundo o Manual das Forças Armadas, cumprimento **militar** é a continência. No entanto, se uma autoridade **civil** estender as mãos, é dever do oficial responder ao gesto.

6. Coloque no feminino as expressões:
   a. moço nu
   b. pastor francês
   c. homem hindu
   d. galo multicolor
   e. conde europeu
   f. garoto saudável
   g. professor judeu
   h. guri são

7. Reescreva as frases substituindo o que estiver destacado pelo indicado entre parênteses, fazendo as adaptações necessárias.
   a. O **padre** [...] desembarcou ainda criança e regressou adulto, civicamente luso-brasileiro. (*Jornal da Tarde*) (padres)
   b. Sem contar a beleza do **prédio** verde-claro com detalhes dourados, o hotel orgulha-se de abrigar o maior acervo do planeta: cerca de 3 milhões de obras de arte... (*Jornal da Tarde*) (prédios)
   c. Começou ontem a **operação** pente-fino da vacinação contra o sarampo nas instituições de ensino da cidade. (*Jornal da Tarde*) (operações)
   d. Sabedoria de criança é de um **realismo** atroz. (*Jornal da Tarde*) (realismo e franqueza)
   e. O presidente **está na condição** ímpar de dar o bom exemplo... (*Jornal da Tarde*) (goza de condição e prestígio)
   f. A transparência da água mistura o azul do céu com o amarelo da areia ao fundo, dando ao mar **um tom** verde-esmeralda. Imperdível. (*Jornal da Tarde*) (tons)
   g. Os ladrões fugiram **num Fiat Tipo** cinza. (*O Estado de S. Paulo*) (em dois carros)
   h. Houve um tempo em que os goleiros não usavam luvas e jogavam com **bola** marrom. (*O Estado de S. Paulo*) (bolas)
   i. O **outro** era tratado com carinho por todos. Jovem, sem família, surdo-mudo. (*O Estado de S. Paulo*) (outros)

8. Identifique o grau do adjetivo destacado:
   a. Conseguiram, mesmo tendo percorrido um caminho mais **árduo** e mais **longo**... (*Veja*)
   b. Ela é muito **rigorosa**. Diz de cara se você tem ou não boa voz e se quer ou não trabalhar com você. (*Veja*)
   c. Levantamento da Faculdade de Medicina da Universidade de São Paulo constatou que, enquanto o adolescente trabalhador pesa em média 34 quilos, o que apenas estuda tem 49 quilos. Os trabalhadores também são 13 centímetros mais **baixos**, têm o braço 4 centímetros mais **fino** e o pescoço 2 centímetros mais **estreito**. (*Veja*)
   d. Armas nucleares são inerentemente perigosas, extremamente **caras**, militarmente ineficientes e moralmente indefensáveis. (*Veja*)
   e. **Magrinho**, discreto e de hábitos simples, ele não tem um pingo do *glamour* que se poderia esperar do dono de uma reluzente cadeia de joalherias. (*Veja*)

9. Siga o modelo:

Modelo: mundo – altura – esta montanha (superlativo relativo de superioridade)

Esta montanha é a mais alta do mundo.

a. cesta – acidez – aquela maçã (superlativo relativo de inferioridade)

b. fábrica – tranquilidade – esta operária (superlativo relativo de superioridade)

c. sala de aula – sagacidade – Pedrinho (superlativo relativo de superioridade)

d. centro da cidade – velhice – este edifício azul (superlativo relativo de inferioridade)

10. Utilizando o grau superlativo absoluto, nas formas sintética e analítica, intensifique a característica em destaque:

a. menina **teimosa**

b. plano **famoso**

c. aluno **esforçado**

d. peça **frágil**

e. mendigo **simpático**

11. Reescreva, substituindo o quadradinho pela forma conveniente do superlativo absoluto sintético:

a. homem muito célebre – homem ■

b. bebida muita amarga – bebida ■

c. arrombador extremamente ágil – arrombador ■

d. atitude bastante amável – atitude ■

e. palavras cruéis como veneno – palavras ■

f. exercício superdifícil – exercício ■

g. cão feroz feito o demônio – cão ■

h. menina frágil como quê – menina ■

i. menino livre como um passarinho – menino ■

j. vendedor magro que nem vareta – vendedor ■

k. avião superveloz – avião ■

l. ator profundamente respeitável – ator ■

12. Nas frases seguintes, destacamos superlativos absolutos sintéticos irregulares retirados de textos literários, bastante raros na linguagem cotidiana. Escreva cada adjetivo no seu grau normal.

a. Musa **libérrima**, audaz!... (Castro Alves)

b. Quando minha mãe me deu o último beijo: "Quadro **amantíssimo**!" suspirou ele. (Machado de Assis)

c. ... eu aspirava a música como a embriaguez **dulcíssima** de um perfume funesto... (Raul Pompeia)

d. Quem vê a família sertaneja, ao cair da noite, ante o oratório tosco ou registro **paupérrimo**, à meia-luz das candeias de azeite, orando pelas almas dos mortos queridos, ou procurando alentos à vida tormentosa, encanta-se. (Euclides da Cunha)

e. ... caíam genuflexos sobre o chão **aspérrimo**. (Idem)

f. Eram, realmente, **fragílimos** aqueles pobres rebelados... (Idem)

13. Nos adjetivos abaixo, foram empregados sufixos próprios da flexão do substantivo. Identifique a ideia presente em cada caso, entre as indicadas:

(a) apenas gradação de intensidade
(b) alguma restrição em aplicar a qualidade ao ser
(c) afeto
(d) ironia
(e) depreciação

a. Chegou o **gostosão**. Estou me mandando...
b. Como você é **bonzinho**! Deslocar-se até aqui só pra me trazer o livro...
c. Como você é **bonzinho**! Matar o pássaro só pra fazer graça para a namorada...
d. O tanque do carro está **vaziinho**.
e. Ah, ela é **bonitinha**...

14. Identifique todos os recursos empregados pelo poeta, no que diz respeito ao emprego de adjetivos, no poema seguinte:

Minha espingarda pica-pau
é de caçar passarinho
E tem o cano fininho
e tem o aço levinho
e dá um tiro pertinho
faz um barulho baixinho (Cacaso)

FATOS DE DISCURSO

A caracterização e os adjetivos

Como vimos, os adjetivos empregam-se junto aos substantivos, atribuindo-lhes características. Por essa razão, seu emprego está ligado à atividade discursiva da **caracterização**. Há três maneiras de caracterizar os seres: a *caracterização em si*, a *acidental* (ou circunstancial) e a *externa*.

Essas diferentes formas de caracterização determinam o tipo de adjetivo a ser utilizado, o lugar que ele ocupará em relação ao substantivo e sua mobilidade dentro dos enunciados.

1. A **caracterização em si** define os seres a partir de uma qualidade que é inerente a eles. O adjetivo utilizado em geral se emprega em sentido próprio, e o lugar de preferência é após o substantivo, em *conexão imediata*, como adjunto adnominal (epíteto) ou, às vezes, em *conexão mediada* pelo verbo de ligação *ser*, como predicativo. Por exemplo:

© MAURICIO DE SOUSA PRODUÇÕES
SOUSA, Mauricio de. A hora do pesadelo. Revista *Cebolinha*. São Paulo: Globo, n. 217, jul. 2004, p. 1.

Nesse trecho de história em quadrinhos são caracterizados os seguintes seres:

a. O DVD → "... este **inofensivo** DVD..." (no primeiro quadro)
b. A mãe do Cascão → "A senhola é muito **gentil**!" (no segundo quadro)
c. O Cebolinha → "Ele é tão **educadinho**." (no terceiro quadro)

Inofensivo é uma qualidade própria, característica do DVD. Significa que ele não pode se separar dessa característica, ela é inerente a ele. O mesmo se dá com relação à mãe do Cascão e ao Cebolinha: **gentil** e **educadinho** são características inerentes a esses dois seres.

Esse tipo de caracterização é muito comum nos textos de natureza descritiva. Observe o trecho do romance *Salomé*, de Menotti del Picchia:

A diferença que há entre Beethoven e Bach é que o primeiro é **humano** e o outro **divino**. Tenho uma alma **terrestre**. Beethoven está mais próximo de mim. Bach é uma ascensão **serena**, uma fuga **angélica** do mundo **real**. Para mim não me dá ele um ponto de referência para o limitado e o contingente...

(Menotti del Picchia. *Salomé*. Rio de Janeiro: Ediouro, s.d. p. 50.)

Os adjetivos destacados se prestam à caracterização em si dos seres a que se referem. É o mesmo tipo de caracterização que se emprega nos anúncios classificados:

Cobertura Jardins

Magnífica cobertura triplex sem uso. Autêntica mansão neoclássica suspensa, no coração dos Jardins. 1 000 m² úteis. 5 luxuosas suítes (a máster com 100 m²). [...] No ponto mais alto da cidade, encantadora vista para o Jardim Europa e o Ibirapuera. Concepção arquitetônica e luminotécnica João Armentano.

(*O Estado de S. Paulo*)

2. A **caracterização acidental** descreve um ser pela atribuição de uma característica que não é inerente a ele, mas sim lhe ocorre de maneira acidental.

Esse tipo de caracterização é comum quando se usa um adjetivo em função de predicativo, geralmente ligado ao substantivo por meio de um verbo de ligação diferente de *ser*.

Pode também estar condicionada pelo contexto, sem o uso do verbo de ligação.

No trecho abaixo, extraído de um conto de João Guimarães Rosa, observe como se opõem características inerentes (assinaladas em itálico) e acidentais (assinaladas em negrito) do mesmo ser, o burrinho pedrês.

Era um burrinho *pedrês*, *miúdo* e *resignado*, vindo de Passa-Tempo, Conceição do Serro, ou não sei onde no sertão. Chamava-se Sete-de-Ouros, e já fora tão *bom*, como outro não existiu e nem pode haver *igual*.

Agora, porém, estava **idoso**, muito **idoso**. Tanto, que nem seria preciso abaixar-lhe a maxila teimosa, para espiar os cantos dos dentes. Era *decrépito* mesmo a distância: no algodão bruto do pelo – sementinhas escuras em rama rala e encardida; nos olhos remelentos, cor de bismuto, com pálpebras rosadas, quase sempre oclusas, em constante semissono; e na linha, fatigada e respeitável – uma horizontal perfeita, do começo da testa à raiz da cauda em pêndulo amplo, para cá, para lá, tangendo as moscas.

(João Guimarães Rosa. O burrinho pedrês. *Sagarana*. Rio de Janeiro: Record, s.d. p. 17.)

O uso dos diferentes verbos de ligação determina, muitas vezes, o tipo de caracterização em questão (sobre os verbos de ligação, ver página 396).

3. A **caracterização externa** relaciona o ser descrito com características das quais ele depende no tempo e/ou no espaço. Em geral, usam-se nesse tipo de caracterização as locuções adjetivas, associadas a verbos de ligação, e as chamadas orações subordinadas adjetivas (sobre essas orações, ver página 432).

A caracterização externa é muito comum nas *notícias*, nos *relatos policiais* e nos *faits divers*, dada a natureza das informações veiculadas nesses textos. Vejamos alguns exemplos (adaptados de trechos de notícias de jornais diversos):

O policial surpreendeu o suspeito **em plena atividade criminosa**.
Um caminhão **transportando** toneladas de arroz tombou na rodovia Castelo Branco.
A morte de uma criança **com várias escoriações** foi registrada após o assalto.

O gerúndio (forma nominal do verbo), quando utilizado como adjetivo, é mais comum na caracterização externa, como no segundo exemplo acima. Já o particípio (outra forma nominal do verbo) é mais adequado à expressão de características inerentes ou acidentais.

O lugar dos adjetivos

O adjetivo pode, em princípio, antepor-se ou pospor-se ao substantivo a que se liga:

Uma **bela** casa de campo é o prêmio ao vencedor! (adjetivo anteposto)

O imóvel **destruído** localiza-se próximo da prefeitura. (adjetivo posposto)

Além disso, essa ligação pode ser *imediata* (adjetivo como adjunto adnominal) ou *mediata* (adjetivo como predicativo ou como aposto).

Essas diferentes posições criam efeitos de sentido diversos e, acumuladas com os diferentes tipos de caracterização, possibilitam variadas configurações discursivas. Compare:

I. Os policiais **cansados da busca** deixaram o local para retornar no dia seguinte. (ligação imediata – a característica restringe a classe: só foram embora os policiais cansados, os outros não foram)

II. Os policiais, **cansados da busca**, deixaram o local para retornar no dia seguinte. (ligação mediata – a característica se aplica ao conjunto, e todos os elementos da classe são afetados indistintamente por ela: todos os policiais foram embora)

Quanto à posição, os gramáticos não chegaram a um acordo para descrever os efeitos de sentido. Algumas hipóteses têm sido levantadas:

Adjetivo anteposto	Adjetivo posposto
Sentido figurado ou metafórico	Sentido próprio
Efeito de subjetividade	Efeito de objetividade
Efeito expressivo	Efeito explicativo
Sentido afetivo	Sentido intelectual
Etc.	

Analisando o grau de aderência entre adjetivo e substantivo, chegamos à conclusão de que o adjetivo anteposto "se adere" mais ao substantivo do que o adjetivo posposto. Isso faz com que o conjunto *adjetivo + substantivo* seja percebido como uma *unidade semântica*. O ser nomeado pelo substantivo é apreendido por suas características. Daí decorre, muitas vezes, o efeito de "sentido figurado" ou "subjetividade" provocado pela anteposição. Assim:

Tenham todos um **feliz Natal**. (a fórmula dos cartões de natal)
Uma **espetacular jogada** de Ronaldinho resultou no **belíssimo gol** da vitória.

É notável que, nesses casos de anteposição, o artigo e outros determinantes vêm *antes* do conjunto *adjetivo + substantivo*, como se esse conjunto constituísse um todo.

Quando o adjetivo é posposto, a adesão com o substantivo é menor, o que faz com que substantivo e adjetivo sejam percebidos como duas unidades semânticas distintas. Daí o efeito de "sentido próprio", "objetividade" dos adjetivos pospostos.

Em qualquer caso, diversos efeitos de sentido discursivos podem ser obtidos quando o locutor decide antepor ou pospor um adjetivo, indo contra a tendência a uma ou outra posição. É por isso que se diz que a transgressão dessas tendências gera alguns efeitos de sentido no discurso:

a. **intensidade:**

Uma **pesada chuva** caiu ontem sobre São Paulo.
A novela terminou por um **magnífico beijo** dos protagonistas.

A posposição desses adjetivos teria um efeito de simples caracterização:

Uma **chuva pesada**
Um **beijo magnífico**

b. **efeito analítico:**

A paralisia infantil pode ter limitado vários movimentos de A. S., mas não a ponto de impedir que a vida fizesse dele um **pequeno grande homem**. (*Folha de Londrina*)

A posposição desses adjetivos seria mesmo impossível, dado o sentido próprio e objetivo que emprestariam ao enunciado.

Atividades

1. Leia e observe os adjetivos antônimos:

   a. Mário é **esperto**.

   b. Mário não é **tolo**.

   Existe gradação de significado entre as duas frases? Explique.

2. As frases de cada par são equivalentes. No entanto, uma das formas destacadas indica característica permanente do indivíduo e outra indica característica circunstancial. Identifique cada caso.

   a. – Como o senhor vê o fato de ser o parlamentar mais **faltoso**? (*Folha de S.Paulo*)

   – Como o senhor vê o fato de ser o parlamentar **que mais falta**?

   b. [...] se C. não cumprir o acordo, passará a ser chamado de "governador **mentiroso**". (*Folha de S.Paulo*)

   Se C. não cumprir o acordo, passará a ser chamado de "governador **que mente**".

Artigo

Jacaré fugitivo vira herói em Los Angeles

Um jacaré surgiu num lago poluído de Los Angeles, na Califórnia, Estados Unidos, surpreendendo as autoridades locais, que não conseguiram capturá-lo. O réptil fugitivo já virou herói popular na vizinhança, onde continua a tapear os caçadores e a evitar a captura.

Dezenas de moradores se reuniram às margens do lago Machado nesta quinta-feira, recostados em cadeiras ou observando a água com binóculos, enquanto vigilantes do parque, com redes, esperavam que **o jacaré** de dois metros saísse da lama.

"Estamos bem confiantes de que poderemos pegá-lo", afirmou o vigilante Albert Jedinak, observando a superfície calma do lago. "Ele já chegou a cair na rede uma vez, mas infelizmente a gente não tinha o barco pronto."

Enquanto isso, **uma mulher** colocava os dois filhos para vender aos curiosos, a 10 dólares, camisetas com o desenho de um jacaré e a mensagem: "Harbor City, vocês nunca vão me pegar".

O jacaré, que durante a semana, pelos 21 hectares do lago, havia sido perseguido por um "caçador de jacarés" profissional vindo do Colorado, não apareceu. A última vez que viram **o animal** foi na quarta-feira à noite.

[...]

Portal Terra. Notícias – Popular. Quinta, 18 ago. 2005. Adaptado.

Conceito e classificação

Observe:

um jacaré (primeira linha do texto)

o jacaré (segundo e último parágrafos)

As palavras **um** e **o** são artigos.

Artigo é a palavra que se antepõe ao substantivo para definir ou indefinir o ser nomeado por esse substantivo.

Na primeira ocorrência, a palavra *jacaré* é tomada no sentido genérico e indica toda a espécie. Trata-se de um jacaré não específico. O artigo *um* indica um representante de determinada espécie animal (jacaré) de forma vaga, indefinida, imprecisa. As palavras **um**, **uma**, **uns**, **umas** são artigos indefinidos.

Na segunda e terceira ocorrências, destacadas no texto, o artigo faz referência a um ser determinado, já conhecido do leitor: não se trata mais de um jacaré qualquer, mas daquele que virou herói. As palavras **o**, **a**, **os**, **as** são artigos definidos.

O artigo pode aparecer:

a. imediatamente antes do substantivo a que se refere:

o réptil — **uma** mulher

b. antes de outros termos que também se referem ao substantivo:

os dois filhos — **um** indefeso caçador

Além de indicar o gênero e o número das palavras, o artigo serve para substantivar qualquer palavra ou expressão:

um sim – **o** indefeso – **um** não sei quê – **o** porquê

[Nesta borboleta] intenso azul metálico cobre quase totalmente a face superior das asas do macho, que serve de estímulo para atrair fêmeas não fecundadas. Nestas, **o** azul é mais pálido e abrange apenas a porção central das asas. (Revista *Ecologia e Desenvolvimento*. Versão on-line)

Contração e combinação

Os artigos podem *contrair-se* ou *combinar-se* com determinadas preposições, formando novas palavras.

A **contração** ocorre quando a preposição **a** e o artigo feminino definido (**a**, **as**) se fundem. Essa fusão, chamada de **crase**, é marcada pelo acento grave.

preposição		artigo		contração
a	+	a	=	à
a	+	as	=	às

Júlia vai à praia com Teo. (*Folha de S.Paulo*)

A contração resulta deste fenômeno:

vai **a** + **a** praia = vai **à** praia
(preposição: a; artigo: a)

Observação

A contração também ocorre quando a preposição **a** se funde com o pronome demonstrativo **aquele** e suas variações, com os demonstrativos **a** e **as** e com os pronomes relativos **a qual**, **as quais**.

Dirigiu-se **àquele** campo de futebol.
(a + aquele = àquele)

Entregue o pacote **àquela** moça de verde.
(a + aquela = àquela)

Entregue o pacote **à** de verde e não **à** de amarelo.
(a + a = à)

A moça **à qual** me referi estava de blusa verde.
(a + a qual = à qual)

A **combinação** pode ocorrer entre qualquer um dos artigos e as preposições **a**, **de**, **em**, **per** (forma antiga da preposição **por**).

Na palavra resultante dessa combinação, o artigo não se altera nem desaparece, mas a preposição pode sofrer mudança.

Preposições	Artigos definidos	Combinações
a	o a os as	ao — aos —
de		do da dos das
em		no na nos nas
per (por)		pelo pela pelos pelas

Preposições	Artigos indefinidos	Combinações
de	um uma uns umas	dum duma duns dumas
em		num numa nuns numas

Quando se fizer a análise morfológica dessas palavras, esses fenômenos devem ser especificados. Por exemplo:

do – combinação da preposição **de** com o artigo definido **o**

num – combinação da preposição **em** com o artigo indefinido **um**

à – contração da preposição **a** com o artigo definido **a**

Observação

Há divergências na classificação desses fenômenos. Segundo alguns gramáticos, ocorre contração sempre que a preposição, ao unir-se com outra palavra, apresenta mudança em sua estrutura fonológica. Assim, as formas *duma, numa, naquele, num*, etc. seriam resultantes de *contração* e não de combinação.

Como a NGB é omissa em relação a esse fato, optamos por considerar *contração* apenas os casos em que ocorre crase. Segundo Celso Pedro Luft, *"Antenor Nascentes diz que a contração não passa de caso especial de combinação e só se dá com a preposição **a**"*. (LUFT, Celso Pedro. *Gramática resumida*. Porto Alegre: Globo, 1978. p. 112.)

Essa também é a opinião de Vittorio Bergo (*Pequeno dicionário brasileiro de Gramática Portuguesa*. Rio de Janeiro: Francisco Alves, 1980. verbete **preposição**) e de Napoleão Mendes de Almeida.

Emprego

1. Tanto na língua oral quanto na escrita, usa-se o artigo definido, em geral, com a função de fazer referência a algo que foi mencionado anteriormente, enquanto o artigo indefinido é empregado diante de nomes aos quais não se fez ainda referência na fala ou no texto.

Veja no exemplo:

Conta-nos também o editor de *Politics* que outro conhecido seu foi certa noite atropelado por **um** caminhão, numa rua movimentada de West Side. Seu corpo rolou para a sarjeta, inconsciente, enquanto **o** caminhão desaparecia na primeira esquina. (Fernando Sabino)

Na primeira ocorrência, a palavra *caminhão* vem precedida do artigo indefinido *um*, porque não é do conhecimento do leitor. Na segunda, vem definida pelo artigo *o*, pois trata-se de um caminhão a que já se fez referência no texto.

2. Muitas vezes, o artigo definido é utilizado para referências que não estão no texto, mas são do conhecimento dos interlocutores.

Por favor, não me procure mais **no** escritório ou eu vou acabar desempregado.
(Trata-se de local conhecido dos interlocutores, embora não tenha sido ainda citado no texto.)

É necessário ainda levar em conta que o artigo definido pode aparecer com referências situadas depois dele no texto. Observe:

O *caso* que ele contou era **uma** *história* triste de desemprego, pobreza...

3. Além das funções de indefinir ou definir, o artigo também serve para *generalizar* um substantivo.

O jacaré é um animal perigoso. → Alude-se ao gênero jacaré, sem tratar de nenhum em particular.

O repórter policial, tal como **o** locutor esportivo, é um camarada que fala uma língua especial, imposta pela contingência... (Stanislaw Ponte Preta)

4. O artigo definido é usado:

a. antes de nomes de países, regiões, continentes, montanhas, vulcões, lagos, oceanos e rios:
a França – **o** Nordeste – **a** Europa – **os** Andes – **o** Vesúvio – **o** Fuji – **o** Pacífico – **o** Amazonas

Observações

1. Alguns nomes de países e regiões não admitem o artigo. Exemplos: *Portugal, Angola, São Salvador, Castela, Leão, Cabo Verde,* etc.
2. Alguns nomes de países podem ser empregados com ou sem artigo, dependendo do contexto:

   Projeto para censurar internet é barrado **na** Inglaterra. (www.estadao.com.br)

   Classificou-se atrás de Portugal, Itália e Inglaterra.

b. antes do nome dos estados brasileiros, exceto: *Goiás, Pernambuco, Rondônia, Sergipe, Roraima, São Paulo, Santa Catarina.*

c. antes de nomes de pessoas, quando utilizados no plural:

os Almeidas – **os** Junqueiras – **os** Oliveiras

d. depois da palavra *ambos* ou *ambas*, quando ela funcionar como modificador de outro termo:

A segunda cirurgia mais procurada é nas mamas – e para **ambos os** sexos. É isso mesmo: é comum, durante a puberdade, a mama masculina crescer demais, o que provoca constrangimento. (*Veja*)

e. depois das palavras *todos* ou *todas*, quando estas vierem acompanhadas de numeral seguido de substantivo:

Todos os quatro representantes eram incompetentes.

Todas as oito nações manifestaram-se a favor do projeto.

Observação

Se o numeral **não** vier seguido de substantivo, não se deve usar o artigo:

Todos quatro eram representantes.

Todas oito manifestaram-se a favor do projeto.

f. depois da palavra *todo* ou *toda* significando *inteiro* ou *inteira*:

Fórum atrai visitantes de **todo o** país... (*O Globo*)
(= o país inteiro)

Gripe aviária já matou mais de 100 pessoas em **todo o** mundo, segundo a OMS. (*Gazeta do Povo*)

Compare o último exemplo com:

Tá **todo mundo** comentando,
Todo mundo, **todo mundo** se intrometendo
E eu nem tô ligando.
(Jairzinho Oliveira e Daniel Carlomagno, *Tá todo mundo*)

Na expressão de uso coloquial **todo mundo** (= todas as pessoas) o emprego é vacilante.

Observação

Se omitirmos o artigo depois das palavras *todo* e *toda*, estas passam a ter o significado de *qualquer*:

Toda cidade bem constituída, civilizada, observa a alternância entre a rua e a praça. (*Jornal da Tarde*)

5. O artigo definido pode ou não ser usado antes:

a. de pronomes adjetivos possessivos:

O que pedia para **meus** jogadores era seriedade, trabalho e constância. (*Folha de S.Paulo*)

Aproveito a oportunidade para apresentar aos dirigentes, técnicos, jogadores e adeptos **os meus** votos de sucesso. (*Folha de S.Paulo*)

b. de nome de pessoa no singular:

Rosa tem o rosto salpicado de espinhas. (Dalton Trevisan)

A Rosa é muito tirana – desculpa a outra com azedume. (Idem)

6. Não se deve usar o artigo definido antes:

a. de pronomes de tratamento:

Vossa Excelência está redondamente enganado.

b. de nomes de cidades e meses, a não ser que venham seguidos de adjetivos ou locuções adjetivas:

As provas serão realizadas em **Belo Horizonte**, **Brasília**, **Campinas**, **Campo Grande**, **Curitiba**, **Fortaleza**, **Manaus**, **Porto Alegre**, **Ribeirão Preto**, **Salvador** e **São Paulo**. (*O Globo*)

Iniciamos este projeto em **fevereiro** de 1985.

Compare:

A prova foi realizada n**a modernníssima Curitiba**.
Vou viajar para **a Fortaleza de meus sonhos**.
Iniciamos este projeto n**o desastroso fevereiro** de 1985.

Observação

Alguns nomes de cidades admitem o artigo: **o** Rio de Janeiro – **o** Recife – **o** Porto – **o** Cairo – **o** Havre, etc.

c. de substantivos empregados em sentido geral ou indeterminado:

Canivete é serventia de homem, mas é **arma** de menino, meu irmão. (Rubem Braga)

d. da palavra *casa*, quando se referir à residência da pessoa que fala e não vier acompanhada de modificadores. Compare:

Fui **a** casa.
Fui **à** (a + a) casa de meus pais.
Voltamos **de** casa.
Voltamos d**a** casa de nossos avós.

7. O artigo indefinido pode ser usado:

a. para dar maior realce a um substantivo, fazendo com que este, no singular, represente toda a espécie:

Não era **um** ser humano, era **um** bicho. (Fernando Sabino)

b. no plural, anteposto aos numerais, no sentido de *aproximadamente*:

Desci **uns** doze metros... (Fernando Sabino)
Tinha **uns** sessenta e quatro anos, rijos e prósperos. (Machado de Assis)

8. Os artigos podem ainda ser usados como:

a. pronome demonstrativo:

Pretende empregar recursos n**a** região. (= nesta)
Parto n**o** momento para o Rio. (= neste)

Toda vez que anteceder a preposição **de** e o pronome relativo **que**, o artigo tem o valor de pronome demonstrativo:

Essas notícias são verdadeiramente animadoras. **As** de ontem eram pouco consistentes.
(= aquelas)

Perdemos tempo com aquelas conversas inúteis; **as** que interessavam eram poucas, na verdade.
(= aquelas)

b. pronome possessivo:

Uma mulher colocou **os** filhos para vender camisetas com o desenho do jacaré.
(= seus)

Coçou **o** queixo cabeludo, parou, reacendeu o cigarro. (Graciliano Ramos)
(= seu)

FATOS DE DISCURSO

Efeitos de sentido dos artigos

1. O emprego do artigo definido antes de nome de pessoa confere um certo tom de familiaridade ou afetividade à frase.

   Compare dois trechos do conto *Os mortos que não morreram*, de Luiz Vilela:

   a. Walter apenas sorriu.
   b. – Onde você desenterrou esse seu amigo?
   – **O** Walter? Por quê?
   – Ele é um chato.

Na frase **a**, há certo distanciamento por parte do narrador. No caso **b**, o artigo concede o tom de familiaridade ao tratamento, já que a fala é do amigo de Walter.

2. A repetição do artigo em enumerações individualiza os componentes:

   O pasto, **as** várzeas, **a** caatinga, **o** marmeleiral esquelético, era tudo de um cinzento de borralho. (Rachel de Queiroz)

   Compare com:

   Pasto, várzeas, caatinga, marmeleiral esquelético, era tudo de um cinzento de borralho.

3. Emprega-se o artigo indefinido para reforçar alguma característica de um ser ou objeto:

   Era realmente **uma** maravilha de criança.

   Todos fugiam dele, **um** demônio de criatura.

4. Algumas diferenças de significado de uma frase decorrem do emprego ou não do artigo definido.

   Compare:

Estão em exposição desde aparelhos do final do século passado até modernos telefones celulares. (= alguns modernos telefones celulares)

Estão em exposição desde aparelhos do final do século passado até **os** modernos telefones celulares. (*Folha de S.Paulo*) (= todos os modernos telefones celulares)

Efeitos de sentido da ausência de artigo

Sabemos que a função do artigo é *atualizar* o substantivo, isto é, colocá-lo em situação de uso. Cada tipo de artigo o faz de uma forma diversa. Assim:

Artigo definido	Artigo indefinido
1. O substantivo é atualizado e designa um exemplar único de uma classe de seres, já conhecido e nomeado (*função anafórica*), ou como ser que possui as características definidas pela situação. Exemplo: Na sala de jantar, há uma mesa de fórmica. A gata dorme sempre sobre **a** mesa à tarde. (a mesa que já foi nomeada antes)	**1.** O substantivo é atualizado e designa um representante típico e exemplar de sua categoria. Exemplo: Na sala de jantar há **uma** mesa de fórmica. (a mesa é designada como um representante qualquer da classe das mesas)
2. Quem emprega o artigo definido supõe que o seu interlocutor conhece a classe do ser nomeado pelo substantivo e já o identificou como objeto específico de discurso. Exemplo: Você leu **o** novo livro do Paulo Coelho? (observe que não seria possível dizer: um novo livro)	**2.** Quem emprega o artigo indefinido supõe que o seu interlocutor **não** conhece a classe do ser nomeado pelo substantivo, e acrescenta uma característica que permitirá a identificação posterior desse ser. Exemplo: Já chegou às livrarias **um** livro do Paulo Coelho que eu adoraria ganhar no meu aniversário...

A combinação desses modos de atualizar o substantivo, além de gerar diversos efeitos de sentido nos textos, se opõe à **ausência** do artigo. Muitas vezes, ouve-se falar em *omissão* do artigo, mas essa ideia não é conveniente, porque pode indicar que algo ficou faltando ou foi esquecido. Na verdade, o falante deixa de empregar o artigo propositadamente para criar efeitos de sentido diversos. (Por essa razão, poderíamos até falar em "artigo nulo" ou "artigo zero", uma vez que a ausência de artigo é intencional da parte do falante.)

Os principais efeitos de sentido da ausência do artigo são:

1. Efeito de rotulação

   É comum em manchetes e títulos de jornais:

   Carro da PM capota e deixa três feridos em São Paulo (*Folha de S.Paulo*)
   Chuva provoca desabamentos e duas mortes no Rio (*Folha de S.Paulo*)

   Ou nos títulos de livros:

   Gramática da língua portuguesa
   Guia prático de conversação em espanhol
   Normas técnicas e trabalhos acadêmicos

   Ou, ainda, nas inscrições:

   Rua Augusta
   Avenida Afonso Pena
   Farmácia à direita
   Zona militar: afaste-se

2. Efeito de evocação

   Nos vocativos, a ausência do artigo é sistemática:

   – Bom dia, **Glória**, tudo bem?
   – **Menina**, para com isso! Quero ver a novela!

   (Sobre o conceito de vocativo, ver página 415.)

3. Efeito de integração semântica

   Uma vez que não há artigo, não há atualização do substantivo. A(s) única(s) marca(s) da classe passa(m) a ser sua(s) desinência(s). Neste caso, o substantivo deixa de representar uma entidade discursiva, devendo se integrar semanticamente a outra palavra. É o que ocorre nas máximas ou provérbios:

   Água mole em pedra dura, tanto bate até que fura.
   Em casa de ferreiro, espeto de pau.

   Ou nos casos de enumeração:

   Na sala, havia vários móveis: mesa, cadeiras, sofás, pufes; tudo muito novo e limpo.

   Ou, o caso mais notável, nas locuções e expressões fixas:

   Tomar cuidado
   Tome cuidado para não se ferir durante a prática de esportes radicais.

   Ter consciência
   Os antigos não tinham consciência do problema ecológico quando destruíam as florestas tropicais.

   Ter medo
   Tinha medo de cobras.

   Estar com sede
   Andara o dia todo sob forte sol. Estava com sede, tinha a boca seca e ardente.

   E, como essas, uma série de outras: *fazer justiça*, *chamar atenção*, *tomar conta*, etc.

Nessas locuções, a dependência do substantivo não atualizado em relação à outra palavra é evidente. Isso se percebe porque os substantivos dessas expressões são refratários à caracterização (não admitem adjetivos, por exemplo). A caracterização só é possível quando o artigo é usado nessas expressões, quebrando-as e criando um efeito de sentido diverso do original:

Tinha **um** medo terrível de cobras.

Compare com:

Tinha medo de cobras.

Esses efeitos de sentido da ausência do artigo são mais notáveis nos casos em que ela se opõe aos casos de emprego. Compare os enunciados:

a. Renata é dentista em Rio das Pedras. ("dentista" é integrado a "Renata" e torna-se uma característica)
b. Renata é uma dentista de Rio das Pedras. (Renata é um exemplar da classe dos dentistas)
c. Renata é a dentista de Rio das Pedras. (Renata é o único exemplar da classe em Rio das Pedras)

Todas essas oposições criam, às vezes, efeitos de sentido especiais.

1. Para o artigo indefinido, o efeito é de singularidade:

Maria tem **uma** boca tão bonita!

Compare com:

Maria tem **a** boca tão bonita!

2. Para o artigo definido, o efeito é de notoriedade:

O livro do desassossego (título de livro)
O frango do chef (nos cardápios de restaurante)
Beethoven, **o** *magnífico* (título de filme)

E, por fim, a ausência do artigo é comum em determinados gêneros de texto: telegramas, anúncios de jornal, receitas culinárias:

Empresa prestadora de serviços de vigilância e limpeza procura advogados(as). (*Folha de S.Paulo*)

Observe que os termos **empresa** e **advogados** não estão definidos por artigo.

Atividades

1. Identifique no texto a seguir todos os artigos e classifique-os. Identifique também contrações e combinações.

Se Salvador é famosa por suas igrejas (são 163), também é conhecida por seus 1 800 terreiros de candomblé. Ao contrário das igrejas, não é fácil visitar esses locais. Mas as referências aos deuses africanos estão pela cidade inteira: na comida mais típica do lugar, o acarajé; nas figuras dos orixás espalhados pelo Dique do Tororó, outro ponto importante da cidade; nas festas populares, como a de Iemanjá, a deusa das águas, em 2 de fevereiro, em que baianos e turistas lançam oferendas ao mar com seus agradecimentos ou pedidos.

(*TAM Magazine*: Revista de bordo da TAM)

2. ... nas festas populares, como **a** de Iemanjá, a deusa das águas...

a. Classifique a palavra destacada.

b. O texto permite concluir que só existe uma deusa das águas. Explique valendo-se do emprego do artigo.

3. Leia e identifique todos os casos em que o artigo é utilizado para generalizar.

Uma casa é muito pouco para um homem; sua verdadeira casa é a cidade. E os homens não amam as cidades que os humilham e sufocam, mas aquelas que parecem amoldadas às suas necessidades e desejos, humanizadas e oferecidas – uma cidade deve ter a medida do homem. (Ledo Ivo)

4. Explique a diferença de sentido das duas frases:

A. **O** meu colega recebeu uma carta que o deixou profundamente triste. (Rubem Braga)

B. **Um** colega meu recebeu uma carta que o deixou profundamente triste.

5. Empregue, se necessário, o artigo definido antes das palavras em destaque nas frases que seguem:

a. **V. Ex.ª** está enganado, senhor ministro.

b. Ambos **meninos** têm problemas mentais.

c. Todos **três** partidos negaram-se a apresentar um candidato.

d. Todos **três** negaram-se a apresentar um candidato.

e. Todo **rosto** de Jonas foi atingido pelas chamas do incêndio.

6. Identifique o(s) caso(s) em que a eliminação do artigo indefinido destacado não traria nenhum problema para a compreensão do texto.

a. Tive pesadelos, fiquei com medo de andar na rua e achava que todo mundo que eu via era **um** assaltante. (*Zero Hora*)

b. Se a criança for educada **num** ambiente saudável, no qual é respeitada e recebe afeto, seguramente vai saber lidar com a violência e terá melhores condições de superar **um** trauma. (Idem)

c. Na escola os alunos assistiram a **uma** palestra sobre preservação do meio ambiente... (*Folha de Londrina*)

7. Reescreva as frases, fazendo a contração entre a preposição e o artigo destacados.

a. Poucas vezes conseguira satisfazer a fome, senão graças **a a** generosidade de algum freguês... (Inglês de Sousa)

b. ... jurara nunca mais voltar **a a** cidade de Belém. (Idem)

c. – Já aqui estou, sr. Januário... Não sou sujeito de faltar **a as** horas, nem aos compromissos... (Raul Pompeia)

8. Identifique os casos em que poderia ter ocorrido combinação entre preposição e artigo. Em seguida, reescreva a frase fazendo essa combinação.

a. ... estava em uma porta a olhar para a rua com as mãos cruzadas sobre as abas do fraque. (Raul Pompeia)

b. Afinal, um grito alegre como a detonação de um foguete escapou dos lábios de Pavia. (Idem)

c. ... conversara longamente com Inácio a respeito de umas joias do duque de Bragantina. (Idem)

9. Identifique o(s) caso(s) em que o artigo indefinido intensifica uma expressão.

a. Comprou **uma** sacola azul!

b. Ela tem **uns** olhos verdes!!

c. Também, você age com **uma** falta de vontade...

d. Machuquei os dedos de **um** pé, mas não os do outro.

10. Identifique os casos em que o artigo definido equivale a um pronome possessivo.

a. Tentando agarrar-se à parede, abriu as mãos. (Raul Pompeia)

b. Depois de muito brinquedo, uma delas sentou-se à beira do gramado e cruzou os pés. (Idem)

c. Como o duque de Bragantina tencionava partir com a esposa no dia seguinte, diretamente para Anatópolis, resolveu mandar as joias para o palácio. (Idem)

d. ... ergueu-se toda enrubescida e sentou-se depressa, puxando o vestido para cobrir a alvura das meias... (Idem)

11. Identifique o único caso que contraria a norma-padrão.

a. Nunca pensei em mudar-me de Alagoas.

b. Nunca pensei em mudar-me das Alagoas.

c. A Inconfidência se deu nas Minas Gerais.

d. Em Minas Gerais ocorreu o levante.

e. Nunca pretendo mudar-me da Santa Catarina.

12. Explique a ausência de artigo que ocorre na propaganda abaixo. Indique o efeito de sentido que se obtém com essa ausência.

Propaganda veiculada no jornal *O Estado de S. Paulo*, 27 nov. 2005, p. Ca1 3.

Numeral

1.

WALKER, Mort. *Recruta Zero*. São Paulo: Nova Sampa Diretriz Editoral Ltda., 1991. p. 32.

2.

VERISSIMO, Luis Fernando. *As cobras*. Porto Alegre: L&PM, 1997. p. 62.

Conceito e classificação

Nos cartuns da página ao lado estão destacados:

a. os números: 12, 13, 14. Esses números podem ser representados por palavras: **doze, treze, catorze**.

b. uma palavra que denomina quantidade: **uma**.

c. uma palavra que indica ordem numa sequência: **primeira** (indica a ordem do substantivo *coisa*).

Numeral é a palavra que designa quantidade de seres ou ordem de um ou mais seres numa sequência.

Os numerais apresentam uma particularidade em relação às demais palavras: na escrita podem ser representados por duas formas gráficas de natureza diferente: um signo linguístico (*um, dois, mil*) e um signo aritmético (*1, 2, 1000*).

Além de indicar o número de seres e a ordem que determinado ser ocupa numa sequência, os numerais podem indicar:

a. aumento proporcional da quantidade, ou seja, a multiplicação dessa quantidade:

Palestinos realizam **duplo** sequestro em Gaza.

Curiosamente, apesar de envolver quase o **quádruplo** do número de judocas que disputaram a vaga na seleção olímpica, a seletiva de hoje tem um custo bem menor que a do ano passado. (*Folha de S.Paulo*)

b. diminuição proporcional da quantidade, ou seja, a divisão dessa quantidade:

Considerando-se que o crescimento da educação a distância é de aproximadamente 15% ao ano no Canadá, teremos hoje mais de **um terço**, ou cerca de 260 mil alunos, que usam cursos de educação a distância. (*Folha Online*)

Dessas significações possíveis decorre a classificação dos numerais:

1. **cardinal** – indica quantidade numericamente definida:

Cinco milhões de cartas.

2. **ordinal** – indica a ordem dos seres numa determinada série:

O Brasil foi o **segundo** país do mundo a emitir um selo.

3. **multiplicativo** – indica aumento proporcional da quantidade:

A cadeia abrigava setecentos presos, o **triplo** de sua capacidade.

4. **fracionário** – indica parte que resulta da divisão de inteiro:

Segundo os projetistas, a novidade [protótipo de carro ecológico apresentado no Reino Unido] consome **um quinto** de um carro convencional e as emissões de gás equivalem a **um terço** de um automóvel clássico. (*Folha Online*)

Além desses, há ainda os numerais **coletivos**, que designam um conjunto de seres ou coisas, indicando o número exato dos componentes desse conjunto.

A Funai registra a existência de 206 povos indígenas, alguns com apenas uma **dúzia** de indivíduos. (*Almanaque Abril*)
dúzia → doze

Cada **par** de cromossomos é composto por quatro cromátides. (*Almanaque Abril*)
par → duas coisas que normalmente se encontram juntas

Alguns numerais coletivos:

bimestre – período de dois meses
centena – agrupamento de cem coisas
centenário – período de cem anos
dezena – agrupamento de dez coisas
grosa – conjunto de doze dúzias
lustro – período de cinco anos
quina – série de cinco números
semestre – período de seis meses
trinca – agrupamento de três coisas

São consideradas ainda numerais as palavras:

a. zero

Inflação **zero** em maio. (*Jornal do Brasil*)

b. ambos, ambas

Ambos detestam quando seus salários são temas de conversa. (*Jornal da Tarde*)

Observações

1. O numeral referente ao algarismo 100 é **cem**. A forma **cento** é utilizada:
   a. na indicação de números entre 101 e 199.
   Enviei **cento** e trinta e duas rosas para minha namorada.
   b. como numeral coletivo.
   O **cento** desses tijolos custa muito caro!
   ... pombas, aos **centos**, cruzavam de margem a margem... (Visconde de Taunay)

2. O numeral ordinal **primeiro** pode ser utilizado como advérbio:

   Primeiro você me alucina
   Me entorta a cabeça... (Gonzaguinha)

   Quem chegou **primeiro**?

Os numerais podem assumir caráter substantivo ou adjetivo.

a. Numeral substantivo – equivale a um substantivo:

Cinco e **cinco** são **dez**.

Num único fim de semana, doze pessoas perderam a vida no estado de São Paulo em função dos chamados rachas automobilísticos. Não foram os **primeiros** e, infelizmente, não serão os últimos. (*Folha de S.Paulo*)

b. Numeral adjetivo – acompanha um substantivo, como se fosse um adjetivo:

O exame vai começar às 14h e terá duração de **cinco** horas.

Os **dois** times disputaram até hoje **oito** partidas.

Os numerais ordinais são os que mais se aproximam do caráter de adjetivos. Segundo Moura Neves*, "os numerais ordinais são verdadeiros *adjetivos classificadores* com indicação de ordem numericamente definida".

Aparecem geralmente antepostos ao substantivo. Há raras ocorrências com o numeral ordinal posposto.

Em 1991, as mães que tiveram o **primeiro** filho na meia-idade eram 7 142 (0,67%) e, em 2000, somavam 9 063 (0,79%). (Disponível em: <www.ibge.gov.br/>)

* MOURA NEVES, Maria Helena de. *Gramática de usos do português*. 2. reimpressão. São Paulo: Unesp, 1999. p. 591.

Quadro dos algarismos e numerais correspondentes					
Algarismos		Numerais			
Arábicos	Romanos	Cardinais	Ordinais	Multiplicativos	Fracionários
1	I	um	primeiro	(simples)	—
2	II	dois	segundo	dobro, duplo	meio, metade
3	III	três	terceiro	triplo	terço
4	IV	quatro	quarto	quádruplo	quarto
5	V	cinco	quinto	quíntuplo	quinto
6	VI	seis	sexto	sêxtuplo	sexto
7	VII	sete	sétimo	sétuplo	sétimo
8	VIII	oito	oitavo	óctuplo	oitavo
9	IX	nove	nono	nônuplo	nono
10	X	dez	décimo	décuplo	décimo
11	XI	onze	décimo primeiro	undécuplo	onze avos
12	XII	doze	décimo segundo	duodécuplo	doze avos
13	XIII	treze	décimo terceiro	—	treze avos
14	XIV	catorze	décimo quarto	—	catorze avos
15	XV	quinze	décimo quinto	—	quinze avos
16	XVI	dezesseis	décimo sexto	—	dezesseis avos
17	XVII	dezessete	décimo sétimo	—	dezessete avos
18	XVIII	dezoito	décimo oitavo	—	dezoito avos
19	XIX	dezenove	décimo nono	—	dezenove avos
20	XX	vinte	vigésimo	—	vinte avos
21	XXI	vinte e um	vigésimo primeiro	—	vinte e um avos
30	XXX	trinta	trigésimo	—	trinta avos
31	XXXI	trinta e um	trigésimo primeiro	—	trinta e um avos
40	XL	quarenta	quadragésimo	—	quarenta avos
41	XLI	quarenta e um	quadragésimo primeiro	—	quarenta e um avos
50	L	cinquenta	quinquagésimo	—	cinquenta avos
51	LI	cinquenta e um	quinquagésimo primeiro	—	cinquenta e um avos
60	LX	sessenta	sexagésimo	—	sessenta avos
61	LXI	sessenta e um	sexagésimo primeiro	—	sessenta e um avos
70	LXX	setenta	se(p)tuagésimo	—	setenta avos
71	LXXI	setenta e um	se(p)tuagésimo primeiro	—	setenta e um avos
80	LXXX	oitenta	octogésimo	—	oitenta avos
81	LXXXI	oitenta e um	octogésimo primeiro	—	oitenta e um avos
90	XC	noventa	nonagésimo	—	noventa avos
91	XCI	noventa e um	nonagésimo primeiro	—	noventa e um avos
100	C	cem	centésimo	cêntuplo	centésimo
200	CC	duzentos	ducentésimo	—	ducentésimo
300	CCC	trezentos	trecentésimo	—	trecentésimo
400	CD	quatrocentos	quadringentésimo	—	quadringentésimo
500	D	quinhentos	quingentésimo	—	quingentésimo
600	DC	seiscentos	sexcentésimo	—	sexcentésimo
700	DCC	setecentos	se(p)tingentésimo	—	se(p)tingentésimo
800	DCCC	oitocentos	octingentésimo	—	octingentésimo
900	CM	novecentos	nongentésimo	—	nongentésimo
1 000	M	mil	milésimo	—	milésimo
10 000	$\overline{X}$	dez mil	décimo milésimo	—	décimo milésimo
100 000	$\overline{C}$	cem mil	centésimo milésimo	—	centésimo milésimo
1 000 000	$\overline{M}$	um milhão	milionésimo	—	milionésimo
1 000 000 000	$\overline{\overline{M}}$	um bilhão/bilião	bilionésimo	—	bilionésimo

Observações

1. Apresentam duas formas os seguintes numerais: *catorze* ou *quatorze*; *bilhão* ou *bilião*.
2. A forma *décimo primeiro* alterna com a forma *undécimo*; *décimo segundo* com *duodécimo*.
3. Dos multiplicativos, empregam-se com frequência *duplo*, *dobro*, *triplo*; mais raramente *quádruplo*, *quíntuplo*, *sêxtuplo* e *cêntuplo*. Os demais aparecem apenas em textos eruditos. Na linguagem corrente são substituídos pelo cardinal seguido da palavra *vezes*:

   sétuplo → sete vezes

   óctuplo → oito vezes

   A criança que nasce com baixo peso entra no mundo em franca desvantagem. O próprio Ministério da Saúde reconhece que ela corre um risco **onze vezes** maior de morrer no primeiro ano de vida do que as demais. (Revista *Problemas Brasileiros*)

4. A expressão constituída de cardinal + a palavra *vezes* supre todos os casos de multiplicativos em que não há formas específicas: *treze vezes*, *setenta vezes*, *mil vezes*, etc.

   O trabalhador de hoje produz **vinte vezes** mais do que há duas décadas... (*O Estado de S. Paulo on-line*)

5. Dos fracionários, têm forma específica **meio** (ou **metade**) e **terço**. Para os demais, as formas coincidem:

   a. com o ordinal correspondente:

   Compare:

   O estudante, agora no seu **quarto** ano de medicina, vivia à solta com outros da mesma idade e pagava ao Rio de Janeiro o seu tributo de rapazola rico. (Aluísio Azevedo, *O cortiço*) → numeral ordinal

   São Paulo e Rio respondem por **um quarto** dos serviços no Brasil. (*Folha Online*) → numeral fracionário

   b. com o cardinal correspondente seguido da palavra **avos**:

   Na cessação do contrato de trabalho, após 12 (doze) meses de serviço, o empregado, desde que não haja sido demitido por justa causa, terá direito à remuneração relativa ao período de férias, de acordo com o art. 130, na proporção de **1/12 (um doze avos)** por mês... (CLT, Decreto-lei n. 1535)

Flexão

Numerais cardinais

São invariáveis, com exceção de:

a. **um**, **dois** e as centenas a partir de **duzentos**, que variam em gênero:

uma, duas, duzentas, trezentas, etc.

b. **milhão**, **bilhão** ou **bilião**, **trilhão** ou **trilião**, etc., que variam em número:

dois milhões, três bilhões, etc.

Numerais ordinais

Variam em gênero e número:

primeiro, primeira, primeiros, primeiras
décimo, décima, décimos, décimas
milésimo, milésima, milésimos, milésimas

Numerais multiplicativos

a. São invariáveis quando têm função de substantivo:

A energia para tração ferroviária custa aqui mais do que o **dobro** que nos EUA e no Canadá. (*Folha de S.Paulo*)

b. São variáveis em gênero e número quando funcionam como adjetivo:

Ed Motta em dose **tripla**: cantor festeja aniversário, carreira e novo CD. (*IstoÉ*)

Numerais fracionários

Concordam com os cardinais que os antecedem:

Ele já cumpriu dois **terços** da pena.

Numerais coletivos

Variam em número:

RODRIGUES, Marly. *A década de 50 – Populismo e metas desenvolvimentistas no Brasil*. São Paulo: Ática, 1999.

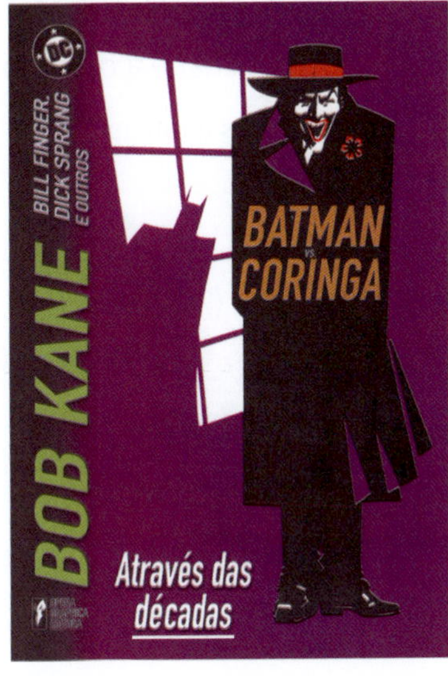

KANE, Bob e outros. *Batman versus Coringa através das décadas*. São Paulo: Opera Graphica, 2004.

Leitura e escrita dos numerais

Cardinais

A leitura e a escrita dos cardinais deve ser feita da seguinte maneira:

a. Intercala-se a conjunção **e** entre as unidades, as dezenas e as centenas:

37 = trinta **e** sete

255 = duzentos **e** cinquenta **e** cinco

b. Não se emprega a conjunção **e** entre o milhar e a centena:

1964 = mil novecentos e sessenta e quatro

Observações

Deve-se intercalar a conjunção **e**:

1. se a centena começar por zero:

   6 074 = seis mil **e** setenta e quatro

2. se a centena terminar por dois zeros:

   9 300 = nove mil **e** trezentos

3. entre os elementos de uma mesma ordem de unidade em numerais muito extensos, devendo-se omitir a conjunção quando se passar de uma ordem a outra:

   623 587 = seiscentos **e** vinte **e** três mil (primeira ordem) quinhentos **e** oitenta **e** sete (segunda ordem)

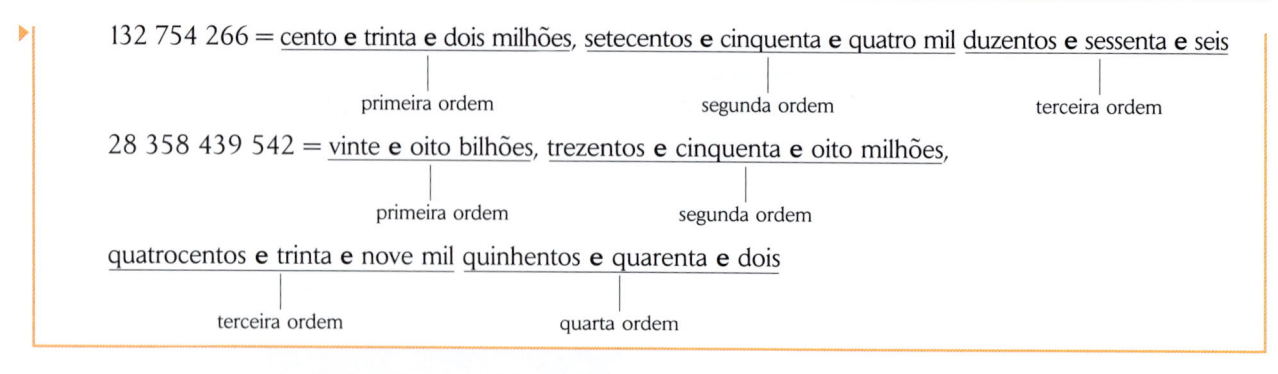

132 754 266 = cento e trinta e dois milhões (primeira ordem), setecentos e cinquenta e quatro mil (segunda ordem) duzentos e sessenta e seis (terceira ordem)

28 358 439 542 = vinte e oito bilhões (primeira ordem), trezentos e cinquenta e oito milhões (segunda ordem), quatrocentos e trinta e nove mil (terceira ordem) quinhentos e quarenta e dois (quarta ordem)

c. Não se usa vírgula entre o milhar e a centena:

17 382 = dezessete mil trezentos e oitenta e dois

Ordinais

Os ordinais superiores a dois mil (2 000) podem ser lidos de duas maneiras:

a. lê-se o milhar como cardinal e os outros como ordinais;

b. lê-se o número todo como ordinal.

Exemplo:

3086º lugar { três milésimo octogésimo sexto / terceiro milésimo octogésimo sexto

Emprego

1. Emprega-se o ordinal até **décimo** e daí por diante o cardinal, sempre que o numeral vier depois de substantivo na designação de papas e soberanos, séculos e partes em que se divide uma obra:

Paulo VI (sexto)
Século IX (nono)
Canto VIII (oitavo)
Henrique VIII (oitavo)
Luís XV (quinze)
Capítulo XXIII (vinte e três)

2. Na indicação do primeiro dia do mês emprega-se o ordinal:

Ela aniversaria no dia **primeiro** de setembro.
Hoje é **primeiro** de maio ou 31 de abril?

3. Emprega-se o ordinal até **nove** e o cardinal de **dez** em diante, na numeração de artigos, leis, decretos, portarias e outros textos legais:

artigo 9º (nono)
decreto 12 (doze)
lei 75 (setenta e cinco)

4. Emprega-se o cardinal na numeração de páginas, folhas de um livro ou revista, casas, apartamentos, cabinas de navios e equivalentes:

página 12
quarto 15
apartamento 205
folha 54
cabina 10

5. Na escrita não se deve iniciar frases com algarismos, mas com o numeral escrito por extenso.

Três discursos antecederam a fala do presidente.

Observação

Em todos esses casos, quando o numeral anteceder um substantivo, emprega-se o ordinal:

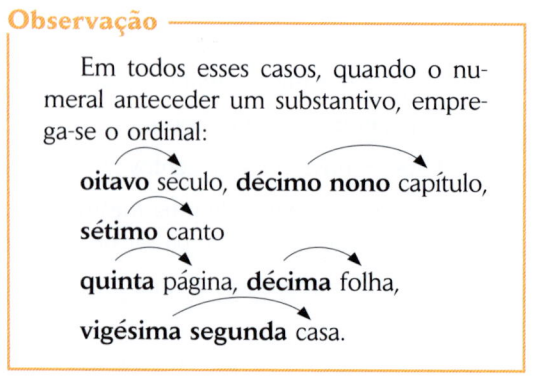

oitavo século, **décimo nono** capítulo,
sétimo canto
quinta página, **décima** folha,
vigésima segunda casa.

Um – numeral e *um* – artigo indefinido

Às vezes é bastante difícil distinguir o numeral cardinal **um** do artigo indefinido **um**. O contexto geralmente permite distinguir um caso de outro. Compare:

a. O telefone do escritório e do banco são idênticos, com exceção de **um** algarismo. É frequente a confusão. (*Folha de S.Paulo*) (*um* → numeral)

b. ... A secretária eletrônica diz que ela está na Alfândega, telefone tal, e que após o sinal é para deixar o recado. Ligo para a Alfândega, responde **um** homem com voz grossa, pergunto por ela... (Chico Buarque, *Estorvo*) (*um* → artigo indefinido)

Quando essa identificação se tornar necessária, podemos recorrer a um artifício: acrescentar as palavras *só* e *único* depois do **um**. Se esse acréscimo for possível, a palavra *um* será numeral.

No exemplo **a**:

... um **só**, um **único** algarismo.

No exemplo **b**, a palavra *um* não representa um *só*, um *único* homem, mas *qualquer* homem, um homem indeterminado.

Veja outros exemplos:

Revelam, igualmente, que o presidente frustra **um** de cada três otimistas. (*Folha de S.Paulo*) (*um* → numeral)
Como raramente chove em Lima por conta de **um** fenômeno meteorológico e geográfico, os prédios, os carros, as árvores, tudo é sempre coberto por **uma** fuligem cinzenta. (*Folha de S.Paulo*) (*um, uma* → artigos indefinidos)

Esses modificadores podem estar explícitos, evidenciando o numeral:

O Hospital Universitário afirma que **só um** bebê morreu infectado por bactérias. (*Folha de S.Paulo*)
Num **único dia**, a empresa faturou US$ 4,5 milhões. (*Folha de S.Paulo*)

Atividades

1. Identifique e escreva por extenso os numerais do texto, representados por algarismos:

   Em apenas 1 cm² de pele existem, em média, 300 pelos e 150 poros. Também há 150 glândulas de suor e 70 terminais nervosos. Um corte profundo mostraria 12 sensores de calor e 200 de dor. Considerando o corpo inteiro, a pele de uma pessoa chega a pesar 5 kg e ter uma área de 18 m². (Revista *Superinteressante*)

2. ... em média, 300 pelos e...

   Se no lugar de **pelos** tivéssemos o substantivo **penas**, como ficaria por extenso o numeral representado pelo algarismo 300?

3. Que outro numeral do texto acima tem flexão de gênero?

4. Leia:

   Dizimar

   Se a gente lê que uma população foi "dizimada", o que se entende é que não sobrou ninguém, quando, na verdade, deveriam ter sobrado exatos 90%. "Dizimar" vem do latim "décimo" [...]. Quando havia uma rebelião em suas legiões, os romanos executavam um de cada dez soldados. (Idem)

   a. Escreva por extenso o numeral representado por algarismo.

   b. Classifique os demais numerais.

5. Substitua os quadradinhos pelos numerais multiplicativos ou fracionários:

   a. 100 é o ■ de 20
   20 é um ■ de 100

   b. 360 é o ■ de 90
   90 é um ■ de 360

   c. 150 é a ■ de 300
   300 é o ■ de 150

   d. 18 é um ■ de 72
   72 é o ■ de 18

6. Indique a quantidade expressa pelos numerais coletivos destacados:

a. Não seria o caso de estabelecer um período de **quarentena**, durante o qual os que saem da Presidência seriam impedidos de disputar cargo eletivo? (*Veja*)

b. Com 35 anos de carreira, o **Quarteto** em Cy é considerado o melhor conjunto vocal feminino do país. Formado inicialmente por quatro irmãs baianas, [...] o grupo logo conquistou a admiração de grandes nomes da música brasileira, como Vinícius de Moraes e seu parceiro Carlos Lyra. (Disponível em: <www.estradas.com.br/new/entrevistas/quartetoemcy.asp>)

c. Não houve aposta acertadora da **quina**, e o prêmio ficou acumulado em R$ 1.602.310,19. A **quadra** foi acertada por 166 apostadores, prêmio é de R$ 2.820,58. O **terno** teve 8 567 acertadores, prêmio de R$ 72,60. (Disponível em: <www.estadao.com.br>)

7. Escreva por extenso os numerais correspondentes aos algarismos em destaque no texto relativo a outro sorteio:

A quina teve 21 acertadores, prêmio de R$ **3.157,68**. A quadra foi acertada por **859** apostadores, prêmio é de R$ **76,90**. A estimativa de prêmio para a Sena (1º sorteio), no próximo concurso, sexta-feira, é de R$ **800.000,00**. (Disponível em: <www.estadao.com.br>)

8. Escreva por extenso os algarismos romanos:

No século **XII**, já se destilavam várias plantas, como a lavanda e o pau-rosa. Durante a Idade Média, regredimos. A Igreja proibiu o uso dos perfumes. Apenas nos séculos **XVII** e **XVIII** aprofundou-se a utilização do álcool. Foi um verdadeiro marco na história da perfumaria como é conhecida hoje. (*Veja*)

9. Seguem nomes de papas e a caracterização breve de seus pontificados. Escreva os algarismos romanos por extenso:

Estêvão **III** (768-772) – Aprovou o culto das imagens.

João **XII** (955-964) – Considerado um dos piores papas de toda a história da Igreja, sua corte era repleta de amantes e criminosos. Morreu assassinado.

Leão **IX** (1049-1054) – Em seu primado, houve o cisma entre as Igrejas do Ocidente e do Oriente, liderado pelo patriarca grego. (*Veja*)

10. Leia:

O debate sobre a questão do trabalho infantil, no Brasil, começa sob **dois** pontos divergentes. O **primeiro** é o que delimita legalmente o que seja trabalho infantil. O **segundo**, decorrente do anterior, é saber quantas crianças brasileiras efetivamente trabalham e sob quais condições. Ninguém sabe exatamente quantas crianças trabalham no mundo, apesar de haver diversos institutos de pesquisa estatística discutindo e analisando o tema. (Revista *Problemas Brasileiros*)

a. Classifique os numerais destacados.

b. Esses numerais exercem, além de sua função de indicar ordem numa sequência, outro papel importante no texto: ordenar ideias. Veja que o autor do texto fala em dois pontos de vista e, em seguida, organiza-os. Para isso, recorre aos numerais *primeiro* e *segundo*.

Escreva um texto curto sobre clonagem, empregando o mesmo processo.

11. Classifique o termo destacado como numeral cardinal ou artigo indefinido:

a. Demorou **um** século para o Nobel chegar a Portugal. (Revista *Camões*)

b. Depois de **um** ano de lutas, conseguimos alcançar a vitória.

c. Foi mais **um** ano de lutas...

d. Entre as duas mulheres, havia **uma** grande rivalidade.

e. Entre as duas mulheres, somente **uma** seria escolhida para o cargo.

Pronome

Para Pedro, nove meses de namoro significam nove rosas vermelhas. "Acho romântico dar o mesmo número de flores em relação aos meses que namoramos. No ano que vem vou escolher rosas de outra cor. A gente sempre dá um jeito para variar um pouco", diz Pedro.

Mas, na aritmética do amor, o que mais ganhou valor, segundo ele, foi o anel que deu de presente para ela. Minucioso, ele conta como foi: "Era uma sexta-feira, eu saí da aula e entrei na casa dela pelos fundos. Coloquei um bilhete no quarto dela dizendo que pusesse uma faixa sobre os olhos e contasse até cinquenta. Daí eu lhe dei um beijo na boca e coloquei uma aliança de prata no dedo dela", revela Pedro.

Namoro. *Folha de S.Paulo*, 22 ago. 2005. Folhateen, p. 7. Adaptado.

Conceito

Observe:

... o que mais ganhou valor, segundo **ele**... → o termo destacado representa no texto a palavra *Pedro*, anteriormente citada.

... **eu** saí da aula... → o termo destacado revela no texto a presença do entrevistado.

... eu **lhe** dei um beijo na boca.... → a palavra *lhe* refere-se à namorada de Pedro, como se pode depreender pelo contexto.

As palavras **ele**, **eu**, **lhe** são **pronomes**.

Compare, quanto ao sentido, no contexto:

Pedro (substantivo)	ele (pronome)
Pedro (substantivo)	eu (pronome)
namorada (substantivo)	lhe (pronome)

Os nomes (substantivos e adjetivos) são palavras com conteúdo significativo, que representam seres ou ideias que temos em mente. Os pronomes têm pouco conteúdo significativo, exercendo no texto as seguintes funções:

a. representar as pessoas do discurso

No texto lido, quando o jornalista se refere a Pedro, emprega o pronome **ele**, que alude à 3ª pessoa do discurso, aquela de quem se fala. Quando o garoto fala de si mesmo, emprega o pronome **eu**, que se refere à 1ª pessoa – aquela que fala.

b. remeter a termos já enunciados no texto – além do pronome **ele**, outros pronomes no texto lido exercem essa função. Veja:

... em relação aos meses **que** namoramos. → o pronome *que* destacado refere-se ao termo meses.

... segundo **ele**... → o pronome *ele* remete a Pedro.

... na casa **dela**... → (de + ela) → o pronome remete à namorada de Pedro.

... **lhe** dei um beijo... → o pronome *lhe* remete à namorada de Pedro.

c. antecipar termos a que se fará referência na sequência do texto, como nos exemplos seguintes:

Enfim, **algo** novo: não precisamos mais usar uniforme aqui. → o pronome *algo* refere-se a toda a sequência que vem depois dos dois-pontos.

O caso é **este**: não temos mais condição de enfrentá-los. → o pronome *este* refere-se à afirmativa que vem depois dos dois-pontos.

Pronome é a palavra que substitui ou acompanha o substantivo. Quando acompanha o substantivo, determina-o no espaço ou no contexto.

A compreensão de um pronome depende, portanto, de suas relações textuais.

De acordo com essas funções de *representar*, *retomar* ou *anunciar*, o pronome pode ser:

1. **pronome substantivo** quando:
   - **a.** *identifica* a pessoa gramatical;
   - **b.** *retoma* um substantivo a que já se fez referência no contexto linguístico ou antecipa termos a que se fará ainda referência;
   - **c.** *remete* a uma pessoa gramatical fora do contexto linguístico, facilmente perceptível no discurso.
2. **pronome adjetivo**: quando *acompanha* um substantivo explícito no texto. Funciona como um adjetivo, embora não atribua qualidade ao ser designado pelo substantivo.

Veja – O que significa andar rápido numa estrada?

Fittipaldi – Gosto muito das autoestradas na Alemanha, que não têm limite de velocidade. Com um Mercedes, quando pego um trecho de 100 quilômetros, faço 220, 230 de média horária. Aí você está pilotando rápido, mas **aquela** estrada e **aquele** carro são feitos para andar rápido.

Os pronomes destacados são pronomes adjetivos, já que acompanham substantivos. Nesse caso, situam no espaço os substantivos que modificam.

No exemplo seguinte, a função do pronome destacado é outra:

É necessário que você aprenda todos os conceitos estudados hoje. **Esses** conceitos serão fundamentais para compreender o restante da matéria.

O pronome **esses** acompanha o substantivo *conceitos*, situando-o no interior do texto, ou seja, refere-se a um substantivo (conceitos) que já apareceu no texto.

Se o falante quisesse anunciar a informação *antes* de detalhá-la, teria dito:

Estes conceitos serão fundamentais para compreender o restante da matéria.

Outras subclasses de pronomes exercem, como veremos, diferentes papéis no texto.

Classificação

Os pronomes classificam-se em: **pessoais**, **possessivos**, **demonstrativos**, **relativos**, **interrogativos** e **indefinidos**.

1. Pronomes pessoais

Os pronomes pessoais e as pessoas do discurso

A palavra *pessoa*, no caso, não se refere a "ser humano". Trata-se de um conceito gramatical, pois denomina os diferentes papéis que pessoas e coisas desempenham numa situação de comunicação verbal.

São três as pessoas do discurso, identificadas pelos pronomes pessoais:

eu/ nós – 1ª pessoa → quem fala ou escreve, de quem parte o discurso.

tu/ vós – 2ª pessoa → pessoa a quem a primeira pessoa se dirige.

ele, ela/ eles, elas – 3ª pessoa → a pessoa ou coisa que não é *eu* nem *tu*, ou seja, é o assunto, a pessoa de que ou de quem se fala.

Veja os exemplos:

Eu acho que **tu** não deves brigar com **ela**.

1ª pessoa (quem fala) — 2ª pessoa (com quem se fala) — 3ª pessoa (de quem se fala)

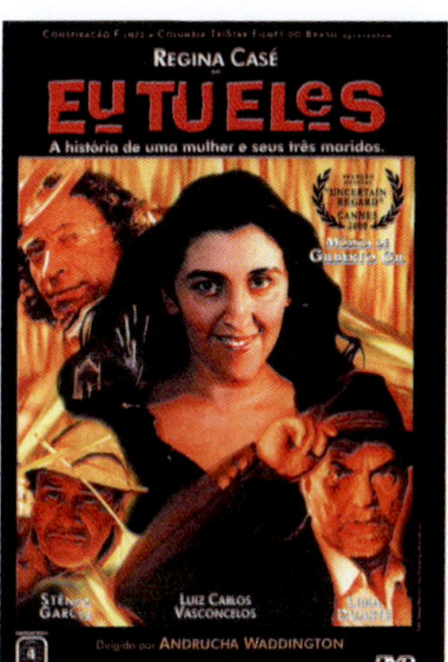

Cartaz de *Eu Tu Eles*, filme dirigido por Andrucha Waddington.

"Daí **eu lhe** dei um beijo na boca e coloquei um aliança de prata no dedo **dela**", revela Pedro.

No exemplo, o falante se insere no discurso ao dizer **eu** (1ª pessoa). A referência à namorada é feita pelos pronomes **lhe** (3ª pessoa) e (d)**ela** (3ª pessoa).

Lola (*aproximando-se inopinadamente*) – **Tu** estás maluco?
Gouveia – Hein?... Eu... Ah! és **tu**? Como vais?...
Lola – Estavas falando sozinho?
Gouveia – Fazendo uns cálculos...
Lola – Aconteceu-te alguma coisa desagradável? **Tu** não estás no teu natural! (Artur Azevedo, *A capital federal*)

Nesse caso, evidencia-se a segunda pessoa do discurso (**tu**), o interlocutor a quem se dirige o falante.

As formas **tu** e **vós** aparecem também como forma de chamamento, ou seja, com a função de vocativo:

> **Observação**
>
> O pronome **você**, embora seja pronome de tratamento, tem substituído o pronome **tu** no português do Brasil.

Ó **tu**, que tens de humano o gesto e o peito... (Camões) → O poeta invoca, chama seu interlocutor.

[...]
nenhum sol agora brilha,
nem luz agora nenhuma estrela.
Vinde, ó **vós**, mostrar-nos o caminho... (Herberto Helder)

Os pronomes pessoais referem-se às três pessoas do discurso.

Serão sempre pronomes substantivos.

Quadro dos pronomes pessoais				
		Retos	**Oblíquos**	
			átonos	**tônicos**
Singular	1ª pessoa 2ª pessoa 3ª pessoa	eu tu ele, ela	me te se, lhe, o, a	mim, comigo ti, contigo si, consigo, ele, ela
Plural	1ª pessoa 2ª pessoa 3ª pessoa	nós vós eles, elas	nos vos se, lhes, os, as	nós, conosco vós, convosco si, consigo, eles, elas

Na norma-padrão da língua, os pronomes pessoais retos funcionam como sujeito e os pronomes pessoais oblíquos como complementos.

Numa prova que fiz, **ele** descobriu que **eu** escrevia. **Ele** pediu-me então que **eu** fizesse um poema. **Eu**, mais que depressa, levei-o no outro dia.

eu – sujeito, respectivamente, de escrever, fazer, levar

ele – sujeito, respectivamente, de descobrir e pedir

Os pronomes oblíquos podem ser:

a. átonos (empregados sem preposição):

Desta vez julguei-**me** perdido. (Lúcio Cardoso)
(*me* = objeto direto)

b. tônicos (sempre precedidos de preposição):

– Sinceramente, não sei qual é a importância dos 15 anos. Para **mim**, é um aniversário como qualquer outro. (*O Globo*)

(Para = preposição)

Os pronomes oblíquos **o**, **a**, **os**, **as** podem assumir as seguintes formas:

a. **lo**, **la**, **los**, **las** – depois de verbos terminados em **r**, **s**, **z**; quando vierem pospostos ao designativo *eis* ou aos pronomes *nos* e *vos*.

Um moço da localidade gostava então muito de Isabel, porque era uma criança engraçada, e costumava chamá-**la** sua mulher. (Machado de Assis)
(chama**r** + a = *chamá-la*. O verbo perde o **r** final.)

Quando veio a hora de desembarcar, fê-**lo** com a mesma alegria... (Machado de Assis)
(fe**z** + o = *fê-lo*. O verbo perde o **z** final.)

O cão entrou na sala. Fizemo-**lo** sair.
(fizemo**s** + o = *fizemo-lo*. O verbo perde o **s** final.)

Ei-**lo** surgindo por entre as brumas...
(ei**s** + o = *ei-lo*)

Essa desfeita, garanto que não vo-**la** perdoarei.
(vo**s** + a = *vo-la*)

b. **no**, **na**, **nos**, **nas** – depois de verbos terminados em ditongo nasal (**am**, **em**, **ão**, **õe**).

Ouvir**am-no** todos cabisbaixos... (Taunay)
(ouvir**am** + o = *ouviram-no*)

O lápis caiu. Pegu**em-no**.
(pegu**em** + o = *peguem-no*)

Os lavradores não vendem estes produtos. Dão-**nos** aos pobres.
(**dão** + os = *dão-nos*)

Você não tem certeza dessas resoluções. Supõe-**nas** apenas.
(sup**õe** + as = *supõe-nas*)

Pronomes de tratamento

Entre os pronomes pessoais incluem-se os **pronomes de tratamento**, que expressam uma atitude cerimoniosa ou cortês do emissor em relação ao interlocutor ou à pessoa de quem se fala numa conversa.

Veja o exemplo:

LAERTE. *O condomínio*. Disponível em: <www2.uol.com.br/laerte/tiras/condominio/tira.html>.

Muitas vezes o pronome de tratamento é utilizado de forma irônica:

[...]
O marido – O televisor do quarto está sem som.
A mulher – E o aparelho do quarto do Bentinho está sem imagem.
O marido – Então só resta o do banheiro.
A mulher – E daí? Não quero perder minha novela.
O marido – Nem eu. Só que no banheiro a imagem não é lá essas coisas.
A mulher – Pois vamos duma vez, mas quem senta no vaso sou eu. O bidê fica pra ti.
O marido – Não **senhora**, o vaso é meu.
A mulher – Eu escolhi primeiro.
O marido – Pra você, tem o bidê.

(BENDER, Ivo. *Nove textos breves para teatro*. Porto Alegre: Editora da Universidade, p. 63.)

Quadro dos pronomes de tratamento			
Pronome	**Abreviatura**		**Emprego**
	singular	**plural**	
você	v.		tratamento familiar
Vossa Alteza	V. A.	VV. AA.	príncipes, princesas, duques
Vossa Eminência	V. Em.ª	V. Em.ªs	cardeais
Vossa Excelência	V. Ex.ª	V. Ex.ªs	altas autoridades
Vossa Magnificência	V. Mag.ª	V. Mag.ªs	reitores de universidades
Vossa Majestade	V. M.	VV. MM.	reis, imperadores
Vossa Meritíssima	usado por extenso		juízes de direito
Vossa Reverendíssima	V. Rev.ma	V. Rev.mas	sacerdotes
Vossa Senhoria	V. S.ª	V. S.ªs	altas autoridades. (É bastante frequente também na correspondência comercial.)
Vossa Santidade	V. S.		Papa

Veja alguns exemplos:

Sua Majestade expressou grande ansiedade pela segurança da cidade... (*Folha de S.Paulo*)

Vossa Senhoria condena o que aconteceu? (*Folha de S.Paulo*)

... diálogo curtíssimo, mas eloquente com um cardeal: "Como vai, **eminência**?", pergunta o jornalista. "Em silêncio", responde o cardeal. (*Folha de S.Paulo*)

O pronome *você*

O pronome **você** perdeu seu caráter de tratamento cerimonioso sendo hoje, no Brasil, utilizado em situações informais, substituindo o pronome de segunda pessoa **tu**.

Eu não tinha ainda entrado no colégio, quando uma vez me disse: **Você** sabe que nasceu quando Napoleão ganhou a batalha de Marengo? Arregalei os olhos e perguntei: quem era Napoleão? (Lima Barreto)

Como se vê pelo exemplo, *você* faz referência à segunda pessoa, mas exige verbo na terceira pessoa.

Esse pronome resulta das transformações fonéticas pelas quais passou o pronome de tratamento *Vossa Mercê*.

[...] mas nisto me ajuda **Vossa Mercê** a louvar a Nosso Senhor. (Pe. Manuel da Nóbrega – texto do século XVII)

– Quê, doutor? protestou Pereira. Partir já? Isso nunca... **Vosmecê** ainda não curou de todo minha filha. (Visconde de Taunay, *Inocência* – romance do século XIX)

– E **você**, não fala nada? Eu queria que **você** falasse alguma coisa... (Luiz Vilela, escritor contemporâneo)

Vossa Mercê → Vosmecê → você

A tendência, na língua oral, é reduzir ainda mais o pronome. Daí surgem formas como "ocê" e "cê".

"Saí porque **ocê** não respondeu." (Sala de bate-papo do provedor UOL, em 25 ago. 2005)

– ... faz a mesma coisa: ganha seu mandato e depois **cê** barganha, negocia. Aí fica muito mais fácil. (*Correio Braziliense*)

Apesar de ser considerado pela NGB como pronome de tratamento, **você** enquadra-se mais apropriadamente na categoria de pronome pessoal, já que substitui o pronome **tu** em boa parte do território brasileiro.

Deve-se notar ainda o emprego de **você** como pronome que indetermina o sujeito:

"Mas o que **você** pode fazer contra as forças da natureza?" (*Folha de Londrina*)

A norma-padrão recomenda nesses casos a construção impessoal, com o pronome **se**.

O que **se** pode fazer contra as forças da natureza?

A expressão *a gente*

Na linguagem coloquial, o pronome **nós** é frequentemente substituído por **a gente**.

Se **a gente** ganhar mais dez pontos nesses quatro jogos, significa que não perdemos. E isso vai ser muito bom. Uma série dessas embalaria **a gente** para o restante do campeonato. (Disponível em: <www.jornalacidade.com.br>)

Esta expressão também pode ter caráter singular, equivalendo a **eu**:

Se **a gente** ganhar a luta, tudo na minha vida será diferente – disse o pugilista.

Você não imagina a alegria que *senti*, pois uma carta [...] **a gente** que está longe lê uma, duas, três vezes, tal a fome que é a saudade que **a gente** tem dos amigos! (*Folha de S.Paulo*)

A expressão pode ainda apresentar valor impessoal, indeterminado:

A gente costuma dizer que o ano passou rápido, não? (*Folha de S.Paulo*)
(a gente costuma dizer = *costuma-se* dizer)

A norma-padrão, em seu registro mais formal, tende a rejeitar essas construções, comuns na fala coloquial.

Observação

A expressão **a pessoa** também ocorre com a mesma função da expressão *a gente*, mas não exclusivamente na fala coloquial. Veja:

Alguns dos sinais que poderiam alertar alguém da presença de problemas com a bebida alcoólica:

1. **A pessoa** bebe para relaxar e se esquecer dos problemas que a preocupam e atormentam;
2. **A pessoa** se refugia na bebida diante de brigas com amigos, pais e outras pessoas;
3. **A pessoa** bebe sozinha, sem companhia. (Disponível em: <www.alertamedico.med.br/>)

Emprego

1. Pronomes pessoais retos

Primeira pessoa

1. Os pronomes que funcionam como sujeito geralmente são omitidos, pois em português as desinências verbais já indicam a pessoa e o número do sujeito.

a. **Veja** – O senhor completa 60 anos em outubro. Está pronto para envelhecer?

Entrevistado – **Tenho** excelentes hábitos alimentares e **sou** bastante ativo. Mas o mais importante é ter projetos. [...] Não **pretendo** parar de jeito nenhum. A aposentadoria não está na minha agenda. (*Veja*)

b. **Éramos** muito jovens e não **sabíamos** ficar calados. (Clarice Lispector)

No exemplo **a** o falante omite o pronome **eu**; no exemplo **b**, o pronome **nós**.

2. O pronome **eu** na linguagem oral pode ser utilizado para indicar referência genérica.

Ah, então tá. **Eu** entro sem autorização, pego tudo o que for meu e pronto, ninguém reclama, ninguém me processa, nada? Você ficou louca?

O emissor indica que "**se** entra sem autorização", "pega-**se** tudo...".

3. Muitas vezes, o falante emprega a primeira pessoa do plural (**nós**) para evitar o tom impositivo que poderia decorrer do emprego frequente do pronome **eu**. É o chamado *plural majestático*.

Veja – Uma característica como a inteligência, que envolve um complexo de genes, poderá um dia ser manipulada?

Watson – Não **temos** ideia. (*Veja*)

O falante, um estudioso de genética, fala em seu nome, mas utiliza o plural.

O fim deste livro, ao menos aquele a que nos **propusemos**... é o de elevar a Poesia à sublime fonte donde ela emana... (Gonçalves de Magalhães)

O falante trata apenas de si mesmo, já que é o único autor da obra.

4. O emissor atribui à sua fala o caráter de fala de um grupo, de uma comunidade ou de uma empresa.

O secretário de Turismo [...] disse que o assassinato dos dois holandeses "não é indicativo de que a cidade seja violenta. **Nós** lamentamos o fato, mas é preciso reconhecer que casos de violência acontecem no mundo todo", disse ele. (*Folha de S.Paulo*)

Nós oferecemos a você a melhor água potável a um custo baixo.

CMC / CENP

Anúncio publicitário de camiseta. *Capricho*, São Paulo: Abril, n. 962, 20 mar. 2005, p. 37.

Segunda pessoa

No Brasil, o pronome **tu**, conforme já vimos, tem emprego mais restrito que **você**.

As formas oblíquas do pronome **tu**, no entanto, são frequentes:

Teu corpo é meu espelho e em **ti** navego. (Renato Russo)

Em algumas regiões, mais notadamente no estado do Rio de Janeiro, é comum haver um cruzamento do pronome de tratamento de segunda pessoa com a forma verbal da 3ª pessoa.

Tu tem mais experiência do que eu, **tu sabe** que esse negócio de ser pai de família não é moleza. (João Ubaldo Ribeiro, *O Globo*)

A gramática normativa assinala erro nessas construções, uma vez que o verbo deve concordar com a palavra que lhe serve de sujeito, como nos exemplos seguintes:

Sendo assim sucinto sobre um assunto tão importante **tu** não **esclareces** a questão. (*O Globo*)

[...] e **tu**, guapa Luísa, por onde **andavas** com tuas madeixas que não te vi? (*O Globo*)

O pronome **vós**, comum em textos cerimoniosos e no discurso religioso, é bastante raro na linguagem corrente do Brasil atual.

Ensinai-me, Senhor, a fazer a vossa vontade, só porque **vós** sois Deus meu e porque a vossa vontade é vossa. (Bíblia Sagrada)

Atualmente, o pronome pode aparecer com sentido irônico:

Abandonai toda esperança **vós** que entrais nos supermercados da assistência médica. A compra de um plano de saúde exige tantos cuidados quanto adquirir um carro usado. (*Veja*)

Terceira pessoa

1. Os pronomes retos de 3ª pessoa (**ele**, **ela**, **eles**, **elas**) podem combinar-se com as preposições **de** ou **em**:

de + ele = **dele**	em + ele = **nele**
de + ela = **dela**	em + ela = **nela**
de + eles = **deles**	em + eles = **neles**
de + elas = **delas**	em + elas = **nelas**

Rodrigo sentia arder-lhe o rosto, como se Bento tivesse encostado **nele** um ferro em brasa. (Érico Veríssimo)

Ninguém no mundo... olha para ele, cuida de melhorar a sorte **dele**... (Monteiro Lobato)

Quando esses pronomes exercem a função de sujeito, essa contração não deve ocorrer:

Depois de passearmos bastante e **de ele** ter feito o possível para avançar o sinal para cima de mim, acabou abrindo o jogo. (Carlos Heitor Cony)

– Capaz **de ele** não poder passar o Corumbá – ainda ponderou a patroa. (Bernardo Élis)

2. A função de objeto direto é exercida pelos pronomes oblíquos átonos. No entanto, os pronomes retos **ele**(**s**), **elas**(**s**) aparecem com bastante frequência utilizados como objeto direto, principalmente na linguagem coloquial. Esse emprego, embora seja considerado uma infração à norma-padrão, já está incorporado pela literatura:

Se esse homem me ferir ou me matar podem deixar **ele** ir embora em paz. (Érico Veríssimo)

– Desamarrem este homem e levem **ele** para a minha barraca. (Idem)

... boto **ele** na cadeia. (Oswald de Andrade)

Não deixam minha alma entrar no céu. Tocam **ela** de lá... (Monteiro Lobato)

Nunca vi **ele** chorar daquele lado, nunca. (Lygia Fagundes Telles)

– E a Pipoca, como é mesmo o nome dela?

– Nós chamamos **ela** de Pipoca porque é doida por pipoca. (Carlos Drummond Andrade)

O medo do moleque era que o homem se arrependesse e não quisesse mais **ele**. (José Lins do Rego)

Gente ruim não enxerga **eles**, não. São invisíveis. (Otto Lara Resende)

2. Pronomes pessoais oblíquos

Formas tônicas

1. As formas tônicas vêm sempre precedidas de preposição:

Tinha dentro de **si** uma espécie de vazio. (Érico Veríssimo)

(de: preposição)

Ah! vem, pálida virgem, se tens pena
De quem morre por **ti**, e morre amando... (Álvares de Azevedo)
preposição

Observe:

Nada mais há entre **mim** e **ti**.
preposição

A preposição exige a forma tônica do pronome pessoal oblíquo.

... um comboio, uma diligência e a decisão de partir entre **mim** e **ti**. (Fernando Pessoa)

De acordo com a norma-padrão, as formas **eu** e **tu** não podem ser regidas por preposição. No entanto, com a preposição *entre* é comum esse emprego:

Entre **eu** e você
não há meias verdades
Entre **eu** e você
não há meias virtudes
ou é tudo, ou é nada
(Guilherme Arantes)

Pela norma-padrão, teríamos: Entre **mim** e você.

Observação

A palavra **até** exige usos diferenciados do pronome:

a. **até** → indicando direção é preposição e, portanto, constrói-se com o pronome oblíquo tônico:

Caminhou até **mim**.

b. **até** → equivalendo a **mesmo**, **também**, **inclusive** é advérbio e constrói-se com o pronome reto:

Até **eu** tive problemas com essa firma!

2. Os pronomes oblíquos tônicos **ele**(s), **ela**(s), **nós** e **vós** podem funcionar como objeto direto sem ferir a norma-padrão, quando precedidos de **todo**(s), **toda**(s), **só**, **apenas** ou quando forem seguidos de um **numeral**.

Conheço-as → Conheço todas **elas**.
Vi-os. → Vi só **eles**.
Comprei-os. → Comprei todos **eles**.
Chamaram-nos. → Chamaram **nós** duas.

3. **Comigo**, **contigo**, **consigo**, **conosco**, **convosco** são formas compostas de pronomes oblíquos que incorporaram a preposição *com*.

Houve uma falta de respeito não só **comigo**, mas com os meus parentes, amigos... (*IstoÉ*)
Viveu quinze anos **conosco**. Era uma graça... (Carlos Drummond de Andrade)

A forma **consigo** só deverá ser usada quando o sujeito da frase estiver na 3ª pessoa e o pronome referir-se a esse mesmo sujeito:

Ela trazia uma bolsa **consigo**.
O garoto jogava bola de gude sozinho, ou melhor, **consigo** mesmo, fazendo esforço para não roubar e não ser roubado. (Carlos Heitor Cony)
[...] ele manteve **consigo** os filhos, após separar-se da mulher. (*Folha de S.Paulo*)

As formas **conosco** e **convosco** serão substituídas por **com nós** e **com vós** se vierem seguidas de numeral ou de palavras como: *todos*, *outros*, *mesmos*, *próprios*, *ambos*.

Aos sábados ele almoça **conosco**.
Aos sábados ele almoça **com nós** todos.
Aos sábados ele almoça **com nós** três.
Partirei **convosco**.
Partirei **com vós** outros.
Partirei **com vós** todos.
Enquanto este fala com os de casa, falo eu **com vós** outros. (Sá de Miranda)

Nem o presidente nem seus ministros sabiam o que ia acontecer **com nós** todos. (*O Estado de S. Paulo*)

O que que há/ **com nós** dois/ amor me responda depois... (Marina Lima, *Acontecimentos*)

Formas átonas

1. Pode-se enfatizar o pronome átono que exerce a função de objeto direto ou indireto por meio de um pronome oblíquo tônico antecedido de preposição.

Come! Come-te **a ti** mesmo, oh gelatina pasma! (Mário de Andrade)

te: objeto direto — a ti: objeto direto enfático

2. Os pronomes pessoais oblíquos átonos podem ser utilizados com sentido possessivo:

O coração batia-**lhe** forte. (Aníbal Machado) (= **seu** coração)

Pouco a pouco o sono começou a pesar-**lhe** nas pálpebras. (Érico Veríssimo) (= nas **suas** pálpebras)

A vida não se conforma com o vazio, e a imagem da moça encheu-**me** os dias. (Ciro dos Anjos) (= os **meus** dias)

3. Os pronomes átonos podem combinar-se entre si:

... perguntou-me pelo nome: disse-**lho** e ele fez um gesto de espanto. (Machado de Assis)

lho: combinação de **lhe** + **o**

lhe: objeto indireto — o: objeto direto

Meto a mão no colete e não acho o relógio. Última desilusão!

O Borba furtara-**mo** no abraço. (Idem)

mo: combinação de **me** + **o**

me: objeto indireto — o: objeto direto

O amor vem em primeiro lugar na obra lírica camoniana, e não haveria como desdizê-lo. Foi o próprio Poeta quem **no-lo** disse... (Cleonice Berardinelli)

Essas formas desapareceram quase por completo do português atual do Brasil. Os poucos exemplos ocorrem na linguagem literária ou em textos extremamente formais. Veja as combinações possíveis:

me	te	lhe
me + o: *mo*	te + o: *to*	lhe + o: *lho*
me + a: *ma*	te + a: *ta*	lhe + a: *lha*
me + os: *mos*	te + os: *tos*	lhe + os: *lhos*
me + as: *mas*	te + as: *tas*	lhe + as: *lhas*

nos	vos	lhes
nos + (l)o: *no-lo*	vos + (l)o: *vo-lo*	lhes + o: *lho*
nos + (l)a: *no-la*	vos + (l)a: *vo-la*	lhes + a: *lha*
nos + (l)os: *no-los*	vos + (l)os: *vo-los*	lhes + os: *lhos*
nos + (l)as: *no-las*	vos + (l)as: *vo-las*	lhes + as: *lhas*

Os pronomes oblíquos átonos podem funcionar como sujeito de um verbo no infinitivo.

Compare:

a. Deixe-**me** | dizer a verdade

b. Deixe | que **eu** diga a verdade.

O pronome destacado no item **a** é objeto direto da primeira oração e sujeito da segunda. Verifique que os pronomes **me** e **eu** desempenham a mesma função em relação ao verbo *dizer*. Portanto, se **eu** é sujeito de *diga*, então **me** é sujeito de *dizer*. O mesmo ocorre em:

Mande-**a** | pegar o caminho de volta. (= Mande que **ela** pegue o caminho de volta.)
Ouvi-**os** | gritar. (= Ouvi que **eles** gritavam.)

É comum também, especialmente na língua oral, o emprego dos pronomes tônicos na mesma função vista anteriormente:

Deixa **eu** dizer a verdade.
Manda **ela** pegar o caminho de volta.
Ouvi **eles** gritarem.

3. Pronomes reflexivos e recíprocos

Reflexivos

Os pronomes **me**, **te**, **se**, **si**, **consigo**, **nos** e **vos** são considerados reflexivos quando o sujeito de um verbo e seu objeto pronominal se referem à mesma pessoa gramatical.

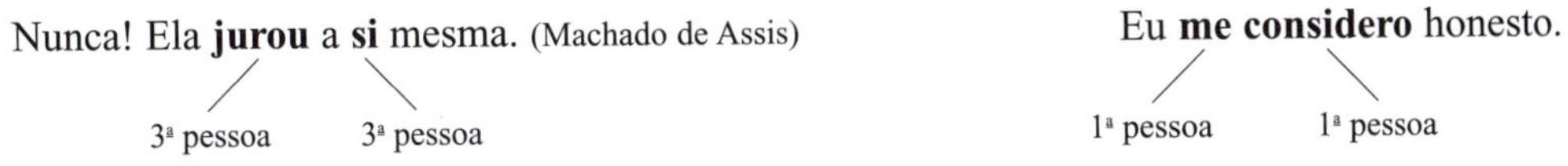

Nunca! Ela **jurou** a **si** mesma. (Machado de Assis)
3ª pessoa
3ª pessoa
Eu **me considero** honesto.
1ª pessoa
1ª pessoa

Como pode alguém sentir-**se** seguro quando **se** vê obrigado a passar por mudanças para as quais não **se** preparou? (*Jornal da Tarde*)

Nesses casos, o sujeito e o complemento verbal são a mesma pessoa ou coisa.

Alguns verbos só se empregam com essa construção reflexiva. São os chamados **verbos pronominais**. Alguns deles: *arrepender-se*, *atrever-se*, *dignar-se*, *esbaldar-se*, *foragir-se*, *jactar-se*, *locomover-se*, *queixar-se*, etc.

[...] Dom Casmurro tem como fundamento experiências do próprio Machado de Assis. O que Cony não **se atreveu** a fazer foi dar o passo seguinte. Ou seja, dar nome aos bois e tornar ainda mais escabrosa toda essa história. (*Veja on-line*)

Recíprocos

Os pronomes **nos**, **vos** e **se** são considerados pronomes recíprocos quando indicam que a ação expressa pelo verbo é mútua, isto é, realiza-se entre dois ou mais indivíduos.

Noivo e noiva beijaram-**se**.
Sandra e Isabel cumprimentavam-**se** com entusiasmo.
No lotado Teatro Guararapes, 2 500 pessoas **se** abraçaram... (*Jornal do Commercio*)

A reciprocidade pode ser indicada ou reforçada pelo contexto.

Todos **se** entreolharam, exceto Quaresma. (Lima Barreto)
Fitaram-**se**, um buscando na face do outro um perdão que dispensava palavras... (Osman Lins)
A fera e o selvagem mediram-**se** mutuamente, com os olhos nos olhos um do outro. (José de Alencar)

4. Pronomes de tratamento

Os pronomes de tratamento assumem duas formas diversas, dependendo do contexto:

a. No tratamento direto – quando a primeira pessoa se dirige ao interlocutor e usa o pronome de tratamento, emprega **vossa**.

(O súdito dirige-se ao príncipe.)
– Que novidade traz **Vossa Alteza** por aqui, príncipe? (Monteiro Lobato)

(A fiel dirige-se ao sacerdote.)

– Dá licença.

– Entre.

– Uma serva de **Vossa Reverendíssima**... (Martins Pena)

b. No tratamento indireto – quando a primeira pessoa se dirige a outro interlocutor e se refere a uma terceira pessoa com um pronome de tratamento, emprega **sua**.

No exemplo seguinte, o falante refere-se à rainha da Inglaterra:

Convidado pelo governo de **Sua Majestade** para participar da conferência, o presidente da República será o principal representante da região. (*O Estado de S. Paulo*)

Senhor, senhora, senhorita

Os pronomes **senhor**, **senhora** e **senhorita** são largamente utilizados no Brasil como forma de respeito e cortesia.

– Uai! A **senhorita** é mineira? Também sou de lá. (Carlos Drummond de Andrade)

– O **senhor** se sente realizado? (Idem)

Atividades

1. Identifique os pronomes pessoais dos trechos seguintes e a palavra ou expressão que cada um representa.

   a. O que ela amava acima de tudo era fazer bonecos de barro – o que ninguém lhe ensinara. – [...] Virgínia cavava com os dedos aquela terra pálida e lavada – na lata presa à cintura iam se reunindo os trechos amorfos. O rio em pequenos gestos molhava-lhe os pés descalços e ela mexia os dedos úmidos com excitação e clareza. (Clarice Lispector, *Os bonecos de barro*)

   b. "Gostaria muito de conhecer os meus pais", afirma. "Preciso ter uma referência na vida. Gostaria muito de encontrá-los pelo menos uma vez." (*Veja*)

   c. Dá de cara com motoristas impacientes [...] Entre roncos de motores, vidros fechados e olhares agressivos, o menino tem menos de dois minutos para convencê-los a comprar uma caixa de chicletes. Muitos dos que pagam pela mercadoria não a levam. Ficam satisfeitos apenas em vê-lo se afastar. (*Veja*)

2. A que pessoa gramatical se referem os pronomes destacados no texto?

   – Estou brincando, **meu** "nego". Sou **teu** amigo – **tu** sabes. (Lima Barreto)

3. O amor imaturo diz "eu te amo porque preciso de ti"; o amor maduro diz "eu preciso de ti porque te amo". (Erich Fromm)

   Identifique os pronomes pessoais, classifique-os e informe a pessoa gramatical a que se referem

4. Leia:

   "Desde o início de minha carreira canto frevo, coco, maracatu, ciranda, embolada, tudo o que é daqui. Naveguei em todos os mares da cultura pernambucana", filosofa Alceu. (*Jornal do Commercio*)

   a. Que pronome pessoal se subentende no texto? Por que foi possível omiti-lo?

   b. O pronome **tudo** refere-se a que termos antecedentes?

   c. Esse pronome é substantivo ou adjetivo? Por quê?

5. Leia:

– De todos esses impostos, o único que eu pago com gosto é o IPTU.

Todos estranharam. Pagar imposto com gosto podia ser uma rima, mas era mais uma aberração.

– Mas o senhor paga com gosto por quê?

O homem pegou a guia do IPTU e disse:

– É por isto aqui, ó.

Ninguém estava entendendo nada. Então o homem leu: "Vossa senhoria está recebendo a notificação-recibo com parcela única e prestações referentes à primeira fase". Ouviram?

Todos tinham ouvido, mas continuavam não entendendo. O homem explicou:

– Eu tenho 57 anos e esta é a primeira vez que me chamam de vossa senhoria. Sabem como eu estou me sentindo? Como um personagem de Machado de Assis. (*Raul Drewnick*)

a. Explique, baseando-se no que você já conhece sobre pronomes, o orgulho do cidadão.

b. Os pronomes **nada**, **ninguém** e **todos**, no texto lido, são pronomes adjetivos ou pronomes substantivos?

c. Dos pronomes classificados na questão anterior, identifique o(s) que se remete(m) ao contexto linguístico em que aparece(m) e o(s) que se remete(m) ao contexto extralinguístico. Explique sua resposta.

6. Identifique os casos em que o quadradinho pode ser substituído pelo pronome **consigo**.

a. O dia inteiro, quase, passavam as duas mulheres metidas cada uma ■ mesma. (Lima Barreto)

b. Marramaque não era rico nem andava com joias, sendo certo que não podia trazer ■ muito dinheiro. (Lima Barreto)

c. ... nada tenho que fazer na sala, e é por isso que venho aqui trabalhar ■. (Bernardo Guimarães)

d. Sente-se aqui... Estou muito zangado ■. (França Júnior)

7. A construção seguinte é comum na linguagem coloquial. Reescreva-a na forma culta, substituindo o pronome destacado por outro pronome pessoal adequado.

É como **você** ter uma mina de diamantes em sua fazenda, mas **você** não consegue extrair. Não tem a tecnologia, então **você** acaba cedendo a mina por um preço aviltado. (*A Notícia*)

8. Reescreva as frases, completando-as com **Sua** ou **Vossa**, de acordo com o contexto.

a. Jornalista dirigindo-se ao leitor:

... haverá paz nos domínios de ■ Majestade Elizabeth II? (*O Estado de S. Paulo*)

b. Membro do parlamento britânico digirindo-se ao jornalista que o entrevistava:

[...] sempre me destaquei como um dos mais fiéis escudeiros de ■ Majestade. (*O Estado de S. Paulo*)

c. Interlocutor questionando um deputado:

E o cheque, depois de assinado, ■ S.ª devolvia? (*O Estado de S. Paulo*)

9. No final da audiência, o interrogado discutiu com a promotora M. C., após tê-la tratado de "vossa senhoria". A promotora sentiu-se desacatada e exigiu o tratamento de "vossa excelência". (*O Estado de S. Paulo*)

Explique a exigência da promotora, consultando o quadro dos pronomes de tratamento.

10. Reescreva as frases substituindo o que estiver em destaque pelo pronome pessoal adequado.

a. ... papai me disse que não tinha a menor ideia, pois nem chegou a ver **o homem**. (Fernando Sabino)

b. Foi-se o tempo em que **as mulheres grávidas** eram aconselhadas a preencher **as horas de espera** numa cadeira de balanço, tricotando **o enxoval do bebê**. (*Veja*)

c. A fazenda do Taquaral foi medida. Os engenheiros acharam **mais de dois mil alqueires**... (Monteiro Lobato)

d. O que eu quero é ter **meus livros** circulando cada vez mais na mão dos leitores. (M. Souza)

e. **Este Ambrósio** é um banana. Queria ser **delegado** nesta terra, um dia só. (José Lins do Rego)

f. Pois larguem **o patife**! Dizia Bento. (Érico Veríssimo)

11. Reescreva as frases orientando-se pelo exemplo:

Deixaram-**me sair mais cedo**.

Deixaram **que eu saísse mais cedo**.

a. Fizeram-na cantar em público.

b. Mandei-os ler mais.

c. Sugeriram-nos consultar outro médico.

d. Ouviram-me gritar por socorro.

12. Substitua cada quadradinho por **eu** ou **mim**.

a. Esporte é essencial para ■ me sentir bem.

b. Este presente é para ■ ?

c. Este presente é para ■ abrir agora? Posso?

d. Olhava e dizia para ■: – Me ajude.

e. Olhava e dizia para ■ ajudar.

13. Identifique **emprego reflexivo** e **emprego recíproco** do pronome oblíquo:

a. O Velho instalou-**se** no meu quarto. (Érico Veríssimo)

b. Olga intrometeu-**se** na conversa. (Lima Barreto)

c. O que os outros **se** diziam: que Sorôco tinha tido muita paciência. (Guimarães Rosa)

d. No dia em que nada tínhamos a **nos** confiar, procurávamos com alguma aflição um assunto. (Clarice Lispector)

14. Copie as frases substituindo o que estiver destacado pelo pronome pessoal adequado. Faça ou não a combinação da preposição com o pronome:

a. É hora **de Maria** sair.

b. Quando percebeu que era **de João** o relógio, sentiu-se mal.

c. O momento **de papai** voltar era sempre aguardado com ansiedade.

d. É chegado o dia **de sua tia** tomar uma providência.

15. Copie as frases substituindo cada quadradinho pelo pronome pessoal adequado, considerando a indicação entre parênteses:

a. Nenhum segredo pode haver entre ■ e ■ (1ª pessoa do singular) (2ª pessoa do singular)

b. O livro é para ■ ler? (1ª pessoa do singular)

c. O livro é para ■? (1ª pessoa do singular)

d. Todos os presentes exceto ■ foram tomar café na padaria. (3ª pessoa do singular)

e. Tragam até ■ o responsável por essa bagunça. (1ª pessoa do plural)

2. Pronomes possessivos

Os possessivos indicam aquilo que pertence ou cabe a cada uma das pessoas gramaticais.

Quadro dos pronomes possessivos		
Singular	1ª pessoa	meu, minha, meus, minhas
	2ª pessoa	teu, tua, teus, tuas
	3ª pessoa	seu, sua, seus, suas
Plural	1ª pessoa	nosso, nossa, nossos, nossas
	2ª pessoa	vosso, vossa, vossos, vossas
	3ª pessoa	seu, sua, seus, suas

Só escrevo na **minha** maquininha elétrica. (Rachel de Queiroz)

– Deixa-me ver bem o **teu** rosto, dizia Cirino a Inocência. Para mim, é muito mais belo que a Lua e tem mais brilho que o Sol. (Taunay)

O bombeiro desconversa: "Eu não sou herói. Só tento fazer o melhor na **minha** profissão e também para ajudar os **meus** filhos, dar um bom exemplo para eles". (*IstoÉ*)

O nome *possessivo* é convencional. Como se pode ver pelo último exemplo, nem sempre o pronome possessivo indica propriamente posse. Pode estabelecer relações diversas como:

a. posse figurada

No exemplo acima (**meus** filhos), obviamente o bombeiro não tem a posse física dos filhos, mas o direito decorrente da sua condição de pai. Trata-se de posse no sentido figurado, portanto. O mesmo ocorre nos exemplos seguintes, em que a terra (pátria) ou a serra não são posse de ninguém, mas de todo o povo que nela nasceu ou viveu.

Minha terra tem palmeiras
Onde canta o sabiá. (Gonçalves Dias)

Chego à sacada e vejo a **minha** serra,
a serra de **meu** pai e **meu** avô. (Carlos Drummond de Andrade)

b. posse inalienável

A posse inalienável é aquela em que o "possuído" não pode, em princípio, ser separado do "possuidor", como as partes do corpo, por exemplo.

Aprendi a conviver com **meu** corpo. Sei quando estou abusando. (*Exame*)

Os prantos de meu pai nos **teus** cabelos. (Castro Alves)

c. inclusão em classe, grupo, ambiente ou época

[...] enche a boca ao dizer que **sua** categoria é "privilegiada"... (*Veja*)

Na **sua** época de jogador, a seleção foi batizada de Era Dunga. (*IstoÉ Gente*)

d. produtor / produto

Em **seu** novo livro, Paul Auster acompanha um doente terminal em sua luta pela integridade. (*IstoÉ Online*)

e. conveniência, interesse

O horário de **nosso** trem sofreu mudanças.

f. afeto, amizade

A mãe gritava, vendo o filho algemado:
– O **meu** José nunca faria isso! É tudo mentira!

g. relação espacial

À **minha** esquerda estava o dono da casa.

Para que se torne mais clara a relação dos possessivos com as pessoas gramaticais a que eles remetem, o quadro da página anterior pode ser assim detalhado:

1ª pessoa { um possuidor – *meu, minha, meus, minhas*; mais de um possuidor – *nosso, nossa, nossos, nossas* }

2ª pessoa { um possuidor – *teu, tua, teus, tuas*; mais de um possuidor – *vosso, vossa, vossos, vossas* }

3ª pessoa – um ou mais de um possuidor – *seu, sua, seus, suas*

Quanto à concordância, a leitura do quadro permite concluir que o possessivo:

Observação

A relação de posse pode ser expressa de outras formas, sem a utilização dos pronomes possessivos:

a. de + substantivo

A casa **de Márcio** era muito pobre... (Em vez de **sua** casa)

b. de + pronome pessoal de 3ª pessoa

A casa **dele** era muito pobre.

c. de + você ou de + pronome de tratamento

Chegaram as encomendas **de vocês**.

A casa **de Vossa Senhoria** é enorme.

a. concorda em gênero e número com o substantivo a que serve de modificador. Não distingue o gênero da pessoa gramatical a que remete, mas sim o gênero do nome que modifica.

Ninguém vai nos ensinar a resolver **meus** problemas, rebateu a ministra. → o "possuidor" é do sexo feminino

Fiquei com medo de não conseguir passar, dizia o menino. A água batia na **minha** cintura. → o "possuidor" é do sexo masculino

b. concorda em pessoa com o possuidor:

Nos exemplos do item anterior, as formas **meus** e **minha** remetem à primeira pessoa gramatical, aquela que, no discurso, identifica o falante.

Emprego dos pronomes possessivos

1. Os possessivos são quase sempre pronomes adjetivos, uma vez que o substantivo por eles modificado costuma ficar explícito.

[...] o ser humano vive entre duas permanentes tensões. O enraizamento em **sua** cultura, na **sua** língua, em **sua** raça, na **sua** classe, no pequeno mundo de **seu** cotidiano. Mas ao mesmo tempo ele está aberto ao mundo, à realidade infinita, ao diálogo e à comunhão com as coisas todas. (Leonardo Boff)

2. O pronome será substantivo quando o termo a que se refere é retomado do contexto. Nesse caso, será sempre precedido de **o**, **a**, **os**, **as** e equivalentes.

– Onde colocaram os livros?

– Os **meus** estão aqui; os **seus** eu não vi...

3. O possessivo será também considerado como pronome substantivo quando, sem nenhum referente expresso, estiver no plural com os significados seguintes:

O guerrilheiro, com **os seus**, atacou a aldeia. (**os seus** = seus adeptos, seguidores, partidários)

Venha à festa e traga **os seus**... (**os seus** = seus familiares)

4. Os possessivos **seu**, **sua**, **seus**, **suas** podem referir-se não só à 3ª pessoa gramatical como também à 2ª pessoa. Por isso, seu emprego pode gerar ambiguidade:

– Eles disseram que **sua** casa é confortável, Mário. (**sua** pode referir-se à casa deles – 3ª pessoa – ou à casa do interlocutor, Mário – 2ª pessoa)

Geralmente o contexto permite desfazer essa ambiguidade:

– O senhor é catarinense, de Concórdia. Poderia comentar como foi **sua** infância, **seus** estudos e como ingressou na carreira religiosa? (*A Notícia*)

O que evidencia tratar-se de um pronome referente à segunda pessoa é o contexto (um jornalista conversando com um entrevistado) e o emprego do pronome de tratamento (senhor).

Nossa língua oferece um recurso para evitar essa ambiguidade: empregar as formas *dele*, *dela*, *deles*, *delas* ou pronomes de tratamento precedidos de preposição: *de você*, *do senhor*, *da senhora*, etc.

– Eles disseram que a casa **deles** é confortável, Mário. (o pronome **deles** substitui **sua**, referindo-se à 3ª pessoa)

Observação

A forma **dele** e suas variações nem sempre apresentam valor possessivo:

Além **dele**, ninguém mais testemunhou a favor de Marina.

5. O possessivo **seu** pode conotar generalização:

Quando você é derrotado, tem de examinar **sua** derrota, tem de se compor. (*Folha de S.Paulo*)

É impossível você, como pessoa, não sentir quanto é atacado em **sua** honra, não é? (*Folha de S.Paulo*)

6. Quando se usa um pronome de tratamento, o possessivo deve ficar na 3ª pessoa:

O secretário entrou no gabinete e, dirigindo-se ao deputado, disse:

– A que horas Vossa Excelência sairá para visitar a **sua** cidade?

7. A forma **seu**, quando equivale a **senhor**, não é possessivo, mas resulta da redução fonética desse pronome de tratamento:

– Muito obrigado, **seu** Ediraldo... (Carlos Drummond de Andrade) (*seu* = senhor)

Atividades

1. Identifique os possessivos.

a. Os jovens adotam o rock porque é barulhento, seu ritmo induz a uma dança mais livre e agitada e, principalmente, porque seus pais não gostam. (*Almanaque Abril*)

b. Em suas cartas, que assina como “Demonião”, “Fogo” ou “Foguinho”, o imperador chama a amante de “filha”, “Titília”, “meu amor” e “meu tudo”. (*Almanaque Abril*)

c. [O Sol] É a estrela mais próxima do nosso planeta. (*Almanaque Abril*)

d. Envergonha-me muito saber que em nosso país existem pessoas com tanto preconceito. (*Veja*)

2. Reescreva as frases substituindo cada quadradinho pelo pronome possessivo adequado. Esses pronomes devem relacionar-se à palavra destacada.

a. O ■ currículo tem 82 páginas. **Ele** trabalha doze horas por dia... (*A Notícia*)

b. Das viagens que **fiz**, gostaria de citar ■ passagem por Londres.

c. Ainda **somos** os mesmos e vivemos como ■ pais. (Belchior)

d. ■ coragem não é a negação do medo. Ao contrário, **tens** a coragem dos que sabem suportar o medo. (Armando Nogueira, *O Estado de S. Paulo*)

e. Nunca **julgueis** mal o coração de ■ amado.

3. Identifique os casos em que os pronomes pessoais oblíquos destacados equivalem a pronomes possessivos:

a. Tanto dinheiro e sucesso **lhe** deram fama.

b. [...] nem se surpreende mais quando **lhe** pedem autógrafos. *(Veja)*

c. O futebol deles não **me** enche os olhos. *(O Globo)*

d. Temos de compensar com atuação coletiva o que **nos** falta individualmente. *(O Globo)*

e. Papai cortou-**nos** a mesada. E agora?

4. O uso do possessivo, nas frases abaixo, gera ambiguidade. Explique as duas interpretações possíveis de cada frase. Em seguida, modifique a frase ou escreva um contexto que possibilite entendê-la de uma única maneira.

a. O homem encontrou o vizinho e lhe disse que **sua** mãe parecia doente.

b. Ele disse que o espera no **seu** gabinete.

c. O padrasto impediu a menina de usar **sua** bicicleta.

d. João disse a Manuel que a festa correria bem, embora **sua** namorada não pudesse ajudar.

e. O historiador e antropólogo francês Maxime Haubert afirma, por exemplo, que "os jesuítas viveram 150 anos e até mais entre os índios e não deixaram praticamente nenhuma descrição sobre os **seus** costumes." (Revista *Problemas Brasileiros*)

5. Identifique o(s) caso(s) em que o pronome destacado não indica propriamente posse.

a. Em **suas** andanças pelo mundo, conheceu tudo que é tipo de bicho.

b. Hoje, **sua** casa parece um hotel.

c. Se ficar perdido na selva, "não coma nada colorido. Cores vivas são uma maneira de a natureza dizer: "Coma-me, **seu** idiota; e morra!" (Revista *VIP Exame*)

d. Você deve cuidar para que **minhas** roupas e nosso escritório estejam sempre limpos e em ordem, e para que eu tenha três refeições diárias. *(Veja)*

3. Pronomes demonstrativos

São pronomes que situam o ser no espaço, no tempo e no contexto linguístico, tomando como ponto de referência as três pessoas gramaticais.

Situação no espaço

Vou fechar **esta** porta agora. (A porta está perto do falante.)

Por favor, feche **essa** porta! (A porta está perto do ouvinte.)

Quem poderia fechar **aquela** porta? (A porta está distante do falante e dos ouvintes.)

Situação no tempo

Neste momento, todos os bares estão repletos. (tempo presente em relação ao falante)

Essa noite eu o procurei e contei a verdade. (tempo passado, pouco distante em relação ao falante)

Naquele tempo ainda não havia microcomputadores. (tempo distante em relação ao falante)

Situação no contexto linguístico

1º caso

– O sr. é casado há 69 anos. Como é **essa** experiência? (ou seja, a experiência de ser casado há 69 anos)

O pronome refere-se a uma situação previamente fornecida no contexto linguístico.

No exemplo seguinte, ocorre o mesmo:

Acho mesmo que sou uma pessoa privilegiada. Quantos artistas estão aí, brigando e lutando e não conseguem espaço algum [...]. Na verdade eu me sinto privilegiado porque eu consegui **esses** espaços desejados. (*A Notícia*)

O pronome destacado recupera a informação que o antecede: os espaços que se busca conseguir no mundo da arte.

2º caso

O desafio é **este**: encontrar maneira de melhorar as escolas e fazer com que a oferta responda às necessidades.

O demonstrativo destacado introduz as duas explicações novas no enunciado. Veja no exemplo abaixo mais um caso em que o pronome antecede a nova informação:

A verdade é **esta**: ela sumiu com o dinheiro da cooperativa.

Quadro dos pronomes demonstrativos	
Variáveis	**Invariáveis**
este, esta, estes, estas	isto
esse, essa, esses, essas	isso
aquele, aquela, aqueles, aquelas	aquilo

Observação

As formas invariáveis não distinguem o número e o gênero da palavra a que se referem, ao contrário das variáveis, que concordam em gênero e número com seus referentes.

Combinação e contração

Os demonstrativos podem combinar-se com as preposições **de** e **em**:

preposição	demonstrativo	combinação
de +	este, esta, estes, estas	deste, desta, destes, destas
	esse, essa, esses, essas	desse, dessa, desses, dessas
	aquele, aquela, aqueles, aquelas	daquele, daquela, daqueles, daquelas
	isto, isso, aquilo	disto, disso, daquilo
em +	este, esta, estes, estas	neste, nesta, nestes, nestas
	esse, essa, esses, essas	nesse, nessa, nesses, nessas
	aquele, aquela, aqueles, aquelas	naquele, naquela, naqueles, naquelas
	isto, isso, aquilo	nisto, nisso, naquilo

Os demonstrativos **aquele**, **aquela** e **aquilo** podem contrair-se com a preposição **a**:

preposição	demonstrativo	combinação
a +	aquele, aqueles	àquele, àqueles
	aquela, aquelas	àquela, àquelas
	aquilo	àquilo

Além dos demonstrativos apresentados nos quadros, algumas outras palavras podem exercer funções de demonstrativos. São elas:

1. **o, a, os, as** – que não se confundem com os artigos definidos.

Equivalem a **isto, isso, aquele, aquela, aquilo**.

... havia nessa reunião uma pessoa a quem o moço não podia esconder **o** que se passava na sua alma. (José de Alencar, *A viuvinha*) (ou seja, *aquilo* que se passava...)

Esses demonstrativos podem também retomar uma ideia já expressa anteriormente, quando utilizados como objeto direto de *fazer*:

Prometeu que jogaria toda a comida no lixo e **o** fez. (ou seja, jogou a comida no lixo)
Andei depressa e **o** fiz porque sabia que o tempo era muito curto. (ou seja, andei depressa)

2. **mesmo** e **próprio** – serão considerados demonstrativos sempre que vierem precedidos de artigo e significarem "idêntico", "igual", "exato".

Jorge conservou-se na **mesma** posição; imóvel com a cabeça apoiada sobre o braço... (José de Alencar)
Cada vez mais o homem brasileiro, apesar das **próprias** dúvidas, assume seu papel na criação dos filhos. (*IstoÉ*)

3. **semelhante** – terá valor de demonstrativo quando vier anteposto ao substantivo a que se refere. Equivale a "aquele", "idêntico".

Não vale a pena brigar por **semelhante** causa!

4. **tal** – terá valor demonstrativo quando anteposto ao substantivo e equivaler a *este, esta, isto, esse, essa, isso, aquele, aquela, aquilo* e *semelhante*.

Foi o caso que, uma segunda-feira, voltando eu para o seminário, vi cair na rua uma senhora. O meu primeiro gesto, em **tal** caso, devia ser de pena ou de riso... (Machado de Assis) (*tal* = aquele, semelhante)

Observe agora:

A confiança que tenho na sua lealdade é **tal** que lhe entreguei a senha do cartão dos dois bancos em que mantenho conta.

Nesse caso, não se trata de um pronome demonstrativo, mas de um advérbio de intensidade: equivale a *tanta, tamanha...*

Pronome substantivo e pronome adjetivo

As formas variáveis do pronome demonstrativo podem ser pronomes substantivos ou pronomes adjetivos. As formas invariáveis serão sempre pronomes substantivos.

Esta casa parece assombrada. (pronome adjetivo)
A casa assombrada é **esta**. (pronome substantivo)
Aquilo é um despropósito! (pronome substantivo)

Emprego dos pronomes demonstrativos

1. Indicar posição espacial do termo a que se referem, em relação às pessoas gramaticais

   a. **este, esta, isto** indicam que o ser designado está próximo do falante:

   ... sempre que cruzo **este** rio
   costumo tomar a ponte... (João Cabral de Melo Neto) → 1ª pessoa (**este** aqui)

   b. **esse, essa, isso** indicam que o ser está perto do ouvinte:

   ... sempre que cruzo **esse** rio
   costumo tomar a ponte... → 2ª pessoa (**esse** aí)

   c. **aquele, aquela, aquilo** indicam que o ser a que se refere o pronome está longe do falante e do ouvinte:

   ... sempre que cruzo **aquele** rio
   costumo tomar a ponte... → 3ª pessoa (**aquele** lá)

2. Indicar posição temporal

a. **este, esta, isto** indicam o tempo presente em relação ao falante:

O MEC reconheceu **este** ano 212 cursos superiores, a maioria de licenciatura. (*Folha de S.Paulo*)

b. **esse, essa, isso** indicam o tempo passado ou o futuro pouco distantes em relação à pessoa que fala:

Procurei Frederico Paciência **essa** noite e contei tudo. (Mário de Andrade)

c. **aquele, aquela, aquilo** indicam tempo muito distante em relação ao falante:

Não me lembro das minha notas mensais **naquele** curso um tanto precário e embaraçosamente absurdo de filosofia. (*O Globo*)

3. Indicar a posição textual do referente

É a mais importante função dos demonstrativos, pois contribui para a articulação do texto. Retomando conteúdos já mencionados num enunciado, os demonstrativos permitem a coesão entre diversos elementos do texto.

a. **esse, essa, isso**, empregados preferencialmente para situar o que já foi anteriormente expresso no enunciado.

Selecione miúdos, asas, pescoço, sobrecoxa e costela. Faça um refogado com **esses** ingredientes e acrescente salsa, cebolinha, pimenta e tomate.

Não tenho nada programado sobre viagens pelo Brasil. **Isso** não se programa com antecedência. (*Folha de S.Paulo*)

Observe que os invariáveis (*isto, isso, aquilo*) podem recuperar uma frase inteira, e não apenas um elemento da frase. Exercem, em outras palavras, a função de sintetizar toda a oração (como no exemplo acima), quando não um segmento ainda mais amplo do texto.

Humorista é um cara que pensa. Ele não pensava; era o papagaio que imita o som. Agora, **isso** cansa? (Disponível em: <www.pucrs.br>)

b. **este, esta, isto** para introduzir um referente novo no enunciado:

O fato é **este**: nos matadouros e em todo lugar onde se mata um animal para comer [...] essa eliminação é geralmente feita de modo cruel. (Luiz Carlos Lisboa)

É **isto**: estou cansado de mim, não me aguento mais. (Otto Lara Resende)

Observações

1. É comum a ocorrência de **este**, **esta**, **isto** em vez de **esse**, **essa**, **isso**:

[...] Mas, deixe estar, que ele me paga!
Disse **isto** fechando o punho, e proferi outras ameaças. (Machado de Assis)
Estudantes de direito deviam aprender economia, mesmo porque **isto** os faria melhores advogados. (*Veja*, adaptado)

Atualmente é esse o uso predominante em jornais e revistas, por exemplo, contrastando com o que exige a gramática normativa.

Segundo o linguista Mattoso Câmara, a oposição entre **este** e **esse** acaba desaparecendo na prática. O uso tem demonstrado que a forma **este** é a preferida quando se deseja enfatizar uma referência. Portanto, a oposição **este / esse** reduz-se a uma questão de estilo. "A verdadeira oposição fica entre **este (esse) / aquele**, assinalando o primeiro membro proximidade no contexto e o segundo uma referência à distância."

Prova disso são as inúmeras "infrações" que ocorrem na linguagem coloquial, jornalística e literária, como nos exemplos:

É pena, Luzia. Mas não fique triste, há tanto marido ordinário **nesse** mundo... (Carlos Drummond de Andrade)
... ela parecia disposta a botar a porta abaixo:
– Abre **essa** porta! Pelo amor de Deus! (Fernando Sabino)

Não lembra? O zíper ficava **desse** lado, aqui assim... (Ivan Ângelo)

No entanto, quando se faz necessária uma distinção precisa dos referentes, ocorre a diferenciação de emprego.

2. Quando se retomam dois dados já enunciados numa frase, utilizamos **aquele** para o termo mencionado em primeiro lugar e **este** para o termo mencionado em último lugar:

... tudo ele podia esperar: a liberdade ou a morte, mais **esta** do que **aquela**. (Lima Barreto)

A noção de preservação distingue-se da noção de conservação porque **esta** inclui a noção de uso do objeto a ser conservado enquanto **aquela** o exclui. (*Jornal da Tarde*)

Atividades

Leia este texto para resolver as questões **1** e **2**.

Meus irmãos e **minhas** irmãs, eu conheço um camponês que foi à floresta capturar um filhote de águia. O camponês **o** capturou e **o** trouxe para casa, deixando-**o** crescer no galinheiro com as demais galinhas. O filhote foi se tornando galinha. Ciscava como as galinhas, comia o milho que era ali jogado, embora andasse mal, porque a águia foi feita para voar, acabou se transformando numa galinha. Assim **se** passaram cinco anos. Certa feita, ao receber a visita de um naturalista, **este** disse que **aquilo** não era uma galinha, mas sim uma águia. O camponês retrucou que não, que a ave se transformara numa galinha. Ao que o naturalista reafirmou que não, que uma águia seria sempre uma águia. Destinada às alturas, aos grandes voos. **Ela** sempre terá um coração de águia. E foram fazer um teste. Subiram ao topo de uma árvore e deram ordem para que a ave voasse. E nada. No alto de uma montanha, quando **ela** deparar com o sol, com as grandes alturas, **ela** finalmente se recordará de que é águia e voará em seguida. Assim fizeram. A ave ouviu as recomendações para voar, esticou o pescoço e **se** colocou a voar, atingindo alturas sempre maiores.

(*A Notícia*, Santa Catarina. Trecho de entrevista com Leonardo Boff)

1. Classifique os pronomes destacados.

2. Qual a função do pronome **aquilo**: retomar um termo já referido ou introduzir uma informação nova?

3. Identifique, em cada caso, o(s) termo(s) retomado(s) pelo pronome demonstrativo destacado:
   a. O Brasil foi a última nação independente a acabar com a escravidão. **Isso** deixou marcas profundas na cultura nacional [...] (Gilberto Dimenstein)
   b. O café e o chocolate – **este** último em quantidade bem menor – possuem alcaloides como a cafeína e a teobromina, que exercem poderoso efeito estimulante. **Este** efeito, embora seja apenas perceptível nos organismos já habituados à sua ingestão, é potentíssimo nas primeiras tomadas, a ponto de equiparar-se **àquele** das anfetaminas. (*Folha de S.Paulo*)
   c. Em 1880, a primeira fotografia publicada pela imprensa, um retrato, aparece na capa do *Daily Herald*, de Nova York. Mas só no século XX **essa** prática se torna comum. (*Enciclopédia Abril*)
   d. As indústrias em expansão requerem mais habilidades de leitura e cálculo do que **aquelas** mais estagnadas (construção, agricultura). (*Exame*)
   e. A escola que não pratica equidade, compaixão e tolerância no seu cotidiano não conseguirá ensinar **isso** aos seus alunos. (*Exame*)

4. Reescreva as frases substituindo o quadradinho pelo pronome demonstrativo adequado, ou pela combinação dele com preposições. Siga a norma culta da língua.

a. Um traço característico da vestimenta do Saci é a carapuça vermelha que ele usa no cimo da cabecinha irrequieta. ■ carapuça é encantada. Faz o Saci ficar invisível. Todas as forças vêm ■ barrete. (Câmara Cascudo)

b. Os corpos celestes foram e ainda são, entre muitos povos, considerados divindades. Salientam-se, por várias razões, ■: o Sol e a Lua.

c. Um ser humano inspira seis litros de ar por minuto. ■ é suficiente para encher, em média, três bexigas. (Marcelo Duarte, *O guia dos curiosos*)

d. ... reúno solenemente toda a família, inclusive o Poppy, tiro do bolso um pente singular, o mais ordinário encontrável na praça, e digo: "■ é o meu pente; ■ ninguém usa; ■, sob pretexto algum, ninguém toca". (Paulo Mendes Campos)

e. Já em 1941, uma comissão de juristas norte-americanos preocupava-se com a emissão de vapores de enxofre na atmosfera e protestava contra ■, propondo providências. (Luiz Carlos Lisboa)

f. ■ novidades têm seu preço: transistores, antibióticos, eletrônica, transplantes de órgãos, viagens espaciais, computadores. Que preço é ■? Destruição do meio ambiente, perda da tranquilidade, horror da guerra nuclear. (Idem, adaptado)

g. A doença de Alzheimer é difícil de ser diagnosticada e não tem cura. Calcula-se que 1 milhão de brasileiros com idade acima de 60 anos sofram ■ mal... (*Zero Hora*)

5. Substitua o segmento destacado por pronomes demonstrativos de modo a articular as duas partes do texto evitando repetições. Faça as adaptações necessárias.

a. Para muita gente, ser cidadão confunde-se com o direito de votar. No entanto, **o direito de votar** não garante nenhuma cidadania, se não vier acompanhado de determinadas condições de nível econômico, político, social e cultural. (Maria de Lourdes Manzini Covre, *O que é cidadania*, adaptado).

b. As grandes orquestras sinfônicas são formadas por quase uma centena de músicos. O **número de músicos** varia de acordo com as obras a serem executadas durante o concerto. (*Almanaque Abril*, adaptado)

c. Na verdade, o que é brasileiro é o cruzamento. O brasileiro não é nem índio, nem português, nem negro. E sim o que se cruza **do índio, do português e do negro**. (*Exame*, adaptado)

d. Nós temos de procurar não só os acertos do Brasil, mas também os erros. A análise **dos erros** e **dos acertos** pode iluminar nossa compreensão da História.

e. Conhecer história é se apropriar do país. É essa a diferença entre as pessoas que conhecem a história e as que não conhecem. É um exercício de cidadania, e todo mundo sabe **que o conhecimento da história, além de permitir a apropriação do país, faz a diferença entre as pessoas que conhecem a história e as que não a conhecem**. (*Revista E*, adaptado)

f. Esqueça as lendas sobre sujeitos grossos e bem-sucedidos profissionalmente, por graça de seu talento e eficiência. Casos assim podem até existir, por **uma** ou **outra** circunstância especial, mas você não terá nada a ganhar indo por esse caminho... (*Exame*, adaptado)

4. Pronomes relativos

Leia e observe:

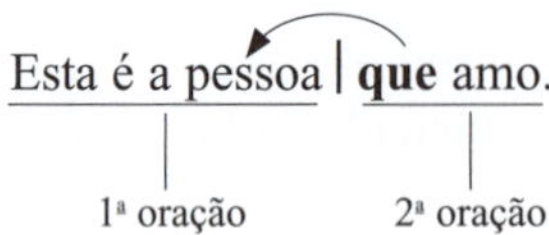

A palavra destacada é um pronome relativo. Exerce duas funções no período:

a. introduz a segunda oração, relacionando-a com a primeira;

b. refere-se a um termo já expresso na primeira oração (pessoa).

A primeira dessas funções é exclusiva dos pronomes relativos. Eles estabelecem um nexo de relação entre as orações, permitindo a coesão textual.

Graças aos pronomes relativos, podemos nos expressar de maneira mais sintética. Compare:

As tradições populares brasileiras falam no curupira. O curupira tem corpo de menino e pés virados para trás.

As tradições populares brasileiras falam no curupira, **que** tem corpo de menino e os pés virados para trás. (Luiz Carlos Lisboa)

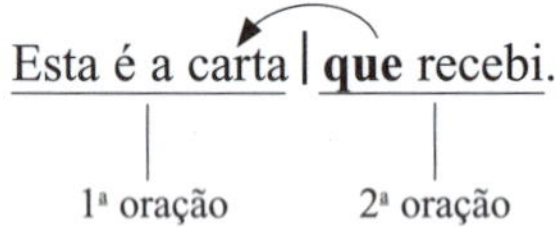

Pronome relativo é aquele que se refere a termos já expressos e introduz uma oração dependente.

Antecedente

O termo de uma oração retomado pelo pronome relativo na oração seguinte chama-se **antecedente**. Veja o título de um filme:

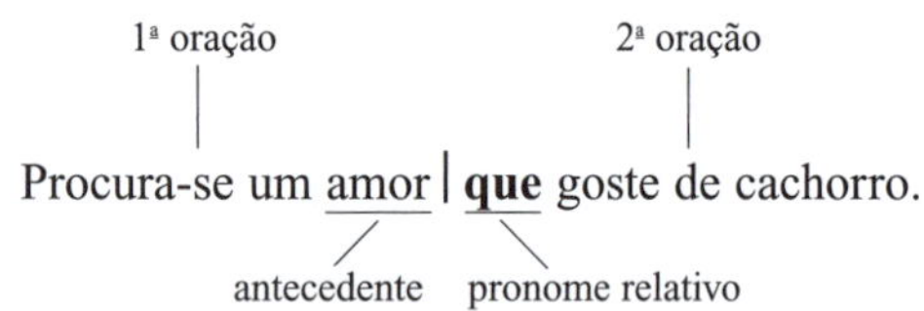

O antecedente pode estar expresso ou não na oração.

Antecedente expresso

João-de-barro é um bicho bobo **que** ninguém pega... (Rubem Braga)

O pássaro legendário uirapuru, **que** imita todos os demais, canta para aqueles que amam as aves e sua música. (Luiz Carlos Lisboa)

Os italianos dirigem-se principalmente para o sul da província, **onde** se dedicam à lavoura de subsistência e à vitivinicultura. (*Almanaque Abril*)

É uma velha mesa esta sobre **a qual** bato hoje a minha crônica. (Vinícius de Moraes)

Antecedente não expresso

Quem não tem cão, caça com gato. → (Subentende-se: a pessoa que, o indivíduo que...)

Onde eu nasci passa um rio. → (Subentende-se: o lugar onde, a cidade onde...)

Quadro dos pronomes relativos	
Variáveis	**Invariáveis**
o qual, a qual, os quais, as quais	que
cujo, cuja, cujos, cujas	quem
quanto, quanta, quantos, quantas	onde

Pronome adjetivo e pronome substantivo

Os relativos funcionam como pronomes substantivos, exceto *cujo*, que é sempre pronome adjetivo, e *quanto*, que pode ser substantivo ou adjetivo.

Ninguém se lembra mais do engenheiro **cujo** filho foi raptado?

O cliente paga uma mensalidade e pode alugar **quantos** filmes quiser, por qualquer período de tempo... (*Folha de S.Paulo*) (pronome adjetivo)

... vamos fazer a reforma na estrutura sindical brasileira e faremos **quantas** forem necessárias neste país, porque este país precisa... (*Folha Online*, adaptado) (pronome substantivo)

Emprego dos pronomes relativos

Com antecedente expresso

1. **que** é o pronome relativo mais frequente, superando o emprego de qualquer outro. Tem como antecedente pessoa, ideia, conceito, coisa...

Sim senhor, trago comigo a certidão do vigário **que** nos casou, assinada pelas testemunhas... (Martins Pena)

Foi o amor **que** nos uniu.

... de lá retirou o embrulho, **que** parecia um envelope médio, gordo, amarrado por barbante ordinário. (Carlos Heitor Cony)

O antecedente do relativo pode ser o pronome demonstrativo **o** (**a**, **os**, **as**):

Olha **o que** aconteceu com os Grandes Impérios. (Mário Quintana)

A primeira regra de todo indivíduo que preza sua liberdade é questionar tudo **o que** ouve e lê, independentemente de quem fala ou escreve. (Gilberto Dimenstein)

O silêncio só é quebrado pel**os que** não conseguem conter o ataque de tosse. (Ricardo Kotscho)

[...] hoje o brasileiro está dividido entre **os que** sabem ler e leem, **os que** sabem ler, mas não leem e **os que** não sabem ler. (Içami Tiba, *Diário da Manhã*)

2. **o qual, a qual, os quais, as quais**

Podem ser empregados no lugar do **que** caso o antecedente desse **que** seja um substantivo:

Não houve nenhum tipo de interferência indevida – interna ou externa – na formalização de contratos, **os quais** foram finalmente aceitos pelas partes interessadas. (contratos, *os quais* = contratos, *que*)

Deliberou-se a necessidade de todos os diretores lerem a lei, **a qual** será enviada em anexo, para que se defina uma posição do Ibap na próxima reunião. (Disponível em: <www.ibap.org/ata/104ata.htm>) (a lei, *a qual* = a lei, *que*)

3. **quem** utiliza-se apenas para pessoa ou para coisa personificada:

... não duvidou recolher à Casa Verde a própria mulher, a **quem** amava com todas as forças da alma. (Machado de Assis)

De repente percebeu que estava decepcionado com algumas pessoas em **quem** tinha confiado plenamente.

4. **cujo** equivale a **do qual**, **de quem**, **de que**. Portanto, tem valor possessivo. É empregado apenas como pronome adjetivo:

Gosto muito desse compositor **cujas** músicas sei de cor.

possuidor (compositor) — coisa possuída (músicas)

O pronome **cujo** concorda em gênero e número com a coisa possuída:

O suor descia da cabeça, **cujos** cabelos lisos e negros estavam duros... (Bernardo Élis)

... velha vila por **cujas** ruas passeiam assombrações. (*Visão*)

Observações

1. Como se pode observar pelos exemplos, jamais se usa o artigo depois do pronome relativo **cujo**.
2. Não confunda o pronome **cujo** com o substantivo **cujo** (qualquer pessoa; o diabo), geralmente precedido de artigo.

5. **quanto** tem por antecedentes os pronomes indefinidos **tudo, todas, todos, tanto, tantos**:

Brasileiro é bom, é amigo da paz, é tudo **quanto** quiserem: mas bobo não. (Alcântara Machado)
As crianças comeram tantos brigadeiros **quantos** conseguiram segurar nas mãos.

6. **onde** utiliza-se na indicação de lugar. Equivale a "em que":

Não tenho terra **onde** plantar um cajueiro... (Rubem Braga)

Esse pronome pode aparecer precedido de preposição, aglutinando-se com duas delas: **a** e **de**.

O lugar **aonde** vais é perigosíssimo! (a + onde = *aonde*)
O major levantou-se, apagou o castiçal e foi à dependência da casa **donde** partia o ruído... (Lima Barreto) (de + onde = *donde*)

7. São utilizadas também como pronomes relativos as palavras:

a. como (= *pelo qual, pela qual, pelos quais, pelas quais*):

Gosto da maneira **como** aqueles atores se portam.

b. quando (= *em que*):

Maldita a hora **quando** te conheci.

Sem antecedente expresso

Alguns relativos podem aparecer sem antecedente:

1. que

Nesse caso, subentende-se um antecedente facilmente identificável pelo contexto:

Em um sarau todo mundo tem **que** fazer. (Joaquim Manuel de Macedo) → (antecedente implícito: *alguma coisa*. → ... todo mundo tem alguma coisa que fazer)

2. quanto

Nada a acrescentar me resta
a **quanto** já se acha escrito. (Cecília Meireles) (quanto = *tudo o que*)

Quantos vi, quis ter para mim... que egoísmo! (quantos = *todos os que*)

Nesse caso, equivale a "tudo o que", "todos os que", "todas as que".

3. quem

Geralmente permite identificar um antecedente implícito (a pessoa, o ser humano):

Quem não presta fica vivo
Quem é bom, mandam matar. (Cecília Meireles) → (a pessoa que não presta/o ser humano que não presta...)

Em alguns contextos, pode ser substituído por "aquele(s) que", "aquela(s) que".

Quem quiser vir comigo manifeste-se agora. (aquele/aquela que quiser...)
Mais vale **quem** Deus ajuda do que **quem** cedo madruga. (provérbio)
Em terra de cego **quem** tem um olho é rei. (provérbio)

4. onde

Vives **onde** não queres?

Observação

Quando aparecem sem referentes expressos, os relativos **quem** e **onde** são chamados de **relativos indefinidos**.

Quem tem boca vai a Roma.

Onde quer que estivessem haviam de se lembrar daquela noite fria... (Adolfo Caminha)

Atividades

1. Identifique os pronomes relativos e seus antecedentes, quando estes forem explícitos ou existirem.
   a. A clonagem de organismos adultos [...] permite reproduzir o que já se conhece, sem erro, como uma cópia xerox. Por isso ela rompe tão radicalmente com a natureza. (*Exame*)
   b. A Constituição é uma arma na mão de todos os cidadãos, que devem saber usá-la para encaminhar e conquistar propostas mais igualitárias. (Maria de Lourdes Manzini Covre, *O que é cidadania*)
   c. Boitatá – Gênio protetor dos campos. Aparece sob a forma de enorme serpente de fogo, que mata quem destrói as florestas. (*Almanaque Abril*)
   d. Havia uma aldeia em algum lugar [...] com velhos e velhas que velhavam, homens e mulheres que esperavam, meninos e meninas que nasciam e cresciam... (Guimarães Rosa)
   e. [...] Busca-Pé é um personagem politizado, cujo sonho é ser fotógrafo. (*Jornal da Tarde*)
   f. "Quem estiver andando comigo e tiver pressa, acaba ficando para trás, pois sempre dou atenção a quantos for preciso." (*Diário da Manhã*)

2. Reescreva os trechos substituindo cada quadradinho pelo pronome relativo adequado:
   a. Na hora pensei que fosse algum amigo da família, ou até parente: um velho primo ou tio ■ eu não conhecesse. (Fernando Sabino)
   b. Saiu como ■ não quer nada.
   c. Agora, aos ■ podiam vê-lo, tinha todo o ar de um defunto. (Dalton Trevisan)
   d. Aires olhava para o cocheiro ■ palavra saía deliciosa de novidade. (Machado de Assis)
   e. Tinha a cabeça cingida por uma fita de couro, à ■ se prendiam ao lado esquerdo duas plumas matizadas... (José Alencar)
   f. D. Maria e sua gente puseram-se também em marcha para casa, guardando a mesma disposição com ■ tinham vindo. (Manuel Antônio de Almeida)
   g. Esta é a casa ■ nasci.
   h. Alquimia: Conjunto de pesquisas químicas da Idade Média e da Renascença, ■ objetivo básico era descobrir meios que transformassem os metais comuns em ouro ou prata, além de elixires que garantissem vida eterna e curassem todas as doenças. (*Almanaque Abril*)

3. Junte as duas orações usando o pronome relativo adequado:
   a. A casa é azul. Eu nasci nessa casa.
   b. A caneta é de plástico. Nós compramos a caneta.
   c. O menino está doente. O pai do menino é escritor.
   d. O aluno estudou. O aluno fará a prova com facilidade.
   e. A cantora lançou um novo disco. Nós gostamos muito da cantora.

4. As frases seguintes apresentam ambiguidade quanto ao antecedente do pronome relativo. Explique a ambiguidade. Reescreva as frases em cada um dos sentidos possíveis. Faça as modificações necessárias.
   a. Observe a cena final daquele filme **que** me pareceu brilhante!
   b. Ninguém localizou ainda a mãe de seu amigo **que** fugiu de casa?
   c. Enviou-me uma caixa pela irmã, que estava bem bonitinha!

5. Pesquise e escreva três provérbios que apresentam o relativo **quem** sem antecedente explícito.

6. Excesso de pronomes relativos – especialmente **que** – comprometem o texto. Leia estes exemplos e refaça-os, eliminando o maior número possível de relativos. Faça as adaptações necessárias.

   a. Cansei-me desses meninos **que** tanto perturbam a aula e daquelas meninas **que** geralmente os acompanham na bagunça **que** obriga o professor a ficar dando sermão.

   b. O desconto **que** eles deram no preço das mercadorias **que** estavam em final de estoque e **que** apresentavam prazo de validade **que** estava quase vencendo foi de apenas 10%.

   c. Finalmente internaram o velhinho **que** sofria de uma doença **que** podia matá-lo.

5. Pronomes interrogativos

Capa do livro *O que é isso, companheiro?*, de Fernando Gabeira.

WARNER HOME VIDEO

Quem tem medo de Virginia Woolf?, filme produzido por Ernest Lehman, com base na peça de Edward Albee.

As palavras **que**, **quem**, **qual** e **quanto** empregadas na formulação de perguntas são **pronomes interrogativos.**

A frase interrogativa pode ser:

a. direta:

– **Qual** foi o seu papel nessa história? (*Veja*)

– Não fiquei sabendo e até hoje me pergunto: **quem** seria ela? (Fernando Sabino)

b. indireta:

Quando perguntei **quem** ele era, papai me disse que não tinha a menor ideia. (Fernando Sabino)

Anteontem perguntou-me **qual** deles levaria. (Machado de Assis)

Nas interrogativas indiretas, os pronomes em questão introduzem orações subordinadas substantivas (ver página 426).

Observe que o ponto de interrogação aparece apenas nas interrogativas diretas:

Que fazer, meu Deus? **Que** fazer? (Érico Veríssimo)

Quadro dos pronomes interrogativos	
Variáveis	**Invariáveis**
qual, quais	que, quem
quanto, quanta, quantos, quantas	

O que distingue os interrogativos dos demais pronomes é sua função básica: a de inquirir algum interlocutor. O interrogativo aponta para a pessoa ou coisa a que se refere mediante uma pergunta, direta ou indireta.

Sua significação, assim como nos indefinidos (ver página 293), é indeterminada. Por isso, após seu uso o interlocutor espera uma resposta que esclareça o que se perguntou.

– **Quantos** negros vivem em São Paulo?
– A proporção aqui é de 30%. Algo em torno de 3,5 milhões de paulistanos são negros. (*IstoÉ Online*)

Emprego dos pronomes interrogativos

1. que

É pronome substantivo quando equivaler a "que coisa". Nesse caso, admite também a forma "o que".

– Mas **que** significa isso? perguntou o moço, insatisfeito... (Carlos Drummond de Andrade)
– **O que** fazer com um adolescente fora de controle? (*Veja*)

É pronome adjetivo quando acompanha substantivos e for equivalente a "que espécie de", "que tipo de".

Pensando bem, **que** mal há nas superstições? (Kurt Kloetzel)

O pai se inflamou:
– Vitória? **Que** vitória? (Rachel de Queiroz)

2. quem

É pronome substantivo e refere-se a pessoas:

– **Quem** sou eu? – ele perguntou num último esforço. (Otto Lara Resende)

3. qual

Pode ser pronome adjetivo ou substantivo:

– **Quais** livros eu posso pegar? → (pronome adjetivo)

– Leve esses livros daqui! Agora!
– **Quais**? → (pronome substantivo)

4. quanto

Pode ser pronome substantivo ou pronome adjetivo:

Perguntei **quanto** era.
– O senhor paga **quanto** quiser. (Fernando Sabino) → (pronome substantivo)

– **Quanto** tempo faz que a gente não se encontra?
– Quinze anos. (Edla van Steen) → (pronome adjetivo)

Cadê?

A expressão **que é feito de**, reduzida para **que é de**, deu origem aos interrogativos **cadê**, **quedê** e **quede**, bastante utilizados na linguagem coloquial e já incorporados pela literatura.

E **cadê** doutor? **Cadê** remédio? **Cadê** jeito? (Monteiro Lobato)

Quedê o sertão daqui?

Lavrador derrubou.

Quedê o lavrador?

Está plantando café. (Cassiano Ricardo)

– **Quede** meu diamante?... (Luiz Vilela)

Pronomes interrogativos nas orações exclamativas

Quando aparecem em orações exclamativas, esses pronomes perdem sua carga interrogativa.

– **Que** papelão, meu bem! (Paulo Mendes Campos)

Mas **que** beleza! **Que** teteia! **Que** pancadão! **Que** pão! (Carlos Drummond de Andrade)

– Estou de pés e mãos amarradas, Maneco. De pés e mãos amarradas. **Que** vida! **Quanta** coisa! (José J. Veiga)

– **Que** susto você nos deu, querida! – começou com sua voz pausada. (Lygia Fagundes Telles)

Atividades

1. Transforme as interrogativas diretas em interrogativas indiretas, fazendo as adaptações necessárias na frase:

   a. Vigiava aflito a janela.
   – Quantos dias faltam? Com o sol eu fico bom. (Dalton Trevisan)

   b. – Quem fala?
   – Helena. (Edla van Steen)

   c. O Zeca salvava a situação:
   – Ó Catulo, canta aquela modinha.
   – Que modinha?

   d. (O sargento pergunta ao cabo:)
   – Mas me conta, qual é a tua filosofia de vida? (Caio Fernando Abreu)

   e. – Quem é a senhora? Onde mora? Qual o seu nome? (Dalton Trevisan)

   f. REPÓRTER – A senhora tem muitos amigos?
   ENTREVISTADA – Não.
   REPÓRTER – Quantos amigos a senhora tem?
   ENTREVISTADA – Uns dez, no máximo. (*Veja*)

2. Leia cada fragmento. Em seguida, escreva frases que as personagens poderiam ter dito; empregue exclamativamente os pronomes interrogativos estudados.

   a. Uma tontura me subiu na cabeça. De dentro das casas, das árvores e das nuvens, as sombras e os reflexos guardados espiavam, esperando que eu olhasse outra vez direto para o sol. (Caio Fernando Abreu)

   b. Confessei a ela que me sentia muito cansado e que às vezes, para não me deitar sozinho na nossa grande cama, ficava até o dia clarear ali naquele gabinete, relendo velhos livros, vasculhando gavetas e examinando anotações perdidas. (Josué Guimarães)

   c. O número de espiões cresceu tanto que não podíamos mais saber com quem estávamos falando, e o resultado foi que ficamos vivendo numa cidade de mudos, só falávamos de noite em nossas casas, com as portas e janelas bem fechadas, e assim mesmo em voz baixa. (José J. Veiga)

6. Pronomes indefinidos

Veja no fragmento seguinte a lembrança que o narrador guarda de personagens desequilibradas que conheceu na infância:

Quando relembro minha infância, imediatamente eles surgem arrastando trapos, descalços **uns**, mal calçados **outros**, vozes guturais em **alguns**, aqui e ali vozes claras, figuras físicas diversas, homens e mulheres, gordos e magros, **todos** vivendo além da fronteira da razão. (*Eneida*)

Os termos destacados são pronomes indefinidos. Distinguem-se das demais subclasses de pronomes porque não identificam claramente seus referentes, quer em relação à quantidade, quer em relação à referência.

Por exemplo, **alguns**, **todos**, **outros** indefinem os termos a que se referem.

Veja outros exemplos:

Pronome indefinido é aquele que se refere à 3ª pessoa gramatical, tornando-a vaga, indefinida, imprecisa.

Vivi **alguns** anos no sertão do Rio Grande do Norte e da Paraíba. (Câmara Cascudo)

O pronome expressa "quantidade indeterminada de unidades".

Para algumas pessoas a crença de que há **algo** errado com elas interfere no dia a dia, causa angústia e até depressão. (*IstoÉ*)

No contexto, o pronome equivale a "alguma coisa".

Uma superstição: Se sua orelha esquentar de repente, é porque **alguém** está falando mal de você. (Marcelo Duarte)

O pronome refere-se a determinada pessoa, mas vista de modo vago, indefinido.

Observe que a série de indefinidos expressa uma gradação quantitativa: *ninguém*, *alguém*, *vários*, *muitos*, *todos*; *nada*, *algo*, *pouco*, *tudo*, etc.

Os quatro exemplos seguintes mostram essa gradação. Note que todos os pronomes expressam quantidade indefinida:

[...] **ninguém** será privado de direitos por motivo de crença religiosa ou de convicção filosófica ou política (Constituição Federal – VIII)

[...] na Suécia, fiz **alguns** excelentes amigos e não posso falar mal de lá. (João Ubaldo Ribeiro)

A corrida foi interrompida por **muitos** acidentes... (*O Estado de S. Paulo*)

Um por **todos**, **todos** por um!

Quadro dos pronomes indefinidos	
Variáveis	**Invariáveis**
algum, alguma, alguns, algumas	alguém
nenhum, nenhuma, nenhuns, nenhumas	ninguém
todo, toda, todos, todas	tudo
outro, outra, outros, outras	outrem
muito, muita, muitos, muitas	nada
pouco, pouca, poucos, poucas	cada
certo, certa, certos, certas	algo
vário, vária, vários, várias	quem
tanto, tanta, tantos, tantas	
quanto, quanta, quantos, quantas	
qualquer, quaisquer	

Locuções pronominais indefinidas

Locuções pronominais indefinidas são grupos de palavras cujo sentido equivale ao dos pronomes indefinidos: *cada um, cada qual, quem quer que, todo aquele que, seja quem for, seja qual for, um ou outro, tal qual, tal e qual*, etc.

Cada um é responsável pelo que fala ou escreve.

Não quero arrasar **quem quer que** seja.

Pronomes adjetivos e pronomes substantivos

Entre os pronomes indefinidos:

a. são sempre substantivos: **algo, alguém, nada, ninguém, outrem, quem, tudo**.

Quem espera nunca alcança (Chico Buarque)

Ninguém vai me segurar
Ninguém há de me fechar
As portas do coração
Ninguém
Ninguém vai me sujeitar
A trancar no peito a minha paixão (Chico Buarque)

O pronome **tudo**, em expressões como **tudo isso, tudo aquilo, tudo o que**, etc., tem valor mais enfático que indefinido. Portanto, não será pronome substantivo, mas pronome adjetivo:

Tudo isso tem implicações políticas. (*Folha de S.Paulo*)

b. será sempre adjetivo o pronome **certo**.

Certo ano tudo correu bem e as plantações ficaram a maior das belezas. (Monteiro Lobato)

c. são pronomes adjetivos ou substantivos: **algum, nenhum, todo, outro, muito, pouco, vário, tanto, quanto**.

Antes de os relógios existirem, **todos** tinham tempo. Hoje, **todos** têm relógio. (E. Wanke) (*todos* = pronome substantivo)

Os refrigerantes contêm **muito** açúcar e **poucos** nutrientes. (*muito*/ *poucos* = pronomes adjetivos)

Eram muitos livros à minha disposição. Escolhi **vários**. (*vários* = pronome substantivo)

Ninguém viu Aritakê ganhar o paletó, mas **muitos** o viram ainda pelas ruas com ele... (José J. Veiga) (*muitos* = pronome substantivo)

Por que será que tem gente que vive se metendo com o que os **outros** estão fazendo? (Stanislaw Ponte Preta) (*outros* = pronome substantivo)

Emprego de alguns pronomes indefinidos

1. algum

a. anteposto ao substantivo, tem valor positivo:

Alguns momentos foram marcantes, como caminhar por duas horas sobre um rio congelado dentro de um vale, ou enfrentar ventos de mais de 80 km/h de velocidade. (*IstoÉ*)

b. posposto ao substantivo, tem valor negativo:

Quincas Borba, porém, não fez restrição **alguma**. Não sou homem político, disse-me ele ao jantar. (Machado de Assis)

2. cada

a. é empregado como pronome adjetivo, com estes valores:

- discriminativo

Em **cada** ticket acima de R$ 50,00, você ganha um lindo pano de prato. (Texto publicitário)

- intensivo

Você tem **cada** mania!

b. Na linguagem formal, **cada** é empregado sempre como pronome adjetivo. No caso de se omitir o substantivo a que ele se refere, o pronome deverá ser substituído pelas locuções **cada um** e **cada qual**.

Como se sente isso no Sertão... A **cada** curva, você acompanha uma nova realidade. (*Jornal do Commercio*)

c. Na linguagem informal, **cada** é utilizado como pronome substantivo:

Aqueles objetos custaram caro. Custaram muitos reais **cada**.

A norma-padrão reprova esse emprego.

3. certo

É pronome indefinido quando antecede um substantivo. Pode ou não aparecer precedido de artigo indefinido.

Viam-se passar através das rótulas da porta e janelas **umas certas** figuras... (Manuel Antônio de Almeida)

Observação

É adjetivo quando posposto a um substantivo:

... e acham sempre alguma coisa **certa** que comer, ainda que pouco... (Machado de Assis)

4. nada

a. tem valor negativo:

[...] os autores dos disparos fugiram a pé e **nada** levaram. (*Folha de Londrina*)

b. tem valor positivo (**alguma coisa**) em frases interrogativo-negativas:

O senhor não é candidato a **nada** nesta eleição?

Observação

Pode ter valor de advérbio quando aparece junto de um adjetivo:

... coisa **nada** agradável era a companhia de Put-Koe. (Bernardo Élis)

5. outro

É adjetivo quando for sinônimo de **diferente**, **novo**:

Nas regiões próximas do equador lunar, a variação de temperatura é brutal – de cerca de 130 graus positivos durante o dia a 129 graus negativos à noite. **Outro** perigo é a radiação solar. (*Veja*)

6. qualquer

a. faz o plural flexionando o primeiro elemento – **quaisquer**:

A Carta Magna estabelece, entre os objetivos fundamentais da República, "erradicar e reduzir as desigualdades sociais e promover o bem de todos, sem preconceitos e **quaisquer** formas de discriminação". (art. 3º)

Quaisquer dúvidas serão resolvidas aqui.

b. pode ter sentido depreciativo (**um qualquer**, **uma qualquer**):

Não é **um** relógio **qualquer**, veja bem. (Carlos Drummond de Andrade)

7. todo

Estuda-se o emprego deste pronome na página 247.

Atividades

1. Identifique os pronomes indefinidos e classifique-os em variáveis ou invariáveis:
   a. Nem tudo é aquela água. (Texto publicitário)
   b. Os outros que me desculpem, mas bom gosto é fundamental. (Texto publicitário)
   c. Nem tudo que é bom para os comerciantes é bom para os seus clientes. (*IstoÉ*)
   d. Ele conta com os amigos que continuam ao seu lado para enfrentar qualquer obstáculo. (*Folha de S.Paulo*)
   e. [...] a casa é asilo inviolável do indivíduo, ninguém nela podendo penetrar sem consentimento do morador, salvo em caso de flagrante delito ou desastre, ou para prestar socorro [...] (Constituição Federal)

2. Identifique as locuções pronominais indefinidas:
   a. Qualquer um pode chegar aqui, seja qual for a idade.
   b. Todo aquele que quiser um ou outro objeto deverá ficar na fila.
   c. Sentia um prazer especial naquilo, que diabo! cada qual tem a sua mania... (Adolfo Caminha)

3. Leia as frases a seguir e identifique o que se pede:
   a. **algum** (valor positivo ou valor negativo):
      Não preciso de coisa alguma.
      Alguma coisa restou do incêndio.
   b. **cada** (valor discriminativo ou valor intensivo):
      Cada cabeça, uma sentença.
      Vi cada coisa!
   c. **certo** (adjetivo ou pronome indefinido):
      Certo dia eu a vi com meu melhor amigo.
      No dia certo tudo se resolverá.
   d. **nada** (valor pronominal ou valor adverbial):
      Nada triste aquele seu programa, hein?
      Não comi nada.

4. Compare as frases e explique o significado do pronome destacado em cada contexto:
   a. Corrupção no futebol sempre existiu. E está longe de acabar. Acontece em **todo** país. (*A Notícia*)
   b. Corrupção no futebol sempre existiu. E está longe de acabar. Acontece em **todo** o país.

5. O contexto permite inferir que o pronome indefinido está incorretamente empregado no texto seguinte, de acordo com a norma-padrão. Explique por que e corrija.
   Ministério volta a enviar preservativos para todo país. (Mix Brasil – Central de Notícias)

6. Leia o texto e faça o que se pede a seguir:

   Temos crianças de pé descalço esmolando moedas nos faróis? Temos. Temos gente morando em condições desumanas, em favelas, pontes e outros tetos do gênero? Temos. Temos violência [...] Temos. Temos desemprego? Temos. Temos empresas em dificuldades,

algumas delas à beira do cemitério? Temos. Temos – enfim – registros de câncer, Aids, enxaqueca e pé de atleta? Temos.

Certo, temos **tudo aquilo** e **muitas outras** coisas desagradáveis. Mas será que temos só **aquilo**? Será o Brasil uma terra de horrores 24 horas por dia, sete dias por semana, 365 dias por ano? Pertencerão **todos** os recordes mundiais de estatísticas calamitosas ao Brasil?

(Revista *Exame*)

a. Classifique os pronomes destacados.

b. Releia o conceito de pronome e explique a diferença entre os pronomes demonstrativos e os indefinidos.

c. Escreva um parágrafo que revele sua opinião, respondendo às questões feitas no texto. Em seguida, veja se você empregou pronomes e classifique-os.

FATOS DE DISCURSO

1. Usos especiais dos pronomes pessoais

1. O fator predominante para o emprego do pronome pessoal reto não é a necessidade de clareza, conforme vimos, já que as desinências verbais remetem às pessoas do discurso. O pronome pessoal, especialmente o de primeira pessoa, parece explicitar-se quando fatores afetivos intervêm consideravelmente na fala, como nos exemplos seguintes:

   Minha filha, **eu** já disse, por que não convida esse moço a vir aqui? (Dalton Trevisan)

   O falante intensifica o fato de estar repetindo a sugestão.

2. A literatura tem registrado nova redução fonética do pronome *você*, na linguagem coloquial:

   – **Ocê** caça o seu rumo que eu caço o meu. (Jair Vitória, escritor contemporâneo)

3. A enálage pronominal

   Chamamos de **enálage** uma figura de linguagem que consiste em utilizar uma flexão por outra. Ela ocorre nos pronomes quando usamos uma pessoa no lugar de outra. Só se pode identificar uma enálage em situações de discurso, quando se leva em conta o contexto de utilização.

   Há três casos bastante frequentes:

   a. O plural de modéstia – o pronome *nós* é muitas vezes utilizado no lugar do pronome *eu*, quando se quer criar um efeito de modéstia. Isso é particularmente frequente na fala oficial dos políticos, nos textos acadêmicos e científicos:

   Nós temos uma história construída junto com vocês. A nossa vitória não foi o resultado apenas de uma campanha que começou em junho deste ano e terminou no dia 27 de outubro.

   (Trecho do discurso proferido por Luiz Inácio Lula da Silva, em 1º de janeiro de 2003, após a cerimônia de posse da Presidência da República. Disponível em: <www.info.planalto.gov.br/exec/inf_discursosdata.cfm>)

   b. **Você** como sujeito indeterminado – é cada vez mais comum o uso do pronome **você** sem referência ao interlocutor, mas como índice de indeterminação do sujeito:

   Os perigos estão por toda a parte, e quando **você** menos espera acontece alguma coisa. (Frase ouvida numa conversa no metrô em São Paulo.)

   Repare que é perfeitamente possível substituir *você* pelo índice de indeterminação do sujeito:

   ... e quando menos **se** espera acontece alguma coisa.

c. **Ele**, **ela** como segunda pessoa – sobretudo na linguagem infantil ou afetiva, muitas vezes se empregam os pronomes de terceira pessoa com referência ao interlocutor:

O bebê já papou hoje? A mamãe vai dar suquinho para **ele** ficar bem fortinho. (Conversa da mãe com o filho.)

A generalização dessa enálage da terceira pessoa engendrou o sistema dos pronomes de tratamento em português: usa-se a terceira pessoa no lugar da segunda porque o efeito de distanciamento que esse emprego provoca é a origem do sentido de polidez dessas formas de tratamento. Fala-se com uma pessoa, mas sem se dirigir diretamente a ela.

2. Usos especiais dos pronomes possessivos e dos demonstrativos

Pronomes possessivos

1. Alguns valores estilísticos dos possessivos afastam esses pronomes de sua significação original de posse e podem também:

a. indicar afetividade, cortesia, polidez:

– Muito agradecido, mas vai incomodar madame.
– Incomoda não, **meu** filho. (Carlos Drummond de Andrade)

b. indicar cálculo aproximado:

Nhinhinha, com **seus** quatro anos, não incomodava ninguém. (Guimarães Rosa)

c. atribuir valor indefinido ao substantivo:

Ela tem lá **suas** manias, mas não molesta ninguém.

d. identificar uma ação habitual:

Uma viúva [...] botou a mão no peito e antes de dar **seu** costumeiro chilique falou... (José Cândido de Carvalho)

e. indicar, com valor de substantivo, comportamento habitual e esperado de determinado agente:

O governo continua fazendo das **suas**: aumentou novamente os impostos.

f. acentuar respeito e deferência:

O franzino menino reclamou: "**Seu** moço, se quiser ficar comigo tem de ser agora". (*Jornal da Tarde*)

2. As formas resultantes da redução fonética da palavra *senhor*, que não se confundem com o pronome possessivo, podem ser empregadas com conotação de recriminação, depreciação do termo que acompanham:

– **Sua** chata! (Lygia Fagundes Telles)

Podem também, contrariamente, conotar simpatia, camaradagem, malícia:

Seu danado. Conseguiu fazer tudo sozinho!

Pronomes demonstrativos

1. **Nisto** e **nisso** podem ocorrer com sentido de *então, nesse momento.*

Ele então deu um coice no esqueleto e **nisto** recuou de um salto. (Bernardo Élis)
Nisso aparece na porta o vaqueiro, todo encourado, respirando forte [...]. (Rachel de Queiroz)

2. Os demonstrativos podem ser usados para conotar:

a. ironia:

... não sou **dessas**, não. (Lúcio Cardoso)

b. desprezo:

Virou a cara, enxergou o facão de rastro. **Aquilo** nem era facão, não servia para nada. (Graciliano Ramos)

c. surpresa:

– **Essa** não! Que é que você veio fazer aqui, criatura? Dê o fora, vamos. (Carlos Drummond de Andrade)

3. O demonstrativo **isso**, na linguagem coloquial, pode funcionar como índice de resposta afirmativa, equivalendo a "sim":

– Então não vende nem dá as terras, só arrenda?
– **Isso**. Também não planta nada. (Monteiro Lobato)

4. Nas expressões seguintes e similares, o valor demonstrativo do pronome quase desaparece:

Ora **essa**! Mais **esta**!...
Essa, não! **Essa** é boa!

3. Anáfora

A anáfora e a catáfora são dois importantes procedimentos de manutenção da coesão nos textos. Os pronomes são uma das classes de palavras mais proximamente envolvidas nesses procedimentos, como veremos.

A **anáfora** é a retomada de um termo anteriormente expresso num texto. A **catáfora** é a retomada de um termo posteriormente expresso num texto. Diremos, então, que uma expressão é anafórica (ou catafórica) se sua interpretação referencial depender de outra que se encontra antes (ou depois), no próprio texto.

O trem chegou de Corumbá às dez e quinze da noite. A estação consistia numa plataforma comprida ladeada por paredes de alvenaria pintadas de cinza e era iluminada por uma luz fria azulada. As famílias bolivianas, apressadas, descarregavam suas malas, sacos, fardos, caixas e embrulhos. A viagem deles não acaba ali, ficariam mais alguns dias dentro de trens desconfortáveis até chegarem à Cordilheira Real.

(Rubem Fonseca. *A grande arte*. São Paulo: Cia. das Letras, 1994. p. 110.)

Nesse trecho, há algumas expressões anafóricas:

a. em "suas malas", o pronome *suas* relaciona "malas" a "famílias bolivianas". A interpretação do possessivo depende de um termo anteriormente exposto e, ao mesmo tempo, ele retoma uma informação expressa por esse termo. Assim, "*suas* malas" quer dizer "malas *das famílias bolivianas*". Por isso, dizemos que, neste caso, ocorre uma anáfora.

b. em "a viagem deles", ocorre algo semelhante. O pronome *eles*, em "deles", só se deixa interpretar pelo contexto: significa "os bolivianos".

O procedimento da anáfora é um mecanismo importante para assegurar nos textos não só a coesão e a coerência, mas para configurar a *progressão temática*. Sem a anáfora, seríamos obrigados a *repetir* incessantemente as mesmas informações.

Os pronomes, como se viu nos dois exemplos acima, são as palavras mais comumente utilizadas na expressão anafórica.

Há três tipos de anáfora, em que os pronomes intervêm:

1. A anáfora pronominal – em geral, se exprime por meio de um pronome pessoal (*reto* ou *oblíquo*), ou pelos demonstrativos neutros (*isto, isso, aquilo*). O termo retomado é *completamente* substituído pelo pronome. Assim:

   A ex-prefeita Marta Suplicy é uma das fãs de carteirinha. Foi ela quem tirou da gaveta e bancou o projeto criado pela Associação Viva o Centro, em 1992, para revitalizar a área. (*Veja São Paulo*)

   O pronome *ela* substitui "a ex-prefeita Marta Suplicy".

2. A anáfora nominal – neste tipo, os pronomes que intervêm são, em geral, os possessivos e os demonstrativos. O pronome acompanha o substantivo, ou um sinônimo seu, retomado a cada vez, e relaciona-o à ocorrência anterior, que o conjunto *pronome + substantivo* retoma. Assim:

   Na história gastronômica de São Paulo, há poucos casos de sucesso tão grande como o de Giancarlo Bolla. Nascido em San Remo, perto da fronteira com a França, ele chegou ao Brasil em 1956, aos 16 anos. "A viagem entre os portos de Gênova e Santos durou trezes dias", recorda Bolla, que foi lavador de pratos, garçom e maître de diversos restaurantes antes de abrir o La Tambouille. Sob seu comando há 34 anos, essa casa de culinária franco-italiana brilha como uma das mesas mais elegantes, caras e disputadas de São Paulo.

   (*Veja São Paulo*)

   Nesse trecho, a expressão "essa casa" é um exemplo de anáfora nominal. O substantivo *casa* aparece no texto como sinônimo de "La Tambouille", e o pronome demonstrativo *essa* é a palavra responsável pela relação que se estabelece entre os dois substantivos.

3. A anáfora conceitual – neste caso, a relação anafórica ocorre por meio de uma nominalização de um trecho anterior do texto. O pronome demonstrativo desempenha nesse tipo de anáfora a mesma função que na anáfora nominal. (Para saber mais sobre a nominalização, ver página 407.)

4. Dêixis

Outra função característica dos pronomes pessoais, possessivos e demonstrativos é a dêixis.

A **dêixis** é a operação que instaura no texto referenciais de:

a. tempo (*dêixis temporal*):

   Hoje é sexta-feira.

   Hoje é uma palavra que só faz sentido num discurso quando se leva em conta o contexto de utilização.

b. espaço (*dêixis espacial*):

   Aqui está muito frio.

   Aqui é, como "hoje", uma palavra que só faz sentido dentro do contexto.

c. pessoa (*dêixis pessoal*):

   Você já voltou?

   Você funciona como "hoje" e "aqui": só se compreende em relação à situação de comunicação.

Esses termos em dependência do contexto e da situação de comunicação são os dêiticos.

Os pronomes demonstrativos, os pronomes pessoais e alguns advérbios são as palavras responsáveis pela expressão dêitica.

No trecho abaixo, há dois tipos de dêixis em que os pronomes intervêm:

1. dêixis da pessoa e
2. dêixis do espaço:

> Tudo no mundo começou com um sim. Uma molécula disse sim a outra molécula e nasceu a vida. Mas antes da pré-história havia a pré-história da pré-história e havia o nunca e havia sim. Sempre houve. Não sei o que, mas sei que o universo jamais começou.
>
> Que ninguém se engane, só consigo a simplicidade através de muito trabalho.
>
> Enquanto eu tiver perguntas e não houver resposta, continuarei a escrever. Como começar pelo início, se as coisas acontecem antes de acontecer? Se antes da pré-pré-história já havia os monstros apocalípticos? Se esta história não existe, passará a existir. Pensar é um ato. Sentir é um fato. Os dois juntos – sou eu que escrevo o que estou escrevendo.
>
> (Clarice Lispector, *A hora da estrela*. Rio de Janeiro: Francisco Alves, 1993. p. 25.)

As formas verbais da primeira pessoa e o pronome *eu*, em "Enquanto eu tiver perguntas", instauram no texto a primeira pessoa e projetam o enunciador.

No trecho: "Se esta história não existe, passará a existir", o demonstrativo *esta* desempenha sua função dêitica ao indicar o espaço com referência à própria história (*esta* é a que se tem em mãos).

A mesma função dêitica do demonstrativo se vê comumente em textos publicitários, como este:

GO / GO

Propaganda veiculada na revista *Veja São Paulo*, ano 38, n. 34, 24 ago. 2005.

A relação entre a imagem e o enunciado "ter uma sala dessas custa bem pouco" põe em destaque a função do demonstrativo de "mostrar".

Verbo

Mensagem de celular *lota* festa e *causa* tragédia

A troca de mensagens de texto (SMS) entre adolescentes **transformou** o que **seria** uma festa em uma tragédia nos Estados Unidos. Mark Oates, de Sacramento, **convidou** seus amigos, por SMS, para **comemorar** seus 16 anos. As mensagens **foram passadas** adiante e o resultado **foi** o caos: centenas de jovens **tomando** conta da rua, briga, vizinhos **chamando** a polícia e, por fim, armas. Philip Bailey, 16 anos, **foi morto** a tiros e outros quatro jovens, **incluindo** uma menina de 12 anos, **estão** hospitalizados.

Oates **convidou** em torno de 40 amigos do colégio. A festa **começou** tranquila, no último dia 10, e, por volta das 20h30, quase todos os convidados já **haviam chegado**. Uma hora e meia depois, a festa **crescera** muito e Oates já não **conhecia** a maior parte dos adolescentes que **estavam** ali. **Atraídos** pela mensagem de texto que **falava** sobre a festa, centenas de jovens **bloquearam** a rua – a polícia **disse**, mais tarde, que **havia** alunos de pelo menos cinco escolas de segundo grau da área no aniversário.

Ninguém **sabe** ao certo como a confusão **começou**. A polícia **havia sido acionada** e os adultos, mãe e padrasto do aniversariante, além de vizinhos, já **haviam baixado** o som e **tentavam acabar** com a festa quando duas meninas **começaram** a **brigar**. Em seguida **ouviram-se** os tiros.

O menino morto não **conhecia** o aniversariante.

[...]

Portal Terra. 20 set. 2005.

Conceito

As palavras em destaque no texto acima são verbos.

Os verbos podem indicar:

a. ação: *lota, causa, comemorar, chamando, começou...*

Oates **convidou** em torno de 40 amigos do colégio.
... centenas de jovens **bloquearam** a rua...

b. estado: *seria, foi, estão.*

A troca de mensagens [...] transformou o que **seria** uma festa em uma tragédia nos Estados Unidos.
Philip Bailey, 16 anos, **foi morto** a tiros...
... outros quatro jovens, incluindo uma menina de 12 anos, **estão** hospitalizados.

Verbos são palavras que indicam ação, fenômenos, processos, situando-os no tempo.

c. mudança de estado: *transformou*.

A troca de mensagens de texto (SMS) entre adolescentes **transformou** o que seria uma festa em uma tragédia nos Estados Unidos.

d. fenômeno natural:

Choveu muito esta noite.

e. outros processos:

A festa **começou** tranquila, no último dia 10...

... **havia** alunos de pelo menos cinco escolas de segundo grau da área no aniversário.

Ninguém **sabe** ao certo como a confusão começou.

O menino morto não **conhecia** o aniversariante.

O substantivo também pode indicar ação, estado, fenômeno natural, etc. Compare:

A **troca** de mensagens de texto... (**troca** → substantivo)
Eles **trocaram** mensagens de texto... (**trocaram** → verbo)

Analise:

troca (substantivo) – *trocar* (verbo): as duas palavras indicam ação.

trovão (substantivo) – *trovejar* (verbo): as duas palavras indicam fenômeno natural.

O que distingue o verbo não é propriamente o significado, mas as flexões. Por exemplo: o substantivo *troca* apresenta apenas flexão de número e grau: *trocas/ troquinhas*. Já a palavra *trocar*, como todo verbo, apresenta, entre outras, as seguintes flexões:

a. de tempo: *troco*, *troquei*, *trocarei*;

b. de pessoa e número: eu *troco* (1ª pessoa, singular), tu *trocas* (2ª pessoa, singular), ele *troca* (3ª pessoa, singular);

c. de modo:

modo indicativo: Você *trocou* seu carro por um novo?

modo subjuntivo: Espero que você *troque* logo de carro.

modo imperativo: *Troque* seu carro velho por um zerinho.

d. de voz:

voz ativa: Eles *trocaram* mensagens pelo celular.

voz passiva: Mensagens *foram trocadas* pelo celular.

voz reflexiva: *Trocaram-se* beijos ardentes.

Portanto:

Verbo é a palavra que exprime ação, estado, mudança de estado, fenômeno natural e outros processos, flexionando-se em pessoa, número, modo, tempo e voz.

Flexões

O verbo é a classe de palavras que apresenta o maior número de possibilidades de flexão na língua portuguesa. Graças a isso, uma forma verbal pode trazer em si diversas informações.

A forma *tentavam*, por exemplo, indica, por meio de seus morfemas:

a. a ação de tentar: *tent-*;

b. o tempo em que tal ação ocorre (pretérito imperfeito): *-va*;

c. a pessoa gramatical que pratica essa ação (3ª pessoa do plural, *eles*): *-m*;

d. o modo como é encarada essa ação (modo indicativo, pois expressa um fato realmente ocorrido no passado – ou seja, a tentativa ocorreu e foi no passado);

e. que o sujeito – *eles* – pratica a ação expressa pelo verbo (voz ativa).

O verbo flexiona-se em número, pessoa, modo, tempo e voz.

Número

O verbo admite singular e plural, concordando com seu sujeito:

Mark Oates, de Sacramento, **convidou** seus amigos...
... centenas de jovens **bloquearam** a rua...

Pessoa

Servem de sujeito ao verbo as três pessoas gramaticais:

1ª **pessoa**: aquela que fala. Pode ser:

a. do singular – corresponde ao pronome pessoal *eu*:

Eu respondo.

b. do plural – corresponde ao pronome pessoal *nós*:

Nós respondemos.

2ª **pessoa**: aquela com quem se fala. Pode ser:

a. do singular – corresponde ao pronome pessoal *tu*:

Tu respondes.

b. do plural – corresponde ao pronome pessoal *vós*:

Vós respondeis.

3ª **pessoa**: aquela de quem se fala. Pode ser:

a. do singular – corresponde aos pronomes pessoais *ele*, *ela*:

Ela responde.

b. do plural – corresponde aos pronomes pessoais *eles*, *elas*:

Eles respondem.

As flexões de pessoa e número vêm associadas uma à outra, ou seja, ao indicar a pessoa gramatical, o morfema indica também o número. Portanto, pessoa e número correspondem praticamente a uma única flexão.

Modo

É a propriedade que tem o verbo de indicar a atitude do falante (certeza, dúvida, desejo, ordem...) em relação ao fato que comunica. Há três modos em português:

1. indicativo – expressa a atitude de certeza do falante relativa a fatos que ocorreram, ocorrem ou ocorrerão:

A festa **começou** tranquila.
Eu não **conheço** o aniversariante.
Você **irá** à festa?

2. **subjuntivo** – indica que o fato é considerado pelo falante como uma possibilidade, um desejo, mas não como uma ocorrência:

Temo que esse fato se **repita**.
Gostaria que esse fato não se **repetisse**.
Talvez a polícia **pudesse** ter evitado a correria...
Se isso se **repetir**, será uma catástrofe...

3. **imperativo** – indica que o fato é enunciado como uma ordem, um conselho, um pedido:

Evite aglomerações!
Por favor, **tenham** calma, não **corram**...

Tempo

É a propriedade que tem o verbo de localizar o fato no tempo, em relação ao momento em que se fala (momento da enunciação). Os três tempos básicos são:

1. **presente** – a ação ocorre no momento em que se fala:

Fecho os olhos, **agito** a cabeça. (Graciliano Ramos)

O presente do modo indicativo apresenta também um emprego atemporal, ou seja, que vale para todos os tempos. Observe os exemplos:

A gestação completa de um ser humano **demora** 9 meses. → Trata-se de um fato atemporal, pois sempre a gestação completa demora esse tempo.

A Lua **reflete** a luz solar.
Mais **vale** um pássaro na mão que dois voando.

2. **pretérito** (passado) – a ação transcorreu num momento anterior àquele em que se fala:

Fechava os olhos, **agitava** a cabeça.

3. **futuro** – a ação poderá ocorrer após o momento em que se fala:

– **Fecharei** os olhos, **agitarei** a cabeça... Você acha que assim a cena ficará melhor?

O pretérito e o futuro admitem subdivisões, o que não ocorre com o presente.

As flexões de tempo e modo vêm associadas uma à outra, de forma que constituem praticamente uma única flexão.

Veja o esquema dos tempos simples em português:

Há ainda três formas que não exprimem com exatidão o tempo em que se dá o fato expresso. São as **formas nominais**, que completam o esquema dos tempos simples.

FORMAS NOMINAIS
- infinitivo
  - impessoal (**falar**)
  - pessoal (**falar** eu...)
- gerúndio (**falando**)
- particípio (**falado**)

No texto de abertura deste capítulo ocorrem formas nominais.

... centenas de jovens **tomando** conta da rua, briga, vizinhos **chamando** a polícia e, por fim, armas. → *gerúndio*
... por volta das 20h30, quase todos os convidados já haviam **chegado**. → *particípio*
... duas meninas começaram a **brigar**. → *infinitivo*

Voz

O sujeito do verbo pode ser:

a. agente do fato expresso:

O carroceiro **disse** um palavrão... (Alcântara Machado)
↓
sujeito agente

O verbo está na **voz ativa**.

b. paciente do fato expresso:

Um palavrão **foi dito** pelo carroceiro.
↓
sujeito paciente

O verbo está na **voz passiva**.

c. agente e paciente do fato expresso:

O carroceiro **machucou-se**.
↓
sujeito agente e paciente

O verbo está na **voz reflexiva**.

Aspecto verbal

Além das flexões mencionadas, o verbo também pode indicar **aspecto**, que é a expressão das várias fases de desenvolvimento do processo verbal, isto é, o começo, a duração ou o resultado da ação. Exemplos:

A criança **começou** a falar. (tempo: pretérito – aspecto: início da ação)
A criança **começará** a falar. (tempo: futuro – aspecto: início da ação)

As duas formas verbais estão em tempos diferentes. O aspecto é o mesmo.

Em português, a noção de **aspecto** verbal:

a. está contida na significação do verbo: há verbos que, pelo seu sentido, já incluem a ideia de aspecto:
Elas **chegaram** às dez horas. (O verbo *chegar* marca o fim de uma ação – aspecto **conclusivo**.)

b. decorre do próprio tempo empregado, geralmente um tempo simples, que já implica noção de aspecto:

Falava muito. (Marca a repetição da ação – aspecto **frequentativo** ou **iterativo**.)

c. decorre da utilização de sufixos que podem acentuar um determinado aspecto:
O pássaro **saltitava**. (Ação repetida – aspecto **frequentativo**.)

Outros exemplos: *namoricar*, *bebericar*, *chuviscar*, etc. Nesses verbos, os sufixos é que indicam ação repetida.

d. pode decorrer do emprego de locuções verbais:

Estou comendo. (Ação em curso – aspecto **durativo**.)

Eis alguns aspectos verbais:

a. habitual, **iterativo** ou **frequentativo** – expressa hábito, repetição sistemática ou frequência do processo expresso pelo verbo:

Ela **costuma sair** às dez horas.
Lava a roupa, **lava** a louça, **varre** que **varre**. (Dalton Trevisan)
Ela **anda a namorar**.

b. **inceptivo** ou **incoativo** – mostra o início do processo indicado pelo verbo:

Amanheceu um dia lindo.
Tornou-se representante da classe.

c. **conclusivo** ou **cessativo** – o processo é observado em sua fase final:

Chegaram as visitas.
Acabou de falar teu nome.
Acabou a água.
Deixou de beber.
Parou de fumar.

d. **cursivo**, **durativo** ou **progressivo** – o processo apresenta-se em seu curso:

Ela **vive** bem.
Ela **continua a cantar**.
A chuva **caía** lentamente.
Ela **continua cantando**.
Estávamos conversando.

Conjugação

Conjugar um verbo é flexioná-lo em modo, tempo, pessoa, número e voz.

A forma *sorrir*, por exemplo, não está conjugada. O verbo está no infinitivo. Para empregar esse verbo numa frase, devemos conjugá-lo conforme a necessidade do contexto. O contexto seguinte, por exemplo, exige o verbo na 3ª pessoa do singular, no presente do indicativo:

Walter **sorri** como se tivesse confessado uma paixão.

Em outros contextos, o verbo assumirá novas formas:

Elas **sorrirão** para mim.
Nós **sorríamos** quando éramos crianças.

As formas *sorri*, *sorrirão* e *sorríamos* estão conjugadas.

Os verbos da língua portuguesa estão agrupados em conjuntos denominados **conjugações**. São três as conjugações em português:

1ª conjugação: reúne todos os verbos terminados em **-ar**: *lotar*, *causar*, *comemorar*, *transformar*, *bloquear*, *acionar*, *desligar*, etc.

2ª conjugação: compreende todos os verbos terminados em **-er**: *crescer*, *conhecer*, *saber*, etc.

3ª conjugação: engloba os verbos terminados em **-ir**: *ouvir*, *reunir*, *sair*, *partir*, etc.

O verbo **pôr** e seus derivados – *compor*, *repor*, *transpor*, etc. – pertencem à 2ª conjugação, pois a forma antiga do verbo **pôr** era **poer**.

Cada conjugação caracteriza-se pela presença de uma vogal temática:

a – vogal temática da 1ª conjugação: and**ar**

e – vogal temática da 2ª conjugação: vend**er**

i – vogal temática da 3ª conjugação: part**ir**

Atividades

1. Relacione a cada verbo destacado a ideia de ação, estado ou fenômeno da natureza.

a. Quem **avisa** amigo **é**.
b. Amor com amor se **paga**.
c. No Carnaval, nada **parece** mal.
d. Água mole em pedra dura, tanto **bate** até que **fura**.
e. De noite todos os gatos **são** pardos.
f. Ontem **choveu** a noite inteira.

2. Todas as palavras destacadas indicam ação, processo, fenômeno da natureza. Identifique os substantivos e os verbos:

   a. A Lei Áurea liberou a mão de obra servil, substituindo-a por trabalhadores livres, mas **plantio**, **cultivo** e **colheita** continuariam executados à força de braços, mantendo, em essência, técnicas bastante antigas. (*Jornal da Tarde*)

   b. Na próxima semana, ela começa a **colher** novos depoimentos de pessoas envolvidas no caso. (*Jornal da Tarde*)

   c. Adquirir ampla cultura geral e **cultivar** a qualidade de vida são imprescindíveis. (*IstoÉ*)

3. Reescreva as frases empregando verbos em lugar dos substantivos destacados. Faça as adaptações necessárias.

   a. – Perdoe-me, sinhá Malvina; – replicou a escrava com um cândido **sorriso**... (Bernardo Guimarães)

   b. Isaura teria soltado um **grito** de pavor, se há muito não estivesse familiarizada com aquela estranha figura... (Idem)

   c. *Mamacita* mora nos Estados Unidos há dez anos e há seis trabalha na terapia intensiva do hospital [...]. A **fala** mansa, o constante **sorriso** e um jeito especial, deixam claro o motivo do apelido. (*O Globo*)

4. Reescreva as frases substituindo os substantivos em destaque por verbos correspondentes. Faça as adaptações necessárias.

   a. Qual é o nosso alvo? Posso responder numa única palavra: **Vitória**! **Vitória** a todo custo... (Churchill)

   b. Sites ajudam a fazer **investimentos** pela internet. (*O Globo*)

   c. Se as **viagens** simplesmente instruíssem os homens, os marinheiros seriam os mais instruídos. (Marquês de Maricá)

   d. "Não sinto mais **medo** da **morte**", diz sobrevivente. (*Folha de S.Paulo*)

5. Identifique a conjugação a que pertence cada um dos verbos destacados neste trecho de uma entrevista:

   Jornal da Tarde – O que é a dor e por que ela **existe**?

   Cláudio Corrêa – É importante **dividir** a dor em aguda e crônica. A aguda é uma dor importante para a sobrevivência do ser humano. **Funciona** como um alerta ao organismo de que alguma coisa não está **indo** bem. **Pode** ser intrínseca ao organismo ou extrínseca, do meio ambiente. Quando a dor **perde** esse sentido de alerta e **passa** a ser tratada como uma doença é considerada então uma dor crônica. (*Jornal da Tarde*)

6. Identifique a voz verbal:

   a. Os cientistas da agência **têm trabalhado** no desenvolvimento de minúsculos tubos que têm a capacidade de entrar nas células. Eles **foram criados** para monitorar o organismo dos astronautas em missões onde eles **ficam expostos** a radiação. (*Correio Braziliense*)

   b. A segunda fase do vestibular da Unicamp **começa** no próximo domingo, com as provas de língua portuguesa, literatura de língua portuguesa e ciências biológicas. Os portões **serão fechados** às 13h45. A instituição recomenda que os alunos **cheguem** às 13h. (*Folha de S.Paulo*)

   c. Às 13h20 o público começou a **se locomover**, com destino à Avenida Rio Branco, da altura do Teatro Municipal. A chamada ala dos intelectuais estava à frente. (*Jornal do Brasil*)

   d. Charles Chaplin **considerava-se** cidadão do mundo.

7. Identifique o aspecto verbal predominante nas formas verbais destacadas:
   a. O relógio **bateu** dez horas.
   b. A curiosidade do ser humano, ao **desvendar** os mistérios do Universo, **impulsionou** a construção de telescópios cada vez mais precisos e potentes... (*IstoÉ*)
   c. Esta **é** a estória. **Ia** um menino, com os tios, passar dias no lugar onde se **construía** a grande cidade. (Guimarães Rosa)
   d. A dor da solidão **começou a tomar** conta de seu corpo.
   e. **Chuviscava** quando eu saí.

Elementos estruturais do verbo

Uma forma verbal pode apresentar os seguintes elementos estruturais:

1. Radical

É o elemento básico, normalmente invariável, que expressa o significado essencial do verbo. Para se identificar o radical de uma forma verbal, retira-se do verbo no infinitivo as terminações **-ar**, **-er** ou **-ir**:

caminhar → radical: **caminh-**

vender → radical: **vend-**

partir → radical: **part-**

Obviamente, esse morfema lexical jamais é empregado isoladamente.

2. Terminação

É a parte do verbo que se presta à flexão. As variações na terminação expressam-se por meio dos seguintes elementos:

1. **Vogal temática** – é a vogal que caracteriza a conjugação a que pertence o verbo. Exemplos:

   caminhar → vogal temática **a** (verbo da 1ª conjugação)
   vender → vogal temática **e** (verbo da 2ª conjugação)
   partir → vogal temática **i** (verbo da 3ª conjugação)

   Dá-se o nome de **tema** ao conjunto formado pelo **radical** + **vogal temática**:

   caminhar: **caminh-** + **a** = **caminha** → tema do verbo

   O tema é o elemento ao qual se acrescentam as desinências.

2. **Desinência modo-temporal** – é o elemento que indica o modo e o tempo do verbo. Exemplo:

   compr**áva**mos: **va** → desinência modo-temporal (*va* indica que o verbo está no pretérito imperfeito do modo indicativo)

3. **Desinência número-pessoal** – indica a pessoa do discurso (1ª, 2ª ou 3ª) a que a forma verbal se refere e o número dessa pessoa (singular ou plural). Exemplo:

   compráva**mos**: **mos** → desinência número-pessoal (*mos* indica que o verbo está na 1ª pessoa do plural)

   A estrutura do verbo, portanto, pode ser assim esquematizada:

   radical + vogal temática + desinência modo-temporal + desinência número-pessoal

Os componentes de uma forma verbal aparecem sempre nessa ordem.

Os verbos formados por parassíntese podem apresentar outros componentes, além dos já citados:

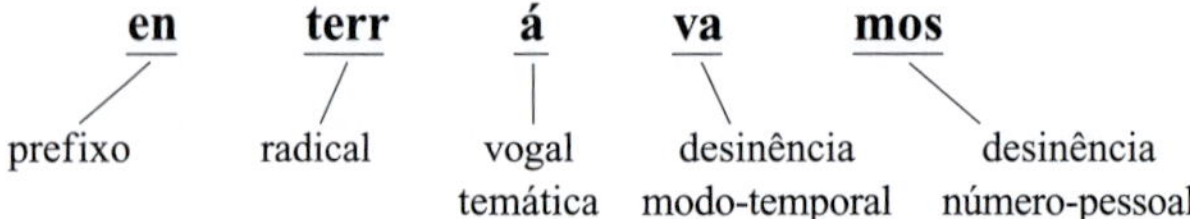

Formas rizotônicas e arrizotônicas

Na conjugação de um verbo distinguem-se:

a. Formas **rizotônicas** – são aquelas que têm o acento tônico no radical. Exemplos:

falo – **fal**as – **fal**a – **fal**am

b. Formas **arrizotônicas** – são aquelas que têm o acento tônico fora do radical. Exemplos:

fal**amos** – fal**ais** – fal**ou** – fal**ará** – fal**ava**

BROWNE, Chris. *O melhor de Hagar*. p. 50.

Classificação

1. Quanto à função

Quanto à função, o verbo pode ser **auxiliar** ou **principal**.

Mark **está** **comemorando** seus 16 anos.

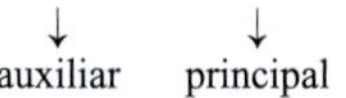

Verbo auxiliar é aquele que, perdendo seu significado próprio, é utilizado para auxiliar a conjugação de outro, chamado de **verbo principal**.

Os auxiliares mais comuns são: **ter**, **haver**, **ser** e **estar**.

Alguns verbos podem funcionar, ocasionalmente, como auxiliares: **ir**, **vir**, **andar**. Compare as duas frases:

Ela **anda** 5 km por dia. (*andar* → verbo principal)
Ela **anda** irritando os colegas. (*andar* → verbo auxiliar)

2. Quanto à flexão

Quanto à flexão, os verbos podem ser **regulares**, **irregulares**, **defectivos** e **abundantes**.

Regulares

São aqueles que seguem um **paradigma**, isto é, um modelo de conjugação. O radical desses verbos permanece inalterado em todas as formas. São verbos regulares: *amar*, *falar*, *vencer*, *comer*, *partir*, etc.

Observe:

amo, **am**as, **am**ássemos, **am**arei, **am**ado...   **venç**o, **venc**erei, **venc**eríamos, **venc**estes...

Irregulares

São aqueles que não seguem o paradigma dos verbos de sua conjugação, sofrendo alterações no radical ou na terminação. São irregulares: *fazer*, *dar*, *pedir*, *ir*, *poder*, etc.

Observe:

faço, **fiz**, **feit**o...   **poss**o, **pud**esse, **pod**eríamos...

Observação

A NGB faz distinção entre verbo **irregular** e verbo **anômalo**. Este último nome aplica-se a verbos como *estar*, *haver*, *ser*, *ir*, *ter*, *vir* e *pôr*, que apresentam muitas irregularidades no radical e nas desinências.

Defectivos

São aqueles que não são conjugados em todos os tempos, modos e pessoas. Exemplos: *abolir*, *adequar*, *explodir*, *falir*, *reaver*, *precaver*, etc.

De que decorre essa eliminação de algumas formas do verbo? Segundo o linguista Mattoso Câmara, "a inexistência da flexão é uma questão de desuso, o que faz essa flexão ser abolida da norma linguística e ser considerada contrária à eufonia".

Abundantes

São aqueles que possuem duas ou mais formas equivalentes. Geralmente essas formas aparecem no particípio. Exemplos:

Verbo	Particípio regular	Particípio irregular
aceitar	aceitado	aceito
acender	acendido	aceso
benzer	benzido	bento
eleger	elegido	eleito
envolver	envolvido	envolto
enxugar	enxugado	enxuto
expulsar	expulsado	expulso
fritar	fritado	frito
ganhar	ganhado	ganho
imprimir	imprimido	impresso

Verbo	Particípio regular	Particípio irregular
isentar	isentado	isento
limpar	limpado	limpo
matar	matado	morto
morrer	morrido	morto
ocultar	ocultado	oculto
pagar	pagado	pago
pegar	pegado	pego
prender	prendido	preso
salvar	salvado	salvo
soltar	soltado	solto
suspender	suspendido	suspenso

Com os verbos auxiliares **ter** e **haver** empregam-se os **particípios regulares**.

O governo **havia aceitado** a proposta dos trabalhadores.

Com os verbos auxiliares **ser** e **estar** empregam-se os **particípios irregulares**.

A proposta dos trabalhadores **foi aceita** pelo governo.

3. Quanto à existência ou não do sujeito

Quanto à existência ou não do sujeito, os verbos podem ser **pessoais** ou **impessoais**.

Pessoais

São aqueles que se referem a qualquer sujeito implícito ou explícito. Quase todos os verbos são pessoais.

A festa **começou** tranquila.

Impessoais

Verbos que não se referem a nenhum sujeito implícito ou explícito. São utilizados sempre na 3ª pessoa. São considerados impessoais:

a. verbos que indicam fenômenos meteorológicos: *chover*, *nevar*, *ventar*, etc.:

Chovia muito no dia da festa de aniversário do meu amigo.

b. **haver**, no sentido de existir, de ocorrer, acontecer:

Houve um espetáculo ontem.
Há poucos alunos na sala.

c. **fazer**, indicando tempo decorrido ou fenômeno meteorológico:

Fazia dois anos que eu estava morando em Florianópolis.
Faz muito frio em Santa Catarina?

Observação

Alguns desses verbos, quando empregados em sentido figurado, são considerados pessoais:

O orador **trovejava** ameaças.

Chovem mensagens de texto diariamente na minha caixa de e-mails.

Modos verbais e formas nominais: formação

Formação dos tempos simples

Quanto à formação, os tempos verbais podem ser **primitivos** ou **derivados**.

São considerados **primitivos**: o **presente do indicativo**, o **pretérito perfeito do indicativo** e o **infinitivo impessoal**.

Os outros tempos são derivados.

Derivados do presente do indicativo

1. Pretérito imperfeito do indicativo

É formado do radical do presente do indicativo mais:

a. as terminações **-ava**, **-avas**, **-ava**, **-ávamos**, **-áveis**, **-avam** para os verbos da 1ª conjugação. Nessas terminações distinguem-se:

-a-: vogal temática;

-va: desinência modo-temporal;

-s, **-mos**, **-is**, **-m**: desinências número-pessoais.

b. as terminações **-ia**, **-ias**, **-ia**, **-íamos**, **-íeis**, **-iam** para os verbos da 2ª e da 3ª conjugação. Nessas terminações distinguem-se:

-e- ou **-i-**: vogais temáticas;

-a: desinência modo-temporal;

-s, **-mos**, **-is**, **-m**: desinências número-pessoais.

Tomemos como exemplo os verbos **falar**, **comer** e **partir**:

	1ª conjugação	2ª conjugação	3ª conjugação
Radical do presente	**fal-**	**com-**	**part-**
Pretérito imperfeito do indicativo	**fal**ava	**com**ia	**part**ia
	falavas	**com**ias	**part**ias
	falava	**com**ia	**part**ia
	falávamos	**com**íamos	**part**íamos
	faláveis	**com**íeis	**part**íeis
	falavam	**com**iam	**part**iam

2. Presente do subjuntivo

É formado pelo radical da 1ª pessoa do singular do presente do indicativo mais:

a. as terminações **-e**, **-es**, **-e**, **-emos**, **-eis**, **-em**, para os verbos da 1ª conjugação. Nessas terminações distinguem-se:

-e: desinência modo-temporal;

-s, **-mos**, **-is**, **-m**: desinências número-pessoais.

b. as terminações **-a**, **-as**, **-a**, **-amos**, **-ais**, **-am** para os verbos da 2ª e da 3ª conjugação. Nessas terminações distinguem-se:

-a: desinência modo-temporal;

-s, **-mos**, **-is**, **-m**: desinências número-pessoais.

	1ª conjugação	2ª conjugação	3ª conjugação
Radical da 1ª pessoa do singular do presente do indicativo	**fal-**	**com-**	**part-**
Presente do subjuntivo	**fal**e	**com**a	**part**a
	fales	**com**as	**part**as
	fale	**com**a	**part**a
	falemos	**com**amos	**part**amos
	faleis	**com**ais	**part**ais
	falem	**com**am	**part**am

3. Imperativo

O imperativo pode ser **afirmativo** ou **negativo**.

O **imperativo afirmativo** é derivado do presente do indicativo na 2ª pessoa do singular e na 2ª pessoa do plural, suprimindo-se o "s" final. As outras pessoas são as mesmas do presente do subjuntivo.

O **imperativo negativo** é totalmente formado pelo presente do subjuntivo.

Presente do indicativo	Imperativo afirmativo	Presente do subjuntivo	Imperativo negativo
falo	–	fale	–
falas (– s) →	fala (tu)	fales →	não fales
fala	fale (você) ←	fale →	não fale
falamos	falemos (nós) ←	falemos →	não falemos
falais (– s) →	falai (vós)	faleis →	não faleis
falam	falem (vocês) ←	falem →	não falem

Derivados do pretérito perfeito do indicativo

Do tema do pretérito perfeito do indicativo (radical do pretérito perfeito + vogal temática) formam-se os seguintes tempos:

1. Pretérito mais-que-perfeito do indicativo

É formado pelo tema do pretérito perfeito do indicativo mais as terminações **-ra**, **-ras**, **-ra**, **-ramos**, **-reis**, **-ram**. Nessas terminações distinguem-se:

-ra: desinência modo-temporal;

-s, **-mos**, **-is**, **-m**: desinências número-pessoais.

	1ª conjugação	2ª conjugação	3ª conjugação
Tema do perfeito (radical do pretérito perfeito + vogal temática)	**fala-**	**come-**	**parti-**
Pretérito mais-que--perfeito do indicativo	**fala**ra	**come**ra	**parti**ra
	falaras	**come**ras	**parti**ras
	falara	**come**ra	**parti**ra
	faláramos	**comê**ramos	**partí**ramos
	faláreis	**comê**reis	**partí**reis
	falaram	**come**ram	**parti**ram

2. Pretérito imperfeito do subjuntivo

É formado pelo tema do pretérito perfeito do indicativo mais as terminações **-sse**, **-sses**, **-sse**, **-ssemos**, **-sseis**, **-ssem**. Nessas terminações distinguem-se:

-sse: desinência modo-temporal;

-s, **-mos**, **-is**, **-m**: desinências número-pessoais.

	1ª conjugação	2ª conjugação	3ª conjugação
Tema do perfeito	fala-	come-	parti-
Pretérito imperfeito do subjuntivo	falasse	comesse	partisse
	falasses	comesses	partisses
	falasse	comesse	partisse
	falássemos	comêssemos	partíssemos
	falásseis	comêsseis	partísseis
	falassem	comessem	partissem

3. Futuro do subjuntivo

É formado pelo tema do pretérito perfeito do indicativo mais as terminações **-r**, **-res**, **-r**, **-rmos**, **-rdes**, **-rem**, em que se distinguem:

-r: desinência modo-temporal;

-es, **-mos**, **-des**, **-em**: desinências número-pessoais.

	1ª conjugação	2ª conjugação	3ª conjugação
Tema do perfeito	fala-	come-	parti-
Futuro do subjuntivo	falar	comer	partir
	falares	comeres	partires
	falar	comer	partir
	falarmos	comermos	partirmos
	falardes	comerdes	partirdes
	falarem	comerem	partirem

Derivados do infinitivo impessoal

1. Futuro do presente do indicativo

É formado pelo infinitivo impessoal mais as terminações **-ei**, **-ás**, **-á**, **-emos**, **-eis**, **-ão**:

	1ª conjugação	2ª conjugação	3ª conjugação
Infinitivo impessoal	falar	comer	partir
Futuro do presente do indicativo	falarei	comerei	partirei
	falarás	comerás	partirás
	falará	comerá	partirá
	falaremos	comeremos	partiremos
	falareis	comereis	partireis
	falarão	comerão	partirão

2. Futuro do pretérito do indicativo

É formado pelo infinitivo impessoal mais as terminações **-ia**, **-ias**, **-ia**, **-íamos**, **-íeis**, **-iam**:

	1ª conjugação	2ª conjugação	3ª conjugação
Infinitivo impessoal	falar	comer	partir
Futuro do pretérito do indicativo	falaria	comeria	partiria
	falarias	comerias	partirias
	falaria	comeria	partiria
	falaríamos	comeríamos	partiríamos
	falaríeis	comeríeis	partiríeis
	falariam	comeriam	partiriam

3. Infinitivo pessoal

É formado pelo infinitivo impessoal mais as terminações **-es** (2ª pessoa do singular), **-mos**, **-des**, **-em**:

	1ª conjugação	2ª conjugação	3ª conjugação
Infinitivo impessoal	falar	comer	partir
Infinitivo pessoal	falar	comer	partir
	falares	comeres	partires
	falar	comer	partir
	falarmos	comermos	partirmos
	falardes	comerdes	partirdes
	falarem	comerem	partirem

4. Gerúndio

Para formar o gerúndio, substitui-se o **-r** do infinitivo impessoal pela desinência **-ndo**:

fala**ndo** come**ndo** parti**ndo**

5. Particípio

Para os verbos regulares da 1ª conjugação, substitui-se o **-r** do infinitivo pela desinência **-ado**. Para os verbos regulares da 2ª e da 3ª conjugação, substitui-se o **-r** do infinitivo pela desinência **-ido**:

fal**ado** com**ido** part**ido**

Formação dos tempos compostos

Os tempos compostos da voz ativa são formados pelos verbos auxiliares **ter** ou **haver**, seguidos do particípio do verbo que se quer conjugar, chamado de **principal**.

Modo indicativo

1. Pretérito perfeito composto

É formado pelo presente do indicativo do verbo **ter** ou **haver**, seguido do particípio do verbo principal:

tenho falado tenho comido tenho partido
tens falado tens comido tens partido
tem falado tem comido tem partido
temos falado temos comido temos partido
tendes falado tendes comido tendes partido
têm falado têm comido têm partido

2. Pretérito mais-que-perfeito composto

É formado pelo pretérito imperfeito do indicativo do verbo **ter** ou **haver**, seguido do particípio do verbo principal:

tinha falado	tinha comido	tinha partido
tinhas falado	tinhas comido	tinhas partido
tinha falado	tinha comido	tinha partido
tínhamos falado	tínhamos comido	tínhamos partido
tínheis falado	tínheis comido	tínheis partido
tinham falado	tinham comido	tinham partido

3. Futuro do presente composto

É formado pelo futuro do presente simples do verbo **ter** ou **haver**, seguido do particípio do verbo principal:

terei falado	terei comido	terei partido
terás falado	terás comido	terás partido
terá falado	terá comido	terá partido
teremos falado	teremos comido	teremos partido
tereis falado	tereis comido	tereis partido
terão falado	terão comido	terão partido

4. Futuro do pretérito composto

É formado pelo futuro do pretérito simples do verbo **ter** ou **haver**, seguido do particípio do verbo principal:

teria falado	teria comido	teria partido
terias falado	terias comido	terias partido
teria falado	teria comido	teria partido
teríamos falado	teríamos comido	teríamos partido
teríeis falado	teríeis comido	teríeis partido
teriam falado	teriam comido	teriam partido

Modo subjuntivo

1. Pretérito perfeito

É formado pelo presente do subjuntivo do verbo **ter** ou **haver**, seguido do particípio do verbo principal:

tenha falado	tenha comido	tenha partido
tenhas falado	tenhas comido	tenhas partido
tenha falado	tenha comido	tenha partido
tenhamos falado	tenhamos comido	tenhamos partido
tenhais falado	tenhais comido	tenhais partido
tenham falado	tenham comido	tenham partido

2. Pretérito mais-que-perfeito

É formado pelo imperfeito do subjuntivo do verbo **ter** ou **haver**, seguido do particípio do verbo principal:

tivesse falado	tivesse comido	tivesse partido
tivesses falado	tivesses comido	tivesses partido
tivesse falado	tivesse comido	tivesse partido
tivéssemos falado	tivéssemos comido	tivéssemos partido
tivésseis falado	tivésseis comido	tivésseis partido
tivessem falado	tivessem comido	tivessem partido

3. Futuro composto

É formado pelo futuro simples do subjuntivo do verbo **ter** ou **haver**, seguido do particípio do verbo principal:

tiver falado	tiver comido	tiver partido
tiveres falado	tiveres comido	tiveres partido
tiver falado	tiver comido	tiver partido
tivermos falado	tivermos comido	tivermos partido
tiverdes falado	tiverdes comido	tiverdes partido
tiverem falado	tiverem comido	tiverem partido

Formas nominais

1. Infinitivo impessoal composto

É formado pelo infinitivo impessoal do verbo **ter** ou **haver**, seguido do particípio do verbo principal:

ter falado	ter comido	ter partido

2. Infinitivo pessoal composto

É formado pelo infinitivo pessoal do verbo **ter** ou **haver**, seguido do particípio do verbo principal:

ter falado	ter comido	ter partido
teres falado	teres comido	teres partido
ter falado	ter comido	ter partido
termos falado	termos comido	termos partido
terdes falado	terdes comido	terdes partido
terem falado	terem comido	terem partido

3. Gerúndio composto

É formado pelo gerúndio do verbo **ter** ou **haver**, seguido do particípio do verbo principal:

tendo falado	tendo comido	tendo partido

Atividades

O texto a seguir é base para as questões de **1** a **3**:

Como o quilombo chegou até a senzala

Era a sociedade guerreira uma força simbólica para os africanos. "Quilombo" **nomeava** os exércitos que **reuniam** guerreiros desgarrados de suas aldeias. Reunia gente estranha uma para a outra, exilados que **perderam** vínculo com suas linhagens vencidas por inimigos. Muito antes de Zumbi dos Palmares, "quilombo" virou sinônimo de associação aberta, que não discriminava ninguém, qualquer que fosse sua filiação.

Segundo Kabengele Munanga, professor de Antropologia da Universidade de São Paulo, a palavra vem da língua umbundo. Já sua organização vem dos jagas, que dominaram a costa angolana por séculos. O que unia membros de tribos tão diferentes eram os rituais de iniciação. Os ovimbundos deram aos quilombos a estrutura centralizada de seus campos de iniciação, que incluía a circuncisão dos iniciados. [...]

Os quilombos se propagaram por todo o oeste da África central. Seu sucesso militar estimulou o mito de um regimento de super-homens invulneráveis, que **ocuparia** o imaginário dos negros que fugiam das senzalas do Brasil.

(Revista *Língua Portuguesa*. São Paulo: Segmento, ano I, n. 2, 2005. p. 55.)

1. Identifique os elementos estruturais solicitados das formas verbais extraídas do texto:
   a. **nomeava**: vogal temática, radical, tema;
   b. **reuniam**: vogal temática, desinência modo-temporal, desinência número-pessoal;
   c. **perderam**: vogal temática, radical, tema, desinência modo-temporal, desinência número-pessoal;
   d. **ocuparia**: radical, vogal temática, desinência modo-temporal.

2. Responda:
   A. Identifique todos os elementos estruturais das seguintes formas verbais:
      a. propagara;
      b. propagará.
   B. Explique a diferença de sentido existente entre as formas verbais analisadas.

3. Identifique as formas rizotônicas e as formas arrizotônicas:

a. virou	c. discrimino	e. unia
b. virem	d. discriminava	f. deram

4. Identifique o tempo e o modo dos verbos destacados:
   a. Segundo a tradição, a arca de Noé com seu zoológico particular **teria chegado** ao cume do Monte Ararat (com 5 160 m de altura), na encosta sudoeste pertencente à Turquia, e encalhado a uma altura de 2 000 m. Os primeiros cristãos que **habitavam** os arredores **erigiram** ali um templo que chamaram de Templo da Arca, onde **festejavam** anualmente a data em que **desembarcaram** os passageiros. *(IstoÉ)*
   b. Não **há** país, por mais desenvolvido que **seja**, que não **patrocine** cultura. Isso porque a cultura **é** um investimento de alto risco ao qual toda a população **tem** direito. *(IstoÉ)*

O texto seguinte é base para as questões de **5** a **7**:

Gaúchos acham novo "dinossauro-bisavô"

Pesquisadores gaúchos **encontraram**, em São João do Polêsine (a 267 km de Porto Alegre), fósseis de um dinossauro com 228 milhões de anos. O animal, segundo os cientistas, é o maior já encontrado com essa idade.

A descoberta **foi** feita por pesquisadores da Ulbra (Universidade Luterana do Brasil) de Cachoeira do Sul. [...]

O paleontólogo Sérgio Cabrera, coordenador da equipe, diz que a descoberta foi "uma surpresa".

O animal era um bípede com até cinco metros de comprimento e dois metros de altura, com dentes grandes, típicos de carnívoros. A presença de um certo tipo de fusão de ossos da pata também pode **indicar** que o animal era um saurisquiano (linhagem que originou tanto os carnívoros quanto os gigantes comedores de plantas). [...]

(Folha de S.Paulo)

5. Classifique cada um dos verbos destacados em **principal** ou **auxiliar**.

6. A forma verbal **pode**, na penúltima linha do texto, é auxiliar. Escreva uma frase em que esse verbo seja principal.

7. Considerando que irregular é o verbo cujo radical sofre mudanças na conjugação, compare os seguintes pares de formas verbais e identifique os verbos irregulares:

a. encontraram / encontrado
b. diz / dirá
c. posso / pode
d. originou / originava

8. Reescreva as frases, substituindo o ■ pela forma adequada do particípio.

a. EUA dizem ter ■ 70 supostos rebeldes a oeste do Iraque. (Disponível em: <www.folha.uol.com.br/folha/mundo>) (**matado** – **morto**)
b. Acusado de assassinar decasséguis é ■ pela polícia em São Paulo. (Disponível em: <www.estadao.com.br/cidades/noticias>) (**matado** – **morto**)
c. A polícia tem ■ alguns traficantes adolescentes. (Disponível em: <http://kplus.cosmo.com.br/matéria>) (**prendido** – **preso**)
d. Ontem o racker foi ■ em Araras durante uma operação da Polícia Federal de São José do Rio Preto para combate ao crime cibernético. (Disponível em: <http://info.abril.com.br>) (**prendido** – **preso**)
e. Lá dentro, um adolescente diz à mulher que o farol estava ■. (Disponível em: <http://pt.wikipedia.org>) (**acendido** – **aceso**)
f. Quem tinha ■ a luz? (**acendido** – **aceso**)

Modos verbais e formas nominais: emprego

Modos verbais

A atitude do falante em relação ao fato expresso pelo verbo pode ser explicitada pelo **modo verbal**. Os modos verbais exprimem a relação entre o falante e o fato expresso.

O falante emprega o modo indicativo quando afirma, interroga ou nega fatos, considerando que eles ocorreram, ocorrem ou ocorrerão:

Elas **chegarão** logo.

O modo subjuntivo expressa um fato considerado pelo falante como uma possibilidade, um desejo, etc.:

Talvez elas **cheguem** logo.

No modo imperativo, o falante dirige-se a um ouvinte na tentativa de fazer com que ele realize a ação expressa pelo verbo:

Chegue às 10 horas.

Modo indicativo

Presente

a. Expressa um fato que ocorre no momento em que se fala:

Ela **solta** os cabelos... **Bate** a lua
Nas alvas dobras de um lençol de prata... (Castro Alves)

b. Expressa uma verdade científica, uma lei, um fato real que data de muito tempo e deve durar por tempo indefinido. É chamado de **presente durativo**:

O cometa Halley **passa** pela Terra a cada 76 anos.

c. Expressa uma ação habitual ou frequente. Nesse caso, é chamado de **presente habitual** ou **frequentativo**:

Acordo cedo todos os dias para fazer ginástica.

d. Expressa fatos passados. É chamado de **presente narrativo** ou **histórico**. É bastante utilizado em textos jornalísticos, principalmente nas manchetes, para transmitir ao leitor a impressão de que os fatos são recentes:

Aquecimento de dois pontos no oceano Atlântico **causa** seca na Amazônia. (Disponível em: <www.brasiloeste.com.br>)

e. É utilizado em lugar do futuro:

– Eu vou. Preciso ir. Eu **mando** notícias.
– Amanhã mesmo?
– Amanhã. Adeus. (Jorge Andrade)

f. É utilizado para substituir o imperativo, expressando de forma delicada um pedido ou ordem. Compare as duas frases:

Faça o exercício. (imperativo) — Você me **faz** este exercício? (presente)

g. Substitui o futuro do subjuntivo:

Se você **vem**, traga o filme. (presente) — Se você **vier**, traga o filme. (futuro do subjuntivo)

Pretérito imperfeito

a. Expressa um fato não concluído no passado:

Cordulina **afogava** de cansaço. A Limpa-Trilho **gania** e **parava**, lambendo os pés queimados. (Rachel de Queiroz)

b. Expressa um fato habitual ou repetido no passado. É chamado de **pretérito imperfeito frequentativo**:

A vida do filósofo alemão Kant foi austera e regular como um relógio: **levantava-se** às 5 horas da manhã, **deitava-se** às 22 horas e **seguia** sempre o mesmo itinerário para ir de sua casa à universidade.

(Disponível em: <www.mundodosfilosofos.com.br>)

c. Quando se expressam dois fatos concomitantes, o processo que estava ocorrendo e que cessa quando ocorre outro é expresso pelo pretérito imperfeito:

A princípio **estávamos** juntos, mas esta desgraçada profissão nos distanciou. (Graciliano Ramos)

d. É usado nas narrativas, lendas e fábulas, caso em que o verbo **ser** indica um tempo impreciso:

... **era** uma vez um menino azul, uma menina verde, um negrinho dourado e um cachorro com todos os tons e entretons do arco-íris. (Mário Quintana)

e. Substitui o futuro do pretérito:

Se alguém me convidasse para eu me render, eu **ficava** ofendido. (Érico Veríssimo) → *ficava* = *ficaria*

f. Substitui o presente do indicativo, para conotar maior polidez:

Queria que vocês parassem de falar. → *queria* = *quero*

Pretérito perfeito

a. O pretérito perfeito indica um processo completamente concluído em relação ao momento em que se fala:

O pai **aquietou-se** e **esperou**. Dez minutos... Quinze minutos... Vinte minutos... Quem **disse** que o sono chegava? (Manuel Bandeira)

b. A forma composta expressa um processo passado que se repetiu ou se repete até o presente:

Eu não **tenho feito** bem os meus números? Não **tenho aperfeiçoado** o meu trabalho? (Humberto Campos)

Pretérito mais-que-perfeito

a. Expressa um fato passado, que ocorreu antes de outro, também passado. Portanto, o mais-que-perfeito exprime um fato duplamente passado:

- é passado em relação ao momento em que se fala;
- é passado em relação ao momento em que se realizou outro fato.

... cheguei ao hospital onde Marcela **entrara**... (Machado de Assis)

b. Na linguagem literária, pode substituir o futuro do pretérito:

Descrever o abalo que sofreu Inocência ao dar, cara a cara, com Manecão **fora** impossível. (Visconde de Taunay) → *fora* = *seria*

c. É usado em orações optativas:

Quisera entender o comportamento de minha namorada.

d. Na linguagem coloquial, prefere-se a forma composta:

Ele **fora** embora quando você chegou. (forma simples)
Ele **tinha ido** embora quando você chegou. (forma composta)

Futuro do presente

a. Exprime um fato (realizável ou não) posterior ao momento em que se fala. Portanto, no momento da fala, o fato é ainda inexistente:

O lateral Chiquinho ainda não sabe se **jogará** amanhã, no clássico Rei do Futebol Cearense, às 16h30. (Disponível em: <www.fortaleza.net>)

b. Pode evidenciar incerteza a respeito de um fato presente:

Serão barbatanas, mestre Cascudo? Venha ver. (Monteiro Lobato)

c. Pode substituir o imperativo:

- com valor categórico:

Após isto, você **clicará** no botão "Save Configuration", que fica localizado no menu vertical à sua esquerda. Feito isto, salve sua configuração [...]. (Disponível em: <http://br-linux.org/artigos/dicas>)

- com valor de sugestão:

Fará tudo para não cair noutra, não é mesmo?

A **forma composta** poderá ser empregada:

a. para indicar que uma ação futura será realizada antes de outra:

Antes de acabar o curso, os alunos **terão construído** um site.

b. para indicar a certeza de uma ação futura:

Aí sim nossos esforços **terão valido** a pena.

c. para indicar incerteza diante de um fato passado:

Essa última diretoria **terá resolvido** os problemas básicos da empresa?

Futuro do pretérito

a. Expressa um fato futuro em relação a outro já passado:

Os pais disseram que ela **viria** à aula hoje.

O futuro do pretérito, em relação ao momento em que se fala, é atemporal, pois tanto pode indicar passado (**viria** ontem) como futuro (**viria** amanhã).

b. Substitui o presente do indicativo, para suavizar a expressão de ordem:

Pediria que todos saíssem da sala.

c. Pode expressar incerteza, dúvida, possibilidade:

Seria a mudança do tempo a causa de suas gripes?

A **forma composta** é empregada para:

a. indicar a possibilidade de um fato passado ter ocorrido:

Pensou que **teria visto** o eclipse lunar.

b. para indicar incerteza a respeito de um fato passado:

O que **teria acontecido** com ele?

Modo subjuntivo

O modo subjuntivo expressa um fato considerado pelo falante como uma possibilidade, um receio, um desejo.

É possível que **chova**.
Duvido que você **queira** esse presente.
Espero que você **seja** feliz.

O modo subjuntivo, em seus diversos tempos, aparece em geral em orações dependentes, mas pode ocorrer também em orações independentes:

Desejo | que **voltes** logo.

↓ ↓

1ª oração 2ª oração (dependente da 1ª)

Façam uma boa viagem! | **Tenham** um bom fim de semana! (orações independentes)

O subjuntivo nas orações dependentes

1. O subjuntivo é utilizado em orações cujo sentido depende de outra, chamada principal. Para que se utilize o subjuntivo na oração dependente, deve ocorrer, na oração principal, um verbo que indique:

   a. vontade, desejo:

   Quero | que **falem** a verdade.

   b. dúvida:

   Duvidavam | de que **resolvêssemos** todas as questões.

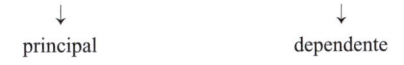

   c. hipótese, suposição, possibilidade:

   Suponho | que elas **cheguem** atrasadas.

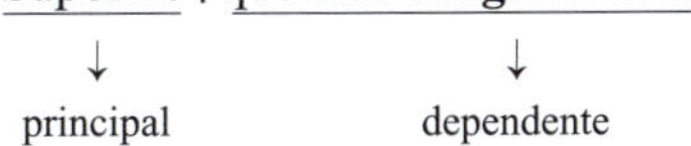

d. avaliação:

É suficiente | que **entregues** o CD.

↓ principal ↓ dependente

e. causa:

Tudo aquilo faz | com que eu o **odeie** cada vez mais.

↓ principal ↓ dependente

2. O subjuntivo pode ser empregado em orações dependentes que expressem:

a. causa:

Redigi o relatório, não porque me **obrigassem**, mas porque achei importante.

b. concessão:

Nunca mais voltarei aqui, mesmo que me **peçam** de joelhos.

c. finalidade:

Reescrevi o texto para que **ficasse** mais claro.
Vamos abrir a janela para que o ar se **renove**.

d. tempo:

Fiquem aqui até que ela **regresse**.

e. condição:

Só iríamos se **pudéssemos**.

f. comparação:

Procedem como se **esperassem** o fim do mundo!

O subjuntivo nas orações independentes

Nas orações independentes, o subjuntivo pode expressar:

a. desejo:

Aproveitemos cada minuto da vida.

b. dúvida, hipótese:

Talvez **chova** hoje.

c. ordem ou proibição

Que se **mantenham** portas e janelas fechadas.

Tempos do subjuntivo

A localização temporal expressa pelos tempos do subjuntivo é menos nítida que a dos tempos do indicativo. Como geralmente o subjuntivo ocorre numa oração dependente, o tempo empregado vai depender do tempo verbal da oração principal.

Presente

Nos vários empregos estudados anteriormente, o presente do subjuntivo vai expressar tempo presente ou futuro, dependendo do tempo do verbo da oração principal.

Usa-se o presente do subjuntivo quando o verbo da oração principal estiver no:

a. presente do indicativo:

Desejo | que tudo **corra** bem.

b. imperativo:

Providencie | para que tudo **corra** bem.

c. futuro do presente:

Providenciarei | para que tudo **corra** bem.

Pretérito imperfeito

Expressa passado, presente ou futuro e ocorre quando o verbo da oração principal estiver no:

a. pretérito imperfeito do indicativo:

Desejávamos | que você **estivesse** bem.

b. pretérito perfeito do indicativo:

Desejei | que tudo **estivesse** bem.

c. futuro do pretérito:

Desejaria | que tudo **estivesse** bem.

Pretérito perfeito

Esse tempo só existe na forma composta.

Expressa passado e ocorre quando o verbo da oração principal estiver no presente do indicativo:

Desejo que você **tenha passado** bem.
Acredito que **tenham feito** tudo direitinho.

Pretérito mais-que-perfeito

Esse tempo só existe na forma composta.

É empregado para exprimir uma ação que deveria ter ocorrido no passado, anterior a outro fato, também passado. Ocorre quando o verbo da oração principal estiver no pretérito imperfeito do indicativo ou no futuro do pretérito do indicativo.

Desejava que ela **tivesse chegado** ontem.
Ficaria feliz se elas **houvessem chegado** ontem.

Futuro

A **forma simples** expressa um fato eventual, hipotético. Aparece apenas em orações dependentes, com orações principais que tenham verbo no presente ou no futuro:

Vou se **quiser**. (indica condição)
Vou como **quiser**. (indica modo)
Vou quando **quiser**. (indica tempo)

Irei se **quiser**.
Irei como **quiser**.
Irei quando **quiser**.

A **forma composta** expressa um fato que será concluído no futuro, em relação a outro, também futuro:

Ficarei feliz quando tu **tiveres terminado** isso.

Modo imperativo

No imperativo o falante dirige-se a um ouvinte na tentativa de fazer com que este realize o processo expresso pelo verbo. Portanto, o imperativo exprime:

a. ordem:

– **Espera!** – ordenou a moça, perfumando-se rapidamente. (Lygia Fagundes Telles)

b. conselho:

– Olhe; um conselho: **faça**-se forte aqui, **faça**-se homem. (Raul Pompeia)

c. solicitação:

– Você aí, Joãozinho, **aproxime**-se e **escute** também. (Érico Veríssimo)

d. súplica:

Ó máquina, **orai** por nós. (Cassiano Ricardo)

e. sugestão:

Pinte menos os lábios, e ficará mais discreta.

O imperativo pode ser substituído:

a. por interjeição:

– Silêncio!

b. pelo presente do indicativo:

– Você aí, me **faz** um favor...

c. pelo futuro do presente:

Não furtarás.

d. pelo imperfeito do subjuntivo:

– E se vocês **fizessem** menos barulho?

e. pelo infinitivo:

Não **dobrar** à direita.

f. pelo gerúndio:

– **Andando! Andando!** O sinal já bateu.

Formas nominais

Infinitivo

Leia as frases:

De manhã cedo era sempre a mesma coisa renovada: **acordar**. (Clarice Lispector)

Uma das tarefas dos ricos será **serem** caridosos... (Maria Isabel Barreno)

Na primeira frase, o verbo *acordar* está no **infinitivo impessoal** porque não se refere a nenhuma pessoa gramatical. Na segunda frase, o verbo *ser* está no **infinitivo pessoal** porque tem um sujeito, refere-se, portanto, a uma pessoa gramatical.

O infinitivo pessoal pode ser flexionado ou não. É flexionado na 2ª pessoa do singular e nas três pessoas do plural.

É muito difícil determinar regras para o emprego do infinitivo flexionado e do não flexionado. Na realidade, fatores de ordem pessoal ou estilística é que têm levado os falantes da língua portuguesa a optarem por uma forma ou outra. Indicamos, a seguir, algumas tendências do emprego dessas duas formas que podem ser observadas na fala coloquial, em textos jornalísticos ou literários.

1. Infinitivo não flexionado

O infinitivo não é flexionado quando:

a. não se refere a nenhum sujeito, sendo, portanto, impessoal:

Estudar é privilégio de poucos.

É preciso **resgatar** o meio ambiente. (*Veja*)

b. é empregado em locuções verbais:

Parece mesmo que o mundo **vai acabar** pelo fogo. (Cecília Meireles)

c. tem valor de imperativo:

Direita, **volver**!

d. funciona como complemento do adjetivo, sendo geralmente precedido da preposição **de**:

São barreiras difíceis de **transpor**.

e. o sujeito do infinitivo é um pronome oblíquo átono e o verbo depende de auxiliares como **deixar**, **mandar**, **fazer**, **ver**, **sentir**, **ouvir** ou equivalentes:

Deixe-as **dizer** o que pensam.

Mandou-os **sair** da classe.

Observação

Costuma-se empregar o infinitivo flexionado se o sujeito for um substantivo ou uma expressão equivalente:

Mandou os alunos **saírem** da classe.

2. Infinitivo flexionado

O infinitivo geralmente é flexionado quando:

a. o sujeito está claramente expresso e é diferente do sujeito da oração anterior:

Era medo do que estava para vir, medo de ver os outros **sofrerem**. (Érico Veríssimo)

b. se quer dar ênfase a um sujeito que não está expresso:

É prudente não **falares** mais sobre o assunto.

c. se quer indeterminar o sujeito, empregando-o na 3ª pessoa do plural:

Ouvi **falarem** que ela vai sair da escola.

d. vem precedido de uma preposição e seu sujeito não está expresso claramente:

Mas, me pergunto, por que não voltas ao menos uma vez a casa para **chorarmos** juntos. (Nelida Piñon)

Como se pode notar, a escolha da forma flexionada é feita sempre que se quer enfatizar o agente da ação expressa pelo verbo. As normas ajudam muito pouco nesse caso. Como já afirmou Mattoso Câmara, "emprega-se o infinitivo flexionado em condições de contexto mal regulamentadas pela disciplina gramatical".

Gerúndio

O gerúndio apresenta duas formas:

a. simples: *andando*, *comendo*, *unindo*;

b. composta: *tendo* ou *havendo andado*, *comido*, *unido*.

Emprega-se:

a. no início do período. Nesse caso pode exprimir:

- uma ação que é realizada imediatamente antes da ação expressa na oração principal:

Obtendo a nota necessária, não estudou mais.
↓
oração principal

- uma ação que ainda continua, mas que foi iniciada antes da indicada na oração principal:

Falando alto, começou a repreender todos os presentes.
↓
oração principal

b. ao lado do verbo principal. Nesse caso, exprime uma ação simultânea, que tem o valor de advérbio de modo:

Falava **gritando**, sem controle.

Observação

O gerúndio pode vir também junto de um substantivo, tendo, portanto, função de adjetivo ou de oração com valor de adjetivo. Exemplos:

água **fervendo** (= fervente) – jovens **estudando** (= estudantes)

[...] foi o caos: centenas de jovens **tomando** conta da rua, briga, vizinhos **chamando** a polícia e, por fim, armas. (tomando = que tomavam; chamando = que chamavam)

c. depois da oração principal. Nesse caso, o gerúndio expressa uma ação posterior, tendo o valor de uma oração introduzida pela conjunção **e**:

As mulheres faziam ferver uma lata de querosene cheia de água, **abanando** o fogo com um chapéu de palha muito sujo e remendado. (Rachel de Queiroz)

Particípio

O particípio pode ser empregado com ou sem verbo auxiliar.

1. Com verbo auxiliar

a. O particípio pode ser empregado com os auxiliares **ter** e **haver** para formar os tempos compostos da voz ativa:

Havíamos pensado em outra solução.

Tínhamos pensado em outra solução.

b. O particípio ainda pode ser empregado com os auxiliares **ser** e **estar** para formar os tempos da voz passiva:

Já **foram tomadas** as providências necessárias.

Estávamos cercados pelo fogo.

2. Sem verbo auxiliar

Nesse caso, o particípio expressa, geralmente, o resultado de uma ação concluída:

... **acabado** o almoço, dava umas voltas pela chácara... (Lima Barreto)

O particípio pode ainda vir acompanhando um substantivo, tendo função de adjetivo:

assunto **encerrado** – porta **aberta** – pessoas **perturbadas**

Vozes

Voz é a forma assumida pelo verbo para indicar a relação entre ele e seu sujeito. Nessa relação, o sujeito pode:

1. praticar a ação expressa pelo verbo:

A mãe **penteou** a criança. (voz ativa)

2. sofrer a ação expressa pelo verbo:

A criança **foi penteada** pela mãe. (voz passiva)

3. praticar e sofrer a ação expressa pelo verbo:

A criança **penteou-se**. (voz reflexiva)

Voz ativa

O menino **quebrou** o vaso.

Na frase acima, o sujeito *o menino* pratica a ação expressa pelo verbo. É um **sujeito agente**.

Voz passiva

O vaso **foi quebrado** pelo menino.

O sujeito *o vaso* sofre a ação expressa pelo verbo. É um **sujeito paciente**. *O menino* é o elemento que pratica a ação de quebrar. É o **agente da passiva**.

A voz passiva pode ser:

a. **analítica**: formada pelo verbo **ser** + o particípio do verbo principal:

Foram analisados todos os problemas.

b. **sintética** ou **pronominal**: formada pelo verbo principal na 3ª pessoa, seguido do pronome **se**:

Analisaram-se todos os problemas.

Observação

A NGB não registra as designações **analítica** e **sintética**, preferindo as formas **passiva com auxiliar** e **passiva com pronome apassivador**, respectivamente.

Passividade e voz passiva

Observe as frases:

O alemãozinho levou um tabefe de estilo. (Alcântara Machado)

O palestrante recebeu muitos aplausos.

Os sujeitos **alemãozinho** e **palestrante** são considerados agentes, embora sejam afetados pela ação. O conceito de sujeito agente é puramente gramatical, pois nem sempre coincide com o elemento que realmente pratica a ação. Muitas vezes o próprio significado do verbo elimina a ideia de ação, implicando noção de passividade, que se manifesta também na voz ativa. Outro exemplo:

O deputado **recebeu** muitas críticas do povo.

Gramaticalmente, o sujeito *o deputado* é agente, embora o verbo, por seu significado, expresse uma ação da qual o sujeito é paciente.

Passividade é, portanto, a qualidade que um sujeito pode apresentar em relação ao processo expresso pelo verbo. Nem sempre a passividade é expressa pela voz passiva.

Essa noção de passividade ainda pode ser expressa pelo verbo no infinitivo. Veja:

Problemas difíceis de **resolver**.

Observe que o infinitivo tem forma ativa, mas implica a ideia de passividade (*serem resolvidos*).

A voz passiva ainda pode ser formada por outros verbos auxiliares como *estar*, *andar*, *ficar*, *viver*, *ir*, *vir*, etc.:

Esta cidade **esteve inundada** pelas enchentes de verão.
Esta cidade **andou inundada** por um bom tempo.
Esta cidade **ficou inundada** pelas enchentes de verão.
Esta cidade **vive inundada** pelas enchentes de verão.
O povo **ia tangido** como gado.
Este pronome **vem precedido** de preposição.

Voz reflexiva

O menino **machucou-se**.

O termo *o menino* é o agente e o paciente da ação expressa pelo verbo.

Outros exemplos:

O homem **transfigura-se**. **Empertiga-se**. (Euclides da Cunha)
Virou o rosto para fugir à curiosidade dos filhos, **benzeu-se**. (Graciliano Ramos)

Reflexividade e voz reflexiva

O egoísta só **pensa** em si.

Nessa frase, o verbo não está na voz reflexiva, mas a construção indica reflexividade, pois o objeto da ação de pensar é o próprio sujeito.

Não se deve confundir verbo reflexivo com verbo pronominal. São verbos reflexivos aqueles que admitem o acréscimo das expressões **a mim mesmo**, **a ti mesmo**, **a si mesmo**, etc.

Despenteou-se. (Despenteou-se a si mesmo.)

Parece, Senhor, que me desdobrei, que me multipliquei... (Jorge de Lima) (desdobrei-me a mim mesmo; multipliquei-me a mim mesmo)

Os verbos pronominais não admitem o acréscimo das expressões *a mim mesmo*, *a ti mesmo*, etc. Os pronomes constituem parte integrante desses verbos. Exemplos: suicidar-se, queixar-se, arrepender-se, zangar-se, alegrar-se, etc.

Reciprocidade

No plural, a voz reflexiva pode indicar reciprocidade. Exemplos:

Insultaram-se no quarto do hospital.

Apertaram-se as mãos. (Érico Veríssimo)

Cumprimentaram-se indiferentemente.

... vida e sonho **se irmanavam**. (Mário de Andrade)

Marido e mulher não **se viam** há dias.

Muitas vezes, esses verbos aparecem enfatizados pelas expressões **mutuamente**, **um ao outro**, **reciprocamente**, etc.:

Na ânsia de lucro, acabaram prejudicando-se mutuamente.

Não se suportavam um ao outro.

Locução verbal

É formada por um verbo auxiliar seguido de um verbo principal. O verbo auxiliar aparece conjugado e o principal numa das formas nominais: infinitivo, gerúndio ou particípio. Exemplos:

Começaram a cantar.

Vou falar com o diretor.

Estava indo na contramão.

Ia pulando o muro quando vi o cachorro.

O que vocês **andam pensando**?

Havíamos discutido no dia anterior.

Fui demitido.

A locução constitui um todo indivisível; seus componentes constituem na realidade um só elemento e a ideia central é expressa pelo verbo principal. Nos exemplos dados essa ideia é expressa pelos verbos **cantar**, **falar**, **ir**, **pular**, **pensar**, **discutir** e **demitir**. Os verbos auxiliares indicam apenas as flexões de tempo, modo, pessoa, número, voz e aspecto.

Segundo o linguista J. R. Macambira, existe locução verbal quando, ao se acrescentar um termo (como um advérbio, por exemplo), ele vai se referir à locução toda e não a cada um dos componentes isoladamente. Assim:

Já **estamos saindo**.

Estamos saindo já.

As locuções verbais mais empregadas em português são:

a. **Ter de** ou **haver de** + verbo principal no infinitivo:

Temos de trabalhar no próximo sábado.

Havemos de conseguir o prêmio do Concurso de Poesia da escola.

b. **Ser** + verbo principal no particípio para formar os tempos da voz passiva:

Fomos enganados.

Vocês **serão chamados** quando chegar a sua vez.

c. **Ter** ou **haver** + particípio do verbo principal para formar os tempos compostos:

Tinha saído antes da chuva.

Havíamos comprado muitas frutas.

d. **Estar** ou **ficar** + gerúndio ou infinitivo precedido de **a**:

Estava falando coisas sem sentido.

Estava a falar coisas sem sentido.

Ficou tagarelando por horas.

Ficou a tagarelar por horas.

e. **Estar** + infinitivo precedido das preposições **por** e **para**:

A novela **está para acabar**.

O remédio **está por terminar**.

f. Verbos auxiliares **ir**, **vir**, **ficar**, **andar**, **acabar**, **poder**, **dever**, **querer**, etc. + infinitivo ou gerúndio:

Vou sair.

Vou saindo.

Vinha chegando.

Venho falar.

Vai partir.

Estive brigando.

Quero falar.

Podemos dizer.

Devo sair.

g. **Acabar** + verbo principal no infinitivo precedido da preposição **de**:

Os bombeiros **acabaram de chegar**.

Atividades

1. Identifique o emprego do presente do indicativo em cada uma das frases dadas, considerando as seguintes possibilidades de uso:
   - Presente narrativo ou histórico.
   - Indica fato habitual.
   - Expressa verdade científica.
   - Substitui o futuro do presente do indicativo.
   - Substitui o imperativo.

   a. Amanhã **envio** as notícias do terceiro dia de evento. (Disponível em: <www.dfjug.org>)

   b. – Por favor, você me **escreve** o e-mail agora?

   c. Furacão **atinge** sul dos Estados Unidos. (*Jornal da Tarde*)

   d. Todas as quintas-feiras **janto** com meus pais.

   e. Por que as pessoas envelhecem se as células **se renovam** todos os dias? (Disponível em: <www.medonline.com.br>)

2. Observe atentamente os pares de frases que seguem. Identifique o tempo e o modo em que estão os verbos em destaque e indique a diferença de sentido que eles imprimem às frases.

   a. "**Saio** todos os dias para catar alumínio e cobre", diz Rose, que mora na Vargem do Maruim, em São José. (Disponível em: <www.abrelpe.com.br>)

   Saía todos os dias para catar alumínio e cobre.

   b. A chuva **caía** torrencialmente durante o verão.

   A chuva **caiu** torrencialmente durante o verão.

3. Que tempo verbal o pretérito imperfeito do indicativo está substituindo?

   a. Se você não telefonasse, eu **ficava** triste...

   b. **Queria** que vocês compreendessem bem a matéria que estou explicando.

4. Considere a frase:

   Newton comentou que já **resolvera** esse problema alguns anos antes, mas não sabia onde estavam as anotações. (Disponível em: <http://web.educom.pt>)

   a. Explique por que foi empregado o pretérito mais-que-perfeito do indicativo.

   b. Passe o verbo em destaque para a forma composta.

5. Reescreva as frases, substituindo o ■ pelas formas adequadas do infinitivo dos verbos indicados. Siga as normas.

   a. Frases proferidas por especialistas são difíceis de ■ em qualquer área do conhecimento humano. (Disponível em: <www.novateceditora.com.br>) (**questionar**)

   b. Na hora em que vi aquelas pessoas ■, imediatamente pedi para os meus pais me ■ tentar. (Disponível em: <www.unifesp.br/comunicacao>) (**esquiar**; **deixar**)

   c. Alguns professores ainda nos fazem ■ determinadas regras de gramática. (**decorar**)

   d. Vi os ladrões ■ pela janela da sala. (**entrar**)

   e. Vi-os ■ pela janela da sala. (**entrar**)

6. Identifique a voz verbal:

   a. O tango nasceu nos fins do século XIX.

   b. Os alunos machucaram-se durante o jogo de futebol.

   c. Relator analisa os depoimentos dos deputados. (*A Tarde*)

   d. Os depoimentos dos deputados são analisados pelo relator.

   e. Analisam-se os depoimentos dos deputados.

   f. Márcio e Sílvio lutaram um com o outro. Depois da luta, se abraçaram.

   g. O jogador sofreu uma cirurgia no joelho.

7. Passe os verbos para a voz passiva analítica:

   a. Ladrões assaltaram convento no Rio. (*Folha de S.Paulo*)

   b. Conselho absolverá deputado. (*O Estado de S. Paulo*)

   c. Os vivos invejariam os mortos. (*IstoÉ*)

   d. Internet já está permitindo personalização.

   e. Os professores deveriam antecipar as provas.

   f. Não lhe permitiam discordâncias.

8. Passe os verbos em destaque da voz passiva analítica para a sintética.

   a. 87 pessoas **foram presas** na Argentina. (*Folha de Londrina*)

   b. 87 pessoas **são presas** na Argentina.

   c. Os alunos **eram observados** pelos monitores.

   d. O prédio não **será negociado**.

   e. **Seja feita** a sua vontade!

Modelos de conjugação verbal

Verbos auxiliares

Verbos *ter*, *haver*, *ser* e *estar*

Indicativo

Presente

tenho	hei	sou	estou
tens	hás	és	estás
tem	há	é	está
temos	havemos	somos	estamos
tendes	haveis	sois	estais
têm	hão	são	estão

Pretérito imperfeito

tinha	havia	era	estava
tinhas	havias	eras	estavas
tinha	havia	era	estava
tínhamos	havíamos	éramos	estávamos
tínheis	havíeis	éreis	estáveis
tinham	haviam	eram	estavam

Pretérito perfeito

tive	houve	fui	estive
tiveste	houveste	foste	estiveste
teve	houve	foi	esteve
tivemos	houvemos	fomos	estivemos
tivestes	houvestes	fostes	estivestes
tiveram	houveram	foram	estiveram

Pretérito mais-que-perfeito

tivera	houvera	fora	estivera
tiveras	houveras	foras	estiveras
tivera	houvera	fora	estivera
tivéramos	houvéramos	fôramos	estivéramos
tivéreis	houvéreis	fôreis	estivéreis
tiveram	houveram	foram	estiveram

Futuro do presente

terei	haverei	serei	estarei
terás	haverás	serás	estarás
terá	haverá	será	estará
teremos	haveremos	seremos	estaremos
tereis	havereis	sereis	estareis
terão	haverão	serão	estarão

Futuro do pretérito

teria	haveria	seria	estaria
terias	haverias	serias	estarias
teria	haveria	seria	estaria
teríamos	haveríamos	seríamos	estaríamos
teríeis	haveríeis	seríeis	estaríeis
teriam	haveriam	seriam	estariam

Subjuntivo

Presente

tenha	haja	seja	esteja
tenhas	hajas	sejas	estejas
tenha	haja	seja	esteja
tenhamos	hajamos	sejamos	estejamos
tenhais	hajais	sejais	estejais
tenham	hajam	sejam	estejam

Pretérito imperfeito

tivesse	houvesse	fosse	estivesse
tivesses	houvesses	fosses	estivesses
tivesse	houvesse	fosse	estivesse
tivéssemos	houvéssemos	fôssemos	estivéssemos
tivésseis	houvésseis	fôsseis	estivésseis
tivessem	houvessem	fossem	estivessem

Futuro

tiver	houver	for	estiver
tiveres	houveres	fores	estiveres
tiver	houver	for	estiver
tivermos	houvermos	formos	estivermos
tiverdes	houverdes	fordes	estiverdes
tiverem	houverem	forem	estiverem

Imperativo

Afirmativo

tem (tu)	(desusado)	sê (tu)	está (tu)
tenha (você)	haja (você)	seja (você)	esteja (você)
tenhamos (nós)	hajamos (nós)	sejamos (nós)	estejamos (nós)
tende (vós)	havei (vós)	sede (vós)	estai (vós)
tenham (vocês)	hajam (vocês)	sejam (vocês)	estejam (vocês)

Negativo

não tenhas	não hajas	não sejas	não estejas
não tenha	não haja	não seja	não esteja
não tenhamos	não hajamos	não sejamos	não estejamos
não tenhais	não hajais	não sejais	não estejais
não tenham	não hajam	não sejam	não estejam

Formas nominais

Infinitivo impessoal

ter	haver	ser	estar

Infinitivo pessoal

ter	haver	ser	estar
teres	haveres	seres	estares
ter	haver	ser	estar
termos	havermos	sermos	estarmos
terdes	haverdes	serdes	estardes
terem	haverem	serem	estarem

Gerúndio

tendo	havendo	sendo	estando

Particípio

tido	havido	sido	estado

Verbos regulares

1ª conjugação – modelo: *falar*

Indicativo

Presente	Pretérito imperfeito	Pretérito perfeito simples	Pretérito perfeito composto
falo	falava	falei	tenho falado
falas	falavas	falaste	tens falado
fala	falava	falou	tem falado
falamos	falávamos	falamos	temos falado
falais	faláveis	falastes	tendes falado
falam	falavam	falaram	têm falado

Pretérito mais-que--perfeito simples	Pretérito mais-que--perfeito composto	Futuro do presente simples	Futuro do presente composto
falara	tinha falado	falarei	terei falado
falaras	tinhas falado	falarás	terás falado
falara	tinha falado	falará	terá falado
faláramos	tínhamos falado	falaremos	teremos falado
faláreis	tínheis falado	falareis	tereis falado
falaram	tinham falado	falarão	terão falado

Futuro do pretérito simples		Futuro do pretérito composto	
falaria	falaríamos	teria falado	teríamos falado
falarias	falaríeis	terias falado	teríeis falado
falaria	falariam	teria falado	teriam falado

Subjuntivo

Presente	Pretérito perfeito	Pretérito imperfeito	Pretérito mais-que-perfeito
fale	tenha falado	falasse	tivesse falado
fales	tenhas falado	falasses	tivesses falado
fale	tenha falado	falasse	tivesse falado
falemos	tenhamos falado	falássemos	tivéssemos falado
faleis	tenhais falado	falásseis	tivésseis falado
falem	tenham falado	falassem	tivessem falado

Futuro simples		Futuro composto	
falar	falarmos	tiver falado	tivermos falado
falares	falardes	tiveres falado	tiverdes falado
falar	falarem	tiver falado	tiverem falado

Imperativo

Afirmativo	Negativo
fala (tu)	não fales
fale (você)	não fale
falemos (nós)	não falemos
falai (vós)	não faleis
falem (vocês)	não falem

Formas nominais

Infinitivo impessoal	Infinitivo pessoal	Gerúndio	Particípio
falar	falar	falando	falado
	falares		
	falar		
	falarmos		
	falardes		
	falarem		

2ª conjugação – modelo: *comer*

Indicativo

Presente	Pretérito imperfeito	Pretérito perfeito simples	Pretérito perfeito composto
como	comia	comi	tenho comido
comes	comias	comeste	tens comido
come	comia	comeu	tem comido
comemos	comíamos	comemos	temos comido
comeis	comíeis	comestes	tendes comido
comem	comiam	comeram	têm comido

Pretérito mais-que--perfeito simples
comera
comeras
comera
comêramos
comêreis
comeram

Pretérito mais-que--perfeito composto
tinha comido
tinhas comido
tinha comido
tínhamos comido
tínheis comido
tinham comido

Futuro do presente simples
comerei
comerás
comerá
comeremos
comereis
comerão

Futuro do presente composto
terei comido
terás comido
terá comido
teremos comido
tereis comido
terão comido

Futuro do pretérito simples
comeria
comerias
comeria
comeríamos
comeríeis
comeriam

Futuro do pretérito composto
teria comido
terias comido
teria comido
teríamos comido
teríeis comido
teriam comido

Subjuntivo

Presente
coma
comas
coma
comamos
comais
comam

Pretérito perfeito
tenha comido
tenhas comido
tenha comido
tenhamos comido
tenhais comido
tenham comido

Pretérito imperfeito
comesse
comesses
comesse
comêssemos
comêsseis
comessem

Pretérito mais--que-perfeito
tivesse comido
tivesses comido
tivesse comido
tivéssemos comido
tivésseis comido
tivessem comido

Futuro simples
comer
comeres
comer
comermos
comerdes
comerem

Futuro composto
tiver comido
tiveres comido
tiver comido
tivermos comido
tiverdes comido
tiverem comido

Imperativo

Afirmativo
come (tu)
coma (você)
comamos (nós)
comei (vós)
comam (vocês)

Negativo
não comas
não coma
não comamos
não comais
não comam

Formas nominais

Infinitivo impessoal
comer

Infinitivo pessoal
comer
comeres
comer
comermos
comerdes
comerem

Gerúndio
comendo

Particípio
comido

3ª conjugação – modelo: *partir*

Indicativo

Presente	Pretérito imperfeito	Pretérito perfeito simples	Pretérito perfeito composto
parto	partia	parti	tenho partido
partes	partias	partiste	tens partido
parte	partia	partiu	tem partido
partimos	partíamos	partimos	temos partido
partis	partíeis	partistes	tendes partido
partem	partiam	partiram	têm partido

Pretérito mais-que-perfeito simples	Pretérito mais-que-perfeito composto	Futuro do presente simples	Futuro do presente composto
partira	tinha partido	partirei	terei partido
partiras	tinhas partido	partirás	terás partido
partira	tinha partido	partirá	terá partido
partíramos	tínhamos partido	partiremos	teremos partido
partíreis	tínheis partido	partireis	tereis partido
partiram	tinham partido	partirão	terão partido

Futuro do pretérito simples		Futuro do pretérito composto	
partiria	partiríamos	teria partido	teríamos partido
partirias	partiríeis	terias partido	teríeis partido
partiria	partiriam	teria partido	teriam partido

Subjuntivo

Presente	Pretérito perfeito	Pretérito imperfeito	Pretérito mais-que-perfeito
parta	tenha partido	partisse	tivesse partido
partas	tenhas partido	partisses	tivesses partido
parta	tenha partido	partisse	tivesse partido
partamos	tenhamos partido	partíssemos	tivéssemos partido
partais	tenhais partido	partísseis	tivésseis partido
partam	tenham partido	partissem	tivessem partido

Futuro simples		Futuro composto	
partir	partirmos	tiver partido	tivermos partido
partires	partirdes	tiveres partido	tiverdes partido
partir	partirem	tiver partido	tiverem partido

Imperativo

Afirmativo		Negativo	
parte (tu)	parti (vós)	não partas	não partais
parta (você)	partam (vocês)	não parta	não partam
partamos (nós)		não partamos	

Formas nominais

Infinitivo impessoal	Infinitivo pessoal	Gerúndio	Particípio
partir	partir partires partir partirmos partirdes partirem	partindo	partido

Verbos irregulares

1ª conjugação

Aguar

Presente do indicativo: águo/aguo, águas/aguas, água/agua, aguamos, aguais, águam/aguam

Presente do subjuntivo: água/ague, águes/agues, águe/ague, aguemos, agueis, águem/aguem

Imperativo afirmativo: água/agua (tu), águe/ague (você), aguemos (nós), aguai (vós), águem/aguem (vocês)

Imperativo negativo: não águes/agues, não águe/ague, não aguemos, não agueis, não águem/aguem

Como o verbo *aguar* apresenta dois paradigmas, a vogal tônica, nas formas rizotônicas, pode variar: ou é a vogal *u* (sem acento agudo) ou é a vogal *a* (com acento agudo).

Nos demais tempos, segue o modelo dos verbos regulares da 1ª conjugação. Conjugam-se como *aguar*: **enxaguar**, **desaguar** e **minguar**.

Averiguar

Presente do indicativo: averiguo/averíguo, averiguas/averíguas, averigua/averígua, averiguamos, averiguais, averiguam/averíguam

Presente do subjuntivo: averigue/averígue, averigues/averígues, averigue/averígue, averiguemos, averigueis, averiguem/averíguem

Imperativo afirmativo: averigua/averígua (tu), averigue/averígue (você), averiguemos (nós), averiguai (vós), averiguem/averíguem (vocês)

Imperativo negativo: não averigues/averígues, não averigue/averígue, não averiguemos, não averigueis, não averiguem/averíguem

Como o verbo *averiguar* apresenta dois paradigmas, a vogal tônica, nas formas rizotônicas, pode variar: ou é a vogal *u* (sem acento agudo) ou é a vogal *i* (com acento agudo).

Nos demais tempos, segue o modelo dos verbos regulares da 1ª conjugação. Conjuga-se como *averiguar*: **apaziguar**.

Dar

Indicativo

Presente: dou, dás, dá, damos, dais, dão

Pretérito imperfeito: dava, davas, dava, dávamos, dáveis, davam

Pretérito perfeito: dei, deste, deu, demos, destes, deram

Pretérito mais-que-perfeito: dera, deras, dera, déramos, déreis, deram

Futuro do presente: darei, darás, dará, daremos, dareis, darão

Futuro do pretérito: daria, darias, daria, daríamos, daríeis, dariam

Subjuntivo

Presente: dê, dês, dê, demos, deis, deem

Pretérito imperfeito: desse, desses, desse, déssemos, désseis, dessem

Futuro: der, deres, der, dermos, derdes, derem

Imperativo

Afirmativo: dá (tu), dê (você), demos (nós), dai (vós), deem (vocês)

Negativo: não dês, não dê, não demos, não deis, não deem

Formas nominais

Infinitivo impessoal: dar

Infinitivo pessoal: dar, dares, dar, darmos, dardes, darem

Gerúndio: dando

Particípio: dado

Odiar

Indicativo

Presente: odeio, odeias, odeia, odiamos, odiais, odeiam

Pretérito imperfeito: odiava, odiavas, odiava, odiávamos, odiáveis, odiavam

Pretérito perfeito: odiei, odiaste, odiou, odiamos, odiastes, odiaram

Pretérito mais-que-perfeito: odiara, odiaras, odiara, odiáramos, odiáreis, odiaram

Futuro do presente: odiarei, odiarás, odiará, odiaremos, odiareis, odiarão

Futuro do pretérito: odiaria, odiarias, odiaria, odiaríamos, odiaríeis, odiariam

Subjuntivo

Presente: odeie, odeies, odeie, odiemos, odieis, odeiem

Pretérito imperfeito: odiasse, odiasses, odiasse, odiássemos, odiásseis, odiassem

Futuro: odiar, odiares, odiar, odiarmos, odiardes, odiarem

Imperativo

Afirmativo: odeia (tu), odeie (você), odiemos (nós), odiai (vós), odeiem (vocês)

Negativo: não odeies, não odeie, não odiemos, não odieis, não odeiem

Formas nominais

Infinitivo impessoal: odiar

Infinitivo pessoal: odiar, odiares, odiar, odiarmos, odiardes, odiarem

Gerúndio: odiando

Particípio: odiado

Seguem esse modelo os verbos **mediar**, **ansiar**, **remediar** e **incendiar**. Os demais verbos terminados em **-iar** são regulares.

Passear

Indicativo

Presente: passeio, passeias, passeia, passeamos, passeais, passeiam

Pretérito imperfeito: passeava, passeavas, passeava, passeávamos, passeáveis, passeavam

Pretérito perfeito: passeei, passeaste, passeou, passeamos, passeastes, passearam

Pretérito mais-que-perfeito: passeara, passearas, passeara, passeáramos, passeareis, passearam

Futuro do presente: passearei, passearás, passeará, passearemos, passeareis, passearão

Futuro do pretérito: passearia, passearias, passearia, passearíamos, passearíeis, passeariam

Subjuntivo

Presente: passeie, passeies, passeie, passeemos, passeeis, passeiem

Pretérito imperfeito: passeasse, passeasses, passeasse, passeássemos, passeásseis, passeassem

Futuro: passear, passeares, passear, passearmos, passeardes, passearem

Imperativo

Afirmativo: passeia (tu), passeie (você), passeemos (nós), passeai (vós), passeiem (vocês)

Negativo: não passeies, não passeie, não passeemos, não passeeis, não passeiem

Formas nominais

Infinitivo impessoal: passear

Infinitivo pessoal: passear, passeares, passear, passearmos, passeardes, passearem

Gerúndio: passeando

Particípio: passeado

O verbo *passear* serve de modelo a todos os verbos terminados em **-ear**, tais como: **balear**, **barbear**, **basear**, **bobear**, **branquear**, **bronzear**, **cear**, **chatear**, **delinear**, **encadear**, **folhear**, **frear**, **golpear**, **homenagear**, **hastear**, **manusear**, **massagear**, **nortear**, **pleitear**, **recear**, etc.

2ª conjugação

Aprazer

Indicativo

Presente: aprazo, aprazes, apraz, aprazemos, aprazeis, aprazem

Pretérito imperfeito: aprazia, aprazias, aprazia, aprazíamos, aprazíeis, apraziam

Pretérito perfeito: aprouve, aprouveste, aprouve, aprouvemos, aprouvestes, aprouveram

Pretérito mais-que-perfeito: aprouvera, aprouveras, aprouvera, aprouvéramos, aprouvéreis, aprouveram

Futuro do presente: aprazerei, aprazerás, aprazerá, aprazeremos, aprazereis, aprazerão

Futuro do pretérito: aprazeria, aprazerias, aprazeria, aprazeríamos, aprazeríeis, aprazeriam

Subjuntivo

Presente: apraza, aprazas, apraza, aprazamos, aprazais, aprazam

Pretérito imperfeito: aprouvesse, aprouvesses, aprouvesse, aprouvéssemos, aprouvésseis, aprouvessem

Futuro: aprouver, aprouveres, aprouver, aprouvermos, aprouverdes, aprouverem

Imperativo

Afirmativo: apraz/apraze (tu), apraza (você), aprazamos (nós), aprazei (vós), aprazam (vocês)

Negativo: não aprazas, não apraza, não aprazamos, não aprazais, não aprazam

Formas nominais

Infinitivo impessoal: aprazer

Infinitivo pessoal: aprazer, aprazeres, aprazer, aprazermos, aprazerdes, aprazerem

Gerúndio: aprazendo

Particípio: aprazido

Caber

Indicativo

Presente: caibo, cabes, cabe, cabemos, cabeis, cabem

Pretérito imperfeito: cabia, cabias, cabia, cabíamos, cabíeis, cabiam

Pretérito perfeito: coube, coubeste, coube, coubemos, coubestes, couberam

Pretérito mais-que-perfeito: coubera, couberas, coubera, coubéramos, coubéreis, couberam

Futuro do presente: caberei, caberás, caberá, caberemos, cabereis, caberão

Futuro do pretérito: caberia, caberias, caberia, caberíamos, caberíeis, caberiam

Subjuntivo

Presente: caiba, caibas, caiba, caibamos, caibais, caibam

Pretérito imperfeito: coubesse, coubesses, coubesse, coubéssemos, coubésseis, coubessem

Futuro: couber, couberes, couber, coubermos, couberdes, couberem

Imperativo

Não é usado no imperativo.

Formas nominais

Infinitivo impessoal: caber

Infinitivo pessoal: caber, caberes, caber, cabermos, caberdes, caberem

Gerúndio: cabendo

Particípio: cabido

Dizer

Indicativo

Presente: digo, dizes, diz, dizemos, dizeis, dizem

Pretérito imperfeito: dizia, dizias, dizia, dizíamos, dizíeis, diziam

Pretérito perfeito: disse, disseste, disse, dissemos, dissestes, disseram

Pretérito mais-que-perfeito: dissera, disseras, dissera, disséramos, disséreis, disseram

Futuro do presente: direi, dirás, dirá, diremos, direis, dirão

Futuro do pretérito: diria, dirias, diria, diríamos, diríeis, diriam

Subjuntivo

Presente: diga, digas, diga, digamos, digais, digam

Pretérito imperfeito: dissesse, dissesses, dissesse, disséssemos, dissésseis, dissessem

Futuro: disser, disseres, disser, dissermos, disserdes, disserem

Imperativo

Afirmativo: diz/dize (tu), diga (você), digamos (nós), dizei (vós), digam (vocês)

Negativo: não digas, não diga, não digamos, não digais, não digam

Formas nominais

Infinitivo impessoal: dizer

Infinitivo pessoal: dizer, dizeres, dizer, dizermos, dizerdes, dizerem

Gerúndio: dizendo

Particípio: dito

Fazer

Indicativo

Presente: faço, fazes, faz, fazemos, fazeis, fazem

Pretérito imperfeito: fazia, fazias, fazia, fazíamos, fazíeis, faziam

Pretérito perfeito: fiz, fizeste, fez, fizemos, fizestes, fizeram

Pretérito mais-que-perfeito: fizera, fizeras, fizera, fizéramos, fizéreis, fizeram

Futuro do presente: farei, farás, fará, faremos, fareis, farão

Futuro do pretérito: faria, farias, faria, faríamos, faríeis, fariam

Subjuntivo

Presente: faça, faças, faça, façamos, façais, façam

Pretérito imperfeito: fizesse, fizesses, fizesse, fizéssemos, fizésseis, fizessem

Futuro: fizer, fizeres, fizer, fizermos, fizerdes, fizerem

Imperativo

Afirmativo: faz/faze (tu), faça (você), façamos (nós), fazei (vós), façam (vocês)

Negativo: não faças, não faça, não façamos, não façais, não façam

Formas nominais

Infinitivo impessoal: fazer

Infinitivo pessoal: fazer, fazerdes, fazer, fazermos, fazerdes, fazerem

Gerúndio: fazendo

Particípio: feito

Ler

Presente do indicativo: leio, lês, lê, lemos, ledes, leem

Presente do subjuntivo: leia, leias, leia, leiamos, leiais, leiam

Imperativo afirmativo: lê (tu), leia (você), leiamos (nós), lede (vós), leiam (vocês)

Imperativo negativo: não leias, não leia, não leiamos, não leiais, não leiam

Nos demais tempos, segue o modelo dos verbos regulares da 2ª conjugação. Conjugam-se como o verbo *ler*: **crer**, **descrer**, **reler**, etc.

Poder

Indicativo

Presente: posso, podes, pode, podemos, podeis, podem

Pretérito imperfeito: podia, podias, podia, podíamos, podíeis, podiam

Pretérito perfeito: pude, pudeste, pôde, pudemos, pudestes, puderam

Pretérito mais-que-perfeito: pudera, puderas, pudera, pudéramos, pudéreis, puderam

Futuro do presente: poderei, poderás, poderá, poderemos, podereis, poderão

Futuro do pretérito: poderia, poderias, poderia, poderíamos, poderíeis, poderiam

Subjuntivo

Presente: possa, possas, possa, possamos, possais, possam

Pretérito imperfeito: pudesse, pudesses, pudesse, pudéssemos, pudésseis, pudessem

Futuro: puder, puderes, puder, pudermos, puderdes, puderem

Imperativo

Não é usado no imperativo.

Formas nominais

Infinitivo impessoal: poder

Infinitivo pessoal: poder, poderes, poder, podermos, poderdes, poderem

Gerúndio: podendo

Particípio: podido

Pôr

O verbo *pôr* pertence à 2ª conjugação, pois sua antiga forma era *poer*.

Indicativo

Presente: ponho, pões, põe, pomos, pondes, põem

Pretérito imperfeito: punha, punhas, punha, púnhamos, púnheis, punham

Pretérito perfeito: pus, puseste, pôs, pusemos, pusestes, puseram

Pretérito mais-que-perfeito: pusera, puseras, pusera, puséramos, puséreis, puseram

Futuro do presente: porei, porás, porá, poremos, poreis, porão

Futuro do pretérito: poria, porias, poria, poríamos, poríeis, poriam

Subjuntivo

Presente: ponha, ponhas, ponha, ponhamos, ponhais, ponham

Pretérito imperfeito: pusesse, pusesses, pusesse, puséssemos, pusésseis, pusessem

Futuro: puser, puseres, puser, pusermos, puserdes, puserem

Imperativo

Afirmativo: põe (tu), ponha (você), ponhamos (nós), ponde (vós), ponham (vocês)

Negativo: não ponhas, não ponha, não ponhamos, não ponhais, não ponham

Formas nominais

Infinitivo impessoal: pôr

Infinitivo pessoal: pôr, pores, pôr, pormos, pordes, porem

Gerúndio: pondo

Particípio: posto

Prover

Presente do indicativo: provejo, provês, provê, provemos, provedes, proveem

Presente do subjuntivo: proveja, provejas, proveja, provejamos, provejais, provejam

Imperativo afirmativo: provê (tu), proveja (você), provejamos (nós), provede (vós), provejam (vocês)

Imperativo negativo: não provejas, não proveja, não provejamos, não provejais, não provejam

Nos demais tempos, segue o modelo dos verbos regulares da 2ª conjugação.

Querer

Indicativo

Presente: quero, queres, quer, queremos, quereis, querem

Pretérito imperfeito: queria, querias, queria, queríamos, queríeis, queriam

Pretérito perfeito: quis, quiseste, quis, quisemos, quisestes, quiseram

Pretérito mais-que-perfeito: quisera, quiseras, quisera, quiséramos, quiséreis, quiseram

Futuro do presente: quererei, quererás, quererá, quereremos, querereis, quererão

Futuro do pretérito: quereria, quererias, quereria, quereríamos, quereríeis, quereriam

Subjuntivo

Presente: queira, queiras, queira, queiramos, queirais, queiram

Pretérito imperfeito: quisesse, quisesses, quisesse, quiséssemos, quisésseis, quisessem

Futuro: quiser, quiseres, quiser, quisermos, quiserdes, quiserem

Imperativo

Afirmativo: quere/quer (tu), queira (você), queiramos (nós), querei (vós), queiram (vocês)

Negativo: não queiras, não queira, não queiramos, não queirais, não queiram

Formas nominais

Infinitivo impessoal: querer

Infinitivo pessoal: querer, quereres, querer, querermos, quererdes, quererem

Gerúndio: querendo

Particípio: querido

Requerer

Presente do indicativo: requeiro, requeres, requer/requere, requeremos, requereis, requerem

Presente do subjuntivo: requeira, requeiras, requeira, requeiramos, requeirais, requeiram

Imperativo afirmativo: requer ou requere (tu), requeira (você), requeiramos (nós), requerei (vós), requeiram (vocês)

Imperativo negativo: não requeiras, não requeira, não requeiramos, não requeirais, não requeiram

Nos demais tempos, segue o modelo dos verbos regulares da 2ª conjugação.

Saber

Indicativo

Presente: sei, sabes, sabe, sabemos, sabeis, sabem

Pretérito imperfeito: sabia, sabias, sabia, sabíamos, sabíeis, sabiam

Pretérito perfeito: soube, soubeste, soube, soubemos, soubestes, souberam

Pretérito mais-que-perfeito: soubera, souberas, soubera, soubéramos, soubéreis, souberam

Futuro do presente: saberei, saberás, saberá, saberemos, sabereis, saberão

Futuro do pretérito: saberia, saberias, saberia, saberíamos, saberíeis, saberiam

Subjuntivo

Presente: saiba, saibas, saiba, saibamos, saibais, saibam

Pretérito imperfeito: soubesse, soubesses, soubesse, soubéssemos, soubésseis, soubessem

Futuro: souber, souberes, souber, soubermos, souberdes, souberem

Imperativo

Afirmativo: sabe (tu), saiba (você), saibamos (nós), sabei (vós), saibam (vocês)

Negativo: não saibas, não saiba, não saibamos, não saibais, não saibam

Formas nominais

Infinitivo impessoal: saber

Infinitivo pessoal: saber, saberes, saber, sabermos, saberdes, saberem

Gerúndio: sabendo

Particípio: sabido

Trazer

Indicativo

Presente: trago, trazes, traz, trazemos, trazeis, trazem

Pretérito imperfeito: trazia, trazias, trazia, trazíamos, trazíeis, traziam

Pretérito perfeito: trouxe, trouxeste, trouxe, trouxemos, trouxestes, trouxeram

Pretérito mais-que-perfeito: trouxera, trouxeras, trouxera, trouxéramos, trouxéreis, trouxeram

Futuro do presente: trarei, trarás, trará, traremos, trareis, trarão

Futuro do pretérito: traria, trarias, traria, traríamos, traríeis, trariam

Subjuntivo

Presente: traga, tragas, traga, tragamos, tragais, tragam

Pretérito imperfeito: trouxesse, trouxesses, trouxesse, trouxéssemos, trouxésseis, trouxessem

Futuro: trouxer, trouxeres, trouxer, trouxermos, trouxerdes, trouxerem

Imperativo

Afirmativo: traz/traze (tu), traga (você), tragamos (nós), trazei (vós), tragam (vocês)

Negativo: não tragas, não traga, não tragamos, não tragais, não tragam

Formas nominais

Infinitivo impessoal: trazer

Infinitivo pessoal: trazer, trazeres, trazer, trazermos, trazerdes, trazerem

Gerúndio: trazendo

Particípio: trazido

Valer

Presente do indicativo: valho, vales, vale, valemos, valeis, valem

Presente do subjuntivo: valha, valhas, valha, valhamos, valhais, valham

Imperativo afirmativo: vale (tu), valha (você), valhamos (nós), valei (vós), valham (vocês)

Imperativo negativo: não valhas, não valha, não valhamos, não valhais, não valham

Nos demais tempos, segue o modelo dos verbos regulares da 2ª conjugação.

Ver

Indicativo

Presente: vejo, vês, vê, vemos, vedes, veem

Pretérito imperfeito: via, vias, via, víamos, víeis, viam

Pretérito perfeito: vi, viste, viu, vimos, vistes, viram

Pretérito mais-que-perfeito: vira, viras, vira, víramos, víreis, viram

Futuro do presente: verei, verás, verá, veremos, vereis, verão

Futuro do pretérito: veria, verias, veria, veríamos, veríeis, veriam

Subjuntivo

Presente: veja, vejas, veja, vejamos, vejais, vejam

Pretérito imperfeito: visse, visses, visse, víssemos, vísseis, vissem

Futuro: vir, vires, vir, virmos, virdes, virem

Imperativo

Afirmativo: vê (tu), veja (você), vejamos (nós), vede (vós), vejam (vocês)

Negativo: não vejas, não veja, não vejamos, não vejais, não vejam

Formas nominais

Infinitivo impessoal: ver

Infinitivo pessoal: ver, veres, ver, vermos, verdes, verem

Gerúndio: vendo

Particípio: visto

3ª conjugação

Possuir

Indicativo

Presente: possuo, possuis, possui, possuímos, possuís, possuem

Pretérito imperfeito: possuía, possuías, possuía, possuíamos, possuíeis, possuíam

Pretérito perfeito: possuí, possuíste, possuiu, possuímos, possuístes, possuíram

Pretérito mais-que-perfeito: possuíra, possuíras, possuíra, possuíramos, possuíreis, possuíram

Futuro do presente: possuirei, possuirás, possuirá, possuiremos, possuireis, possuirão

Futuro do pretérito: possuiria, possuirias, possuiria, possuiríamos, possuiríeis, possuiriam

Subjuntivo

Presente: possua, possuas, possua, possuamos, possuais, possuam

Pretérito imperfeito: possuísse, possuísses, possuísse, possuíssemos, possuísseis, possuíssem

Futuro: possuir, possuíres, possuir, possuirmos, possuirdes, possuírem

Imperativo

Afirmativo: possui (tu), possua (você), possuamos (nós), possuí (vós), possuam (vocês)

Negativo: não possuas, não possua, não possuamos, não possuais, não possuam

Formas nominais

Infinitivo impessoal: possuir

Infinitivo pessoal: possuir, possuíres, possuir, possuirmos, possuirdes, possuírem

Gerúndio: possuindo

Particípio: possuído

O verbo *possuir* serve de modelo a todos os verbos terminados em **-uir**, tais como: **distribuir**, **retribuir**, **contribuir**, **diminuir**, **concluir**, etc.

Agredir

Presente do indicativo: agrido, agrides, agride, agredimos, agredis, agridem

Presente do subjuntivo: agrida, agridas, agrida, agridamos, agridais, agridam

Imperativo afirmativo: agride (tu), agrida (você), agridamos (nós), agredi (vós), agridam (vocês)

Imperativo negativo: não agridas, não agrida, não agridamos, não agridais, não agridam

Nos demais tempos, segue o modelo dos verbos regulares da 3ª conjugação.

Conjugam-se como *agredir*: **denegrir**, **desprevenir**, **prevenir**, **progredir**, **regredir**, **transgredir**, etc.

Divergir

Presente do indicativo: divirjo, diverges, diverge, divergimos, divergis, divergem

Presente do subjuntivo: divirja, divirjas, divirja, divirjamos, divirjais, divirjam

Imperativo afirmativo: diverge (tu), divirja (você), divirjamos (nós), divergi (vós), divirjam (vocês)

Imperativo negativo: não divirjas, não divirja, não divirjamos, não divirjais, não divirjam

Segue esse modelo o verbo **convergir**. Os verbos **emergir**, **imergir** e **submergir** seguem esse modelo com as seguintes ressalvas: 1) a 1ª pessoa do singular do presente do indicativo é respectivamente *emerjo*, *imerjo* e *submerjo*; 2) apresentam duplo particípio: *emergido* e *emerso*, *imergido* e *imerso*, *submergido* e *submerso*.

Ferir

Presente do indicativo: firo, feres, fere, ferimos, feris, ferem

Presente do subjuntivo: fira, firas, fira, firamos, firais, firam

Imperativo afirmativo: fere (tu), fira (você), firamos (nós), feri (vós), firam (vocês)

Imperativo negativo: não firas, não fira, não firamos, não firais, não firam

Nos demais tempos, segue o modelo dos verbos regulares da 3ª conjugação.

Conjugam-se como o verbo *ferir*: **conferir**, **desferir**, **digerir**, **diferir**, **inferir**, **ingerir**, **inserir**, **interferir**, **preferir**, **referir**, **refletir**, **repelir**, **revestir**, **ressentir**, **sentir**, **sugerir**, **vestir**, etc.

Ir

Indicativo

Presente: vou, vais, vai, vamos, ides, vão

Pretérito imperfeito: ia, ias, ia, íamos, íeis, iam

Pretérito perfeito: fui, foste, foi, fomos, fostes, foram

Pretérito mais-que-perfeito: fora, foras, fora, fôramos, fôreis, foram

Futuro do presente: irei, irás, irá, iremos, ireis, irão

Futuro do pretérito: iria, irias, iria, iríamos, iríeis, iriam

Subjuntivo

Presente: vá, vás, vá, vamos, vades, vão

Pretérito imperfeito: fosse, fosses, fosse, fôssemos, fôsseis, fossem

Futuro: for, fores, for, formos, fordes, forem

Imperativo

Afirmativo: vai (tu), vá (você), vamos (nós), ide (vós), vão (vocês)

Negativo: não vás, não vá, não vamos, não vades, não vão

Formas nominais

Infinitivo impessoal: ir

Infinitivo pessoal: ir, ires, ir, irmos, irdes, irem

Gerúndio: indo

Particípio: ido

Medir

Presente do indicativo: meço, medes, mede, medimos, medis, medem

Presente do subjuntivo: meça, meças, meça, meçamos, meçais, meçam

Imperativo afirmativo: mede (tu), meça (você), meçamos (nós), medi (vós), meçam (vocês)

Imperativo negativo: não meças, não meça, não meçamos, não meçais, não meçam

Nos demais tempos, segue o modelo dos verbos regulares da 3ª conjugação.

Conjugam-se como *medir*: **ouvir** e **pedir**.

Produzir

Os verbos terminados em **-uzir** não têm a desinência **e** da 3ª pessoa do singular do presente do indicativo:

Presente do indicativo: produzo, produzes, produz, produzimos, produzis, produzem

Os demais tempos seguem o modelo dos verbos regulares da 3ª conjugação.

O verbo *produzir* serve de modelo aos verbos terminados em **-uzir**, tais como: **conduzir**, **deduzir**, **induzir**, **introduzir**, **reproduzir**, **seduzir**, **traduzir**, etc.

Sair

Indicativo

Presente: saio, sais, sai, saímos, saís, saem

Pretérito imperfeito: saía, saías, saía, saíamos, saíeis, saíam

Pretérito perfeito: saí, saíste, saiu, saímos, saístes, saíram

Pretérito mais-que-perfeito: saíra, saíras, saíra, saíramos, saíreis, saíram

Futuro do presente: sairei, sairás, sairá, sairemos, saireis, sairão

Futuro do pretérito: sairia, sairias, sairia, sairíamos, sairíeis, sairiam

Subjuntivo

Presente: saia, saias, saia, saiamos, saiais, saiam

Pretérito imperfeito: saísse, saísses, saísse, saíssemos, saísseis, saíssem

Futuro: sair, saíres, sair, sairmos, sairdes, saírem

Imperativo

Afirmativo: sai (tu), saia (você), saiamos (nós), saí (vós), saiam (vocês)

Negativo: não saias, não saia, não saiamos, não saiais, não saiam

Formas nominais

Infinitivo impessoal: sair

Infinitivo pessoal: sair, saíres, sair, sairmos, sairdes, saírem

Gerúndio: saindo

Particípio: saído

O verbo *sair* serve de modelo aos verbos terminados em **-air**, tais como: **atrair**, **abstrair**, **cair**, **contrair**, **distrair**, **extrair**, **sobressair**, **subtrair**, etc.

Seguir

Presente do indicativo: sigo, segues, segue, seguimos, seguis, seguem

Presente do subjuntivo: siga, sigas, siga, sigamos, sigais, sigam

Imperativo afirmativo: segue (tu), siga (você), sigamos (nós), segui (vós), sigam (vocês)

Imperativo negativo: não sigas, não siga, não sigamos, não sigais, não sigam

Nos demais tempos, segue o modelo dos verbos regulares da 3ª conjugação.

Conjugam-se como *seguir*: **conseguir**, **prosseguir**, **perseguir**, etc.

Subir

Presente do indicativo: subo, sobes, sobe, subimos, subis, sobem

Presente do subjuntivo: suba, subas, suba, subamos, subais, subam

Imperativo afirmativo: sobe (tu), suba (você), subamos (nós), subi (vós), subam (vocês)

Imperativo negativo: não subas, não suba, não subamos, não subais, não subam

Nos demais tempos, segue o modelo dos verbos regulares da 3ª conjugação.

Conjugam-se como *subir*: **acudir**, **bulir**, **cuspir**, **consumir**, **escapulir**, **sacudir**, **sumir**, etc.

Vir

Indicativo

Presente: venho, vens, vem, vimos, vindes, vêm

Pretérito imperfeito: vinha, vinhas, vinha, vínhamos, vínheis, vinham

Pretérito perfeito: vim, vieste, veio, viemos, viestes, vieram

Pretérito mais-que-perfeito: viera, vieras, viera, viéramos, viéreis, vieram

Futuro do presente: virei, virás, virá, viremos, vireis, virão

Futuro do pretérito: viria, virias, viria, viríamos, viríeis, viriam

Subjuntivo

Presente: venha, venhas, venha, venhamos, venhais, venham

Pretérito imperfeito: viesse, viesses, viesse, viéssemos, viésseis, viessem

Futuro: vier, vieres, vier, viermos, vierdes, vierem

Imperativo

Afirmativo: vem (tu), venha (você), venhamos (nós), vinde (vós), venham (vocês)

Negativo: não venhas, não venha, não venhamos, não venhais, não venham

Formas nominais

Infinitivo impessoal: vir

Infinitivo pessoal: vir, vires, vir, virmos, virdes, virem

Gerúndio: vindo

Particípio: vindo

Verbos defectivos

Adequar

Indicativo

Presente: (nós) adequamos, (vós) adequais

Pretérito imperfeito: adequava, adequavas, adequava, adequávamos, adequáveis, adequavam

Pretérito perfeito: adequei, adequaste, adequou, adequamos, adequastes, adequaram

Pretérito mais-que-perfeito: adequara, adequaras, adequara, adequáramos, adequáreis, adequaram

Futuro do presente: adequarei, adequarás, adequará, adequaremos, adequareis, adequarão

Futuro do pretérito: adequaria, adequarias, adequaria, adequaríamos, adequaríeis, adequariam

Subjuntivo

Presente: Não é usado no presente do subjuntivo.

Pretérito imperfeito: adequasse, adequasses, adequasse, adequássemos, adequásseis, adequassem

Futuro: adequar, adequares, adequar, adequarmos, adequardes, adequarem

Imperativo

Afirmativo: adequai (vós)

Negativo: Não é usado no imperativo negativo.

Formas nominais

Infinitivo impessoal: adequar

Infinitivo pessoal: adequar, adequares, adequar, adequarmos, adequardes, adequarem

Gerúndio: adequando

Particípio: adequado

Colorir

Presente do indicativo: (tu) colores, (ele) colore, (nós) colorimos, (vós) coloris, (eles) colorem

Presente do subjuntivo: Não é usado no presente do subjuntivo.

Imperativo afirmativo: colore (tu), colori (vós)

Imperativo negativo: Não é usado no imperativo negativo.

Nos demais tempos, segue o modelo dos verbos regulares da 3ª conjugação.

Conjugam-se como *colorir*: **abolir**, **aturdir**, **banir**, **brandir**, **carpir**, **demolir**, **exaurir**, **jungir** e **ungir**.

O verbo **exaurir** tem duplo particípio: **exaurido** e **exausto**.

Falir

Presente do indicativo: (nós) falimos, (vós) falis

Presente do subjuntivo: Não é usado no presente do subjuntivo.

Imperativo afirmativo: fali (vós)

Imperativo negativo: Não é usado no imperativo negativo.

Nos demais tempos é um verbo regular da 3ª conjugação.

Conjugam-se como *falir*: **combalir**, **comedir-se**, **foragir-se**, **remir** e **puir**.

Precaver

Indicativo

Presente: (nós) precavemos, (vós) precaveis

Pretérito imperfeito: precavia, precavias, precavia, precavíamos, precavíeis, precaviam

Pretérito perfeito: precavi, precaveste, precaveu, precavemos, precavestes, precaveram

Pretérito mais-que-perfeito: precavera, precaveras, precavera, precavêramos, precavêreis, precaveram

Futuro do presente: precaverei, precaverás, precaverá, precaveremos, precavereis, precaverão

Futuro do pretérito: precaveria, precaverias, precaveria, precaveríamos, precaveríeis, precaveriam

Subjuntivo

Presente: Não é usado no presente do subjuntivo.

Pretérito imperfeito: precavesse, precavesses, precavesse, precavêssemos, precavêsseis, precavessem

Futuro: precaver, precaveres, precaver, precavermos, precaverdes, precaverem

Imperativo

Afirmativo: precavei (vós)

Negativo: Não é usado no imperativo negativo.

Formas mominais

Infinitivo impessoal: precaver

Infinitivo pessoal: precaver, precaveres, precaver, precavermos, precaverdes, precaverem

Gerúndio: precavendo

Particípio: precavido

Reaver

Indicativo

Presente: (nós) reavemos, (vós) reaveis

Pretérito imperfeito: reavia, reavias, reavia, reavíamos, reavíeis, reaviam

Pretérito perfeito: reouve, reouveste, reouve, reouvemos, reouvestes, reouveram

Pretérito mais-que-perfeito: reouvera, reouveras, reouvera, reouvéramos, reouvéreis, reouveram

Futuro do presente: reaverei, reaverás, reaverá, reaveremos, reavereis, reaverão

Futuro do pretérito: reaveria, reaverias, reaveria, reaveríamos, reaveríeis, reaveriam

Subjuntivo

Presente: Não é usado no presente do subjuntivo.

Pretérito imperfeito: reouvesse, reouvesses, reouvesse, reouvéssemos, reouvésseis, reouvessem

Futuro: reouver, reouveres, reouver, reouvermos, reouverdes, reouverem

Imperativo

Afirmativo: reavei (vós)

Negativo: Não é usado no imperativo negativo.

Formas nominais

Infinitivo impessoal: reaver

Infinitivo pessoal: reaver, reaveres, reaver, reavermos, reaverdes, reaverem

Gerúndio: reavendo

Particípio: reavido

FATOS DE DISCURSO

A concordância dos tempos verbais

Uma das características da língua portuguesa é a chamada "concordância dos tempos verbais".

Ela ocorre quando somos levados a utilizar um determinado tempo verbal para acomodá-lo a outros tempos empregados antes, criando relações gramaticais entre eles.

A concordância de tempos pode exigir, por exemplo, que se empregue um tempo do passado para exprimir uma ação futura (fato que pode parecer ilógico, mas se justifica pelo funcionamento da lógica própria da língua). Compare os dois enunciados abaixo:

a. **Quero** que ela **termine** logo o trabalho.
b. **Queria** que ela **terminasse** logo o trabalho.

A frase **a** tem:

- um verbo no presente do indicativo (expressando desejo): *quero*;
- um verbo no presente do subjuntivo (expressando uma ação posterior à ação expressa pela forma verbal *quero*): *termine*.

A polidez requer que modalizemos a expressão do desejo, e fazemos isso empregando o imperfeito ou o futuro do pretérito do indicativo. Em vez de dizer *quero*, dizemos *queria* ou *gostaria*. Esse uso do imperfeito ou do futuro do pretérito nos obriga a adaptar o tempo do verbo da oração subordinada, fazendo-o "concordar" com o tempo da oração principal. Assim, dizemos:

Queria (**Gostaria**) que ela **terminasse** logo o trabalho.

Usamos dois verbos no passado (*queria* e *terminasse*) para expressar um fato presente (*queria* é usado no lugar de *quero*) e um fato futuro (*terminasse* é usado no lugar de *termine*).

A lógica da língua nos impõe essa concordância.

Os principais casos de concordância de tempos ocorrem entre o tempo verbal da oração subordinada e o tempo verbal da principal. Geralmente, estão envolvidos um tempo do indicativo (na oração principal) e um tempo do subjuntivo (na oração subordinada). São estes:

1. Verbo da oração principal no **presente do indicativo**:

Não *acredito* que você **tenha** medo de dentista. (presente do subjuntivo – ações simultâneas)

Não *acredito* que você **gostasse** mesmo daquela menina! (imperfeito do subjuntivo – ação anterior e que durou um certo tempo)

Não *acredito* que você **tenha terminado** o exercício. (pretérito perfeito do subjuntivo – ação anterior e pontual)

Não *acredito* que você **consiga terminar** tudo até amanhã. (presente do subjuntivo – ação posterior)

2. Verbo da oração principal em algum **tempo do pretérito** ou no **futuro do pretérito do indicativo**:

Não *acreditei* que você **tivesse** medo de dentista. (imperfeito do subjuntivo – ações simultâneas)

Não *acreditei* que você já **tivesse terminado** o exercício! (mais-que-perfeito do subjuntivo – ação anterior)

Não *acreditei* que você **conseguisse terminar** tudo até o dia seguinte. (imperfeito do subjuntivo – ação posterior)

Eu *gostaria* que você **ficasse**. (imperfeito do subjuntivo – ações simultâneas)

Eu *preferiria* que você não **tivesse ido**. (mais-que-perfeito do subjuntivo – ação anterior)

Eu não *poderia supor* que você **partisse** na manhã seguinte. (imperfeito do subjuntivo – ação posterior)

3. Verbo da oração principal no **futuro do presente do indicativo**:

Ficarei muito contente caso você **venha** à minha festa. (presente do subjuntivo – simultaneidade)

Ficarei muito contente caso você **tenha passado** no exame. (pretérito perfeito do subjuntivo – anterioridade)

Ficarei muito contente caso você **venha** me **visitar**. (presente do subjuntivo – ação posterior)

A expressão do passado

Embora se costume afirmar que o pretérito mais-que-perfeito simples e o composto (ambos do indicativo) têm o mesmo sentido gramatical, é importante salientar que seu uso discursivo é bastante diverso, de forma que o emprego de um ou de outro cria **efeitos de sentido** bem diferentes. Isso é facilmente observável nos textos literários ou jornalísticos, em que a forma simples do mais-que-perfeito é bastante utilizada.

Veja um trecho do conto *Suflê de chuchu*, de Luis Fernando Verissimo, em que se notam os efeitos de sentido do mais-que-perfeito simples:

Houve uma grande comoção em casa com o primeiro telefonema da Duda, a pagar, de Paris. O primeiro telefonema desde que ela embarcara, mochila nas costas (a Duda, que em casa não levantava nem a sua roupa do chão!), na Varig, contra a vontade do pai e da mãe. Você nunca saiu de casa sozinha, minha filha! Você não sabe uma palavra de francês! Vou e pronto. E fora. E agora, depois de semanas de aflição, de "onde anda essa menina?", de "você não devia ter deixado, Eurico!", vinha o primeiro sinal de vida. Da Duda, de Paris.

– Minha filha...

– Não posso falar muito, mãe. Como é que se faz café?

– O quê?

– Café, café. Como é que se faz?

– Não sei, minha filha. Com água, com... Mas onde é que você está, Duda?

– Estou trabalhando de "au pair" num apartamento. Ih, não posso falar mais. Eles estão chegando. Depois eu ligo. Tchau!

O pai quis saber detalhes. Onde ela estava morando?

– Falou alguma coisa sobre "opér".

– Deve ser "operá". O francês dela não melhorou...

Dias depois, outra ligação. Apressada como a primeira. A Duda queria saber como se mudava fralda. Por um momento, a mãe teve um pensamento louco. A Duda teve um filho de um francês! Não, que bobagem, não dava tempo. Por que você quer saber, minha filha?

– Rápido, mãe. A criança tá borrada!

Ninguém em casa podia imaginar a Duda trocando fraldas. Ela, que tinha nojo quando o irmão menor espirrava.

– Pobre criança... – comentou o pai.

Finalmente, um telefonema sem pressa da Duda. Os patrões tinham saído, o cagão estava dormindo, ela podia contar o que estava lhe acontecendo. "Au pair" era empregada, faz-tudo. E ela fazia tudo na casa. A princípio tivera alguma dificuldade com os aparelhos. Nunca notara antes, por exemplo, que o aspirador de pó precisava ser ligado numa tomada. Mas agora estava uma opér "formidable". E Duda enfatizara a pronúncia francesa. "Formidable". Os patrões a adoravam. E ela prometera que na semana seguinte prepararia uma autêntica feijoada brasileira para eles e alguns amigos.

(Luis Fernando Verissimo. *Comédias para se ler na escola*. Rio de Janeiro: Objetiva, 2001. p. 29-30.)

Neste trecho, o mais-que-perfeito simples é utilizado em duas situações:

1. No primeiro parágrafo, a narração dos fatos começa com "Houve", forma do pretérito perfeito simples que instaura o tempo passado e todas as referências temporais da história. Esse tempo marcado pelo "Houve" sinaliza o momento do primeiro telefonema. No mesmo parágrafo, o narrador suspende o curso da narrativa e passa a descrever um momento anterior a esse do "Houve". As circunstâncias são descritas no imperfeito, e a ação aparece no mais-que-perfeito simples, "fora". O tempo não é empregado em correlação direta com outros tempos do passado, mas para expressar uma ação anterior a um tempo instaurado na narrativa. Esse é o efeito de "passado remoto" ou "passado longínquo" produzido pelo mais-que-perfeito simples. Note-se que não é possível, neste caso, a substituição pela forma composta do tempo (*tinha ido*).
2. No último parágrafo do trecho reproduzido acima, há uma sequência de ações no mais-que-perfeito simples que tem a mesma função de exprimir passado remoto: "tivera", "notara", "enfatizara". Há também uma forma do mais-que-perfeito composto: "tinham saído". A diferença entre esse emprego da forma composta e os da forma simples é que a forma composta remete a uma ação anterior a outra ação quando ambas estão submetidas ao mesmo marco temporal. Por isso é que se diz que o mais-que-perfeito composto é um tempo relativo – ele só pode ser utilizado com relação a outro tempo do passado, e não de forma autônoma.

Atividades

1. Leia as afirmativas. Corrija as que estiverem erradas e justifique as que estiverem corretas:
   a. O verbo **falir** é um verbo abundante.
   b. O verbo **beber** é regular.
   c. O verbo **matar** é abundante.
   d. O verbo **ler** é regular.
   e. O verbo **ser** é anômalo.

2. Reescreva as frases substituindo o ■ pelo presente do indicativo ou pelo presente do subjuntivo do verbo indicado:
   a. É preciso que se ■ as palavras. (entender)
   b. É urgente que nós ■ a casa. (comprar)
   c. É fundamental que você ■ presente em todas as aulas. (estar)
   d. Esperamos que essas observações ■ úteis a todos. (ser)
   e. Agora, peço a vocês que ■ silêncio, por favor. (fazer)

3. Reescreva as frases substituindo o ■ pelo imperativo dos verbos entre parênteses:
   a. ■ o código do seu cartão. (digitar)
   b. ■ o código do teu cartão. (digitar)
   c. Não ■ ser autoritária, senhora! (querer)
   d. Ei, você, ■ o nosso estande do Salão do Automóvel. (visitar)
   e. Meninos, ■ corretamente os verbos no imperativo. (empregar)
   f. Não ■ a sua senha eletrônica a ninguém. (dizer)
   g. Não ■ a tua senha eletrônica a ninguém. (dizer)
   h. ■ para sua carteira. (ir)
   i. ■ para tua carteira. (ir)
   j. Quero te pedir um favor: ■ esta carta no correio para mim? (pôr)
   k. ■ mais calor em sua vida! (pôr)

4. Reescreva as frases substituindo o ■ pela forma verbal adequada, conforme a indicação feita nos parênteses:
   a. Se você ■ o texto, poderá aprender com seus erros. (refazer – futuro do subjuntivo)
   b. Quando éramos crianças, nós ■ em fantasmas. (crer – pretérito imperfeito do indicativo)
   c. As testemunhas se ■ novamente. (contradizer – pretérito perfeito do indicativo)
   d. Que este Congresso ■ um Comitê composto por delegados de Espanha e Portugal. (Disponível em: www.unionlibertaria.org) (nomear – presente do subjuntivo)
   e. A polícia ■ na greve dos bancários. (intervir – pretérito perfeito do indicativo)
   f. Se essas formas ■ um conjunto harmonioso, eu compraria o quadro. (compor – pretérito imperfeito do subjuntivo)

5. Reescreva as frases substituindo o ■ pelo futuro do subjuntivo dos verbos indicados:
   a. Quando ele ■ aqui, entregue-lhe o presente. (vir)
   b. Quando ele ■ o presente, ficará admirado. (ver)
   c. Se tu ■ o disco, poderemos escolher a música para nossa apresentação. (trazer)
   d. Quando eles ■ o dinheiro, tentaremos pagar as nossas dívidas. (repor)
   e. Se nós ■ a palavra, perderemos o amigo. (manter)
   f. Se o quadro ■ no porta-malas, eu o transporto. (caber)

Advérbio

Provérbios

A corda **sempre** arrebenta pelo lado **mais** fraco.

A má erva **depressa** nasce e **tarde** envelhece.

O que os olhos **não** veem o coração **não** sente.

Quem **muito** fala **pouco** acerta.

Conceito

Advérbio é a palavra que modifica um verbo, um adjetivo, outro advérbio ou uma oração inteira.

Todas as palavras em destaque no texto são advérbios.

1. Advérbio modificando um verbo:

A má erva nasce e envelhece. A má erva **depressa** nasce e **tarde** envelhece.

Se compararmos as duas frases, notaremos que a segunda traz mais informação que a primeira. Isso se deve à utilização das palavras *depressa* e *tarde*, que ampliam as informações expressas pelos verbos *nasce* e *envelhece*.

O advérbio *depressa* indica o modo como a má erva nasce, isto é, indica uma circunstância de modo. O advérbio *tarde* acrescenta uma circunstância de tempo ao verbo *envelhecer*.

Por **circunstância** entende-se qualquer particularidade que determina um fato, ampliando a informação nele contida.

O advérbio modifica um verbo acrescentando a ele uma circunstância.

2. Advérbio modificando adjetivo:

A corda sempre arrebenta pelo lado fraco. A corda sempre arrebenta pelo lado **mais** fraco.

O advérbio *mais* está intensificando o significado do adjetivo *fraco*.

Quando modifica um adjetivo ou outro advérbio, o advérbio indica apenas intensidade.

3. Advérbio modificando advérbio:

Vou bem, obrigado. Vou **muito** bem, obrigado.

O advérbio *muito* está intensificando o significado do advérbio *bem*.

Quando modifica um adjetivo ou outro advérbio, o advérbio indica apenas intensidade.

4. Advérbio modificando oração inteira:

Infelizmente o furacão deixou muitos desabrigados.

O advérbio destacado está modificando o grupo formado por todos os outros elementos da oração (o furacão deixou muitos desabrigados), indicando uma disposição de espírito do falante em relação ao que é afirmado.

Locução adverbial

Um conjunto de palavras pode exercer a função de advérbio. A esse conjunto dá-se o nome de **locução adverbial**.

Veja:

À noite todos os gatos são pardos.

De grão em grão a galinha enche o papo.

A locução *À noite* está funcionando como um advérbio, pois indica uma circunstância de tempo ao verbo *ser*. *De grão em grão* é uma locução adverbial de modo, pois indica uma circunstância de modo ao verbo *encher*.

Atividade

Identifique e classifique as palavras que estão sendo modificadas pelo advérbio ou locução em destaque. Poder ser um verbo, um adjetivo, um advérbio ou uma oração inteira:

a. Não precisava ir **longe**. (José Lins do Rego)

b. O filme demonstra **muito** claramente o preconceito racial no Brasil de hoje.

c. Vovozinha, que braços **tão** magros os seus e que mãos **tão** trementes. (Guimarães Rosa)

d. **Talvez** a temática do preconceito de classe ainda seja **pouco** discutida no Brasil.

e. **No meio da noite** despertei
Não ouvi mais vozes nem risos. (Manuel Bandeira)

Classificação

Tanto os advérbios como as locuções adverbiais classificam-se de acordo com a circunstância que expressam, como mostra o quadro abaixo:

Circunstância	Advérbio	Locução adverbial
1. Afirmação	sim, certamente, deveras, realmente, incontestavelmente, etc.	com certeza, por certo, sem dúvida, de fato, etc.
2. Dúvida	talvez, acaso, porventura, provavelmente, quiçá, decerto, etc.	
3. Intensidade	bastante, bem, demais, mais, menos, muito, pouco, assaz, quase, quanto, tanto, tão, demasiado, meio, todo, completamente, demasiadamente, excessivamente, apenas, etc.	de muito, de pouco, de todo, em demasia, em excesso, por completo, etc.
4. Lugar	abaixo, acima, adiante, aí, aqui, além, ali, aquém, cá, acolá, atrás, através, dentro, fora, perto, longe, junto, onde, defronte, detrás, etc.	à direita, à esquerda, à distância, ao lado, de longe, de perto, para dentro, por aqui, em cima, por fora, para onde, por ali, por dentro, etc.
5. Modo	assim, bem, mal, depressa, devagar, pior, melhor, como, alerta, suavemente, lentamente, e quase todos os advérbios terminados em **-mente**.	às cegas, às claras, à toa, à vontade, às pressas, a pé, ao léu, às escondidas, em geral, em vão, passo a passo, de cor, frente a frente, lado a lado, etc.
6. Negação	não, tampouco (também não)	de forma alguma, de jeito algum, de modo algum, de jeito nenhum, etc.
7. Tempo	hoje, ontem, amanhã, agora, depois, antes, já, anteontem, sempre, nunca, tarde, jamais, outrora, raramente, inicialmente, sucessivamente, presentemente, etc.	à noite, à tarde, às vezes, de repente, de manhã, de vez em quando, de súbito, de quando em quando, em breve, de tempos em tempos, vez por outra, hoje em dia, etc.

Observação

Essa é a classificação proposta pela NGB. Há, no entanto, muitas outras circunstâncias expressas pelos advérbios e locuções adverbiais.

Eis algumas possibilidades:

1. assunto: Só falam *sobre política.*
2. causa: Muita gente ainda morre *de fome.*
3. companhia: Evite sair *com aquela turma.*
4. instrumento: Foi ferido *à bala.*
5. condição: Não saiam da classe *sem a autorização da professora.*

Seguem exemplos de alguns advérbios e locuções adverbiais relacionados no quadro.

1. Afirmação

Sim, era pura teimosia. (Érico Veríssimo)

– O senhor é Rogério Palma? – indagou.
– **Exatamente** – respondi eu. (Lúcio Cardoso)

Havia uma desgraça, **com certeza** havia uma desgraça. (Graciliano Ramos)

2. Dúvida

Tirou os óculos **talvez** para respirar melhor. (Clarice Lispector)

3. Intensidade

Gastavam água **em excesso**.

Quem **muito** fala **pouco** acerta.

4. Lugar

Fé em Deus e pé **na tábua**.

Foram se postar **mais adiante**... (Jorge Amado)

5. Modo

Apenas balões
Passavam errantes
Silenciosamente. (Manuel Bandeira)

As águas atrasadas
derramavam-se **em desordem** pelo mato. (Raul Bopp)

6. Negação

De jeito algum vou trabalhar neste lugar.

O que os olhos **não** veem o coração **não** sente.

7. Tempo

Hoje tem festa no brejo. (Carlos Drummond de Andrade)

Os pardais acordavam **de manhã**. (Dalton Trevisan)

Advérbios interrogativos

Certos advérbios são empregados nas interrogações diretas e indiretas. São chamados de advérbios interrogativos e indicam circunstâncias de causa, lugar, modo e tempo:

a. causa – por quê?

Por que não sai a correr pela casa toda?

Perguntava-lhe **por que** não saía a correr pela casa toda.

b. lugar – onde?

Onde está a verdade? (Jorge Amado)

Queriam saber **onde** estava a verdade.

c. modo – como?

Como você faz quando é assaltado?
(Carlos Drummond de Andrade)

Estava curiosa para saber **como** eu fazia quando era assaltado.

d. tempo – quando?

Quando você viaja?

Gostaria de saber **quando** você viaja.

Observação

Além dessa classificação proposta pela NGB, poderíamos incluir ainda:

preço – quanto?
Quanto custa este sapato?

finalidade – para quê?
Para que desperdiçar tanto tempo com trabalhos inúteis?

intensidade – quanto?
É sabido **quanto** lutamos contra a violência.

Grau

Embora o advérbio pertença ao grupo das palavras invariáveis, existem alguns advérbios que admitem flexão de grau.

Comparativo

O advérbio, tal qual o adjetivo, não é flexionado no grau comparativo. Para indicar esse grau, utilizam-se as formas: *tão ... quanto*, *mais ... que*, *menos ... que*, etc.

Veja estes versos e as alterações de grau sugeridas a seguir:

Um homem vai **devagar**
Um cachorro vai **devagar**
Um burro vai **devagar** (Carlos Drummond de Andrade)

O grau **comparativo** pode ser:

1. de **igualdade**:

O homem vai **tão devagar quanto (como)** o cachorro.

2. de **superioridade**:

O cachorro vai **mais devagar que** o burro.

3. de **inferioridade**:

O burro vai **menos devagar que** o cachorro.

Superlativo

O grau **superlativo** pode ser:

1. **absoluto sintético** – com o acréscimo de sufixo:

longíssimo – pertíssimo
Minha namorada mora **longíssimo**.

2. **absoluto analítico** – com o auxílio de um advérbio de intensidade:

muito longe – muito perto
De muito longe chegavam, quase imperceptíveis, os passos dos homens que vinham. (Jorge Amado)

Atividades

1. Identifique os advérbios e classifique-os:
   a. A corda sempre arrebenta pelo lado mais fraco.
   b. É aqui, perto do vau de Sarapalha... (Guimarães Rosa)
   c. Onde é que está a mãe? (Dalton Trevisan)
   d. Confessava, sim, que era um pouco violento... (Machado de Assis)
   e. O secretário está fora e temos pouco serviço. (Ciro dos Anjos)

2. Identifique as locuções adverbiais e classifique-as:
   a. Entraram na escola à força.
   b. Sucessão presidencial será confusão na certa. (Disponível em: < tv.terra.com.br >)
   c. Muitas vezes entrevi uma figura gentil e fui, em vão, ao seu encalço. (Ciro dos Anjos)
   d. Os gritos pareciam vir de longe... (Osman Lins)
   e. Não existe mistério. Tudo é feito às claras.

3. Classifique os advérbios terminados em **-mente**:
   a. O homem tem de ser livre, inteiramente livre.
   b. O búfalo sobrevive galhardamente em locais onde os bovinos não se dão bem. (Revista *Senhor*)
   c. A situação da população de baixa renda é extremamente precária.
   d. Era um homem, evidentemente. (Graciliano Ramos)
   e. Ultimamente temos lido e ouvido muito sobre o binômio "Cidade e violência". (Disponível em: <www.unb.br>)

4. Identifique o grau dos advérbios em destaque:
   a. Os negócios andam mal e, ainda que andassem **muito bem**, não poderia dispor de tanto. (Machado de Assis)
   b. É sabido que o relógio psicológico da infância anda muito **mais devagar que** o dos adultos. (Érico Veríssimo)
   c. Aqueles estudantes estão **pouquíssimo** interessados em literatura.
   d. Escrevem **muito mal**!
   e. – Ele há de ficar bem.
   – **Muito bem**! É uma luva! (Martins Pena)

Emprego

1. Quando se empregam dois ou mais advérbios terminados em **-mente**, pode-se acrescentar o sufixo apenas no último:

   Nada omitiu do seu pensamento; falou **clara, franca** e **nitidamente**. (Lima Barreto)

2. O superlativo ainda pode ser expresso:
   a. com o acréscimo dos sufixos **-inho** e **-zinho**:

   E foi-se ajoelhando **devagarinho** diante da preta. (Lygia Fagundes Telles)

Sua lata, suas garrafas,
e seus sapatos de borracha
vão dizendo aos homens no sono
que alguém acordou **cedinho**. (Carlos Drummond de Andrade)

Esse mesmo tipo de flexão pode ocorrer em locuções adverbiais:

De manhãzinha ensinaram todos aqueles piados... (Mário de Andrade)

b. pela repetição do advérbio: *logo logo*, *breve breve*, *quase quase*, *já já*, *assim assim*, *longe longe*, etc.

Vou embora **já já**!

3. O grau comparativo dos advérbios **bem** e **mal** é irregular: **melhor** e **pior**. Essas formas indicam também o grau comparativo dos adjetivos *bom* e *mau*. Exemplos:

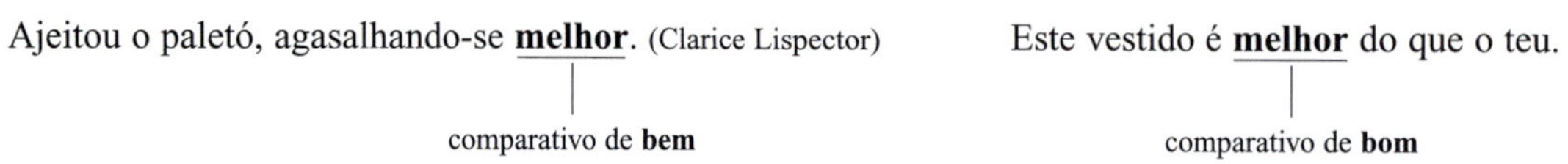

Ajeitou o paletó, agasalhando-se melhor. (Clarice Lispector)
comparativo de bem
Este vestido é melhor do que o teu.
comparativo de bom

No entanto, existem as formas **mais bem** e **mais mal**, utilizadas, em geral, antes dos particípios. Veja:

Não conheço um trabalho **mais bem** feito que este.
Nunca vimos questões **mais mal** formuladas que as desta prova.

Se os advérbios vierem depois do particípio, empregam-se as formas **pior** e **melhor**:

O trabalho foi feito **melhor** do que da outra vez.
(O trabalho foi **mais bem** feito do que da outra vez.)
Nunca vimos questões formuladas **pior** que as desta prova.

4. O superlativo absoluto sintético de **bem** é **otimamente** e de **mal** é **pessimamente**:

Saiu-se **otimamente** na prova de matemática.

Os diretores da empresa agiram **pessimamente**.

5. Alguns adjetivos assumem às vezes o valor de advérbio:

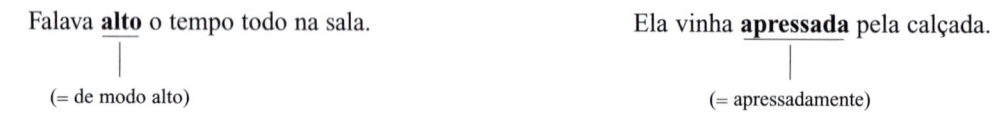

Falava alto o tempo todo na sala.
(= de modo alto)
Ela vinha apressada pela calçada.
(= apressadamente)

6. A palavra **primeiro** pode funcionar como advérbio quando modificar o verbo:

Mãe, eu pedi **primeiro**.

7. Os advérbios **aqui** e **aí** podem significar *neste momento*:

Aí, ela resolveu bater a porta.

Aqui, encerram-se os comentários.

Palavras e locuções denotativas

Algumas palavras e locuções, que eram consideradas advérbios, na verdade não se enquadram em nenhuma das dez classes gramaticais.

A NGB faz uma classificação à parte dessas palavras e locuções chamando-as de **palavras denotativas**.

Tais palavras e locuções denotam:

a. designação: *eis*

Eis-me afinal diante dela. (Clarice Lispector)

b. exclusão: *apenas*, *salvo*, *só*, *somente*, *exceto*, *exclusive*, *fora*, *sequer*, *senão*, *menos*, etc.

Tudo tem limite
Exceto
O amor de Brigitte. (Carlos Drummond de Andrade)

c. inclusão: *até*, *inclusive*, *mesmo*, *também*, *ademais*, etc.

Até ela percebeu meu constrangimento.

d. explicação: *isto é*, *ou melhor*, *por exemplo*, *a saber*, etc.

[...] narra-se aqui, em diversas modalidades de estilo, um fato comum da vida carioca, **a saber**: o corpo de um homem de quarenta anos presumíveis é encontrado de madrugada... (Paulo Mendes Campos)

e. realce: *cá*, *lá*, *é que*, *só*, *mas*, *ainda*, *sobretudo*, etc.

Veja **lá** que atitude você vai tomar!

f. retificação: *aliás*, *isto é*, *ou melhor*, *ou antes*, etc.

Fique quieto, **ou melhor**, fale mais baixo.

g. situação: *afinal*, *agora*, *então*, etc.

Afinal o que queríamos? (Clarice Lispector)

FATOS DE DISCURSO

1. Conforme vimos no item "Emprego", quando se empregam dois ou mais advérbios com o sufixo **-mente**, ele pode ser utilizado apenas no último advérbio. Porém, por uma razão de expressividade, é possível não omitir esse sufixo, utilizando-o em todos os advérbios. No exemplo abaixo, é notável como a repetição do sufixo torna mais lenta a cadência do período, acentuando a ideia de serenidade e paciência que o escritor quer transmitir:

Quis ainda ver se a dissuadia daquele pensamento; Ismênia, porém, continuava a repeti-lo pacientemente, docemente, serenamente. (Lima Barreto)

2. Compare o emprego do advérbio nas frases:

O aluno saiu **depressa**.
O aluno saiu **apressado**.
O aluno saiu **apressadamente**.

Observe que a terceira é a mais expressiva. Na primeira, o advérbio aparece utilizado de um modo comum; na segunda, faz-se referência à ação (sair) e ao sujeito (*o aluno*), mas não se caracteriza bem nem um nem outro; já a terceira exprime bem o modo como o aluno saiu, introduzindo também a noção de tempo e de movimento.

3. Quando se quer realçar o advérbio, pode-se antecipá-lo. Compare estas frases:

Imediatamente convoquei os formandos.
Convoquei **imediatamente** os formandos.

4. A linguagem coloquial tem formado algumas locuções adverbiais curiosas, sobretudo para a expressão da intensidade. Alguns exemplos:

Essa piada é ruim **pra burro / pra cachorro**.
Comprei um carro novinho **em folha**.

Atividades

1. Identifique os casos em que **pior** e **melhor** são gradações dos advérbios **bem** e **mal**:
   a. O melhor era sair depressa daquele lugar.
   b. Sinto-me melhor em companhia de papai.
   c. Puxa! Ela saiu-se pior do que eu imaginava.
   d. Seu desempenho foi pior do que eu imaginava.
   e. Era um passarinho que cantava melhor que o seu.
   f. Livro melhor que aquele? Nunca vi.

2. Amplie as frases, utilizando advérbios em lugar do ■. Atente para a circunstância solicitada:
   a. É ■ necessário ser ou pelo menos parecer otimista. (intensidade)
   b. As moedas comemorativas eram caras ■. (*Veja*) (intensidade)
   c. Isso não fica ■ para um rapaz de sua idade. (Lúcio Cardoso) (modo)
   d. ■ chegou o dia da viagem. (Érico Veríssimo) (tempo)
   e. Ela ■ chorava. (negação)

3. Identifique as frases em que a palavra destacada tem valor de advérbio:
   a. O moribundo soltou o seu clamor **aflito**.
   b. O menino reagiu **aflito** à repreensão da mãe.
   c. Um **súbito** grito fez-nos tremer de pavor.
   d. **Súbito** ele deixou de enxergar o que estava a sua volta.
   e. Respirava **fundo** a brisa da manhã.
   f. Que lago **fundo**!

4. Dê a classe gramatical e o significado da palavra **só** em cada uma das frases:
   a. **Só** Pedro respondeu à pergunta do professor.
   b. Minha tia saiu **só**.
   c. João não fez o exercício **só** hoje.
   d. Joaquim faltou **só** à aula de Geografia.

5. Leia a notícia de jornal e identifique os advérbios e locuções adverbiais.

Macarrão chinês de 4 mil anos

Faz mais de 4 mil anos que a cidade de Lajla foi destruída instantaneamente por um alagamento ou um terremoto catastrófico.

Desde 1999, ela vem sendo escavada por arqueólogos chineses. No ano passado, um arqueólogo achou uma cumbuca de cerâmica. Ela estava voltada de boca para baixo, recoberta por uma camada de argila. Ele levantou o pote e embaixo, muito bem preservado, encontrou um emaranhado de macarrão. Estava descoberto o mais antigo macarrão produzido pelo homem. Não foi possível descobrir o molho, mas a receita de massa, produzida 2 mil anos antes de Cristo, foi determinada.

(*O Estado de S. Paulo*)

Releia a notícia sem os elementos identificados. Como ficam as informações do texto?

Preposição

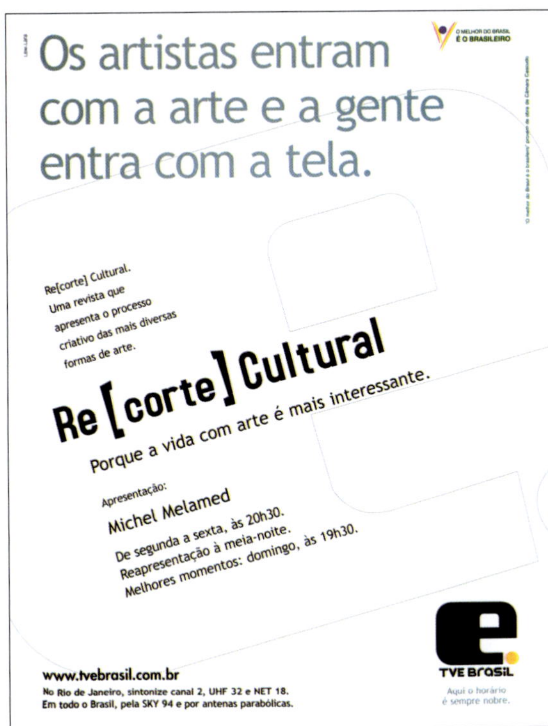

Anúncio publicado na revista *EntreLivros*. São Paulo, Duetto Editorial, n. 7, nov. 2005, p. 7.

Conceito e classificação

Observe:

Os artistas entram com a arte...

O sentido do primeiro termo – *entram* – é completado pelo segundo – *arte*. Para relacionar esses dois termos, foi empregada a palavra *com*. **Com** é uma **preposição**.

Outros exemplos:

... formas **de** arte

De segunda **a** sexta...

> **Preposição** é a palavra invariável que relaciona dois termos. Nessa relação, um termo completa ou explica o sentido do outro.

As preposições classificam-se em **essenciais** e **acidentais**.

Essenciais

São palavras que sempre foram preposições e só funcionam como tal. São elas: *a, ante, após, até, com, contra, de, desde, em, entre, para* (*pra*), *perante, por, sem, sob, sobre, trás*.

A preposição *trás* já caiu em desuso. Foi substituída pelas locuções *atrás de* e *depois de*. Originariamente significava *além de*, sentido que ainda existe em compostos como *Trás-os-Montes* (região de Portugal), *trasanteontem* (dia anterior ao de anteontem).

Acidentais

São palavras que, embora pertençam a outras classes gramaticais, podem exercer o papel de preposição. Exemplos: *afora, como, conforme, consoante, durante, exceto, fora, mediante, menos, salvo, segundo, visto*, etc. Veja:

Ele foi o **segundo** colocado na corrida de 100 m. (*segundo* → numeral ordinal)

Votou **segundo** seus princípios. (*segundo* → preposição)

O linguista José Rebouças Macambira propõe um critério prático para distinguir as preposições essenciais das acidentais. Serão preposições essenciais aquelas que puderem ocupar as linhas pontilhadas dos três segmentos abaixo:

... mim ... ti ... si

Veja um exemplo:

contra mim **contra** ti **contra** si

O mesmo não acontece com a preposição *durante*:

durante mim **durante** ti **durante** si

As formas acima são impossíveis no sistema da língua portuguesa.

Assim, **contra** é preposição essencial e **durante** é preposição acidental.

Observação

Com, embora seja preposição essencial, não cabe no esquema proposto, pois essa combinação é substituída por **comigo**, **contigo**, **consigo**.

Locução prepositiva

Ao grupo de duas ou mais palavras com valor de preposição dá-se o nome de **locução prepositiva**. Exemplos: *abaixo de, acima de, a fim de, além de, apesar de, atrás de, através de, junto de, junto a, embaixo de, em frente de* (ou *à*), *em cima de, em face de, longe de, de acordo com, por causa de, por trás de, a despeito de, devido a, em virtude de, a favor de, sob pena de*, etc.

O MercadoLivre procura trabalhar próximo da comunidade **a fim de** garantir a segurança do ambiente de negociações. (Disponível em: <www.mercadolivre.com.br>)

Para distinguir uma locução prepositiva de uma locução adverbial basta observar o seguinte: as *locuções adverbiais* nunca terminam por preposição, as *locuções prepositivas* terminam sempre por uma preposição, sendo *de* a mais comum.

Dois detalhes diferenciam o homem dos animais: a fala e o sexo feito **às escondidas**. (*Folha de S.Paulo*) (*às escondidas* → locução adverbial)

Se você se encontrar **no meio de** um tiroteio, não se esconda **atrás de** carros. (*Superinteressante*) (*no meio de, atrás de* → locuções prepositivas)

Atividades

1. Substitua o quadradinho pela preposição adequada:
   a. Pedindo dois produtos você ganha 5% ■ desconto. (texto publicitário)
   b. Grátis, ■ qualquer compra: 1 livro ■ bolso *Você é o herói*. (texto publicitário)
   c. Esta é a senha ■ você se divertir no universo da aventura. (texto publicitário)

d. ■ busca da verdade, ■ mágicas nem gurus.

e. **Asteroide deverá bater ■ a Terra**

Londres – Um grande asteroide deve bater ■ a Terra, causando mais danos que a colisão que se acredita tenha contribuído ■ a extinção dos dinossauros há 65 milhões de anos, disseram os cientistas. Mas isso só deve ocorrer daqui ■ 100 milhões ■ anos. Os cientistas da Universidade de Pisa, na Itália, modelaram a órbita do asteroide 433 Eros, ■ diâmetro ■ 22 quilômetros, que orbita no mesmo nível de Marte. Outros 150 asteroides vão cruzar a atmosfera da Terra, mas os cientistas não analisaram a sua órbita. O 433 Eros tem duas vezes o tamanho do asteroide que se acredita tenha colidido ■ a Terra, segundo artigo na revista *Nature*.

(*O Estado de S. Paulo*)

2. Identifique as locuções prepositivas:
   a. Nesse guia você encontra resenhas de discos, dicas de lançamentos, além de histórias sobre o jazz e seus expoentes. (Disponível em: < www.sobresites.com/jazz >)
   b. Apesar de você, amanhã há de ser outro dia... (Chico Buarque)
   c. O sangue flui através de veias.
   d. Ficou paralisado em virtude de um acidente de moto.

Combinação e contração

Combinação

Algumas preposições podem combinar-se com outras palavras, formando um vocábulo único. Veja:

de	em	per	a
de + o = do	em + o = no	per + o = pelo	a + o = ao
de + ele = dele	em + ele = nele	per + a = pela	a + os = aos
de + este = deste	em + este = neste	per + os = pelos	a + onde = aonde
de + isto = disto	em + isto = nisto	per + as = pelas	
de + esse = desse	em + esse = nesse		
de + isso = disso	em + isso = nisso		
de + aquele = daquele	em + aquele = naquele		
de + aqui = daqui	em + um = num		
de + ali = dali			

Contração

A contração ocorre nos seguintes casos:

a. quando a preposição **a** se junta ao artigo **a**(**s**):

a + a = **à**　　　　a + as = **às**

Reapresentação **à** meia-noite.

b. quando a preposição **a** se junta aos pronomes demonstrativos **aquele**(**s**), **aquela**(**s**), **aquilo**:

a + aquele(s) = **àquele**(**s**)　　　　a + aquela(s) = **àquela**(**s**)　　　　a + aquilo = **àquilo**

Àquela hora não se via ninguém nos bares.

c. quando a preposição **a** se junta ao pronome demonstrativo **a**(s), que tem valor de aquela(s):

a + a(s) = **à**(s)

Sua maneira de andar é muito semelhante **à** de sua irmã.

Observe que a contração é marcada com o acento grave (`).

Observação

Muitos gramáticos consideram como combinação só os casos em que a preposição, ligando-se a outra palavra, não sofre redução (*ao, aos, aonde*). Todos os demais casos, em que a preposição sofre alguma redução, seriam de contração. No entanto, se verificarmos o significado de *contração* nos dicionários, encontraremos: redução de duas ou mais vogais a uma só. Como também a NGB não se pronunciou a respeito, optamos por considerar como contração só os casos em que ocorre a crase.

Atividades

1. Identifique as preposições, as combinações e as contrações no texto que segue:

Nova rotina

A mudança que a humanidade está causando no clima também força os animais a se adaptarem, alterando os padrões de migração ou de reprodução.

Um exemplo é o esquilo-vermelho que habita o território de Yukon, no Canadá. Por conta do aquecimento na região, a primavera chega mais cedo e as fêmeas da espécie dão à luz 18 dias antes do que ocorria há uma década. Os pesquisadores verificaram que pelo menos 13% da mudança estava relacionada à evolução da espécie, e não à flexibilidade comportamental.

(*Superinteressante*. Adaptado)

2. Faça as combinações e as contrações:

Gente pequena, grandes respostas

Se tivesse sido cego a vida inteira e de repente passasse a enxergar, será que você distinguiria (per + a) visão o que já conhece (per + o) toque – por exemplo, diferenciaria um cubo de uma esfera? As flores pareceriam com as flores tocadas e os rostos com os rostos, ou tudo seria uma grande confusão? De que forma você começaria a dar sentido (a + os) vários objetos apresentados imediatamente (a + a) sua vista? Se nascemos sem saber nada, como passamos a saber alguma coisa?

A psicóloga Elizabeth Spelke, da Universidade Harvard, leva essas questões (a + aqueles) que talvez sejam os mais habilitados para respondê-las: bebês. (Em + o) amplo laboratório do William James Hall, Spelke e seus colaboradores têm lidado com alguns dos mistérios mais insondáveis (de + o) conhecimento humano pesquisando seres que ainda não conseguem falar, andar ou mesmo engatinhar.

(Revista *Viver Mente & Cérebro*, São Paulo, Duetto Editorial)

Tipos de relação

A relação que as preposições estabelecem entre dois termos é chamada de **regência**. Portanto, quando ocorre uma preposição, pode-se observar a seguinte sequência:

termo regente (determinante)	preposição	termo regido (determinado)
vida	com	arte
formas	de	arte

Termo regente (determinante) é a palavra ou expressão que comanda, pede, solicita uma outra que depende dela. Pode-se dizer que é a palavra que "governa".

Termo regido (determinado) é o termo dependente, subordinado ao termo regente. Pode-se dizer que é o termo governado.

Às vezes, o termo regido é uma oração:

Sem a música para **enfeitá-la**, a passagem do tempo seria apenas uma sucessão chata de datas ou prazos para **a gente cumprir compromissos**... (Frank Zappa – músico americano)

preposição: *para*; termo regido: *enfeitá-la*

preposição: *para*; termo regido: *a gente cumprir compromissos*

Observe agora algumas das relações estabelecidas pelas preposições entre o termo regente e o termo regido:

1. Ausência

Eu **sem** você
Sou só desamor
Um barco **sem** mar
Um campo **sem** flor
Tristeza que vai
Tristeza que vem
Sem você, meu amor, eu não sou ninguém.

(Vinícius de Moraes)

2. Assunto

Não entendem nada **de** economia.

3. Causa ou motivo

Em pleno século XXI, muita gente ainda morre **de** fome.

4. Companhia

Não saio mais **com** você.

5. Concessão

Com apenas 16 anos, já estava na universidade.
Apesar de estar ferido, continuava lutando.

6. Conformidade ou modo

Era capaz de viver **conforme** seus desejos.

(José Lins do Rego)

Vive **segundo** seus impulsos.

7. Direção

Apontava o dedo **para** a lua.

8. Especialidade

Ela é doutora **em** psicologia.

9. Estado ou qualidade

Prédio **em** ruínas.

10. Finalidade

Estudem **para** as provas bimestrais.

11. Instrumento

Prenderam-no **com** algemas.

12. Lugar

Gostaria de morar **em** Fernando de Noronha.

13. Matéria

Quebraram o meu vaso **de** porcelana.

14. Meio

Vimos o Carnaval **pela** televisão.

15. Oposição

Lutam **contra** o desemprego.

16. Origem

Procedem **de** Roraima.

17. Posse

Alguns rapazes consideram-se donos **das** namoradas.

18. Tempo

Globalização é uma das palavras mais pronunciadas **nos** últimos anos. (*Folha de S.Paulo*)

Observação

Uma mesma preposição pode estabelecer relações diferentes entre os termos:

a. preposição **com**:

Mora **com** os avós. (relação de companhia)
Cortou-se **com** a faca. (relação de instrumento)
Comeu **com** moderação. (relação de modo)
Todas as plantas morreram **com** o calor. (relação de causa)

b. preposição **de**:

Não saia **de** seu banco. (lugar)
Livro **de** Carolina. (posse)
Morrem **de** rir. (causa)
Não fale **de** política. (assunto)

Atividades

1. Identifique as relações estabelecidas pelas preposições e locuções prepositivas em destaque:
   a. A mãe se fora **para** a cozinha e Rafael olhava **para** ele. (José Lins do Rego)
   b. O negrinho olhava para Ricardo como se estivesse senhor **do** segredo. (Idem)
   c. Tudo ocorreu **por** um simples desleixo seu.
   d. Mal o pai colocou o papel **na** máquina, o menino começou a empurrar uma cadeira **pela** sala, fazendo um barulho infernal. (Fernando Sabino)
   e. O trono é um tamborete **de** madeira forrado **de** seda. (Napoleão Bonaparte)
   f. Casa **de** ferreiro, espeto **de** pau.

2. Quando as pessoas não aprendem a falar e a escrever sua própria língua, surgem homens decididos a falar e a escrever **por** elas e não **para** elas. (Wendel Johnson)

   Que diferença de sentido existe entre "falar e escrever **por** elas" e "falar e escrever **para** elas"?

3. Escreva duas frases com a preposição **de**: na primeira, deve indicar assunto e, na segunda, causa.

4. Identifique a que classe gramatical pertencem as palavras destacadas:
   a. O estudo fica sempre em **segundo** plano.
   b. Espere só um **segundo**, disse a professora.
   c. Vai chover hoje, **segundo** os profissionais da meteorologia.

5. Que diferença de sentido as preposições impõem às frases?
   a. João parou **de** estudar.
   b. João parou **para** estudar.

6. Substitua o quadradinho pelo maior número de preposições que conseguir. Em seguida, dê a diferença de significado entre todas as frases.

   Marina falou ■ Lia.

7. Construa duas frases com a preposição **para**. Na primeira, ela deve indicar direção e, na segunda, finalidade.

8. Faça as combinações:
   a. Coloque produtividade e qualidade (em + a) sua cobrança (em + uma) tacada só. (texto publicitário)
   b. Você tem medo (de + o) sucesso? (*Exame*)
   c. A maioria (de + as) empresas ainda torce o nariz (em + a) hora de contratar executivas durante a gravidez. (Idem)
   d. Sete Bienais (per + o) mouse. (Idem)

Conjunção

Por que somos loucos por novelas?

Fazia quatro anos que muçulmanos da Bósnia-Herzegóvina lutavam pela independência contra os sérvios. Quase 200 mil pessoas haviam morrido e 2,5 milhões não tinham mais casa. Em uma semana de 1995, porém, a guerra da ex-Iugoslávia parou de repente. O motivo não era um acordo de paz mediado pela ONU nem a rendição de um dos lados, mas a novela *Escrava Isaura*, aquela mesma, baseada no livro de Bernardo Guimarães e que tinha Lucélia Santos no papel da escrava branca. Apesar dos horrores do conflito, os dois lados pararam para ver os últimos capítulos da novela.

O mundo adora as novelas feitas no Brasil e os brasileiros também. Quase metade do dinheiro que se ganha com televisão no Brasil vem delas. Desde 1963, quando estreou *2-5499 Ocupado*, a primeira novela diária da TV, já foram produzidas mais de 400 tramas no país, cada uma com uma média de 200 capítulos. Em todo o planeta, 2 bilhões de pessoas têm costume de sentar para assistir a novelas. Por aqui, o país para. [...] Você pode dizer que não gosta de novelas, mas já parou para pensar por que tipos como Tonho da Lua, Tieta ou Juma Marruá fazem tanto sucesso aqui e em todo o planeta? Por que tantas histórias iguais são vistas por tanta gente há mais de quatro décadas?

Revista *Superinteressante*. São Paulo: Abril, ed. 219, p. 67, nov. 2005. Adaptado.

Conceito

Observe:

Quase 200 mil pessoas haviam morrido **e** 2,5 milhões não tinham mais casa.

A palavra destacada é uma **conjunção**. Está ligando orações.

O mundo adora as novelas **e** os atores brasileiros.

A palavra em destaque também é conjunção. Está ligando termos semelhantes, isto é, que exercem a mesma função sintática dentro da oração.

Duas ou mais palavras podem formar expressões que equivalem a uma conjunção. São as chamadas **locuções conjuntivas**. Veja um exemplo:

Fazia quatro anos **desde que** muçulmanos da Bósnia-Herzegóvina começaram a lutar pela independência contra os sérvios.

As expressões *logo que*, *assim que*, *visto que*, *já que*, etc. são outros exemplos de locuções conjuntivas.

Em geral, essas locuções terminam pela palavra *que*.

Classificação

Para classificar as conjunções, é preciso levar em conta os dois processos básicos de construção de frases: a coordenação e a subordinação.

A **coordenação** é um tipo de construção em que os termos ou as orações se ordenam numa sequência (*co + ordenação*) em que cada termo ou oração é autônomo, isto é, não depende sintaticamente do outro. O significado total consiste na junção dos termos ou orações.

Quase 200 mil pessoas haviam morrido | **e** 2,5 milhões não tinham mais casa.

O processo utilizado na construção dessa mensagem é a coordenação. As orações são independentes sintaticamente: a segunda oração não exerce nenhuma função com relação à primeira e vice-versa.

Autores de telenovelas e intelectuais explicam por que gostamos tanto de novelas.

O processo utilizado na parte destacada dessa mensagem é a coordenação. *Autores de telenovelas e intelectuais* são termos coordenados, que exercem a mesma função sintática: sujeito.

A **subordinação** é um tipo de construção em que as orações não apenas estão em sequência, mas são dependentes sintaticamente: uma oração determina ou completa o sentido da outra. Exemplo:

Você pode dizer | que não gosta de novelas.

↓ 1ª oração ↓ 2ª oração

O processo utilizado nessa construção é a subordinação. A segunda oração exerce a função de objeto direto do verbo (*dizer*) da primeira; depende sintaticamente dela. Assim, está subordinada à primeira oração.

De acordo com esses dois processos, as conjunções podem ser **coordenativas** ou **subordinativas**.

Conjunções coordenativas

As conjunções coordenativas são classificadas de acordo com as relações que estabelecem entre as orações ou termos. Podem ser **aditivas**, **adversativas**, **alternativas**, **conclusivas** e **explicativas**.

1. Aditivas

Estabelecem uma relação de soma ou adição entre dois termos ou duas orações de função idêntica.

Conjunções: *e* (empregada em orações afirmativas), *nem* (empregada em orações negativas), etc.

O mundo adora as novelas feitas no Brasil **e** os brasileiros também.
Os europeus não gostam das novelas mexicanas **nem** os americanos.

Locução conjuntiva: *mas também* (geralmente empregada depois da expressão *não só*).

Os objetivos da educação básica devem envolver *não só* os conhecimentos práticos **mas também** os mais amplos e abstratos.

2. Adversativas

Estabelecem uma relação de oposição entre dois termos ou duas orações.

Conjunções: *mas*, *porém*, *todavia*, *contudo*, *entretanto*, *senão*, etc.

Muita gente critica as novelas, **mas** assiste sempre que possível.

Locução conjuntiva: *no entanto*.

Ninguém gosta de ver um documentário sobre leucemia, **no entanto** esse assunto é atraente em novelas.

3. Alternativas

Estabelecem uma relação de alternância entre dois termos ou duas orações, pois os dois fatos não podem acontecer ao mesmo tempo.

Conjunções: *ou* (repetida ou não), *ora... ora*, *quer... quer*, *seja... seja*, *já... já*, etc.

Há um rádio com defeito que, **ora** vai no lombo da jumenta, **ora** vai na mão de Zenaide. (*Veja*)
Preencha este cupom **ou** ligue para 0800 150505. (Texto publicitário)

4. Conclusivas

Estabelecem uma relação de conclusão, consequência.

Conjunções: *logo*, *portanto*, *pois* (posposto ao verbo), *assim*, etc.

As novelas devem agradar a todos, **portanto** não devem ferir a moral e os bons costumes.
As novelas devem agradar a todos, **logo** não devem ferir a moral e os bons costumes.
As novelas devem agradar a todos; não devem, **pois**, ferir a moral e os bons costumes.

Locuções conjuntivas: *por isso*, *por conseguinte*.

As novelas devem agradar a todos, **por isso** não devem ferir a moral e os bons costumes.

5. Explicativas

Estabelecem uma relação de explicação. A segunda oração explica ou justifica a ideia expressa na primeira.

Conjunções: *porque*, *que* (= porque), *pois* (anteposto ao verbo), *porquanto*, etc.

Fique quieto, **pois** quero ver minha novela.
Fique quieto, **porque** quero ver minha novela.
Fique quieto, **que** quero ver minha novela.

Observação

A conjunção aditiva **e** estabelece também outras relações entre as orações ou termos. Pode ter valor:

a. adversativo:

Ele ia marcar o gol, **e** o juiz encerrou a partida. (*e* = *mas*)

b. conclusivo:

Não estudaram bastante **e** foram reprovados. (*e* = *portanto*)

c. final (indica finalidade):

Iam parar a guerra **e** ver televisão. (*e* = *para*)

Atividades

1. Identifique as conjunções coordenativas nas frases seguintes e classifique-as:

   a. Os exercícios mentais regulares modificam nossas células cinzentas, portanto mudam também nosso modo de pensar e sentir. (*Viver Mente & Cérebro*)

   b. A lenda da cegonha surgiu na Escandinávia e se popularizou no século XIX com os contos de Hans Christian Andersen. (*Superinteressante*)

   c. Com esta dieta você não emagrece tão rápido nem faz tanto sacrifício. (*Boa Forma*)

   d. Os romanos tentaram proibir os festejos no século II a.C., mas eles continuaram a se realizar. (*Superinteressante*)

   e. Vai para o trono ou não vai? (Chacrinha)

   f. Fique tranquilo, que o remédio vai fazer efeito logo.

2. Reescreva o período utilizando uma conjunção explicativa. Veja o modelo:

   Esse livro é muito bom; **por isso** leia-o.

   *Leia esse livro, **pois** ele é muito bom.*

a. A taxa do condomínio está muito cara, **por isso** não podemos pagá-la.
b. A professora está muito gripada, **portanto** não vai dar aula.
c. Estou com dor de estômago, **por isso** vou ficar em casa.
d. O trânsito desta avenida está infernal, **logo** vou mudar de caminho.

3. Identifique o valor do **e** nas frases que seguem (adversativo, conclusivo ou final):
   a. Costumava sair escondido e encontrar a namorada.
   b. Parecia muito bravo e falava mansamente.
   c. Perdeu a hora e faltou ao trabalho.

Conjunções subordinativas

Ligam orações dependentes, isto é, subordinam uma oração à outra. Podem ser:

1. Causais

Iniciam oração que indica circunstância de causa.

Conjunções: *porque, pois, como* (= *porque*), *que* (= *porque*), *porquanto*.

Em Marte, o céu é cor-de-rosa **porque** há excessivas partículas de poeira em sua atmosfera. (Disponível em: <www.geocities.com>)

Como há excessivas partículas de poeira na atmosfera de Marte, o céu é cor-de-rosa.

Locuções conjuntivas: *já que, uma vez que, visto que*, etc.

Os animais estão sempre alterando padrões de reprodução e migração, **uma vez que** a humanidade está causando mudanças nem sempre lentas na natureza. (*Superinteressante*)

2. Comparativas

Iniciam uma oração que é o segundo elemento da comparação.

Conjunções: *como, qual, que, do que* (depois de *mais, menos, maior, menor, melhor* e *pior*).

A vida vem em ondas **como** o mar. (Lulu Santos)

E eu não sabia que minha história
Era **mais** triste **que** a de Robinson Crusoé. (Carlos Drummond de Andrade)

Locuções conjuntivas: *bem como, assim como, que nem*, etc.

3. Condicionais

Iniciam uma oração que indica condição ou hipótese para que o fato principal se realize ou não.

Conjunções: *se, caso*, etc.

Se você nunca sentiu a sensação de acelerar com o vento batendo em seu rosto, compre correndo *Quatro Rodas*. (Texto publicitário)

Locuções conjuntivas: *contanto que, desde que, salvo se, a menos que, dado que, a não ser que, sem que*, etc.

Sairei com você **desde que** não chova.

4. Conformativas

Iniciam uma oração que indica circunstância de conformidade ou acordo.

Conjunções: *conforme, como* (= *conforme*), *segundo, consoante*, etc.

Digite o código do anúncio correspondente **conforme** indica o manual. (Disponível em: <www.folha.uol.com.br/folha>)
Digite o código do anúncio correspondente **como** indica o manual.

5. Consecutivas

Iniciam uma oração que indica uma consequência do fato expresso na oração anterior.

Conjunções: *que* (precedido de *tal*, *tanto*, *tão* ou *tamanho*).

A TV-realidade ganhou **tanto** peso nos últimos cinco anos **que** hoje o gênero possui sua categoria própria... (Disponível em: <br.news.yahoo.com>)

Locuções conjuntivas: *de modo que*, *de forma que*, *de sorte que*, etc.

6. Concessivas

Iniciam uma oração que indica contradição em relação a outro fato. Essa contradição, no entanto, não impede que o fato se realize.

Conjunções: *embora*, *conquanto*.

Nossa amizade, **embora** fosse profunda, não resistiu àquela mentira.

Locuções conjuntivas: *ainda que*, *mesmo que*, *posto que*, *se bem que*, *por mais que*, *apesar de que*, etc.

Por mais que eu tentasse, não conseguia convencê-lo.

7. Finais

Iniciam uma oração que indica circunstância de finalidade.

Conjunções: *que* (= *para que*), *porque* (= *para que*).

Dei-lhe sinal **que** chegasse mais perto.
Dei-lhe sinal **porque** chegasse mais perto. (forma em desuso)

Locuções conjuntivas: *para que*, *a fim de que*.

Dei-lhe sinal **para que** chegasse mais perto.

8. Proporcionais

Iniciam uma oração que indica um fato que foi realizado ao mesmo tempo que outro, ou vai ser realizado ao mesmo tempo que outro.

Locuções conjuntivas: *à medida que*, *à proporção que*, *ao passo que*, *quanto mais... mais*, *quanto mais... menos*, etc.

Quanto mais gente nasce no mundo, **menor** ele fica. (Jô Soares)
À medida que passa o efeito da anestesia, a dor aumenta.

9. Temporais

Iniciam uma oração que indica circunstância de tempo.

Conjunções: *quando*, *mal*, *apenas*, etc.

Desde 1963, **quando** estreou *2-5499 Ocupado*, a primeira novela diária da TV, já foram produzidas mais de 400 tramas no país.

Locuções conjuntivas: *logo que*, *assim que*, *antes que*, *depois que*, *até que*, *desde que*, *cada vez que*, *sempre que*, etc.

Logo que chega a noite, o pessoal se reúne em frente da TV para ver a história do garotão que ama a bela garota.

10. Integrantes

Iniciam uma oração que exerce função de sujeito, objeto direto, objeto indireto, predicativo, complemento nominal ou aposto de outra oração.

Diferentemente das demais conjunções, as conjunções integrantes não introduzem orações que indicam circunstância.

Conjunções: *que* (no caso de certeza), *se* (quando há incerteza, dúvida).

É mito afirmar **que** não existem personagens complexos em novelas de televisão. (*Superinteressante*)
Gostaria de saber **se** você poderá ir à festa.

Atividades

1. Classifique as conjunções subordinativas destacadas nas frases abaixo em **causais**, **comparativas**, **condicionais** ou **conformativas**:
   a. **Como** não tinha muito dinheiro, resolveu ir a pé para casa.
   b. O rapaz agiu **como** sua consciência mandou.
   c. **Se** você quiser, eu vou buscá-la.
   d. **Como** ela não veio, fiquei preocupada.
   e. Ele se comporta **como** um príncipe.
   f. **Como** dizem as más-línguas, elas são insuportáveis.
   g. **Caso** esteja cansada, não vá ao baile.
   h. O diretor não é **tão** seguro **quanto** parece.

2. Classifique as conjunções subordinativas destacadas nas frases abaixo em **concessivas**, **consecutivas**, **finais**, **proporcionais** ou **temporais**:
   a. Descansou uma semana **depois que** entregou o projeto.
   b. **Embora** tivesse experiência, teve dificuldade para encontrar emprego.
   c. Respondeu a carta **para que** o secretário entregasse ao prefeito.
   d. Comeu **tanto que** passou mal.
   e. **Quanto mais** eu rezo, **mais** assombração me aparece. (Ditado popular)
   f. Sofreu **tanta** rejeição **que** desistiu da política.
   g. É bom conversar **para que** as coisas sejam esclarecidas.
   h. Só se dá valor à saudade **quando** se está longe. (Jô Soares)
   i. Caçador gosta de chifres: **quanto maiores** eles forem em um animal, **maior** a probabilidade de ele ser abatido. (*Superinteressante*)
   j. **Ainda que** estejam no mesmo partido político, têm opiniões contrárias sobre diversos assuntos.

3. Classifique as conjunções subordinativas em destaque em **integrantes** ou **condicionais**:
   a. Quero saber **se** você virá.
   b. **Se** você vier, avise-me.
   c. Estou convencido de **que** encontramos no meteorito sinais de atividade biológica primitiva em Marte. (*Veja*)
   d. Não consegui me informar **se** ela estava em casa.
   e. **Se** eu soubesse **que** iria chover tanto, não teria viajado.

4. Classifique as conjunções subordinativas e coordenativas em destaque no texto que segue:

Sem eira nem beira

A frase feita usada para designar quem perdeu todas as posses tem duas explicações, **mas** nada assegura **que** não sejam igualmente fantasiosas. Viria, primeiro, de Portugal. *Eira* seria um terreno de terra batida ou cimento onde grãos ficam ao ar livre para secar. *Beira* é a beirada da eira. **Quando** uma eira não tem beira, o vento leva os grãos **e** o proprietário fica sem nada. No Nordeste brasileiro, a explicação é **que** as casas dos coronéis de antigamente tinham um telhado triplo: a eira, a beira e a tribeira, **como** era conhecida a parte mais alta do telhado. As pessoas mais pobres não tinham condições de fazer este telhado triplo, **então** construíam somente a tribeira, ficando assim "sem eira nem beira".

(Revista *Língua Portuguesa*. São Paulo: Segmento, ano I, n. 2, 2005. p.11.)

Interjeição

© BY UNIVERSAL PRESS SYNDICATE

WATTERSON, Bill. *Calvin e Haroldo.* Campinas: Cedibra, 1987. p. 11.

Conceito

Na situação apresentada no quadrinho, o pai do Calvin, espantado com a confusão que está ouvindo, exclama:

– Puxa!

Ele poderia expressar esse espanto por meio de uma única frase logicamente organizada, como esta:

– Que coisa mais absurda! O que está acontecendo?

Calvin também poderia expressar seu medo, dizendo:

– Estou com medo! Venha em meu auxílio, mãe.

No entanto, a reação emotiva levou-o a expressar-se por meio de uma única palavra, que vale por uma frase. Ele usou as interjeições: **Aiiiii!**, **Socorro** e **Depressa!**

> **Interjeição é a palavra que expressa estados emotivos. Como tem sentido completo, trata-se de uma palavra-frase.**

Observação

Alguns gramáticos excluem a interjeição das classes gramaticais pelo fato de ela ter valor de uma frase.

Ufa! Finalmente terminei a redação. (*alívio*)

– **Basta!** A briga acabou, crianças! (*desaprovação*)

Com açúcar, com afeto
Fiz seu doce predileto
Pra você parar em casa
Qual o quê
Com seu terno mais bonito
Você sai, não acredito
Quando diz que não se atrasa
Você diz que é operário
Vai em busca do salário
Pra poder me sustentar
Qual o quê (*incredulidade*) (Chico Buarque)

As interjeições cumprem, basicamente, duas funções:

a. sintetizar uma frase exclamativa, exprimindo alegria, tristeza, dor, animação, chamamento, etc.:

Ah!, não, nenhuma – nem morte, nem vida, nem Deus! (Álvaro de Campos)

Oh! Deixa-me aquecer teus pés divinos! (Castro Alves)

b. sintetizar uma frase apelativa:

Cuidado! Ao baixar um arquivo você pode estar fazendo uma ligação DDI. (Disponível em: <www.bombeirosemergencia.com.br>)

As interjeições aparecem quase sempre seguidas de um ponto de exclamação, que pode estar imediatamente depois delas ou no fim da frase:

– **Ah!** menina... Que é que você fez? Quebrou-se o encanto. (Rubem Alves)

– **Oh...** Grande alegria! exclamou, pulando de contente. (Werner Zotz)

As interjeições podem ser formadas por:

a. simples sons vocálicos: *oh!, ah!, ó, ô*

b. palavras: *arre!, olá!, oba!, claro!*

c. grupos de palavras (locuções interjetivas): *ora bolas!, pois não!, meu Deus!, raios te partam!, alto lá!*

Classificação

As interjeições são classificadas de acordo com o sentimento ou apelo que expressam.

O significado de cada interjeição depende sempre do contexto em que ela aparece e da entonação com que é pronunciada. Por exemplo:

Psiu! (breve) – chamamento

Psiu! (prolongado) – pedido de silêncio

Veja agora alguns exemplos de estados emotivos e apelos expressos pelas interjeições e locuções interjetivas:

1. **advertência** – alerta!, cuidado!, calma!, sentido!, atenção!, devagar!, olha lá!
2. **animação** – coragem!, avante!, eia!, vamos!, força!, firme!
3. **alegria** – ah!, oh!, viva!, oba!, aleluia!, eh!
4. **alívio** – ufa!, arre!, uf!, ah!
5. **aprovação, aplauso** – bravo!, bis!, viva!, boa!
6. **apelo, chamamento** – alô!, olá!, psiu!, socorro!, ei!, eh!, valha-me Deus!, ó e ô (usados sem ponto de exclamação)
7. **concordância** – claro!, sim!, pois não! hã-hã!, tá!
8. **desaprovação** – credo!, fora!, basta!, francamente!, xi!, puxa!
9. **desejo** – oh!, oxalá!, tomara!, pudera!
10. **dor, lástima** – ai!, ui!, ai de mim!, que pena!, ah!, oh!
11. **dúvida, incredulidade** – qual!, qual o quê!, pois sim!, hum!, epa!, ora!
12. **impaciência, contrariedade** – hum!, hem!, raios!, diabo!, puxa!, pô!
13. **medo, terror** – ui!, uh!, credo!, cruzes!
14. **saudação** – salve!, adeus!, viva!, oi!, olá!, alô!

15. silêncio – psiu!, silêncio!

16. surpresa, espanto, admiração – ah!, oh!, xi!, ué!, uai!, puxa!, céus!, caramba!, quê!, opa!, virgem!, vixe!, cruz, pô!, putz!

Observações

1. Uma mesma interjeição pode expressar sentimentos diversos:

– **Ai**, você deveria ter sido mais educado com ela. → *desaprovação*
– **Ai!**, pedra do diabo! Topada desgraçada! (Rachel de Queiroz) → *dor*

2. Pode haver mais de uma interjeição para expressar o mesmo estado emotivo:

– **Ih**, doutor. Parece problema no virabrequim.
– No vira quem? – pergunta o perplexo cliente. (*Veja*)

O sentido da frase seria o mesmo se fossem utilizadas as interjeições:

Xi!, **Puxa!**, **Nossa!**

Atividades

1. Leia o texto para responder às questões seguintes:

Essa não!

Lili teve conhecimento dos antípodas, na escola. Logo que chegou em casa, começou a deitar sabença pra cima da cozinheira. Falou, falou, e, como visse que Sia Hortênsia não estava manjando nada, ergueu no ar o dedinho explicativo:

– Imagine só que quando aqui é meio-dia lá na China é meia-noite!
– Credo! Eu é que não morava numa terra assim...
– Mas por quê, Sia Hortênsia?
– Uma terra onde o dia é de noite...Cruzes!

(Mário Quintana, *Lili inventa o mundo*)

a. O título do texto de Mário Quintana é uma locução interjetiva. Que estado emotivo ela expressa?

b. Identifique duas interjeições no texto.

c. Escreva uma frase que substituiria cada uma dessas interjeições.

2. Classifique as interjeições e locuções interjetivas:

a. **Ah**, que minha história fosse como um raio de sol, irresistivelmente louro, quente, vivo, em sua vida de moça reclusa, enlutada, doente. (Rubem Braga)

b. **Oh!** Onde estou? Onde estão meus quadrinhos? (Ziraldo)

c. **Cuidado**, Sr. Augusto! (Joaquim Manuel de Macedo)

d. **Ufa!** Que alívio, ar livre! (Amyr Klink)

e. Dizem que eu sou sábio. **Qual o quê!** (Darcy Ribeiro)

f. – **Ih**, como é difícil conciliar trabalho e estudo.

g. **Alô**, **alô**, **alô**, **alô**, meus amigos do Esporte Espetacular, um abração para todos vocês. (Disponível em: <esporteespetacular.globo.com >)

h. **Ei**, você aí! Me dá um dinheiro, aí! (Música de carnaval)

i. – E você também gosta desse tipo de filme?
– **Claro!**

j. – **Psiu!** Entre na ponta dos pés para não acordar o bebê.

k. **Oxalá** Deus queira
Oxalá, **tomara**
Haja uma maneira
Deste meu Brasil melhorar (Gilberto Gil)

3. Substitua os segmentos em destaque nas frases abaixo por interjeições ou locuções interjetivas:

a. **É suficiente por hoje.** Deixem a discussão para outra hora.

b. **Caí na rua!** O carro quase me pegou!

c. **Fiquem quietos!** Estou explicando um assunto difícil.

d. **Que pessoa insuportável!** Lá vem ele com suas histórias!

4. Grave um diálogo entre adolescentes. A seguir, identifique e classifique as interjeições e locuções interjetivas empregadas.

5. Há interjeições que funcionam como verdadeiras marcas de falares regionais brasileiros. Por exemplo: **Bah!**, **Chê!** (Rio Grande do Sul), **Uai!** (Minas Gerais), **Vixe!** (Nordeste), **Ô meu!** (São Paulo). Quais são as interjeições e locuções interjetivas mais características da sua região?

SINTAXE

Análise sintática

O fim do português

Entrevista com o linguista norte-americano Steven Fischer

Veja – A língua falada pelos brasileiros vai mesmo desaparecer?

Fischer – Sim. Em 300 anos, o Brasil estará falando um idioma muito diferente do atual. Devido à enorme influência do espanhol, é bastante provável que surja uma espécie de portunhol.

Veja – Por quê?

Fischer – Faz parte da dinâmica das línguas. O Brasil está cercado de países que falam espanhol. À medida que as trocas comerciais e os contatos aumentarem, haverá muita pressão. Ao mesmo tempo, argentinos, colombianos, chilenos e uruguaios também vão passar a usar expressões do português brasileiro. Esses dois idiomas são muito parecidos, o que contribui ainda mais para que haja uma fusão.

Veja – O Brasil tem cerca de 40% da população latino-americana, um poder econômico sem similar e mais exporta do que importa mercadorias culturais. Além disso, vive cercado de países de língua castelhana há 500 anos. Por que justamente o português daria lugar ao portunhol?

Fischer – O português não será substituído por outro idioma. Os brasileiros não vão falar espanhol. O que vai acontecer é a mistura das duas línguas. Numa escala menor, é o que deve acontecer com o inglês também. Sem dúvida, o idioma que mais influencia o inglês hoje é o espanhol. Isso já pode ser notado até nos filmes de Hollywood. O processo não tem nada a ver com o peso das economias. Há muito menos pessoas aprendendo português do que espanhol. Essa mescla entre o português e o espanhol não é necessariamente ruim.

Revista *Veja*. São Paulo: Abril, 5 abr. 2000, p. 11.

No texto lido é possível notar a presença de:

a. **substantivos** – língua, Brasil, idioma, países, mistura, etc.;

b. **adjetivos** – diferente, atual, provável, comerciais, etc.;

c. **verbos** – vai, estará, é, faz, está, usar, contribui, etc.;

d. **preposições** – em, de, até, etc.

Quando separamos as palavras nesses grupos, estamos procedendo a uma classificação das palavras, ou seja, estamos distribuindo-as em classes.

Classe é um conjunto de palavras que apresentam características morfológicas semelhantes. Já estudamos as classes de palavras em português e vimos que são dez: substantivo, adjetivo, artigo, pronome, numeral, verbo, advérbio, preposição, conjunção e interjeição.

O estudo das classes gramaticais se faz na morfologia.

Observe agora este exemplo:

– **Em 300 anos, o Brasil estará falando um idioma muito diferente do atual.**

Trata-se de um enunciado linguístico com significado completo, ou seja, trata-se de uma frase. Numa frase, as palavras relacionam-se entre si e combinam-se de acordo com determinados princípios. A parte da gramática que estuda a estrutura formal da frase, isto é, as combinações e relações entre as palavras chama-se **sintaxe**.

Interessam à sintaxe:

1. A função que as palavras exercem na frase (**função sintática**).

A expressão *o Brasil*, no exemplo acima, exerce a **função de sujeito** da locução verbal *estará falando*.

Função é o papel representado por um termo na organização do enunciado linguístico. Cada membro da frase contribui com uma função específica na totalidade da mensagem. Quando afirmamos que a palavra *Brasil* é um substantivo, estamos identificando a **classe gramatical** a que ela pertence. Quando dizemos que a palavra *Brasil* é o núcleo do sujeito, estamos identificando sua **função sintática** na frase.

2. A ordem das palavras na frase (**sintaxe de colocação**).

A construção *falando atual idioma do muito diferente um Brasil estará o* não tem sentido, porque a sintaxe da língua não prevê essa ordem na combinação das palavras.

3. A concordância das palavras na frase (**sintaxe de concordância**).

O verbo *estar*, por exemplo, está na terceira pessoa do singular, que concorda com o sujeito (*o Brasil*), também de terceira pessoa do singular (**concordância verbal**).

O artigo *o* está na forma masculina, singular, porque concorda com o substantivo (*Brasil*) masculino, singular (**concordância nominal**).

4. A dependência das palavras na frase (**sintaxe de regência**).

Na frase que serve de exemplo, o verbo (*falar*) não exige preposição. No entanto, se substituíssemos a locução verbal *estará falando* por *precisará*, a preposição *de* seria obrigatória: *O Brasil precisará* ***de*** *um idioma muito diferente do atual.*

Antes de começarmos a estudar o primeiro item da sintaxe, que é a análise sintática, precisamos distinguir alguns conceitos importantes.

Frase, oração, período

Frase

Ao combinar as palavras de uma língua, o falante tem um propósito específico: estabelecer comunicação.

A frase deve ter, segundo o linguista Mattoso Câmara, um propósito definido em termos comunicativos e uma entonação que lhe assinala nitidamente o começo e o fim. Será frase, portanto, qualquer palavra ou grupo de palavras suficiente para atender ao objetivo do falante: estabelecer comunicação. Exemplos:

Frase é a unidade mínima de comunicação linguística.

– **A língua falada pelos brasileiros vai mesmo desaparecer?**
– **Sim.**

Se estivesse isolada, a palavra *sim* não constituiria uma frase. No texto lido, entretanto, ela passa a ser frase.

Na língua oral, a frase é marcada pela entonação. Na língua escrita, essa entonação é delimitada pelos sinais de pontuação.

Compare os dois casos seguintes:

1. 

O gesto e a expressão fisionômica do falante, assim como os elementos da situação em que é pronunciada, fazem com que a palavra *oh!* seja uma frase.

2. – **Oh!** (na ilustração acima)

A frase pode ter verbo ou não. Quando não tem verbo, chama-se **frase nominal**. Exemplos:

Silêncio!
Fogo!
Adeus!

Tipos de frase

Há vários tipos de frase, dependendo do que se quer exprimir:

1. **declarativa** – emprega-se para afirmar ou negar alguma coisa:

O português será substituído por outro idioma.
O português não será substituído por outro idioma.

2. **interrogativa** – ocorre quando se faz uma pergunta direta ou indireta:

O português será substituído por outro idioma? (interrogativa direta)
Não sei dizer se o português será substituído por outro idioma. (interrogativa indireta)

3. **exclamativa** – expressa admiração, surpresa, espanto:

O português será substituído por outro idioma!

4. **imperativa** – indica ordem, pedido, conselho:

Não fale outro idioma!
Não fume!

Browne, Dik. *O melhor de Hagar, o horrível*. Porto Alegre: L&PM, 1986. p. 15.

5. **optativa** – é utilizada para exprimir desejo. Geralmente, tem o verbo no subjuntivo:

   Deus te ajude!
   Tomara que a língua portuguesa se mantenha viva!

Oração

Oração é a frase ou parte de uma frase que se organiza em torno de um verbo ou de uma locução verbal.

A oração é constituída, geralmente, de dois elementos: **sujeito** e **predicado**, ou, pelo menos, de um predicado.

O português e o espanhol | são muito parecidos.
↓ sujeito — ↓ predicado

Fazia um frio terrível no porto. (Amyr Klink)
↓ predicado
(esta frase não tem sujeito)

Período

Período é a frase constituída de uma ou mais orações.

O período pode ser:

1. **simples** – quando formado por uma só oração, que é chamada de absoluta:

   As línguas são dinâmicas.

2. **composto** – quando formado por duas ou mais orações:

   É bastante provável | que surja uma espécie de portunhol.
   1ª oração — 2ª oração

   Não sabemos | se esse linguista fez afirmações | que procedem.
   1ª oração — 2ª oração — 3ª oração

O período termina sempre por uma pausa definida, que é representada, na escrita, por um dos seguintes sinais de pontuação: ponto-final, ponto de exclamação, ponto de interrogação, reticências.

A língua falada pelos brasileiros poderá desaparecer.
A língua falada pelos brasileiros poderá desaparecer!
A língua falada pelos brasileiros poderá desaparecer?
A língua falada pelos brasileiros poderá desaparecer...

Objetivos da análise sintática

A análise sintática tem como objetivos o estudo do período e das orações que o compõem. Esse estudo deve seguir alguns passos: primeiramente, divide-se o período em orações e, a seguir, determina-se a função de cada termo da oração.

1. Estrutura de um período

Observe:

Você acredita | **que** pode haver fusão das línguas da América do Sul?
↓ 1ª oração — ↓ 2ª oração

O exame da estrutura desse período revela que ele é constituído de duas orações ligadas por uma conjunção (**que**).

2. Estrutura de cada oração de um período

Considerando ainda o período da página anterior, notamos que existem nele doze palavras. Cada uma delas exerce uma determinada função nas orações. A primeira oração (*Você acredita*) tem dois **termos** e a segunda oração (*pode haver fusão das línguas da América do Sul*) tem nove **termos**. A conjunção *que* funciona como elemento de ligação entre as duas orações.

Em análise sintática, cada palavra da oração é chamada de **termo da oração**.

Termo é a palavra que, na frase, assume uma função sintática determinada.

É importante observar que não se pode fazer análise sintática de frases que não sejam orações ou período. Não se pode analisar sintaticamente frases como as destacadas nos dois trechos seguintes:

Veja – A língua falada pelos brasileiros vai mesmo desaparecer?

Fischer – **Sim**. Em 300 anos, o Brasil estará falando um idioma muito diferente do atual. Devido à enorme influência do espanhol, é bastante provável que surja uma espécie de portunhol.

Veja – **Por quê**?

– Como andam as coisas? – perguntou Pádua.

– **Que coisas**?

– **O trabalho**.

– **Sem novidade**. (Rubem Fonseca)

Atividades

1. Identifique os casos em que a palavra ou expressão destacada é frase:

a. **Veja** – O Brasil deveria seguir a França e tomar medidas para evitar o uso de palavras estrangeiras?
Fischer – **Não**. Idiomas **não** são pedras, mas esponjas. (*Veja*)

b. – Conseguiu rápido o seu barco, meu amigo!
– Não é meu – respondi e brinquei:
– **Ainda não**.

c. – **Ainda não** sei se vou conseguir o barco.

d. – Deus sabe o que faz, **louvado seja** Deus.
– **Louvado seja**! (Lygia Fagundes Telles)

e. Educação é muito mais que **sala de aula**. (*Veja*)

f. – Sabe o que falta para a criança de rua?
– **Sala de aula**.

g. A Terra é que, girando sobre si mesma, dá a impressão de que o Sol desponta, roda no céu e se põe. **Ilusão.** (Darcy Ribeiro)

h. PARA GOSTAR DE LER – Se não fosse escritor, o que você desejaria ser?
RUBEM BRAGA – **Desenhista**, pintor. (*Para gostar de ler*)

i. **O desenhista** A. F., de 19 anos, portador da rara doença conhecida como "epidermólise bolhosa", realizou nesta semana o grande sonho de sua vida... (Disponível em: <www.picarelli.com.br/o_povo_na_tv>)

2. Identifique o número de frases que ocorrem no trecho seguinte:

– Olha um gatinho. Ele mora aqui?
– Mora.
– E que é que ele come?
– Papel.
– Mentiroso!
– Então pergunte a ele. (Rubem Braga)

3. Classifique cada frase em **declarativa**, **interrogativa**, **exclamativa**, **optativa** ou **imperativa**:

a. Falam-se entre 4 mil e 6 800 idiomas na Terra. *(Veja)*

b. – Os pais devem permitir que seus filhos usem gírias? *(Veja)*

c. Na feira, a gorda senhora protestou a altos brados contra o preço do chuchu:

– Isto é um assalto!

d. – Abra esta porta, Maria.

e. Que seus sonhos se realizem!

4. Leia o trecho seguinte e depois responda:

Hoje, uma língua que não seja falada por 20 mil pessoas está fadada a desaparecer. Os idiomas seguem o rio da História, sempre fluindo, sempre mudando. *(Veja)*

a. Quantos períodos há no trecho acima?

b. Quantas orações há no segundo período?

5. As frases que seguem expressam o mesmo pedido de três maneiras diferentes. Classifique-as e explique a diferença de sentido entre elas.

a. Tome este remédio.

b. Você pode tomar este remédio.

c. Você pode tomar este remédio?

Análise sintática da oração

Foi uma mensagem curta e telegráfica que garantiu a Stalin que os japoneses não invadiriam a União Soviética. O bilhete custou a vida de quem o enviou – o lendário Sorge, conhecido como o "espião vermelho" –, mas mudou a história da humanidade: Stalin pôde então contar com as tropas estacionadas em prontidão no flanco leste do país e surpreender os nazistas do exército de Hitler que estavam a instantes de tomar Moscou. Fosse nos tempos atuais, Sorge teria registrado o resultado de suas espionagens em um banal e-mail, disparado de um lap-top – da mesma maneira, aliás, como vinham se comunicando alguns dos terroristas da Al-Qaeda, organização de Osama bin Laden.

Miguel de Almeida. Revista *E*, fev. 2002, p. 17.

De acordo com a NGB, há três tipos de termos que podem ocorrer numa oração: **termos essenciais**, **termos integrantes** e **termos acessórios**.

Termos essenciais da oração

São eles: **sujeito** e **predicado**.

Os japoneses | não invadiriam a União Soviética.
↓ sujeito ↓ predicado

Os terroristas da Al-Qaeda | comunicam-se por e-mail.
↓ sujeito ↓ predicado

Nos exemplos dados, são sujeitos:

Os japoneses...
Os terroristas da Al-Qaeda...

Nos exemplos dados, são predicados:

... não invadiriam a União Soviética.
... comunicam-se por e-mail.

Apesar de o sujeito e o predicado serem considerados termos essenciais, há orações que apresentam somente predicado, pois o verbo não se refere a nenhum sujeito gramatical. Veja:

Chove pouco na região Nordeste do Brasil.
É tarde.
Há muitas mensagens enviadas por e-mail.

Termos essenciais são aqueles que sustentam a mensagem transmitida por meio de uma oração.

Sujeito é o termo sobre o qual se declara algo. O verbo da oração concorda com o sujeito em pessoa e número.

Predicado é tudo aquilo que se declara a respeito do sujeito. Não existe oração sem predicado.

Sujeito

A declaração que se faz a respeito do sujeito vem expressa no predicado. No predicado existe sempre um verbo. Esse verbo concorda com o sujeito em pessoa e número.

Stalin surpreendeu o exército nazista.
Stalin → 3ª pessoa singular; surpreendeu → 3ª pessoa singular

Os nazistas foram surpreendidos por Stalin.
Os nazistas → 3ª pessoa plural; foram surpreendidos → 3ª pessoa plural

Quando o sujeito é formado por mais de uma palavra, deve-se localizar o **núcleo do sujeito**.

Núcleo é a palavra central do sujeito, isto é, a palavra com a qual concordam as demais palavras existentes no sujeito.

núcleo: **nazistas**
Os **nazistas** foram surpreendidos por Stalin.
sujeito: Os nazistas

núcleo: **história**
A **história** da humanidade foi alterada por esse bilhete telegráfico.
sujeito: A história da humanidade

O sujeito pode ser representado por:

a. substantivo ou palavra substantivada:

núcleo: **mensagem**
Uma **mensagem** curta e telegráfica garantiu a vitória a Stalin.
sujeito: Uma mensagem curta e telegráfica

núcleo: **calar**
O **calar** é ouro. (ditado popular)
sujeito: O calar

b. pronome pessoal reto:

Eles não invadiram a União Soviética.

c. pronome demonstrativo, relativo, interrogativo ou indefinido:

Isso aconteceu na Segunda Guerra Mundial.
Lemos os jornais | **que** noticiaram o fato. (*que* = sujeito de *noticiar*)
Lemos os jornais → 1ª oração; que noticiaram o fato → 2ª oração
Quem contou isso para você?
Muitos se maravilham com a esperteza de Stalin.

d. numeral:

núcleo: **dois**
Os **dois** foram responsáveis pela vitória.
sujeito: Os dois

e. oração, chamada de oração *subordinada substantiva subjetiva*, cujo estudo será feito na página 424.

Parece | **que essa comunicação seria muito diferente hoje**.

Parece → 1ª oração; que essa comunicação seria muito diferente hoje → 2ª oração

É possível | **resolver quase tudo na empresa por e-mail**.
↓ 1ª oração ↓ 2ª oração

Nos dois exemplos, a segunda oração funciona como sujeito da primeira.

f. pronome pessoal oblíquo:

Deixei-**a** tentar de novo. (*a* → sujeito do verbo *tentar*)
Permitam-**me** sair. (*me* → sujeito do verbo *sair*)

No primeiro exemplo, o pronome oblíquo **a** é objeto direto da primeira oração e sujeito da segunda. No segundo exemplo, o pronome **me** é objeto indireto da primeira oração e sujeito da segunda.

Localização do sujeito

O sujeito pode aparecer em diferentes posições na oração:

a. anteposto ao verbo:

Milhares de pessoas participam das salas de bate-papo na internet.

b. posposto ao verbo:

Participam das salas de bate-papo na internet **milhares de pessoas**.

Classificação do sujeito

1. Determinado

É o sujeito que pode ser identificado pela terminação do verbo ou pelo contexto em que aparece. Vejamos:

A internet provocou uma espécie de renascimento da escrita. Fez surgir um comportamento epistolar digital.

Qual é o sujeito de *fez surgir*?

Pelo contexto podemos identificá-lo facilmente. Trata-se do mesmo sujeito da oração anterior: **a internet**.

O sujeito determinado pode ser:

a. **simples** – aquele que tem um só núcleo:

núcleo ↑
Os **comunicados** à imprensa são feitos via on-line.
↓ sujeito simples

b. **composto** – aquele que tem mais de um núcleo:

núcleo ↑ núcleo ↑ núcleo ↑
Os **comunicados** à imprensa, as **juras** de amor, as **propostas** comerciais são feitos via on-line.
↓ sujeito composto

Há casos em que o sujeito determinado não está expresso na oração, mas pode ser facilmente identificado pela terminação do verbo. Esse tipo de sujeito é chamado de sujeito **oculto**, **elíptico** ou **desinencial**.

Abriu a porta; nada viu. (Lima Barreto)

O sujeito das duas orações é **ele** ou **ela**, conforme se pode deduzir da terminação dos verbos *abriu* e *viu*.

Estamos tão separados! (Graciliano Ramos)

O sujeito da oração é **nós**, como se pode deduzir da terminação do verbo *estamos*.

A NGB não registra nenhum dos três nomes desse tipo de sujeito, preferindo classificá-lo apenas como sujeito simples.

2. Indeterminado

É o sujeito que não pode ser identificado nem pelo contexto nem pela terminação do verbo.

O sujeito indeterminado pode ocorrer:

a. com verbos na 3ª pessoa do plural, desde que o contexto não permita identificá-lo. Observe:

Alteraram toda a programação dos jogos. (*Diário Popular*)

Não é possível identificar o sujeito do verbo *alteraram*.

Veja agora:

Os técnicos dos times ficaram reunidos ontem o dia todo. Alteraram a programação dos jogos.

Qual é o sujeito de *alteraram*? *Os técnicos dos times*, evidentemente. Trata-se de um sujeito **determinado**, pois sabemos qual é, mas **oculto**, porque não aparece claramente na segunda oração.

b. com verbos na 3ª pessoa do singular acompanhados da partícula **se**:

Trata-se de um novo tipo de comunicação.
Não se sabe de um caso de assalto recente.

Observação

Alguns gramáticos consideram como indeterminado o sujeito representado por pronome substantivo indefinido:

Tudo confundia os alunos.

Ninguém se interessa por essa temática.

Na realidade, uma análise semântica poderia considerar tais sujeitos como indeterminados, mas a análise sintática deve considerá-los como sujeitos simples, uma vez que aparecem claramente na frase palavras com função de sujeito.

3. Inexistente

Embora seja considerado termo essencial, às vezes o sujeito não existe. Trata-se de uma incoerência da Nomenclatura Gramatical Brasileira (NGB).

Quando isso acontece, temos em português orações que são formadas apenas por predicados. Nesse caso, o verbo é considerado impessoal e está sempre na 3ª pessoa do singular.

A oração sem sujeito ocorre nos seguintes casos:

a. com verbos ou expressões que indicam fenômenos meteorológicos:

Já **é** tarde da noite?
Deve chover hoje no sul do país.

b. com o verbo **fazer** e o verbo **haver** indicando tempo decorrido:

Ele trabalha no museu | **há** 47 anos. (*Folha de S.Paulo*)

↓ 1ª oração ↓ 2ª oração

A segunda oração não tem sujeito.

Fazia tempo | que não estudava gramática.

A primeira oração (*Fazia tempo*) não tem sujeito.

Observação

Os verbos que indicam fenômenos meteorológicos, quando utilizados em sentido figurado, apresentam sujeito claro:

O político trovejava insultos. (sujeito → *O político*)

Os olhos da atriz relampejavam de ódio. (sujeito → *Os olhos da atriz*)

c. com o verbo **ser** indicando tempo e distância:

Era meia-noite quando ocorreu o acidente.
De uma cidade a outra **seriam** apenas oitenta quilômetros.

Observação

Nesse caso o verbo *ser* concorda com o predicativo.

d. com o verbo **haver** empregado no sentido de **existir**:

Há uma obra comprovadamente falsa no Masp (Museu de Arte de São Paulo). (*Folha de S.Paulo*)
Havia milhões de pessoas no show dos Rolling Stones.

Nesse caso, é comum o verbo **haver** ser substituído pelo verbo **ter**:

Tem uma obra comprovadamente falsa no Masp.
Tinha milhões de pessoas no show dos Rolling Stones.
É aqui, perto do vau da Sarapalha: **tem** uma fazenda denegrida e desmantelada... (Guimarães Rosa)

Observação

O verbo **existir** concorda com o sujeito:

Existiam milhões de pessoas no show.
Existiam ↓ verbo no plural
milhões de pessoas ↓ sujeito no plural

e. com o verbo **passar** indicando tempo:

Já **passa** de três da manhã.

f. com os verbos **parecer** e **ficar** em construções como:

Parecia noite, de tão escuro. **Ficou** claro como o dia.

g. com os verbos **bastar** e **chegar**, seguidos da preposição **de**:

Chega de balbúrdia! **Basta** de conversa fiada.

Partícula *se*

As construções em que ocorre a partícula **se** apresentam algumas dificuldades quanto à classificação do sujeito.

Compare:

a. Analisou-se o problema. → Analisaram-se os problemas.
o problema ↓ sujeito — os problemas ↓ sujeito

b. Precisa-se de estagiário. → Precisa-se de estagiários.
sujeito indeterminado — sujeito indeterminado

No caso *a*, o **se** é uma partícula apassivadora. O verbo está na voz passiva sintética, concordando com o sujeito. Veja a transformação das frases para a voz passiva analítica:

O problema foi analisado. → Os problemas foram analisados.
O problema ↓ sujeito — Os problemas ↓ sujeito

No caso *b*, o **se** é índice de indeterminação do sujeito. O verbo está na voz ativa. Nessas construções, o sujeito é indeterminado e o verbo fica sempre na 3ª pessoa do singular.

A língua coloquial e mesmo a literária registram exemplos de infração ao caso *a*:

Aluga-se apartamentos.
apartamentos ↓ sujeito

... de longe se via os bichos bodejando no capim... (José J. Veiga)
os bichos ↓ sujeito

Na língua oral, no entanto, essa concordância muitas vezes não é efetuada, apesar de a gramática normativa considerar que essas formas estejam erradas. Vejam estes exemplos retirados da *Gramática do português falado*, volume V: Convergências, página 207:

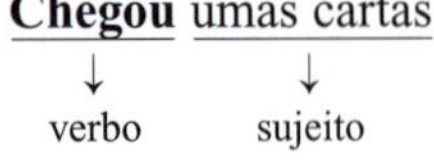
Chegou umas cartas.
Chegou ↓ verbo no singular — umas cartas ↓ sujeito no plural

Falta dois minutos para acabar a aula.
Falta ↓ verbo no singular — dois minutos ↓ sujeito no plural

Observação

Com alguns verbos, como **faltar**, **acontecer**, **bastar**, **chegar**, etc., é comum a colocação do sujeito depois do verbo. Nesse caso, é importante ficar atento à concordância verbal:

Faltaram alguns candidatos.
↓ verbo no plural — ↓ sujeito no plural

Para mim, **bastam** alguns esclarecimentos.
↓ verbo no plural — ↓ sujeito no plural

Acontecem fatos esquisitos nesta cidade.
↓ verbo no plural — ↓ sujeito no plural

FATOS DE DISCURSO

Sujeito e efeitos de sentido

Como vimos, há basicamente duas formas de **indeterminar o sujeito**. Porém, cada uma delas se presta a usos distintos e cria efeitos de sentido diferentes.

1. verbo na 3ª pessoa do plural sem expressão do sujeito:

   Recolheram todos os ingressos do espetáculo.

   Essa forma de indeterminar o sujeito é usada sobretudo quando se exprime uma ação ocasional, eventual, única: uma ação que se dá apenas uma vez.

2. verbo na 3ª pessoa do singular + índice de indeterminação do sujeito:

   Em São Paulo, **come-se** muito bem.

   Essa forma de indeterminar o sujeito é usada de preferência quando o verbo exprime uma ação de caráter universal (que é válida como se fosse uma "verdade"). Também é usada quando, num texto em linguagem formal, é necessário *neutralizar* a expressão, justamente para que ela pareça uma "verdade universal". Compare as duas frases:

   Depois das pesquisas, **pudemos** concluir que a chuva é necessária à vida.
   Depois das pesquisas, **pôde-se** concluir que a chuva é necessária à vida.

Atividades

1. Identifique o sujeito e o predicado das orações que seguem e destaque o núcleo do sujeito:

a. Os Padong são um grupo da tribo Karen.
b. Os cuidados de limpeza e polimento tomam boa parte do tempo das mulheres-girafas.
c. Hoje são raros os tigres.
d. Sonham as meninas com as primeiras argolas.

2. Classifique o sujeito dos verbos destacados nas orações que seguem:

a. O dia da cerimônia **é** considerado uma festa.
b. Suas mulheres-girafas **chegam a ter** no pescoço, na idade adulta, 25 argolas.
c. A limpeza e o polimento das argolas **tomam** boa parte do tempo de suas detentoras.
d. **Dizem** que o hábito de usar aros no pescoço começou muitos anos atrás.
e. **Há** muitas argolas no pescoço das mulheres da tribo Padong.

f. Nunca **li** nada a respeito dessa tribo africana.

g. **Intriga**-me o comportamento dessas mulheres.

h. **Faz** muitos anos que essas mulheres têm esse hábito.

i. **Existiam** muitos tigres que atacavam as mulheres.

j. Não **devemos julgar** costumes e tradições diferentes dos nossos.

k. Empresa pública e iniciativa privada **vão** juntas ao campo. (*Veja*)

l. Não **há** motivos para preocupação com a linguagem da internet.

3. Classifique o sujeito e dê a função sintática da partícula **se**:

a. Levantam-se questões sobre a língua portuguesa falada no Brasil.

b. Precisa-se de tradutores.

c. Trocam-se impressões e segredos nas salas de bate-papo da internet.

d. Com o advento dos e-mails, comentam-se as notícias de jornal logo depois da publicação.

e. Compram-se carros usados.

f. Aluga-se terreno na zona leste paulistana.

g. Nesta cidade, não se anda sozinho à noite.

h. Vendem-se instrumentos musicais.

i. Aceitam-se encomendas.

j. Aluga-se casa para temporada ou fim de semana.

k. Necessita-se de computadores novos.

l. Vendem-se filhotes de cão labrador.

m. Não se obedece às normas de trânsito.

n. Retificam-se vários itens do edital da prefeitura.

4. Reescreva as frases que seguem substituindo o verbo **haver** por **existir** e vice-versa:

a. Hoje há milhares de pessoas que utilizam o ICQ, programa de comunicação on-line. (*Jornal da Tarde*)

b. Viagem ao tempo em que os automóveis não **existiam**. (*Diário de Notícias*)

c. Desde que o ser humano desenvolvido observa o céu com olhos atentos, **há** e **houve** muitos eclipses da Lua. (Disponível em: <www.portaldoastronomo.org/tema>)

d. Ninguém será obrigado a regressar nem será extraditado para um país em que **haja** motivos fundados para se crer que possa ser vítima de uma execução... (Disponível em: <www.gddc.pt/direitos-humanos/textos-internacionais-dh/>)

Predicado

Para classificar o predicado de uma oração, é preciso conhecer a predicação verbal.

Predicação verbal

Predicação verbal é o resultado da ligação que se estabelece entre o sujeito e o verbo e entre os verbos e os complementos.

Quanto à predicação, os verbos podem ser **intransitivos**, **transitivos** ou **de ligação**.

1. Verbo intransitivo

É aquele que não precisa de complemento, pois sua significação já é completa. O sentido do verbo não transita do sujeito para o complemento.

Surgem novas formas de comunicação.

O verbo *surgir* é intransitivo, pois encerra um significado completo. *Novas formas de comunicação* é o sujeito da oração. Se quiser, o falante pode acrescentar outras informações, como:

a. local onde ocorre o fato:

Surgem novas formas de comunicação **na internet**.

b. época em que ocorre o fato:

Surgem **atualmente** novas formas de comunicação na internet.

Essas informações ampliam o significado do verbo, mas não são necessárias para que o ouvinte entenda a informação básica expressa pelo verbo *surgir*.

O mesmo não acontece, por exemplo, na frase seguinte:

Os portais da internet **possuem** centenas de salas de bate-papo.

O verbo *possuir* exige uma informação que lhe complete o significado.

Observação

Há alguns verbos intransitivos que sempre vêm acompanhados de um termo que indica circunstância de lugar: **ir**, **vir**, **chegar**, **morar**, **residir**, **entrar**, **sair**, etc.

Saímos do colégio.

Residem na praia.

2. Verbo transitivo

Trata-se de um verbo que precisa de um termo que lhe complete o significado. Esse termo chama-se **objeto**. Chama-se transitivo porque o seu sentido transita, passa do verbo para o objeto.

Os portais da internet **possuem** centenas de salas de bate-papo.

O verbo transitivo pode ser **direto**, **indireto** e ainda **direto e indireto** ao mesmo tempo.

Verbo transitivo direto

É aquele cujo sentido é completado por um termo que se liga a ele de maneira direta, isto é, sem preposição obrigatória. Esse complemento é chamado de **objeto direto** (OD).

Comunicação pela internet **pressupõe** interatividade.

VTD — OD

Verbo transitivo indireto

É aquele cujo sentido é completado por um termo que se liga a ele de maneira indireta, isto é, com preposição obrigatória. O complemento do verbo transitivo indireto chama-se **objeto indireto** (OI).

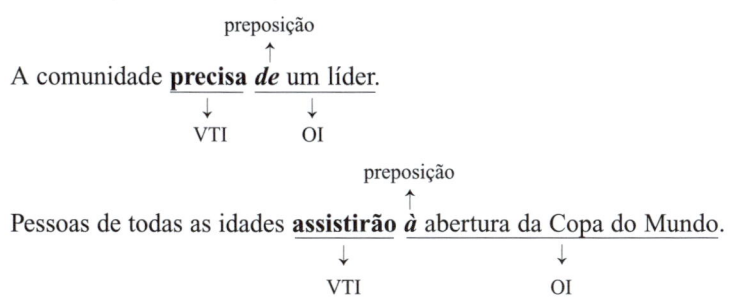

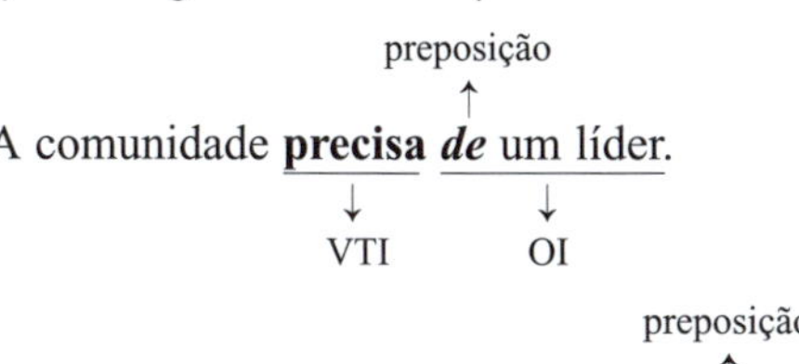

preposição

Pessoas de todas as idades **assistirão** ***à*** abertura da Copa do Mundo.

Se o objeto indireto for um pronome oblíquo átono, a preposição não aparecerá. Veja:

O povo **lhe** atribui poderes divinos.
O povo atribui poderes divinos **a ele**.
Deram-**me** todas as informações.
Deram todas as informações **a mim**.

Verbo transitivo direto e indireto

Verbo transitivo direto e indireto (TDI) é aquele cujo sentido é completado por dois termos ao mesmo tempo: um que se liga a ele diretamente e outro que se liga a ele por meio de uma preposição. Portanto, o verbo transitivo direto e indireto exige um **objeto direto** e **um objeto indireto** (ODI).

Observação

Os verbos transitivos diretos admitem a voz passiva:

Alguns gramáticos condenam a língua escrita na internet. (voz ativa)

A língua escrita na internet é condenada por alguns gramáticos. (voz passiva)

Alguns poucos verbos transitivos indiretos admitem a voz passiva: **obedecer**, **perdoar**, **pagar**, etc.

Muitas pessoas não obedecem às leis do trânsito. (voz ativa)

As leis do trânsito não são obedecidas por muitas pessoas. (voz passiva)

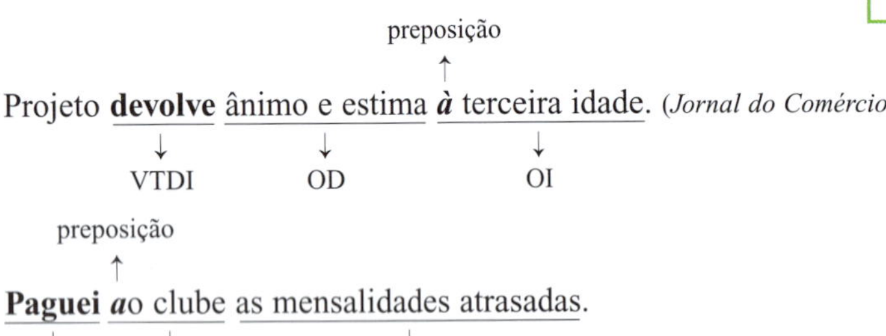

Projeto **devolve** ânimo e estima *à* terceira idade. (*Jornal do Comércio*)

Paguei *a*o clube as mensalidades atrasadas.

3. Verbo de ligação

O verbo transitivo e o verbo intransitivo são **significativos** ou **nocionais**, isto é, têm um sentido próprio: indicam ação, fenômeno da natureza, desejo, fato. Exemplos: *brincar*, *chover*, *amar*, *morrer*, *pensar*.

O **verbo de ligação** (VL) estabelece relação entre o sujeito e um termo que expressa características desse mesmo sujeito. Esse termo é chamado de **predicativo do sujeito** (PS). Cada verbo de ligação apresenta um *semantismo* ou *significado* próprio, e o falante o escolhe de acordo com o sentido que quer dar à característica que é atribuída ao sujeito. Observe:

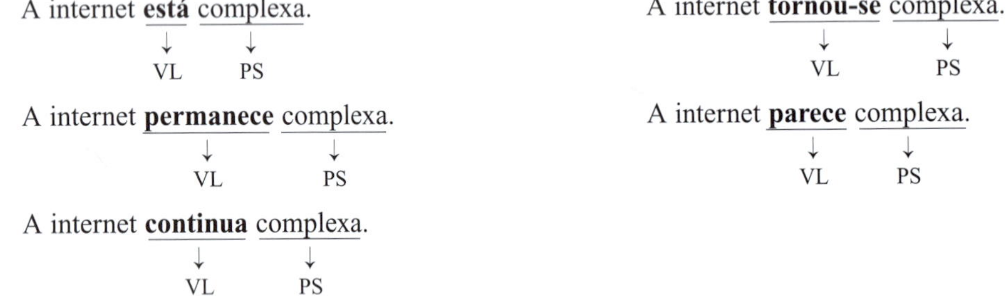

A internet **continua** complexa.

A internet **tornou-se** complexa.

São empregados comumente como verbos de ligação: *ser*, *estar*, *tornar-se*, *permanecer*, *continuar*, *ficar*, *parecer*.

Os verbos **ficar**, **estar** e **permanecer** podem ser empregados tanto como verbos de ligação quanto como intransitivos. Quando intransitivos vêm acompanhados de um termo que indica circunstância de lugar.

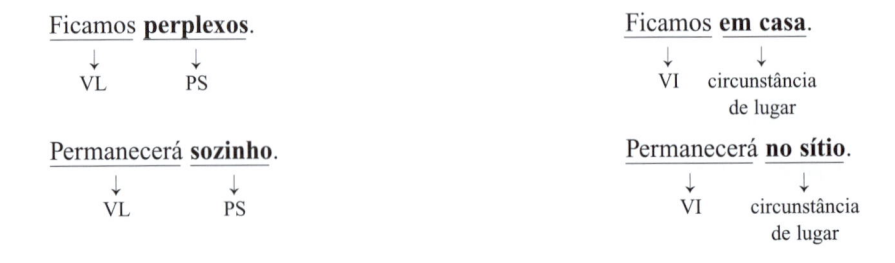

Ficamos **perplexos**.

Ficamos **em casa**.

Todos estavam **admirados**.
↓ ↓
VL PS

Todos estavam **no bar**.
↓ ↓
VI circunstância de lugar

Observações

1. Alguns verbos que funcionam como verbos de ligação podem ser verbos com significado, como andar (= estar sempre), viver (idem), sair (ele saiu vencedor), etc. Esse caso se reconhece facilmente pela concordância do predicativo:

   Ana anda **cansada**.
   ↓ ↓
   VL PS

   Joaquim vive **cansado**.
   ↓ ↓
   VL PS

2. A classificação do verbo quanto à predicação deve ser feita de acordo com o texto em que o verbo ocorrer, e não isoladamente, pois o mesmo verbo pode ser empregado com diferentes predicações:

   O tempo **virou**. (verbo intransitivo)

   Muitos acreditam que o macaco **virou** homem. (verbo de ligação)

   O motorista **virou** o carro para a esquerda. (verbo transitivo direto)

   Só **falam** asneiras. (verbo transitivo direto)

   Falam muito. (verbo intransitivo)

   Falaram tudo aos amigos. (verbo transitivo direto e indireto)

   Só **ouço** música popular brasileira. (verbo transitivo direto)

   Não grite. **Ouço** bem. (verbo intransitivo)

3. Como essa questão da transitividade é bastante complexa em português, alguns linguistas propõem outra classificação. Mário Perini, em seu livro *Gramática descritiva do português*, sugere a seguinte:

   Os verbos transitivos dividem-se em três grupos:

   a. aqueles que exigem objeto direto: *fazer, encontrar, considerar,* etc.

      Fábio **faz** o trabalho.

   b. aqueles que recusam objeto direto: *ir, vir, sair,* etc.

      Vamos à festa junina.

   c. aqueles que aceitam livremente a ocorrência do objeto direto (maioria dos verbos): *comer, beber, estudar, ler,* etc.

      Comi bem. (sem OD)

      Comi peixe ontem à noite. (com OD)

Atividades

1. Classifique os verbos em destaque quanto à predicação:

   a. **Crescem** vendas de apartamentos novos em São Paulo. (*Jornal da Tarde*)

   b. Caruaru **acende** 30 mil fogueiras. (*Jornal do Comércio*)

   c. Comerciante **reclama** de convênio. (*Folha de S.Paulo*)

   d. Número de livros sobre História do Brasil **quintuplicou**. (*Veja*)

   e. O papa **condena** o aborto. (*Folha da Tarde*)

   f. Onda de panes telefônicas **irrita** usuários. (*Folha de S.Paulo*)

   g. Leitor **se queixa** de serviço em cemitério.

   h. Crimes de policiais **ficam** impunes. (*Folha da Tarde*)

   i. Os alunos não **pediram** ordem a ninguém.

j. O consumo de leite **aumentou** nos últimos anos. *(Folha de S.Paulo)*

k. **Escrevi** uma carta a minha amiga, pedindo desculpas.

l. Polícia **encontra** lista suspeita. *(Tribuna do Norte)*

2. Classifique quanto à predicação os verbos destacados no texto:

Veja – Por que o inglês **predominou**?

Fischer – O século XX **foi** uma gangorra. À medida que o peso do alemão e do francês **diminuía**, **aumentava** a influência do inglês. Milhares de pessoas começam a **estudar** inglês todos os dias. Nunca na história da humanidade um idioma **teve** tamanha importância. As pessoas que ocupam cargos mais bem remunerados falam fluentemente ou têm um conhecimento básico do idioma. Se você contar os bilíngues, há mais gente falando inglês do que mandarim. Com a globalização e a internet, esse fenômeno vai aumentar. **Aprenda** inglês e **prospere**, ou **ignore** e **padeça**. No entanto, vale lembrar que línguas internacionais não **são** uma novidade. A primeira a ser documentada foi o dialeto koiné, oriundo da região de Atenas, três séculos antes do nascimento de Cristo. *(Veja)*

3. Diga se os verbos em destaque são **intransitivos** ou **de ligação**:

a. O mapa **estava** confuso.

b. O mapa **estava** lá realmente. *(Jornal da Tarde)*

c. **Permaneceu** muito tempo num leito de hospital.

d. A situação **permanece** inalterada. *(O Estado de S. Paulo)*

e. Na Bulgária os músicos **estão** desempregados. *(Veja)*

f. Os músicos já **estão** no palco.

Classificação do predicado

O predicado de uma oração pode ter um núcleo (um nome ou um verbo) ou dois núcleos (um nome e um verbo):

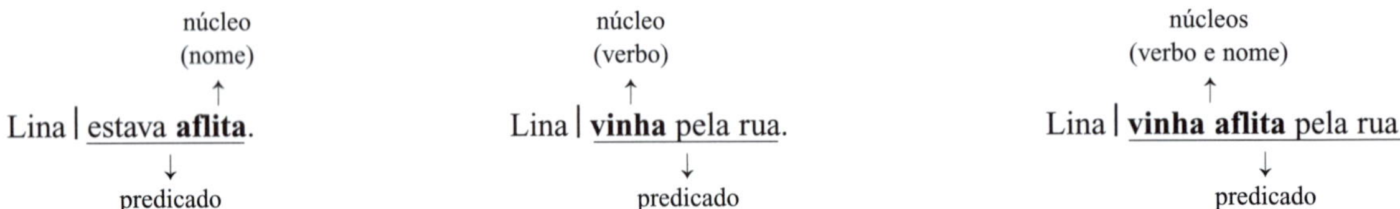

De acordo com esses núcleos, o predicado classifica-se em **nominal**, **verbal** e **verbo-nominal**.

1. Predicado nominal

É aquele que tem como **núcleo** um **nome** que indica estado, qualidade ou característica do sujeito. É formado sempre por um verbo de ligação (VL) e um predicativo do sujeito (PS). Exemplos:

A vida na periferia das grandes cidades é **dura**.
↓ ↓
VL PS

Alguns conceitos de linguagem parecem **ultrapassados**.
↓ ↓
VL PS

2. Predicado verbal

Tem como **núcleo** um **verbo** que, geralmente, expressa ideia de ação. É formado por um verbo intransitivo ou por um verbo transitivo e seus objetos. Exemplos:

As meninas **brincavam** animadamente.

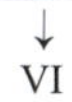

O partido **discute** o lançamento da candidatura.

Os deputados **apresentaram** um novo projeto de lei à Câmara.

3. Predicado verbo-nominal

Tem dois **núcleos**: um **verbo** que indica ação e um **nome** que indica uma qualidade, estado ou característica do sujeito ou do objeto. Apresenta três estruturas básicas:

a. verbo intransitivo + predicativo do sujeito:

À noite, os pedestres **caminham** **tensos** pela cidade.

b. verbo transitivo + objeto + predicativo do sujeito:

Os pedestres **leem** os anúncios publicitários **atentos**.

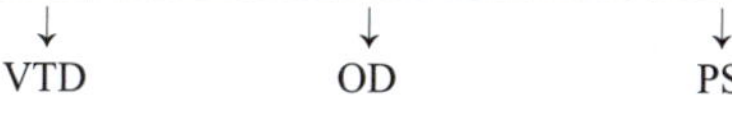

c. verbo transitivo + objeto + predicativo do objeto (PO)*:

Achei o bombardeio aéreo **uma droga**. (Paulo Mendes Campos)

VTD OD PO

Predicativo

> **Predicativo** é o termo da oração que indica uma qualidade, estado ou característica que se atribui ao sujeito ou ao objeto por meio de um verbo qualquer, principalmente por um verbo de ligação.

Predicativo do sujeito

Aparece no predicado nominal e no verbo-nominal.

No predicado nominal, refere-se ao sujeito por meio de um verbo de ligação. Exemplos:

A expressão escrita | é **fundamental** nos dias atuais.

sujeito VL PS

No predicado verbo-nominal, refere-se ao sujeito por meio de um verbo intransitivo ou transitivo. Veja:

Saí do consultório médico **nervoso**.

VI PS

O predicativo do sujeito *nervoso* refere-se ao sujeito oculto *eu*.

Os jovens percorriam o caminho **alegres**.

sujeito VTD OD PS

---

* Ver **predicativo do objeto** na página 400.

Predicativo do objeto

Só aparece no predicado verbo-nominal e indica uma qualidade, estado ou característica que se atribui ao objeto. Pode vir precedido de preposição. Observe alguns casos:

Parte significativa da população considerou o Congresso Nacional **ruim ou péssimo**.
considerou → VTD; o Congresso Nacional → OD; ruim ou péssimo → PO

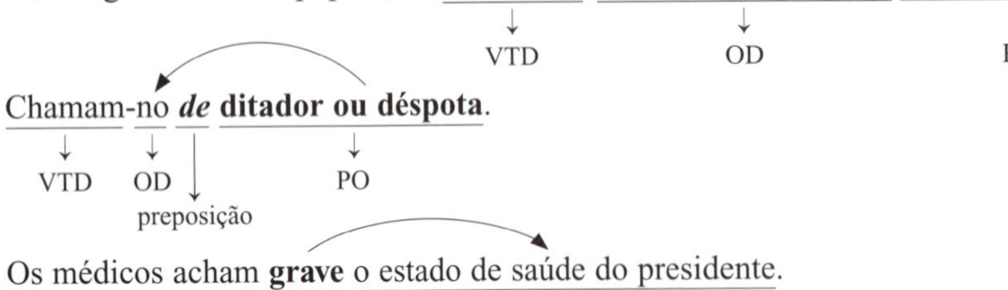

Chamam-no → VTD; -no → OD; de → preposição; ditador ou déspota → PO

Os médicos acham **grave** o estado de saúde do presidente.
acham → VTD; grave → PO; o estado de saúde do presidente → OD

Nesse caso, o predicativo antecede o objeto.

Este predicativo ocorre, geralmente, com verbos transitivos diretos que exigem uma qualidade, estado, condição ou característica para o objeto. Os principais são: *considerar, julgar, achar, supor, tornar, eleger, nomear, chamar, apelidar* e outros equivalentes.

Considerei (achei, julguei) sua atitude **inadequada**.
O povo elegeu-o **senador**.
Nomearam Ana Paula **representante da turma**.
Apelidei-a **de coruja**.

Observações

1. Todas as classes gramaticais – exceto artigo, preposição, conjunção e interjeição – podem exercer a função de predicativo. O predicativo pode ser representado até por uma oração. Nesse caso, a oração será subordinada substantiva predicativa. Exemplo:

   A verdade é **que ele não está mais vivo**.

2. O predicativo do sujeito pode ocorrer em frases na voz passiva sintética. Nesse caso, o predicado será verbo-nominal.

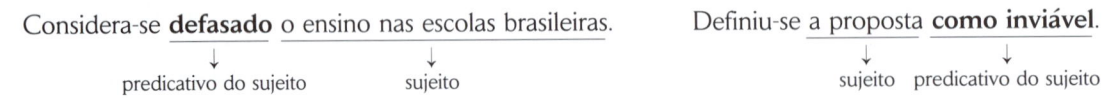

   Considera-se **defasado** o ensino nas escolas brasileiras.
   defasado → predicativo do sujeito; o ensino nas escolas brasileiras → sujeito

   Definiu-se a proposta **como inviável**.
   a proposta → sujeito; como inviável → predicativo do sujeito

3. A maior parte dos gramáticos considera que ocorre predicativo do objeto indireto apenas com o verbo **chamar**, significando *cognominar, atribuir um nome a*. Exemplo:

   Chamei-lhe **de idiota**.
   lhe → OI; de idiota → predicativo do objeto

   Segundo Amini B. Hauy, em seu livro *Da necessidade de uma gramática-padrão da língua portuguesa*, o predicativo do objeto indireto pode ocorrer com outros verbos:

   Creio num Deus **sempre presente**.
   num Deus → OI; sempre presente → predicativo do objeto

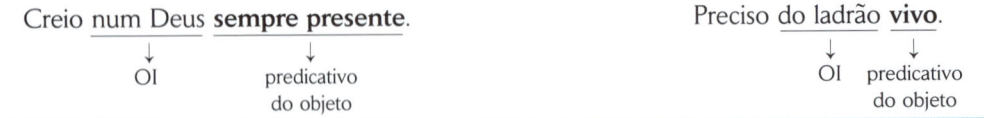

   Preciso do ladrão **vivo**.
   do ladrão → OI; vivo → predicativo do objeto

Atividades

1. Identifique e classifique o predicado das orações que seguem:

   a. D. Paula estava calada.

   b. D. Paula ouviu tudo.

c. D. Paula ouviu tudo, calada. (Lima Barreto)
d. Os diplomatas continuam reféns dos guerrilheiros. (*O Dia*)
e. A autoria da obra é polêmica. (*Folha de S.Paulo*)
f. Divulgaram a notícia a todos os alunos.
g. Chamam-no de impostor.
h. A carroça virou bonde. (*Folha de S.Paulo*)
i. O marinheiro virou o barco.
j. Deputados médicos acham inquietante o quadro clínico. (*Folha de S.Paulo*)

2. No exercício anterior, quais frases apresentam predicativo? Identifique-os e classifique-os.

3. Identifique e classifique os predicativos das frases que seguem:
a. Nesta escola, tudo parece calmo e seguro.
b. Há poucas horas chamavam-na de víbora. (Clarice Lispector)
c. O ensino médio é a antessala da universidade. (*Veja*)
d. Nenhuma doença pegava Dona Rosemira desprevenida. (Texto publicitário)
e. Considera-se Chico Buarque um grande compositor.
f. A notícia deixou todos tranquilos.
g. Acharam o time rival inferior. (*Folha de S.Paulo*)
h. Apesar da tensão, os Estados Unidos consideravam o presidente um aliado. (*O Estado de S. Paulo*)
i. Muitos o intitulavam o holandês macabro. (Disponível em: <www.speculum.art.br>)

Termos integrantes da oração

São indispensáveis à compreensão da mensagem.

Os termos integrantes são: **complementos verbais** (objeto direto e objeto indireto), **complemento nominal** e **agente da passiva**.

Termos integrantes são aqueles que integram, isto é, completam o sentido de verbos e nomes transitivos.

Complementos verbais

1. Objeto direto

A internet estimula **a escrita**.

Objeto direto é o termo que completa o sentido de um verbo transitivo direto. Normalmente não vem regido de preposição.

O objeto direto da oração na voz ativa torna-se sujeito da mesma oração na voz passiva. O verbo na voz passiva, portanto, não apresenta objeto direto:

A internet estimula **a escrita**. → *voz ativa*
↓ OD

A escrita é estimulada pela internet. → *voz passiva*
↓ sujeito

Podem exercer a função de objeto direto:

a. substantivo ou expressão substantivada:

Vamos fazer **justiça**. (*Folha de S.Paulo*)

b. pronomes oblíquos (**o, a, os, as, me, te, se, nos, vos**):

A sorte **o** pegou de surpresa. (*O Dia*)

c. qualquer pronome substantivo:

A Fórmula 1 perdeu **alguém** mágico, especial. (*O Estado de S. Paulo*)

d. numeral:

Poupança rende **0,6897%**. (*O Estado de S. Paulo*)

e. uma oração:

Contam | **que o primeiro "deus" adorado foi o sol**. (Disponível em:<geocities.yahoo.com.br>)

↓ 1ª oração ↓ 2ª oração

Nesse caso, a oração é classificada como *oração subordinada substantiva objetiva direta*, cujo estudo será feito na página 425.

2. Objeto direto preposicionado

Há casos em que o objeto direto pode vir regido por uma preposição.

Casos obrigatórios

a. Para evitar ambiguidade, ou seja, para que o objeto direto não se confunda com o sujeito:

Venceu **ao Corinthians** o Palmeiras.

↓ VTD ↓ ODP ↓ sujeito

Sem a preposição, não se sabe qual o time foi o vencedor. Tanto **o Corinthians** como **o Palmeiras** podem exercer função de sujeito ou de objeto direto.

b. Quando o objeto direto é expresso por um pronome pessoal oblíquo tônico:

Ofenderam **a ti**.

↓ VTD ↓ ODP

Ama **ao próximo** como **a ti mesmo**. (*Bíblia*)

↓ VTD ↓ ODP ↓ ODP

Casos facultativos

a. Quando o objeto direto é um substantivo próprio ou comum que designa pessoa:

Magoou **ao Tales**. ou Magoou **o Tales**.

Convocamos **aos alunos**. ou Convocamos **os alunos**.

b. Quando o objeto direto é um pronome indefinido que se refere a pessoa:

Não convenci **a ninguém**. ou Não convenci **ninguém**.

c. Em algumas expressões idiomáticas, como: *puxar do revólver* (*da faca, da espada, da arma*, etc.); *pegar da arma* (*da pena, do revólver*, etc.); *cumprir com o dever* (*com a palavra, com a obrigação*, etc.); *beber do vinho* (*da água, do refrigerante*, etc.); *comer do pão* (*da carne, da verdura*, etc.):

Comeu **do pão**. ou Comeu **o pão**. Puxei **da arma**. ou Puxei **a arma**.

3. Objeto direto pleonástico

Quando se deseja enfatizar a ideia expressa pelo objeto direto, pode-se repeti-lo empregando um pronome pessoal átono. O objeto repetido pelo pronome pessoal átono recebe o nome de **objeto direto pleonástico**.

Esses livros, ainda não **os** li.
↓ OD — ↓ OD pleonástico

4. Objeto indireto

preposição (clara)
↓
Necessita-se ***de*** **distribuidores e supervisores com visão comercial**.
↓
OI

> **Objeto indireto** é o termo que completa o sentido do verbo transitivo indireto. Vem sempre regido de preposição clara ou subentendida.

As preposições que introduzem o objeto indireto são: **a**, **de**, **em**, **para**, **com**, **por**.

O objeto indireto pode ser representado por:

a. substantivo ou expressão substantivada:

O ser humano clama **por contato**. (Jodie Foster, *Folha de S.Paulo*)

b. pronomes substantivos:

Não desconfiávamos **de ninguém**.

c. numeral:

– Quantos cartões você quer?
– Preciso **de dois**.

d. oração:

Duvido | **de que você seja aceita na empresa**.

Nesse caso, a oração que funciona como objeto indireto do verbo da oração anterior chama-se *subordinada substantiva objetiva indireta*, cujo estudo será feito na página 425.

São transitivos indiretos muitos verbos pronominais como: *lembrar-se*, *esquecer-se*, *encarregar-se*, *aborrecer-se*, *enojar-se*, *aplicar-se*, *referir-se*, *utilizar-se*, *valer-se*, *orgulhar-se*, *gabar-se*, etc.

5. Objeto indireto pleonástico

Quando se deseja enfatizar a ideia expressa pelo objeto indireto, pode-se repeti-lo. O objeto indireto pleonástico pode ser representado por um substantivo ou por um pronome pessoal:

Aos traidores, não **lhes** perdoaremos.
↓ OI — ↓ OI pleonástico

6. Pronomes pessoais oblíquos como complementos verbais

Os pronomes pessoais oblíquos funcionam como objeto. Exemplos:

Não **a** convidei. (OD)
Vou convidá-**la**. (OD)
Convidaram-**na**. (OD)
Entreguei-**lhe** os resultados dos exames de laboratório. (OI)

Os pronomes **o**, **a**, **os**, **as** (**lo**, **la**, **los**, **las**, **no**, **na**, **nos**, **nas**) funcionam como objeto direto; **lhe**, **lhes**, como objeto indireto. Já os pronomes **me**, **te**, **se**, **nos**, **vos** podem funcionar como objetos diretos ou indiretos, dependendo da predicação do verbo. Como é praticamente impossível saber a predicação de todos os verbos em português, existe uma regra prática que pode facilitar: substituir o pronome por uma expressão masculina.

a. Se não aparecer preposição obrigatória, o pronome exercerá a função de objeto direto. Acompanhe o raciocínio:

Eu **te** convido para a minha formatura.
Eu convido **o amigo** para a minha formatura.

A preposição não é obrigatória. Logo, o pronome **te** é objeto direto.

b. Se aparecer preposição obrigatória, o pronome exercerá a função de objeto indireto.

Desejo-**te** boa sorte.
Desejo boa sorte **ao amigo**.

A preposição **a** é obrigatória. Logo, o pronome **te** é objeto indireto.

Veja o quadro desses pronomes:

OD	OI	OD e OI
o, a, os, as	lhe, lhes	me, te, se, nos, vos
-lo, -la, -los, -las		
-no, -na, -nos, -nas		

Atividades

1. Identifique e classifique os complementos verbais das frases que seguem:

a. Israel liberta vinte presos políticos. (*O Estado de S. Paulo*)
b. Gosto muito de Carlos Gomes.
c. Muitos professores preocupam-se com a linguagem da internet.
d. O país tem um milhão de adolescentes analfabetos. (*Folha de S.Paulo*)
e. O Brasil se entope de remédios. (*IstoÉ*)
f. Os usuários dos chats costumam desprezar as regras gramaticais.
g. O atropelador fugiu do local sem prestar socorro à vítima. (*Veja*)
h. Não devemos nunca nos acostumar com a vida; isto seria a morte. (Paulo Bonfim)
i. 60% dos internautas brasileiros não confiam no sistema de votos eletrônicos. (Disponível em: <www.relatorioalfa.com.br>)
j. Piratas dão prejuízo recorde de R$ 300 milhões a bancos. (Disponível em: <www1.folha.uol.com.br>)

2. Reescreva as frases que seguem empregando o objeto direto preposicionado:

a. Prove este refrigerante que acaba de ser lançado no mercado.
b. Sempre que ficava com saudades, pegava o violão e começava a tocar bossa nova.
c. Era uma pessoa pouco confiável, jamais cumpria a palavra.
d. Ofenderam-nos de modo irreversível.

3. Desfaça a ambiguidade das frases que seguem empregando o objeto direto preposicionado:

a. Agrediu o diretor o professor.
b. Enganou o filho o pai.
c. Matou o bandido o policial.

4. Identifique e classifique os objetos pleonásticos.
   a. A cidade, não quero mais vê-la nem em cartão-postal. (*Folha de S.Paulo*)
   b. Aos demissionários, ofereço-lhes minha solidariedade.
   c. A carta, já a escrevi várias vezes.
   d. Os discursos do prefeito, não consigo entendê-los de maneira alguma.
   e. A nós, não nos convém esta incumbência.
   f. E a cabeça, protegia-a do sol inclemente com um chapelão de abas largas. (*Veja*)

5. Dê a função sintática dos pronomes oblíquos em destaque nas frases que seguem:
   a. Qualquer que seja a coisa que queiramos dizer, há apenas uma palavra para exprimi-**la**, um verbo para animá-**la** e um adjetivo para qualificá-**la**. (Guy de Maupassant)
   b. O mar sempre deslumbrou o homem, atraindo-**o**, oferecendo-**lhe** a vida e a morte. (*Visão*)
   c. Magoaram-**te**, meu amigo.
   d. A professora não quis repreender-**me** em classe.
   e. Deus confiou-**me** esse talento. (Bobby McFerrin, *Folha de S.Paulo*)
   f. O sol é personificado em muitas mitologias: os gregos chamavam-**no** de Helios e os romanos chamavam-**no** de Sol. (*Superinteressante*)
   g. Tal argumento não **nos** convence.

Complemento nominal

Alguns nomes (substantivos, adjetivos e advérbios) não têm significado completo. Precisam de um complemento, do mesmo modo que os verbos transitivos. Esse termo que vai completar o significado do nome chama-se **complemento nominal**. Veja:

Papa pede respeito **por religiões**. (Disponível em: <www.ansa.it/ansalatinabr>)

A expressão *por religiões* está completando o sentido do substantivo *respeito*.

Uma novela deve trazer algo de útil **à sociedade**. (Benedito Ruy Barbosa)

A expressão *à sociedade* completa o sentido do adjetivo *útil*.

As diplomacias de Angola, Chile e Brasil sempre se posicionaram favoravelmente **à paz**. (Disponível em: <www. gabeira.com.br/noticias>)

A expressão *à paz* completa o sentido do advérbio *favoravelmente*.

Esses nomes de sentido incompleto são, geralmente, derivados de verbos transitivos. Observe:

verbo	objeto	substantivo	complemento nominal
comprar	material	a compra	do material
destruir	o muro	a destruição	do muro
vender	o terreno	a venda	do terreno
ler	o manual	a leitura	do manual
verbo	**objeto**	**adjetivo**	**complemento nominal**
referir-se	ao diretor	referente	ao diretor
favorecer	ao aluno	favorável	ao aluno
verbo	**objeto**	**advérbio**	**complemento nominal**
favorecer	o acusado	(agir) favoravelmente	ao acusado

Como se pode observar, o complemento nominal vem sempre precedido de preposição.

Portanto:

Complemento nominal é o termo que, precedido de preposição, completa o sentido de um substantivo, adjetivo ou advérbio. Exerce para o nome a mesma função que o complemento verbal desempenha para o verbo.

Aumenta a construção **de casas populares** no país.
construção ↓ nome (substantivo); de casas populares ↓ CN

Construir casas populares é um dever das autoridades.
Construir ↓ verbo; casas populares ↓ OD

O complemento nominal pode ser representado por:

a. substantivo ou expressão substantivada:

Os adversários perderam o respeito **pela seleção.** (Telê Santana, *Folha de S.Paulo*)

b. pronome:

Essa notícia foi desconcertante **a todos.**

c. numeral:

Essa decisão foi benéfica **aos dois.**

d. oração:

Chorando, deu-me a notícia **de que sua mãe havia falecido.**

Nesse caso, a oração será classificada como *oração subordinada substantiva completiva nominal*, cujo estudo será feito na página 426.

Observação

Quando o pronome é átono, o complemento nominal não vem precedido de preposição.

Fui-**lhes** favorável. (Fui favorável a eles.)

Observação

O complemento nominal pode fazer parte de vários termos, como: sujeito, objeto direto, objeto indireto, agente da passiva, adjunto adverbial, aposto e vocativo. Veja:

A destruição da flora é condenável.
sujeito: **a destruição da flora** (núcleo: **destruição**)
complemento nominal: **da flora**

O professor orientou a leitura das obras de Machado de Assis.
objeto direto: **a leitura das obras de Machado de Assis**.
complemento nominal: **das obras de Machado de Assis**.

Agente da passiva

O português não será substituído **por outro idioma**.
A escrita não era conhecida **de muitos povos primitivos**.

Note que o agente da passiva corresponde ao sujeito da voz ativa:

O português não será substituído **por outro idioma** → *voz passiva*
O português ↓ sujeito; por outro idioma ↓ agente da passiva

Outro idioma não substituirá o português. → *voz ativa*
Outro idioma ↓ sujeito; o português ↓ OD

Agente da passiva é o termo que indica o ser que pratica a ação, quando o verbo está na voz passiva. Vem regido pela preposição *por* e, rarissimamente, pela preposição *de*.

Embora a NGB considere o agente da passiva um termo integrante, ele pode muitas vezes ser omitido. Exemplo:

O português não será substituído.

O agente da passiva pode ocorrer também na voz passiva sintética, embora seja bastante comum omiti-lo. Assim:

Esta classe constitui-se **de jovens**.
↓
agente da passiva

Invadiu-se a casa.

sujeito

Resolveu-se o problema.

sujeito

O agente da passiva pode ser representado por:

a. substantivo ou expressão substantivada:

A melhor história foi contada **pela professora**.

b. numeral:

A melhor história foi contada **pelos três**.

c. pronome:

A melhor história foi contada **por ela**.

FATOS DE DISCURSO

A nominalização

O complemento nominal é o termo sintático que está na base de um procedimento linguístico chamado nominalização, que é muito utilizado nos textos das mais variadas naturezas: jornalísticos, informativos, científicos, literários, entre outros. Por meio dela, é possível *economizar* palavras, tornando os textos mais concisos e objetivos. Além disso, ela pode ser utilizada em conjunto com a *anáfora* como recurso de coesão textual.

Chamamos de **nominalização** a transformação de uma estrutura sintática cujo núcleo é um verbo, um adjetivo ou um advérbio em outra, cujo núcleo é um substantivo. Em geral, a nominalização é um recurso de economia linguística quando permite a transformação de orações subordinadas dos períodos compostos em termos sintáticos de períodos simples. Ou então quando permite a junção de vários períodos simples em um só. Observe:

Otávio é muito esperto. Isso o ajuda a se sair bem no trabalho.

Podemos nominalizar o primeiro período simples e encaixá-lo no período seguinte, obtendo um só:

A esperteza de Otávio o ajuda a se sair bem no trabalho.

Outro exemplo:

A imprensa descobriu que o famoso ator foi sequestrado.

Após a nominalização da oração *que o famoso ator foi sequestrado*, teríamos:

A imprensa descobriu **o sequestro do famoso ator**.

Podem-se notar os possíveis usos discursivos da nominalização quando analisamos os textos de imprensa. Reproduzimos a seguir três trechos de uma reportagem nos quais se pode perceber como a nominalização é um recurso linguístico que contribui para a coesão textual:

A Dos bancos da escola, é possível *idealizar uma carreira de sucesso, uma vida financeira estabilizada e, por que não, uma vida afetiva bem resolvida*. Esse é *o pensamento* dos milhares de jovens que todos os anos deixam a faculdade em busca da tão esperada realização. Para a maioria, *o diploma parece garantia de sucesso*. Essa *expectativa*, porém, torna-se frustração quando os recém-formados se deparam com uma realidade muito diferente da imaginada.

B Na área profissional, *optar por caminhos alternativos* pode ser a saída, temporária, para o problema. Mas, para muitos, aceitar *essa opção* pode ser sinônimo de fracasso.

C Para a psicóloga carioca Ângela Israel, a família e a escola poderiam ajudar a suavizar os conflitos. Mas o excesso de cuidados dos pais e o pouco suporte oferecido pela escola só acentuam a insegurança diante dos obstáculos. "Os pais superprotegem os filhos *mantendo-os longe de problemas domésticos e financeiros*. [...] Mas, como *a escola também não os coloca em contato com o mundo real*, o jovem se torna adulto sem preparo, exposto a todo tipo de frustração", afirma Ângela. *Esse distanciamento da vida real*, segundo ela, também permite que os jovens idealizem uma ascensão muito rápida na vida profissional.

(Trechos da reportagem Idade da crise. Greice Rodrigues, *IstoÉ*. São Paulo: Três, 11 ago. 2004, p. 58-61.)

No trecho A, o substantivo *pensamento* retoma o enunciado anterior, destacado, resumindo-o e encaixando na frase seguinte a carga semântica (todos os significados) do enunciado anterior. O mesmo acontece com *expectativa*, que retoma e resume *o diploma parece garantia de sucesso*.

No trecho B, a nominalização é bem evidente (o enunciador recorreu a um substantivo da mesma família do verbo nominalizado): *opção* resume e retoma toda a informação de *optar por caminhos alternativos*.

Finalmente, no trecho C, *esse distanciamento da vida real* é a expressão nominal das passagens anteriores destacadas.

Atividades

1. Substitua cada quadradinho por uma expressão que complete o sentido das palavras em destaque nas frases:
   a. A **invasão** ■ é condenável.
   b. A **reescritura** ■ é aconselhável.
   c. A **descoberta** ■ revolucionou a ciência.

2. Qual é a função sintática das expressões que você escreveu?

3. Passe para a voz passiva analítica e identifique o agente da passiva.
   a. O governo paralisou o processo.
   b. 185 dos 192 estados do mundo integram a ONU (Organização das Nações Unidas). (*Almanaque Abril*)
   c. O destino nos surpreende de vez em quando.
   d. O narcotráfico está movimentando bilhões. (*Almanaque Abril*)
   e. Os ventos fortes causavam muita destruição.
   f. O e-mail facilitará cada vez mais a comunicação entre as pessoas.

4. Indique se as expressões em destaque exercem a função de complemento nominal ou agente da passiva:
   a. Os jogadores têm muito respeito **pelo técnico**. (*Jornal da Tarde*)
   b. Nove parlamentares devem votar favoravelmente **à reeleição**. (*Zero Hora*)
   c. Os bairros mais pobres foram muito afetados **pelo furacão**. (*Zero Hora*)
   d. Concessionárias intensificam a venda **de carros usados**. (*Folha de S.Paulo*)
   e. Correu a notícia **de que Zumbi estava vivo**. (*Leitura*)
   f. O desfecho da cena era conhecido **de todos**. (*Veja*)

g. A enciclopédia compõe-se **de 25 volumes**. (*Almanaque Abril*)

h. A descoberta acidental **de uma barra de ouro** provocou confusão.

i. O Coral da Catedral de St. Paul's compõe-se **de trinta meninos**. (*Folha de S.Paulo*)

5. Na frase que segue há dois complementos nominais. Identifique-os.

Projeto da Prefeitura de São Paulo prevê a revisão da demarcação das áreas de mananciais. (*Jornal da Tarde*)

Termos acessórios da oração

Termos acessórios são aqueles que não são indispensáveis para o entendimento da frase. No entanto, acrescentam uma informação nova a um nome ou a um verbo, determinando-lhes o significado.

Compare as frases:

a. sem termo acessório:

Comunicação aumenta.

b. com termo acessório

A comunicação **dos internautas** aumenta **a cada dia**.

Os termos **a** e **dos internautas** acrescentam informações ao substantivo *comunicação* e o termo **a cada dia** modifica o verbo *aumentar*, indicando circunstância de tempo.

São considerados termos acessórios o **adjunto adnominal**, o **adjunto adverbial** e o **aposto**.

Adjunto adnominal

Adjunto adnominal é o termo que especifica ou delimita o significado de um substantivo.

A internet fez surgir **um novo** código.

O adjunto adnominal pode ser expresso por:

a. adjetivo:

O Brasil vive cercado de países de língua **castelhana**.

b. locução adjetiva:

A mistura do inglês com o espanhol pode ser notada nos filmes **de Hollywood**.
Ele é especialista em economia **do império**. (*Veja*)

c. artigo:

Os celulares favorecem **a** leitura e **a** escrita. (Marisa Lajolo)

d. pronome adjetivo:

A tristeza tem **seus** significados. (*Viver*)

e. numeral:

Um balão pode voar até **sete mil** metros de altura. (*Visão*)

f. oração:

O internetês, **que é instrumento de coesão entre uma comunidade jovem extremamente criativa**, é inofensivo. (Marisa Lajolo)

Nesse caso, a oração será classificada como *oração subordinada adjetiva*, cujo estudo será feito na página 432.

Diferença entre complemento nominal e adjunto adnominal

É comum encontrar dificuldade em distinguir o adjunto adnominal (na forma de locução adjetiva) do complemento nominal. Essa dúvida surge, principalmente, quando o complemento nominal se refere a um substantivo.

Veja algumas diferenças entre essas duas funções:

1. Se a locução vier associada a adjetivo ou a advérbio, ela será sempre **complemento nominal**, uma vez que o adjunto só modifica o substantivo.

Sua pesquisa é **útil** a todos.
↓ ↓
adjetivo CN

Poucos deputados manifestaram-se **contrariamente** à aprovação do projeto de lei de aposentadoria. (*Correio Braziliense*)
↓ ↓
advérbio CN

2. Se a locução vier associada a um substantivo, poderá exercer a função de complemento nominal ou de adjunto adnominal.

   a. Será **adjunto adnominal** se o substantivo a que se refere for concreto ou se essa locução puder ser transformada em adjetivo:

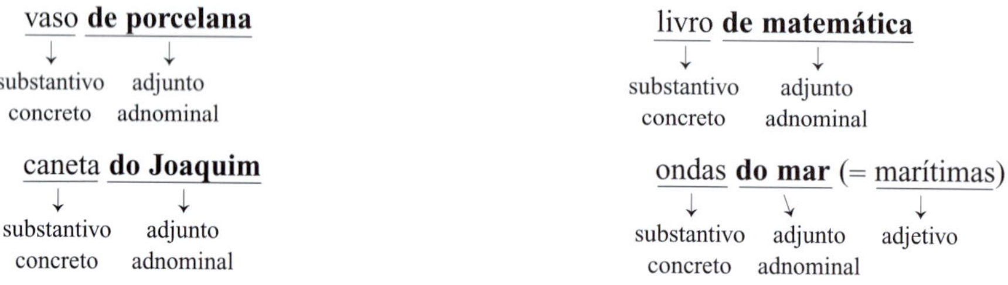

   b. Se a locução referir-se a um substantivo abstrato, será:
   - **adjunto adnominal**, se indicar o agente da ação expressa pelo nome;
   - **complemento nominal**, se for o paciente da ação.

Em suma, se a locução tiver valor de sujeito, será adjunto adnominal; se equivaler a objeto, será complemento nominal. Veja:

amor **de pai** amor **ao pai**

No primeiro caso, a expressão **de pai** funciona como adjunto adnominal, pois **pai** é agente de **amar** (o pai ama; pai = sujeito). Portanto, o adjunto adnominal pode ser agente da ação expressa pelo nome.

No segundo caso, a expressão **ao pai** exerce a função sintática de complemento nominal, pois **pai** é paciente de **amar** (ama o pai; o pai = objeto direto).

Outro exemplo:

A invasão **da Hungria pelas tropas soviéticas** ocorreu em 1956. (Disponível em: <www.tvcultura.com.br>)

A locução **da Hungria** exerce a função sintática de **complemento nominal**, pois é paciente da ação de **invadir**. Já a expressão **pelas tropas soviéticas** funciona como **adjunto adnominal**, uma vez que é agente da ação de **invadir**.

Diferença entre adjunto adnominal e predicativo do objeto

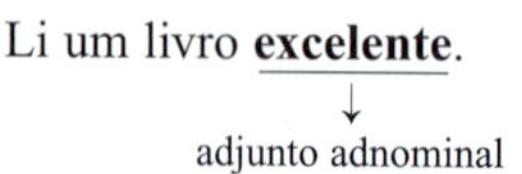

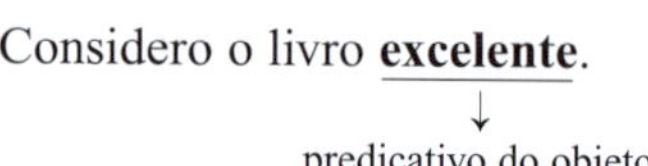

Passando essas duas frases para a voz passiva, notaremos que o adjunto adnominal continuará exercendo a mesma função ao passo que o predicativo do objeto passará a exercer a função de predicativo do sujeito:

Um livro **excelente** foi lido por mim.
↓
adjunto adnominal

O livro é considerado **excelente** por mim.
↓
predicativo do sujeito

Atividades

1. Transcreva os adjuntos adnominais e identifique os núcleos a que se referem:

a. A luz de teus olhos ilumina o meu caminho. (Frase de para-choque)

b. Matéria escura do universo ainda é um mistério. (*Folha de S.Paulo*)

c. Os escravos e alforriados africanos foram adquirindo o português na medida em que se integravam na sociedade brasileira. (Dante Lucchesi)

d. A língua não tem formas puras e formas impuras. (José Saramago)

e. A imprensa brasileira vem reduzindo seu empenho investigativo. (Frei Betto)

f. O Brasil é um país sem memória. (Frei Betto)

g. O teatro é um lugar especial porque nele cabem, e se misturam, reordenam, como talvez em nenhuma outra manifestação artística, todas as outras artes. (Zernesto Pessoa)

2. Indique se o termo em destaque exerce função de predicativo do sujeito ou de adjunto adnominal:

a. A língua é **vária**, **diversa**. (José Saramago)

b. Tenho um trabalho bastante **diverso**.

c. Seu palpite **infeliz** nem foi considerado.

d. Seu palpite foi **infeliz**.

e. Seu comportamento, às vezes, torna-se **constrangedor**.

f. Muitos brasileiros, quando falam espanhol, cometem gafes **constrangedoras**.

3. Indique se o termo em destaque exerce função de predicativo do objeto ou de adjunto adnominal:

a. Consideramos Machado de Assis **nosso grande mestre**

b. Leio frequentemente **nosso grande** Machado de Assis.

c. Trata-se de um artista **brilhante**.

d. Achei-o **brilhante**.

4. Indique se os termos grifados exercem a função de adjunto adnominal ou de complemento nominal:

a. A proposta do governo é ampliar a compra <u>de livros</u>.

b. Os livros <u>de ficção científica</u> são pouco lidos no Brasil.

c. As respostas <u>dos professores</u> são procedentes.

d. As respostas <u>aos professores</u> estão fundamentadas.

e. O funcionário não aceitou receber um cheque diante da apresentação <u>dos documentos</u>. (*Jornal da Tarde*)

f. Eles entraram em uma favela perto <u>dali</u> e eu voltei ao banco, que estava cheio <u>de policiais</u>. (*Jornal da Tarde*)

g. Decreto permite a contestação de terras indígenas demarcadas. (*Almanaque Abril*)

h. As terras dos indígenas foram demarcadas.

i. Estamos sempre em busca de ótimos sites. (Disponível em: <www.gobusca.com/>)

j. Precisa-se de profissional conhecedor de autos nacionais e importados. (Disponível em: <www3.catho.com.br/ >)

k. ... as lutas do homem contra as doenças dos animais continuam tão emocionantes como sempre foram. (Texto publicitário)

l. A adolescência é um tribunal inesperado: o julgamento do pai pelo filho, o julgamento do filho pelo pai. (Paulo Mendes Campos)

m. Líbano ataca aviões israelenses por invasão de espaço aéreo. (Disponível em: <http://notícias.terra.com.br>)

n. Depois de sofrer várias invasões pelos sem-terra, o pecuarista anunciou a venda de sua propriedade.

Adjunto adverbial

Amanhã será um lindo dia. → *modificador*

Falam **muito**.
Estão **muito** nervosos.
Canta **muito** bem.
} *intensificador*

Adjunto adverbial é o termo da oração que indica uma circunstância do fato expresso pelo verbo ou intensifica o sentido do verbo, do adjetivo e do advérbio. O adjunto adverbial exerce, portanto, a função de modificador e de intensificador.

Classificação dos adjuntos adverbiais

É quase impossível enumerar todos os tipos de adjuntos adverbiais. Deve-se aceitar toda classificação que demonstre compreensão clara da circunstância expressa pelo adjunto adverbial.

Eis alguns tipos de adjunto adverbial:

causa – Há milhões prestes a morrer **de fome** na África, alerta ONU. (Disponível em: <www.estadao.com.br>)

companhia – Viver novamente **com os pais** pode ser uma experiência agradável. (Disponível em: <www.saudeplena.com.br>)

condição – A adoção de um adolescente só é feita **com o seu consentimento**. (Estatuto da Criança e do Adolescente)

dúvida – **Talvez** não me case nem tenha filhos.

finalidade – **Para a finalização do pedido**, por segurança, sua senha será novamente necessária. (Disponível em: <www.westcon.com.br>)

instrumento – Um antigo escravo, ainda com fama de hábil cantor de jongo, informava que o mestre batia no chão **com a enxada**, os outros escutavam enquanto ele cantava. (Disponível em: <www.hystoria.hpg.ig.com.br>)

intensidade – A mulher se diverte **muito** no trabalho. (*Viver*)

lugar – Sou um lírio **na correnteza**. (Frase de para-choque)

meio – Passei a tentar levar o barco **pelo leme**. (*Jornal da Tarde*)

modo – Moscou vê **tranquilamente** planos dos EUA de reagrupar suas forças. (Disponível em: <www.russianet.com.br>)

negação – As palavras verdadeiras **não** são agradáveis e as agradáveis **não** são verdadeiras. (Lao-Tsé)

tempo – Gente não devia crescer **nunca**. (Anoiulh)

O adjunto adverbial pode ser expresso por:

a. advérbio:

Entrar **ilegalmente** nos Estados Unidos pelo México é uma empreitada de alto risco. (*IstoÉ*)

Observação

Ver classificação de advérbio e locução adverbial na página 358.

b. locução adverbial:

Nos anos 30, muitos países europeus já tinham aprovado leis de "higiene racial". (*Veja*)

c. oração:

Sorri com tranquilidade
Quando alguém te calunia.
Quem sabe o que não seria
Se ele dissesse a verdade... (Mário Quintana)

O mesmo adjunto adverbial pode expressar mais de uma circunstância:

Moramos **longíssimo** daqui.
↓
lugar e intensidade

Jamais voltarei a estudar neste colégio.
↓
tempo
e negação

Andava **devagarinho** pelo corredor para não acordar o bebê.
↓
modo e intensidade

Atividades

1. Indique se os termos grifados exercem a função de adjunto adnominal ou de adjunto adverbial:

Água mole em pedra dura tanto bate até que fura

A persistência, mesmo do que é frágil, derruba fortalezas. O provérbio de origem latina está registrado num verso de Lucrécio (98-55 a.C.): *"stillicidi casus lapidem cavat"* (a água que tomba gota a gota fura o rochedo). A expressão conviveria com outra forma popular entre os romanos, mais atenuada: *"gutta cavat lapidem lat"* (a gota de água cava a pedra), muito próxima da versão árabe, que influenciaria a península Ibérica séculos depois, "a água é mole, a pedra é dura, mas tanto anda a água sobre a pedra que deixa rastro nela". Esse dita-do integra o *Kalila wa Dimna*, coletânea de contos e máximas. Muito mais explícita é a forma como Ovídio (43-17 d.C.) registra o dito, em *Arte de Amar*, "Que é mais duro que uma pedra? Que é mais mole que a água? Contudo, a água mole cava a pedra dura".

(Revista *Língua Portuguesa*. São Paulo: Segmento, n. 3, dez. 2005, p.11.)

2. Identifique a circunstância expressa pelos adjuntos adverbiais que aparecem no exercício anterior.

3. Identifique a circunstância expressa pelos adjuntos adverbiais destacados nas frases que seguem:

a. As crianças gritavam **de dor**. (*A Tarde*)

b. Só saía **com os pais**.

c. Eu entrei **de araque** nessa escola de farmácia para a qual **não** tinha vocação. (Carlos Drummond de Andrade)

d. **Talvez** ela se digne a falar comigo.

e. Esperou **pacientemente**, **durante três horas e meia**, três balconistas. (*Jornal da Tarde*)

f. Haviam deixado um espaço **para a colocação da mesa**.

g. Batia **com a caneta** sobre o livro.

h. Volta **pacientemente** ao ponto de partida para recomeçar. (*Jornal da Tarde*)

i. Quem **com ferro** fere, com ferro será ferido. (provérbio)

j. O suposto mar **não** passaria de um deserto gelado. (*Veja*)

Aposto

Aposto é o termo da oração que se anexa a um substantivo ou a um pronome, esclarecendo-o, desenvolvendo-o ou resumindo-o.

O Brasil, **exportador de mercadorias culturais**, tem cerca de 40% da população latino-americana.

O aposto *exportador de mercadorias culturais* está anexado ao substantivo *Brasil*.

Nós, **os cientistas**, não somos deuses e não precisamos criar Hitlers para depois ver que os criamos. (Disponível em: <www.usp.br>)

O aposto *os cientistas* refere-se ao pronome *nós*.

O aposto vem separado dos demais termos da oração por vírgula, dois-pontos ou travessão:

A happy hour – **o agradável bate-papo do fim de tarde** – pode esconder um perigo: **o abuso do álcool.** (*Folha de S.Paulo*)

O aposto pode anteceder o nome a que se refere:

Pioneiro no estudo da psicologia infantil, o psicólogo suíço Claparède defendia a necessidade de estimular na criança um interesse ativo pelo conhecimento. (*Nova Escola*)

O aposto pode ser representado por uma oração denominada *oração subordinada substantiva apositiva*:

Então aconteceu o inesperado: **elegeu-se governador do estado.**

A oração apositiva *elegeu-se governador do estado* explica o termo *inesperado*.

Tipos de aposto

1. Enumerativo

É o aposto que enumera ideias que vêm resumidas num termo antecedente:

Li os seguintes autores para o vestibular: **Machado de Assis, Graciliano Ramos e Guimarães Rosa**.

2. Recapitulativo

Resume termos que o antecedem. Geralmente se expressa através de um pronome indefinido:

Delegado, policial, prefeito, **ninguém** o intimidava.

3. Especificador

É um nome próprio de pessoa ou lugar que restringe o significado de um nome comum. O substantivo comum que antecede esse aposto deve denotar a espécie a que pertence o ser designado pelo nome próprio.

O linguista norte-americano **Steven Fischer** afirmou que o Brasil está destinado a trocar seu idioma pelo portunhol.
O escritor **Guimarães Rosa** foi diplomata.

A serra do **Rola-Moça**
Não tinha esse nome não... (Mário de Andrade)

Diferença entre adjunto adnominal e aposto

Não se deve confundir o aposto especificador com o adjunto adnominal. Compare:

A cidade de **Recife** é conhecida como a Veneza brasileira. → *aposto especificador*

É possível estabelecer a igualdade Recife = cidade.

O Carnaval **de Recife** tornou-se famoso mundialmente. → *adjunto adnominal*

Não é possível estabelecer a igualdade Recife = Carnaval.

Mudamos para São Paulo no mês **de junho**. → *aposto especificador*

É possível estabelecer a igualdade mês = junho.

As festas **de junho** são muito populares na região Nordeste. → *adjunto adnominal*

Não é possível estabelecer a igualdade festas = junho.

Vocativo

Vocativo é o termo utilizado para chamar, interpelar algo ou alguém.

É um termo classificado à parte, pois não pertence nem ao sujeito nem ao predicado.

Vem sempre separado por vírgula dos outros termos da oração e pode vir precedido de interjeições como: *ó!, olá!, eh!, ei!*. Exemplos:

Gabriel – Meu pai está muito mal, não é verdade, **Mariana**?
Mariana – Para ele será um descanso, **Gabriel**. (Jorge Andrade)

Adeus, ano velho.

O vocativo pode aparecer no início, no meio ou no final da oração:

Mariana, meu pai está muito mal, não é verdade?
Meu pai está muito mal, **Mariana**, não é verdade?
Meu pai está muito mal, não é verdade, **Mariana**?

O vocativo pode vir separado da oração quando ocorre mudança do interlocutor:

– **Lúcia**!
– O quê?
– Venha almoçar.

O termo *Lúcia*, que é o vocativo, vem separado da oração *Venha almoçar*, o que demonstra que se trata de um termo isolado, não pertencente à estrutura da oração.

Atividades

1. Identifique se os termos destacados exercem a função de vocativo ou de aposto:

a. Jorge, **o cozinheiro**, lembrou que peixe cru é muito nutritivo. (*Jornal da Tarde*)

b. Nós, **os artistas**, adoramos ser "estraçalhados". (Zé Celso, diretor de teatro)

c. Bem-vindo, **presidente**! (*Folha de S.Paulo*)

d. **Pioneiros do estudo da radioatividade**, Marie e Pierre Curie ganharam o prêmio Nobel de Física de 1903.

e. Debaixo de um juazeiro grande, todo um bando de retirantes se arranchara: **uma velha, dois homens, uma mulher nova, algumas crianças**. (Rachel de Queiroz)

f. Traga-me, **vinho**, o amor e a juventude. (Vicente Cechelero)

g. Dinheiro, amor, férias, **nada** a seduzia.

h. – Sabe, **Hagar**. Há anos que você vem aqui com todos os tipos de ferimentos de batalha imagináveis. (Dik Browne)

i. O presidente **Vargas** cometeu suicídio.

j. Em 1969, o embaixador norte-americano **Charles Elbrick** foi sequestrado por militantes de esquerda. (*Veja*)

2. Identifique se o termo em destaque exerce a função de adjunto adnominal ou de aposto:

a. A cidade **de São Paulo** é a campeã brasileira em poluição ambiental.

b. O clima **de São Paulo** é desagradável.

c. O escritor **Euclides da Cunha** relatou a Guerra de Canudos em seu livro *Os Sertões*.

d. Os livros **de Euclides da Cunha** apresentam vocabulário difícil para os estudantes de hoje.

Baseando-se no texto a seguir, responda às questões **3**, **4** e **5**.

Para ler no computador

Comunicação pela Internet, seja por e-mail ou salas de bate-papo, pressupõe interatividade. E é esse o principal elemento que garante ao hot site Espaço Literário o diferencial necessário para atrair escritores iniciantes, leitores assíduos e demais interessados no universo da literatura. Hospedado no site oficial do Sesc São Paulo (www.sescsp.org.br), destina-se ao intercâmbio de informações, realização de oficinas literárias on-line e disponibiliza, ainda, uma agenda com todos os eventos, locais e datas importantes para quem quer se iniciar no mundo dos livros ou não quer perder contato com a produção literária.

(Miguel de Almeida, revista *E*)

3. Releia o primeiro período do texto e identifique:

a. sujeito de *pressupõe*;

b. função sintática de *interatividade*;

c. adjunto adnominal de *comunicação*;

d. dois adjuntos adverbiais de instrumento modificadores da forma verbal *seja*.

4. Identifique no segundo período:

a. dois adjuntos adnominais de *elemento*;

b. objeto direto e objeto indireto de *garante*;

c. objeto direto de *atrair*;

d. adjunto adnominal de *escritores*;

e. complemento nominal de *interessados*;

f. adjunto adnominal de *universo*.

5. No terceiro período, identifique:

a. o sujeito de *destina-se* e *disponibiliza*;

b. o objeto indireto de *destina-se*;

c. a função sintática das expressões: *de informações* e *de oficinas literárias on-line*;

d. função sintática de *ainda*;

e. objeto direto de *perder*;

f. complemento nominal de *contato*.

6. Explique, utilizando seus conhecimentos de análise sintática, por que as frases que seguem são ambíguas:

   a. Vi o incêndio do prédio.

   b. Finalmente descobri o que é medo de ladrão.

Tomando como base o texto que segue, responda à questão **7**.

Veja – A comunicação entre seres humanos e animais já chegou ao limite?

Fischer – Com certeza, não. É possível que se façam implantes de células humanas no cérebro de animais para que a comunicação melhore. A questão ética deve ser examinada, mas os implantes não são um delírio de ficção científica. No futuro, é bem possível que possamos dizer a elefantes para seguir um determinado caminho na savana. Ou falar para leões que não saiam da reserva. Ou pedir para pássaros não voarem sobre uma determinada região que está envenenada com pesticidas. (*Veja*)

7. Dê a função sintática dos seguintes termos:

   a. já; ao limite;

   b. implantes de células humanas;

   c. partícula *se* (se façam);

   d. de células humanas;

   e. no cérebro de animais;

   f. de animais;

   g. um delírio de ficção científica;

   h. No futuro;

   i. a elefantes;

   j. na savana, da reserva, sobre uma determinada região.

Análise sintática do período

Robô bocó

A American International Toy Fair é a maior feira do mundo de traquitanas tecnológicas para crianças. Bateu em Nova York o seu recorde de participantes em fevereiro: 1,5 mil expositores de trinta países. A grande vedete foi a nova geração da linha de brinquedos chamada Robosapiens, desenvolvida pelo cientista da Nasa Mark Tilden. O *sapiens* do nome diz tudo: esse robô é um incrível humanoide com 35 centímetros de altura, apurada tecnologia e uma personalidade sedutora para qualquer criança – sobretudo pelo seu jeito engraçado e sua hiperatividade constante. Basta acioná-lo e ele faz mil e uma coisas. Parece um robô bocó, mas é muito inteligente.

O Robosapiens utiliza o *laser* de seus olhos para brincar, treina *kung fu* e usa suas garras para levantar latas de cerveja. Dança rap, corre e, quando se irrita (também de brincadeira, é claro), chuta com rebeldia objetos que encontra no caminho. Se algum visitante chega à sua residência, ele tem um dispositivo que lhe permite dar educadamente as boas-vindas. Ao todo, essa engenhoca guarda 67 movimentos programáveis. Além disso, ele emite grunhidos, reproduz vídeos na tela de cristal líquido instalada em sua armadura e toca músicas que podem ser baixadas do computador e desfrutadas em alto e bom som.

IstoÉ, 1º mar. 2006, p. 70. Adaptado.

O texto que você acabou de ler apresenta dois parágrafos. Cada um deles é formado por períodos.

O período pode ser simples ou composto.

Período é a frase constituída de uma ou mais orações.

Período simples

Exemplo:

A American International Toy Fair é a maior feira do mundo de traquitanas tecnológicas para crianças.

A oração que constitui o período simples é chamada de **absoluta**. O período simples já foi objeto de estudo do capítulo anterior.

Período simples é aquele formado por apenas uma oração.

Período composto

Exemplo:

> **Período composto** é aquele formado por mais de uma oração.

Parece um robô bocó, | mas é muito inteligente.
↓ 1ª oração ↓ 2ª oração

Observe que cada oração se organiza em torno de um verbo: *parecer*, na primeira, e *ser*, na segunda.

O período pode ser composto por **coordenação**, por **subordinação** e ainda por **coordenação e subordinação**.

Período composto por coordenação

O robô dança rap | e corre.
↓ 1ª oração ↓ 2ª oração

Nesse período, cada uma das orações é sintaticamente independente, isto é, nenhuma exerce função sintática com relação à outra. A primeira oração (*O robô dança rap*) tem independência sintática em relação à segunda oração (*e corre*). Cada oração vale por si, embora a expressão completa do pensamento do autor dependa da coordenação das duas orações.

O prefixo *co-* da palavra *coordenação* indica companhia, igualdade; logo, *coordenar* significa ordenar junto, lado a lado.

A essas orações independentes dá-se o nome de **coordenadas** e o período composto por esse tipo de oração chama-se **período composto por coordenação**.

No período composto por coordenação as orações podem aparecer justapostas, separadas por pontuação (vírgula, ponto e vírgula, etc.), ou ligadas por conjunções coordenativas.

Veja exemplos de períodos compostos por coordenação:

Esse robô fala, | luta, | dança, | cumprimenta as pessoas, | logo é quase um ser humano.
↓ conjunção coordenativa

O robô é desengonçado, | mas é muito inteligente.
↓ conjunção coordenativa

Período composto por subordinação

O Robosapiens chuta objetos | quando se irrita.
↓ 1ª oração ↓ 2ª oração

Nesse período, a oração *quando se irrita* expressa circunstância de tempo em relação ao que se afirma na oração anterior. Ela é dependente sintaticamente da oração *O Robosapiens chuta objetos*, pois exerce a função de adjunto adverbial de tempo da ação de chutar objetos.

Já a primeira oração não exerce nenhuma função sintática com relação à segunda e tem uma oração que dela depende. Essa oração é chamada de **principal**. A outra oração, que depende sintaticamente da principal, é a **oração subordinada**. Veja:

oração principal: O Robosapiens chuta objetos **oração subordinada**: quando se irrita

Outros exemplos:

O robozinho utiliza o *laser* de seus olhos | para brincar.

↓ oração principal — ↓ oração subordinada

Se algum visitante chega à sua residência, | ele lhe dá as boas-vindas.

↓ oração subordinada — ↓ oração principal

Período composto por coordenação e subordinação (período misto)

Observe:

O pequeno robô treina *kung fu* | e usa suas garras | para levantar latas de cerveja.

↓ 1ª oração — ↓ 2ª oração — ↓ 3ª oração

Esse período é formado por três orações. Duas são orações coordenadas e uma é subordinada:

coordenadas: O pequeno robô treina *kung fu*; e usa suas garras;

subordinada: para levantar latas de cerveja.

A oração *e usa suas garras* é **coordenada** em relação à oração anterior e **principal** em relação à oração seguinte (*para levantar latas de cerveja*), pois a oração subordinada exerce, em relação a ela, a função de adjunto adverbial, expressando a circunstância de finalidade.

Esse tipo de período é chamado de **período composto por coordenação e subordinação** ou **período misto**.

Atividade

As frases seguintes foram extraídas de um texto de autoria de Paul Saffo, publicado em *O Estado de S. Paulo*, em 12/2/06. Indique o número de orações de cada período e classifique-o em simples ou composto. Para facilitar o reconhecimento das orações, identifique primeiro os verbos e locuções verbais.

a. A próxima grande revolução será a robótica.

b. Já existe um aspirador de pó, o Roomba, que custa menos de US$ 200 e faz tudo sozinho.

c. Os felizes proprietários do robô aspirador de pó costumam batizá-lo com nome próprio e o carregam nas férias.

d. Os robôs, que estão ali na esquina, à nossa espera, não são as máquinas dos filmes de ficção científica.

e. Robôs são o resultado da fusão sensor, computador e internet.

Orações coordenadas

Classificação

As orações coordenadas podem ser:

1. **Assindéticas** – quando estão simplesmente colocadas uma ao lado da outra, sem nenhuma conjunção entre elas. A palavra *assindética* significa sem conjunção (*a* = não; *síndeto*: palavra de origem grega que significa união, conjunção ou conectivo).

O robozinho dança, | luta.

↓ 1ª oração ↓ 2ª oração

As duas orações que compõem esse período são coordenadas assindéticas.

2. Sindéticas – quando vêm introduzidas por conjunção.

O robozinho dança | **e** luta.

A primeira oração (*O robozinho dança*) é coordenada assindética e a segunda (*e luta*) é coordenada sindética.

As orações coordenadas sindéticas são classificadas de acordo com o tipo de conjunção que as introduz. Podem ser*:

a. aditivas – estabelecem uma relação de adição, de soma entre as orações:

O Robosapiens fala ***e*** **cumprimenta as pessoas.**

O vídeo não acabou com o cinema ***nem*** **a fotografia com a pintura**. (*Jornal do Brasil*)

O fascinante mundo da mídia pessoal ***não só*** vai aonde estamos ***mas também*** **provoca em nós a sede de resposta e interação**. (*O Estado de S. Paulo*)

Principais conjunções aditivas: *e, nem, (não só)... mas também, (não somente)... mas ainda, (não só)... como também*.

b. adversativas – estabelecem uma relação de adversidade, de oposição, de contraste:

Na era da comunicação de massa, a televisão trazia o mundo para dentro da nossa sala de visitas, ***porém*** **apenas o contemplávamos na condição de espectadores**. (Paul Saffo)

Amor é igual fumaça: sufoca, ***mas*** **passa**. (Frase de para-choque)

Principais conjunções adversativas: *mas, porém, todavia, contudo, no entanto, entretanto*, etc.

c. alternativas – estabelecem relação de alternância, de escolha entre as duas orações:

Ora **dormiam,** ***ora*** **jogavam cartas.** ***Ou*** **vai** ***ou*** **racha.**

Principais conjunções alternativas: *ou ... ou, ora ... ora, já ... já, quer ... quer*, etc.

d. conclusivas – estabelecem relação de conclusão, de consequência:

Dentro de poucos anos, a robótica fará parte do nosso cotidiano, ***portanto*** **devemos estar preparados para esse fato**.

Trata-se de um caso de racismo; **deve,** ***pois*****, ser tratado com todo o rigor da lei**.

Penso, ***logo*** **desisto**.

A água é um agente transmissor de doenças, ***por conseguinte*** **a sua qualidade microbiológica é de importância vital para a sociedade**. (Disponível em: <www.gulbenkian.pt>)

Principais conjunções conclusivas: *logo, portanto, por conseguinte, pois* (posposto ao verbo), etc.

e. explicativas – indicam uma justificativa ou uma explicação do fato expresso na oração anterior:

A robótica nos assusta, ***pois*** **não estamos preparados para a convivência com outras formas de inteligência**.

Calem-se ***que*** **eu estou dando as explicações necessárias**.

Principais conjunções explicativas: *porque, que, pois* (anteposto ao verbo), etc.

Observações

Com relação às orações coordenadas, ainda se deve levar em conta que:

1. a conjunção **que** pode ter valor:

a. aditivo:

Fala **que** fala. (Fala e fala.)

---

* Ver estudo das conjunções coordenativas na página 372.

b. adversativo:

Todos poderão fazer isso **que** não vós. (Todos poderão fazer isso, mas não vós.)

2. a conjunção **e** pode assumir valor adversativo:

Deus cura **e** o médico manda a conta. (Benjamin Franklin) (Deus cura, mas o médico manda a conta.)

3. o processo de coordenação pode ocorrer entre períodos de um texto:

O sensorial está por toda parte e assim vamos, dia a dia, adaptando o mundo a isso. **Mas** o grande salto está para acontecer. (*Jornal da Tarde*)

1º **período**: *O sensorial ... a isso.*

2º **período**: *Mas ... acontecer.* (**conjunção**: *mas*)

Tudo seco em redor. **E** o patrão era seco também. (Graciliano Ramos)

1º **período**: *Tudo ... redor.*

2º **período**: *E o patrão ... também.* (**conjunção**: *e*)

Atividades

1. Classifique sintaticamente as orações destacadas:

a. A floresta vive de si mesma, **porém é ameaçada pelo homem**. (*A Gazeta*, Acre)

b. Você não tem competência **nem ânimo para este tipo de trabalho**.

c. Ele ainda é criança, **logo depende dos pais**.

d. São situações delicadas; **merecem, pois, toda nossa atenção**.

e. **Ora compartilham ora disputam o mesmo chão.**

f. **Grita, sacode a cabeleira negra, agita os braços, para, olha, ri, torna a correr**, perseguindo uma borboleta amarela. (Érico Veríssimo)

g. Com chuva, é perigoso trafegar nesta estrada, **pois os buracos ficam encobertos pela água**. (*Diário Popular*)

h. Este governo não pleiteou soluções de força, **por conseguinte não afastou o diálogo**. (*Zero Hora*)

i. Tapar os ouvidos não quero, **que é covardia**. (Adélia Prado)

2. Ligue as duas orações, de modo a formar um período composto por coordenação. Utilize uma conjunção do tipo solicitado entre parênteses.

a. Estavam um pouco machucados. Conseguiram correr. (adversativa)

b. As crises sucediam-se. A estabilidade do país estava ameaçada. (conclusiva)

c. Não comprou nada. Não parou de chorar. (aditiva)

d. Saiam depressa. Já é tarde. (explicativa)

e. Os jornalistas fizeram a matéria para a revista. Passavam-se por empresários e por pastores evangélicos. (*Veja*) (alternativas)

f. Minha estreia foi desastrosa. Perdemos de 5 a 0 para o Palmeiras. (conclusiva)

3. Reescreva os períodos, substituindo o ■ pela conjunção coordenativa adequada. Analise bem as relações possíveis entre as orações.

a. Completou o querosene da lamparina, atiçou o fogo ■ pôs água no feijão, que cozinhava para o dia seguinte.

b. Precisava escolher o emprego, ■ hesitava.

c. O jogo foi desastroso, ■ perdemos de 4 a 0 para o Internacional.

d. No Carnaval, ■ se brinca ■ se foge para onde ninguém fala em carnaval. (Carlos Drummond de Andrade)

e. O valor econômico e social do trabalho da dona de casa é incalculável, ■ ela é considerada como pessoa sem profissão. (*Folha de S.Paulo*)

f. A criança não dormia ■ deixava dormir.

4. Reescreva os períodos que seguem, substituindo a conjunção explicativa pela conclusiva e vice-versa. Faça as adaptações necessárias.

a. Tinha apenas 12 anos, **portanto** não podia assistir a todos os filmes que queria.

b. Alguma coisa aconteceu no artigo, **pois** depois da edição uma imagem desapareceu. (Disponível em: <pt.wikipedia.org>)

c. As televisões educativas em todo o mundo dependem de verbas do governo, **pois** cuidam da formação complementar de crianças e adultos. (*Jornal do Brasil*)

d. A Lua está na mesma direção do Sol, **portanto** está no céu durante o dia. (Disponível em: <astro.if.ufrgs.br>)

5. Substitua a conjunção **que** por outra correspondente:

a. Todos os meus amigos querem participar do concurso **que** não eu.

b. Come **que** come sem parar.

Orações subordinadas

Como já vimos, o período composto por subordinação é formado por uma oração principal e uma ou mais subordinadas:

Espera-se | que os adultos também gostem desses robozinhos.

As orações subordinadas exercem no período a mesma função sintática que o substantivo, o adjetivo ou o advérbio exercem na frase. Veja:

Aguardo que você retorne. → Aguardo o seu retorno.

↓ oração subordinada substantiva — ↓ substantivo

A oração subordinada *que você retorne* pode ser transformada numa expressão, cujo núcleo é um substantivo: *retorno*. Como essa oração exerce a função de um substantivo, ela é classificada como **substantiva**.

No exemplo que segue, a oração subordinada pode ser transformada numa expressão cujo núcleo é um adjetivo:

Trata-se de um assunto que não se pode compreender. → Trata-se de um assunto incompreensível.

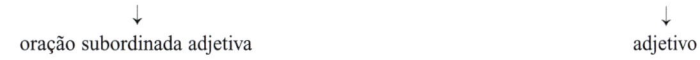

Há orações subordinadas que podem ser transformadas em locuções adverbiais. Observe um exemplo:

Foram embora quando anoiteceu. → Foram embora à noite.

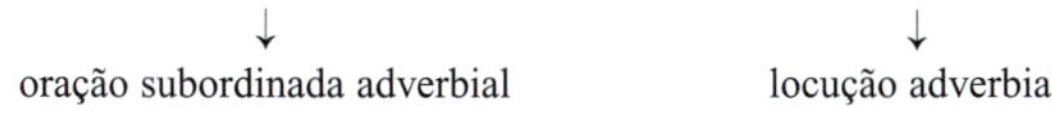

As orações subordinadas funcionam sempre como um termo essencial, integrante ou acessório da oração principal. Como elas têm valor de substantivo, adjetivo ou advérbio, são classificadas como: substantivas, adjetivas ou adverbiais.

Orações subordinadas substantivas

As orações subordinadas substantivas completam sempre o sentido da oração principal, exercendo função sintática própria de substantivo, a saber: sujeito, objeto direto, objeto indireto, complemento nominal, predicativo e aposto. Vêm, geralmente, introduzidas por uma conjunção integrante (*que* ou *se*):

Desejamos ardentemente | **que** os deputados votem a favor do aumento do salário mínimo.

↓ oração principal — ↓ oração subordinada substantiva

Não sei | **se** os deputados vão votar a favor do aumento do novo salário mínimo.

↓ oração principal — ↓ oração subordinada substantiva

Classificação

De acordo com a função que exercem em relação à oração principal, as orações subordinadas substantivas podem ser subjetivas, objetivas diretas, objetivas indiretas, completivas nominais, predicativas ou apositivas.

a. Subjetivas – exercem a função sintática de sujeito da oração principal:

É fundamental | que o médico converse com o paciente. (Disponível em: <www.universovisual.com.br>)

↓ oração principal — ↓ oração subordinada substantiva subjetiva

Observe que a oração subordinada substantiva pode ser substituída pelo pronome **isso**. Dessa transformação resulta um período simples:

É fundamental isso. *ou* Isso é fundamental.

↓ sujeito — ↓ sujeito

Portanto, a oração subordinada correspondente à palavra *isso* exercerá a função de sujeito.

Quando a oração subordinada substantiva é subjetiva, o verbo da oração principal está sempre na 3ª pessoa do singular.

Outros exemplos de oração subordinada substantiva subjetiva:

É uma pena | **que essa novela tenha acabado**.
Foi preciso | **que o presidente iniciasse o debate.** (*A Tarde*, Salvador)

Veja a seguir alguns verbos e expressões que costumam ter como sujeito uma oração subordinada:

Verbos	**Exemplos**
acontecer	Acontece *que vou mudar de emprego.*
admirar	Admira-me *que todos tenham ido bem na prova.*
agradar	Agrada-me *que você tenha melhorado.*
convir	Convém *que fiquem calados.*
cumprir	Cumpre *que todos deem conta de suas tarefas.*
desagradar	Desagrada-lhe *que alguns alunos tenham faltado.*
incomodar	Incomoda-nos *que ela seja a representante de classe.*
ocorrer	Ocorre *que agora o problema já está resolvido.*
parecer	Parece *que estamos em outra empresa.*
preocupar	Preocupava-nos *que todos estivessem atrasados.*

Expressões (geralmente formadas por verbo de ligação + predicativo)	**Exemplos**
É bom	É bom *que você chegue cedo à reunião.*
Seria/ É conveniente	É conveniente *que a criança durma logo.*
É claro	É claro *que eu falei com a diretora.*
Parece certo	Parece certo *que a nossa escola mudou.*
É possível	É possível *que tenham resolvido ficar em casa.*
Seria/ É interessante	É interessante *que eles saiam conosco.*
É evidente	É evidente *que não concordamos com a professora.*
É lamentável	É lamentável *que todos tenham errado essa questão.*
É necessário	É necessário *que comprem a passagem pela internet.*

Observação

Costumam apresentar dificuldade de classificação as orações subordinadas subjetivas que dependem de uma oração principal com verbo na voz passiva. Considere os seguintes exemplos:

Sabe-se **que ela está muito doente**.

Estima-se **que uma pessoa se mexa 18 vezes por noite enquanto dorme**. (*Superinteressante*)

Ficou resolvido **que você iria ao Rio de Janeiro**.

Decidiu-se **que você presidiria a assembleia**.

Foi anunciado **que a prefeita tomaria providências**.

Todas as orações em destaque são subordinadas substantivas subjetivas.

b. Objetivas diretas – exercem a função de objeto direto da oração principal:

Afirmam | que o ensino fundamental vai ser submetido a reforma.

↓ oração principal ↓ oração subordinada substantiva objetiva direta

Substituindo a oração subordinada pelo pronome *isso*, teremos:

Afirmam **isso**.

Nessa oração, o pronome *isso* exerce a função de objeto direto. Portanto, a oração *que o ensino fundamental vai ser submetido a reforma* também exerce a função de objeto direto.

Outros exemplos:

Cifras indicam | **que há 7,7 milhões de jovens deslocados no mundo**. (Disponível em: <www.adital.com.br>)
Perguntaram | **se você viria à festa**.

c. Objetivas indiretas – exercem a função de objeto indireto da oração principal:

A professora convenceu-me | de que preciso ler mais.

↓ oração principal ↓ oração subordinada substantiva objetiva indireta

Substituindo a oração subordinada pelo pronome *isso*, teremos:

Convenceu-me **disso**.

Nessa oração, o pronome (d)*isso* exerce a função de objeto indireto. Portanto, a oração *de que preciso ler mais* também exerce a função de objeto indireto.

Outros exemplos:

Lembrem-se | **de que todos caminham para a velhice.** (Disponível em: <www.racionalismo-cristao.org.br>)

Todos nós necessitamos | **de que alguém nos escute nos momentos de dificuldade.** (Disponível em: <www.rainha.notredame.org.br>)

d. Completivas nominais – exercem a função de complemento nominal de um termo da oração principal:

Tenho certeza | de que vou sair de São Paulo.
↓ oração principal | ↓ oração subordinada substantiva completiva nominal

Substituindo a oração subordinada por *isso*, teremos:

Tenho certeza **disso**.

O pronome (d)*isso* exerce a função de complemento nominal. Portanto, a oração *de que vou sair de São Paulo* também exerce a função de complemento nominal.

Outros exemplos:

Temos esperança | **de que essa crise econômica seja superável**.

Temos necessidade | **de que os conflitos sejam resolvidos por meios pacíficos.** (Disponível em: <www.cnvbrasil.org>)

e. Predicativas – exercem a função de predicativo do sujeito da oração principal:

A verdade é | que não vou mudar de cidade.
↓ oração principal | ↓ oração subordinada substantiva predicativa

Substituindo a oração subordinada pelos pronomes *isso* ou *essa*, teremos:

A verdade é **essa**.

O pronome *essa* exerce a função de predicativo. Portanto, a oração a ele correspondente, *que não vou mudar de cidade*, exerce a função de predicativo.

Outros exemplos:

A verdade era | **que grande parte do povo apoiava o Poder Soviético, particularmente os trabalhadores.** (Disponível em: <www.terra.com.br>)

O certo é | **que ninguém estudou**.

f. Apositivas – exercem função de aposto de um termo da oração principal:

Tenho um plano: | que você volte para a sua terra.
↓ oração principal | ↓ oração subordinada substantiva apositiva

As orações apositivas não podem ser substituídas por *isso*, *esse*, *essa*, etc. Elas são fáceis de identificar, pois vêm depois de dois-pontos e, raríssimamente, entre vírgulas.

Outros exemplos:

Uma coisa é certa: | **a depressão altera o funcionamento do corpo e das suas glândulas endócrinas.** (<sacrocraniana.no.sapo.pt>)

A questão é a seguinte: | **na linguagem informal do Brasil é mais do que comum o emprego do verbo "ter" com o sentido de "haver".** (Disponível em: <2.uol.com.br/linguaportuguesa>)

Observações

1. As orações subordinadas substantivas podem ser introduzidas também por:

   a. pronomes interrogativos (**que**, **quem**, **quanto**, **qual**):

   Todos querem saber **quem são os responsáveis pelo aumento do preço da gasolina**.

   Somente nós podemos avaliar **quanto nos custa este sacrifício**.

b. advérbios interrogativos (**como**, **onde**, **quando**, **por que**):

O que admiro é **como as abelhas sabem aproveitar o espaço**. (Monteiro Lobato)

Algumas pessoas me perguntam **por que sou inimigo do cigarro**.

2. As orações subordinadas substantivas que exercem idêntica função sintática podem aparecer coordenadas entre si:

Só sei que queria ficar só no dia de meu aniversário **e** que me sentia bem naquela solidão.

↓ ↓

orações subordinadas substantivas objetivas diretas coordenadas entre si

Atividades

1. Transforme o segmento destacado em oração subordinada substantiva:

a. Cremos **na tua solidariedade**.

b. Desagradou-nos **a visita do médico**.

c. Suportamos **seu discurso**.

d. Seria condenável **sua desistência da faculdade**.

e. Seu grande receio eram **as revoltas dos estudantes**.

f. Eu queria muito **tua ajuda**.

g. Impressionou-me **seu interesse pelo assunto**.

h. Aceitariam **nossa interferência no caso**?

2. Nos períodos seguintes está destacada a oração principal. Classifique a oração subordinada substantiva a ela relacionada:

a. **É uma pena** que não existisse transmissão direta de TV naquela época. (*IstoÉ*)

b. **Necessitamos** de que o Estado e o Judiciário controlem energicamente o narcotráfico. (*Jornal do Sul*)

c. **Temos esperança** de que essa lei sirva de exemplo. (*O Estado de S. Paulo*)

d. **Sempre me perguntam** por que você age assim.

e. **Uma coisa era certa:** eu não queria Elisabeth. (Rubem Fonseca)

f. **A verdade é** que os preços estão estáveis. (*Folha de Niterói*)

3. Ligue as duas orações com o conectivo indicado entre parênteses, de modo a formar um período composto por subordinação em que a segunda oração seja subordinada substantiva.

a. É claro / ele voltará. (conjunção integrante)

b. Não sei / ele voltará. (advérbio de tempo)

c. Não sabemos / ele chegará logo. (conjunção integrante)

d. Não sabem / ele voltará. (advérbio de causa)

e. Não sabes / ele chegará. (advérbio de lugar)

f. Não sabemos / ele virá. (advérbio de modo)

4. Dê a função sintática das orações subordinadas:

a. É fundamental que participem do debate.

b. Os registros históricos indicam que a agricultura surgiu por volta do ano 6500 antes de Cristo, no Oriente Médio. (Malu Oliveira)

c. Um poeta dizia que o menino é pai do homem. (Machado de Assis)

d. Tenho um plano: que você volte para a sua terra.

e. Lembre-se de que seu objetivo é terminar bem seu percurso de 15 km. (*Gazeta do Povo*, Curitiba)

f. É preciso que tenhamos muita paciência.

g. Os médicos persuadiram a família a que não mudasse de hospital.

h. Havia a esperança de que Marcelo Mastroiani fizesse mais filmes comigo. (Manoel de Oliveira – cineasta português)

i. Sua vontade era que todos participassem do campeonato.

5. Determine, nos períodos abaixo, as funções sintáticas solicitadas entre parênteses:

a. Tínhamos tanta certeza de que iríamos passar o Natal juntos... (complemento nominal de "certeza")

b. Perguntei-lhe se tudo corria bem. (objeto direto de "perguntei")

c. Insisto em que o enfoque econômico-financeiro é importante na área da saúde. (Adib Jatene) (objeto indireto de "insisto")

d. Sabe-se que o momento de crise exige outras medidas econômicas. (*IstoÉ*) (sujeito de "sabe-se")

e. A verdade é uma só: a situação do trabalhador brasileiro piorou nos últimos anos. (aposto de "uma só")

f. O fato é que nenhum aluno leu o livro. (predicativo de "o fato")

FATOS DE DISCURSO

Omissão da conjunção e da preposição com orações subordinadas substantivas

A conjunção integrante *que* pode ser omitida da oração substantiva quando o verbo da oração principal for declarativo (*falar*, *dizer*, *perguntar*, etc.) ou exprimir desejo, ordem ou súplica:

Às vezes eu penso: nunca mais vou dar conta de escrever uma poesia. (Adélia Prado)

Suplicava não a abandonasse no casarão de quartos vazios. (Dalton Trevisan)

No caso das orações subordinadas substantivas objetivas indiretas ou completivas nominais, é a preposição que pode, às vezes, ser omitida, sobretudo quando não há risco de ambiguidades ou duplo sentido. Essa omissão pode contribuir para a *eufonia* do período:

Tenho certeza que a programação será boa. (*Folha da Tarde*)

Duvido que os vereadores votem a favor do projeto. (*Diário Catarinense*)

A modalização

A modalização é o uso de formas linguísticas (verbos, advérbios, orações, etc.) para evidenciar a posição pessoal do enunciador de um texto. Assim, ele pode ser mais pessoal e subjetivo ou mais neutro e objetivo, conforme a situação de comunicação.

As orações subordinadas substantivas são as formas linguísticas mais comumente utilizadas para exprimir a modalização.

A posição pessoal do enunciador define o tipo de modalização, a saber:

1. **modalização alocutiva** – ocorre quando o enunciador tenta impor uma informação ao seu interlocutor dirigindo-se a ele;
2. **modalização elocutiva** – ocorre quando o enunciador revela sua posição sobre a informação;
3. **modalização delocutiva** – ocorre quando o enunciador elimina do texto as marcas de subjetividade. O efeito decorrente é que se cria a ilusão de que a própria informação se impõe aos interlocutores.

No texto a seguir, é possível perceber dois tipos de modalização. Observe:

Anúncio de sabão em pó, publicado na revista *Diva*, Unilever, n. 12, 4ª capa, dez.-fev. 2006.

No texto, temos os seguintes enunciados:

a. "Agora esfregar a roupa é brincadeira de criança"

Nesse enunciado, a informação *"é brincadeira de criança"* é posta como uma "verdade" em relação a *"esfregar a roupa"*. O enunciador não aparece no enunciado; assim, é como se o próprio enunciado impusesse aos leitores da propaganda essa "verdade". Trata-se de um caso de modalização delocutiva.

b. "Você não precisa mais esfregar como antes"

Já nesse segundo enunciado, o enunciador envolve explicitamente o interlocutor, presente no enunciado por meio do pronome *você*. Trata-se de um caso de modalização alocutiva.

As principais categorias da modalização elocutiva exprimem:

1. a **constatação**: *Eu vejo que* as leis de adoção no Brasil são complexas.
2. o **saber**: *Eu sei que* as leis de adoção no Brasil são complexas.

3. a **certeza**:

   a. certeza forte: *Tenho certeza de que* as leis de adoção no Brasil são complexas.

   b. certeza média: *Creio que* as leis de adoção no Brasil são complexas.

   c. certeza fraca: *Não estou muito certo de que* as leis de adoção no Brasil sejam complexas.

   d. pressentimento: *Eu desconfio que* as leis de adoção no Brasil sejam complexas.

4. a **apreciação**: *Eu acho que* as leis de adoção no Brasil são complexas.

5. a **obrigação**: As leis de adoção no Brasil *têm de* ser complexas.

6. a **possibilidade**: *É possível que* as leis de adoção no Brasil sejam complexas.

7. o **desejo**: *Eu gostaria de que* as leis de adoção no Brasil fossem complexas.

8. a **exigência**: *Eu exijo que* as leis de adoção no Brasil sejam complexas.

9. a **declaração**: *Eu declaro que* as leis de adoção no Brasil são complexas.

10. a **confirmação**: *Eu garanto que* as leis de adoção no Brasil são complexas.

Observe que, nos exemplos acima, a oração subordinada substantiva é a principal forma de expressão da modalização.

Pode-se passar de um tipo de modalização a outro, apagando as marcas do enunciador:

Eu suponho que lavar roupa é fácil. – modalização elocutiva

Supõe-se que lavar roupa é fácil. – modalização delocutiva

Você acha que lavar roupa é fácil? – modalização alocutiva

O contexto, a situação de comunicação e até mesmo os recursos extralinguísticos podem ser utilizados na expressão das diferentes modalizações. Veja o exemplo abaixo:

© QUINO

QUINO, *Toda Mafalda*. São Paulo, Martins Fontes, 1993. p. 162.

O mesmo enunciado, *"Você vai ver"*, na fala da personagem Susanita, exprime diferentes categorias de modalização. Do primeiro ao quarto quadro, exprime uma constatação, e, no último, uma ameaça. É a ilustração que nos permite distinguir as diferenças de modalização.

Atividades

1. No texto a seguir, localize as marcas de modalização. Em seguida, classifique-as (modalização elocutiva, delocutiva ou alocutiva).Considerando o texto em questão (uma carta pessoal) e sua finalidade, tente explicar o predomínio da modalização mais frequentemente encontrada.

S. Paulo, 21 de Agosto.
Querida Amiga:

Estás a partir talvez a esta hora... E eu te escrevo. Escrevo-te com a alma saudosa, desejosa de tua companhia. E ainda te escrevo porque é a única maneira de me perdoar a mim mesmo da pena que me fiz. Não imaginas a dor que senti quando, ao chegar à estação, vi que o trem já tinha partido. Uma surda raiva contra as circunstâncias me estonteou. Mandei-te aquele telegrama tristonho e fui distrair-me, a vagar por aí, sem nexo, sem direção. Depois trabalhei. Os amigos virão aqui à noite. É terça-feira. Mas perdura a amarga decepção de não ter podido te abraçar mais uma vez.

Mas, Anita, vê como sou egoísta. Penso na minha dor e a descrevo, como se só eu existisse; e nem me lembro de te pedir perdão da maldade que pratiquei. A sra. Graz e Débora, que encontrei ainda à porta da estação, disseram-me que te entristeceras com minha ausência. Perdoa. Sou tão desastrado que mesmo no instante em que mais te desejara coberta de prazeres, em vez de prazeres causo-te um pesar. Perdoa. Mas, Anita, o que me torna intolerável o sofrimento é imaginar que poderias tomar meu gesto como um princípio de ingratidão e uma primeira falha à amizade tão linda e incomensurável que nos une. Acredita: não foi nada disso. Como é meu costume chego sempre tarde à estação. Desta vez chamei o automóvel com 20 minutos de antecedência! E isso porque pretendia de qualquer maneira ir até Santos. Nem que fosse sem passagem. Estava disposto a pagar a multa. Chamei o automóvel e descansei nele. Tomei meu café tranquilíssimo. Fui vestir o sobretudo. Olho no relógio. Nada de automóvel. Só no Largo das Perdizes encontro um. Eram já 7 e 50. Mas uma esperança desesperada fazia-me pensar num atraso do trem. Voo. Mas já tinhas partido. E com a imagem de minha ingratidão. Acredita, Anita, que muito sofri. O desabafar agora, contigo mesma, amaina um pouco o meu remorso.

Vai, Anita. Olha, trabalha, estuda. Sofre. Nessa nossa divina fúria de arte, o único bem, grande bem que nos fecunda, é o sofrimento que enaltece, que embebeda, que genializa. Mas sofrer com alegria, com vontade. É o que faço. É o que desejo que faças. Sem dúvida entre privações e cansaços te verás um outro dia, nesta nova época de tua vida. Mas entre privações e cansaços já te viste algumas vezes na tua vida que ficou para trás. E entre esses mesmos rochedos nos apertamos todos nós, sinceros artistas ou apenas homens da vida. Isso é lugar-comum. O que não é muito lugar-comum é saber como eu sei, e como quero que saibas, que as compensações chegam sempre. Existem sempre. Eu tenho sofrido muito, mas nunca me abandonou a felicidade porque quando a dor chega eu me ponho a pensar na alegria que virá depois. Sê como eu. Todos nós aqui estamos ansiosos de ti, do que farás, do que serás. Pensa em nós e corresponde à nossa riquíssima esperança.

Bem: adeus. Rasga esta carta louca. Sê feliz.

Um longo, longo, longo abraço

Mário

(In: Marta Rossetti Batista. *Mário de Andrade:* cartas a Anita Malfatti. Rio de Janeiro: Forense Universitária, 1989. p. 63.)

2. Observe o emprego da modalização alocutiva no texto a seguir, manifesta sobretudo pelo uso do pronome *você*.

Parecem existir duas possíveis soluções para os paradoxos apresentados pelas viagens no tempo. A primeira poderia ser chamada de abordagem das histórias consistentes. Ela diz que, mesmo que o espaço-tempo seja dobrado de maneira que seria possível viajar para o passado, o que acontece no espaço-tempo deve ser uma solução compatível com as leis da física. Em outras palavras, de acordo com este ponto de vista, você não poderia voltar no tempo a menos que a história já tivesse mostrado que você tinha voltado e que, enquanto esteve lá, não tinha matado o tataravô nem cometido quaisquer outros atos que entrassem em conflito com a história de como você se colocou na atual situação no presente. Além disso, quando você realmente voltasse, não seria capaz de mudar a história registrada; você estaria apenas seguindo-a. Nesta concepção, o passado e o futuro são preestabelecidos: você não teria livre-arbítrio para fazer o que quisesse.

É claro que você poderia dizer que, de qualquer maneira, o livre-arbítrio é uma ilusão. Se realmente existir uma teoria completa da física que governa tudo, ela presumivelmente também determinará as suas ações. Mas ela o faz de tal maneira que é impossível calcular para um organismo tão complicado quanto o ser humano e envolve certa aleatoriedade por causa dos efeitos da mecânica quântica. Portanto, uma maneira de interpretar isso é dizermos que os seres humanos têm livre-arbítrio porque não podemos prever o que eles farão. Entretanto, se um ser humano partisse num foguete e voltasse antes de ter partido, seríamos capazes de prever que ele o faria porque faria parte da história registrada. Consequentemente, nessa situação, o viajante do tempo não teria livre-arbítrio, em sentido algum.

(Stephen Hawking e Leonard Mlodinow. *Uma nova história do tempo*. Rio de Janeiro: Ediouro, 2005. p. 119-20.)

a. Que efeitos de sentido essa modalização pode gerar no texto?

b. Trata-se de um texto de vulgarização científica. Elimine as modalizações alocutivas para tornar o texto "neutro", transformando-o num ensaio científico.

Orações subordinadas adjetivas

Como já foi visto, as orações subordinadas adjetivas são assim chamadas por terem valor de um adjetivo que modifica um termo da oração principal. Funcionam, portanto, como adjunto adnominal. São sempre introduzidas por pronome relativo: *que, quem, o qual, a qual, os quais, as quais, onde, cujo, cuja, quanto*, etc.:

Trata-se de um problema **que** não se pode resolver.
(que ↓ pronome relativo; que não se pode resolver ↓ oração subordinada adjetiva)

Trata-se de um problema insolúvel.
(insolúvel ↓ adjetivo)

Observe que essa oração vem introduzida por um *que* pronome relativo (e não conjunção integrante). Para saber se o *que* é pronome relativo, basta verificar se ele pode ser substituído por *o qual, a qual, os quais, as quais*. Veja a aplicação dessa regra no exemplo dado anteriormente:

Trata-se de um problema **o qual** não se pode resolver.

Agora repare:

Aguardo **que** você me telefone.

Neste caso, o *que* é conjunção integrante, pois não pode ser substituído por *o qual*.

O pronome relativo geralmente faz referência a um outro termo do período. Esse termo é chamado de **antecedente**. Assim, no exemplo *Trata-se de um texto que não se pode compreender*, o antecedente do *que* é *texto*.

Outros exemplos:

Japoneses criam robô **que executa tarefas humanas**. (*Jornal do Brasil*)
oração principal: *Japoneses criam robô*;
oração subordinada adjetiva: *que executa tarefas humanas*;
pronome relativo: *que* (pode ser substituído por *o qual*);
antecedente do pronome relativo: *robô*.

O pequeno robô chuta com rebeldia objetos **que encontra no caminho**.
oração principal: *O pequeno robô chuta com rebeldia objetos*;
oração subordinada adjetiva: *que encontra no caminho*;
pronome relativo: *que*;
antecedente do pronome relativo: *objetos*.

As orações em destaque nos exemplos dados funcionam como adjunto adnominal dos termos que as antecedem.

Classificação

As orações subordinadas adjetivas classificam-se em restritivas e explicativas.

1. **Adjetivas restritivas** – São orações que restringem, limitam a significação do seu antecedente (substantivo ou pronome), indicando um subconjunto desse antecedente. Alteram o sentido do período e não se separam da oração principal por vírgula.

Há alunos **que só podem estudar à noite**.

Observe que a oração *que só podem estudar à noite* está restringindo o sentido do termo *alunos*, pois nem todos os alunos estudam à noite, mas apenas um subconjunto deles.

Outros exemplos:

A asma é um problema de saúde **que atinge mais de 150 milhões de pessoas no mundo inteiro**. (Disponível em: <www.unimedmaceio.com.br>)
Longe é um lugar **que não existe**. (Anúncio publicitário)

A oração adjetiva restritiva pode aparecer com pronome relativo sem antecedente:

Quem tudo quer nada tem.

2. **Adjetivas explicativas** – São orações que não limitam o sentido do antecedente. Acrescentam uma informação sem delimitar a extensão de seu antecedente. Vêm separadas da oração principal por vírgula.

A tartaruga, **que é considerada hoje um dos animais mais dóceis e gentis**, era malvista na Antiguidade. (Revista *Língua Portuguesa*)

A oração adjetiva explicativa, *que é considerada hoje um dos animais mais dóceis e gentis*, acrescenta uma informação ao antecedente sem delimitá-lo, podendo até mesmo ser suprimida sem que o sentido do período fique prejudicado.

Outros exemplos:

Durante a noite, **na qual me faltou o sono**, meus pensamentos giravam em torno dela... (Murilo Rubião)
No Brasil, **que é o maior país exportador de carne do mundo**, a ideia da vaca sagrada ainda soa como fanatismo. (Disponível em: <www.germinaliteratura.com.br>)

Observe a diferença de sentido entre as duas frases seguintes:

Os professores, **que estão em greve**, não serão penalizados.
↓
oração subordinada adjetiva explicativa

Os professores **que estão em greve** não serão penalizados.
↓
oração subordinada adjetiva restritiva

No primeiro caso, todos os professores estão em greve e, consequentemente, nenhum deles será penalizado. No segundo caso, supõe-se a existência de professores que estão em greve e de outros que não estão. Enfatiza-se que aqueles que estão em greve não serão penalizados.

Observações

Ainda com relação às orações adjetivas, devem-se considerar os seguintes itens:

1. A oração subordinada adjetiva pode ter um pronome como antecedente:

Sou o | que sou.

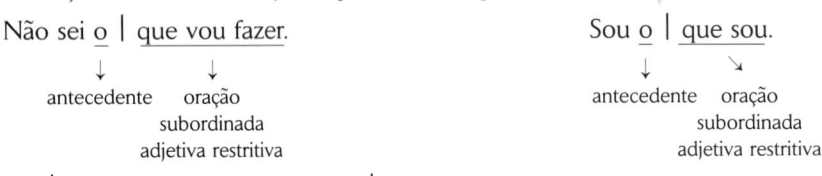

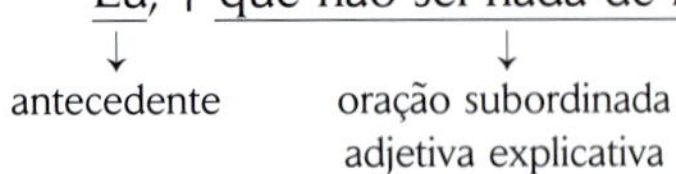

Não sei o | que vou fazer.

Eu, | que não sei nada de inglês, | consegui conversar com ela.

2. As orações subordinadas adjetivas também podem vir coordenadas entre si.

Ilhas podem ser pedaços de terra que fizeram parte do continente **e** foram se desprendendo. (*Terra*)

orações subordinadas adjetivas restritivas coordenadas entre si

Atividades

1. Transforme em orações subordinadas adjetivas os adjetivos em destaque nas frases que seguem:
   a. Criou-se entre nós um vínculo **indestrutível**.
   b. Certos políticos têm objetivos **inalcançáveis**.
   c. O atual governador terá uma dificuldade quase **intransponível**.
   d. O time manteve uma campanha **irrepreensível**.
   e. Os campos de concentração tornaram-se marcas **indeléveis** de preconceito.

2. Classifique o **que** (conjunção integrante, pronome relativo, conjunção coordenativa explicativa):
   a. Há pessoas **que** temem **que** a influência do inglês no português venha a gerar mutações linguísticas no futuro. (Josué Machado)
   b. Não há protecionismos linguísticos **que** nos valham. O nosso problema é **que** falamos mal e escrevemos pior. O terreno está, portanto, preparado para o inglês ocupar o espaço de conhecimento **que** vamos deixando vazio. (José Saramago)
   c. Leia o romance *Equador*, de Miguel Souza Tavares, **que** você não vai se arrepender.
   d. Estou convencido de **que** a gente inventa a fala a cada momento, a cada pergunta **que** nos fazem ou ideia **que** queremos comunicar. (Ferreira Gullar)

3. Identifique as orações adjetivas e classifique-as em **restritivas** ou **explicativas**:
   a. Um quadro que não choca não vale a pena. (Marcel Duchamp)
   b. A dor de cabeça é, junto com a gripe, o problema de saúde que mais leva as pessoas ao balcão da farmácia. (*Veja*)
   c. O Brasil, que é o maior país da América do Sul, tem milhões de analfabetos.
   d. A montagem da peça conta ainda com o recurso de um telão, que traz explicações ao espectador e algumas inserções engraçadas, como um telejornal cujas notícias são puro nonsense. (*O Estado de S. Paulo*)
   e. Os homens nunca prestam atenção aos animais que os rodeiam. (Monteiro Lobato)

4. Explique a diferença de sentido entre as frases de cada par:

a. Minha namorada, que mora em Cuiabá, chegará amanhã.
Minha namorada que mora em Cuiabá chegará amanhã.

b. Os filhos de João, que moram com a mãe, vieram visitá-lo.
Os filhos de João que moram com a mãe vieram visitá-lo.

c. Os alunos do nono ano, cujas notas não foram publicadas, conversaram com a diretora.
Os alunos do nono ano cujas notas não foram publicadas conversaram com a diretora.

Funções sintáticas dos pronomes relativos

Os pronomes relativos que introduzem oração subordinada adjetiva exercem a mesma função sintática que exerceriam os nomes representados por eles. Essas funções podem ser de sujeito, objeto direto, objeto indireto, predicativo, adjunto adnominal, complemento nominal, adjunto adverbial e agente da passiva.

Veja o exemplo:

A poluição atmosférica, que é uma questão de saúde pública, exige medidas radicais por parte dos governantes. (*Terra*)

que é uma questão de saúde pública: oração subordinada adjetiva explicativa

O pronome relativo *que* está representando a expressão *poluição atmosférica*. Na oração adjetiva, essa expressão exerceria a função de sujeito, pois, substituindo o pronome *que* por *poluição atmosférica*, teremos:

... a poluição atmosférica é uma questão de saúde pública.

Logo, o pronome *que* exerce a função de sujeito.

Eis as funções que os pronomes relativos podem exercer:

1. Sujeito:

As ideias **que** orientavam os fundadores da nossa República eram de origem francesa. (*Nosso Século*)
(... as ideias orientavam os fundadores da nossa República)
↓
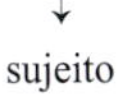
sujeito

2. Objeto direto:

O livro **que** acabo de ler é excelente.
(... acabo de ler o livro)
↓
objeto direto

3. Objeto indireto:

O livro **a que** você se referiu é excelente.
(... você se referiu ao livro)
↓
objeto indireto

4. Adjunto adverbial:

A casa **em que** (na qual, onde) gostaria de morar fica longe da escola.
(... gostaria de morar na casa)
↓
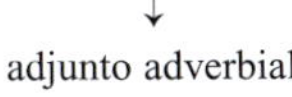
adjunto adverbial

Observação

O pronome relativo **onde** exerce sempre a função de adjunto adverbial na oração adjetiva.

5. Complemento nominal:

A única coisa **de que** tenho certeza é da singularidade do indivíduo. (Albert Einstein)
(... tenho certeza de uma única coisa)
↓
complemento nominal

6. Predicativo:

Inseguro **que** ele era, não conseguia tomar decisão.
(Ele era inseguro.)
↓
predicativo do sujeito

7. Adjunto adnominal:

Gosto muito desse pintor **cujas** obras estão expostas no Museu de Arte Moderna de São Paulo.
(... as obras desse pintor estão expostas...)
↓
adjunto adnominal

8. Agente da passiva:

Esteve aqui a pessoa **por quem** você foi procurado.
(Você foi procurado pela pessoa.)
↓
agente da passiva

Observação

O pronome relativo **cujo** e suas flexões exercem, geralmente, a função sintática de adjunto adnominal. Podem também, em alguns casos, exercer a função de complemento nominal:

A obra, **cuja** construção começou em 2003, ainda não está concluída.
(... a construção da obra)
↓
complemento nominal

Emprego do pronome relativo *onde*

Como foi visto, o pronome relativo *onde* só deve ser empregado para indicar lugar:

A cidade **onde** eu nasci fica no interior da Paraíba.

No entanto, é muito comum o emprego desse pronome para indicar tempo, para substituir *por isso*, *mas*, *de que*, *uma vez que*, etc. Na linguagem falada, e muitas vezes na escrita, esse pronome serve de curinga, ou seja, aplica-se a qualquer situação.

De volta aos anos 70, **onde** o público era sempre enganado com falsas promessas. (Leon Cakoff)
(Na norma-padrão seria: *De volta aos anos 70, em que o público...*)
As importações de bens de consumo não duráveis (categoria **onde** se enquadram os produtos populares) cresceram muito nos dois últimos anos. (*Folha de S.Paulo*)
(Na norma-padrão seria: ... *categoria em que se enquadram os produtos populares...*)

De acordo com a norma-padrão da língua esses empregos devem ser evitados.

(Ver também: Emprego dos pronomes relativos, na página 287.)

Atividades

1. Dê a função sintática do pronome relativo em destaque nas frases:

a. O filme **que** está em cartaz no Cine Belas-Artes é excelente.

b. O filme **que** você me indicou é excelente.

c. O vigário Lopes, **a quem** ele confiou a nova teoria, declarou lisamente que não chegava a entendê-lo. (Machado de Assis)

d. Os tímidos veículos a burro, **que** cortavam a morna cidade provinciana, iam desaparecer para sempre... (Oswald de Andrade)

e. Ainda não recebemos o dinheiro **de que** temos tanta necessidade.

f. Tímido **que** ele era, não conseguia arrumar namorada.

g. Gosto muito desse pintor **cujas** obras retratam temas da cultura popular nordestina.

h. Em uma das vilas **onde** estivemos não havia eletricidade nem água corrente.

2. Substitua o ■ pelo pronome relativo adequado, precedido ou não de preposição:

a. Ignoro completamente o assunto ■ você fez referência.

b. Meus pais apresentaram argumentos ■ discordo.

c. Milton Hatoum é o escritor ■ livro foi elogiado pelos críticos.

d. Dona Etelvina é a professora ■ aulas sempre me lembro.

e. Muitas pessoas ■ somos obrigados a conviver são antipáticas.

f. É justo o ideal ■ vêm lutando os sem-teto.

g. São filmes de aventura ■ me recordo muito bem.

3. Transforme os dois períodos simples num só período composto, empregando corretamente o pronome relativo. Comece pela expressão entre parênteses e faça as adaptações necessárias:

a. *Cangaceiro* está de volta de roupa nova. *Cangaceiro* é o filme brasileiro mais famoso de todos os tempos. (*Veja*) (*Cangaceiro*)

b. Morreu Jorge Amado. Seus livros sempre nos encantaram. (Morreu)

c. A reunião de professores foi muito esclarecedora. Vocês participaram da reunião. (A reunião)

d. A rua é muito esburacada. Moro na rua. (A rua)

e. Vivemos em um país. Sua distribuição de renda está entre as piores do mundo. (Vivemos)

f. São pessoas muito solidárias. Confio nessas pessoas. (São)

Orações subordinadas adverbiais

As orações subordinadas adverbiais funcionam como adjunto adverbial de outras orações e vêm, geralmente, introduzidas por uma das conjunções subordinativas (exceto as integrantes).

A cada sete segundos uma criança morre | **porque** está com fome.
↓
oração subordinada adverbial

A cada sete segundos uma criança morre de fome.
↓
adjunto adverbial

Classificação

De acordo com a conjunção ou locução conjuntiva que as introduz, as orações subordinadas adverbiais são classificadas em causais, comparativas, concessivas, condicionais, conformativas, consecutivas, finais, proporcionais e temporais*.

* Ver estudo das conjunções subordinativas na página 374.

1. **Causais** – indicam a causa da ação expressa pelo verbo da oração principal:

Deve-se evitar dormir com a TV ligada, **uma vez que** isso impede que se chegue à fase de sono profundo. (Disponível em: <www. cerebromente.org.br/n16>)

Fazia tudo que lhe viesse à cabeça, **já que ia morrer**. (Dalton Trevisan)

Como ia morrer, fazia tudo que lhe viesse à cabeça.

Principais conjunções e locuções conjuntivas causais: *porque, pois que, uma vez que, visto que, visto como, já que, porquanto, como*, etc.

2. **Comparativas** – estabelecem uma comparação com o fato indicado pelo verbo da oração principal:

Mecânico na Inglaterra é mais caro **que uma consulta médica**. (Disponível em: <carsale.uol.com.br>)

A Mongólia tem 30% da população vivendo **como nômade**. (Jaime Spitzcovstky)

Principais conjunções comparativas: *que/ do que* (precedidos de *tão, tanto, mais, menos, melhor, pior, maior, menor*, na oração principal), *como, assim como, assim*, etc.

Observação

Frequentemente, omite-se o verbo da oração subordinada adverbial comparativa.

Note como ficaria o exemplo ao lado se o verbo fosse repetido:

A Mongólia tem 30% da população vivendo como (um) nômade vive.

3. **Concessivas** – indicam uma concessão à ideia expressa pelo verbo da oração principal, isto é, admitem uma contradição ou um fato inesperado.

Embora a economia tenha crescido, muita gente continua à margem do consumo. (*Jornal da Tarde*)

Por mais que o computador se faça presente, o livro continuará sendo indispensável. (Disponível em: <www.jornaldaciencia.org.br>)

Principais conjunções e locuções conjuntivas concessivas: *embora, ainda que, posto que, a menos que, se bem que, conquanto, mesmo que, nem que, apesar de que*, (por mais) *que*, (por muito) *que*, etc.

4. **Condicionais** – indicam a situação necessária para que ocorra ou não a ação do verbo da oração principal.

O jogador ameaça entrar na justiça **caso o contrato não seja cumprido**. (*Gazeta Esportiva*)

O jogador ameaça entrar na justiça **se o contrato não for cumprido**.

Não entrem em casa **sem que limpem os pés**.

Principais conjunções e locuções conjuntivas condicionais: *se, caso, exceto, salvo, desde que, contanto que, sem que, a menos que, a não ser que*, etc.

Observação

A locução conjuntiva **como se** sintetiza as ideias de comparação e hipótese. Alguns autores desdobram a locução desta forma:

Sorria **como se** tivesse ganho na loteria. → Sorria **como** sorriria **se** tivesse ganho na loteria.

Esse desdobramento é artificial; parece-nos preferível considerar a locução como comparativa.

5. **Conformativas** – indicam uma conformidade, um acordo entre o fato que expressam e a ação do verbo da oração principal:

A Lei do Inquilinato foi atualizada **conforme** determina o Novo Código Civil. (Disponível em: <www.vitrinejuridica.com.br>)

Todos os funcionários agiram **como o diretor mandou**.

Principais conjunções conformativas: *conforme, como, consoante, segundo*.

6. **Consecutivas** – indicam a consequência resultante do fato expresso pelo verbo da oração principal:

Choveu tanto **que as ruas ficaram alagadas**.

Tamanho era seu encantamento pelo escritor, **que não conseguia criticá-lo**.

Principais conjunções e locuções conjuntivas consecutivas: (*tão/ tanto/ tal/ tamanho*) ... *que, de forma que, de modo que, de sorte que, tanto que*, etc.

Observação

A locução **para que** antecedida de **muito** ou **demais** introduz uma oração consecutiva:

O disco era muito bom **para que eu deixasse de ouvi-lo**.

7. Finais – indicam o fim, o objetivo do fato enunciado na oração principal:

O velho submerge **para que o novo possa emergir**. (*Exame*)
Cada palestrante terá um turno à sua disposição **a fim de que possa expor suas ideias**. (Disponível em: <www.mc.gov.br/rtv>)

Principais conjunções e locuções conjuntivas finais: *para que*, *que* (= *para que*), *a fim de que*, *porque* (= *para que*).

8. Proporcionais – indicam uma relação de proporcionalidade com o verbo da oração principal:

À medida que o tempo passa, ele fica mais ranzinza.
Quanto mais açúcar puser, mais molhado ficará o recheio.

Principais conjunções e locuções conjuntivas proporcionais: *à proporção que*, *à medida que*, *ao passo que*, (quanto mais) ... *mais*, (quanto mais) ... *menos*, etc.

9. Temporais – indicam a circunstância de tempo em que ocorre a ação do verbo da oração principal:

Quando olho para mim, não me percebo. (Álvaro de Campos)
Mal entrou em casa, saiu batendo a porta.
Assim que receber a prova, leia todas as questões.

Principais conjunções e locuções conjuntivas temporais: *quando*, *enquanto*, *assim que*, *logo que*, *até que*, *depois que*, *desde que*, *que*, *apenas*, *mal*, *sempre que*, *cada vez que*, *antes que*, etc.

Diferença entre oração subordinada adverbial causal e oração coordenada sindética explicativa

É difícil, às vezes, distinguir uma oração subordinada adverbial causal de uma oração coordenada sindética explicativa. Eis alguns artifícios que podem auxiliar na distinção desses dois tipos de oração:

a. A oração que antecede a oração coordenada sindética explicativa tem, geralmente, o verbo no modo imperativo.

Não grite, | que eu não sou surdo.
grite → verbo no imperativo
que eu não sou surdo → oração coordenada sindética explicativa

b. A oração subordinada adverbial causal pode ser colocada no início do período, introduzida pela conjunção **como**, o que não ocorre com a coordenada sindética explicativa:

Não vim à aula **porque estava com febre**.
Como estava com febre, não vim à aula.

c. Uma explicação vem sempre depois do fato que a desencadeou; uma causa antecede a consequência. Observe:

Meu pai foi ao médico **porque estava doente**.
Meu pai foi ao médico, **porque eu vi uma receita em cima da mesa**.

No primeiro exemplo, a oração *porque estava doente* é subordinada adverbial causal. O fato de "meu pai" estar doente desencadeia sua ida ao médico. No segundo exemplo, a oração *porque eu vi uma receita em cima da mesa* é coordenada sindética explicativa, pois ver a receita em cima da mesa é uma simples justificativa, não gerou o fato de "meu pai" ir ao médico.

Diferença entre oração subordinada adverbial concessiva e oração coordenada sindética adversativa

Tanto a conjunção coordenativa adversativa como a subordinativa concessiva são conectores que relacionam elementos com orientação argumentativa contrária:

Brasil joga mal na estreia, **mas** vence a Croácia. (Disponível em: <www.estadao.com.br>)
Embora jogasse mal na estreia, o Brasil venceu a Croácia.

Nos dois casos, o argumento "jogar mal" opõe-se à conclusão "vencer".

A diferença entre os dois períodos é que, no primeiro, o argumento que prevalece é o da oração coordenada adversativa; no segundo, prevalece o da oração principal.

Observe que o argumento introduzido pela adversativa, *mas vence a Croácia*, se sobrepõe ao anterior, *Brasil joga mal na estreia*.

Já no caso da oração subordinada, o argumento introduzido pela concessiva, *embora jogasse mal na estreia*, é anulado pelo argumento da principal, *o Brasil venceu a Croácia*.

(Ver mais sobre conjunções na página 371.)

Atividades

1. Identifique a circunstância expressa pela oração em destaque nos períodos que seguem:
   a. **Quando o colonizador português chegou ao Brasil**, os índios eram os donos de todo o território.
   b. Quanto mais pensava no recado, **mais enfezado ia ficando**. (José J. Veiga)
   c. De defunto não tinha medo, só de gente viva, **conforme dizia**. (Adélia Prado)
   d. **Por mais que os professores tenham boa vontade**, os livros ficam desorganizados na sala de leitura. (*Folha de S.Paulo*)
   e. Um CD brasileiro custa até 100% mais caro **que o similar norte-americano**. (*Jornal do Brasil*)
   f. A popularidade é uma porta aberta **para que as pessoas se metam na sua vida**. (Manuel Hidalgo)
   g. Irei ao desfile da escola de samba, **desde que não chova**.
   h. A velha prática da corrupção não pode estar voltando, **uma vez que nunca chegou a ir embora**. (*Jornal da Tarde*)
   i. Na Antiguidade, os jogos que deram origem às Olimpíadas eram tão importantes **que interrompiam até mesmo as guerras em andamento**. (*Almanaque Abril*)

2. Classifique as orações subordinadas adverbiais em destaque:
   a. **Como raramente chove em Lima**, os prédios, os carros, as árvores, tudo é sempre coberto por uma fuligem cinzenta. (Marilene Felinto)
   b. **Ainda que comprovem**, não acredito nesses dados estatísticos.
   c. **À medida que envelheço**, presto menos atenção ao que as pessoas dizem; simplesmente observo o que fazem. (Andrew Carnegie)
   d. **Mal entrou em casa**, tocou o telefone. (Dalton Trevisan)
   e. A mãe do sequestrador afirmou que seu filho é tratado na prisão **como "uma besta selvagem"**. (*Gazeta do Povo*, Curitiba)
   f. Pamucale, no interior da Turquia, é um lugar tão belo e tão diferente **que vem sendo ameaçado pelo movimento exagerado de turistas**. (*Caminhos da Terra*)
   g. A lacuna do governo na área de segurança foi a não construção de presídios, **como havia sido prometido**. (*Correio Braziliense*)
   h. Uma mangueira vive em média cem anos, **desde que lhe deem condições ideais: espaço e podas técnicas**. (*IstoÉ*)
   i. O mote da campanha deste ano é uma convocação a todos os profissionais de saúde do mundo **para que tomem partido na luta contra o fumo**. (Disponível em: <www.cigarro.med.br>)

3. Identifique a relação estabelecida pela conjunção **como** (causa, comparação, conformidade):
   a. São filmes, **como dissemos**, do circuito comercial. (Disponível em: <www.hottopos.com/videtur21>)
   b. **Como** a produção do filme será luso-brasileira, o elenco está em aberto. (Rui Guerra)
   c. Fazia tempo que não via um filme tão bom **como** esse.
4. Reescreva o período que segue, substituindo a oração em destaque por outra, introduzida pela conjunção entre parênteses:
   Modelo: Os alunos, **que estavam cansados**, não assistiram às aulas. (visto que)
   *Os alunos não assistiram às aulas, **visto que estavam cansados**.*
   a. O orador, **que estava com dor de garganta**, não conseguiu pronunciar o discurso. (Como)
   b. O atleta, **que havia ganho várias competições internacionais**, foi homenageado em sua cidade natal. (uma vez que)
   c. Muitos amigos compram nesta loja, **que tem produtos bons e baratos**. (já que)
5. Transforme o período composto por coordenação num período equivalente, mas composto por subordinação:
   a. O médico o desenganou, mas ele continua vivo.
   b. O tempo está ótimo, mas vou ficar em casa.
   c. Moro em cidade pequena, mas acompanho muitas novidades culturais das metrópoles.

Orações reduzidas

Até agora, analisamos períodos com orações subordinadas que são introduzidas por conjunção ou pronome relativo, tendo o verbo no modo indicativo, imperativo ou subjuntivo. Essas orações são chamadas de **desenvolvidas**.

Às vezes, porém, as orações subordinadas não iniciam por conjunção subordinativa nem por pronome relativo e têm o verbo numa das formas nominais: infinitivo, gerúndio ou particípio. Essas orações são chamadas de **reduzidas**.

Veja alguns exemplos:

É necessário | **dialogar com a diretora**.
↓
oração subordinada reduzida de infinitivo

É necessário | que dialogue com a diretora.
↓
oração subordinada desenvolvida

Chegando a Recife, | telefone-me.
↓
oração subordinada reduzida de gerúndio

Quando chegar a Recife, | telefone-me.
↓
oração subordinada desenvolvida

Acabado o curso, | fomos viajar.
↓
oração subordinada reduzida de particípio

Quando acabou o curso, | fomos viajar.
↓
oração subordinada desenvolvida

Classificação

Observe ainda o exemplo dado anteriormente, *Acabado o curso, fomos viajar*.

Nele, a oração reduzida de particípio (*Acabado o curso*) funciona como subordinada adverbial temporal. Portanto, classifica-se como oração subordinada adverbial temporal reduzida de particípio.

De acordo com a forma nominal do verbo, a oração reduzida pode se classificar como reduzida de infinitivo, reduzida de gerúndio ou reduzida de particípio.

1. **Orações reduzidas de infinitivo** – Podem vir ou não precedidas de preposição.

Eis alguns tipos de oração subordinada reduzida de infinitivo.

Substantiva	
Subjetiva	Era difícil **falar**.
Objetiva direta	Os operários resolveram **não fazer greve**.
Objetiva indireta	O objetivo dos pais consistia **em pagar a mensalidade escolar**.
Completiva nominal	Sentiu vontade **de abandonar a carreira**.
Predicativa	Sua única preocupação é **namorar**.
Apositiva	Prometi-lhes apenas isto: **esperá-los até a meia-noite**.

Adjetiva
Compramos uma máquina **de lavar louça**.

Adverbial	
Causal	Morreu **de tanto tossir**./ **Por serem desatentos**, perderam o horário do ônibus.
Concessiva	**Apesar de sentir medo**, enfrentou a situação.
Condicional	Não entre **sem ser anunciado**.
Consecutiva	A demissão do chefe foi complicada, **a ponto de causar revolta nos funcionários**.
Final	O contribuinte precisa fazer controle dos gastos **para não ter surpresa**. (*Folha de S.Paulo*)
Temporal	**Ao começar o século XXI**, apareceram alguns livros de ficção científica de maior qualidade. (Disponível em: <www.ficcao.online.pt>)

2. **Orações reduzidas de gerúndio** – Podem ser adjetivas e adverbiais:

Adjetiva
Encontrei alguns alunos **sambando no meio da sala**.

Adverbial	
Causal	**Não vendo o poste**, colidiu com ele.
Concessiva	**Estando despreparado**, passou no concurso.
Condicional	**Havendo procura**, é natural que aumente a oferta. (Disponível em: <www.agroportal.pt>)

3. **Orações reduzidas de particípio** – Também podem ser adjetivas ou adverbiais:

Adjetiva
O mendigo dormia sobre um pano **estendido no chão**.

Adverbial	
Temporal	**Terminada a partida**, fomos comemorar a vitória do nosso time.
Causal	**Decepcionado com alguns amigos**, mudou de cidade.
Concessiva	**Advertido do perigo**, não muda de comportamento.
Condicional	**Aceitas as condições do contrato**, perderíamos o imóvel.

Orações intercaladas ou interferentes

São orações que, no período, funcionam como uma observação, uma ressalva ou opinião. Não se classificam nem como coordenadas nem como subordinadas. Exemplos:

"Achamos importante a preservação da cultura de cada povo, e isso inclui os alimentos, os sabores, os rituais, enfim, a gastronomia original dos lugares", **explica Heloísa Mader**, representante do movimento em São Paulo.

"Em janeiro vamos para a Vila Amazônia. Tu vais conosco", **disse**, como se fosse uma ordem ou convocação. (Milton Hatoum)

FATOS DE DISCURSO

As orações coordenadas e orações subordinadas adverbiais e a argumentação

A argumentação é um processo discursivo que envolve o estabelecimento de relações lógicas entre informações.

No discurso, as informações se manifestam por meio de

a. orações;

b. períodos;

c. parágrafos;

d. textos.

Para constituir *um texto*, além das informações, é necessário que se estabeleçam relações lógicas entre elas. Essas relações podem envolver:

a. duas ou mais orações;

b. dois ou mais períodos;

c. dois ou mais parágrafos.

As orações coordenadas e as subordinadas adverbiais constituem a base das relações lógicas dos textos argumentativos.

As conjunções coordenativas podem, além disso, funcionar como conectores entre dois períodos ou entre dois parágrafos e são responsáveis pela *macro-organização* do texto. Já as conjunções subordinativas *adverbiais* funcionam como conectores entre duas orações e são responsáveis pela *micro-organização* do texto. Assim, atuando conjuntamente, orações coordenadas e subordinadas adverbiais respondem pela organização sintática dos textos argumentativos.

Os exemplos abaixo permitem entender esses procedimentos. (Em princípio, não nos interessa a estrutura textual do texto argumentativo, e sim os mecanismos sintáticos que engendram os argumentos.)

Ao leitor

Que Stendhal confessasse haver escrito um de seus livros para cem leitores, coisa é que admira e consterna. O que não admira, nem provavelmente consternará é se este outro livro não tiver os cem leitores de Stendhal, nem cinquenta, nem vinte, e quando muito, dez. Dez? Talvez cinco. Trata-se, na verdade, de uma obra difusa, na qual eu, Brás Cubas, se adotei a forma livre de um Stern, ou de um Xavier de Maistre, não sei se lhe meti algumas rabugens de pessimismo. Pode ser. Obra de finado. Escrevi-a com a pena da galhofa e a tinta da melancolia, e não é difícil antever o que poderá sair desse conúbio. Acresce que a gente grave achará no livro umas aparências de puro romance, ao passo que a gente frívola não achará nele o seu romance usual; ei-lo aí fica privado da estima dos graves e do amor dos frívolos, que são as duas colunas máximas da opinião.

Mas eu ainda espero angariar as simpatias da opinião, e o primeiro remédio é fugir a um prólogo explícito e longo. O melhor prólogo é o que contém menos coisas, ou o que as diz de um jeito obscuro e truncado. Conseguintemente, evito contar o processo extraordinário que empreguei na composição destas *Memórias*, trabalhadas cá no outro mundo. Seria curioso, mas nimiamente extenso, e aliás desnecessário ao entendimento da obra. A obra em si mesma é tudo: se te agradar, fino leitor, pago-me da tarefa; se te não agradar, pago-te com um piparote, e adeus.

Brás Cubas

(Machado de Assis. Ao leitor. *Memórias póstumas de Brás Cubas*. São Paulo: Ática, 2004. p. 16.)

Nesse texto, um dos procedimentos argumentativos consiste na ligação dos dois parágrafos que o constituem por meio da conjunção *mas*. A conjunção coordenativa articula as informações do primeiro parágrafo (o livro não terá mais do que cem leitores) às do segundo (o desprezo do narrador pela existência ou não de leitores), ao mesmo tempo que estabelece entre elas uma relação de *restrição*. Ela atua na macro-organização do texto ao explicitar a relação existente entre os dois parágrafos que o constituem.

Analisando a constituição do segundo parágrafo, por exemplo, o que se nota é que outras conjunções coordenativas e palavras equivalentes situam-se na fronteira entre dois períodos, e, ao articulá-los um ao outro, explicitam do mesmo modo a natureza semântica da relação entre eles. É assim com "conseguintemente", que estabelece uma relação de *conclusão* entre os períodos. No interior dos períodos, as articulações mais importantes ocorrem lá onde existem as conjunções subordinativas introduzindo as orações subordinadas adverbiais: "se te agradar" e "se te não agradar", ambas condicionais.

Outro exemplo dessa solidariedade entre orações coordenadas e subordinadas adverbiais na construção dos textos e parágrafos argumentativos ocorre no trecho abaixo:

Se, diminuindo a jornada de trabalho, são conquistadas novas forças mecânicas para a produção social, obrigando os operários a consumir seus produtos, então se estará conquistando um imenso exército de forças de trabalho. A burguesia, assim liberada de sua tarefa de consumidor universal, se apressará a despedir o exército de soldados, magistrados, cabeleireiros, proxenetas, etc., que ela subtraiu do trabalho produtivo a fim de ajudá-la a consumir e a gastar. E então o mercado de trabalho transbordará, e será necessária uma lei de ferro que regulamente o trabalho: será impossível encontrar uma ocupação para essa maré de pessoas até então improdutivas, e que são mais numerosas que os peixes do mar. E depois delas, será preciso pensar em todos aqueles que proviam as suas necessidades e gostos fúteis e dispendiosos. (...)

(Paul Lafargue. *O direito à preguiça*. São Paulo: Hucitec, 2000. p. 105.)

Nesse trecho, que inicia um capítulo do livro, pode-se perceber o movimento argumentativo estabelecido pelas orações. Enquanto as conjunções coordenativas articulam os períodos entre si nas macroarticulações, as orações subordinadas adverbiais permitem relacionar logicamente as informações dentro de um mesmo período. É o que ocorre com o uso da conjunção *se*, em *"Se, diminuindo a jornada de trabalho, são conquistadas..."*. No mesmo período, há uma subordinada adverbial reduzida, que desempenha a mesma função relacional sem conjunções – o que mostra que não é a conjunção propriamente que estabelece as relações, e sim as orações adverbiais. Na fronteira dos períodos, articulando-os, o que há são coordenações: *"E então* o mercado de trabalho transbordará..."; *"E depois delas, será preciso pensar..."*.

Atividades

1. Transforme o adjunto adverbial em oração subordinada adverbial reduzida:
   a. Tumultos ocorreram **na chegada do cantor**.
   b. Só obteve aprovação **graças à sua teimosia**.
   c. **À entrada do jogador**, todos aplaudiram.
   d. Saímos pela orla **para um passeio de carro**.

2. Classifique as orações reduzidas dos períodos seguintes:
   a. Ao começar o século XX, ainda éramos um satélite da França. (*Nosso Século*)
   b. Havendo demanda, haverá produção maior. (*Visão*)
   c. O deputado está organizando um *show* para apoiar os integrantes da banda detidos em Brasília. (*Diário Popular*)
   d. O Brasil foi o primeiro país da América Latina a ter televisão colorida. (*Veja*)
   e. Mesmo cansada, a ginasta não desistiu da competição.
   f. Havendo vaga para economista, avise-me, por favor.
   g. Caminhar diariamente é ideal para a saúde física e mental: auxilia o combate à perda óssea.

3. No período que segue, há três orações reduzidas de particípio. Identifique-as e classifique-as:

   Nascida no Pará, temperada no Caribe e exportada para a França, a lambada conquistou o mundo. (*Veja*)

4. Transforme o segmento em destaque das frases numa oração subordinada desenvolvida ou reduzida. Em seguida, classifique-a.
   a. **Não havendo condições climáticas favoráveis**, o avião não decolará.
   b. **Assim que se fecha um contrato na Bolsa de Valores**, os operadores registram a transação em terminais de computador. (*Almanaque Abril*)
   c. Aceito sua argumentação, **embora discorde de alguns itens**.
   d. **Como somos contribuintes**, temos, no mínimo, o direito de saber quem são os responsáveis por essa dívida. (*O Estado de S. Paulo*)
   e. Não entregue a prova **sem assinar a lista de presença**.
   f. É necessário **apoiarmos a greve**.

5. Elimine o **que** dos períodos seguintes, substituindo as orações desenvolvidas em destaque por reduzidas de particípio:
   a. Os professores não consideraram as notas **que foram atribuídas no último bimestre**.
   b. Os diretores não aceitaram as reivindicações **que foram feitas pelos funcionários**.
   c. O governador **que foi eleito no ano passado** já havia exercido vários cargos públicos.
   d. Teve boa repercussão o discurso **que foi proferido pelo diretor na festa de formatura**.
   e. Todas as pessoas **que estiverem aposentadas** poderão lançar mão deste recurso.

6. Reescreva a oração subordinada substantiva subjetiva em destaque de duas maneiras diferentes: na primeira, substitua-a por uma oração reduzida; na segunda, por uma expressão cujo núcleo seja um substantivo. Veja o modelo:

É provável que existam muitos candidatos a este vestibular. (oração desenvolvida)

É provável existirem muitos candidatos a este vestibular. (oração reduzida)

É provável a existência de muitos candidatos a este vestibular. (existência = substantivo)

a. É fundamental **que estudemos para a prova**.

b. Basta **que os alunos cooperem**.

c. É necessário **que te empenhes nesse trabalho**.

d. É importante **que você se concentre na tarefa**.

e. Não importa **que o diretor aprove ou não nosso projeto**.

f. Seria útil **que reembolsassem as despesas**.

g. É aconselhável **que mantenhamos a sala em ordem**.

7. Os textos abaixo foram extraídos do jornal *Folha de S.Paulo*. Reescreva-os eliminando todos os "quês". Substitua as orações desenvolvidas por reduzidas e faça as adaptações necessárias.

a. Seria importante **que** o jornalista mostrasse o todo e não somente a parte **que** ele tenha julgado de maior destaque.

b. Curioso é **que** o sentido do termo "liberal" para os americanos é justamente o inverso do sentido **que** lhe é dado aqui.

c. A Assembleia Geral da ONU é o mais importante evento de caráter regular **que** reúne praticamente a totalidade dos Estados **que** integram a comunidade internacional.

d. Sendo um país **que** fez clara opção pelo transporte rodoviário para escoamento da produção e passeio, em detrimento das ferrovias, é inaceitável **que** o Brasil tenha uma malha ferroviária tão deteriorada. A primeira grande baixa é sem dúvida a **que** se refere a vidas humanas. Mas o mau estado das rodovias implica também alguns prejuízos **que** são justificáveis.

Pontuação

Texto 1

Em uma cidade bem movimentada, morava uma garota, chamada Beatriz Uma garota agitada muito feliz. Mas ainda sonhava, em encontrar seu príncipe encantado. Mas todas suas tentativas foram em vão até que. Quando foi procurar um amigo seu para sair não sabia bem onde encontrá-lo bateu em uma porta desconhecida, e foi lá que conheceu seu príncipe encantado, sua alma gêmea.

Carlos, esse era o seu nome.

Um garoto muito legal mas só tinha um problema ele era um garoto rico, estudava em um colégio particular, morava em um belo apartamento bem diferente de Beatriz, que morava em um bairro pobre Carlos, após ter conhecido Beatriz sempre perguntava para o amigo dela, onde ela estava como estava e diversas outras coisas

Beatriz também até que quando Beatriz combinou de ir à casa de seu amigo, e lá o viu novamente. Foi como se conhecessem há muito tempo mas quem percebeu que não podiam mais ficar separados foi Carlos mesmo.

Como os dois se amavam e não podiam ficar separados eles resolveram começar um namoro

[...]

Trecho de redação escolar de uma aluna da 6ª série de escola estadual. São Paulo, mar. 2005.

Texto 2

Em uma cidade bem movimentada, morava uma garota chamada Beatriz. Uma garota agitada muito feliz que ainda sonhava em encontrar seu príncipe encantado. Mas todas suas tentativas foram em vão. Até que conheceu seu príncipe encantado, sua alma gêmea, quando foi procurar um amigo seu para sair, não sabia bem onde encontrá-lo e bateu em uma porta desconhecida.

Carlos, esse era o seu nome.

Reorganização do trecho inicial da mesma redação escolar, sugerida pelo professor.

Conceito

Talvez a primeira impressão que fique da leitura do texto 1 seja a de confusão e desordem, de difícil leitura e compreensão. Comparando esse texto ao texto 2, mais legível, podemos notar que o professor modificou poucas coisas: além de trocar uma oração de lugar e substituir um conectivo por outro, ele acrescentou alguns **sinais de pontuação** – e isso fez uma grande diferença.

Sinais de pontuação são símbolos gráficos que empregamos nos textos escritos para organizar os termos, os enunciados e os parágrafos, estabelecendo uma hierarquia (ordem) entre eles. Essa hierarquia sintática torna o texto compreensível.

Conforme se vê nos dois textos lidos, a pontuação não funciona sozinha: ela atua junto com os conectores sintáticos (conjunções, preposições e pronomes relativos).

Muitas vezes se diz que os sinais de pontuação tentam reproduzir, na língua escrita, os recursos próprios da língua oral, como pausas, entonação, cadência melódica, etc. Na verdade, pausas, entonações e cadência melódica são *os recursos que a língua oral utiliza para estabelecer a hierarquia sintática*, ao passo que *os sinais de pontuação são próprios da língua escrita*.

Não se pode estabelecer uma correspondência exata e direta entre os recursos da língua escrita e os da língua oral. Um bom exemplo disso são as pausas: quando estamos escrevendo e fazemos uma pausa, não colocamos uma vírgula ou ponto; simplesmente levantamos os dedos do teclado ou tiramos a caneta do papel.

Emprego dos sinais de pontuação

Os sinais de pontuação que empregamos em português são os seguintes:

,	.	;	:	?	!	...	" "	—	( )

Vírgula

A vírgula nem sempre representa uma pausa. As justificativas para seu emprego são de ordem sintática, e não de pronúncia. Emprega-se a vírgula entre os termos de uma oração e entre orações.

A vírgula entre os termos de uma oração

Nesse caso, usa-se a vírgula para:

a. separar elementos de uma enumeração:

De Paris, amo tudo com igual amor: **os seus monumentos, os seus teatros, os seus bulevares, os seus jardins, as suas árvores**... (Mário de Sá-Carneiro, *A confissão de Lúcio*)

b. separar o aposto do resto da oração:

O secretário-geral da CNBB**, dom Odilo Scherer,** considerou moralmente inaceitável a greve de fome. (*Veja*)

c. separar o vocativo do resto da oração:

Não brinque**, Lúcia**! (Nélson Rodrigues)
Joaquim, saia da minha frente.
Venha ao quadro**, Tatiana**.

d. separar o adjunto adverbial antecipado:

No Brasil, a posse da terra sempre esteve concentrada nas mãos de pouca gente. (*Retrato do Brasil*)

Observações

1. Se o último elemento da enumeração vier precedido da conjunção **e**, a vírgula pode ser dispensada:

As mulheres voluntariosas, as soberanas poderosas **e** as artistas não encontravam espaço no Renascimento italiano. (Malu Oliveira)

2. Se a conjunção **e** vier repetida antes de cada um dos termos, a vírgula deve ser empregada:

Entregou-lhe o seu amor**, e** o seu nome**, e** o seu lar**, e** a sua honra**, e** a sua vida.

Observação

Note que na língua falada geralmente não existe pausa antes do vocativo. No entanto, a vírgula é obrigatória:

Fique quieto**, menino**.
Atenção**, senhores**!
Cuidado**, meu filho**.

Observação

Nos textos contemporâneos, é frequente a omissão da vírgula que isola o adjunto adverbial antecipado:

Cinco meses antes ela dera à luz seu primeiro filho. (*Veja*)

Em Pirapora as romarias não são novidade. (*Folha de S.Paulo*)

e. isolar o nome do lugar nas identificações de local e data:

São Paulo, 10 de novembro de 2006.

f. indicar a omissão de um termo:

No meio do salão**,** a mesa de jantar. (Viriato Correa)
(No meio do salão **havia/estava** a mesa de jantar.)

E sobre a mesa**,** o corpo do preto velho, com duas velas à cabeceira. (Viriato Correa)
(E sobre a mesa **estava** o corpo do preto velho...)

g. Para isolar certas palavras e expressões explicativas ou corretivas: *por exemplo, isto é, a saber, além disso, aliás, digo, ou melhor, quer dizer, ademais...*

Se a sociedade não tem em caso nenhum o direito de aplicar a pena de morte a ninguém, muito menos tem o de aplicá-la aos réus ignorantes e pobres**, isto é,** aqueles que cometem o delito sem pleno conhecimento do mal [...] (Franklin Távora)

Cabe ao contador rever os balanços, **digo,** os balancetes de cada semestre.
O seu cotidiano**, aliás,** não é dos mais estressantes [...] (*Folha de S.Paulo*)

A vírgula entre orações

Nesse caso, usa-se vírgula para:

a. separar orações coordenadas assindéticas:

Fabiano virou o copo de um trago**,** cuspiu**,** limpou os beiços à manga**,** contraiu o rosto. (Graciliano Ramos, *Vidas secas*)

b. separar orações coordenadas sindéticas:

A amizade de Bento Alves fora verdadeira**, mas** do meu lado havia apenas gratidão. (Raul Pompeia)
Uma vez um capitão de navio, muito rico, andava correndo terras in procura de uma moça para com ela se casar**, porém** queria que a moça tivesse cinco muitos: que fosse muito pobre, muito bonita, muito alva, que soubesse muito ler e muito coser. (Manuel de Oliveira Paiva)

A conjunção **pois**, quando for coordenativa conclusiva, sempre vem posposta a um termo da oração da qual faz parte. Nesse caso, deve ser isolada por vírgula(s):

Está assustada; acalme-a**, pois**.
Temos muita terra; não se justifica**, pois,** a falta de comida.

Não se utiliza vírgula para separar a coordenada sindética iniciada por **e**:

Nas horas nobres deitava no chão, cruzava as mãos debaixo da cabeça **e** ficava olhando as nuvens [...] (Lygia Fagundes Telles)
A mídia se julga no direito de vigiar as intimidades **e**, para tanto, evoca a liberdade de informar. (José Castello)

A vírgula nem sempre é utilizada para separar orações coordenadas sindéticas alternativas:

Decifra-me **ou** devoro-te.
Desta vez **ou** tomas juízo, **ou** ficas sem coisa nenhuma. (Machado de Assis)
[...] está se comportando como uma criança. **Ora** brinca, **ora** chora sentindo falta da cantora. (*Folha de S.Paulo*)

c. separar orações intercaladas:

Os estudantes que sonham ser correspondentes internacionais deveriam saber**, como lembra o Jorge Pontual no seu ensaio,** que a vida de repórter no exterior não é fácil como se imagina e está longe de ser glamorosa. (Ernesto Rodrigues)

Observação

Separam-se por vírgula as orações coordenadas sindéticas introduzidas por **e** quando têm sujeitos diferentes ou quando a conjunção **e** aparece repetida:

A mãe se fora para a cozinha, e **Rafael** olhava para ele. (José Lins do Rego)
(Os sujeitos são diferentes.)

Rondo-te, **e** arquejo, **e** choro, ó cidadela! (Olavo Bilac)
(O **e** foi repetido.)

d. isolar orações subordinadas adjetivas explicativas:

A roupa lavada, **que ficara de véspera nos coradouros,** umedecia o ar [...] (Aluísio Azevedo)

e. separar orações subordinadas adverbiais (desenvolvidas ou reduzidas), especialmente quando antepostas à principal:

Embora seja rico, trabalha muito.

Era eu, **conforme já disse,** a encarregada de orientar a limpeza da casa. (Lúcio Cardoso)

Todo cuidado é pouco, D. Maria. **Se ele tiver um sonho ruim,** morre no sonho. **Se tomar um cafezinho,** morre. **Se espirrar,** morre no fim do espirro. (Dalton Trevisan)

Deve embarcar dentro de dez dias, **se os advogados liberarem seu passaporte**. (Fernando Gabeira)

Mal se foi o Salgueiro, já vem chegando o Flamengo. (Armando Nogueira)

f. separar orações substantivas antepostas à principal:

Quanto tempo fiquei estudando, não sei.

Casos em que o uso da vírgula não é permitido

Não se usa vírgula entre:

a. o sujeito e o predicado:

A noite cai mansa em São Paulo. (Revista *E*)

A noite → sujeito; cai mansa em São Paulo → predicado

b. o verbo e seus complementos:

Quando se levantaram, João Romão deu o braço a Zulmira. (Aluísio Azevedo)

deu → verbo; o braço → OD; a Zulmira → OI

c. o nome e o complemento nominal:

Brincar é uma atividade acessível a todo ser humano.

acessível → nome; a todo ser humano → CN

d. o nome e o adjunto adnominal:

O jogo está presente em vários momentos de nossas vidas.

momentos → nome; de nossas vidas → adjunto adnominal

e. a oração principal e a subordinada substantiva, desde que esta não seja apositiva nem apareça na ordem inversa:

Ocorre que o próprio senador tinha feito a confissão ao repórter, pedindo a este que guardasse sigilo. (*Consultor Jurídico*)

Ocorre → oração principal; que o próprio senador tinha feito a confissão ao repórter, pedindo a este que guardasse sigilo → oração subordinada substantiva subjetiva

[...] acho que gostaria de ser cantora. (*Veja*)

acho → oração principal; que gostaria de ser cantora → oração subordinada substantiva objetiva direta

Observação

A oração subordinada substantiva apositiva pode vir separada da oração principal por vírgula:

O senhor concorda com isto, que nossa população é induzida a esta inércia? (Disponível em: <www.pocosnet.com.br>)

O senhor concorda com isto → oração principal; que nossa população é induzida a esta inércia → oração subordinada substantiva apositiva

Entretanto, é mais comum esse tipo de oração ser introduzido por dois-pontos:

A verdade é esta: ele não gosta de futebol.

A verdade é esta → oração principal; ele não gosta de futebol → oração subordinada substantiva apositiva

Atividades

1. Reescreva as frases acrescentando vírgulas de modo a obter diferentes sentidos:

a. Meu filho acorda.

b. João meu tio mudou-se para outra cidade.

c. O aluno nervoso deixou a sala.

d. Todas as meninas assustadas esconderam-se do visitante.

e. Seu José manda dizer que acabou a feijoada.

2. Reescreva as frases utilizando vírgulas onde for necessário:

a. Na média anual chove no sertão brasileiro mais do que em Paris Londres ou Roma por exemplo. (*Veja*)

b. Em março deste ano o secretário-geral da ONU Kofi Annan decretou os anos que vão de 2005 a 2015 como a Década da Água. (Idem)

c. Vamos Peter Pan! – disse ela. Conte-me mais alguma coisa da sua vida. Conte onde mora mas conte a verdade. (Monteiro Lobato)

d. Precisava de sal farinha feijão e rapadura. (Graciliano Ramos)

e. Eram várias folhas pautadas. Umas tinham dez linhas; outras apenas quatro.

f. Ele Jairo não pôde discutir. (Adonias Filho)

g. O quinino que representa um marco do tratamento da malária não foi encontrado na Europa mas sim na Bolívia. (Disponível em: <www.comciencia.br >)

h. Ele era brasileiro mas às vezes deixava escapar uma palavra em espanhol pois acabava de chegar da Colômbia e Venezuela. (Fernando Gabeira)

i. Arqueólogos israelenses descobriram em Jerusalém nas ruínas de um templo bizantino do século V a pedra na qual a Virgem Maria grávida de Jesus e o seu marido José teriam descansado durante a longa caminhada até a cidade de Belém fugindo da perseguição do imperador Herodes. O local já era sagrado para os cristãos há 1700 anos mas a pedra havia sido encoberta após a destruição da igreja no século VIII. A descoberta ocorreu durante as obras num terreno na parte sul de Jerusalém onde o governo israelense quer instalar uma colônia judaica. (*IstoÉ*)

j. De resto não houve tumultos nem bebedeiras na apresentação. A principal reclamação do público aliás era exatamente por conta da ausência de cerveja. (*Folha de S.Paulo*)

3. As frases a seguir foram retiradas de uma sala de bate-papo do provedor Uol em 11/1/2006. Reescreva-as no caderno acrescentando vírgulas onde for necessário ou corrigindo seu emprego quando ele estiver inadequado. Se for preciso, use também outros sinais de pontuação:

a. (04:48:47) *monica* fala para *h de guarulhos sp*: **oi como vai**

b. (05:00:07) *Lela* fala para *Todos*: **tchau pessoal o dever me chama**

c. (05:06:25) *marianna* fala para *GATINHO22*: **olá gatinho a fim de tc comigo????**

d. (06:08:32) *PATRICK* fala para *Rosynha*: **DISCONFIADA VC NE**

Ponto

O ponto é empregado, basicamente, para indicar o final de uma frase declarativa, que pode ser um período simples ou composto. Observe esta frase dita por Noel Rosa, tirada de sua biografia:

A inspiração vem inesperadamente. (João Máximo e Carlos Didier, *Noel Rosa – Uma biografia*)

período simples

Escrevo logo a melodia no primeiro papel que encontro, | ou no maço de cigarros. (Idem)

período composto (duas orações)

Muitos escritores modernos têm utilizado o ponto para substituir a vírgula ou o ponto e vírgula. Observe, por exemplo, na frase abaixo, que o ponto utilizado depois de *inesperadamente* está substituindo uma vírgula:

A inspiração vem inesperadamente**.** Dentro de um ônibus, ou numa mesa de café. (Idem)

Quando o ponto é empregado com a finalidade de encerrar um texto escrito, chama-se **ponto-final**.

O ponto também é empregado em algumas abreviaturas e siglas:

a.C. (antes de Cristo) V. Ex.ª (Vossa Excelência)

Ponto e vírgula

O emprego do ponto e vírgula é muito subjetivo, variando de autor para autor. Entretanto, algumas normas podem ser estabelecidas. Geralmente, emprega-se o ponto e vírgula para:

a. separar orações coordenadas quando pelo menos uma delas já tem vírgula no seu interior:

Muitas são as causas que vêm afetando o equilíbrio ecológico**;** entre elas, está a devastação dos recursos naturais. (*Correio do Povo*)

b. separar orações coordenadas que se opõem quanto ao sentido:

Nada é a fama**;** a ação é tudo. (Goethe)

[...] o governo dava um passo certo na superação dessa armadilha**;** no entanto, ao optar por uma política de metas de inflação, condenou-se a se manter nela. (*Folha de S.Paulo*)

c. separar os diversos itens de considerandos, decretos, leis, portarias, etc.:

Artigo 16

O direito à liberdade compreende os seguintes aspectos:

I. ir, vir e estar nos logradouros públicos e espaços comunitários, ressalvadas as restrições legais**;**
II. opinião e expressão**;**
III. crença e culto religioso**;**
IV. brincar, praticar esportes e divertir-se**;**
V. participar da vida familiar e comunitária, sem discriminação**;**
VI. participar da vida política na forma da lei**;**
VII. buscar refúgio, auxílio e orientação.

(Estatuto da Criança e do Adolescente)

Dois-pontos

Os dois-pontos têm a função básica de introduzir uma citação, uma enumeração ou um esclarecimento.

a. Citação:

Afirma Maria Luiza Tucci Carneiro em seu livro *O racismo na História do Brasil***:** "No Brasil há um racismo camuflado, disfarçado de democracia racial".

b. Enumeração:

Esforçava-me por me dedicar às minhas ocupações cacetes**:** escrever elogios ao governo, ler romances e arranjar uma opinião sobre eles. (Graciliano Ramos, *Angústia*)

c. Esclarecimento:

Metade dos acidentes com morte se deve à grande assassina das estradas brasileiras**:** a ultrapassagem. (Anúncio publicitário)

Ponto de interrogação

O ponto de interrogação é utilizado no final de qualquer pergunta direta, mesmo que esta não exija resposta:

Já a piedade não tem valor**?** Já a perseverança não vos agrada**?** (Padre Vieira)

O que lhe interessa na cultura popular**?** (*TAM Magazine*)

Ponto de exclamação

O ponto de exclamação é o sinal empregado no final de qualquer frase exclamativa:

Cinquenta anos! Quantas horas inúteis! Consumir-se uma pessoa a vida inteira sem saber para quê! Comer e dormir como um porco! Como um porco! Levantar-se cedo todas as manhãs e sair correndo, procurando comida! (Graciliano Ramos, *São Bernardo*)

Geralmente, é utilizado depois de:

a. interjeições, onomatopeias, etc.:

Em segundos, o pontinho branco e nervoso que se escondia entre as ondas à frente definiu-se e, Zap!, passou bem ao meu lado. (Amyr Klink)

b. verbo no imperativo:

– Não faça isso! [...]
– Vá-se embora! (Rubem Braga)

Reticências

As reticências têm a função básica de indicar que a frase foi interrompida ou truncada. Geralmente, são empregadas para indicar:

a. partes de um texto suprimidas por não interessarem à citação:

É muito fácil impor a confissão a quem ficou incomunicável, isolado, sofrendo torturas de toda espécie [...]. Não é possível que isso continue a perdurar neste país. (Sobral Pinto)

b. surpresa, dúvida, hesitação:

O que seria aquilo? Deus do céu... um veleiro!!! (Amyr Klink)
E... e a ligação foi muito longa? (Orígenes Lessa)

c. interrupção da fala do narrador ou da personagem:

O Gerente – Homem, creio que lagosta...
Figueiredo – É um bom petisco, não há dúvida, mas faz-me mal! (Artur Azevedo)

Aspas

De modo geral, empregam-se aspas para:

a. isolar citações textuais:

"Este é um pequeno passo para o homem, mas um gigantesco salto para a humanidade", foi a célebre frase de Armstrong que o mundo inteiro ouviu. (*Veja*)

"Homem é homem e bicho é bicho" era outro dogma do Tonho que precisava ser seguido à risca. (Miroel Silveira)

b. destacar palavras ou expressões não características da linguagem de quem escreve, como estrangeirismos, arcaísmos, gírias, neologismos, expressões populares, etc.:

"Rachas" provocam duas mortes nas ruas. (*Veja*)
Há "baruio" na Corte e dizem que vão "arrecrutá". (Lima Barreto)

c. realçar palavras ou expressões:

Em 1970, os carros nacionais, mais tarde tachados de "carroças", viviam seu esplendor. (*Veja*)

d. indicar mudança de interlocutor nos diálogos:

Mata correu a dar as ordens ao mordomo. Voltou e permaneceu em pé ao lado de Antonio de Souza, que o olhava com certa ansiedade.

"Conseguiste o que te pedi?", disse o governador.

"Eh. Não senhor, quer dizer, sim senhor."

"Muito bem. Então... senta-te. Senta-te aí e lê para mim."

(Ana Miranda)

Observação

O travessão é mais utilizado do que as aspas para indicar troca de interlocutor em diálogos.

Travessão

O travessão é empregado basicamente em dois casos:

a. para indicar mudança de interlocutor nos diálogos:

Rodrigues – Reprovo incondicionalmente esse amores escandalosos, que ofendem a moral e os bons costumes.

Figueiredo – Ora não amola! Eu sou solteiro... não tenho que dar satisfações a ninguém.

(Artur Azevedo)

b. para destacar palavras, expressões ou frases; nesse caso, emprega-se o duplo travessão:

Um número pequeno – embora muito estimulante – de prefeituras vem assumindo, com sucesso, a tarefa de melhorar a saúde de seus cidadãos. (*IstoÉ*)

O astronauta americano Neil Armstrong, 38 anos, tornou-se naquele instante – 20/7/1969, 23h56 em Brasília – o primeiro homem a pisar na Lua e a ver nosso planeta de lá. (*Veja*)

Parênteses

Os parênteses são empregados, geralmente, para isolar palavras, expressões ou frases que não se encaixam na sequência lógica do enunciado. Os parênteses separam, por exemplo:

a. uma explicação circunstancial:

Do grupo dos Yanomami (um dos últimos grupos isolados da América) restam apenas cerca de 10 000 sobreviventes, ameaçados de destruição física, moral e cultural. (Maria Luiza Tucci Carneiro)

b. uma reflexão ou um comentário:

Para evitar os prejuízos econômicos que a saída em massa dos judeus traria ao reino português, dom Manuel tentou dificultá-la (limitando-a, por exemplo, ao porto de Lisboa) e ao mesmo tempo induzi-los à conversão (garantindo que por certo tempo não seriam incomodados ou perseguidos). (Mary Del Priore)

c. indicações bibliográficas, datas, etc.:

Quem observasse Aurélia naquele momento, não deixaria de notar a nova fisionomia que tomara o seu belo semblante e que influía em toda a sua pessoa. (ALENCAR, José de. *Senhora*. São Paulo: Ática, 1991.)

d. indicações cênicas (rubricas) numa peça de teatro:

MARIANA: (*Abraçam-se*) Gabriel! (*Contém os soluços*) Gabriel! (Jorge de Andrade)

e. orações intercaladas:

Dizem (não se confirma) que quase todos os dias morre operário em acidente. (Ignácio de Loyola Brandão)

Observação

No item **e**, em lugar dos parênteses, poderiam ter sido empregadas vírgulas ou travessões.

FATOS DE DISCURSO

Novos sinais de pontuação

A tecnologia gráfica aplicada à língua escrita vem criando algumas notações que podem ser consideradas sinais de pontuação, embora esse *status* não lhes seja atribuído nem pela Nomenclatura Gramatical Brasileira (NGB) nem pela gramática tradicional. A análise de um texto jornalístico pode ser elucidativa a esse respeito se observarmos com atenção a pontuação empregada nele, os símbolos gráficos utilizados e a função que desempenham.

Perceba no texto abaixo que o título, que reúne e resume todas as informações do texto, aparece em caracteres bem maiores que o restante da notícia (o que não aconteceria num texto manuscrito, por exemplo). Assim, o **tamanho das letras** desempenha uma *função hierarquizadora*, já que é empregado para dar destaque a um enunciado do texto em especial.

Harlequin estréia de olho em donas-de-casa

França registra 'boom' de autores e títulos do Brasil

Fac-símile da página E3 do jornal *Folha de S.Paulo*, 19 jul. 2005.

França registra 'boom' de autores e títulos do Brasil

A LITERATURA BRASILEIRA NA FRANÇA

"TANT ET TANT DE CHEVAUX" ("Eles Eram Muitos Cavalos")
■ Luiz Ruffato
■ Éditions Métailié

"Sem dúvida, um dos nossos maiores choques de leitura dessas últimas semanas. Através de uma multiplicidade de vozes, é um extraordinário retrato de São Paulo, a megalópole brasileira, que se forma pouco a pouco."
Michel Abescat, Télérama, 15/6/2005

"Este romance sem trama, explodido em mini-histórias, é como uma espécie de 'short cuts'. Mas a prosa de Luiz Ruffato é mais opulenta e experimental, menos aplainada do que a de Carver."
Livres Hebdo, 11/3/05

"BUDAPEST" ("Budapeste")
■ Chico Buarque
■ Éditions Gallimard

"Mas Chico Buarque vai mais longe: seu livro

"MORT DANS L'AVION & AUTRES POÈMES" ("Morte no Avião e Outros Poemas")
■ Carlos Drummond de Andrade
■ Éditions Chandeigne

"Através de uma língua fluida, simples, quase cotidiana, Drummond exprime as angústias contemporâneas e os medos universais. (...) O paradoxo e da ambivalência engendram belos versos..."
Sean James Rose, Libération, 25/3/05

"CHEMINS" ("Caminhos")
■ Raduan Nassar
■ Éditions Gallimard

"O minimalismo aparente de Raduan Nassar se abre para descobertas radicais. Há qualquer coisa de elíptico no hiper-realismo e é com isso que joga a escrita de Nassar."
Mathieu Lindon, Libération, 16/6/2005

"GANTS DE PEAU

KÊNYA ZANATTA
COLABORAÇÃO PARA A **FOLHA**, DE PARIS

A temporada brasileira na França tem estimulado a publicação de livros ligados ao Brasil. De acordo com um levantamento feito pela reportagem, 55 novos títulos já chegaram às livrarias desde o início de 2005. Esse número já ultrapassa a média anual dos últimos três anos, de aproximadamente 50 lançamentos, segundo dados da revista "Infos Brésil".

As novidades incluem livros sobre a história, a sociedade e a música brasileiras, com destaque para títulos sobre os índios e a Amazônia, além de catálogos de exposições e álbuns de fotografias.

As relações entre a França e o Brasil são outro filão explorado, de textos e litografias de Jean-Baptiste Debret sobre os índios brasileiros até romances de escritores franceses que se inspiraram no Brasil.

As traduções literárias compreendem, entre outros, Chico Buarque, Luiz Alfredo Garcia-Roza, Patrícia Melo e Raduan Nassar, passando pela poesia de Ana Cristina Cesar e por uma coletânea de literatura de cordel, além de várias reedições.

"Nós concentramos os lançamentos porque isso cria um efeito de massa, chama a atenção do leitor nas livrarias, mostra que há uma diversidade na literatura brasileira", explica a editora Anne-Marie Métailié, que lançou neste ano livros de Luiz Ruffato, Lya Luft, Betty Mindlin e Tabajara Ruas e também reeditou clássicos de Machado de Assis e Lúcio Cardoso.

Christine Villeneuve, da editora Des Femmes [Das Mulheres], comemora o Ano do Brasil com livros de Clarice Lispector e Nélida Piñon. "O Brasil é um país emergente em literatura, e na França estamos percebendo isso. Queremos encontrar novas autoras brasileiras para publicá-las."

Saturação

Especializado no domínio lusófono, o editor Michel Chandeigne, que edita até o fim do ano oito títulos ligados ao Brasil, acredita que o impulso é passageiro: "O Ano do Brasil na França acelerou um pouco as coisas, mas, em contrapartida, teremos dois ou três anos com menos livros depois dessa saturação. O interesse dessas manifestações é que elas mobilizam a imprensa e permitem ganhar leitores".

O temor de que as publicações se tornem escassas após o final dessa manifestação se baseia no que aconteceu após o pico de lançamentos, em 1998, quando o país foi homenageado pelo Salão do Livro de Paris, chegando a 50 títulos lançados apenas durante o mês do evento.

Por isso, hoje a palavra de ordem é continuidade. "O aumento do número de títulos é real. Mas é preciso continuar a publicar, até o momento em que a literatura brasileira fará parte da paisagem literária do leitor francês como a literatura em língua espanhola ou inglesa", analisa Gustavo Guerrero, responsável pelo setor de literatura sul-americana da editora Gallimard.

Michel Riaudel, professor na Universidade Paris 10 e diretor da revista "Infos Brésil", acredita que, a longo prazo, a valorização da literatura brasileira na França passa pelo ensino do português, em declínio nos últimos anos. "Precisamos de pessoas capazes de ler a literatura na fonte e funcionar como tradutores ou intermediários junto aos editores franceses."

Português

"Nós, editores, conhecemos bem o inglês mas não necessariamente o português", confirma a editora Joëlle Losfeld, que contou com indicações de "pessoas de confiança" para lançar este ano livros de Adriana Lunardi e Giselda Leirner.

Outro obstáculo para a penetração da literatura brasileira seria a falta de autores conhecidos. "Houve uma época em que o sucesso de Jorge Amado ajudava a promover a literatura do Brasil. Hoje, os franceses não sabem citar um grande autor brasileiro vivo. É importante colocar alguns rostos sobre a literatura brasileira contemporânea", avalia Riaudel.

Convidados para os grandes festivais de literatura na França, escritores brasileiros como Bernardo Carvalho, colunista da **Folha**, Milton Hatoum e Luís Fernando Veríssimo, entre outros, têm vindo encontrar o público francês.

"A presença dos escritores é muito importante para a comunicação e a percepção da literatura", diz Marie-Dominique Blondy, responsável pelo setor de livros e colóquios do Ano do Brasil na França, que aposta em uma estratégia educativa: "As escolas e as bibliotecas municipais organizaram todo um programa em torno da literatura do Brasil, para estimular a curiosidade".

Um subsídio especial do governo francês para a edição de algumas obras consideradas essenciais faz parte das medidas para difundir a literatura nacional.

"Quero incluir o Brasil no meu catálogo, mas não poderia publicar todos esses livros se não fossem os subsídios", afirma Paul Noirot, da editora Maisonneuve et Larose, que lança ainda neste ano livros de João Cabral de Melo Neto e José Almino, além de obras de especialistas brasileiros em diversas áreas.

Além disso, há a organização do **espaço gráfico**, fundamental para o leitor: a disposição do texto em colunas, com espaços bem visíveis entre elas, facilita a leitura. Esse elemento visual ganha, portanto, *status* de sinal de pontuação pelo fato de atuar na organização e legibilidade do texto. Basta observar, na notícia da página anterior, o espaço entre o final dos blocos de texto e os subtítulos "Saturação" e "Português": o espaço sinaliza para o leitor uma ruptura da sequência do texto; e o subtítulo acoplado ao bloco seguinte anuncia o início de uma nova sequência de informações. Sem esses recursos, seria impossível para o autor manter a coesão entre o bloco anterior ao espaço e aquele que é introduzido pelo subtítulo.

Esse espaço gráfico que sinaliza rupturas entre blocos de informação ao longo de um texto não é privilégio dos textos de imprensa. Ele ocorre muito frequentemente nos textos de longo fôlego, como romances, biografias e estudos científicos. É o que se vê nesta página do livro *Carmen – Uma biografia*, de Ruy Castro:

1933-1934 — PEQUENA NOTÁVEL | 101

Mas, em toda a carreira de Annemarie, Carmen foi das poucas a abrir uma mala e tirar, de lá de dentro, roupas pessoais perfeitas para as suas lentes.

Nessa excursão a Buenos Aires, aconteceu a comovente despedida entre Carmen e o homem a quem ela tanto devia: Josué de Barros. Antes do fim da temporada, Josué foi convidado a ficar por lá e formar (com Betinho) um conjunto brasileiro para se apresentar nas rádios e na boate mais chique de Buenos Aires, a Embassy, na calle Florida. Josué topou e nem voltou para o Rio. No dia da partida, levou Carmen ao navio e os dois choraram abraçados, sem saber quando voltariam a se ver. Dez anos antes, ele também resolvera ficar na Argentina e acabara trabalhando como faquir. Mas, dessa vez, foi diferente: Josué se deu tão bem que, em dois meses, mandou buscar a família, inclusive a filha Zuleika, também cantora, e só voltou para o Brasil em 1939.

Quando Carmen desembarcou de volta no Rio, no dia 4 de dezembro, só teve coisas boas a dizer sobre sua breve excursão portenha — que, exceto pelos dissabores com o organizador, fora um sucesso. Os programas de rádio tiveram ótima imprensa, e o público de Buenos Aires ia ao estúdio para assistir às transmissões. Queriam ver de perto "a canção feito carne — Carmen Miranda" de que falou, com propriedade, um articulista. E os que a viram não se decepcionaram — mas, se alimentaram alguma fantasia, fizeram bem em acordar *rapidito*. Naquela temporada, Carmen só deu atenção a um admirador local: Alfredo Bárbara, personagem da crônica social de Buenos Aires, com quem ela saiu para jantar algumas vezes e que pode ter ido visitar no apartamento dele. Um homem imponente, vistoso, de família influente, e, sem que Carmen soubesse, conhecido nas rodas musicais portenhas como cauda de cometa — sempre pendurado em alguma estrela.

Carmen desceu do navio pela manhã e, na tarde do mesmo dia 4, já estava no estúdio da Victor para gravar o samba de Walfrido Silva "Me respeite, ouviu?", em dupla com Mario Reis. Considerando-se que, antes disso, dera um pulinho ao Curvelo para deixar dona Maria, depositar as malas e trocar pelo menos de chapéu, quando teria aprendido o samba e a que horas o teria ensaiado? Em momento algum. Carmen fez tudo isso no estúdio, a poucos minutos da gravação. Mas você nunca desconfiaria ao ouvir o disco — seu entrosamento com Mario Reis era mágico.

"Me respeite, ouviu?" seria o lado A de outro magnífico samba, "Alô... alô?...", de André Filho, que Carmen e Mario Reis também gravariam dias depois, e os dois lados da chapa chegariam com toda a força ao Carnaval de 1934. Aquelas não foram as únicas solicitações urgentes. Assim que pôs os pés no Rio, Carmen recebeu um samba e uma marchinha de Assis Valente, duas marchinhas de Joubert de Carvalho e *quatro* de Lamartine Babo — e teve de gravar tudo nas últimas semanas do ano. Por que essa sangria desatada? Por

Fac-símile da página 101 do livro *Carmen – Uma biografia*, de Ruy Castro. São Paulo: Companhia das Letras, 2005.

O que se conta no texto a partir do primeiro parágrafo ("Nessa excursão a Buenos Aires [...]") é o retorno de Carmen Miranda ao Brasil, após um período na Argentina. Note que entre o final do segundo parágrafo ("Quando Carmen desembarcou [...]") e o início do terceiro ("Carmen desceu do navio [...]") foi deixado um grande espaço. Esse espaço não sinaliza a simples ruptura entre dois parágrafos: ele mostra uma ruptura informativa maior no interior do texto. O que se conta após esse espaço maior é o conjunto de ações de Carmen Miranda depois de sua chegada ao Brasil. Assim, o espaço organiza o texto do ponto de vista de suas informações, cria uma hierarquia semântico-sintática no interior dele: antes do espaço, ações de Carmen na Argentina; após o espaço, ações de Carmen no Brasil.

A propósito de espaço gráfico, convém fazer um comentário sobre a **alínea**, aquele pequeno espaço em branco deixado no início do parágrafo e que muitas vezes é confundido com o próprio parágrafo. Parágrafo é um bloco informativo de texto, enquanto alínea é o sinal de pontuação que indica início de parágrafo. A alínea pode ser representada por um pequeno espaço no começo do parágrafo ou simplesmente por uma linha em branco deixada entre um parágrafo e outro (recurso bastante comum em textos digitados). Observe nos textos reproduzidos anteriormente a diferença entre a alínea simples e a linha em branco.

Há outras marcas, como o **negrito** (presente nos subtítulos da matéria jornalística reproduzida na página 455) e o *itálico*, que têm um papel importante como sinais de pontuação. Eles podem indicar uma ruptura sintática, a mudança de locutor ou a *heterogeneidade enunciativa*, assunto do qual trataremos a seguir.

Os sinais de pontuação e a heterogeneidade enunciativa

Quando alguém produz um texto, assume o ponto de vista de um eu que pode ser detectável ou não nos enunciados que constituem esse texto. Por exemplo, numa narrativa em primeira pessoa, o eu é facilmente detectável:

> Uma noite, gaguejei uma prece por um padre que tem medo de morrer e tem vergonha de ter medo. Eu disse um pouco para Deus, com algum pudor: alivia a alma do Padre X..., faze com que ele sinta que Tua mão está dada à dele, faze com que ele sinta que a morte não existe porque na verdade já estamos na eternidade, faze com que ele sinta que amar é não morrer [. . .]
>
> (Clarice Lispector, "Prece por um padre")

O eu aparece explicitamente nas formas verbais da primeira pessoa (*gaguejei*) e no pronome pessoal *eu* (em "eu disse"). E aparece indiretamente nas formas verbais e pronominais da segunda pessoa (*faze*, *tua*).

Quando o eu não é explícito, pode ser suposto ou detectado por meio de marcas indiretas. Observe:

> Mal acabara de falar o relógio da igreja bateu a primeira badalada, dourada, solene. O povo pareceu ouvir um momento o espaço. . . o estandarte na mão de um anjo imobilizou-se estremecendo.
>
> (Clarice Lispector, *A cidade sitiada*)

Nesse trecho, os adjetivos *dourada* e *solene* expressam apreciações de um observador – o eu – que descreve a cena. São, portanto, marcas indiretas desse eu. O mesmo acontece com o verbo *pareceu*, que também indica uma apreciação por parte do eu.

Esse eu que se depreende de qualquer texto, ou se supõe em qualquer texto, é uma entidade que em linguística chamamos de **enunciador**. Ocorre que nos textos, além da voz do enunciador, outras vozes podem surgir, e o texto passa a ser constituído pelo cruzamento dessas múltiplas vozes. Essas vozes outras que surgem são detectáveis por meio do que dizem, ou seja, por meio do seu dizer. A esse fenômeno textual chamamos de **heterogeneidade enunciativa**.

Os sinais de pontuação (em especial os dois-pontos, a vírgula, as aspas, o travessão e, eventualmente, o itálico) têm um papel central na expressão da heterogeneidade enunciativa, pois é por meio deles que o enunciador mostra a ruptura entre o seu dizer e os outros dizeres presentes no texto.

A tradição gramatical e a retórica tentaram agrupar os fenômenos de heterogeneidade enunciativa nos chamados **discursos relatados**, sem conseguir, entretanto, enquadrar todos os casos. A seguir falaremos sobre fenômenos de heterogeneidade, inclusive alguns que não foram agrupados pela tradição gramatical e a retórica.

O discurso relatado

O discurso relatado caracteriza-se pela distinção entre a voz do enunciador (que chamaremos de E) e a voz que ele cita (que chamaremos de L – ou de L1, L2, L3, etc., caso haja mais vozes). Para assinalar o dizer de L, em geral o enunciador faz um comentário sobre esse dizer citado utilizando um verbo de dizer (*contar, resumir, dizer, falar, perguntar*, etc.). Assim:

"Os anos 50 foram o ponto alto do Rio de Janeiro", diz Dauro. "Depois, a capital mudou para Brasília e a situação piorou, mas piorou muito. Hoje, principalmente no Centro, o Rio está muito desgastado. Tem muito desemprego e o vendedor ambulante tomou conta de todos os pontos possíveis. E a cidade é muito mais violenta. Temos uma guarda municipal que parece uma força de segurança do Iraque. A gente fica pensando que vai melhorar, mas não vemos um horizonte nisso." São palavras desalentadas ditas por um homem que ganha a vida vendendo esperança.

(Jason Bermingham, "Rio de Janeiro, da maravilha ao desafio")

Nesse exemplo, temos a voz de E em dois trechos:

"Os anos 50 foram o ponto alto do Rio de Janeiro", diz Dauro. "Depois, a capital mudou para Brasília e a situação piorou, mas piorou muito. Hoje, principalmente no Centro, o Rio está muito desgastado. Tem muito desemprego e o vendedor ambulante tomou conta de todos os pontos possíveis. E a cidade é muito mais violenta. Temos uma guarda municipal que parece uma força de segurança do Iraque. A gente fica pensando que vai melhorar, mas não vemos um horizonte nisso." São palavras desalentadas ditas por um homem que ganha a vida vendendo esperança.

E temos a voz de L em:

"Os anos 50 foram o ponto alto do Rio de Janeiro", diz Dauro. "Depois, a capital mudou para Brasília e a situação piorou, mas piorou muito. Hoje, principalmente no Centro, o Rio está muito desgastado. Tem muito desemprego e o vendedor ambulante tomou conta de todos os pontos possíveis. E a cidade é muito mais violenta. Temos uma guarda municipal que parece uma força de segurança do Iraque. A gente fica pensando que vai melhorar, mas não vemos um horizonte nisso." São palavras desalentadas ditas por um homem que ganha a vida vendendo esperança.

Observe o verbo *diz*, na primeira linha, e o trecho "São palavras desalentadas *ditas* por um homem [...]": nesses trechos fica claro que o enunciador comenta o dizer de L, tornando-o explícito.

Além disso, temos as aspas, que delimitam os trechos ditos por L, e a vírgula, na primeira linha, que marca a ruptura entre o dizer de L e o de E.

Outros expedientes sintáticos, que não as aspas, os dois-pontos e a vírgula, podem ser utilizados para distinguir a voz de E da voz de L. Observe:

Pobre Luís Dutra! Apenas publicava alguma coisa, corria à minha casa e entrava a girar em volta de mim, à espreita de um juízo, de uma palavra, de um gesto, que lhe aprovasse a recente produção, e eu falava-lhe de mil coisas diferentes – do último baile do Catete, da discussão das câmaras, de berlindas e cavalos –, de tudo, menos dos seus versos ou prosas. Ele respondia-me, a princípio com animação, depois mais frouxo, torcia a rédea da conversa para o assunto dele, abria um livro, perguntava-me se tinha algum trabalho novo, e eu dizia-lhe que sim ou que não, mas torcia a rédea para o outro lado, e lá ia ele atrás de mim, até que empacava de todo e saía triste. Minha intenção era fazê-lo duvidar de si mesmo, desanimá-lo, eliminá-lo. E tudo isso a olhar para a ponta do nariz...

(Machado de Assis, *Memórias Póstumas de Brás Cubas*)

No trecho que destacamos, há dois verbos de dizer – *perguntava* e *dizia* – com os quais o enunciador comenta o dizer de L e o seu próprio dizer. No lugar das aspas, temos as conjunções *se* e *que*, que marcam a ruptura entre a voz de E e a voz de L.

O que distingue os vários tipos de discurso relatado são essas diferenças entre a forma de comentar os dizeres e de marcar rupturas entre as diversas vozes e dizeres citados. Com base nessas diferenças, pode-se considerar a existência de pelo menos quatro tipos de discurso relatado, que veremos a seguir.

Tipos de discurso relatado

Discurso direto (DD)

No discurso direto, o dizer de L é marcado pelas aspas – ou pelo travessão, no caso de um diálogo. A ruptura sintática é expressa pelos dois-pontos, caso o verbo de dizer anteceda o trecho entre aspas, ou pela vírgula (e, às vezes, pelo travessão), caso o verbo de dizer venha após o trecho citado. Veja:

CAFÉ PARA O FÍGADO

A última novidade sobre a bebida é que ela é capaz de afastar a hepatite e a cirrose, sobretudo em pacientes com propensão a danos no órgão, como os diabéticos e os obesos. Quem garante são especialistas do Instituto Nacional de Diabetes e Doenças Digestivas e dos Rins, nos Estados Unidos. Eles chegaram a essa conclusão após avaliar a dieta de 9 849 voluntários. Entre os que tomavam, em média, 2 xícaras por dia, houve proteção extra às células do fígado. Constance Ruhl, epidemiologista e líder do estudo, contou à *SAÚDE!* que, embora os benefícios sejam inegáveis, ainda é cedo para entender a ação da bebida no fígado: "Isso só vamos saber após os estudos clínicos que iniciaremos em breve".

O que ele tem

Por aqui, o cardiologista Miguel Moretti, do Instituto do Coração, em São Paulo, tem se dedicado a estudar as propriedades do café. "A cafeína não é sua principal substância", ressalta. Os atributos da bebida resultam de um mix de compostos que incluem antioxidantes, como a teobromina, além do ácido elágico e de minerais, como o potássio e o magnésio.

(*Saúde!*)

Nesse texto aparecem as duas formas do discurso direto. No final do primeiro parágrafo, foi usado um verbo de dizer (*contou*) antes do trecho citado e dois-pontos:

Constance Ruhl, epidemiologista e líder do estudo, contou à *SAÚDE!* que, embora os benefícios sejam inegáveis, ainda é cedo para entender a ação da bebida no fígado: "Isso só vamos saber após os estudos clínicos que iniciaremos em breve".

No trecho seguinte, vírgula e verbo de dizer (*ressalta*) marcam o discurso direto:

"A cafeína não é sua principal substância", ressalta.

Discurso indireto (DI)

No discurso indireto, existe uma integração sintática do dizer de L ao dizer de E, de modo que só é possível separar um do outro pela localização do verbo de dizer e da conjunção integrante (*que* ou *se*). Este trecho extraído do romance *Memórias póstumas de Brás Cubas*, citado na página ao lado, é um exemplo de discurso indireto:

[...] perguntava-me se tinha algum trabalho novo, e eu dizia-lhe que sim ou que não [...]

O verbo de dizer *perguntava* comenta o dizer de Luís Dutra (L), introduzido pela conjunção *se*. Já o dizer do narrador é introduzido pela conjunção *que* e comentado pelo verbo de dizer *dizia*.

No discurso indireto, utiliza-se a conjunção *se* quando o dizer reproduz uma interrogação indireta – repare que a forma verbal *perguntou* deixa explícito que o dizer de L é uma interrogação; a conjunção *que* fica reservada para os demais casos.

A retórica e a tradição gramatical explicam como transformar o discurso direto em discurso indireto e até dão algumas fórmulas para efetuar essa operação. Observe um exemplo:

DD	DI
Maria disse: "Estou cansada".	Maria disse que estava cansada.

Entre as supostas mudanças, ocorreria alteração dos tempos verbais e dos dêiticos de pessoa, tempo e espaço. (Sobre o conceito de dêiticos, ver o item "Dêixis", na página 300.)

Assim, a forma verbal *estou* (presente do indicativo), do DD, torna-se *estava* (pretérito imperfeito do indicativo), no DI. Entretanto, sabemos que essas alterações são sempre artificiais, por duas razões:

- em situações reais de comunicação, um enunciador não efetua "transposições" do DD para o DI: se vai citar um dizer alheio, ele escolhe previamente uma forma de citar e utiliza apenas essa forma;
- a variação dos dêiticos não é necessária nem automática e só ocorre se a situação discursiva exigir (ou seja, o tempo verbal não muda, a menos que a situação de comunicação exija).

Por essas razões, não trataremos aqui das supostas fórmulas de passagem do DD para o DI.

Discurso direto livre (DDL)

É possível eliminar as marcas formais do discurso direto, a saber, o verbo de dizer e a pontuação que o caracterizam. Obtém-se uma forma de discurso relatado muito comum nos escritos literários modernos, mas também encontrável em outros gêneros discursivos:

> [...] Então eu forjei o mais deslumbrante trono de ouro que o senhor possa imaginar. Pus nele todo o meu talento de construção, linhas certas, leves, uma harmonia única na peça toda, um adorno no centro do encosto trabalhadíssimo, filigranado, com a figura de um cuco estilizado, ficou uma figura fantástica. Mandei para o Olimpo como um presente, mas sem dizer para quem. Se o senhor ainda não sabe, vai ficar sabendo: eu conheço muito segredo da magia e da feitiçaria. Aprendi nas estradas de minha vida claudicante. Não deu outra: Hera não demorou mais que uma frase para sentar-se na peça, **o trono é meu**, cheia de orgulho. Ficou maravilhada.
>
> (Domício Proença Filho, *Estórias da mitologia*)

A oração que destacamos no trecho exemplifica o discurso direto livre. Trata-se não da fala do narrador, e sim da reprodução das palavras de Hera. Não se utilizam, no entanto, nem aspas nem verbo de dizer. A única marca de pontuação são as vírgulas, que isolam o trecho. Só é possível perceber a heterogeneidade enunciativa com base na interpretação do contexto.

As diferenças entre DD e DDL ficam claras nesta comparação:

DD	DDL
Hera não demorou mais que uma frase para sentar-se na peça, **"o trono é meu"**, **disse ela,** cheia de orgulho.	Hera não demorou mais que uma frase para sentar-se na peça, **o trono é meu**, cheia de orgulho.

Discurso indireto livre (DIL)

Mais comum que o DDL, o discurso indireto livre é muito frequente na literatura e também nele se apagam as marcas formais do discurso indireto. O que resulta é um trecho detectável apenas pela interpretação. No texto a seguir, o trecho em destaque é um exemplo de DIL:

Emma, à sua frente, olhava-o. Ela não participava da sua humilhação, mas sofria outra, que era a de ter julgado que aquele homem valia alguma coisa, como se já não tivesse, por vinte vezes, percebido sua mediocridade.

Charles caminhava para cá e para lá, em seu quarto. Suas botas batiam no assoalho.

– Senta-te – disse ela –, tu me irritas!

Ele obedeceu.

Como poderia ter-se enganado (ela, que era tão inteligente) ainda uma vez? Além do mais, que deplorável mania a teria feito destruir assim sua existência em sacrifícios contínuos? Lembrou-se de todos os seus desejos de luxo, de todas as privações de sua alma, das baixezas do casamento, da vida conjugal, seus sonhos caindo na lama como andorinhas feridas, tudo o que esperara, tudo o que recusara a si mesma, tudo o que teria podido possuir! E por que, por quê?

(Gustave Flaubert, *Madame Bovary*)

Formas híbridas

Além dessas quatro formas de discurso relatado, há diversas outras que combinam, em graus variáveis, duas (ou mais) delas. São formas híbridas, difíceis de caracterizar com precisão. Leia este trecho de Clarice Lispector:

Mas houve um momento em que ela começou a chorar. O professor perplexo perguntara-lhe o que tinha.

– É que, é que eu tenho medo de, de, de, de cantar bem...

Mas você canta muito mal, dissera-lhe o professor.

– Também tenho medo, tenho medo também de cantar muito, muito, muito mais mal ainda. Maaaaal mal demais! Chorava ela e nunca teve mais nenhuma aula de canto. Essa história de procurar a arte para entender só lhe acontecera uma vez – depois mergulhara num esquecimento que só agora, aos trinta e cinco anos de idade, através da ferida, precisava ou cantar muito mal ou cantar muito bem – estava desnorteada. Há quanto tempo não ouvia a chamada música clássica porque esta poderia tirá-la do sono automático em que vivia. Eu – eu estou brincando de viver. No mês que vinha ia a New York e descobriu que essa ida era como uma nova mentira, como uma perplexidade. Ter uma ferida na perna – é uma realidade. E tudo na sua vida, desde quando havia nascido, tudo na sua vida fora macio como pulo de gato.

(No carro andando)

De repente pensou: nem me lembrei de perguntar o nome dele.

(Clarice Lispector, *A bela e a fera*)

Note que a fala do professor:

Mas você canta muito mal, dissera-lhe o professor.

é reproduzida como em DD, mas não se emprega travessão, a marca formal do discurso direto.

Há ainda um trecho em DDL bem caracterizado:

Eu – eu estou brincando de viver.

E, no final, outro trecho em DD sem aspas nem travessão:

De repente pensou: nem me lembrei de perguntar o nome dele.

Neste exemplo, outras formas híbridas aparecem com uso do itálico:

Mas "Primavera no Rio" seria apenas a marchinha *quase* definitiva sobre o Rio – porque, com diferença de dias, Aurora gravaria "Cidade maravilhosa", de e com André Filho, e *esta* é que seria a última palavra no assunto. (Ruy Castro, *Carmen – Uma biografia*)

O itálico, assim como as aspas, marca uma ruptura enunciativa e, por essa razão, revela heterogeneidade enunciativa. Porém, neste caso, não é possível detectar claramente a voz que configura os enunciadores.

E, finalmente, às vezes a mistura entre os quatro tipos de discurso é tamanha que o enunciador cria um efeito de **dissolução**: todas as vozes parecem confundir-se, como se fossem *reminiscências*. Nos romances do século XX esse efeito de dissolução de vozes foi muito utilizado. Leia, por exemplo, este trecho de *O amante*, de Marguerite Duras:

O homem elegante desceu da limusine, fuma um cigarro inglês. Olha para a moça com chapéu masculino e sapatos dourados. Aproxima-se dela lentamente. Percebe-se que está intimidado. Não sorri logo no começo. Oferece um cigarro. Sua mão treme. Há a diferença de raça, ele não é branco, precisa sobrepujar esse fato, por isso treme. Ela diz que não fuma, agradece. Não diz mais nada, não diz que a deixe em paz. Então o medo diminui. Então ele diz que parece estar sonhando. Ela não responde. Não vale a pena responder, o que poderia responder? Ela espera. Então o homem pergunta: de onde você é? Diz que é filha da professora da escola de Sadec para moças. Ele pensa um pouco e diz que ouviu falar dessa senhora, sua mãe, da sua pouca sorte com a concessão que comprara no Camboja, era isso mesmo, não era? Sim, era isso.

Ele diz outra vez que é extraordinário encontrá-la na balsa. De manhã tão cedo, uma moça tão bonita, de uma beleza quase inconcebível, era realmente inesperado, uma moça branca num ônibus de nativos.

Diz que o chapéu lhe fica bem, muito bem mesmo, que é... original... um chapéu de homem, por que não? Ela é tão bonita, tudo lhe é permitido.

Ela o observa. Pergunta quem ele é. Diz que acaba de voltar de Paris, onde estudava, mora também em Sadec, perto do rio, na grande casa com terraços e balaustradas de cerâmica azul. Pergunta qual a sua nacionalidade. Ele responde que é chinês, sua família veio do norte da China, de Fu-Chuen. Permite-me levá-la até sua casa, em Saigon? Ela concorda. O homem manda o motorista retirar do ônibus a bagagem da moça e passá-la para a limusine preta.

(Marguerite Duras, *O amante*)

Nesse romance – um relato de memória –, o narrador é uma mulher idosa que se recorda da época em que viveu em Saigon (atual Ho Chi Minh), no Vietnã. A desordem das lembranças do narrador se projeta no texto por meio da mistura das vozes (ecos e reminiscências do passado), efeito de sentido conseguido pela mistura de diversos tipos de discurso relatado:

Nos trechos em destaque no texto, podemos notar, por exemplo:

a. discurso indireto: predomina, porém intercalado por outras formas de discurso:

Ela diz que não fuma, agradece.

b. discurso indireto livre:

De manhã tão cedo, uma moça tão bonita, de uma beleza quase inconcebível, era realmente inesperado, uma moça branca num ônibus de nativos.

c. discurso direto livre:

Ele responde que é chinês, sua família veio do norte da China, de Fu-Chuen. *Permite-me levá-la até sua casa, em Saigon?* Ela concorda.

d. discurso indireto livre + discurso direto livre

[...] diz que ouviu falar dessa senhora, sua mãe, da sua pouca sorte com a concessão que comprara no Camboja, *era isso mesmo, não era? Sim, era isso.*

e. discurso direto – mas sem suas marcas formais (faltam as aspas):

Então o homem pergunta: de onde você é?

Atividades

1. Utilize os dois-pontos onde julgar necessário:

a. A nutricionista M. I. alerta "Quem come nos restaurantes de comida por quilo corre risco de contaminação. Os alimentos ficam expostos por muito tempo". (*Globo Ciência*)

b. O sr. Brito é assim um homem que eu, há tempos, venho surpreendendo, desvendando. (Ribeiro Couto)

c. Tão logo me acomodei noutra cadeira, nova surpresa me aguardava a mulher caminhava para o meu lado, com a evidente intenção de assentar-se perto de mim. (Murilo Rubião)

d. O futebol europeu está, agora, fazendo a única coisa que poderia fazer para endurecer o futebol brasileiro apurar o estado físico. (Armando Nogueira)

e. [...] aí está a diferença entre a grafite e o diamante os dois são formados por carbono, mas a maneira como os átomos de carbono se agrupam origina um ou outro. (*Ciência Hoje on-line*)

f. Existem substâncias capazes de fazer a vontade sexual crescer, porém, cuidado os problemas são sempre maiores que o benefício causado por elas. (*Superinteressante*)

g. O cavalo tem um período curto de descanso três horas. Geralmente, cochila em pé e não cai graças a um sistema que trava os joelhos. (*Superinteressante*)

h. Nos anos 40 e 50, o rádio era a grande janela para o mundo trazia para quase todos os lares as últimas notícias. (*Nosso Século*)

2. Reescreva as frases abaixo utilizando o ponto e vírgula:

a. Houve um corre-corre. A galinhada assustadiça debandou os marrecos meteram-se no tanque.

b. No princípio era o caos massas informes apresentavam-se como manchas nebulosas cobrindo a terra. (Graça Aranha)

c. Saí de casa, mas era cedo iria achá-los à mesa. (Machado de Assis)

d. Uma casa é muito pouco para um homem sua verdadeira casa é a cidade. (Ledo Ivo)

e. Amanhã eu posso voltar bonzinho, manso, jeitoso posso falar bem de todo o mundo, até do governo, até da polícia. (Rubem Braga)

f. De vez em quando eu seria irônico, mas também não demais às vezes um pouco paradoxal, mas também sem abuso. (Idem)

3. Utilize as reticências onde achar conveniente:

a. Por que não os tiramos fora desses dessas caixas? (Érico Veríssimo)

b. Mas este mesmo homem, que se alegrou com a partida do outro, praticou daí a tempos Não, não hei de contá-lo nesta página. (Machado de Assis)

c. Sim, mas você não pode comparar Dona Quitéria com essa essa (Érico Veríssimo)

d. Eu acho que Apague a luz que está incomodando. (Alcântara Machado)

e. Vamos vamos voltar, seu Nicolau! Por favor! O senhor está está tão nervoso. (Idem)

f. – Vocês estão firmes? O que ele faz?
– Estuda na escola de belas-artes. E parece que trabalha num banco (Lygia Fagundes Telles)

4. Empregue as aspas adequadamente:

a. A Libéria despejou uma gargalhada sonorosa.
– Os home! Pois então sinhazinha não há de ter um descansinho na somana? (Monteiro Lobato)

b. Seu patrão, amanhã não venho trabaiá. (Lima Barreto)

5. Reescreva os trechos que seguem, utilizando parênteses onde achar conveniente:

a. A maior autoridade pertencia aos velhos que os indígenas chamavam de Pajés. Eram incapazes de ação física, enrugados, cheios de tatuagens, colares e pulseiras, pintados com urucum *Bixa orellana* e jenipapo *Genipa brasiliensis* e dominavam todos os homens fortes da terra. (Câmara Cascudo)

b. Coisas que hoje parecem ousadia, loucura, amanhã serão consideradas não só... sensatas... como até... como direi? modestas, tímidas. (Érico Veríssimo)

c. Durante dez anos 1835-1845 a Guerra dos Farrapos estremeceu o sul do país. (*Nosso Século*)

d. Sem predadores à sua espreita além do homem, o leão tem uma rotina sossegada. Por isso, pode se dar ao luxo de dormir até 18 horas. (*Superinteressante*)

e. É você, não Geralda? Perguntei mais para iniciar conversa que para receber resposta afirmativa. (Murilo Rubião)

6. Reescreva as frases que seguem, empregando travessões onde for necessário:

a. Sob a pequena ponte de onde se avista a igreja do Bom Jesus de Pirapora passa o rio Tietê. (*Folha de S.Paulo*)

b. Uma tarde de festa procissão, foguetes, banda de música os soldados se descuidaram da vigilância. (José. J. Veiga)

c. A malícia do mundo acudiu Pedro não perdoa a verdadeira amizade. (Dalton Trevisan)

d. O café já vem anuncia, seca, sua mulher. (Érico Veríssimo)

e. Filhos diz o poeta melhor não tê-los. (Paulo Mendes Campos)

7. Reescreva os trechos que seguem, utilizando os sinais de pontuação indicados:

a. aspas, vírgula, ponto

Atualmente a Terra é um caldeirão de infecções diz o infectologista Luiz Jacintho da Silva professor da Universidade Estadual de Campinas (*Veja*)

b. duplo travessão, ponto

As fábricas de motosserras cuja venda é controlada como a de armamentos nunca faturaram tanto nas lojas mais próximas às florestas (Idem)

c. vírgula, dois-pontos, duplo travessão

O rio São Francisco ou o velho Chico na intimidade dos ribeirinhos e poetas é muito mais do que tudo aquilo que sempre se diz dele fonte de energia e irrigação importante corredor de transporte nacional pesqueiro vivo que com seus 3 100 km de comprimento o segundo maior do país banha Minas Gerais Bahia Pernambuco Sergipe e Alagoas. (*Globo Ciência*)

Regência

Ser curioso não é defeito. Não saber é uma condição necessária para aprender. Quando a resposta vem antes do questionamento, poda-se todo um processo mental de "bolação", fantasia e imaginação, o que empobrece o desenvolvimento. Quando eu sei, não preciso imaginar. **Cabe ao adulto assistir ao desabrochar da fantasia**, intervindo só quando o aprendiz corre perigo ou vai deixar de perguntar.

Já vi pais ensinando o bebê a esticar o braço para alcançar alguma coisa que ele apenas parece estar querendo pegar. Se o adulto lhe dá o objeto, está tirando a chance de a criança descobrir. Se ele ensina como pegar, desensina e poda o processo de tentativa e erro.

MAUTNER, Anna Veronica. *Folha de S.Paulo*, 12 jan. 2006.

As palavras organizam-se nas frases de um modo determinado. Algumas pedem complementos, outras não; umas exigem a presença da preposição, outras não. Observe a frase em destaque no texto acima:

Cabe ao adulto assistir ao desabrochar da fantasia...

O verbo **assistir** é transitivo indireto e pede a preposição **a** quando significar *ver*, *testemunhar*, *estar presente*. De acordo com a norma-padrão, quem assiste, assiste **a** alguma coisa.

Regência é a relação de dependência que se estabelece entre dois termos.

Na língua portuguesa, existe sempre uma relação de dependência entre as palavras. A regência é a parte da gramática que estuda essa relação.

Os termos que exigem a presença de outros denominam-se **regentes** ou **subordinantes**; aqueles que completam o sentido de outros chamam-se **regidos** ou **subordinados**.

Cabe ao adulto assistir ao desabrochar da fantasia...
(assistir ↓ regente; ao desabrochar ↓ regido)

Quando o termo regente é um verbo, a relação que se estabelece entre ele e o seu complemento (termo regido) chama-se **regência verbal**.

Ela assistiu ao filme em completo silêncio.
(assistiu ↓ termo regente (verbo); ao filme ↘ termo regido)

Quando o termo regente é um nome (substantivo, adjetivo ou advérbio), a relação entre ele e o termo regido é denominada **regência nominal**.

Se o adulto lhe dá o objeto, está tirando a chance de a criança descobrir.

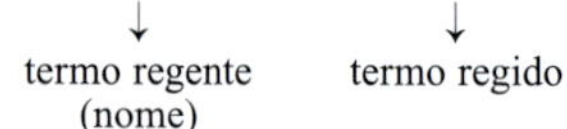

Regência verbal

Muitos verbos apresentam dificuldade de regência porque existe uma defasagem entre a gramática herdada de Portugal (considerada como modelo pela norma-padrão) e a língua usada de fato pelos brasileiros. Assim, os problemas de regência verbal só poderão ser resolvidos satisfatoriamente mediante a consulta a um dicionário especializado.

O estudo da regência verbal se reveste de especial importância se considerarmos que, dependendo da regência, um mesmo verbo pode assumir significados diferentes, como mostram os exemplos seguintes:

a. ... parte dos torcedores brasileiros desistiu de assistir ao último amistoso da seleção antes da abertura do Mundial. (*Folha Online*)

b. O médico assistiu o torcedor antes do início do jogo.

No caso **a**, o verbo **assistir** é transitivo indireto e significa **ver** (o último amistoso da seleção). No caso **b**, **assistir** é transitivo direto e significa **socorrer** (o torcedor).

Apresentamos, a seguir, uma lista de verbos cuja regência pode oferecer dificuldade. Sempre que o uso efetivo da língua contrariar essas normas, será feito o registro correspondente, por meio de exemplos extraídos do português escrito e falado no Brasil hoje.

(Antes de começar o estudo de regência verbal, seria interessante rever o capítulo que trata de **predicação verbal**, à página 394.)

Agradar

a. É **transitivo direto** quando significa *acariciar, fazer agrado*:

Sempre **agrada os filhos** antes de sair de casa.

b. É **transitivo indireto** quando significa *ser agradável a*:

... um dos destaques é o gênero da animação, que tem cinco filmes – todos dublados – capazes de **agradar a** crianças de diversos perfis. (*Folha de S.Paulo*)

No uso efetivo do português atual do Brasil, esse verbo é transitivo direto nas duas acepções:

Essa medida, no entanto, não **agrada** integralmente o setor produtivo. (*Folha Online*)

Aspirar

a. É **transitivo direto** quando significa *sorver, tragar, inspirar*.

A melhor forma de evitar pulgas e baratas é **aspirar** todas as áreas onde ficam animais domésticos, além de tapetes, carpetes e móveis revestidos com tecidos. (*Folha de S.Paulo*)

Ao pé da letra, portanto, lipoaspiração quer dizer **aspirar** gordura. (*Vida e Saúde*, versão on-line)

b. É **transitivo indireto** quando significa *pretender, desejar, almejar*. O objeto indireto vem sempre introduzido pela preposição **a** e não admite a substituição pelos pronomes **lhe** ou **lhes**. Nesse caso, deve ser substituído por **a ele**(s), **a ela**(s):

O Brasil pode **aspirar ao** papel que quiser. Não acredito nessa coisa de vocação natural de um país. (*Exame*)
(O Brasil pode aspirar **a ele**.)

No uso efetivo do português atual do Brasil, esse verbo é transitivo direto nas duas acepções:

A técnica consiste em aplicar uma anestesia local e, em seguida, **aspirar** com agulha parte do conteúdo do osso. (*Jornal do Commercio*)

As universidades públicas brasileiras **aspiram** estar entre as melhores do país. (*O Globo*)

Assistir

a. É **transitivo indireto** quando significa *ver, presenciar, estar presente*. Nesse caso, o objeto indireto vem sempre introduzido pela preposição **a** e, se for substituído por pronome, exige as formas **a ele**(s), **a ela**(s) no lugar de **lhe**(s):

Estamos **assistindo** hoje **a** um verdadeiro modismo no consumo dos produtos naturais, principalmente nos centros urbanos. (*O Globo*)

(Estamos assistindo hoje **a ele**, principalmente nos centros urbanos.)

Todo espectador deve ter garantido o melhor lugar para **assistir a**o show. (*Zero Hora*)

(Todo espectador deve ter garantido o melhor lugar para assistir **a ele**.)

b. É **transitivo indireto** quando significa *caber, pertencer*. Nesse caso, o objeto indireto também vem antecedido pela preposição **a**, porém, se for substituído por pronome, admite o pronome **lhe**(s):

O aluno achou que não **assistia a**o professor fazer aquele comentário.

Concluiu, muito logicamente, que [...] **lhe** assistia todo o direito de ser provido em um cargo público de seu país. (Lima Barreto)

c. É usado como **transitivo direto** quando significa *ajudar, prestar assistência, socorrer*:

Este governo procura **assistir** os pobres e desvalidos. (*IstoÉ*)

O irmão Pedro é que **o assistia**, aliviando as dores com analgésico... (Dalton Trevisan)

d. É **intransitivo**, seguido de adjunto adverbial de lugar, quando significa *morar, residir, habitar*:

O papa **assiste** no Vaticano.
↓ adjunto adverbial de lugar

Esta última regência está em desuso no Brasil.

Observação

Atualmente, no Brasil, esse verbo é empregado como transitivo direto também na acepção **a**. A regência proposta pela gramática normativa torna-se cada dia mais rara.

Está difícil deixar criança **assistir** TV. (*Folha de S.Paulo*)

As crianças correram para **assistir** *Os 101 dálmatas*. (*Correio do Povo*)

Chamar

a. É **transitivo direto** quando significa *convocar, fazer vir*:

Para **chamar** a atenção dos clientes, lojas teriam fachadas bem ousadas. (*Superinteressante*)

Talvez eles possam até realizar alguns tipos de cirurgia, sem a necessidade de **chamar** um médico. (Idem)

b. É **transitivo indireto**, exigindo a preposição **por**, quando significa *invocar*:

Chamava pelos santos de sua devoção.

c. Quando significa *apelidar, cognominar, qualificar*, admite as seguintes construções:

- objeto indireto + predicativo do objeto:

Em certo momento começaram a lhe **chamar** senhor. (*Jornal do Sul*)
lhe ↓ OI; senhor ↓ predicativo do objeto

- objeto indireto + preposição *de* + predicativo do objeto:

Em certo momento começaram a lhe **chamar de** senhor.
de ↓ preposição

- objeto direto + predicativo do objeto:

Você não precisa **chamar** o entrevistado senhor.

↓ OD ↓ predicativo do objeto

- objeto direto + preposição *de* + predicativo do objeto:

Você não precisa **chamar** o entrevistado **de** senhor. *(Jornal do Sul)*

↓ preposição

d. no sentido de *ter nome, ter por nome*, é **pronominal**:

Disse que **se chamava** Marcos.

Chegar

a. É **intransitivo** no sentido de *atingir o termo de movimento de ida ou vinda*:

A hora da verdade **chegou**.
Até que enfim você **chegou**!

b. É **intransitivo** quando significa *atingir certo lugar*. Nesse caso, se o nome do lugar vier especificado, emprega-se a preposição **a**:

Evite **chegar a** Belo Horizonte no horário de maior movimento. (*Estado de Minas*)

Já é bastante comum o uso da preposição **em** nessa acepção:

Ao chegar **no** trevo de Oliveira, a 140 km de Belo Horizonte, o motorista é obrigado a fazer um desvio que aumenta a viagem em 42 km. (Idem)

c. É **transitivo indireto** quando significar *elevar-se, conseguir*. Nesses casos, rege a preposição **a**:

Sua conta **chegou a** dez mil reais! Um absurdo.
Gostava dela, mas nunca **chegou a** sentir-se amado.

Custar

É **transitivo indireto** quando significa *ser difícil, ser custoso*. Nesse caso, o sujeito é representado por uma oração reduzida de infinitivo:

Custava-lhe entender física.

↓ verbo na 3ª pessoa do singular ↓ OI ↓ sujeito

Essa construção é bastante rara no português atual do Brasil. São mais comuns frases como estas:

Ele **custava** para entender física.
Chovia sempre e eu **custei** para me levantar daquela poça de lama... (Caio Fernando Abreu)
Papai, de pijama, desatinado com aquele transtorno, **custava** a encontrar os óculos. (Otto Lara Resende)

Esquecer e lembrar

Estes verbos admitem as seguintes construções:

a. verbo transitivo direto + objeto direto:

Famílias tentam **esquecer** tragédias. (*Gazeta do Povo*)

↓ VTD ↓ OD

Você não **lembra** mais a data do meu aniversário?

↓ VTD ↓ OD

b. verbo pronominal + preposição *de* + objeto indireto:

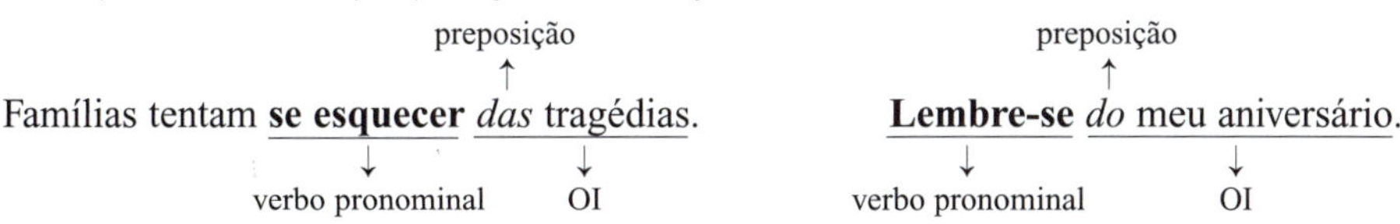

c. verbo transitivo indireto + objeto indireto + sujeito:

Nunca me **esqueceu** nem o mês nem o ano. (Machado de Assis)

OI VTI sujeito

Nesse caso, o verbo **esquecer** significa *cair no esquecimento*. O verbo **lembrar** passa a ter o significado de *ocorrer, vir à memória*.

Essa construção é bastante rara no Brasil hoje. No uso efetivo da língua, é comum a ocorrência da forma não pronominal seguida de objeto indireto:

A montadora alemã fez um carro luxuoso, confortável sem **esquecer do** desempenho. (*Jornal do Brasil*)
Os tchecos não querem **lembrar das** proibições dos tempos do comunismo. (*Folha de S.Paulo*)

Implicar

É **transitivo direto** quando significa *acarretar, causar*:

Estado forte **implica** regras estáveis, ações previsíveis e estabilidade macroeconômica. (*Exame*)

No português atual do Brasil, o verbo *implicar*, nessa acepção, é bastante empregado como **transitivo indireto** e rege a preposição **em**:

[O homem] é o único bicho em que o aumento do saber **implica** também **num** aumento das possibilidades de sua própria extinção. (Rubem Alves)

Informar

Admite as seguintes construções:

a. objeto direto (pessoa) + objeto indireto (fato mencionado):

Informou os amigos de sua decisão.

OD OI

Informou-os de sua decisão.

Informaram os banhistas sobre a poluição das praias. (*Folha da Tarde*)

b. objeto indireto (pessoa) + objeto direto (fato informado):

Informou aos amigos sua decisão.

OI OD

Informou-lhes sua decisão.

Seguem a mesma regência de **informar** os verbos **avisar**, **comunicar**, **noticiar**, **cientificar**, **notificar**, **certificar**.

A autoridade policial deve **cientificar** o Ministério Público do ocorrido. (*O Estado de S. Paulo*)

Obedecer e desobedecer

Estes verbos são **transitivos indiretos** e exigem a preposição **a**:

Se **obedecer a**o desejo, fica na cama, mas se controlar sua vontade, vai trabalhar. (*Você S/A*)
O acusado **desobedeceu às** condições fixadas pelo juiz. (*Folha de S.Paulo*)

Apesar de serem transitivos indiretos, esses verbos admitem voz passiva:

O rodízio de carros **foi obedecido** por 94,4% dos motoristas paulistanos. (*Jornal da Tarde*)

Entretanto, é comum a ocorrência desses verbos como transitivos diretos:

Os jogadores são bem pagos e devem **obedecer** ordens. (*O Dia*)
A lei federal não estabelece punições para quem a **desobedecer**. (*Diário Catarinense*)

Pagar e perdoar

Estes verbos podem ser: **transitivo direto**, **transitivo indireto** e **transitivo direto e indireto**. Se o complemento desses verbos for representado por *coisa*, será um objeto direto; se o complemento for *pessoa* ou *coisa personificada*, será um objeto indireto:

Sexta-feira é o último dia para **pagar** o imposto de renda. (*Diário Popular*)
pagar ↓ VTD — o imposto de renda ↓ OD (coisa)

Ainda não conseguiu **pagar** aos credores.
pagar ↓ VTI — aos credores ↓ OI (pessoa)

A empresa deve **pagar** indenização aos passageiros. (*Folha de Niterói*)
pagar ↓ VTDI — indenização ↓ OD — aos passageiros ↓ OI

Perdoei a sua falta de patriotismo. (*Folha de S.Paulo*)
Perdoei ↓ VTD — a sua falta de patriotismo ↓ OD (coisa)

Ele não tinha o hábito de **perdoar** a seus devedores.
perdoar ↓ VTI — a seus devedores ↓ OI (pessoa)

É comum o emprego do objeto direto para representar *pessoa*.

Há um ano ele não tinha como **pagar** os retirantes que se juntavam em frentes de trabalho. (*Veja*)
Decidi **perdoar** o tenente e acionar o Estado. (*Zero Hora*)

Preferir

É **transitivo direto e indireto** e exige a preposição **a**. Prefere-se sempre uma coisa (objeto direto) **a** outra (objeto indireto):

Prefere o cargo de líder **a**o de presidente. (*Veja*)
Prefere ↓ VTDI — o cargo de líder ↓ OD — ao de presidente ↓ OI

Prefiro os filmes românticos **a**os de ação. (*Veja*)

É comum, entretanto, a construção desse verbo com a expressão **do que** em lugar da preposição **a**. Observe:

Preferiria entrar pelo caminho do mar, se suicidar numa noite no cais, **do que** trabalhar... (Jorge Amado)

Proceder

a. É **intransitivo** quando significa *ter fundamento, portar-se, provir de*:

Seus argumentos não **procedem**.
Como **proceder** em caso de acidente?
Eles **procedem** do Amazonas.

b. É **transitivo indireto** quando significa *realizar, fazer, executar*. Nesse caso, exige a preposição **a**:

O governo deve **proceder a**os ajustes fiscais necessários. (*Veja*)

Querer

a. É **transitivo direto** quando significa *desejar*:

Hoje, eu **quero** a rosa mais linda que houver... (Dolores Duran)

VTD OD

Hoje eu **a quero**.

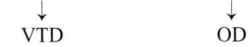

OD

b. É **transitivo indireto** quando significa *estimar, gostar*:

A mãe **queria** muito **ao** filho.

VTI OI

... pela alma de sua mãe, que tanto lhe **queria**, não martirize a sua infeliz escrava. (Bernardo Guimarães)

OI

Simpatizar e antipatizar

São verbos **transitivos indiretos** e regem a preposição **com**:

... não **simpatizara** muito **com** ela. (Manuel Antônio de Almeida)

Antipatizava com o catolicismo, mas evitava qualquer conflito com a mãe, que era muito católica. (Leandro Konder, *JB Online*)

Visar

a. É **transitivo direto** quando significa *dar visto* e *mirar*:

O funcionário do banco **visou** o cheque.
Visou o alvo e atirou.
A entidade sindical tem dois dias para **visar** ou não o contrato. (*Diário Popular*)

b. É **transitivo indireto** quando significa *pretender, ter em vista, ter por objetivo*. Nesse caso exige preposição **a**:

Esse governo declara que **visa a**o bem comum. (*IstoÉ*)
O saber deve **visar ao** bem social. (Disponível em:<www.usp.br/jorusp/arquivo>)

No português atual do Brasil, esse verbo é transitivo direto em todas as suas acepções:

O episódio parecia **visar** o cancelamento das eleições. (*Folha de Niterói*)
A cooperativa solidária, antes de **visar** um lucro particular, visará um lucro coletivo... (Disponível em: <www.odocumento.com.br>)

Observações

1. Em orações iniciadas por pronomes relativos, pronomes interrogativos ou advérbios interrogativos, a preposição exigida pelo verbo deve, necessariamente, preceder essas palavras:

São pessoas **com** quem simpatizo. (com → preposição; quem → pronome relativo)

A que filme você assistiu ontem à noite? (A → preposição; que → pronome interrogativo)

De onde você tirou essa ideia?
↙ ↘
preposição advérbio interrogativo

2. Não se deve atribuir um único complemento a verbos de regências diferentes. Veja a frase:

Vi e gostei do filme.
↓ ↓ ↓
VTD VTI complemento

Nesses casos, aconselha-se o desdobramento da frase:

Vi o filme e gostei dele.
↓ ↓ ↓ ↓
VTD OD VTI OI

3. Alguns verbos mudam sua regência quando empregados em sentido figurado:

Trovejou muito no último verão. (intransitivo)

O político **trovejava insultos**. (transitivo direto)

Atividades

1. Reescreva as frases seguintes substituindo o que estiver em destaque pelo verbo indicado entre parênteses. Faça as alterações necessárias sem modificar o sentido da frase.
   a. Atônitos, **vimos** a matança dos pobres pássaros. (assistir)
   b. Todos **compareceram** à missa do delegado. (assistir)
   c. Em poucos segundos ele chegou e **socorreu** a vítima. (assistir)
   d. **Ver** televisão é um hábito de todo o mundo? (assistir)
   e. **Testemunhei** o crime e posso reconhecer o criminoso. (assistir)
   f. Pôs a cabeça para fora e **sorveu** o ar puro da manhã. (aspirar)
   g. **Desejava ardentemente** o ar fresco da manhã, pois sentia-se mal naquele cubículo. (aspirar)
   h. Não **pretendia** nada exceto o amor da própria esposa. (aspirar)
   i. A notícia não **contentou** os estudantes universitários. (agradar)
   j. Muita gente só consegue **acariciar** animais. (agradar)

2. Oriente-se pelo modelo:

   Eu me lembro daquela história.
   Eu lembro aquela história.
   Lembra-me aquela história.

   a. Eu me lembrei do resultado do jogo.
   b. Eu me lembrei daqueles dias terríveis.

3. Continue:

   Eu me esqueci da agenda.
   Eu esqueci a agenda.
   Esqueceu-me a agenda.

   a. Eu me esqueço desta matéria.
   b. Eu me esqueci dos compromissos.

4. Reescreva as frases alterando a regência do verbo destacado sem mudar-lhes o sentido.
   a. Ao abrir a porta, deu com Marialice:

      – Seu preguiçoso, **esqueceu**-se do nosso passeio? (Murilo Rubião)

b. Depois de alguns anos estudando álgebra na escola, a maioria dos alunos não vai se **lembrar** das equações e fórmulas que decorou para a prova. (*Veja*)

c. A maioria dos que a atravessam hoje é jovem demais para se **lembrar** da baía de Guanabara sem a Ponte Rio-Niterói. (*National Geographic*)

d. Pois venho hoje lhes **informar** que há, sim, uma alternativa! (*Superinteressante*, versão on-line)

e. O diretor comete licenças poéticas no mais alto grau, e não faz questão de **informar** a plateia sobre elas. (*Veja*)

5. Faça como no modelo:

Informei o ministro do ocorrido.
Informei-o do ocorrido.
Informei ao ministro o ocorrido.
Informei-lhe o ocorrido.

a. O Departamento de Estradas de Rodagem (DER) deve informar os motoristas das condições das estradas.

b. Informei o diretor sobre os problemas da negociação salarial.

c. Não informaram o consumidor do preço a prazo.

d. Avisem os candidatos de que não haverá prova amanhã.

e. Preveni os viajantes do acidente.

6. Identifique o significado do verbo **chamar** em cada uma das frases, levando em conta a regência e o contexto:

a. Ela chamou o filho.

b. O diretor da firma chamou todos para uma reunião.

c. Ninguém mais o chama pelo nome, mas pelo apelido.

d. Todos chamavam-lhe de idiota.

e. Chamava desesperadamente pela mãe.

7. Nas frases que seguem, não se obedeceu à norma-padrão. Reescreva-as utilizando outra possibilidade de regência do verbo **implicar**.

a. A perda de dados num computador pode implicar em prejuízo financeiro bem maior que a perda do micro.

b. Um isolamento do projeto dentro da empresa implica em riscos para a organização.

8. Reescreva as frases que seguem substituindo as expressões em destaque pelo verbo **custar** empregado na norma culta.

a. **Era difícil, para mim**, acreditar no que diziam.

b. **Ele teve dificuldade em** aceitar a verdade.

c. **É penoso, para nós**, estudar tanto!

d. **Ela teve dificuldade em** chegar aqui.

9. Reescreva as frases que seguem substituindo o que estiver em destaque pelos verbos entre parênteses. Faça as modificações necessárias sem alterar o sentido da frase.

a. As mudanças efetuadas no aparelho **têm por objetivo** trazer maior segurança ao consumidor. (visar)

b. **Gosto mais da** música contemporânea do que da barroca. (preferir)

c. Ela dava primazia ao sossego do campo e não à agitação da cidade. (preferir)

d. Ele não **remunerou** o funcionário. (pagar)

e. **Reembolsarei** ao amigo a quantia que me foi emprestada. (pagar)

f. **Desculpou** o companheiro, mas nunca mais quis vê-lo. (perdoar)

g. A vítima **concederia perdão** ao bandido se pudesse. (perdoar)

h. **Tenho muita amizade** a Pedro. (querer)

i. **Estimo** meus companheiros. (querer)

j. **Sentia-se inclinado pela** ideia exposta na reunião. (simpatizar)

k. Ninguém **demonstrava simpatia pelo** médico. (simpatizar)

l. Todos **acabaram cedendo** aos desígnios do chefe. (obedecer)

m. Os mais acomodados **cumpriam** as leis injustas. (obedecer)

n. **Apontaram a arma para** o pardalzinho. (visar)

o. O governo **propõe-se** construir uma ponte aqui. (visar)

p. **Transgredir** a lei é ato passível de punição. (desobedecer)

10. Reescreva as frases **A** e **B** substituindo o verbo em destaque pelos propostos nas alternativas. Fique atento à regência.

A. Esta é a cidade que **queremos**.

a. precisar; b. visar; c. sonhar; d. aspirar.

B. **Admirava** seus alunos.

a. querer bem; b. necessitar; c. perdoar.

11. Transforme os dois períodos simples num só período composto começando pela expressão entre parênteses. Faça as adaptações necessárias.

a. Foi horroroso o show. Assistimos ao show na semana passada. (O show)

b. A Febem é desconhecida da população. A Febem assiste os menores abandonados em São Paulo. (A Febem)

c. O aluno colou na prova. Não me lembro do nome dele. (O aluno)

d. Os regulamentos são rigorosos. Devemos obedecer a estes regulamentos. (Os regulamentos)

e. Os ideais são inatingíveis. Visamos a esses ideais. (Os ideais)

f. Essas pessoas são muito prepotentes. Não simpatizamos com essas pessoas. (As pessoas)

g. O ar é muito poluído. Aspiramos esse ar em São Paulo. (O ar)

12. Substitua as expressões em destaque pelos pronomes oblíquos adequados:

a. Conseguiram perdoar **ao rival**.

b. Perdoei **a sua falta de solidariedade**.

c. Paguei **todas as dívidas**.

d. Paguei **aos funcionários**.

e. Talos de plantas com caule oco serviam para aspirar **a fumaça**. (Carlos Heitor Cony)

f. Os mais humildes têm o direito de aspirar **a uma vida melhor e mais digna**. (*Folha de S.Paulo*)

g. Os convites para assistir **aos debates** podem ser retirados no jornal. (*Jornal da Tarde*)

h. Visavam **à melhoria do produto**.

13. Reescreva as frases de acordo com a norma culta:

a. Entrei e saí da sala várias vezes.

b. Assisti e não gostei da conferência.

Regência nominal

Do mesmo modo que os verbos, também alguns nomes (substantivos, adjetivos e advérbios) podem apresentar dificuldades de regência, principalmente aqueles que admitem mais de uma preposição.

Embora esses problemas só possam ser resolvidos a contento mediante a consulta a um dicionário especializado (dicionário de regência), apresentamos a seguir uma lista de palavras acompanhadas de suas preposições mais frequentes:

Acostumado – a, com

... não estava acostumado **a** andar com calçado, estava acostumado **a** andar só descalço, sem camisa. (Disponível em: <www.museudapessoa.net>)

O ministro das Relações Exteriores [...] afirmou nesta quarta-feira que o Brasil está muito pouco acostumado **com** relacionamentos diplomáticos intensos e, portanto, com os problemas decorrentes dessas relações. (*Folha Online*)

Adaptado – a, de, para

Justiça Federal inaugura site adaptado **a** deficientes. (*O Estado de S. Paulo*)

O roteiro de *Intolerância* vem sendo desenvolvido no Brasil por Bráulio Mantovani, indicado ao Oscar pelo roteiro adaptado **de** *Cidade de Deus*... (*Folha Online*)

Isabel Allende tornou-se muito conhecida no Brasil, principalmente depois do lançamento de *A casa dos espíritos*, livro que foi adaptado **para** o cinema. (*A Tarde*)

Afável – a, com, para com

Antes inatingível, o empresário agora tornou-se afável **com** os jornalistas. (*O Estado de S. Paulo*)

Mostrou-se afável **a** (**com**, **para com**) todos os colegas.

Aflito – com, em, para, por

A curto prazo, o jurista brasileiro estará aflito **com** o aprimoramento de nossa Constituição. (*O Globo*)

Aflito **em** assumir sua nova face, de tocador de obras, o presidente nomeará logo os responsáveis pelos projetos de seu plano de metas. (*Jornal do Brasil*)

No plano político, o governador está aflito **para** definir logo quem será o candidato a disputar a Prefeitura da cidade. (Fernando Rodrigues)

Fiquei muito aflito **por** receber tal notícia.

Alheio – a

Dias, alheio **a** tudo isso, passeava de um para outro lado, embebido na sua preocupação. (Aluísio Azevedo)

Alienado – a, de

O veículo está no nome de uma mulher que ele afirmou não conhecer e alienado **a** um banco. (*Folha Online*)

Era um pai de mentira, totalmente alienado **do** mundo real, um "pai poeta", como a poucos é dado o privilégio de ter um. (Marcelo Coelho)

Alusão – a

Em certa altura, a história faz alusão **ao** conto de Cinderela. (*Contigo*)

Analogia – com, entre

Os entusiastas costumam fazer uma analogia **com** o futebol para explicar o sucesso do rodeio. (*Veja*)

Faz sentido estabelecer uma analogia **entre** o cérebro e o computador. (*Gazeta do Povo*)

Análogo – a

A fibra óptica funciona de modo análogo **a** um fio de metal que transmite impulsos telefônicos. (*Almanaque Abril*)

Apto – a, para

Em seu livro de estreia, o escritor João Antônio já mostrava a segurança de quem está apto **a** dar o salto da realidade para a poesia. (Fernando Paixão)

Campeão diz estar apto **para** lutar pelo bi na São Silvestre. (*Folha da Tarde*)

Quando o adjetivo significar *habilitado*, é comum reger a preposição **em**.

Foi considerado apto **em** Geografia. (Celso Pedro Luft, *Dicionário prático de regência nominal*)

Atento – a, em

Fique atento **às** condições de garantia dos produtos adquiridos em feiras abertas ao público. (*Correio do Povo*)

Além de um olhar atento **nos** talentos que surgiam, R. M. desenvolveu afeição pelos artistas cujas obras adquiria. (*Veja*)

Avesso – a

Assim como toda a família, ele é avesso **a** eventos sociais e evita entrevistas e fotos. (*Exame*)

Ávido – de, por

Era ávido **de** fama.

O mercado de trabalho está sempre ávido **por** profissionais capacitados. (*Gazeta Mercantil*)

Constituído – de, por

Plutão é um planeta constituído **de** material rochoso.

O Sistema de Vigilância da Amazônia é constituído **por** uma rede integrada de telecomunicações que recebe imagens via satélite. (*Almanaque Abril*)

Contemporâneo – a, de

Foi um movimento contemporâneo **à** Guerra dos Farrapos.

Eurípedes, dramaturgo grego contemporâneo **de** Ésquilo e Sófocles, é um dos maiores expoentes da tragédia grega. (*Jornal do Brasil*)

Contíguo – a

... passou mal na sede. Foi socorrido pelo Corpo de Bombeiros, que tem um posto contíguo **ao** clube, num terreno cedido pela agremiação. (*Exame*)

Curioso – de, para, por

Era um adolescente curioso **das** descobertas científicas.

Estava curioso **para** saber como ia ser o Festival de Cinema. (*Folha de S.Paulo*)

Fiquei curioso **por** saber o fim da novela.

Devoto – a, de

Era devoto **aos** deuses gregos.

É católico, devoto **de** São Francisco.

Falho – de, em

Falho **de** (**em**) dinheiro, não presenteou a esposa.

Fez um diagnóstico falho **do** que se passa na economia brasileira. (*Diário Catarinense*)

Imbuído – de, em

Quando a pessoa está imbuída **de** um propósito, reorganiza naturalmente seus hábitos de consumo. (*Você S/A*)
Explicava o mundo imbuído **nos** preceitos religiosos.

Imune – a

A carne de tubarão leva a vantagem de ser a mais imune **a** infecções entre todos os peixes. (*Globo Ciência*)
... impossível ficar imune **a**o sorriso infantil e **a**o calor da inocência. (*Bons Fluidos*)

Incompatível – com

O modelo capitalista de crescimento ilimitado é incompatível **com** a finitude de recursos do planeta. (*O Estado de S. Paulo*)

Medo – a, de

Entre os trabalhadores, persiste o medo **a**o desemprego. (*Folha de S.Paulo*)
Não tenha medo **de** encarar de frente um novo amor. (*Claudia*)

Passível – de

Antes de invadir, os sem-terra devem verificar se a terra é improdutiva e passível **de** ser desapropriada pelo governo. (*O Dia*)

Preferível – a

... a prosperidade é preferível **à** fome e **à** pobreza. (*Veja*)

A tendência atual no português do Brasil é empregar **do que** no lugar da preposição **a**:

É sempre preferível deixar em liberdade um culpado **do que** mandar para o cárcere um inocente. (Ernando Ulhoa Cintra)
É preferível confiar no progresso cultural **do que** em certas normas jurídicas. (*O Estado de S. Paulo*)

Propenso – a, para

Parecia propenso **a** viajar imediatamente.
Era uma atriz propensa **para** a glória.

Residente – em

A história da fotografia no Brasil começa em 1833, quando Hércules Florence, um francês residente **em** Campinas (SP), consegue as primeiras imagens fotográficas. (*Almanaque Abril*)

Transversal – a

Na rua transversal **à** minha, havia um ponto de táxi.

Vinculado – a

Segundo o geógrafo alemão Friedrich Ratzel, o progresso está vinculado **a**o crescimento territorial. (*Almanaque Abril*)

Vizinho – a, de

A Mongólia não se esquece de estabelecer relações com o país vizinho **a**o sul, a China. (*Veja*)
Guatemala, país vizinho **do** México, tem cerca de 10 milhões de habitantes. (*Geográfica Universal*)

Observação

Quando o complemento de um verbo ou de um nome for uma oração reduzida de infinitivo, não se faz a combinação da preposição com o sujeito dessa oração. Exemplos:

É hora **de ele** mudar de vida. (e não "*dele* mudar de vida")

É o momento **de eles** enfrentarem a situação. (e não "*deles* enfrentarem a situação")

Atividades

1. Reescreva as frases substituindo cada quadradinho pela preposição adequada. Se necessário, faça a combinação da preposição com o artigo.

a. O pessoal não está acostumado ■ jogadores habilidosos e ágeis.

b. Nem bem havia se adaptado ■ o novo trabalho, foi despedido.

c. O jogador mostrava-se afável ■ imprensa.

d. Eu estou um pouco aflito ■ esta situação. Eu esperei tanto para criar coragem de fazer o convite. (*Veja*)

e. O repórter fez uma alusão maldosa ■ o comportamento do ministro.

f. ... trabalhadores viviam em condições análogas ■ da escravidão. (*Veja*)

g. Projetando um futuro em que o país vai funcionar conectado ao computador, alguns analistas acreditam que quem ficar de fora acabará alienado de vez ■ sociedade. (*IstoÉ*)

h. Sentia-se apto ■ conduzir o veículo.

i. Ávida ■ fama, candidatou-se ao cargo.

j. O Banco do Brasil puniu funcionários que tiveram comportamento incompatível ■ a função. (*Correio do Povo*)

k. Uma ação limitada é preferível ■ inércia absoluta. (*Correio Braziliense*)

l. As autoridades mostravam-se propensas ■ liberar os prisioneiros.

m. Não é possível que o futebol fique imune ■ regras do mercado. (*Gazeta Esportiva*)

n. Fiquei na sala contígua ■ laboratório.

o. Sinhá era devota ■ São Judas.

p. O Governo Federal vai ter um programa de renda mínima vinculado ■ educação escolar.

2. Reescreva as frases que seguem para adequá-las à norma-padrão da língua:

a. A opinião pública exibe alto grau de tolerância devido ao fato dele ter mantido a inflação sob controle.

b. Esta é a hora deles aderirem ao projeto.

c. Foi apenas uma brincadeira bem-humorada, jogando com o fato dele ser um psicanalista... (*Você S/A*)

FATOS DE DISCURSO

A regência e o sentido das preposições

Embora o fenômeno da regência verbal e nominal praticamente obrigue o falante da língua a utilizar determinada preposição com determinados verbos e nomes de maneira quase automática, podemos dizer que o valor das preposições cria, para o falante da língua, um sistema de representação mental do tempo e do espaço.

Esse sistema se manifesta na escolha das preposições e é, em muitos casos, responsável pelas transformações que a regência vem sofrendo. Para ilustrar esses fatos, pode-se estudar um caso curioso que acontece na língua portuguesa – o da *localização no espaço*, que envolve a escolha das preposições pelo falante. Essa é a base de alguns desvios à norma-padrão em relação ao uso das preposições com verbos de movimento (*ir, vir, andar, partir, levar, trazer*, etc.) e com outros, nos quais essa ideia de movimento aparece, ainda que de forma figurada. Mostra que o falante joga com a regência verbal e nominal conforme o sentido daquilo que ele deseja exprimir, mesmo que isso o leve a contrariar a norma.

1. O movimento de aproximação

Esse movimento considera o deslocamento de um ser na direção de um alvo.

As preposições utilizadas são:

a. **a** – desloca o sentido não para o alvo, nem para o ser, mas para o percurso.

Maria vai **a**o cinema.

O que importa não é Maria, nem o cinema, e sim o deslocamento do lugar onde Maria está até o cinema (a ação).

b. **em** – desloca o sentido para o alvo da ação e o descreve como um lugar *interior*.

Maria vai **no** cinema.

O que importa não é a ação de ir, nem o percurso, e sim o lugar-alvo da ação. Além disso, há a ideia de que esse lugar comporta uma interioridade e é circunscrito por algum limite.

Em também se distingue de **a** porque, enquanto esta focaliza o lugar-alvo como um *ponto*, aquela o focaliza como *espaço extenso*.

A norma-padrão considera incorreta essa regência, mas só quando aplicada aos verbos de movimento explícito – como *ir, vir, chegar*, etc. –, embora ela seja frequente e já se ateste até no uso literário moderno. Nos outros casos, não só é admitida, como recomendada:

Aquela farmácia entrega encomendas **em** domicílio.

c. **por** – desloca o sentido para o percurso, e não para o alvo nem para a ação.

Maria vai **por** uma rua deserta.

Quando há a ideia de resistência, em vez de *por*, utiliza-se a expressão *através de*.

Maria olhou **através do** vidro a chuva forte que caía.

A diferença entre *por* e *através de* cria efeitos de sentido curiosos:

Passar **pela** porta. (simples ideia de percurso)

Passar **através da** parede. (ideia de resistência que se interpõe à ação)

d. **entre** – o sentido focaliza os lugares compreendidos no percurso, e não o próprio percurso.

Maria caminha **entre** duas fileiras de prédios.

e. **para** – o ponto de chegada é encarado pelo falante como um objetivo a atingir.

Maria vai **para** os Estados Unidos.

É por esta razão que essa construção traz a ideia de *permanência* no local, ou muitas vezes é associada a essa ideia.

f. **até** – o ponto de chegada é tomado como um limite a atingir.

Maria vai **até** o cinema.

Quando comparamos essa construção com as duas primeiras, fica clara a ideia de *interioridade* transmitida ao local pela preposição *em*, e a ênfase na ação de ir, transmitida pela preposição *a*.

2. O movimento de afastamento

Para o afastamento, o sistema de preposições é mais simples.

a. **de** – focaliza o ponto de partida ou de contato entre o ser que se afasta desse ponto e o lugar de destino.

Maria foi **de** sua casa até o cinema.

Saímos **de** uma situação financeira complicada.

Muitas vezes, combina-se com as preposições de aproximação, de formas diversas, criando efeitos de sentido variados.

b. **desde** – o foco é no deslocamento e no percurso.

Desde a Praça da Matriz, caminhamos sob chuva forte.

c. **a partir de** – o foco é no ponto de origem, mas ela indica que, *antes desse ponto*, a situação era diferente.

A partir do quilômetro 45, a rodovia está congestionada. (ou seja, antes do quilômetro 45, não há congestionamento)

Os efeitos de sentido das diferentes preposições, nos casos de regência verbal e nominal, são mais evidentes quando há possibilidade de *escolhas*, não descritas nos manuais de regência nem nos dicionários ou gramáticas. Assim, a título de exemplo, a oposição entre *em* e *sobre* se evidencia nos enunciados abaixo:

O avião pousou **numa** pista escorregadia.

O avião pousou **sobre** uma pista escorregadia.

No primeiro caso, *em* indica o lugar do pouso sem referência à posição do avião relativamente a esse lugar. Já *sobre* explicita essa posição.

Crase

No Brasil, "dois terços da água estão concentrados na região com menor densidade populacional, **a** Amazônia. Isso significa que um brasileiro de Roraima tem 1 000 vezes mais água **à** disposição do que um conterrâneo que vive no interior de Pernambuco. **A** água é pesada e difícil de transportar. Levá-la de um lugar **a** outro tem sido o grande desafio dos seres humanos desde o tempo dos romanos, que construíam aquedutos por toda parte. O segundo problema relativo **à** água é **a** má gestão [...]. Mesmo sendo essencial para **a** economia, **a** água sempre foi dada de graça. Até recentemente, nem os industriais nem os agricultores, para não falar dos consumidores domésticos, pagavam pela água, apenas pelo serviço de distribuição".

Revista *Veja*. São Paulo: Abril, 12 out. 2005, p. 90.

Conceito

No texto estão destacadas várias ocorrências da palavra **a**:

a Amazônia	mais água à disposição	a água	a outro
relativo à água	a má gestão	a economia	

a (não acentuado): não ocorreu crase. Trata-se do artigo **a** ou da preposição **a**.

à (acentuado): ocorreu crase. Trata-se da fusão da preposição **a** com o artigo **a**.

Crase é a fusão de duas vogais idênticas. Representa-se graficamente a crase pelo acento grave.

A crase pode ocorrer entre:

1. A preposição **a** e os artigos **a**, **as**:

Tem mais água **a a** disposição. = **à** disposição
preposição + artigo

O segundo problema relativo **a a** água... = relativo **à** água
preposição + artigo

2. A preposição **a** e o pronome demonstrativo **aquele(s)**, **aquela(s)**, **aquilo**:

Permaneci indiferente **a aquele** barulho. → Permaneci indiferente **àquele** barulho.
preposição + pronome demonstrativo

Dirigiu-se **a aquelas** pessoas. → Dirigiu-se **àquelas** pessoas.
preposição + pronome demonstrativo

3. A preposição **a** e o pronome demonstrativo **a**, **as**:

Sua opinião é semelhante **a a** de Bernardo. → Sua opinião é semelhante **à** de Bernardo.
preposição + pronome demonstrativo

Crase da preposição *a* com os artigos *a*, *as*

A utilização do acento grave, que indica a crase, depende do conhecimento de determinadas regras. Para entender bem essas regras, é fundamental considerar as noções de **termo regente** e **termo regido**, já estudadas na unidade anterior. Recordando:

Os romanos construíam aquedutos.
↓ ↓
termo regente termo regido

Não há preposição entre o termo regente e o termo regido.

A água é pesada e difícil de transportar.
↓ ↓
termo regente termo regido

Entre o termo regente e o regido aparece a preposição *de*.

Como se pode observar, entre o termo regente e o termo regido pode ou não aparecer a preposição. A crase só vai ocorrer quando o termo regente exigir a preposição **a**, e o termo regido admitir o artigo **a** (ou **as**):

O segundo problema relativo **à** água é a má gestão.
↙ ↘
preposição **a** + artigo **a** = **à**

Logo, só pode ocorrer a crase diante de palavra feminina que admita o artigo **a** e que dependa de outra palavra que exija a preposição **a**.

Veja outros exemplos:

A tolerância humana **à** radiação é limitada.

A palavra *radiação* é feminina, admite o artigo **a** e, nessa frase, depende da palavra *tolerância*, que exige a preposição **a**.

Agora, observe:

Evite **a** radiação excessiva.

A palavra *radiação* é feminina, portanto admite o artigo **a**, mas, nessa frase, não depende de palavra que exija a preposição **a**. Logo, não ocorre a crase.

A classe vai fazer uma excursão **a** Minas.

A palavra *Minas* é feminina, mas não admite o artigo **a**. Também nesse caso não ocorre a crase.

Alguns artifícios ajudam a confirmar a ocorrência ou não da crase:

a. Troca-se a palavra feminina que ocorre depois do **a** por uma palavra masculina. Se na troca ocorrer a forma **ao**, a crase é confirmada:

A resposta do governo brasileiro **à** crise financeira não agradou aos empresários. (*Jornal da Tarde*) → ... resposta **ao** problema financeiro... → Há crase.

Permaneci indiferente **a** ela. → Permaneci indiferente **a** ele. → Não há crase.

Esse artifício não se aplica a nomes próprios.

b. Substituir o **a** por **para** ou **para a**(s). Se ocorrer **para a**(s), a crase é confirmada:

As ruas e as estradas são uma séria ameaça **à** vida. (*O Estado de S. Paulo*) → ... séria ameaça **para a** vida. → Há crase.

Aborda as pessoas e pede **a** elas que ouçam sua música. (*IstoÉ*) → Aborda as pessoas e pede **para** elas... → Não há crase.

c. Substituir o verbo **ir** pelo verbo **voltar**. Se aparecer a expressão **voltar da**, então ocorre a crase:

Você já foi **à** Bahia? → Você **voltou da** Bahia? → Há crase.
Devia ir **a** Salvador. → Devia **voltar** de Salvador. → Não há crase.
Tinha ido **à** pensão receber o dinheiro. → Tinha **voltado da** pensão. → Há crase.

Casos em que ocorre a crase

1. Utiliza-se o acento grave quando forem satisfeitas as duas condições anteriormente expostas (palavra feminina que admita o artigo **a** e que dependa, por sua vez, de outra palavra que exija a preposição **a**):

Estêvão de vez em quando vinha **à** cidade. (José J. Veiga)
Não demos importância **à** resposta. (Murilo Rubião)
Debate aponta risco **à** liberdade de expressão. (*Jornal do Brasil*)

2. Nas locuções femininas (adverbiais, prepositivas e conjuntivas) utiliza-se o acento grave sobre o **a**, "mesmo quando não há ocorrência de crase" (Celso Luft):

a. locuções adverbiais:

O acidente aconteceu **à uma da tarde**.
Não é **à toa** que turistas de todo o Brasil e do exterior adoram Fortaleza, no Ceará... (*Contigo*)
Às vésperas de completar 80 anos, (ele) hoje fabrica bicicletas movidas a bateria elétrica. (*Exame*)
... amanheceu morta; saiu da vida **às escondidas**... (Machado de Assis)
Passavam o dia inteiro fora e voltavam **à tardinha**, **às vezes** já com o escuro. (José J. Veiga)
Alguns pedestres foram feridos **à bala**. (Aqui não ocorre crase.)

Observação

Com as locuções adverbiais de instrumento o uso do acento grave é facultativo:

O pai saiu sem fechar a porta **à chave**. (Alcântara Machado)

O avô fechou a porta **a chave**. (Rubem Fonseca)

Deve-se utilizar o acento quando a frase for ambígua:

Desenhou **a mão**. (A mão foi desenhada por alguém ou alguém fez um desenho com a mão?)

Para desfazer a dúvida, tratando-se do segundo sentido, utiliza-se o acento indicador da crase:

Desenhou **à mão**.

b. locuções prepositivas (formadas por *a* + palavra feminina + *de*):

A pobreza e a omissão do poder público deixam a população carente **à mercê dos** seus próprios tiroteios. (*Folha de S.Paulo*)

Eu não ia perder tempo processando uma pessoa desse tipo, que ganhou muito dinheiro **à custa de** mentiras. (*Superinteressante*)

Todo santo dia desembarca empresário estrangeiro **à cata de** negócios no Brasil. (*Veja*)

c. locuções conjuntivas:

À medida que tivermos mais pessoas comuns rumando ao espaço, sejam ricos ou não tão ricos, haverá muito mais apoio para missões exploratórias. (*Superinteressante*)

Algumas locuções conjuntivas: *à proporção que*, *à medida que*, etc.

Observação

Nas expressões **à moda de**, **à maneira de**, a palavra central pode ficar oculta. Então, o **à** poderá ficar diante de palavra masculina. Veja os exemplos:

... cabelo cortado **à** escovinha. (Moreira Campos) (... **à moda** escovinha)

O rancho azul e branco desfilava com seus passistas vestidos **à** Luís XV. (Lygia Fagundes Telles) (... vestidos **à moda de** Luís XV)

Casos em que não ocorre a crase

Não se utiliza o acento grave:

1. diante de palavras masculinas, já que essas palavras não admitem o artigo **a**:

O coronel César, mesmo **a** cavalo, disparou-a para o ar. Um tiro insignificante, de matar passarinho. (Euclides da Cunha)

A primeira vez que fui **a** um baile, fiquei deslumbrada... (José de Alencar)

2. diante de verbos:

A partir de agora, Montenegro é um novo país, cuja criação marca o desmembramento definitivo da ex-Iugoslávia... (*Folha de S.Paulo*)

– Que estás tu aí **a** falar do Madeira?, perguntou padre Antônio. (Inglês de Sousa)

Obrigadas **a** pedir esmolas ou vender chicletes nos sinais de trânsito, crianças e adolescentes trabalham até 10 horas por dia para defender um trocado. (*Jornal do Brasil*)

No asfalto feio, esburacado e cinza, começam **a** aparecer figuras como Ronaldo, Ronaldinho Gaúcho e Robinho. (*O Estado de S. Paulo*)

3. diante de nome de cidade:

Houve protestos na chegada do presidente **a** Recife. (*Jornal do Commercio*)

De vez em quando mandava vir **a** Cruz Alta, sob sua responsabilidade, companhias de operetas italianas. (Érico Veríssimo)

Nossos alunos vão frequentemente **a** Ouro Preto.

Observação

Se o nome da cidade vier determinado, ocorre a crase:

Nossos alunos vão frequentemente **à** antiga Ouro Preto.

4. diante de pronomes que não admitem artigo:

a. pronomes pessoais:

Você fez alguma observação **a** ela, prima? (Ribeiro Couto)

Não dirigiu a palavra **a** nós.

b. pronomes de tratamento:

Nobre senador, eu quero dizer **a** Vossa Excelência que em conformidade com o artigo 5 inciso 63 da Constituição federal, eu reservo-me o direito de permanecer calado. (*Veja*)

Observação

Emprega-se geralmente o acento grave diante dos pronomes **senhora** e **senhorita**:

Tive vontade de dizer **à** senhora dona da casa que, na verdade, gosto muito de manga... (Rubem Braga)

c. pronomes demonstrativos:

É hora de dar um basta **a** essa barbárie. (*O Estado de S. Paulo*)

d. pronomes indefinidos:

Um pouco de leitura não faz mal **a** ninguém. (Info)

e. pronomes relativos:

Aquela é a senhora **a** quem apresentamos nossas condolências.

Gostaria que todos conhecessem o escritor **a** cujas obras fizemos referência.

Observação

Pode ocorrer a crase entre a preposição **a** e os pronomes relativos **a qual** e **as quais**. Exemplo:

Seria aquela a jovem **à** qual você se referia?

Nesse caso, ocorre a crase entre a preposição **a**, pedida pelo verbo *referir-se*, e o **a** do pronome relativo *a qual*. Outro exemplo:

Estas são as finalidades **às** quais se destina o projeto.

5. diante da palavra **casa**, quando não vier determinada por adjunto adnominal:

Quando cheguei **a** casa, já tinham saído.

Antes que chegassem **a** casa, apertou-a nos braços... (Murilo Rubião)

Observação

Quando a palavra **casa** vier determinada, ocorrerá a crase:

Em breve chegaria **à** casa da cunhada.

Quando os investigadores chegaram **à** casa do ator, ouviram um estampido no jardim. (*Veja*)

6. diante da palavra **terra**, quando esta designar terra firme:

Depois de uma viagem extremamente cansativa, os marinheiros chegam **a** terra.

Observações

1. Se a palavra **terra** designar local, região, pátria, ocorrerá a crase:
   Havia acabado de chegar **à** terra do mate.
2. Quando se quer indicar que alguém obtém a posse da terra, também se utiliza o acento grave, desde que o termo regente peça preposição. Exemplo:
   Nestes dois anos de governo, 100 mil novas famílias tiveram acesso **à** terra. (*Folha de S.Paulo*)

7. diante de palavra feminina no plural, se estiver acompanhada apenas da preposição **a**:

Fatos concretos podem levar **a** conclusões abstratas, tudo depende do nó que se queira dar neles. Aprendi isso na prática há dez anos. (*Exame*)

Amigos do casal atribuem a separação **a** divergências sobre ter filhos. (*Veja*)

8. nas locuções formadas por palavras repetidas:

E ficamos os dois, primo Boanerges e eu, **face a face**, meio confusos como duas pessoas estranhas. (Ribeiro Couto)
Tivemos de ficar **cara a cara** durante cinquenta minutos.

9. diante do artigo indefinido **uma**:

Os alunos não devem submeter-se **a** uma avaliação como esta.

10. diante da expressão **Nossa Senhora** e de nomes de santos:

Costuma fazer preces diárias **a** Nossa Senhora Aparecida.
Baianos prestam homenagem **a** Santa Luzia. (*O Estado de S. Paulo*)

Casos de crase facultativa

O emprego do acento grave, indicador da crase, será facultativo nos seguintes casos:

1. diante de pronome possessivo feminino:

Há um clima de otimismo quanto **a** nossa capacidade de superar desafios. (*Correio do Povo*)
Há centenas de referências na Bíblia **à** nossa obrigação de cuidar dos pobres. (Bill Clinton)

2. depois da preposição **até**:

Nas rodovias, o movimento de descida para o litoral foi intenso até **à** manhã de ontem. (*Jornal da Tarde*)
Mais de 200 mil carros devem passar pelas rodovias Imigrantes e Anchieta até **a** tarde de quarta-feira. (*Folha de S.Paulo*)
Labutava de manhã até **à** noite, com ardor, com perseverança... (Machado de Assis)
Dona Leonor, disfarçada, mão para trás, vinha até **a** porta da sapataria... (Moreira Campos)

3. diante de nome próprio feminino. Veja:

Não posso contar **à** Rosalina tudo o que disseram a respeito do seu namorado.
(para + a)

Não posso contar **a** Rosalina tudo o que disseram a respeito do seu namorado.
(para)

Há uma pequena diferença de sentido entre as duas formas: na primeira, o uso do acento grave, e, portanto, do artigo definido, indica que existe uma relação mais próxima, de parentesco ou de amizade; na segunda, a ausência do artigo revela que não existe intimidade entre o falante e Rosalina.

No exemplo a seguir, a crase sugere intimidade entre o narrador e Geralda:

Ocorreu-me formular as mesmas perguntas que fizera **à** Geralda, naquela noite, no restaurante. (Murilo Rubião)

Crase da preposição *a* com pronomes demonstrativos

1. aquele(s), aquela(s), aquilo

Se o termo regente desses pronomes exigir a preposição **a**, ocorrerá a crase:

Nunca falei tanto na vida, devia até ter gravado para mostrar **àqueles** que dizem que sou calado. (*Superinteressante*) → O verbo *mostrar* exige objeto indireto de pessoa, regido pela preposição **a**: a + aqueles = àqueles.

Sua especialidade é o combate **àquele** que talvez seja o maior flagelo da era digital: o spam. (*Veja*) → O termo *combate* exige complemento nominal regido pela preposição **a**: a + aquele = àquele.

2. a(s)

Se o termo regente desse pronome exigir a preposição **a**, ocorrerá a crase:

Nenhuma paixão, no entanto, é comparável **à** que ela nutre pelo balé... (*Veja*) → O termo regente – *comparável* – exige a preposição **a**.

As revoltas de hoje são semelhantes **às** de anos anteriores. → O termo regente – *semelhante* – exige a preposição **a**.

Atividades

1. Reescreva as frases seguintes substituindo o que estiver em destaque pela palavra colocada entre parênteses. Faça as adaptações necessárias:
   a. Que havia de eu fazer? Contar tudo ao **pai** e pedi-la em casamento? (Álvares de Azevedo) (mãe)
   b. Estêvão recebeu-a com igual **contentamento** ao que teria se lhe antecipassem o seu quinhão do céu. (Machado de Assis) (alegria)
   c. Ergueu-se de manso, lavou-se, vestiu-se, e pediu que lhe levassem café ao **jardim**, para onde foi sobraçando um livro que acaso topou ao **pé** da cama. (Machado de Assis) (saleta/ beira)
   d. Sua condenação está associada a **fatos** pecaminosos. (coisas)
   e. Quanto ao **padrinho**, ele escolhera uma pessoa mais velha. (madrinha)
   f. Emília resignou-se ao **destino**. (sorte)
   g. Ele leva repetidamente a mão ao **ombro**. (cabeça)
   h. Persistem as dúvidas quanto ao **estado civil** do criminoso. (identidade)
   i. O trem passava ao **meio-dia**. (13h10m)
   j. Uma delegação de padeiros vem prestar seu apoio aos **filhos** dos grevistas. (mulheres)
   k. A falta de chuvas vem provocando todo tipo de sequelas ao **comércio**. (*Veja*) (lavouras)
   l. Resisti o quanto pude ao **corte** das árvores. (Fernando Gabeira) (derrubada)
   m. Era apenas uma alusão saudosa a outro **tempo**. (época)
   n. Nunca deverias ter ido a **Porto Alegre**. (Manaus)
   o. Nunca deverias ter ido a **Porto Alegre**. (velha Manaus)
   p. Isso é o que pretendo contar ao **deputado**. (Vossa Excelência)
   q. Chegaríamos ao **lar** no dia seguinte. (casa)
   r. Chegaríamos ao **lar** de Dona Lídice na manhã seguinte. (casa)

2. Reescreva as frases que seguem substituindo o ■ por **a**, **à**, **as** ou **às**:
   a. Aqueles aparelhos não estavam adaptados ■ condições brasileiras.
   b. Um taxista foi morto ■ tiro na noite de ontem no Capão Redondo, zona sul de São Paulo. (*Folha Online*)

c. Veja os canais de acesso ■ internet. *(O Dia)*

d. ... estabelecimentos daquela natureza, ficavam localizados ■ beira da estrada, nos arredores da cidade. *(Jornal do Commercio)*

e. O teatro inteiro fica ■ escuras e a cortina do palco se abre. (Arthur Nestrovski)

f. A pobreza e a omissão do poder público deixam a população carente ■ mercê dos seus próprios tiroteios. *(Folha de S.Paulo)*

g. Quando se pensa em pintura brasileira, o primeiro nome que costuma vir ■ cabeça é o de Candido Portinari. *(Veja)*

h. Você fala sem parar. Não dá vez ■ ninguém. (Mário Silva Brito)

i. Nessa noite chegamos ■ conclusões pessimistas. (Aníbal Machado)

j. Vou entregar ■ Nossa Senhora o meu sacrifício. (Rubem Braga)

3. Em todas as frases que seguem, o acento grave é facultativo. Justifique.

a. Todas as noites ela vinha e sentava-se no muro próximo **a** (**à**) minha casa. (Oswaldo França Júnior)

b. Levantou-se e foi até **a** (**à**) janela.

c. Refiro-me **a** (**à**) Adélia Prado, escritora mineira.

d. O assaltante foi ferido **à** (**a**) bala.

4. Reescreva as frases seguintes substituindo o que estiver em destaque pela palavra colocada entre parênteses. Faça as adaptações necessárias:

a. Este projeto precisa ser adequado **ao objetivo** a que se destina. (finalidade)

b. Este projeto precisa ser adequado **ao objetivo** ao qual se destina. (finalidade)

c. Era problemático relatar **ao pessoal** o que tinha acontecido. (aquela gente)

d. Agia como um **menino** a quem se negou um brinquedo. (criança)

e. **De madrugada** talvez o filho ainda o procurasse. (aquela hora)

f. Este **livro** é semelhante ao que eu li no mês passado. (revista)

g. A política de defesa subordina-se **aos fatos** que o presidente deseja no plano internacional. *(IstoÉ)* (aquilo)

5. Substitua por **a**(**s**) ou **à**(**s**) o ■ do texto que segue:

O analista de sistemas J. F. P. foi condenado ■ pena alternativa de um ano por ter feito ameaças ■ jornalista M. C. P. via internet. J. enviou dezenas de mensagens com ameaças e fotos pornográficas e o caso foi notificado ■ polícia pela jornalista no dia 28 de agosto. Depois de uma complicada investigação, peritos em informática descobriram o remetente das mensagens. Ele foi condenado ■ ensinar informática aos alunos da Polícia Civil. *(IstoÉ)*

6. Que diferença de sentido existe entre as frases?

a. Entrou no salão à inglesa.
Entrou no salão a inglesa.

b. Desenham a chinesa.
Desenham à chinesa.

Concordância

Luso pôs 4 mil lusos para correr com um toque de corneta

O Brasil se declarou livre do trono português em 7 de setembro de 1822, mas a independência levou um tempo para se consumar. Entre os personagens que se destacaram no processo, um se cristalizou nos livros apenas como figura curiosa, apesar da ação decisiva em favor da nossa soberania.

Luís Lopes era um português maltrapilho. Muitos o tinham como mendigo. Durante as batalhas pela independência, assumiu a função de corneteiro nas tropas brasileiras. A 8 de novembro de 1822, na estrada de Pirajá, Bahia, 4 mil lusitanos cercaram 300 brasileiros, entre eles o corneteiro, que recebeu ordem de dar o toque de retirada.

Intencionalmente ou não, Luís deu o toque de avançar cavalaria. Temendo a chegada de reforços inimigos, os lusos bateram em retirada. Transformaram uma batalha praticamente ganha na primeira vitória brasileira contra a Coroa.

Almanaque Brasil de Cultura Popular, n. 68, p. 7, nov. 2004.

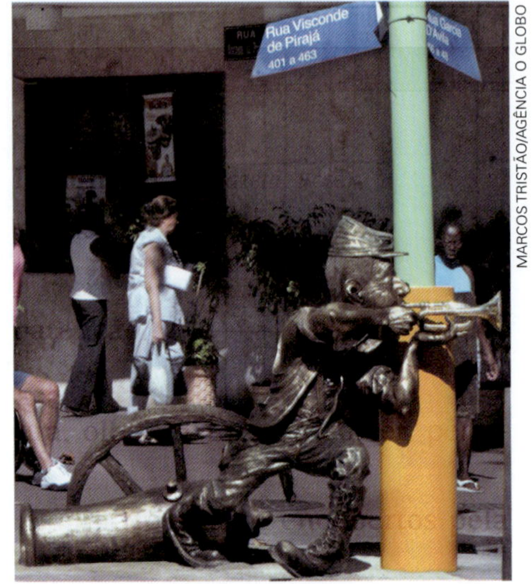

MARCOS TRISTÃO/AGÊNCIA O GLOBO

Estátua do corneteiro Luís Lopes, no Rio de Janeiro.

Conceito

Observe as frases que seguem:

<u>Luís Lopes</u> **<u>era</u>** um português maltrapilho.

- Luís Lopes → sujeito na 3ª pessoa do singular
- era → verbo na 3ª pessoa do singular

O verbo *ser* está na 3ª pessoa do singular, concordando com o seu sujeito, *Luís Lopes*.

Assumiu a função de corneteiro nas <u>tropas</u> <u>brasileiras</u>.

- tropas → substantivo feminino plural
- brasileiras → adjetivo feminino plural

O adjetivo *brasileiras* está concordando em gênero (feminino) e número (plural) com o substantivo *tropas*.

Como você pode perceber, nos dois exemplos dados há igualdade de flexões entre o verbo e o sujeito (de pessoa e número) e entre o substantivo e o adjetivo (de gênero e número).

Concordância é o sistema que estabelece:
- igualdade de **número** e **pessoa** entre verbo e sujeito (concordância **verbal**);
- igualdade de **gênero** e **número** entre substantivo e adjetivo, artigo, numeral, pronome (concordância **nominal**).

A **concordância verbal** é a que se estabelece entre o verbo e seu sujeito, ou seja, o verbo se flexiona para concordar com o seu sujeito (no primeiro exemplo). A **concordância nominal** é a que ocorre entre o artigo, o adjetivo, o pronome, o numeral e o substantivo ao qual se referem (no segundo exemplo).

Concordância verbal

Regras gerais

1. **Sujeito simples** – O verbo concorda com o sujeito em pessoa e número. Esse sujeito pode estar:

a. claro:

4 mil lusitanos **cercaram** 300 brasileiros...

4 mil lusitanos	cercaram
↓	↓
3ª pessoa plural	3ª pessoa → (concordância de pessoa) plural → (concordância de número)

b. subentendido:

Transformaram uma batalha praticamente ganha na primeira vitória brasileira contra a Coroa. (sujeito subentendido: *os lusos*, que aparece na oração anterior)

c. anteposto:

Os lusos bateram em retirada.

d. posposto:

Avançou rapidamente **a cavalaria**.

2. **Sujeito composto**

a. Se o sujeito for composto por elementos da 3ª pessoa gramatical, o verbo irá para a 3ª pessoa do plural:

A independência e a soberania **demoraram** para ocorrer.

A independência	soberania	demoraram
↓	↓	↓
3ª pessoa singular	3ª pessoa singular	3ª pessoa plural

b. Se o sujeito for composto por elementos de pessoas gramaticais diferentes, o verbo irá para o plural, obedecendo à seguinte lei de prevalência:

- a 1ª pessoa prevalece sobre as demais:

  Os soldados e eu **temíamos** a chegada do inimigo.

Os soldados	eu	temíamos
↓	↓	↓
3ª pessoa plural	1ª pessoa singular	1ª pessoa plural

- a 2ª pessoa prevalece sobre a 3ª:

  Os soldados e tu **temíeis** a chegada do inimigo.

Os soldados	tu	temíeis
↓	↓	↘
3ª pessoa plural	2ª pessoa singular	2ª pessoa plural

  Nesse caso, o verbo poderá ir também para a 3ª pessoa do plural:

  Os soldados e tu **temiam** a chegada do inimigo.

Casos particulares

Sujeito simples

1. Sujeito formado por expressão partitiva (*uma porção de*, *parte de*, *a maioria de*, etc.) ou quantidade aproximada:

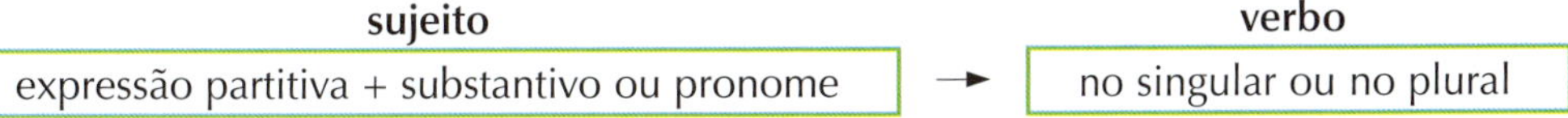

A maior parte dos* lusos *bateu em retirada.

A maior parte dos *lusos bateram* em retirada.

Há **uma porção de *modelos* magérrimas** que não ***podem*** abrir a boca! (*Veja*)

Lidero a audiência nos Estados Unidos contra **uma porção de *astros*** [...] que ***têm*** o corte de cabelo da moda. (*Veja*)

A maior parte das* pessoas** não ***consegue se organizar e se disciplinar. (*Você S/A*)

Quase ***a metade* dos 8 500 pet shops do país *fica*** em São Paulo. (*Veja*)

2. Sujeito formado por número percentual ou número fracionário:

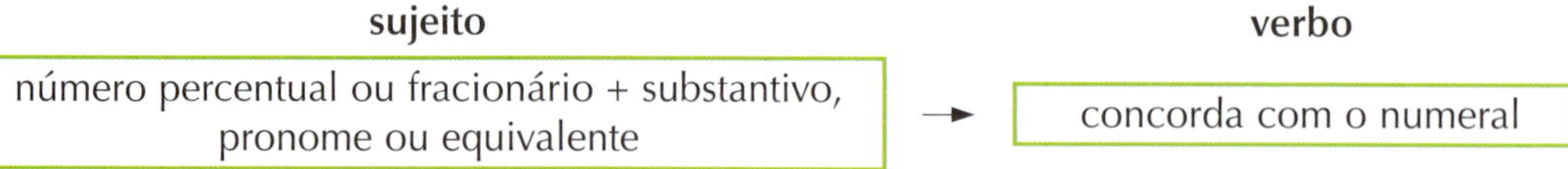

Trinta e nove por cento* de nosso lucro *vieram das operações de crédito. (*Exame*)

57%* da população *vivem na informalidade, sem Fundo de Garantia, aposentadoria, férias ou pensão. (*Jornal do Brasil*)

3/4* dos entrevistados** não ***souberam responder às questões.

1%* dos entrevistados** não ***soube responder às questões.

Observação

A tendência na língua atualmente é concordar o verbo com a expressão que acompanha o numeral:

Pesquisa Folha realizada em São Paulo revela que **87% da *população ouve*** rádio durante a semana. (*Folha de S.Paulo*)

Em Moçambique, somente **12% da *população* rural *completa*** cinco anos de educação. (*Veja*)

Dezoito por cento do *dinheiro saiu* do bolso de investidores estrangeiros. (*Exame*)

3. Sujeito formado pela expressão **mais de um**:

Caso **mais de um** participante **receba** o mesmo número de pontos, o desempate entre eles será feito tomando-se por base o número de pontos que cada um recebeu no critério "criatividade". (Disponível em: <http://globoesporte.com>)

O ideal é que **mais de um** aluno se **apresente** para o trabalho. (*Nova Escola*)

Mais de um candidato **desistiu** da eleição.

Mais de um policial **foi atingido** no conflito.

... **mais de uma** dama **inclinou** diante de mim a fronte pensativa, ou **levantou** para mim os olhos cobiçosos. (Machado de Assis)

Observação

O verbo poderá ir para o plural:

a. se a expressão vier repetida:

Mais de um vereador, **mais de um** prefeito **desistiram** da eleição.

b. se a frase indicar reciprocidade:

Mais de um economista **se criticaram** mutuamente.

Ambas são construções bastante raras.

4. Pronome relativo **que** funcionando como sujeito da oração subordinada:

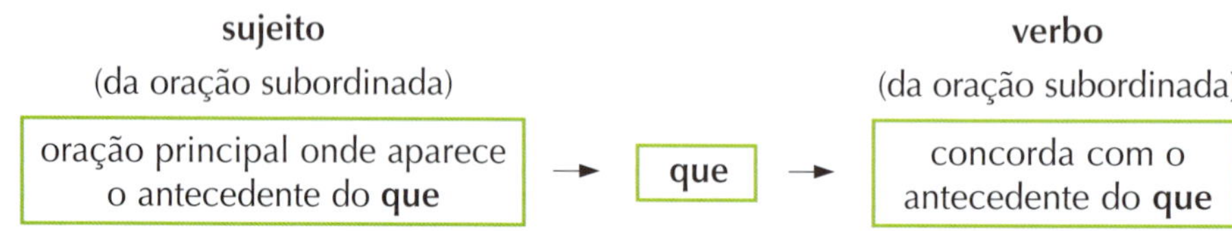

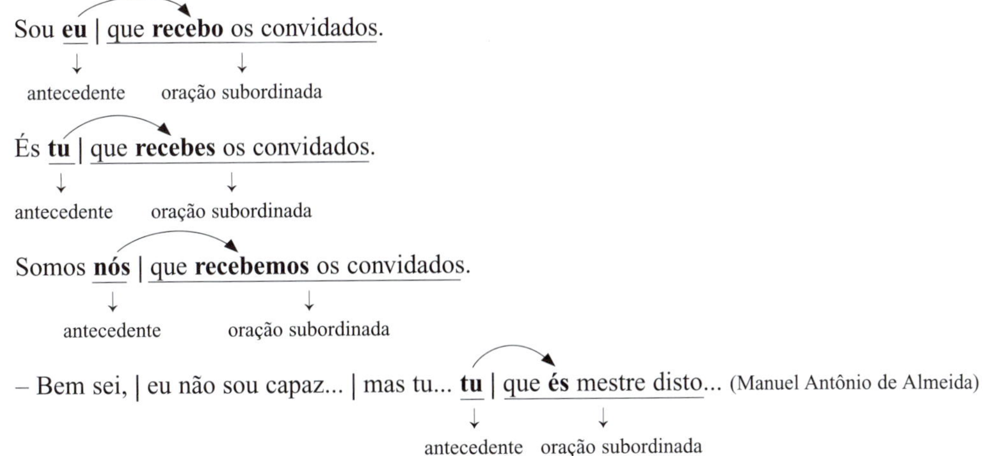

5. Pronome relativo **quem** funcionando como sujeito da oração subordinada:

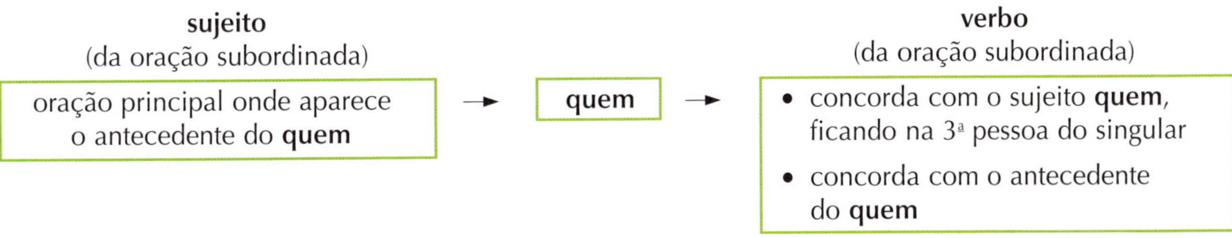

Sou eu | **quem recebe** os convidados.
Sou **eu** | quem **recebo** os convidados.

No trecho seguinte da letra de música de Marcelo Quintanilha, o verbo concorda com o pronome *quem*, ficando na 3ª pessoa do singular:

Quem (sou eu)

Sou eu **quem** te **faz** ver o invisível
Sou eu **quem** te **faz** crer no impossível
Sou eu **quem** te **faz** ser ninguém
Sou eu **quem** te **torna** imortal
Sou eu **quem multiplica** o bem
Sou eu **quem subtrai** o mal
....

(Quintanilha, Marcelo. *Mosaico*. Tratore, 2005, CD 7898369062943.)

"Sou eu **quem tem** mais hipóteses à esquerda." (*Diário de Notícias*, Lisboa)

Nas frases seguintes, o verbo concorda com o antecedente do pronome *quem*:

Eram as **mães** | quem **tiravam** os filhos da cama.

"Na organização dos reinos fons e nagô-iorubá, as mulheres desempenharam um papel ativo. | Eram **elas** | quem **administravam** o palácio real... (Disponível em: <www.pucsp.br/rever/rv2_2005/p_bernardo.pdf>)

Foste **tu** | quem **redigiste** o trabalho.

Observação

É importante não esquecer que a oração principal pode vir posposta à subordinada:

Quem redigiu o trabalho | fui eu. (↓ oração principal)

Quem vai ser preso | sou eu! (Ariano Suassuna) (↓ oração principal)

6. Sujeito formado por **um dos que**:

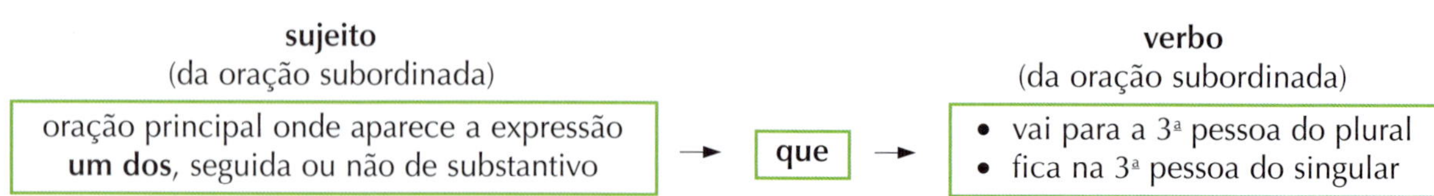

sujeito
(da oração subordinada)
oração principal onde aparece a expressão **um dos**, seguida ou não de substantivo
que
verbo
(da oração subordinada)
• vai para a 3ª pessoa do plural
• fica na 3ª pessoa do singular

Uma das voluntárias [...] | **que** ***estão*** há menos tempo no grupo é S. S. B., de 46 anos. (Ela não é a única recém-chegada.)
↓ oração principal
(Disponível em: <http://atribunadigital.globo.com>)

... Maria é **uma das** amigas de meu filho | **que** ***jantou*** em casa ontem. (Ela é a única que jantou.)
↓ oração principal

Ela é **uma das** mulheres | **que** ***optaram*** pela vida na caserna. (*Jornal do Brasil*)
↓ oração principal

Ela é **uma das** mulheres | **que** ***optou*** pela vida na caserna.
↓ oração principal

Observação

Existe diferença de sentido entre as duas formas. Na frase *Ela é uma das mulheres que optaram pela vida na caserna*, enfatiza-se todo o grupo de mulheres que optaram pela caserna, inclusive **ela**. Já na segunda frase, *Ela é uma das mulheres que optou pela vida na caserna*, destaca-se **ela** entre as demais.

7. Sujeito formado por um pronome interrogativo, demonstrativo ou indefinido no plural, seguido da expressão **de nós** ou **de vós**:

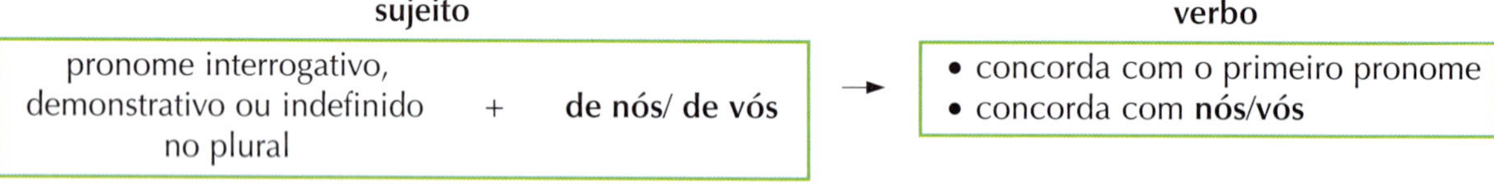

Muitos **de nós** ***acabaram*** na prisão ou ***procuraram*** ajuda através da medicina, religião ou psiquiatria.
(Disponível em: <www.na.org/ips/br>)

Seria igualmente correta a concordância com o pronome pessoal:

Muitos de ***nós acabamos*** na prisão ou ***procuramos*** ajuda...

Quais de entre ***vós*** – prosseguiu, voltando-se para os cavaleiros que o rodeavam – ***sois*** neste mundo sós...? **Quais de** ***vós sois***, como eu, desterrados no meio do gênero humano? (Alexandre Herculano)

Observação

Se o interrogativo ou indefinido estiver no singular, o verbo também ficará no singular:

Nenhum **de vós** ***ouse*** reprovar os hinos compostos em louvor de Deus. (Alexandre Herculano)

... ***qual*** **de vós** ***será*** o mensageiro? ***qual*** **de vós** ***será*** o salvador de Hermengarda? (Alexandre Herculano)

Nenhum **de nós** ***deve permanecer*** em silêncio. (*Correio do Povo*)

Se o problema realmente existe [assalto], ***nenhum*** **de nós** ***é*** a favor de que continue. (*Folha de S.Paulo*)

8. Sujeito formado por nomes que só existem no plural:

Em 2003, em razão de grave déficit público, **Minas Gerais adotou** uma política de comunicação absolutamente austera, investindo apenas R$ 12 milhões no setor. (*Folha de S.Paulo*)

Unidos de Cabuçu foi a penúltima escola a entrar no sambódromo. (*Jornal Nacional*)

sujeito		verbo
nome que só existe no plural, precedido de artigo	→	no plural

Os Estados Unidos voltaram à liderança na fabricação de computadores. (*Veja*)

Os EUA se recusam a negociar com Cuba. (*Diário Catarinense*)

Observações

1. Se o sujeito for o nome de uma obra artística, o verbo poderá ficar no singular ou ir para o plural:

   Para José Celso Martinez Corrêa, desde que **estreou**, três anos atrás, ***Os sertões* contribuiu** para o amadurecimento do elenco. (*Folha de S.Paulo*)

   Os normais [filme] **está batendo** a marca de 1 milhão de espectadores. (*Veja*)

2. A tendência atual, principalmente na imprensa, é empregar o verbo no plural, mesmo que o nome não venha precedido de artigo:

   EUA tentam controlar tráfego aéreo. (*Folha de S.Paulo*)

9. Sujeito formado por coletivo:

sujeito verbo

São os mourões que vão desviar o peixe do seu percurso, fazendo com que o **cardume entre** na armadilha da qual não conseguirá mais sair. (*National Geographic*)

Uma ursa tenta achar uma boa posição de ataque, mas quando a **alcateia ameaça** seus filhotes, ela volta para defendê-los... (*National Geographic*)

Uma nova **turma assume** o poder. (*Jornal da Tarde*)

O **povo faz** a festa na avenida. (*Jornal Nacional*)

Observação

Quando o coletivo vier seguido de uma expressão no plural, o verbo pode concordar com esse plural:

... **um bando de meninos correram** descalços atrás da bola... (*Superinteressante*)

10. O sujeito é um pronome de tratamento:

sujeito verbo

V. Exª. em seu governo **fez** pouco na área social. (*O Estado de S. Paulo*)

Vossas Excelências não **imaginam** o trabalho que já tive... (Ariano Suassuna)

11. Concordância dos verbos **bater**, **dar** e **soar** relacionados à marcação de horas:

1º caso

sujeito verbo

Bateu uma hora.
Davam três horas quando ele chegou ao recinto.
Soou meia-noite.

Essa concordância costuma apresentar problemas porque quase sempre a construção da frase se faz com o sujeito posposto e, por isso, o falante perde a noção de que o grupo constituído por numeral + a palavra *horas* é o sujeito da frase.

Sete horas **bateram**.
Bateram sete horas...

A segunda construção é mais comum.

2º caso

Quando o sujeito da frase for uma palavra como **relógio, sino, carrilhão**, etc., o verbo concordará com esse sujeito:

Os sinos **batem** seis horas. (Jorge Amado)
O carrilhão da sala de jantar **deu** dez horas. (Alcântara Machado)

12. Palavra **se** como partícula apassivadora:

Espalhavam-se congestionamentos por toda a cidade. (*O Globo*)
↓ sujeito

Essas gentilezas não **se esquecem**. (Carlos Heitor Cony)
↓ sujeito

Essa gentileza não **se esquece**.
↓ sujeito

Observação

Na linguagem coloquial e mesmo em muitos casos da literária é comum a infração a essa regra:

Retifica-se motores. (Placa em oficina)

Aluga-se apartamentos na Lapa, Pinheiros, Centro. (*Folha de S.Paulo*)

Nunca se viu em parte alguma couves tão graúdas, tomates tão vermelhos, abóboras tão gordas. (Paulo Mendes Campos)

13. Se como índice de indeterminação do sujeito:

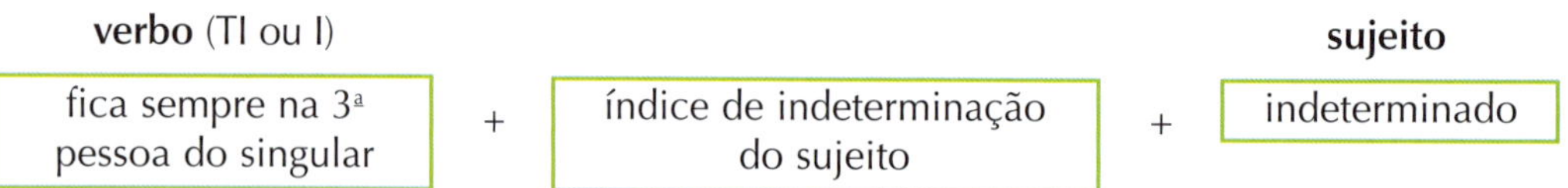

Suspeitou-se inicialmente dos funcionários do banco. (*Veja*)
Para que o desenvolvimento do país continue, já não bastam máquinas ou estradas. **Precisa-se** de mais cérebros. (*Folha de S.Paulo*)

Grita-se o tempo todo nesta classe.

14. Verbos impessoais:

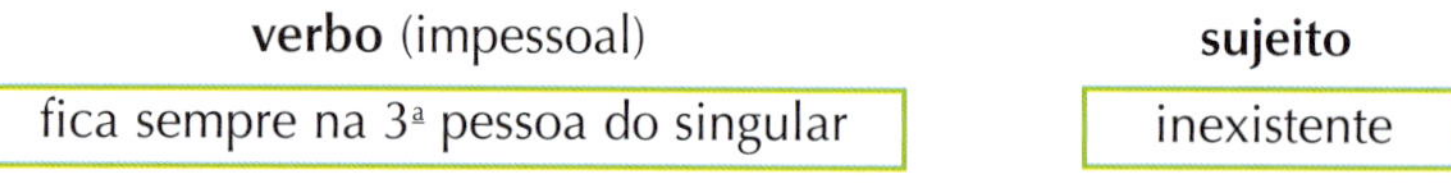

verbo (impessoal)
fica sempre na 3ª pessoa do singular
sujeito
inexistente

São impessoais:

a. o verbo **haver** no sentido de *existir*:

Havia milhares de jovens enfurecidos barrando a passagem das autoridades. (*Veja*)
No passado, **havia** descontos nas tarifas das ferrovias. (*Folha de Niterói*)
Havia jardins, **havia** manhãs naquele tempo... (Carlos Drummond de Andrade)

b. o verbo **fazer** indicando tempo cronológico ou meteorológico:

Faz algumas horas que estou te esperando. **Fazia** muito calor naquele dia.

c. os verbos que indicam fenômenos meteorológicos:

Já **choveu** forte nos bairros periféricos e há previsão de precipitação pesada também no centro da cidade... (*Veja*)
... fomos a uma das pontes mais bonitas da capital tcheca, que fervilhava de gente. **Nevava** e **fazia** 20 graus negativos. (*Viagem e Turismo*)

d. o verbo **passar**, na expressão "passar de", indicando tempo:

Já **passava das** 7 horas e o telefone permanecia mudo...

e. as expressões verbais **bastar de** e **chegar de**, indicando saturação:

Basta de lamúrias: a decisão está tomada.
Chega de queixas, já nem ouço mais...

Quando o verbo impessoal estiver numa locução verbal, observa-se a mesma construção:

No passado, ***costumava*** **haver** descontos nas tarifas das ferrovias.
Poderia **haver** jardins, ***poderia*** **haver** manhãs naquele tempo.
Deve **fazer** algumas horas que estou te esperando.

Observação

Se o verbo não aparecer seguido da preposição **de**, a concordância se faz com o sujeito:

Já **passaram** 7 horas do prazo combinado.
↓ sujeito (7 horas)

Já **passou** meia hora do prazo combinado.
↓ sujeito (meia hora)

15. A expressão **haja vista**:

Nessa expressão, a palavra *vista* é sempre invariável, podendo ocorrer três construções:

a. O diretor agiu muito mal. **Haja vista** os comentários feitos pelos professores.
b. O diretor agiu muito mal. **Haja vista a**os comentários feitos pelos professores.
c. O diretor agiu muito mal. **Hajam vista** os comentários feitos pelos professores.

No português do Brasil, a construção mais utilizada é a primeira: a expressão toda fica invariável e o complemento vem ligado a ela sem preposição.

Observações

1. O verbo **existir** não é impessoal. Portanto, concorda com o seu sujeito:

Drogas e arte **existem** desde tempos remotos e a relação entre elas arruinou artistas... (*Superinteressante*)
↓ sujeito (Drogas e arte)

A construção do verbo **existir** com sujeito posposto é bastante frequente:

Hoje **existem** poucos textos de novos dramaturgos. (*Gazeta do Povo*)
↓ sujeito (poucos textos de novos dramaturgos)

Existem plantas carnívoras no Brasil? (*Superinteressante*)
↓ sujeito (plantas carnívoras)

Podem **existir** muitos gênios que tiveram seus talentos abafados pela sociedade. (*Folha da Tarde*)
↓ sujeito (muitos gênios)

2. Os verbos que indicam fenômenos meteorológicos, quando usados em sentido figurado, não são impessoais. Portanto, concordam com seu sujeito:

Choveram telegramas de congratulações. (Otto Lara Resende)

... **choveram** reclamações e previsões pessimistas. (*Veja*)

3. No português do Brasil, o verbo **haver**, quando impessoal, é quase sempre substituído pelo verbo **ter**:

No pasto **tem** cobras... (Adélia Prado)

Tem certos dias/ Em que eu penso em minha gente... (Chico Buarque/Vinícius de Moraes)

Atividades

1. Efetue a concordância verbal adequada substituindo o ■ pelos verbos indicados entre parênteses.

a. Zumbi, chefe militar que divergira do tio e assumira a liderança dos palmarinos que se ■ a fixar-se em Cacaú, iria enfrentar mais 15 anos de confronto. (Procópio Mineiro) (**negar** – pret. perf. do ind.)

b. Boa parte das pessoas que ■ para as cidades não ■ ocupação nas atividades econômicas urbanas. (*Almanaque Brasil*) (**migrar** – **encontrar** – pres. do ind.)

c. ■-lhe poucas chances de aprovação. (**restar** – pres. do ind.)

d. Sua mãe e eu ■ da organização da festa. (**incumbir-se** – pres. do ind.)

e. A maioria dos telespectadores não ■ da apresentação. (**gostar** – pret. perf. do ind.)

f. Mais de um deputado ■ a favor do projeto. (**manifestar-se** – pret. perf. do ind.)

g. Mesmo após mais de um século de evolução tecnológica, grande parte dos motores ainda ■ apenas 30% da energia produzida pela queima do combustível. (*Veja*) (**aproveitar** – pres. do ind.)

2. Reescreva as frases seguintes substituindo o ■ por uma das formas verbais entre parênteses, obedecendo às regras de concordância verbal.

a. A área é fracamente povoada e lá ■ apenas 250 caiçaras. (*IstoÉ*) (vive/ vivem)

b. Quando a notícia da aposentadoria do executivo se espalhou, ■ propostas. (choveu/ choveram)

c. Autoridades e iniciativa privada ■ parcerias eficientes para incentivar o turismo. (desenvolveu/ desenvolveram)

d. Eles ■ poucos amigos e, sobretudo, não ■ quem os oriente. (*Claudia*) (tem/ têm)

e. Até agora, as ações dele não ■ correspondido às suas palavras. (*Fatos*) (tem/ têm)

f. ■ médicos nas grandes cidades, ■ no interior. (*IstoÉ*) (sobra/ sobram; falta/ faltam)

g. Chove menos, o campo fica florido e as cachoeiras ainda ■ o volume de água. (*Viagem e Turismo*) (mantém/ mantêm)

h. ...■ alguns meses que havia mudado de cidade e estava morando sozinha... (*Bons Fluidos*) (fazia/ faziam)

3. Substitua o pronome relativo **que** por **quem** e efetue outra concordância.

a. Sou eu **que** dou as cartas.

b. Fomos nós **que** fizemos os trabalhos.

c. Fui eu **que** falei com o diretor.

4. Pluralize as expressões destacadas e, se necessário, efetue a concordância verbal.

a. Durante a Assembleia Geral, realiza-se **a eleição** para os órgãos mais importantes das Nações Unidas. (*Folha de S.Paulo*)

b. Precisa-se de **editor experiente**.

c. Verifica-se **erro metodológico** neste trabalho.

d. Desconfia-se do **vereador**.

e. Já não se faz mais **doce** como antigamente.

f. Ainda não se discutiu **a greve**.

g. Depende-se de **novo acordo político**.

h. Espero que se organize melhor **a assembleia**.

5. Passe para o plural as expressões em destaque e efetue, se necessário, a concordância verbal.

a. Ainda não existe **cálculo** sobre o valor das importações. (*O Globo*)

b. Havia **algum erro** na proposta governamental.

c. Pode haver **complicação** na cirurgia.

Sujeito composto

1. Sujeito posposto ao verbo:

verbo		sujeito
vai para o plural ou concorda com o núcleo mais próximo	→	tem mais de um núcleo

Na sala de máquinas **estão** intactos **todo o maquinário e instrumentos**, que podem ser vistos passando-se por um pequeno acesso. (Disponível em: <www.mergulhe.com.br/cidades/points/pointssalvador>)

Cada unidade sai de fábrica com uma plaqueta de metal fixada no motor onde **constam** o **número de série e o nome do técnico responsável pela montagem do modelo**. (*Exame*)

O verbo poderia concordar com o núcleo mais próximo:

... onde **consta *o número de série*** e o nome do técnico responsável...

Tudo também pode ser feito a distância, via internet ou telefone. **Basta *uma senha***, e dinheiro. (*Veja Rio*)

2. Sujeito formado por núcleos sinônimos ou quase sinônimos:

Esse medo e esse temor **estrangulavam** aqueles homens.
Esse medo e esse temor **estrangulava** aqueles homens.
A opressão, o autoritarismo mais radical **caracterizam** sua administração.
A opressão, o autoritarismo mais radical **caracteriza** sua administração.

3. Os núcleos do sujeito constituem uma **gradação de ideias**:

Um dia, um mês, um ano não **bastava** para esquecer a partida do filho.
Um dia, um mês, um ano não **bastavam** para esquecer a partida do filho.

4. Os núcleos do sujeito são infinitivos:

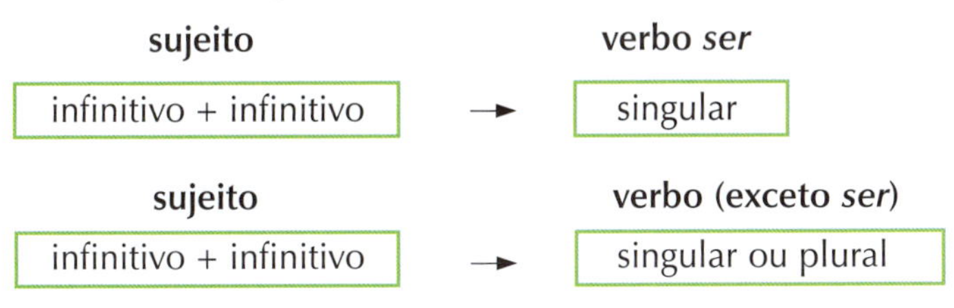

Observação

Se os infinitivos vierem determinados por artigo ou se forem antônimos, o verbo poderá ir para o plural:

O levantar cedo e o bater cartão **são** a nossa rotina.

Imergir e emergir **eram** tarefas do mergulhador.

Levantar cedo e bater cartão **é** a nossa rotina.
Comer, dormir e não trabalhar **fizeram** (**fez**) dele uma ruína.
Gritar e ameaçar **marcaram** (**marcou**) sua maneira de dirigir a empresa...

5. Componentes do sujeito resumidos por pronome indefinido (**tudo**, **nada**, **ninguém**):

Nesse caso, o verbo fica no singular:

O clima da cidade, o hotel, as pessoas, **tudo era** insuportável.
Conselhos, advertências, repreensões, **nada** o **demovia** daquela ideia.
Parentes, vizinhos, conhecidos, **ninguém duvidava** de sua honestidade.

6. Componentes do sujeito ligados por **ou**:

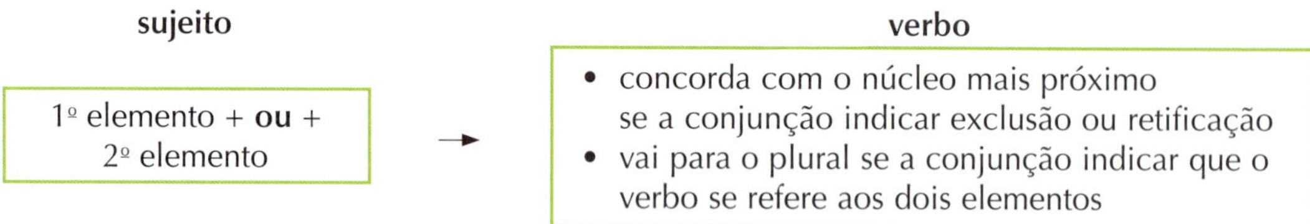

Mariana ou André **será** o representante da classe. (exclusão)
O Curupira ou Currupira **figura** em uma infinidade de lendas... (Câmara Cascudo) (retificação)
Um ano ou a vida inteira não **passam** disso: poeira de ideias. (Carlos Heitor Cony)

7. Componentes do sujeito ligados por **nem**:

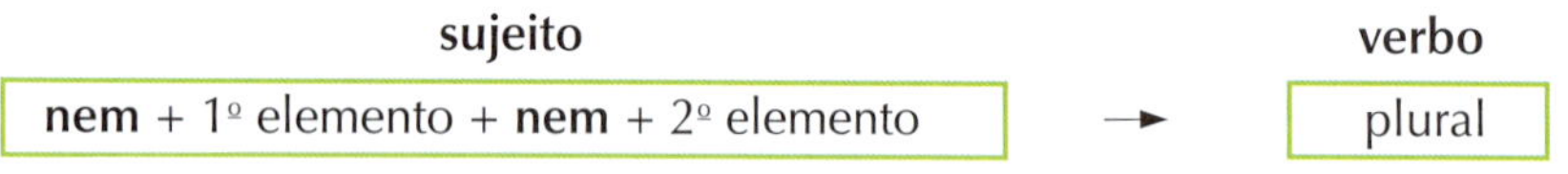

Nem ele nem o alemão Michael Schumacher **conseguiram** andar perto dos primeiros colocados... (*Quatro Rodas*)
Nem motor, nem buzina de carro se **ouvem** na praia de Tinharé. (*Veja*)

Observação

O verbo poderá ficar no singular, principalmente quando o sujeito vier posposto:

Nunca se **recusa** água nem comida a um pedinte.

8. O sujeito é a expressão **um ou outro**:

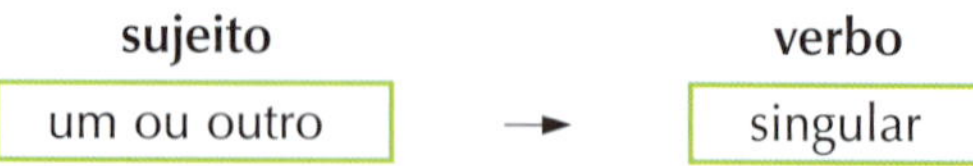

Um ou outro será o professor.
Um ou outro sujeito **sugere** a discussão de determinado tema, sem contudo levar em consideração o tema ou os temas já propostos pelos outros participantes. (Disponível em: <www.sociuslogia.com/artigos>)

9. O sujeito é formado pelas expressões **um e outro** ou **nem um nem outro**:

Um e outro descendiam (**descendia**) de portugueses.
Nem um nem outro sistema **podem** (**pode**) ser bom para o país.

10. Os componentes do sujeito são ligados por **com**:

O guarda com o amigo **evitaram** o acidente.

Observação

O verbo pode ficar no singular quando se deseja enfatizar o primeiro elemento:

O prefeito, com sua pequena comitiva, **atrapalhou** a festa.

11. Componentes do sujeito ligados por conjunção comparativa:

sujeito		verbo
tanto + 1º elemento + **quanto** + 2º elemento 1º elemento + **assim como** + 2º elemento 1º elemento + **bem como** + 2º elemento	→	singular ou plural

Tanto o açúcar quanto o café **estão** caros.
O açúcar, assim como o café, **está** caro.
O açúcar bem como o café **estão** caros.

Concordância do verbo *ser*

A concordância verbal ocorre sempre entre o verbo e o sujeito da oração.

No caso do verbo *ser*, porém, essa concordância pode se dar também entre o verbo e o predicativo do sujeito.

O verbo *ser* concordará com o predicativo do sujeito (PS) nos casos que seguem:

1. quando o sujeito for um dos seguintes pronomes: **isto, isso, aquilo, tudo, o**:

– Isso **são** mentiras – disse o advogado. (mentiras → PS)

O que admiro em você **são** os olhos. (os olhos → PS)

Nem tudo **são** flores na adolescência. (flores → PS)

2. quando o sujeito estiver no singular e se referir a coisas, e o predicativo for um substantivo no plural:

A vida **são** os problemas de todos os dias. (os problemas de todos os dias → PS)

A beleza de Brasília **são** suas estátuas invisíveis. (Clarice Lispector) (suas estátuas invisíveis → PS)

Observações

1. Pode-se também concordar com o sujeito, quando se quer enfatizá-lo:

A vida **é** os problemas de todos os dias.

2. Se o sujeito for nome de pessoa, o verbo concordará com esse sujeito:

Joaquim **foi** só decepções.

3. quando o sujeito for o pronome interrogativo **que** ou **quem**:

Quem **são** estes indivíduos? (estes indivíduos → PS)

Que **seriam** aqueles barulhos intermitentes? (aqueles barulhos intermitentes → PS)

4. quando o verbo *ser* indicar hora, distância ou período de tempo:

Devem ser duas horas da manhã.

Jericoacoara, a 320 quilômetros de Fortaleza, é uma das mais belas joias do litoral brasileiro. **São** quilômetros de dunas de areia branca e fina, entremeadas por coqueiros, lagoas de água azul-turquesa e uma simpática vila.

Observação

Na indicação de datas admitem-se as duas concordâncias:

Hoje **é** 12 de junho.

Hoje **são** 12 de junho.

... hoje **são** 21. Olhe, continuou o credor pegando no *Jornal do Comércio*, que se achava numa cadeira: quinta-feira, 21. (Machado de Assis)

5. quando o sujeito for formado por expressões numéricas que exprimem quantidade, medida, preço, etc.:

Cinco milhões de reais **é** suficiente para esta obra.
Seis meses **é** quase um século na vida de um ônibus carioca. (Marques Rebelo)

6. quando o predicativo do sujeito for um pronome pessoal reto:

Nesta classe o líder **sou** eu. (eu → PS)

Aqui os responsáveis **somos** nós. (nós → PS)

Observação

Quando o sujeito e o predicativo forem pronomes pessoais retos, o verbo concordará com o sujeito:

– Eu não **sou** ele – gritava o namorado.

Eu ↓ sujeito; ele ↓ PS

7. quando o sujeito for uma expressão de sentido coletivo ou partitivo:

A grande maioria **eram** estrangeiros.

A grande maioria ↓ sujeito

... quase 1 milhão de pessoas **fizeram** compras on-line, ou seja, 15% do total de usuários de internet no Brasil. Desses compradores a maioria **eram** homens entre 30 e 49 anos das classes A e B. (Dados de 2005. Disponível em: <www.mais1.com>)

Atividades

1. Coloque o sujeito depois do verbo e efetue, se possível, outra concordância.
   a. Um tenor e um soprano entram em cena.
   b. O presidente e a primeira-dama têm fugido da imprensa.

2. Reescreva as frases substituindo o ■ pela forma verbal adequada. Se houver duas possibilidades de concordância, assinale-as.
   a. A imprudência do visitante ou a brasa de um cigarro ■ causado o incêndio. (teria/ teriam)
   b. Uma geladeira ou uma máquina de lavar não ■ custar tão caro. (pode/ podem)
   c. O deputado com o senador ■ a catástrofe. (evitou/ evitaram)
   d. O deputado, com o senador, ■ a catástrofe. (evitou/ evitaram)
   e. Sonhos, ideais, aspirações, nada mais lhe ■. (Orígenes. Lessa) (restava/ restavam)
   f. Falar e desmentir ■ dele um homem desacreditado. (fez/ fizeram)
   g. O comer e o dormir ■ uma necessidade. (é/ são)

3. Identifique as alternativas que apresentam mais de uma possibilidade de concordância.
   a. Caçar e pescar garantia-lhe o sustento.
   b. Um bando de periquitos fazia arruaça sobre o telhado.
   c. Um e outro desobedeceu aos regulamentos do colégio.
   d. Não há muito o que escolher: um ou outro será eleito para o cargo.
   e. Aquele metalúrgico ruivo era um dos que mais trabalhava.
   f. Depois da tempestade, mais de um poste caiu.

4. Antes de fazer este exercício, releia a concordância especial do verbo *ser*. Substitua o ■ pela forma adequada do verbo *ser*, no presente do indicativo.
   a. *Vidas secas* ■ uma obra muito conhecida de todos.
   b. Tudo ■ etiquetas inúteis.
   c. Tiago ■ as tristezas da família.
   d. A desgraça da família ■ as peripécias de Tiago.
   e. Os responsáveis pelo trabalho ■ sempre nós.

f. De 1900 a 1930 ■ trinta anos, se a minha aritmética não falha. (Orígenes Lessa)

g. ■ exatamente seis e vinte da manhã de sábado... (Érico Veríssimo)

h. Dez quilos de carne para uma festinha como esta ■ muito!

5. Substitua, nos textos que seguem, o ■ pelo verbo indicado entre parênteses, no tempo solicitado.

a. Este foi o insólito cenário com que se ■ (deparar – pret. perf. do ind.) na manhã do dia 25 passado moradores de doze favelas cariocas: tanques do Exército e forte aparato de tropa militar.

b. ■ (existir – pres. do ind.) na América do Sul três grandes áreas semiáridas: a região Guajira, na Venezuela e Colômbia; a diagonal seca do Cone Sul, que ■ (envolver – pres. do ind.) muitas nuances de aridez ao longo da Argentina, Chile e Equador; e, por fim, o Nordeste seco do Brasil, província fitogeográfica das caatingas, onde ■ (dominar – pres. do ind.) temperaturas médias anuais muito elevadas e constantes. (*Ciência Hoje*)

c. Durante a vida, ■-se (aprender – pres. do ind.) e ■-se (esquecer – pres. do ind.) muitas palavras. (Mário Perini)

6. Que diferença de sentido há entre as frases de cada par?

a. A vida é os conflitos diários.
A vida são os conflitos diários.

b. João com seu amigo lideraram a greve.
João, com seu amigo, liderou a greve.

Concordância nominal

Regra geral

Observe:

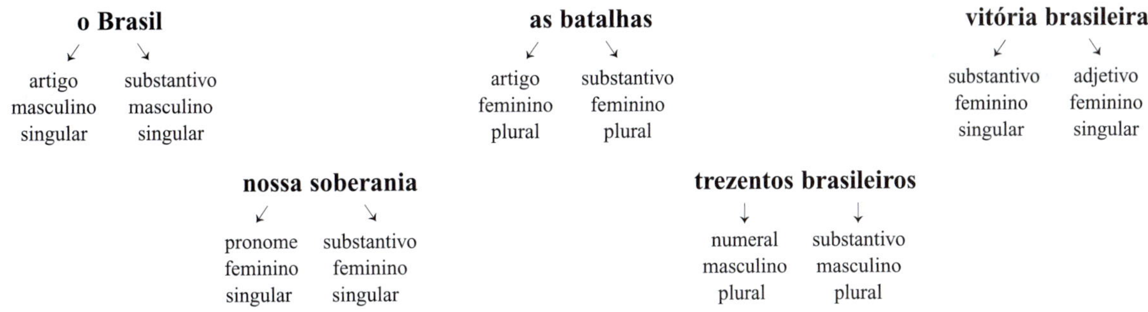

Como você pode notar, os termos subordinados (o artigo, o pronome, o numeral e o adjetivo) concordam em gênero e número com o substantivo a que se referem (termo subordinante).

Dessas classes gramaticais, a única que apresenta alguns problemas de concordância é o adjetivo.

O adjetivo pode exercer a função sintática de adjunto adnominal e de predicativo. Veja:

... um se cristalizou como figura **curiosa**. → adjunto adnominal
Luís Lopes foi **corajoso**? → predicativo do sujeito

Adjetivo como adjunto adnominal

Neste caso, o adjetivo pode referir-se a um substantivo ou a mais de um substantivo:

Tinha agilidade **extraordinária**. → adjetivo referindo-se a um só substantivo
Tinha força e agilidade **extraordinárias**. → adjetivo referindo-se a dois substantivos

Quanto à posição, o adjetivo pode estar anteposto ao substantivo ou posposto ao substantivo (como nos exemplos anteriores):

Tinha **extraordinária** agilidade.
Uma **inesperada** onda de calor matou 30 mil pessoas na Europa em 2003. (*Veja*)

Adjetivo referindo-se a mais de um substantivo

A concordância do adjetivo que se refere a mais de um substantivo poderá ser feita de duas formas:

1. Se o adjetivo vier anteposto aos substantivos, ele concorda com o substantivo mais próximo:

   Tinha **extraordinária** força e agilidade. Tinha **extraordinário** talento e competência.

2. Se o adjetivo vier posposto aos substantivos, há duas concordâncias possíveis:

   a. o adjetivo concorda com o substantivo mais próximo:

   Era dotado de força e agilidade **extraordinária**. Era dotado de competência e talento **extraordinário**.

   b. o adjetivo vai para o plural (se os gêneros são diferentes, prevalece o masculino):

   Tinha força e agilidade **extraordinárias**.
   força → substantivo feminino singular; agilidade → substantivo feminino singular; extraordinárias → adjetivo feminino plural

   Tinha competência e talento **extraordinários**.
   competência → substantivo feminino singular; talento → substantivo masculino singular; extraordinários → adjetivo masculino plural

   Cada conjunto de roda e pneu **novos** custa de 300 a 2 500 reais, no caso de um modelo importado. (*Veja*)
   [...] se dizem adeptas dos regimes que evitam os carboidratos em todas as suas formas, especialmente as mais agressivas – as farinhas e o açúcar **refinados**. (*Veja*)

Dois ou mais adjetivos referindo-se a um só substantivo

Neste caso, há duas concordâncias possíveis:

1. O substantivo permanece no singular e coloca-se o artigo antes do último adjetivo:

   O governo **alemão** e *o* **italiano** não assinaram o acordo.
   governo → substantivo; alemão → adjetivo; o → artigo; italiano → adjetivo

2. O substantivo vai para o plural e omite-se o artigo antes do adjetivo:

   Os governos **alemão** e **italiano** não assinaram o acordo.
   governos → substantivo; alemão → adjetivo; italiano → adjetivo

   [...] infelizmente não houve entendimento entre os governos **brasileiro** e **russo**. (*Exame*)

Adjetivo como predicativo de sujeito composto

Neste caso, também há duas concordâncias possíveis:

1. O adjetivo irá para o plural se estiver posposto aos substantivos:

   Sua competência e seu talento eram **extraordinários**.

2. O adjetivo irá para o plural ou concordará com o mais próximo se estiver anteposto aos substantivos:

   Eram **extraordinários** seu talento e sua competência.
   Era **extraordinária** sua competência e seu talento.
   Era **extraordinário** seu talento e sua competência.

Casos particulares

Anexo / obrigado / mesmo / incluso / quite / leso

Essas palavras, quando adjetivos, devem concordar com o nome a que se referem:

Leia a documentação **anexa**.

Anexos estavam os formulários para sua admissão no curso. (*Exame*)

Muito **obrigada**, disse ela.

Laurindinha (*rindo-se às gargalhadas*) – [...] Eu estou boa, muito **obrigada**. (França Júnior)

Muito **obrigado**, disse ele.

Muito **obrigadas**, disseram elas.

Elas **mesmas** resolveram administrar os negócios do pai.

Em outras palavras, não tiveram coragem de fazer, eles **mesmos**, a lista da vergonha. Fugiram do ônus. Também, não era de esperar...

(*Folha de S.Paulo*)

Observação

A expressão **em anexo** é invariável:

Os documentos **em anexo** devem ser arquivados.

O desenho **em anexo** deve ser publicado. (*Jornal da Tarde*)

[...] informo que enviei os ofícios **em anexo** aos presidentes nacional e estadual do PMDB e ao presidente da Câmara dos Deputados. (*Veja*)

O preço do ingresso, já com o jantar **incluso**, é de R$ 100 por pessoa. (*Folha Online*)

O voo tinha dezesseis pessoas a bordo, **inclusa** a tripulação.

– Estou **quite** com o serviço militar.

Perante a lei, portanto, você está **quite**. A questão é que além das regras legais existem as regras da sociedade, que não estão escritas em código nenhum. (*Você S/A*)

Estão **quites** com a Justiça Eleitoral. (*Folha de S.Paulo*)

Vender empresas estatais era considerado crime de **lesa-pátria**. (André Lara Resende)

O racismo é um crime de **lesa-humanidade**. (*Jornal do Brasil*)

Observação

A tendência atual é empregar o adjetivo **quite** sempre no plural.

Estou **quites** com você.

O clube de Criciúma era o único **quites** com o INSS. (*Folha de S.Paulo*)

Alerta / menos

Alerta e **menos** são palavras invariáveis.

Fiquem **alerta**.

Governo federal precisa ficar **alerta**, diz economista. (*Exame*)

Há **menos** pessoas no show do que imaginávamos.

As crianças de Santos (SP) têm **menos** cáries que as do Japão, Itália ou França. (*Folha da Tarde*)

Bastante / caro / barato / meio / longe

Quando funcionam como advérbios, essas palavras são invariáveis. Quando funcionam como adjetivos, pronomes adjetivos ou numeral (no caso de **meio**) concordam com o nome a que se referem:

São problemas **bastante** difíceis.

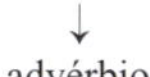

advérbio

Esse fato já aconteceu **bastantes** vezes na história no século XVII. (Roberto Campos)

↓

pronome adjetivo

Estes livros custam **caro**.
↓
advérbio

Os livros estão **caros**.
↓
adjetivo

As laranjas custam **barato**.
↓
advérbio

Que bananas **baratas**!
↓
adjetivo

Minha tia anda **meio** esquisita.
↓
advérbio

Comi **meia** melancia!
↓
numeral

A escola fica **longe** daqui.
↓
advérbio

Passara a cuidar do jardim depois de muito sofrer e aprender por **longes** terras. (José J. Veiga)
↓
adjetivo

É proibido / é necessário / é bom / é preciso, etc.

Se, nessas expressões, o sujeito não vier antecipado de artigo, tanto o verbo como o adjetivo ficam invariáveis:

É proibido entrada.
↓
sujeito

Entrada **é proibido**.
↓
sujeito

É necessário prudência.
Prudência **é necessário**.
Guaraná **é bom** para saúde.
É preciso paciência.

Se o sujeito dessas expressões vier determinado por artigo, pronome ou adjetivo, tanto o verbo como o adjetivo concordam com ele:

artigo
↑
É proibida ***a*** entrada.
↓
sujeito

artigo
↑
A entrada **é proibida**.
↓
sujeito

Sua entrada **está proibida**.
Essa bebida, o absinto, **é proibida** em quase todo o mundo desde a I Guerra Mundial. (*Veja*)
As bebidas ***alcoólicas*** **são proibidas** para menores.
Muita prudência **é necessária**.
O guaraná **é bom** para saúde.

O mais ... possível / os mais ... possíveis

Em expressões como **o mais ... possível**, **o menos ... possível**, a palavra *possível* concorda com o artigo que inicia a expressão:

Encontrou argumentos **o** mais fáceis **possível**.
Encontrou argumentos **os** mais fáceis **possíveis**.
Queremos que os jogos das mulheres sejam **os** mais excitantes **possíveis**. (*Gazeta Esportiva*)
Queremos ingresso **o** mais barato **possível**, diz ela. (*Veja Rio*)

Só / sós / a sós

A palavra **só**, quando for adjetivo, concorda em número com o termo a que se refere. Como advérbio, significa *apenas*, *somente* e é invariável. A expressão **a sós** é invariável:

Estou **só**. (sozinho)
↓
adjetivo

Não estamos **sós**. (sozinhos)
↓
adjetivo

Só eles ficaram. (apenas, somente)
↓
advérbio

Ficamos **a sós**. (sós, sozinhos)
O presidente da República conversa **a sós** com o chefe da Missão do Comitê Olímpico Internacional. (*O Estado de S. Paulo*) (sozinho)

Silepse ou concordância ideológica

É a concordância que se faz com o sentido e não com a forma gramatical. Pode ser de **gênero**, **número** e **pessoa**.

Silepse de gênero

Senhor governador, Vossa Excelência está **equivocado**.

A palavra *equivocado* está no masculino, concordando com o sexo da pessoa e não com o pronome *Vossa Excelência*, que é feminino.

Silepse de número

A **molecada** jogava futebol e **chutavam** a bola nas vidraças.

O verbo *chutar* está no plural, concordando com a ideia – muitos moleques – e não com a palavra *molecada*, que, por ser coletivo, exige o verbo no singular.

Silepse de pessoa

Somos os brasileiros uma gente muito curiosa. (Clóvis Rossi)

O verbo *ser* deveria estar na 3ª pessoa do plural, concordando com **os brasileiros**. No entanto, o autor empregou a 1ª pessoa do plural porque se incluiu entre os brasileiros.

Atividades

1. Rescreva as frases que seguem substituindo o quadradinho pelo adjetivo **desengonçado**. Indique todas as concordâncias possíveis.
   a. Tinha braços e pernas ■.
   b. Tinha pernas e braços ■.
   c. Tinha ■ as pernas e os braços.
   d. Tinha ■ os braços e as pernas.
   e. Tinha ■ o braço e a perna.
   f. Tinha ■ a perna e o braço.

2. Reescreva as frases que seguem substituindo os quadradinhos pela palavra que está entre parênteses, efetuando a concordância nominal.
   a. Era de uma simplicidade e franqueza ■. (incomparável)

b. O desembargador e a esposa eram ■. (educadíssimo)

c. Seus olhos e suas sobrancelhas eram ■. (escuro)

d. Eram ■ suas sobrancelhas e seus olhos. (escuro)

e. Manifestava-lhe apenas uma dignidade e um respeito ■. (frio)

f. Manifestava-lhe apenas um respeito e uma dignidade ■. (frio)

3. Reescreva as frases que seguem de acordo com o modelo:

Estudo as literaturas brasileira e portuguesa.
Estudo a literatura brasileira e a portuguesa.

a. Valeu-se dos recursos americano e soviético.

b. Inspirou-se nas músicas italiana e francesa.

c. Fizeram referência aos artigos 5º e 8º.

d. Os jogadores brasileiros derrotaram as seleções argentina e alemã.

4. Reescreva as frases que seguem substituindo as expressões em destaque pela palavra que está entre parênteses. Efetue, se necessário, a concordância nominal:

a. As atitudes do gerente eram **um pouco** ridículas. (meio)

b. São razões **suficientes** para que se altere o plano econômico. (bastante) (*Zero Hora*)

c. Todas as estatísticas que comprovam meus argumentos estão **incorporadas** a esta monografia. (anexo)

d. As novas tarifas telefônicas custam **um preço superior ao seu valor**. (caro)

e. As novas tarifas telefônicas estão **acima do preço tabelado**. (caro)

5. Substitua os quadradinhos pela palavra que está entre parênteses, efetuando, se necessário, a concordância nominal.

a. Carolina, ela ■, organizou toda a festa. (mesmo)

b. Perceberam que não estavam ■. (só)

c. Na Internet, é comum observar vírgula entre sujeito e predicado: crime de ■-sintaxe. (leso) (*Folha de S.Paulo*)

d. Estamos ■ com o serviço militar. (quite)

e. As desigualdades sociais por si ■ constituem motivo de vergonha nacional. (só) (*Caros Amigos*)

f. É ■ uma solução rápida para a crise. (necessário) (*O Globo*)

6. Classifique as silepses que ocorrem nas frases que seguem:

a. A hora era de muito sol – o **povo** caçava jeito de **ficarem** debaixo da sombra das árvores de Cedro. (Guimarães Rosa)

b. **Toda a gente** se sarapantou com o sucedido e **desconfiaram** do herói. (Mário de Andrade)

c. **Vinde todos**, e contemplai-nos...(Cecília Meireles)

d. **Vossa Majestade** parece **cansado**!

e. Os amigos do místico **que fomos** levá-lo a bordo do Astúrias e voltamos do cais com a sensação penosa de ter perdido por alguns anos aquele que melhor sabia comentar e interpretar para nós a vida da cidade carioca. (Manuel Bandeira)

Colocação pronominal

Pronominais

Dê-me um cigarro
Diz a gramática
Do professor e do aluno
E do mulato sabido
Mas o bom negro e o bom branco
Da Nação Brasileira
Dizem todos os dias
Deixa disso camarada
Me dá um cigarro

ANDRADE, Oswald de. Sel. de textos de Jorge Schwartz. São Paulo: Abril Educação, 1980. p. 22-3 (Literatura Comentada).

Conceito

Já na terceira década do século XX, o escritor Oswald de Andrade sintetizava, no poema "Pronominais", uma questão bastante discutida na gramática da língua portuguesa: a colocação dos pronomes oblíquos átonos (**me**, **te**, **se**, **lhe**, **o**, **a**, **nos**, **vos**, **lhes**, **os**, **as**) em relação ao verbo da oração.

Se tomarmos o verbo como ponto de referência, esses pronomes podem ocupar três posições:

a. **próclise** – o pronome vem antes do verbo:

Me dá um cigarro.

b. **mesóclise** – o verbo biparte-se em radical e terminação, e o pronome insere-se entre essas duas partes; grosso modo, o pronome fica "no meio" do verbo:

Dar-**me**-ás um cigarro? (a forma verbal **darás** se separa: **dar-ás**)

c. **ênclise** – o pronome vem depois do verbo:

Dê-**me** um cigarro.

De acordo com a gramática que herdamos de Portugal, a posição normal do pronome é a enclítica (o pronome vem depois do verbo). A próclise e a mesóclise só ocorrem em casos especiais.

Na prática, essa regra permanece intacta para o português de Portugal. No Brasil, há uma distância considerável entre aquilo que a gramática ensina e a realidade produzida pelo falante.

Veja estes exemplos extraídos de autores portugueses:

Porém, Margarida, eu sou teu tutor, assim como de Clara; quero-**te** como pai. (Júlio Dinis)
Nesse caso vamos acompanhar-**te**. (Idem)
Sabe, meu caro Lúcio, apresentaram-**me** ontem uma americana muito interessante. (Mário de Sá-Carneiro)

Mesmo na língua oral e na fala cotidiana, os portugueses costumam utilizar o pronome em posição enclítica, a menos que haja motivação para a próclise ou a mesóclise – motivação que estudaremos a seguir.

No português do Brasil, no entanto, é muito nítida a preferência pela próclise, mesmo que contrariando a norma-padrão, inspirada na gramática do português de Portugal.

Atualmente, essa preferência revela-se não apenas na linguagem informal, mas também na literatura e na linguagem jornalística. Veja exemplos:

O cultivo e o comércio de guaraná organizam o cotidiano deles e **lhes** garantem independência financeira. (*Superinteressante*)

De qualquer forma, o momento **lhes** é favorável. (*Você S/A*)

Nos esforçamos para melhorar o fluxo de informações da empresa [...] (*Exame News*)

O cantor **se** empolgou tanto que não queria mais sair do palco, acabando por atrasar o restante da programação. (*JB Online*)

Rodeavam o caldeirão fumegante. Os pratos de barro **se** enchiam. (Jorge Amado)

Mulheres e homens **se** seguravam às cordas [...] (Idem)

Enxame de moscas **lhe** cobriu o rosto, sem que fizesse um gesto para espantá-las. (Dalton Trevisan)

Minha mulher é nove anos mais jovem. Meus filhos **me** chamavam de avô. (*Veja*)

Meus colegas **me** chamavam de chefinho [...] (*Exame News*)

Benzinho, eu ando pirado
Rodando de bar em bar
Jogando conversa fora
Só pra **te** ver
Passando, gingando
Me encarando
Me enchendo de esperança
Me maltratando a visão

(Cazuza e Frejat)

O último exemplo mostra o caso mais combatido pela gramática normativa. Seu uso gerou uma regra repetida exaustivamente nas aulas de português: não se inicia frase com pronome oblíquo. Entretanto, dificilmente se ouve um brasileiro dizendo "Amo-**te**" em lugar de "**Te** amo", ou "Encontre-**me**" em vez de "**Me** encontre".

Em textos formais, convém obedecer à regra...

Vejamos as regras mais importantes de colocação pronominal herdadas da gramática portuguesa. Você deve ter em mente que, em textos formais, algumas delas ainda devem ser respeitadas.

Regras gerais

A posição normal do pronome é a enclítica, de acordo com a norma-padrão.

Para que ocorram próclise e mesóclise, são necessárias condições especiais da frase.

Próclise

Ocorre a próclise:

a. em orações que contenham uma palavra ou expressão de valor negativo (**não**, **nunca**, **nada**, **ninguém**, etc.):

Não **nos** iludamos, o jogo está feito. (*Veja*)

Nada **lhe** devo.
Não **te** esqueças de mim! Eu tenho o peito
De santas ilusões, de crenças cheio!

(Casimiro de Abreu)

b. nas orações em que há advérbios e pronomes indefinidos, sem que exista vírgula depois dessas palavras:

Advérbios

A maior parte de nossos dias é gasta em atividades em que jamais **nos** empenharíamos se houvesse alternativa. (*Superinteressante*)
jamais ↓ advérbio

Enfim **te** vejo. Enfim repousa em ti o meu olhar cansado. (Manuel Bandeira)
Enfim ↓ advérbio

O homem trabalha, produz e assim **se** desliga do reino animal. (*IstoÉ*)
assim ↓ advérbio

Pronomes indefinidos

Tudo **se** passou no meio de um grande silêncio. (Carlos Heitor Cony)
Tudo ↓ pronome indefinido

Há prêmio só para o vencedor, mas todos **se** empenham ao máximo para alcançá-lo. (*Exame*)
todos ↓ pronome indefinido

Vários **se** feriram. Pelo menos um morreu ao cair num buraco. (*Veja*)
Vários ↓ pronome indefinido

Observação

Se houver vírgula depois do advérbio, o pronome fica em posição enclítica. Se o verbo estiver no futuro, emprega-se a mesóclise, caso que estudaremos em seguida:

Enfim, abraço-**te**.

Amanhã, abraçar-**te**-ei.
abraçar ↓ ei ↓ verbo no futuro

c. nas orações iniciadas por pronomes e advérbios interrogativos:

Quantos **se** deixaram levar pelo embalo e não sabiam muito bem o que estava acontecendo? (*Veja*)
Quem **me** chamou?

d. nas orações iniciadas por palavras exclamativas e nas optativas (orações que exprimem desejo):

Como **se** sentem felizes por esse encontro! (Sérgio Buarque de Holanda)
Deus **te** ajude!

e. nas orações subordinadas:

Quando **me** comunico com criança, | é fácil porque sou muito maternal. (Clarice Lispector)
Quando me comunico com criança ↓ oração subordinada adverbial temporal

A sociedade em que viverão nossos filhos terá muito a ver com a educação | que **lhes** dermos hoje. (*Veja*)
que lhes dermos hoje ↓ oração subordinada adjetiva

f. com o gerúndio precedido de preposição **em**:

Em **se** tratando da língua, ou, mais especificamente, dos estrangeirismos, o limite é imposto pelo bom senso. (*Exame*)
Nesta terra, em **se** plantando, tudo dá. (Pero Vaz de Caminha)

g. nas orações coordenadas sindéticas alternativas:

Ou **se** calça a luva e não se põe o anel,
ou **se** põe o anel e não se calça a luva!
(Cecília Meireles)

[...] ele estava naquela gangorra: ora **se** animava a se candidatar, ora voltava atrás. (*Exame News*)

Mesóclise

Só será empregada no futuro do presente e no futuro do pretérito, desde que a próclise não seja obrigatória:

Com a conta bancária reforçada, **dir-se-ia** que seus problemas já não são os mesmos [...] (*Veja*)

Levar-se-ão também em conta os princípios gerais do direito comercial internacional aceitos por organismos internacionais. (Disponível em: <www.oas.org/juridico>)

Eis que te farei frutificar e multiplicar, e **tornar-te-ei** uma multidão de povos e darei esta terra à tua descendência. (Gênesis 48:4)

As gerações futuras perguntar-**se**-ão como foi possível perdurar um governo de generais durante 21 anos. (*Imprensa*)

Observe que nos exemplos seguintes, mesmo estando o verbo no futuro, o pronome fica proclítico:

As gerações futuras ainda **se** perguntarão como foi possível [...]
Não **se** repetirá, assim, o que neste ano...

As palavras **ainda** e **não** exigem pronome em próclise.

No português do Brasil, a mesóclise é rara, mesmo em textos extremamente formais. Na língua oral, praticamente inexiste, e seu emprego é considerado pedante ou conota ironia:

Os atores **se** vestirão de cozinheiros, especialistas em doces, salgados e políticas públicas. (Disponível em: <www.mds.gov.br>, site do Ministério do Desenvolvimento Social)

Os demais candidatos **se** contentarão em levantar a taça pela primeira vez. Em dia de jogos do Brasil, nem pensar em reuniões políticas. (*Diário do Sul*)

Ênclise

No Brasil, na linguagem formal, a ênclise tem ocorrido:

a. com verbos no início do período:

Sabe-**se** que a temperatura global está em média cerca de meio grau Celsius mais alta do que há 100 anos. (*Veja*)

b. com verbos no modo imperativo afirmativo:

– Diga, diga-**lhe** toda a verdade.
– Levante-**se** daí, senhor Belchior [...] (Bernardo Guimarães)

c. com verbos no gerúndio, desde que não venham precedidos da preposição **em**:

Para tratar o enfermo psíquico, não basta ter pena dele, consolando-**o** e ouvindo-**o** com interesse. (*Folha de S.Paulo*)

d. com verbos no infinitivo impessoal:

Não sou desumano, não traria o bicho aqui para maltratá-**lo**. (*Jornal da Tarde*)

A poesia está na cidade, no campo, no mar. O problema é descobri-**la**, surpreendê-**la**, flagrá-**la**. (Ferreira Gullar)

Observação

No português do Brasil, tanto na literatura quanto na linguagem menos formal, é bastante comum a próclise, mesmo com verbo que inicia frase:

Me puxou para um lado e me contou que cancelou a viagem. (Érico Veríssimo)

Me dê esse canivete, meu irmão. (Rubem Braga)

Me deram até um contrato. Pensei: "Meu Deus, eu não entendo nada de televisão". (*O Globo*)

Caso especial: particípios

Com os particípios não se deve empregar a próclise nem a ênclise. Utiliza-se a forma oblíqua preposicionada:

Dada **a ele** a explicação devida, ficamos mais aliviados.
A ideia [...] foi levada **a ele** de uma determinada maneira e ele a considerou adequada. (*Veja*)
Este foi o sentido de cada voto dado **a mim** e ao meu bravo companheiro [...] (*Exame News*)
Não fui eu quem escolheu a Internet para trabalhar, diz. Foi uma coisa imposta **a mim** pela realidade. (*Exame News*)

Atividades

1. Indique, em cada frase, se ocorre próclise, ênclise ou mesóclise:
   a. Por que **te** banha o rosto essa amargura?! (Casimiro de Abreu)
   b. O povo unido, como **se** sabe, jamais será vencido. (*Folha de S.Paulo*)
   c. O Natal foi transformado em um momento de **se** fazer dinheiro. Daí vem essa preocupação da troca de presentes. As pessoas, muitas vezes, **se** sentem obrigadas a entrar nessa situação. (Dom Geraldo Majella, *Folha de S.Paulo*)

d. Até o final do ano, abster-**me**-ei da meditação contemplativa. (*Jornal do Brasil*)

e. Se você quer escrever, livre-**se** do medo. (Clarice Lispector)

f. Faça-**se** logo o que precisa ser feito. (*Jornal do Brasil*)

g. Ver-**me**-ás enfadado [...] (Joaquim Manuel de Macedo)

2. Reescreva as frases, colocando junto ao verbo em destaque o pronome indicado entre parênteses. Siga as orientações da gramática normativa:

a. Queijo: pra que **quero**? (*Diário Popular*) (te)

b. Entre os filósofos pré-socráticos, **destacam** Heráclito e Parmênides. (*Ciência Hoje*) (se)

c. A reprodução danifica o núcleo da célula. Os danos **acumulam** e ela morre depois de umas cem divisões. (*Superinteressante*) (se)

d. O conceito de qualidade tão divulgado nas empresas deve ser usado com a mesma força em **tratando** de turismo. (*Folha de S.Paulo*) (se)

e. Os alunos de *kung fu* não **distinguem** por faixa. (*Superinteressante*) (se)

f. **Diria** que os amigos tinham prazer em lhe abrir a bolsa. (Manuel Bandeira) (se)

g. Ora **cala**, ora **exalta**. (se)

h. Deus **abençoe**, pequenino. Como é o teu nome? (Guimarães Rosa) (te)

3. Passe as frases abaixo para a forma negativa:

a. Aceitam-se doações.

b. Encontraram-no caído na sarjeta.

c. Arrependemo-nos do que fizemos.

d. Informamos-lhes os tristes acontecimentos.

e. Cumprimentei-o com entusiasmo.

4. Reescreva as frases que seguem acrescentando os pronomes entre parênteses. Empregue a mesóclise:

a. **Daria** o recado se você me solicitasse. (lhe)

b. **Lembrarás** de mim mais tarde. (te)

c. **Cumprimentaremos** se assim proceder. (o)

d. **Visitaríamos** se morasse mais perto. (a)

Colocação dos pronomes oblíquos átonos em locuções verbais e nos tempos compostos

Locuções verbais

Verbo principal no infinitivo

a. Sem palavra que determine próclise, o pronome é geralmente empregado depois da locução:

Mandei vaciná-**lo** quando era pequeno. (*Jornal da Tarde*)
↓
locução

Procurei dissuadi-**las** daquele intento.

locução

b. Com palavra que determine próclise, o pronome pode ser colocado antes ou depois da locução.

- Antes da locução:

Ela não **me** deixou falar. (deixou falar → locução)

É uma reforma na qual **se** pode engajar a sociedade. (*Veja*) (pode engajar → locução)

- Depois da locução:

Não posso confessar-**lhe** meu segredo. (posso confessar → locução)

Isso não deveria preocupá-**los**? (*Veja*) (deveria preocupá → locução)

Observação

A tendência do português do Brasil é colocar o pronome no meio da locução, ligado ou não por hífen ao verbo que o precede, ainda que haja palavra determinante de próclise:

Um dicionário nunca deve **se** limitar a um arquivo morto de significados. (Sérgio Andrade)

Por decreto, pode-**se** mudar o nome de uma moeda. (*Folha de S.Paulo*)

Com esforço de memória, pude **me** lembrar do dia em que ele chegou. (O. França Júnior)

Verbo principal no gerúndio

São aceitas as três posições: pronome antes da locução, pronome entre os dois verbos da locução, pronome depois da locução.

Sua imagem **se** ia desgastando pouco a pouco. (ia desgastando → locução)

Aos poucos vai-**se** instalando o caos no país. (vai … instalando → locução)

Eu não gostava de recolher o entulho, mas continuava juntando-**o**. (continuava juntando → locução)

Tempos compostos

São formados dos auxiliares **ter** ou **haver** seguidos do particípio do verbo principal:

Tenho falado muito.
Tinha falado muito.
Se eu **houvesse cantado** muito, estaria rouco!

O pronome oblíquo átono não deve vir depois do verbo principal. Sua posição mais comum é entre os dois verbos:

Os funcionários tinham-**se** revoltado contra as medidas do diretor.

Estaria incorreta, pela norma-padrão, a forma "tinham revoltado-se".

O fato tem-**me** desagradado. (*Veja*)

Se houver palavra que determine a próclise, o pronome deverá ser colocado antes do tempo composto:

Ninguém **se** havia lembrado de fazer reservas antecipadamente. (*Veja*)

Observação

A tendência atual no Brasil é empregar o pronome sempre entre os dois verbos:

Se tivesse **me** incluído, seria de uma forma desfavorável. (*Veja*)

Eu gostava de ser casado. Por mim, provavelmente não teria **me** separado. (*Veja*)

Atividades

1. Nas frases seguintes, estão destacadas locuções verbais. Reescreva as frases, acrescentando os pronomes indicados entre parênteses. Lembre-se de que pode haver mais de uma colocação:
   a. Hoje em dia a relação entre os países **parece resumir** à questão comercial. (*Veja*) (se)
   b. As faculdades públicas **estão deteriorando**. (*Correio do Povo*) (se)
   c. As escolas de filosofia não procuravam apenas transmitir a seus membros um certo conhecimento, mas **procuravam educar** numa certa maneira de viver. (Olavo de Carvalho, adaptado) (os)
   d. Não **poderia tratar** tão mal. (nos)
   e. Impressões digitais **podem tornar** coisa do passado. (*Superinteressante*) (se)
   f. Pedem que as reclamações **sejam entregues** por escrito. (*Veja*) (lhes)
   g. A companhia japonesa Hitachi desenvolveu um método criativo de tirar as algas que ameaçam a qualidade da água de lagos e represas. Eles **pretendem misturar** com partículas magnéticas e depois retirá-las com ímãs. (*Superinteressante*) (as)

2. Reescreva no caderno os trechos seguintes, acrescentando junto ao verbo em destaque o pronome indicado entre parênteses:
   a. O que mudou em sua vida depois de ter **tornado** campeão do mundo? (*Veja*) (se)
   b. Estamos **preparando** para a estreia do Campeonato Carioca [...] (*Placar*) (nos)
   c. O relevo da região Sul é formado em sua maior parte pelo Planalto Meridional, que apresenta três patamares limitados por escarpas: ao longo do litoral, **ergue** a primeira escarpa, de altitudes mais elevadas – a Serra do Mar; mais para o interior, **estende** um planalto cristalino; a seguir, a chamada "Serrinha" forma uma nova escarpa [...] A última é a Serra Geral, que **estende** até o vale do rio Paraná. (*Almanaque Brasil*) (se; se; se)
   d. A. não se conforma com o fato do marido **ter** trocado por uma garota mais jovem. (*Contigo*) (a)

FATOS DE DISCURSO

Efeitos de sentido da colocação pronominal

A diferença entre a norma-padrão e o uso coloquial da língua vem transformando a colocação pronominal num fato de **estilística**.

Há dois tipos de fatos estilísticos:

a. Fatos estilísticos que resultam de possibilidades gramaticais admitidas pela norma-padrão. É possível, por exemplo, utilizar o pretérito mais-que-perfeito do indicativo destas três maneiras:

   Antes de tornar-se piloto, Renato **fora** comissário de bordo.

   Antes de tornar-se piloto, Renato **havia sido** comissário de bordo.

   Antes de tornar-se piloto, Renato **tinha sido** comissário de bordo.

   Essas três formas são aceitas pela norma-padrão. Assim, um falante poderia escolher entre elas, e essa escolha não seria *casual*, e sim *intencional*. Por essa razão, resultaria em **efeitos de sentido** diversos. A escolha da primeira produziria o efeito de sentido narrativo, pois **fora** é uma forma verbal que caracteriza o discurso narrativo. Com as outras, esse efeito não ocorreria.

b. Fatos estilísticos que resultam de possibilidades de expressão das quais apenas uma é admitida pela norma-padrão. É o que ocorre, por exemplo, com a colocação dos pronomes oblíquos átonos:

Conte-**me** o que aconteceu. **Me** conte o que aconteceu.

Dessas duas formas, apenas a primeira é admitida pela norma-padrão. A segunda é considerada *coloquial.* Essas formas não têm efeitos de sentido diferentes. O sentido de ambas é o mesmo, mas, ao empregar a segunda forma, o falante assinala o **nível de linguagem** que utiliza.

Ocorre que os escritores podem usar *intencionalmente* tanto a primeira forma, de acordo com a norma-padrão, como a segunda, e assim obtêm efeitos de sentido diversos. Os escritores brasileiros em especial, com frequência, empregam a segunda forma para obter um efeito de sentido de informalidade.

Um exemplo de uso intencional da colocação dos pronomes aparece no poema que abre este capítulo: nele, o poeta utiliza intencionalmente a próclise no verso "Me dá um cigarro" a fim de assinalar a diferença entre a forma coloquial e a forma-padrão. O efeito obtido é o de informalidade.

Observe como o mesmo efeito de informalidade se manifesta no texto abaixo, publicado na revista *Capricho*, destinada a adolescentes:

Tchau, seu Abelardo!
Amor dá um trabalho danado. Mas quem tem um não quer largar

Taxista bom é o seu Abelardo. A gente paga a corrida e leva grátis meia hora de sua sabedoria. Deve ser alguma promoção. Ele fala de todos os assuntos e defende teses bem originais. Acha, por exemplo, que os atentados de 11 de setembro não existiram. "Tudo efeito especial. Hollywood. Espilba, como é que chama aquele diretor? Esses americanos são fogo! Ou cê acha que neguinho ia ser idiota de meter um avião dentro dum prédio, com ele dentro? Nada. Quando cê for ver de novo, repara bem: efeito especial."

Na última quarta ele estava especialmente inspirado. Quando eu disse que ia para a casa da Maria, minha namorada, ele olhou pra mim com profunda compaixão e soltou: "Faz isso não!". Isso o quê, seu Abelardo? Seu Abelardo respirou fundo. "Olha, esse negócio de amor é um problema. Atrapalha a vida da gente. O que eu tenho de amigo que já se ferrou por causa do danado." Que danado, seu Abelardo? "Como, que danado, rapaz? Presta atenção! O amor! Amar nunca dá certo. É saudade, é briga, é desolação. É só tristeza." Tentei argumentar: mas seu Abelardo, veja só, eu amo, eu sou feliz! Seu Abelardo não deu a menor bola. "Você ainda é jovem, meu caro, não sabe de nada... Outro dia mesmo eu acordei às 4 da madrugada com um corno gritando embaixo da minha janela: 'Eu te amo, Amália! Volta pra mim, Amália!'. Coitado. É o amor. E cê acha que a Amália voltou? Nada. Já tá com outro. E depois dá um pé na bunda dele ou ele na bunda dela e sofrem os dois. E pra quê? Eu te pergunto: pra quê?".

Será mesmo, seu Abelardo? Eu, quando estou com a Maricota, fico tão feliz. A vida parece tão simples. "Viu só? E esse tempo todo cê podia tá estudando, trabalhando, juntando dinheiro. Tem casa própria?". Não tenho, não, seu Abelardo. "Não tem casa própria e fica gastando tempo de nhenhenhém com a namorada? Que desperdício. E depois ela te larga, cê vai ficar por aí sofrendo, não diz que não avisei." Não larga, não, seu Abelardo! Ela me ama! E se largar, eu sofro, choro, ouço um samba triste e depois passa, a gente sobrevive. "Nem sempre, meu jovem, nem sempre! O que tem de dor de cotovelo aí que toma formicida, pula da ponte, se joga no trilho do trem, é um problema."

Eu já tava quase sugerindo que ele ligasse o rádio e ficasse quieto quando finalmente chegamos no prédio da Maricota. Ele olhou pra trás, sério. "Tem certeza que vai descer aí?" Tenho. "Se quiser eu te levo de volta e não cobro a corrida." Deixa disso, seu Abelardo. Quanto foi? "Quinze reais." Paguei. No que ele foi pegar o dinheiro, vi a aliança em seu dedo. Mas, seu Abelardo! O senhor é casado?! "Sou." E ama a sua mulher? "Claro! Ou cê acha que eu aprendi essas coisas todas onde?! No rádio?! Foge do amor, jovem! Foge enquanto é tempo!" Tchau, seu Abelardo!

(Antonio Prata, "Tchau, seu Abelardo!")

A colocação pronominal, além de outras estruturas típicas da linguagem coloquial (**cê**, redução do pronome **você**, por exemplo), dá o tom de informalidade que se depreende desse texto. É preciso ter em conta o contexto de produção e a finalidade do texto: como se trata de uma crônica, publicada numa revista cujos leitores visados são adolescentes, é esperado que o nível da linguagem se aproxime do universo linguístico desse público leitor.

Esse texto mostra que a colocação pronominal como fenômeno estilístico não opera sozinha, e os efeitos decorrentes dela dependem de um contexto de interpretação.

Outro efeito que pode ser atribuído à colocação pronominal é o de *solenidade*.

O uso da ênclise, em alguns casos, e o da mesóclise, de maneira geral, se prestam a esse efeito:

Art. 6º Na interpretação desta Lei, *levar-se-ão* em conta os fins sociais a que ela se dirige, as exigências do bem comum, os direitos e deveres individuais e coletivos, e a condição peculiar da criança e do adolescente como pessoas em desenvolvimento. (Estatuto da criança e do adolescente)

No caso acima – trecho de um texto legal –, o caráter solene da linguagem impõe que a colocação pronominal esteja de acordo com as normas gramaticais. Daí o uso da mesóclise.

O "relevo" e a colocação das palavras na frase

Em gramática, o termo **relevo** sempre se refere a estruturas linguísticas que se utilizam para conferir a uma palavra ou a um termo sintático um valor especial, de modo que a informação (ou sentido) que esse termo ou essa palavra carregam ganhe destaque no contexto.

Embora a gramática da língua portuguesa, de forma geral, dê muito destaque à colocação pronominal, devido às diferenças entre o uso coloquial e a norma-padrão, a sintaxe de colocação também estuda o lugar que outras classes de palavras ocupam na frase.

A ordem sintática mais usual, chamada **ordem direta**, é: sujeito + verbo + complementos. Um procedimento usual para dar destaque ou relevo a uma informação consiste exatamente em fugir a essa ordem direta, deslocando termos dos seus lugares usuais. Nesses deslocamentos, em geral o termo que se quer destacar se antecipa aos demais, aparecendo anteposto.

Pode-se antepor apenas uma palavra:

Jamais pensara em se matar, era um obstinado e um desafiador. (Ignácio de Loyola Brandão, *Cadeiras proibidas*)

Ou toda uma oração:

Quando chegou à casa do amigo, encontrou-o atravessando o vidro da porta. (Idem)

Em outros casos, além do deslocamento, podem-se acrescentar outros recursos para dar destaque a uma informação:

Quino. *Toda Mafalda*. São Paulo: Martins Fontes, 2003. p. 82.

No primeiro quadrinho da tira acima, o destaque recai sobre a palavra **péssimo**, principal informação do enunciado. Como se trata de uma tira humorística, além da antecipação da palavra, o autor ainda utiliza outros recursos gráficos para ampliar o destaque à palavra e aumentar sua carga informativa.

Anáfora
Alegoria
Metáfora
Hipérbole
Antífrase
Metonímia
Perífrase
Figuras de inversão
Sinestesia
Paronomásia
Elipse
Silepse
Sinédoque
Oxímoro
Antítese
Lítotes
Eufemismo
Comparação
Prosopopeia
Gradação
Hipérbole
Pleonasmo
Onomatopeia

APÊNDICE

Figuras de linguagem

Extrato I

– Será de terra
tua derradeira camisa:
te veste, como nunca em vida.
– Será de terra
e tua melhor camisa:
te veste e ninguém cobiça.
– Terás de terra
completo agora o teu fato:
e pela primeira vez, sapato.
– Como és homem,
a terra te dará chapéu:
fosses mulher, xale ou véu.
– Tua roupa melhor
será de terra e não de fazenda:
não se rasga nem se remenda.
– Tua roupa melhor
e te ficará bem cingida:
como roupa feita à medida.

MELO NETO, João Cabral de. Morte e vida severina. *Morte e vida severina e outros poemas para vozes*. Rio de Janeiro: Nova Fronteira, 1994. p. 43.

Extrato II

A Seleção Brasileira já tem uma nova camisa para a disputa da Copa do Mundo da Alemanha, que terá início no dia 9 de junho. A suposta nova vestimenta pode ser vista na Internet.

Além da camisa brasileira, podem ser vistos os uniformes de México, Estados Unidos, Portugal e Holanda.

Disponível em: <http://esportes.terra.com.br/futebol/copa2006/selecoes/interna/0,OI851117-EI5583,00.html>. Acesso em: maio 2006.

Extrato III

Um coquetel marcou o lançamento do livro que faz parte das comemorações de 100 anos de emancipação da cidade de Nova Odessa (SP). O livro *Nova Odessa 100 anos – Da terra fértil, os frutos do progresso*, de autoria de José Moraes dos Santos Neto, foi publicado com apoio da Embrapa Monitoramento por Satélite.

Disponível em: <www.cnpm.embrapa.br/destaque/novaodessa>. Acesso em: maio 2006.

Conceito

Se compararmos o extrato I com os extratos II e III, é possível perceber que:

a. em I e II, emprega-se a palavra *camisa*, porém com diferenças de sentido.

Em II, o sentido que se atualiza a partir do contexto é o significado que aparece registrado no dicionário (*camisa* = peça do vestuário para cobrir o tórax e os membros superiores).

Esse sentido produz o efeito semântico de *denotação**. Assim, o sentido atualizado é o sentido denotado.

Em I, a palavra *camisa* também designa a "peça do vestuário para cobrir o tórax e os membros superiores". Mas, além desse, a palavra adquire outros sentidos no contexto (*camisa* = cobertura, proteção).

Esse sentido produz o efeito semântico da *conotação**. Atualizam-se, assim, dois sentidos: o conotado – que, no contexto, se torna o mais importante – e o denotado.

Sentido denotado = sentido atualizado ("atualizado" é o mesmo que "empregado no contexto").

b. em I e III, emprega-se a palavra *terra*. Ocorre algo semelhante à palavra *camisa*: em I, ela tem sentido denotativo e conotativo, e em III, só o denotativo se manifesta.

Além dessas diferenças de sentido, no extrato I a palavra *terra* (originalmente um substantivo comum, que designa um ser da classe dos inanimados) torna-se sujeito agente de um verbo de ação:

a terra te dará chapéu:

Isso significa que o autor desse extrato provocou uma *alteração* na natureza do signo linguístico, empregando-o numa construção sintática que confere a ele *traços semânticos** novos – de ser "inanimado", terra passa a designar um ser "animado" e mesmo "humano" – e únicos: esse sentido só existe nessa construção, e não nas outras em que a palavra aparece.

Esses fenômenos semânticos que possibilitam a transformação do significado de uma palavra são genericamente chamados **figuras de linguagem**.

Figura de linguagem é um fenômeno por meio do qual as palavras adquirem sentidos conotativos, também chamados *sentidos figurados*.

Classificação das figuras de linguagem

A retórica clássica costumava dividir as figuras de linguagem em dois grupos: o dos tropos e o das figuras propriamente ditas.

1. Os **tropos** envolvem as transformações de sentido que uma palavra sofre, como o que ocorre com a palavra *camisa* no extrato I.
2. As **figuras**, por sua vez, envolvem transformações de sentido que afetam todo um enunciado, como o que ocorre em "a terra te dará chapéu", também no extrato I.

A gramática apresenta uma classificação um pouco diversa: divide as figuras de linguagem em três tipos:

1. As **figuras de palavras**, que envolvem apenas o sentido de palavras.
2. As **figuras de pensamento**, que envolvem o sentido de enunciados inteiros.
3. As **figuras de construção** (ou **de sintaxe**), que são, na verdade, construções sintáticas que rompem as regras usuais de combinação de palavras.

* Sobre os conceitos de **conotação**, **denotação** e **traços semânticos**, ver Noções de semântica, na página 130.

Há ainda muitas outras maneiras de classificar e definir as figuras. Por exemplo, há quem combine a classificação da retórica com a da gramática. Assim, há figuras de palavras que são também consideradas tropos (como a metáfora), do mesmo modo que há tropos que são considerados figuras de pensamento (como a ironia). Na realidade, não há propriamente um acordo a esse respeito entre os estudiosos. Além disso, o que para uns é figura de pensamento poderá ser para outros figura de palavra.

Para facilitar o estudo, mencionaremos aqui apenas as figuras de linguagem mais gerais (existem centenas de tipos de figuras). Propomos também uma classificação alternativa, que leva em conta a característica gramatical da figura. Portanto, teremos:

1. Figuras **fonéticas** – as que operam sobre a sonoridade das palavras.
2. Figuras **semânticas** – as que operam sobre o sentido das palavras.
3. Figuras **sintáticas** – as que resultam de modificações na estrutura usual dos enunciados.

Figuras fonéticas

Aliteração

É a repetição da mesma consoante (ou grupo de consoantes) num enunciado, para gerar uma impressão sonora que evoca algo ligado ao sentido desse enunciado.

O **t**elefone é uma es**tr**ela. Ele se es**tr**ela **t**odo es**tr**iden**t**e ao soa**r** de **r**epen**t**e. (Clarice Lispector)

Nesse enunciado, a repetição das consoantes **t** e **r** remete ao som do toque do telefone.

Embora ocorra na prosa, essa figura é mais frequente na linguagem da poesia, onde se alia a outros recursos sonoros (rima, ritmo, assonâncias) para assegurar musicalidade e gerar efeitos expressivos diversos:

Viola, **v**ioleta **v**iolenta **v**iolada
Ób**v**ia **v**ertigem… (Adélia Prado)

Essa figura é a base dos trava-línguas e das parlendas:

Traga **tr**ês **pr**atos de **tr**igo para **tr**ês **tr**istes ti**gr**es!

O **p**into **p**ia, a **p**ia **p**inga. O **p**into **p**ia ao **p**é da **p**ia. Quanto mais o **p**into **p**ia mais a **p**ia **p**inga.

Assonância

É a repetição de vogais ou ditongos num enunciado. A função da assonância é a mesma da aliteração. Combinando os efeitos expressivos dessas duas figuras, obtém-se o efeito de harmonia imitativa (sons que imitam objetos ou ações designados no texto/enunciado implicado).

Ó form**a**s **a**lv**a**s, br**a**nc**a**s form**a**s cl**a**r**a**s (Cruz e Sousa)

Nesse verso, a vogal *a*, considerada aberta e "clara", reforça o sentido expresso.

Eco

É a sequência de duas ou mais palavras com vogais iguais a partir da sílaba tônica.

Ah! Plang**entes** violões, dorm**entes**, mornos… (Cruz e Sousa)

Na poesia, quando o eco ocorre em versos diferentes, em geral no fim, temos a rima, que constitui um dos principais recursos sonoros da linguagem poética.

Eu faço versos como quem ch**ora**
De desalento, de desenc***anto***…
Fecha o meu livro, se por ag**ora**
Não tens motivo nenhum de pr***anto*** (Manuel Bandeira)

O eco também é frequente nos provérbios. Geralmente se atribui a ele uma função de memória.

Se cabritos **vende**, e cabras não **tem**, dalgures lhe **vem**.
Água mole em pedra **dura**, tanto bate até que **fura**.

Onomatopeia

As onomatopeias são grupos de sons que se juntam para imitar ruídos. Os substantivos criados para designar ruídos são considerados onomatopaicos: o *tique-taque*, o *zunzunzum*, o *miau*, etc.

As histórias em quadrinhos e tiras humorísticas são ricas em onomatopeias. Na linguagem literária elas são empregadas para exprimir ruídos ou insistências.

Folha de S.Paulo, 20 maio 2006. Disponível em: <www1.folha.uol.com.br/fsp/quadrin/f32005200603.htm>.

Nos quadrinhos acima, há duas onomatopeias: **shlept** e **pow!**. Já no trecho abaixo, extraído de *Vidas secas*, de Graciliano Ramos, a onomatopeia se integra perfeitamente ao texto, criando o efeito sonoro descrito:

Cumprida a obrigação, Fabiano levantou-se com a consciência tranquila e marchou para casa. Chegou-se à beira do rio. A areia fofa cansava-o, mas ali, na lama seca, as alpercatas dele faziam **chape-chape**, os badalos dos chocalhos que lhe pesavam no ombro, pendurados em correias, batiam surdos.

(Ramos, Graciliano. *Vidas secas*. Rio de Janeiro: Record, 1990. p. 17.)

Figuras semânticas

Para facilitar o estudo das figuras semânticas, podemos subclassificá-las em cinco categorias: figuras de substituição, figuras de oposição, figuras de insistência, figuras de amplificação e atenuação e figuras de analogia.

1. Figuras de substituição

Nessas figuras, substituímos uma palavra ou grupo de palavras por uma expressão inesperada, que provoca um "efeito de sentido". As principais são: a antífrase, a metonímia, a perífrase e a sinédoque.

Antífrase

Emprega-se essa figura quando se quer fazer compreender pelas palavras o sentido contrário àquele que elas denotam. Em geral, o contexto garante que esse sentido será compreendido. Por essa dependência do contexto, não é fácil isolar um enunciado ou frase e perceber nele, de pronto, uma antífrase.

No trecho abaixo, essa dependência do contexto fica bem evidente:

E a manchete da *Folha*: "PM diz que não matou inocentes". Acredito, mas eles saíram atirando até em roupa no varal. Todo mundo é do PCC até prove o contrário! (José Simão, *Folha de S.Paulo*)

Nesse trecho, a antífrase ocorre na palavra *acredito*, mas isso só se evidencia quando se relaciona o sentido dessa palavra com o enunciado anterior e o seguinte. Além disso, é preciso talvez conhecer a situação de produção desses enunciados – trata-se de uma crítica a uma situação de excesso de violência na ação da polícia.

O efeito semântico da antífrase é, em geral, a *ironia*. Por isso, muitas vezes, confundem-se as duas noções. Na verdade, a ironia é um "efeito de sentido" que pode ser obtido também por outras figuras, que não a antífrase. Muitas vezes, uma antítese pode ser portadora de conotações irônicas, como ocorre com as palavras *bonita* e *cadavérica* neste exemplo:

... o velho começou a ficar com aquela **bonita** tonalidade **cadavérica**. (Stanislaw Ponte Preta)

Metonímia

É a figura em que um termo é usado no lugar de outro para designar uma coisa, porque esse termo mantém com a coisa designada uma relação lógica facilmente identificável.

Você nunca leu **Machado de Assis**?

Nesse exemplo, substitui-se a obra (coisa designada) pelo nome do autor (termo usado).

A metonímia permite uma indicação imagética e um "encurtamento" da expressão. Ela pode designar:

a. o continente pelo conteúdo:

O refrigerante estava ótimo. Tomaram um **copo** cheio.

O termo *copo* aparece no lugar do líquido tomado.

b. o lugar pela coisa:

Champanhe só se toma bem gelado.

Champanhe é o nome de uma região onde se produz vinho espumante.

c. o instrumento pela pessoa que o utiliza:

A melhor **tesoura** da cidade.

Usa-se o termo *tesoura* para falar de um cabeleireiro.

Perífrase

Trata-se de substituir uma palavra por uma expressão equivalente, por meio da qual se podem designar as qualidades da coisa designada, sem nomeá-la.

E nos bosques e brenhas não se engana
Quem exercita o **ofício de Diana**. (Manuel Itaparica)

Diana é a deusa da caça, na mitologia. A expressão *ofício de Diana* substitui *caçador*.

A perífrase cria uma espera, chama atenção para uma qualidade ou ainda permite evitar uma repetição.

O aquecimento da Terra é um fato que preocupa diversos campos da ciência. A devastação do **globo terrestre** é uma das principais causas desse aumento de temperaturas.

Sinédoque

Essa figura emprega, para falar de um ser ou de um objeto, uma palavra que designa uma parte desse ser ou objeto, ou a matéria da qual ele é feito.

Sem **teto nem chão**, o ser humano não conquista sua dignidade.

A expressão *sem teto nem chão* substitui *casa, moradia*.

Ao contrário da metonímia, a sinédoque dá à expressão uma visão fragmentada da realidade, e por isso o efeito de sentido que resulta dela é a concentração informativa ou a surpresa. No trecho a seguir, o escritor Moacyr Scliar brinca com sinédoques para designar diferentes tipos de carros (substituindo as palavras que designam esses carros pelas suas marcas).

– Este que passou agora foi um **Volkswagen** 1962, não é, amigo Gedeão?

– Não, Cego, foi um **Simca Tufão**.

– Um **Simca Tufão**? ... Ah, sim, é verdade. Um **Simca** potente. E muito econômico. Conheço o **Simca Tufão** de longe. Conheço qualquer carro pelo barulho da máquina. Este que passou agora não foi um **Ford**?

(SCLIAR, Moacyr. Cego e amigo Gedeão à beira da estrada. *Carnaval dos animais*. Porto Alegre: Movimento, 1978. p. 32.)

2. Figuras de oposição

Uma figura de oposição aproxima, num mesmo enunciado, dois termos opostos. Essa aproximação evidencia o que há de oposto ou contraditório entre duas noções, situações ou seres. As principais são: a antítese, o oximoro e o quiasmo.

Antítese

Essa figura cria um efeito de contraste entre dois termos no interior do mesmo grupo sintático (frase, parágrafo ou estrofe). O efeito de sentido resultante destaca um conflito de ideias ou sentimentos. No parágrafo exemplar abaixo, a escritora Clarice Lispector usa com maestria a antítese para exprimir sentimentos contraditórios:

Da primeira vez que tivemos em casa um mico foi perto do Ano Novo. Estávamos sem água e sem empregada, fazia-se fila para carne, o calor rebentara – e foi quando, muda de perplexidade, vi o presente entrar em casa, já comendo banana, já examinando tudo com grande rapidez e um longo rabo. Mais parecia um macacão ainda não crescido, suas potencialidades eram tremendas. Subia pela roupa estendida na corda, de onde dava gritos de marinheiro, e jogava cascas de banana onde caíssem. E eu exausta. Quando me esquecia e entrava distraída na área de serviço, o grande sobressalto: aquele homem alegre ali. Meu menino menor sabia, antes de eu saber, que eu me desfaria do gorila: "E se eu prometer que um dia o macaco vai adoecer e morrer, você deixa ele ficar? E se você soubesse que de qualquer jeito ele um dia vai cair da janela e morrer lá embaixo?" Meus sentimentos desviavam o olhar. A inconsciência feliz e imunda do macacão-pequeno tornava-me responsável pelo seu destino, já que ele próprio não aceitava culpas. Uma amiga entendeu de que amargura era feita a minha aceitação, de que crimes se alimentava meu ar sonhador, e rudemente me salvou: meninos de morro apareceram numa zoada feliz, levaram o homem que ria, e no desvitalizado Ano Novo eu pelo menos ganhei uma casa sem macaco.

(LISPECTOR, Clarice. Macacos. *A legião estrangeira*. São Paulo: Ática, 1982. p. 45.)

As antíteses envolvem as designações do macaco e os sentimentos do narrador em relação à presença do animal em casa.

Oximoro

No oximoro, ligam-se estreitamente na mesma expressão dois termos que evocam realidades contraditórias.

Amor é fogo que arde sem se ver
É ferida que dói e não se sente
É um contentamento descontente
É dor que desatina sem doer (Luís Vaz de Camões)

Ao exprimir o que é inconcebível, essa figura cria uma nova realidade poética.

Quiasmo

No quiasmo, a oposição semântica resulta de uma inversão sintática: duas expressões que contêm os mesmos elementos sintáticos são utilizadas em sequência, mas na segunda expressão aparecem em ordem inversa. Assim, os enunciados se opõem semanticamente, mas são simétricos fonética e sintaticamente.

O poema "Nel mezzo del camin", de Olavo Bilac, tem sua estrutura toda baseada nessa figura:

Nel mezzo del camin

Cheguei. Chegaste. Vinhas fatigada
E triste, e triste e fatigado eu vinha.
Tinhas a alma de sonhos povoada,
E a alma de sonhos povoada eu tinha...

E paramos de súbito na estrada
Da vida: longos anos, presa à minha
A tua mão, a vista deslumbrada
Tive da luz que teu olhar continha.

Hoje, segues de novo... Na partida
Nem o pranto os teus olhos umedece,
Nem te comove a dor da despedida.
E eu, solitário, volto a face, e tremo,
Vendo o teu vulto que desaparece
Na extrema curva do caminho extremo.

(Bilac, Olavo. Nel mezzo del camin. In: *Olavo Bilac*. Sel. de textos de Norma Goldstein. São Paulo: Abril Cultural, 1980. p. 29. Literatura Comentada.)

3. Figuras de insistência

Essas figuras podem assumir uma função descritiva ou, dadas as repetições, podem pôr em evidência uma ideia obsessiva cuja intensidade elas reforçam. As principais são: a anáfora e a gradação (ou clímax).

Anáfora

Consiste na repetição da mesma palavra ou expressão no início dos versos, frases ou parágrafos.

Depois eu dou. **Depois** eu deixo. **Depois** eu te levo. **Depois** eu conto. (Fernando Sabino)

– **Esse chão te é bem conhecido**
(bebeu teu suor vendido).
– **Esse chão te é bem conhecido**
(bebeu o moço antigo).
– **Esse chão te é bem conhecido**
(bebeu tua força de marido).
– **Desse chão és bem conhecido**
(através de parentes e amigos).
– **Desse chão és bem conhecido**
(vive com tua mulher, teus filhos).
– **Desse chão és bem conhecido**
(te espera de recém-nascido). (João Cabral de Melo Neto)

Nessa estrofe de "Morte e vida severina", o poeta cria, com a anáfora, o efeito repetitivo de uma prece (nesse trecho do poema, reza-se pela morte de um agricultor).

Gradação

Na gradação, sucedem-se termos de intensidade crescente (clímax) ou decrescente (anticlímax).

O ar que queima os seus pulmões **sadios**,
férreos, **heroicos**... (Luís Aranha)

... a caatinga o **afoga**; **abrevia**-lhe o olhar, **agride**-o e **estonteia**-o. (Euclides da Cunha)

A gradação não se confunde com a simples enumeração, que não é uma figura. Na enumeração não ocorre a ideia de intensificação ou decréscimo progressivo de significados:

O engenheiro sonha coisas claras:
superfícies, tênis, um copo de água. (João Cabral de Melo Neto)

4. Figuras de amplificação e atenuação

Essas figuras permitem ampliar (ou atenuar) a força de uma ideia ou noção. A amplificação exprime o exagero, a grandeza. A atenuação minimiza ou mascara a realidade. As figuras desta categoria são a hipérbole, a lítotes e o eufemismo.

Hipérbole

Consiste no emprego de termos fortes, exagerados. É frequentemente utilizada na linguagem familiar e no estilo épico.

Dilúvio carioca, sem refúgio possível, Copacabana com água entrando pelas lojas rasas e fechadas... (Clarice Lispector)

Lítotes

Consiste em dizer o mínimo possível, para sugerir o máximo. O efeito é surpreendente: ao atenuar uma ideia, ela se vê paradoxalmente reforçada. Muito comum na linguagem coloquial, em expressões como:

Nada mal essa blusa!
Ela não tem nada de ingênua.

Eufemismo

É a substituição de uma palavra ou expressão considerada cruel, imoral, obscena, ofensiva por outra de sentido mais agradável ou menos chocante, que atenua ou suaviza aquelas ideias.

O meu **último sono**, eu quero assim dormi-lo:
– Num largo descampado... (Vicente de Carvalho)

Nesse exemplo, a expressão *último sono* atenua o termo *morte*.

5. Figuras de analogia

Essas figuras criam imagens mentais ao aproximarem universos mentais diferentes. As principais são: a comparação, a metáfora, a prosopopeia, a alegoria, a sinestesia e a paronomásia.

Comparação

Quando a estrutura da oração comparativa é empregada para relacionar dois elementos pertencentes a domínios diversos, ela cria uma imagem poética e se torna uma figura de linguagem.

Partiu-se meu rosto em chispas
como as estrelas num poço. (Cecília Meireles)

Como se vê no exemplo dado, é comum nessa figura a presença de elementos de ligação entre os termos comparados: *como*, *assim como*, *feito*, *que nem*, etc.

Metáfora

Consiste na utilização de uma palavra para falar de uma realidade que essa palavra não designa habitualmente. A metáfora ressalta, por essa razão, uma semelhança entre duas realidades.

Tal como a comparação, a metáfora reúne um comparando e um comparado, porém sem uma conjunção comparativa. É até possível que o comparado fique implícito, e o leitor deve perceber a semelhança graças a um esforço de interpretação.

Qualquer **ruído**, dizia, era **faca** em seus ouvidos. (Marina Colasanti)
Tua **cabeça** é uma **dália** que se desfolha em meus braços. (Mário da Silva Brito)

O uso excessivo de uma metáfora a transforma em um *chavão* (também conhecido por *lugar-comum*, *clichê* ou *frase feita*).

O mar **beijava** a areia. (beijava = tocava de leve)

Prosopopeia (ou personificação)

O procedimento da personificação consiste em atribuir comportamentos ou sentimentos humanos a um objeto, ser inanimado ou animal.

As grandes árvores nem se mexem, pois **não dão confiança** a essa brisa, mas as plantinhas miúdas **ficam felizes**. (Aníbal Machado)

As casas **espiam** os homens
que correm atrás das mulheres. (Carlos Drummond de Andrade)

Alegoria

Esta figura torna concreta uma ideia abstrata. Ela apresenta essa ideia por meio de uma "encenação" viva, que a representa por meio de sua aparência, seus comportamentos, seus gestos. Próxima da prosopopeia, ela possui ainda uma dimensão simbólica bastante forte.

No texto a seguir, um conto de Moacyr Scliar, o desejo de Gregório (casar-se com Berta) e o de Berta (que o casamento acabe) são alegoricamente representados pelos sonhos das duas personagens.

Sonhos

Gregório telefona a Berta:
– Berta, você está bem?
– Sim, Gregório, por quê?
– Tive um sonho horrível esta noite. Sonhei que você se afogava num mar revolto. Eu era o salva-vidas na praia.
– E você me salvou, Gregório?
– Claro, Berta. Quem mais poderia te salvar?
No dia seguinte telefona de novo:
– Berta, você está bem?
– Sim, Gregório, por quê?
– Tive um sonho horrível esta noite. Sonhei que você estava com nefrite, e que eu era o médico a quem você consultava.
– E você me salvou, Gregório?
– Claro, Berta. Quem mais poderia te salvar?
Terceiro dia:
– Berta, você está bem?
– Sim, Gregório, por quê?
– Tive um sonho horrível esta noite. Sonhei que você estava possuída pelos demônios. Eu era o sacerdote que te exorcizava.
– E você me salvou, Gregório?
– Claro, Berta. Quem mais poderia te salvar?
No quarto dia Berta aceita a proposta de Gregório. Casam-se. E desde então ela tem um único sonho: que Gregório está morto, morto, morto.

(Scliar, Moacyr. Sonhos. *A palavra é amor*. São Paulo: Scipione, 1988. p. 88.)

Pela alegoria, é possível transformar uma ideia (algo abstrato) em situação concreta (ações, personagens, imagens).

Essa figura é a base das fábulas e contos de fadas. Observe como Monteiro Lobato trabalha a ideia de solidariedade a partir da história da cigarra e as formigas:

A cigarra e as formigas

Houve uma jovem cigarra que tinha o costume de chiar ao pé dum formigueiro. Só parava quando cansadinha; e seu divertimento então era observar as formigas na eterna faina de abastecer as tulhas.

Mas o bom tempo afinal passou e vieram as chuvas. Os animais todos, arrepiados, passavam o dia cochilando nas tocas.

A pobre cigarra, sem abrigo em seu galhinho seco e metida em grandes apuros, deliberou socorrer-se de alguém.

Manquitolando, com uma asa a arrastar, lá se dirigiu para o formigueiro. Bateu – tique, tique, tique...

Aparece uma formiga friorenta, embrulhada num xalinho de paina.

– Que quer? – perguntou, examinando a triste mendiga suja de lama e a tossir.

– Venho em busca de agasalho. O mau tempo não cessa e eu... A formiga olhou-a de alto a baixo.

– E que fez durante o bom tempo, que não construiu sua casa?

A pobre cigarra, toda tremendo, respondeu depois dum acesso de tosse.

– Eu cantava, bem sabe...

– Ah!... exclamou a formiga recordando-se. Era você então quem cantava nessa árvore enquanto nós labutávamos para encher as tulhas?

– Isso mesmo, era eu...

– Pois entre, amiguinha! Nunca poderemos esquecer as boas horas que sua cantoria nos proporcionou. Aquele chiado nos distraía e aliviava o trabalho. Dizíamos sempre: que felicidade ter como vizinha tão gentil cantora! Entre, amiga, que aqui terá cama e mesa durante todo o mau tempo.

A cigarra entrou, sarou da tosse e voltou a ser a alegre cantora dos dias de sol.

(LOBATO, Monteiro. A cigarra e as formigas. *Fábulas*. São Paulo: Brasiliense, 1991. p. 17.)

Sinestesia

A sinestesia surge quando há a interpenetração de campos sensoriais expressa por meio de palavras que exprimem sensações (visuais, auditivas, táteis, gustativas e olfativas).

Aproxima-se, portanto, da metáfora e muitas vezes se confunde com ela. Veja estes exemplos do poeta Cruz e Sousa:

A *luz* **gelada** e pálida diluindo...
Brancas sonoridades de cascatas...

Quando uma imagem sinestésica é muito usada, ela deixa de ter motivação poética e também pode tornar-se chavão. É o caso de expressões como "vermelho berrante" ou "perfume adocicado".

Paronomásia

É a proximidade de palavras parônimas ou homônimas, com sentidos diversos.

Há quem faça **obras**
Eu apenas
Solto as minhas **cobras** (Sebastião Uchoa Leite)

Quando o efeito da paronomásia é cômico, tem-se o **trocadilho**:

Seu Irineu **Boaventura** não era tão **bem-aventurado** assim, pois sua saúde não era lá para que se diga... (Stanislaw Ponte Preta)

Figuras sintáticas

As principais figuras sintáticas são: a elipse, a silepse, o pleonasmo, o anacoluto, o polissíndeto e o assíndeto, e as figuras de inversão: hipérbato, sínquise, prolepse e anástrofe.

Elipse

A mais frequente das figuras, consiste na omissão de um termo que o contexto ou a própria estrutura sintática do enunciado permitem recobrar. É um poderoso recurso para garantir a concisão. Também funciona nos textos como recurso sintático estruturador da coesão textual.

Ninguém entendeu o que Pedro fez. Saiu sem se despedir.

Na segunda frase, é evidente a omissão do sujeito *Pedro*.

Quando utilizada como recurso coesivo, opõe-se à anáfora pronominal. (Sobre o conceito de anáfora, ver página 299.)

No texto abaixo, ocorre a elipse sistemática do sujeito dos verbos em destaque. O fato de todos os verbos terem o mesmo sujeito assegura a coesão textual:

Clarice Lispector nasceu em Tchetchelnik, pequena cidade da Ucrânia, e **chegou** ao Brasil aos dois meses de idade, naturalizando-se brasileira posteriormente. **Criou-se** em Maceió, Recife, transferindo-se aos doze anos para o Rio de Janeiro, onde **se formou** em direito, **trabalhou** como jornalista e **iniciou** sua carreira literária. **Viveu** muitos anos no exterior, em função do casamento com um diplomata brasileiro, **teve** dois filhos e **faleceu** em dezembro de 1977, no Rio de Janeiro.

(LISPECTOR, Clarice. *Felicidade clandestina*. Rio de Janeiro: Rocco, 1997.)

Uma forma especial da elipse, que consiste na omissão de um verbo já expresso anteriormente, chama-se zeugma:

Nossos bosques têm mais vida
Nossa vida no teu seio mais amores. (versos do Hino Nacional)

No segundo verso, nota-se a omissão do verbo *tem*, já expresso anteriormente.

Silepse

Dá-se o nome de silepse* à concordância que se faz com base no referente designado pela palavra, e não de acordo com a lógica gramatical.

Por ser um fenômeno sintático ligado à concordância, ela pode ser:

a. de número – usa-se o singular pelo plural, ou vice-versa:

Coisa curiosa é aquela gente! **Divertem-se** com tão pouco...

O verbo *divertem-se*, no plural, tem como sujeito gramatical o substantivo *gente*, singular. O plural se justifica pela ideia que o substantivo *gente* comunica ao enunciado.

b. de gênero – usa-se o masculino pelo feminino, ou vice-versa:

A gente andou muito e ficou **cansado**.

O adjetivo *cansado*, no gênero masculino, funciona como predicativo do sujeito e se refere ao sujeito *a gente*, uma expressão feminina. Supõe-se que, nesse caso, a expressão *a gente* se refira a um homem.

c. de pessoa – usa-se uma pessoa (1ª, 2ª ou 3ª) no lugar de outra.

Os brasileiros **adoramos** futebol!

O sujeito, *os brasileiros*, está na 3ª pessoa do plural; o verbo, porém, está na 1ª pessoa do plural, porque o enunciador se inclui entre os brasileiros.

Existe uma forma especial de concordância de tempos verbais que pode compor com a silepse o quadro das concordâncias especiais: é a enálage.

---

* Ver também sobre **silepse** a página 505.

A enálage consiste no emprego de um tempo verbal diferente daquele que se espera.

Eu gostaria que Maria **termine** logo o que começou.

Espera-se, neste caso, o emprego de *terminasse*, no lugar de *termine*. Porém, o emprego de *termine* dá a quem ouve ou lê esta frase a certeza de que Maria ainda não terminou, evitando uma ambiguidade.

O uso poético da enálage afeta, normalmente, a frase condicional. Aparece, por exemplo, nestes versos de Camões:

Tu só, tu, puro Amor, com força crua,
Que os corações humanos tanto obriga,
Desde causa à molesta morte sua,
Como **se fora** pérfida inimiga.

É possível perceber que o emprego do tempo verbal exigido pela lógica da língua (o mais-que-perfeito do subjuntivo, *tivesse sido*) destruiria a harmonia e o ritmo do verso. Em seu lugar o poeta emprega a forma sintética do mais-que-perfeito simples do indicativo e satisfaz as exigências métricas e rítmicas do verso.

(A respeito de outras formas de enálage, ver a página 297.)

Pleonasmo

A reiteração de uma ideia, expressa por outras palavras, é o que se chama pleonasmo. Sua função expressiva ocorre quando ele é utilizado como estratégia de retomada do referente (ou seja, repetição do assunto), como meio de evitar ambiguidades ou duplos sentidos, ou ainda para pôr em relevo algum sentido.

O procedimento mais usual é a retomada por meio de pronomes:

Os dois rapazes, ninguém **os** viu sair. → o pronome *os* retoma *os dois rapazes*

Nesse caso, o pleonasmo vem acompanhado de uma inversão sintática (a qual, por si só, já põe em relevo o termo deslocado), para evitar uma ambiguidade.

Outro emprego poético do pleonasmo sãos os epítetos de natureza.

Chamamos genericamente de epítetos os adjetivos empregados com função de adjunto adnominal. Em expressões como *neve fria*, *fogo quente*, etc. o adjetivo epíteto reforça uma característica natural do ser a que se refere. É uma forma poética do pleonasmo. Fernando Pessoa utiliza esse procedimento nestes versos de "Mar Portuguez":

Ó **mar salgado**, quanto do teu sal
São lágrimas de Portugal!

Se empregado de forma abusiva ou desnecessária, o pleonasmo não empresta expressividade ao enunciado. Ao contrário, deixa-o sobrecarregado e deve ser evitado. A gramática dá a esse pleonasmo desnecessário o nome de *redundância*. A fala coloquial registra alguns casos frequentes de redundância. Expressões como "entrar para dentro", "sair para fora", "subir para cima", etc., relativamente comuns, são exemplos de redundâncias.

Anacoluto

Muito frequente na conversação corrente, o anacoluto é uma ruptura sintática brusca, que deixa termos sintáticos desarticulados no interior do período. É como se o enunciador iniciasse um primeiro enunciado e, por alguma razão, o interrompesse, para em seguida iniciar outro sem relação sintática com o primeiro.

Como figura de linguagem, o anacoluto é empregado sobretudo quando se quer registrar a fala ou a linguagem coloquial.

Eu parece que ninguém me entende.

Nesse exemplo, o pronome *eu* parece iniciar o enunciado como sujeito, mas na sequência a primeira pessoa aparece como objeto do verbo *entender*, representado pela forma oblíqua *me*. O resultado é que o pronome *eu* fica sem ligação sintática com os outros termos da oração.

Polissíndeto e assíndeto

São figuras de conexão. O polissíndeto é a repetição de uma mesma conjunção, para ligar orações de mesma natureza sintática. Em geral a conjunção que se repete é a aditiva *e*, embora possa ocorrer com outras.

... as casas são pobres **e** os homens pobres, **e** muitos são parados **e** doentes **e** indolentes... (Rubem Braga)

O assíndeto é a construção oposta, e consiste na omissão de uma conjunção, lá onde ela é esperada.

Escrevia, lia, dormia, acordava, levantava-me, tornava a deitar-me. (Graciliano Ramos)

O efeito de sentido decorrente do polissíndeto é a simultaneidade, como se todas as ações fossem realizadas ao mesmo tempo. Já o assíndeto provoca o efeito oposto: isola as ações.

Figuras de inversão

Quando se trata da disposição das palavras na oração, a gramática costuma considerar "direta" a ordem *sujeito – verbo – complementos*.

No interior das funções sintáticas com núcleo substantivo, a ordem direta é: *determinantes – substantivo – adjetivos/locuções adjetivas – expressões preposicionadas*. Os determinantes são: artigos, pronomes e numerais.

Ao romper essa ordem direta, constituímos enunciados baseados nas figuras de inversão.

A inversão ocorre em geral com as seguintes finalidades: pôr em relevo um termo da oração; garantir o ritmo ou a rima (no caso dos textos poéticos); exigir que o leitor preste atenção na forma do enunciado e até mesmo que retorne e releia-o para compreendê-lo.

Ao deslocar o substantivo para depois dos determinantes, temos a figura chamada **anástrofe**.

No Hino Nacional, há vários exemplos de anástrofe:

Ouviram do Ipiranga as margens plácidas
De um povo heroico o brado retumbante

Em ordem direta, teríamos:

As margens plácidas do Ipiranga ouviram
o brado retumbante de um povo heroico

Ao deslocar o substantivo *margens* para depois do seu adjunto adnominal *do Ipiranga*, temos a anástrofe. O mesmo ocorre com *brado*, que aparece após *de um povo heroico*.

Quando a inversão rompe a estrutura interna de um termo da oração, temos o **hipérbato**.

Que arcanjo teus sonhos veio
Velar, maternos, um dia? (Fernando Pessoa)

Observe que nesse exemplo o termo *teus sonhos maternos* foi rompido, e suas partes apareceram separadas dentro do enunciado.

Ao pôr em relevo um termo, antecipando-o para o início do enunciado, temos a **prolepse**.

A Europa dizem que é tão bonita, e a Itália principalmente. (Machado de Assis)

Em ordem direta, teríamos:

Dizem que a Europa é tão bonita, e a Itália principalmente.

Finalmente, quando a inversão não segue nenhum desses padrões, tem-se a **sínquise**.

Chegaram já as meninas em casa e os meninos!

Na ordem direta teríamos:

As meninas e os meninos chegaram já em casa!

FATOS DE DISCURSO

1. Entre a imagem e a palavra: os textos de imprensa

Com o avanço da tecnologia gráfica e a difusão massiva da língua escrita, o *espaço* dos textos ganhou significado e passou a constituir um elemento a mais na construção do sentido das mensagens. O som – a face material mais *sensível* da linguagem humana – deixou de ser a única fonte formal de expressividade. O texto escrito passou a constituir um objeto autônomo e independente do texto oral, até nas artes poéticas, e houve – e tem havido – uma valorização da *visualidade* dos signos linguísticos. Essas transformações engendram uma nova forma de compreender as relações semânticas entre os textos verbais e os elementos gráficos que os constituem.

A poesia do século XX incorporou alguns desses recursos, como o poema concreto. Mas foi a *imprensa* que soube explorar ao máximo a visualidade dos signos, criando textos em que não é possível aceder ao sentido a não ser quando se levam em conta os recursos visuais e verbais. Nas propagandas, capas de revista, páginas de jornal, etc. essa solidariedade entre palavra e imagem é evidente. Isso modifica a forma de compreender e interpretar as figuras de linguagem, principalmente porque o uso das imagens dos textos de imprensa se presta à mesma finalidade que as figuras de linguagem nos textos poéticos e literários: criar efeitos de sentido e expressividade semântica.

Em vez de criarmos outros meios para analisar esses recursos visuais, podemos verificar como as figuras se manifestam nos textos de imprensa.

Um exemplo é a capa da edição de junho de 2006 da revista *Galileu*:

Alguns elementos visuais de destaque:

a. o fundo laranja, em cor quente;

b. a imagem da frigideira e do ovo frito, bem no centro visual da página;

c. o pequeno texto verbal que dá a chamada da edição.

Em princípio, não há relação lógica evidente entre a ideia anunciada no texto (*aquecimento global*) e a imagem de um ovo frito. Ademais, por si só a imagem do ovo na frigideira já tem uma carga visual forte, que põe em questão o conteúdo da revista: o que um ovo estaria fazendo na capa de uma revista de vulgarização científica?

Fac-símile da capa da revista *Galileu*. São Paulo: Globo, n. 179, jun. 2006.

A imagem do ovo, por si só, é pouco significativa. Numa revista desse tipo, poderia anunciar uma reportagem sobre alimentos, sobre colesterol, entre outros assuntos possíveis.

A expressividade do conjunto e a interpretação da imagem só são possíveis graças à atividade de interpretação do leitor, o qual *relaciona* o assunto anunciado com a imagem e tenta encontrar um sentido nessa associação.

O que nos interessa nesse percurso de interpretação da capa é que, para relacionar a imagem com o assunto, o leitor precisa buscar o que eles têm em comum e isso só é possível porque ele percebe que o conjunto constitui uma *metáfora* do aquecimento. Assim, uma figura de linguagem está na base de construção do sentido da capa da revista.

Outras figuras também podem ser percebidas: a *antítese* – contraste entre o fundo laranja e a frigideira; a *sinestesia* – o próprio fundo laranja, que remete à ideia de "calor".

Assim, ao sair do universo dos textos exclusivamente verbais, pode-se notar que a expressividade das figuras de linguagem estrutura a interpretação dos textos de imprensa, pois permite que o leitor perceba as relações semânticas que a imagem mantém com as sequências de texto verbal que constituem esses textos.

2. As "novas" figuras de linguagem

Ao estudar as figuras fonéticas, consideramos que a expressividade delas decorre do fato de conseguirem mimetizar, pelo som, o ser ou a ação referidos no texto. Ocorre que, quando o texto é visual, não há mimese sonora, porém imagética. A imagem que imita o referente pode dar origem a uma "figura de imagem".

No texto abaixo pode-se notar a expressividade criada pelo jogo com as palavras e pela forma como se dispõem no papel:

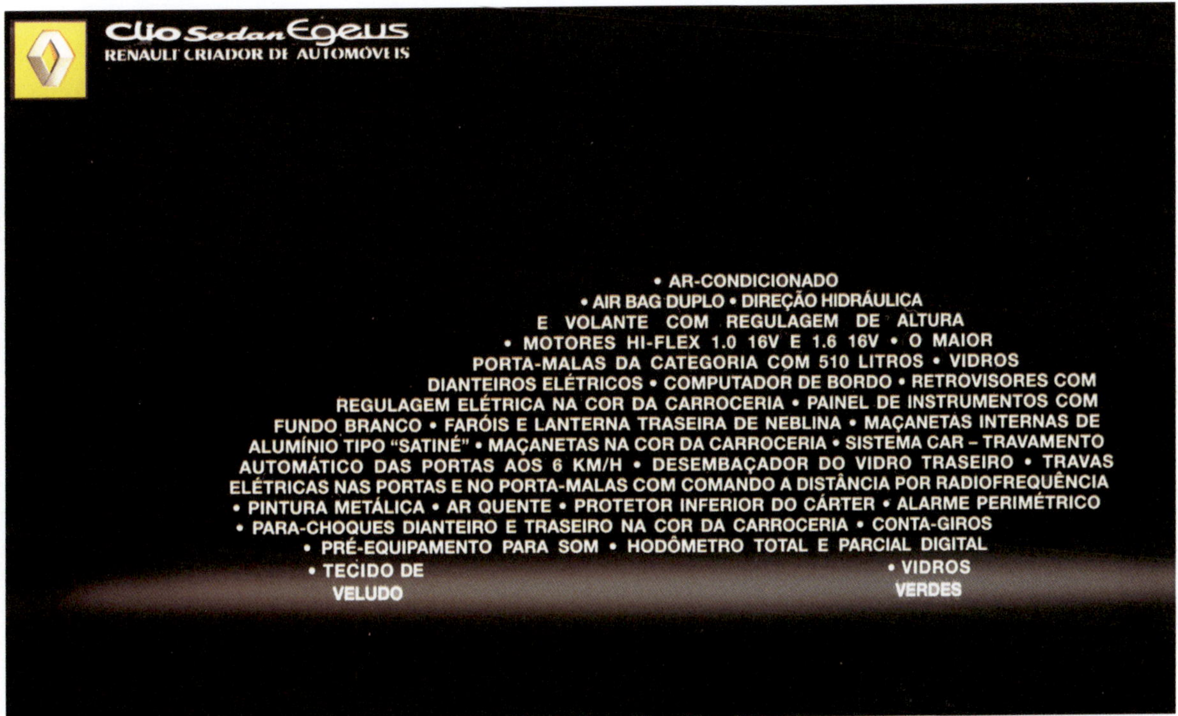

Anúncio publicitário de automóvel. *Nova*. São Paulo: Abril, ano 34, n. 6, jun. 2006.

Atividades

1. Identifique as figuras de linguagem:

a. O rato roía-me por dentro. (Graciliano Ramos)

b. Na tarde quente
as folhas aplaudindo
a brisa fresca (Gustavo Alberto C. Pinto)

c. Vocês, com a casa cheia de amigos divertidos é melhor do que casa sozinha, sem ninguém, triste. (*Entrevistas do Pasquim*)

d. Há um silêncio de antes de abrir-se um telegrama urgente
há um silêncio de um primeiro olhar de desejo
há um silêncio trêmulo de teias ao apanhar uma mosca... (Mário Quintana)

e. Leão sabia de tudo e da vida de todos na cidade. Tivera várias profissões, conhecia meio mundo. (José Condé)

f. Sentia-me preso como um cachorro acorrentado, como um urubu atraído pela carniça. (Graciliano Ramos)

g. Então, como fidalgos camponeses, aceitamos a mesa.

h. Estou cansado; quero parar, engordar, morrer. (Rubem Braga)

i. Estou muda que nem uma lua. (Clarice Lispector)

j. Choveu gol no coletivo do campeão. (*Jornal da Bahia*)

k. [...] há quanto tempo não se azeitavam aquelas dobradiças... (Lúcio Cardoso)

l. O bonde passa cheio de pernas:
Pernas brancas pretas amarelas. (Carlos Drummond de Andrade)

m. Vai haver verde,
verde do bom:
verde nos galhos,
verde na terra,
verde em ti, Zefa... (Jorge de Lima)

n. Infeliz de mim que fui me apaixonar por uma mulher sem piedade, sem coração, sem nada. (Lúcio Cardoso)

o. [...] quando alguém me chamou. Olhei: um velho louro,
e claro, e vagaroso, e belo, na luz de ouro... (Guilherme de Almeida)

p. Falavam em Deus e só pensavam no diabo. (Otávio de Faria)

q. – Chama-me Natureza ou Pandora; sou tua mãe e tua inimiga. (Machado de Assis)

r. Florentino caiu com febre três dias em que delirou e esteve às portas da morte. (João Ribeiro)

s. A tristeza rouca dos sapos substitui os violões calados. (Joel Silveira)

t. Dona Gertrudes abriu a guilhotina da boca e degolou o silêncio. (Dias da Costa)

u. Minha mãe, por delicadeza, ouvia a enxurrada de maledicências que lhe saía da boca. (Dias da Costa)

v. No céu claro a lua sorria um sorriso canalha. (Dias da Costa)

x. E todos os que privam com o sr. Felisberto exclamam cheios de entusiasmo:
– Que homem simpático!
– Que bela criatura!
– É uma pérola! (França Júnior)

2. Faça o mesmo que na atividade anterior:

a. [...] conversar, contar casos do escritório que matavam a namorada de tanto rir. (Marques Rebelo)

b. Em mim se apoiava,
Em mim se firmava,
Em mim descansava,
Que filho lhe sou. (Gonçalves Dias)

c. Minha mãe de saudades morreria
Se eu morresse amanhã! (Álvares de Azevedo)

d. Na guerra os meus dedos disparam mil mortes. (Junqueira Freire)

e. Querida, ao pé do leito derradeiro
Em que descansas dessa longa vida... (Machado de Assis)

f. Não mais afagaria seus bichinhos. Nem o braço macio de Da. Sinhá. Nem as suas pelúcias. Nem os seus veludos. Nem o pelo de Ioiô Gato. (Gilberto Freyre)

g. A saudade é o revés do parto. (Chico Buarque)

h. [...] com gentil descortesia,
o Ar [...] te espalha a rica trança... (Gregório de Matos)

i. Fulgores flavos de festins flamantes... (Cruz e Sousa)

3. Identifique as três figuras do poema:

Campina ao sol

Quando o vento
coça as suas costas
no capim alto
cada folha
é um espelho que se dobra
cada talo
é uma lâmina de céu.

(Marina Colasanti)

4. As metáforas destacadas apresentam apenas um termo. Interprete-o:

a. Calor. E as **ventarolas** das palmeiras
e os **leques** das bananeiras
abanam devagar. (Guilherme de Almeida)

b. Antônio, o dos verdes olhos
prometendo **maremotos**. (Ilka B. Laurito)

c. O céu revestiu uma **couraça branca**. (Murilo Mendes)

5. Identifique a figura de linguagem em torno da qual se estrutura cada texto:

a. Ele era um pobre verme e, como tal, de rastro,
Vegetava no lodo, enquanto que ela – um astro,
Uma estrela formosa, esplêndida, luzente,
Campeava em pleno azul da abóbada silente. (Antônio Mendes Martins)

b. A morte do jangadeiro

[...]
Em brancos véus de espuma o desditoso
Envolve e traga a onda intumescida,
Dando-lhe, assim, mortalha e sepultura
O mesmo mar que o pão lhe dera em vida. (Pe. Antônio Tomaz)

c. – Mamãe, vi um filhote de furacão, mas tão filhotinho ainda, tão pequeno ainda, que só fazia mesmo era rodar de leve umas três folhinhas na esquina... (Clarice Lispector)

d. Alguns dias depois, deu-se o evento. Seu Irineu pisou no prego e esvaziou. Apanhou um resfriado, do resfriado passou à pneumonia, da pneumonia passou ao estado de coma e do estado de coma não passou mais. (Stanislaw Ponte Preta)

e. – Mas você não tem vontade de ficar na rua, tomar uns chopes...
– Não diga essa palavra!
– Que palavra?
– Não posso dizer.
– Chope?
– É.
– Mas você não pode dizer nem a palavra?
– Não. Senão eu chego em casa, minha mulher cheira o meu hálito e diz:
"Você andou dizendo Chope". Ai meu Deus, agora eu já disse... (Luis Fernando Verissimo)

6. Identifique se no trecho seguinte ocorre gradação ou simples enumeração:

[...] sempre nos faltara aproveitamento da vida, aquele gosto pelas felicidades materiais, um vinho bom, uma estação de águas, aquisição de geladeira, coisas assim. (Mário de Andrade)

7. Os recursos expressivos das canções aproveitam a sonoridade das palavras para acentuar as características rítmicas da música.

Leia atentamente a letra da canção abaixo observando os efeitos que as figuras fonéticas produzem (se possível, ouça a canção) para resolver as questões seguintes.

Qualquer coisa

Caetano Veloso

Esse papo já tá qualquer coisa
Você já tá pra lá de Marrakesh
Mexe qualquer coisa dentro, doida
Já qualquer coisa doida, dentro, mexe

Não se avexe não, baião de dois
Deixe de manha, deixe de manha
Pois, sem essa aranha, sem essa aranha, sem essa aranha
Nem a sanha arranha o carro
Nem o sarro arranha a Espanha
Meça tamanha, meça tamanha
Esse papo seu já tá de manhã

Berro pelo aterro, pelo desterro
Berro por seu berro, pelo seu erro
Quero que você ganhe, que você me apanhe
Sou o seu bezerro gritando mamãe
Esse papo meu tá qualquer coisa e você tá pra lá de Teerã

(VELOSO, Caetano. *Qualquer coisa*. Polygram, 1975, faixa 1.)

a. Quais figuras predominam na canção?

b. O jogo com a sonoridade remete à estrutura de um trava-línguas. Localize na canção os trechos em que isso é mais evidente.

c. Nessa canção, o compositor consegue obter o efeito da harmonia imitativa? Explique.

8. Leia o texto abaixo:

História de coisa

O telefone pertence ao mundo das coisas. É um objecto vivo – faço questão de que seja "objecto" e não "objeto". O "c" é o osso duro do telefone. Ele é um ser doido. É valsa de Mefistófeles. A autópsia do telefone dá pedaços de coisas.

Às vezes, quando disco um número, **toca, toca, toca sem parar e ninguém atende: comunico-me pálida com o silêncio de uma casa oca. Até que não aguento a tensão e, nervosa, de súbito desligo, nós dois com taquicardia**.

O telefone é insolúvel. O telefone é sempre emergente. As palavras não são coisas, são espírito. O telefone não fala objectos, fala espírito.

Mas eu duvido da minha própria dúvida – e não sei mais o que é coisa e o que é eu diante da coisa. Ou se trata da tirania das palavras? Tomo cuidado para não pensar demais. Faz mal às palavras.

Mas o telefone obedece a uma lei inalterável e a um princípio eterno e dinâmico. Eu me ajusto à minha incerteza, certa da certeza do telefone.

Apesar de tantas conversas e palavras – o telefone é solitário. E mantém segredo. Indiscrição? Solitude.

O telefone é uma estrela. Ele se estrela todo estridente em gritos ao soar de repente em casa. Atendo, digo "Alô" – e ninguém fala. Ficou ouvindo a respiração de quem me ama e não tem coragem de falar comigo.

E quando o telefone nunca toca? A grande solidão: eu olho para ele e ele olha para mim. Ambos em estado de alerta.

Até que não aguento mais e disco o número de um amigo. Para quebrar o silêncio grande. **E quando eu me comunico com o sinal de comunicação? É um enigma: eu me comunico com um "não". Quando disco e dá sinal de ocupado, estou me comunicando com o sinal de comunicação. Com o próprio enigma, pois estou me comunicando com "não, não, não, não, não, não". E espero angustiada que o "não, não, não" se transforme em "sim, sim e sim"**. O sinal abençoado da chamada positiva de repente é: alô? de onde fala?

Eu queria saber se existe o número 777-7777. Se existe comunico-me com o além.

O telefone é como a girafa: nunca se deita. E, apesar de ser usual, é como a girafa: inusitado.

Sinto o telefone me esperar quando ele não estabelece logo uma ligação. Ouço uma respiração contida, contida, contida.

O telefone é um ser infeliz. Ele pode se desesperar e de repente transmitir uma notícia ruim que pega a gente desprevenida. Mas quando pode, dá notícia alegre. Eu então rio baixinho.

Não adianta me explicarem como funciona o telefone. Como é que eu disco um número em casa e outra casa responde? Raio laser? Não. Astronauta, sim. Como é que na Idade Média e na Renascença as pessoas se comunicavam?

Na Suíça a gente pede à telefonista para nos acordar a tal e tal hora. E também tem um serviço ótimo: a gente pergunta uma pergunta que só uma boa enciclopédia responderia. A telefonista pede para aguardar um prazo e depois telefona informando.

No Brasil demora meses ou até anos para a gente conseguir obter um telefone. Em New York um brasileiro pediu à telefonista para adquirir um telefone com muita urgência. Ela disse que não podia dar com urgência. O brasileiro desanimado perguntou quando conseguiria. Para seu pasmo, ela disse: só daqui a três dias.

Não digo o número de meu telefone porque é de grande segredo.

Meu telefone é vermelho.

Eu sou vermelha.

Tenho que interromper porque o telefone está tocando.

(LISPECTOR, Clarice. *Contos*. Rio de Janeiro: Francisco Alves, 1974. p. 1-2.)

a. Embora o texto acima seja em prosa, a autora utiliza amplamente as figuras fonéticas. Releia atentamente os trechos destacados e tente identificar neles aliterações, assonâncias e ecos.

b. Além das figuras fonéticas, há uma figura que, por sua importância ao longo de todo o texto, acaba por sustentá-lo. Que figura é essa? Explique.

c. Com que figura o narrador explica o telefone?

9. O texto abaixo é construído com base em uma figura semântica de substituição. Identifique-a.

Quando um pezinho nasce, não
conhece nada da vida.
Não sabe correr, pular nem dançar.
Os pezinhos precisam de uma
mamãe para lhes ensinar.
É ela quem ensina a dar os
primeiros passos.
É seu amor que mostra o caminho.
O pezinho é muito mais feliz
quando tem a mamãe ao lado.
E depois que ela ensinou o caminho,
Pé com Pé acompanha com o mesmo
amor todos os passos dos pezinhos.
Pé com Pé. Todo pezinho merece.

Anúncio publicitário de calçados infantis. *Criativa*. São Paulo: Globo, ed. 205, maio 2006.

10. Os *slogans publicitários* são enunciados curtos com forte carga informativa: devem, tamente, transmitir o máximo de informações possível, ou dar uma ideia bastante sig tiva do produto a que se referem. No texto abaixo, retirado da revista *Época*, as auto comentam esses slogans:

a. Localize o slogan construído com base numa lítotes. Relacione a definição de lítotes ao comentário feito pelas autoras do texto a respeito do slogan.

b. Em quais slogans há uma hipérbole?

c. Localize as antífrases irônicas presentes nos comentários sobre os slogans.

Garotas que Dizem Ni

Receita *voyeur*

Já foi dada a largada para o *Big Brother Brasil 4*! Mas a trupe de participantes anda tão manjada quanto elenco de novela do Manoel Carlos – que sempre tem uma Helena, uma filha chata ou doente e o Tony Ramos. Note bem: o *reality show* conta com a moça vitaminada, que sairá de lá direto para as capas das revistas masculinas; o fortão de camiseta estilo mamãe-olha-meus-músculos; a criatura batalhadora, de origem humilde, que só quer uma "oportunidade na vida"; e uma estrangeira, colocada na mistura para que o sotaque dê charme. Será que aparecem só esses mesmos tipos em busca de uma vaga? Uma coisa, porém, é certa: daqui a alguns meses teremos mais de uma dúzia de novos "ex-BBBs" à solta. Desse jeito, o mercado vai ficar saturado com tantos "profissionais"!

Superfantástico retorno

Faz uns bons 20 anos que esses cantores mirins entoavam sucessos infantis. A Turma do Balão Mágico, porém, nunca saiu completamente de cena. E, para a alegria (ou não) de quem viveu a década de 80, parece que os integrantes estão surgindo como coelhos detrás das moitas. Primeiro foi a Simony, que lançou disco, casou-se com um ex-presidiário (enquanto ele cumpria a pena) e teve um filho dele (enquanto ele cumpria a pena). Depois, Jairzinho retornou das cinzas crescido e adotando um nome menos, digamos, "cuti-cuti": Jair Oliveira. Qual não foi nossa surpresa, nesta semana, ao saber que o Mike, filho do famoso assaltante inglês Ronald Biggs, canta MPB e ostenta uma proeminente calvície lá na Inglaterra! Ainda que o único integrante conservado da turma seja o boneco Fofão, um reencontro histórico não seria nada mau. Fica apenas uma pergunta no ar: cadê o Toby, pelamordedeus?

Para bom entendedor...

...meia palavra basta. Mas, quando se trata de campanhas publicitárias, bem que o pessoal das agências de propaganda poderia ser menos econômico com as palavras e as idéias. Seguem dez exemplos de slogans tão engraçados quanto sintéticos!

❶ *É isso aí*
Depois do "emoção pra valer", a Coca-Cola adotou essa máxima. Mas que desfeita com o refrigerante. Ele é mais do que "isso aí"!

❷ *Tudo bem*
Agora o Carrefour usa o slogan "sempre o menor preço", mas a fase do "tudo bem" era mais divertida. Parecia conversa de comadre...

❸ *Just do it*
Mas quanta preguiça, hein? Nem para traduzir o slogan do inglês para o português? Se bem que ia ficar difícil entender um "Nike – apenas faça"

❹ *Omo faz. Omo mostra*
O sabão prova ser porreta lavando meias sujas de 300 pivetes. Com essa propaganda e essa frase, é tal qual um político em campanha

❺ *Abuse e use*
Muito cômodo apenas inverter o popular "use e abuse" e criar uma linha marqueteira. A C&A também poderia usar "role e deite", não?

❻ *Você em primeiro lugar*
Considerando que a Vivo divulga ter milhões e milhões de usuários, como todos podem estar em "primeiro lugar"?

❼ *1001 utilidades*
Além de servir para arear panelas e sintonizar melhor antena de televisor velho, não sabemos que outras 999 tarefas faz um bombril

❽ *Amo muito tudo isso*
O novo slogan do McDonald's parece ter sido criado pelo mestre Yoda, aquele que "ao contrário falava" no filme *Guerra nas Estrelas*

❾ *Só ele é assim*
Convenhamos, nem era preciso dar essa informação sobre o Campari. Que outra bebida tem aquela cor junto com aquele gostinho?

❿ *Ah!*
Esse é o campeão supremo do poder de síntese publicitário! "Kolynos – Ah!"?? Escovar os dentes dá mesmo sensação de frescor, mas não chega a nos tirar a fala, né?

País cenográfico

Sabiam que aquelas lindas paisagens mostradas na trilogia *O Senhor dos Anéis* pertencem à bela e afastada Nova Zelândia? Sabiam ainda que boa parte das gravações de *O Último Samurai*, que chega nesta semana aos cinemas, foi realizada na Nova Zelândia? Vocês adivinham onde será filmada a nova versão de *King Kong*, que chegará às telas em 2006? Ponto para quem disse "hum... Nova Zelândia"! O país da Oceania só pode estar alugando suas dependências para a indústria cinematográfica. E não importa nem o gênero do filme, já que as montanhas e os rios neozelandeses servem tanto para retratar o Japão quanto mundos paralelos. Se fizerem um filme sobre Marte em breve, pode contar: o planeta vermelho vai ser idêntico à Nova Zelândia.

Nota das Garotas: **Clarissa Passos, Flávia Pegorin** e **Viviana Agostinho** são jornalistas (que não se levam lá muito a sério), escrevem esta coluna semanalmente e mantêm um website independente. Escreva para elas em **garotas@edglobo.com.br**. As cartas devem ser encaminhadas com identificação, assinatura, endereço e telefone do remetente.

Acesse Garotas que Dizem Ni em www.epoca.com.br

ÉPOCA 19 DE JANEIRO, 2004

Fac-símile da página 92 da revista *Época*. São Paulo: Globo, n. 296, 16 jan. 2004.

Para bom entendedor...

... meia palavra basta. Mas, quando se trata de campanhas publicitárias, bem que o pessoal das agências de propaganda poderia ser menos econômico com as palavras e as ideias. Seguem dez exemplos de slogans tão engraçados quanto sintéticos!

1 ***É isso aí***

Depois do "emoção pra valer", a Coca-Cola adotou essa máxima. Mas que desfeita com o refrigerante. Ele é mais do que "isso aí"!

2 ***Tudo bem***

Agora o Carrefour usa o slogan "sempre o menor preço", mas a fase do "tudo bem" era mais divertida. Parecia conversa de comadre...

3 ***Just do it***

Mas quanta preguiça, hein? Nem para traduzir o slogan do inglês para o português? Se bem que ia ficar difícil entender um "Nike – apenas faça"

4 ***Omo faz. Omo mostra***

O sabão prova ser porreta lavando meias sujas de 300 pivetes. Com essa propaganda e essa frase, é tal qual um político em campanha

5 ***Abuse e use***

Muito cômodo apenas inverter o popular "use e abuse" e criar uma linha marqueteira. A C&A também poderia usar "role e deite", não?

6 ***Você em primeiro lugar***

Considerando que a Vivo divulga ter milhões e milhões de usuários, como todos podem estar em "primeiro lugar"?

7 ***1001 utilidades***

Além de servir para arear panelas e sintonizar melhor antena de televisor velho, não sabemos que outras 999 tarefas faz um bombril

8 ***Amo muito tudo isso***

O novo slogan do McDonald's parece ter sido criado pelo mestre Yoda, aquele que "ao contrário falava" no filme *Guerra nas Estrelas*

9 ***Só ele é assim***

Convenhamos, nem era preciso dar essa informação sobre o Campari. Que outra bebida tem aquela cor junto com aquele gostinho?

10 ***Ah!***

Esse é o campeão supremo do poder de síntese publicitário! "Kolynos – Ah!"?? Escovar os dentes dá mesmo sensação de frescor, mas não chega a nos tirar a fala, né?

Questões do Enem e de vestibulares

1. (Enem) Leia com atenção o texto:

> [Em Portugal], você poderá ter alguns probleminhas se entrar numa loja de roupas desconhecendo certas sutilezas da língua. Por exemplo, não adianta pedir para ver os ternos – peça para ver os fatos. Paletó é casaco. Meias são peúgas. Suéter é camisola – mas não se assuste, porque calcinhas femininas são cuecas. (Não é uma delícia?)
>
> (Ruy Castro, *Viaje Bem*, ano VIII)

O texto destaca a diferença entre o português do Brasil e o de Portugal quanto

a. ao vocabulário.
b. à derivação.
c. à pronúncia.
d. ao gênero.
e. à sintaxe.

2. (Enem)

> Só falta o Senado aprovar o projeto de lei [sobre o uso de termos estrangeiros no Brasil] para que palavras como shopping center, delivery e drive-through sejam proibidas em nomes de estabelecimentos e marcas. Engajado nessa valorosa luta contra o inimigo ianque, que quer fazer área de livre comércio com nosso inculto e belo idioma, venho sugerir algumas outras medidas que serão de extrema importância para a preservação da soberania nacional, a saber:
>
> ....
>
> - Nenhum cidadão carioca ou gaúcho poderá dizer "Tu vai" em espaços públicos do território nacional;
> - Nenhum cidadão paulista poderá dizer "Eu lhe amo" e retirar ou acrescentar o plural em sentenças como "Me vê um chopps e dois pastel";
>
> ....
>
> - Nenhum dono de borracharia poderá escrever cartaz com a palavra "borraxaria" e nenhum dono de banca de jornal anunciará "Vende-se cigarros";
>
> ....
>
> - Nenhum livro de gramática obrigará os alunos a utilizar colocações pronominais como "casar-me-ei" ou "ver-se-ão".
>
> (Daniel Piza. Uma proposta imodesta. *O Estado de S. Paulo*, 8 abr. 2001.)

No texto, o autor

a. mostra-se favorável ao teor da proposta por entender que a língua portuguesa deve ser protegida contra deturpações de uso.
b. ironiza projeto de lei ao sugerir medidas que inibam determinados usos regionais e socioculturais da língua.
c. denuncia o desconhecimento de regras elementares de concordância verbal e nominal pelo falante brasileiro.
d. revela-se preconceituoso em relação a certos registros linguísticos ao propor medidas que os controlem.
e. defende o ensino rigoroso da gramática para que todos aprendam a empregar corretamente os pronomes.

3. (UFC-CE) O quadro abaixo apresenta pares de palavras nos quais as alterações gráficas indicam as alterações sonoras das respectivas variantes dialetais.

acredita → credita	metade → ametade
alemão → alamão	pântanos → pantanos
assim → ansim	precisão → percisão
brava → braba	rastro → rasto
haverá → havéra	sedutor → sudutor

Transcreva os pares de palavras no espaço em que se descrevem as alterações sonoras ocorridas entre a forma culta e a variante dialetal. Todos os pares deverão ser transcritos; portanto, em algumas células, haverá mais de um par.

Acréscimo de fonema:

Supressão de fonema:

Deslocamento de fonema:

Deslocamento de acento tônico:

Transformação de fonema oral em nasal:

Transformação de fonema vocálico oral em outro fonema vocálico oral:

Transformação de fonema consonantal em outro fonema consonantal:

4. (Unifor-CE) Na expressão **tirania diária** encontram-se, respectivamente:

a. três hiatos.

b. dois ditongos e um hiato.

c. dois hiatos e um ditongo.

d. um hiato e dois ditongos.

e. um ditongo e dois hiatos.

5. (Cesama-AL) Qual das alternativas completa corretamente as lacunas das construções a seguir?

I. Ele tem cara de ■.

II. Pratique o bem e evite o ■.

III. Ele sempre foi ■ pagador.

IV. ■ saiu de casa, a chuva começou.

a. mau – mau – mal – Mau

b. mau – mal – mal – Mal

c. mal – mau – mal – Mal

d. mau – mal – mau – Mau

e. mau – mal – mau – Mal

6. (Cesama-AL) Preencha convenientemente as lacunas das construções seguintes e indique a sequência obtida.

I. O meu irmão agiu com muita ■.

II. Na ■ em que trabalho, não há muito o que fazer.

III. Não calculei o ■ da sala.

IV. Estou certa de que tais ■ devem acabar.

a. descrição – seção – cumprimento – previlégios

b. discrição – cessão – comprimento – privilégios

c. descrição – sessão – cumprimento – privilégios

d. discrição – seção – comprimento – privilégios

e. discrição – seção – comprimento – previlégios

7. (Cesama-AL) Em que alternativa todas as palavras são escritas com **x**?

a. ■u■u, e■plicar, e■terminar

b. bre■a, be■iga, en■ergar

c. en■aguar, en■ada, trou■a

d. pi■e, li■o, abaca■i

e. en■uto, gan■o, ro■edo

8. (Fuvest-SP)

A televisão tem de ser vista ■ um prisma crítico, principalmente as telenovelas, ■ audiência é significativa. Temos de procurar saber ■ elas prendem tanto os telespectadores.

Preenchem de modo correto as lacunas acima, respectivamente,

a. a nível de / as quais a / por que.

b. sobre / que / porquê.

c. sob / cuja / por que.

d. em nível de / cuja a / porque.

e. sob / cuja a / porque.

(UEM-PR) Leia o texto a seguir para responder às questões **9** e **10**.

Você é traficante?

Você é traficante?

– Sou. Mas sou também um sinal de novos tempos. Como sou sujo e pobre, vocês nunca me olharam durante décadas. Eu era inofensivo, uns roubos, uns assaltos, mas tudo bem... Vocês até me romantizavam... o Mineirinho, o Cara de Cavalo... Na época, era mole resolver o problema da miséria... O diagnóstico era óbvio: migração rural, seca, desnível de renda... A solução é que nunca vinha... Os mendes de morais, os lacerdas, os negrões de lima, os chagas, os brizolas... que fizeram? Nada. O governo federal alguma vez alocou uma verba para nós? Nós éramos invisíveis... Quando havia um desabamento, algo assim, éramos, no máximo, manchete de jornal e motivo de angústia para uns intelectuaizinhos como você. Agora, arranjamos emprego na multinacional do pó... E vocês estão morrendo de medo... Danem-se... Nós somos o início tardio de vossa consciência social... Ha ha...

– Mas... a solução seria...

– Solução? A ideia de solução já é um erro. Não há mais solução, cara... Já olhou o tamanho das 450 favelas do Rio? Já andou de helicóptero por cima da periferia de S. Paulo? O máximo que vocês podem fazer são esses movimentozinhos pela cidadania... cadê os bilhões de dólares para uma solução profunda? Só que, agora, vocês não têm mais a grana... Está tudo reservado para manter a estabilidade fiscal, que pode ir para o brejo a qualquer momento... Vocês estão com um bode por fora e outro bode por dentro. O capital financeiro fora e nós dentro. E os bodes vão se encontrar no infinito sujo de vosso destino... Gostou da frase? Sou culto; ouve outra: Capitalismo selvagem gera revolta primitiva. Aliás, tomara que quebre tudo... Vai ser mais fácil pra nós pilharmos vossas ruínas... ha ha...

– Você não tem medo de morrer?

– Estamos no centro do insolúvel, mermão... Vocês no bem e eu no mal e, no meio, a fronteira da morte, a única fronteira. Vocês têm medo de morrer, eu não. Nós somos homens-bomba. Na favela, tem 100 mil homens-bomba... E... Já somos uma outra espécie, já somos outros bichos, diferentes de vocês. A morte pra vocês é um drama cristão numa cama, no ataque do coração... a morte para nós é o presunto diário, desovado numa vala... Vocês intelectuais não falavam em luta de classes, em seja marginal seja herói? Ha ha... aí está... Vocês nunca esperavam esses guerreiros do pó, né? Esse parangolé todo, né? Vocês deviam era expor a gente na Bienal, como instalação...

– O que mudou nas periferias?

– A gente hoje tem uma coisa chamada Poder... Por que transferiram o Beira Mar para Bangu 1? Pois é... lá ele manda... Você acha que quem tem 40 milhões de dólares não manda? Com 40 milhões, a prisão é um hotel, um escritório... Qual a polícia que vai queimar essa mina de ouro? Pelo amor de deus... nêgo chama ele até de doutor, tá ligado?

(Texto adaptado de www.josegeraldomartinez.hpg.ig.com.br/arnaldo.htm)

9. Assinale o que for correto, em relação ao texto.

a. O traficante afirma que ele é um sinal de novos tempos (linhas 2 e 3). Essa expressão usada, muitas vezes, para se referir a tempos de paz, no texto, refere-se a uma configuração diferente da situação do tráfico no país, que adquiriu uma dimensão incontrolável.

b. Em "Os mendes de morais, os lacerdas, os negrões de lima, os chagas, os brizolas..." (linhas 10, 11 e 12), o autor fez uso da derivação imprópria para tornar comuns sobrenomes de famílias importantes e, assim, mostrar que todos aqueles que se inserem nesses grupos de fazendeiros ou de grandes proprietários de terras poderiam ter feito algo para mudar o percurso da realidade brasileira, mas não o fizeram.

c. "Beira Mar" (linha 59) foi formado por composição por justaposição, pois tornou próprio um nome comum, no caso o do traficante Fernandinho Beira Mar.

d. Em "Nós somos homens-bomba." (linhas 45 e 46), "homens-bomba" é uma palavra formada por composição por justaposição, cujo primeiro elemento revela que os traficantes seriam iguais aos demais seres humanos, pois são homens: já o segundo elemento da composição aponta em que medida eles se diferenciam, uma vez que são bombas ambulantes que podem explodir a qualquer momento.

e. O plural de "homem-bomba" é "homens-bomba" (linhas 45 e 46), porque esse composto é formado por dois substantivos, sendo o último elemento o determinante do primeiro.

f. Em "A morte pra vocês é um drama cristão numa cama... a morte para nós é o presunto diário..." (linhas 48 a 51), as locuções adjetivas "drama cristão" e "presunto diário" evidenciam duas concepções diferenciadas de morte.

10. A partir do emprego dos elementos linguísticos no texto, assinale o que for correto.

a. Em "desnível" (linha 9), "des" é um prefixo com valor de "ação contrária": desnível de renda. Em "desovado" (linha 51), o mesmo prefixo tem valor de "pôr para fora": "desovado numa vala".

b. Em "desabamento" (linha 15), temos um nome substantivo formado a partir de um verbo, por meio do sufixo "-mento", cuja ideia, no texto, é a de "resultado de ação", ou seja, ação de desabar.

c. O verbo "desabar", a partir do qual se formou "desabamento" (linha 15), formou-se por derivação parassintética, ou seja, ao substantivo "aba" foram acrescentados, simultaneamente, o prefixo des-, com valor de "para baixo", e o sufixo -ar; formador de verbos.

d. Ao empregar o sufixo diminutivo em "intelectuaizinhos" (linha 17) e em "movimentozinhos" (linha 28), o autor quis expressar-se pejorativamente em relação aos substantivos "intelectuais" e "movimentos".

e. O substantivo "ataque" (linha 50), na expressão "ataque do coração", formou-se a partir do verbo "atacar", por meio do processo de formação de palavras conhecido como derivação imprópria.

f. O prefixo "in-", em "inofensivo" (linha 4), "invisíveis" (linha 14) e "insolúvel" (linha 42), tem valor de negação, e o uso gradativo das três expressões no texto revela o histórico da realidade do tráfico no Brasil.

11. (FGV-SP) Assinale, abaixo, a alternativa em que a ordem das preposições complete adequadamente as lacunas.

I. Automóvel ■ cujas rodas falei já foi vendido.
II. Terreno ■ cuja compra me referi foi vendido ontem.
III. É uma empresa ■ cujas reuniões participo.
IV. A encomenda ■ cujo portador eu esperava chegou atrasada.
V. Esta é uma firma ■ cujos produtos trabalho.

a. de, a, de, por, com.
b. em, de, a, com, com.
c. de, a, a, por, com.
d. a, com, a, sobre, de.
e. por, ante, contra, para, perante.

12. (Enem) A crônica muitas vezes constitui um espaço para reflexão sobre aspectos da sociedade em que vivemos.

"Eu, na rua, com pressa, e o menino segurou no meu braço, falou qualquer coisa que não entendi. Fui logo dizendo que não tinha, certa de que ele estava pedindo dinheiro. Não estava. Queria saber a hora.

Talvez não fosse um Menino De Família, mas também não era um Menino De Rua. É assim que a gente divide. Menino De Família é aquele bem-vestido com tênis da moda e camiseta de marca, que usa relógio e a mãe dá outro se o dele for roubado por um Menino De Rua. Menino De Rua é aquele que quando a gente passa perto segura a bolsa com força porque pensa que ele é pivete, trombadinha, ladrão.

[...] Na verdade não existem meninos De rua. Existem meninos NA rua. E toda vez que um menino está NA rua é porque alguém o botou lá. Os meninos não vão sozinhos aos lugares. Assim como são postos no mundo, durante muitos anos também são postos onde quer que estejam. Resta ver quem os põe na rua. E por quê."

(Marina Colasanti. *Eu sei, mas não devia.* Rio de Janeiro: Rocco, 1999.)

No terceiro parágrafo em "... não existem meninos <u>De</u> rua. Existem meninos <u>NA</u> rua.", a troca do <u>De</u> pelo <u>Na</u> determina que a relação de sentido entre "menino" e "rua" seja

a. de localização e não de qualidade.
b. de origem e não de posse.
c. de origem e não de localização.
d. de qualidade e não de origem.
e. de posse e não de localização.

13. (FGV-SP) Observe os períodos abaixo e escolha a alternativa correta em relação à ideia expressa, respectivamente, pelas conjunções ou locuções *sem que, por mais que, como, conquanto, para que*.

I. Sem que respeites pai e mãe, não serás feliz.
II. Por mais que corresse, não chegou a tempo.
III. Como não tivesse certeza, preferiu não responder.
IV. Conquanto a enchente lhe ameaçasse a vida, Gertrudes negou-se a abandonar a casa.
V. Mandamos colocar grades em todas as janelas para que as crianças tivessem mais segurança.

a. Condição, concessão, causa, concessão, finalidade.
b. Concessão, causa, concessão, finalidade, condição.
c. Causa, concessão, finalidade, condição, concessão.
d. Condição, finalidade, condição, concessão, causa.
e. Finalidade, condição, concessão, causa, concessão.

14. (UFV-MG)

"[...] **só** foi achado na cidade um mísero documento – e não é dos mais esclarecedores [...]!"

Assinale a alternativa em que o termo sublinhado apresenta significado DISTINTO daquele proposto no fragmento acima:

a. <u>Só</u>, estende os braços e não encontra qualquer tipo de apoio.
b. Nunca escolha uma profissão <u>só</u> pelas vantagens econômicas.
c. De todas as leituras, ele <u>só</u> conseguiu fazer uma delas.
d. Trabalharão naquele prédio <u>só</u> secretárias.
e. Embora tenha <u>só</u> 33 anos, é uma ótima profissional.

15. (UFJF-MG)

"[...] Porém, numa civilização massificada, onde predominem os meios **não literários**, paraliterários ou **subliterários**, como os citados, tais públicos restritos [...]"

Em relação aos termos destacados acima:

a. identifique os processos de formação das palavras **não literários** e **subliterários**.

b. explique os significados adquiridos pelos dois termos como resultado desses processos de formação.

16. (ESPM) O processo de formação de palavra do neologismo "malufar" consiste em acrescentar ao substantivo próprio "Maluf" uma desinência verbal. O mesmo ocorre em:

a. "A fúria desse front / Virá lapidar o sonho / Até gerar o som / Como querer caetanear / O que há de bom." ("Sina", Djavan)

b. "Voltamos a claudicar na finalização, mas está tudo em aberto para os jogos seguintes." (www.futsalportugal.com.pt)

c. "Aos tantos, não parava, andorinhava, espiava agora." ("Partida do audaz navegante", Guimarães Rosa)

d. "Não vá, vem cá / Me amar cantarolar / Menina / No embalo dessa dança sambareguear / Sambareguear, sambareguear..." ("Sambaguerrear", Rapazolla)

e. "Nesse momento um mulato da maior mulataria trepou numa estátua e principiou um discurso entusiasmado explicando pra Macunaíma que era o dia do Cruzeiro." (*Macunaíma*, Mário de Andrade)

17. (Fuvest-SP) Um dos recursos expressivos de Guimarães Rosa consiste em deslocar palavras da classe gramatical a que elas pertencem.

Destas frases de "Sorôco, sua mãe, sua filha", a única em que isso NÃO ocorre é:

a. "... os mais detrás quase que corriam. Foi o de não sair mais da memória."

b. "... não queria dar-se em espetáculo, mas representava de outroras grandezas."

c. "... mas depois puxando pela voz ela pegou a cantar."

d. "... sem jurisprudência, de motivo nem lugar, nenhum, mas pelo antes, pelo depois."

e. "... ela batia com a cabeça, nos docementes."

18. (Unifor-CE) O mesmo sentido dos sufixos formadores dos substantivos **carpinteiro** e **relojoeiro** está nas palavras

a. jornalista e secretário.

b. partida e perdição.

c. civismo e timidez.

d. folhagem e casario.

e. livraria e vidraça.

19. (ESPM) Em meio a um dos depoimentos nas Comissões Parlamentares de Inquérito em Brasília, o então ministro e deputado federal José Dirceu, ante as acusações, soltou um "eu repilo", forma verbal da 1ª pessoa do singular do presente do indicativo do verbo REPELIR. Dos verbos abaixo, pertencentes ao grupo do verbo REPELIR, um apresenta conjugação errônea. Assinale-a:

a. CERZIR: eu cerzo meu paletó.

b. ADERIR: eu adiro às suas ideias.

c. COMPETIR: eu compito com você nessa carreira.

d. DESPIR: eu dispo a roupa rapidamente.

e. DISCERNIR: eu discirno um fato do outro.

20. (PUCC-SP)

Será preciso esperar mais quatro anos para que boa parte da humanidade possa de novo acessar, via satélite, imagens de disputas internacionais em que as regras do jogo e o talento humano triunfam sobre a irracionalidade e a violência.

Na frase acima,

a. as formas verbais *será* e *possa* expressam, ambas, uma conjectura e não uma realidade.

b. boa (boa parte) está empregado em uso informal, com o mesmo valor e função notados em "Eles escaparam de uma boa!".

c. a expressão *de novo* exerce a função de adjunto adnominal, equivalendo a "de maneira redundante".

d. a expressão intercalada "via satélite" expressa uma noção de meio.

e. *em que* tem como referente imagens.

21. (Fuvest-SP)

Orientação para uso deste medicamento: antes de você usar este medicamento, verifica se o rótulo consta as seguintes informações, seu nome, nome de seu médico, data de manipulação e validade e fórmula do medicamento solicitado.

a. Há no texto desvios em relação à norma culta. Reescreva-o, fazendo as correções necessárias.

b. A que se refere, no contexto, o pronome *seu* da expressão "seu nome"? Justifique sua resposta.

22. (UnB-DF)

Amar

Que pode uma criatura senão,
entre criaturas, amar?

amar e esquecer,
amar e malamar,
amar, desamar, amar?
sempre, e até de olhos vidrados, amar?

Que pode, pergunto, o ser amoroso,
sozinho, em rotação universal, senão
rodar também, e amar?
amar o que o mar traz à praia,
o que ele sepulta, e o que, na brisa marinha,
é sal, ou precisão de amor, ou simples ânsia?

Amar solenemente as palmas do deserto,
o que é entrega ou adoração expectante,
e amar o inóspito, o áspero,
um vaso sem flor, um chão de ferro,
e o peito inerte, e a rua vista em sonho, e uma [ave de rapina.

Este o nosso destino: amor sem conta,
distribuído pelas coisas pérfidas ou nulas,
doação ilimitada a uma completa ingratidão,
e na concha vazia do amor a procura medrosa
paciente, de mais e mais amor.

Amar a nossa falta mesma de amor, e na [secura nossa
amar a água implícita, e o beijo tácito, e a sede [infinita.

(Carlos Drummond de Andrade. Claro enigma. *Poesia completa e prosa.* Rio de Janeiro: José Aguiar, 1973. p. 247.)

Com referência aos elementos formais, temáticos e estilísticos do texto, julgue os itens subsequentes.

a. O verbo **amar**, tema do poema, é sempre empregado intransitivamente, como ilustrado no título.
b. No verso 15, os vocábulos "inóspito" e "áspero" são empregados como substantivos.
c. No verso 18, verifica-se o emprego estilístico de "Este", que poderia, sem prejuízo dos mecanismos de referencialidade do trecho, ser substituído por **Esse** ou **Aquele**.
d. No poema, o eu-lírico explora a função expressiva da linguagem.

23. (UFV-MG)

"A dependência do tabaco também aumenta as desigualdades sociais porque muitos trabalhadores fumantes, além de perderem a saúde, gastam com cigarros o que poderia ser usado em alimentação e educação."

Os tempos verbais assumem vários valores semânticos. Na passagem lida, a forma verbal "poderia" exprime:

a. ação costumeira e habitual.
b. ação relativa ao passado.
c. ação de suposição.
d. ação definitiva.
e. ação de ordem ou pedido.

24. (Fuvest-SP) Entre as mensagens abaixo, a única que está de acordo com a norma escrita culta é:

a. Confira as receitas incríveis preparadas para você. Clica aqui!
b. Mostra que você tem bom coração. Contribua para a campanha do agasalho!
c. Cura-te a ti mesmo e seja feliz!
d. Não subestime o consumidor. Venda produtos de boa procedência.
e. Em caso de acidente, não siga viagem. Pede o apoio de um policial.

25. (FGV-SP) Assinale a alternativa que completa corretamente as lacunas da frase: "Eu ■ encontrei ontem, mas não ■ reconheci porque ■ anos que não ■ via".

a. lhe, lhe, há, lhe.
b. o, o, haviam, o.
c. lhe, o, havia, lhe.
d. o, lhe, haviam, o.
e. o, o, havia, o.

26. (ITA-SP) O emprego de "o mesmo", comumente criticado por gramáticos, é usado, muitas vezes, para evitar repetição de palavras ou ambiguidade. Aponte a opção em que o uso de "o mesmo" não assegura clareza na mensagem.

a. Esta agência possui cofre com fechadura eletrônica de retardo, não permitindo a abertura do mesmo fora dos horários programados. (Cartaz em uma agência dos Correios)
b. A reunião da Associação será na próxima semana. Peço a todos que confirmem a participação na mesma. (Mensagem, enviada por e-mail, para chamada dos associados para uma reunião)
c. Antes de entrar no elevador, verifique se o mesmo se encontra parado neste andar. (Lei 9.502)
d. Após o preenchimento do questionário para levantamento de necessidade de treinamento, solicito a devolução do mesmo a este Setor. (Ofício de uma instituição pública)

e. A grama é colhida, empilhada e carregada sem contato manual, portanto a manipulação fica restrita à descarga do caminhão manualmente ao lado do mesmo. (Folheto de instruções para plantio de grama na forma de tapete de grama)

27. (Fuvest-SP)

"O que dói nem é a frase (Quem paga seu salário sou eu). Mas a postura arrogante. Você fala e o aluno nem presta atenção, como se você fosse uma empregada."

(Adaptado de entrevista dada por uma professora. *Folha de S.Paulo*, 3 jun. 2001.)

a. A quem se refere o pronome você, tal como foi usado pela professora? Esse uso é próprio de que variedade linguística?

b. No trecho "como se você fosse uma empregada", fica pressuposto algum tipo de discriminação social?

28. (UFPE/UFRPE) (Adaptado) "Já não se usa mais a primeira pessoa, tanto do singular como do plural: tudo é 'a gente'". Sobre os usos dos pronomes pessoais, no português brasileiro, analise as afirmações a seguir.

1. A forma 'a gente', que tem prevalecido em relação a 'nós', é uma das marcas do uso informal da língua.
2. Uma construção como 'nós estudamos' apresenta duas marcas de 'pessoa', uma das quais se encontra inserida na forma verbal.
3. Podemos afirmar que a forma 'vós', para designar a segunda pessoa do plural, foi, na língua corrente, substituída pela forma 'vocês'.
4. Nos usos do Brasil, convivem duas formas de segunda pessoa do singular: 'tu' e 'você'.

Estão corretas:

a. 1 e 4 apenas

b. 1 e 3 apenas

c. 2 e 3 apenas

d. 2, 3 e 4 apenas

29. (Fuvest-SP) Em que frase o espaço em branco deve ser preenchido apenas com pronome relativo e não com pronome relativo regido de preposição?

a. Trata-se de joias de família ■ jamais me desfarei.

b. O candidato expôs planos ■ ninguém confiou.

c. Nesta rua, os serviços ■ você tem acesso são inúmeros.

d. Foi positivo o resultado ■ a empresa atingiu.

e. Eis o documento ■ cópia me refiro.

30. (UFJF-MG)

"[...] Resultam daí os relatos supostamente isentos, por trás dos quais o jornalista se esconde como se sua pessoa [...]" (5º parágrafo, linhas 33 e 34)

"[...] A máxima segundo a qual quem deve aparecer é o fato [...]" (5º parágrafo, linhas 35 e 36)

"[...] A segunda variante pela qual o jornalista simula neutralidade [...]" (6º parágrafo, linha 41)

Observa-se, nos exemplos acima, o uso dos pronomes relativos, de acordo com a língua-padrão. Em qual dos exemplos abaixo há a VIOLAÇÃO da regra desse uso?

a. "Esse é o livro de Bucci sobre o qual lhe falei o mês passado."

b. "Todas as pessoas com quem converso têm a mesma visão sobre jornalismo."

c. "A neutralidade da qual se cobra dos jornalistas é motivo de polêmica ainda hoje."

d. "As diversas tendências do jornalismo sobre as quais dissertou Bucci ganharam destaque na revista Isto Sim."

e. "O princípio segundo o qual o jornalista não deve se envolver com a matéria é bastante relativo."

31. (UFRGS)

O problema Neruda

Há cem anos nasceu o poeta mais popular de língua espanhola, com uma obra cuja força lírica supera todos os seus defeitos.

Sem dúvida, há um "problema Pablo Neruda". Foi o outro grande poeta chileno, seu contemporâneo Nicanor Parra (depois de passar toda uma longa vida injustamente à sombra de Neruda), quem o formulou com maliciosa concisão: "Existem duas maneiras de refutar Neruda: uma é não lê-lo; a outra, lê-lo de má-fé. Tenho praticado as duas, mas nenhuma deu resultado". A frase de Parra descreve o dilema de várias gerações de leitores. Ninguém duvida, ou nega seriamente, que Neruda, cujo centenário de nascimento se comemora no dia 12 deste mês, seja um grande poeta – dos maiores do século 20. Mas quase todos os leitores mais exigentes preferem outros poetas, enquanto os mais fiéis nerudistas admiram incondicionalmente o pior de uma vasta obra muito desigual na sua qualidade. Entre matronas sentimentais e moçoilas de tornozelos sujos, garotos tresnoitados e velhos saudosos do stalinismo, Neruda parece quase naufragar sob o peso de sua popularidade. Mas sempre volta a emergir, triunfante e definitivo, de toda leitura de boa-fé.

(Adaptado de: Hugo Estenssoro. *Bravo*. v. 7, n. 82, p. 65. jul. 2004.)

Entre as alterações sugeridas abaixo, assinale a que mantém o sentido original e a correção do trecho **com uma obra cuja força lírica supera todos os seus defeitos** (linhas 2 e 3).

a. com uma obra cujos defeitos são todos superados pela sua força lírica.
b. cuja força lírica da obra supera todos os seus defeitos.
c. cujos defeitos são todos superados pela força lírica de sua obra.
d. com cuja força lírica superou todos os defeitos de sua obra.
e. cuja obra supera todos os defeitos através de sua força lírica.

32. (FGV-SP)

A China detonou uma bomba e pouca gente percebeu o estrago que ela causou. Assim que abriu as portas para as multinacionais oferecendo mão de obra e custos muito baratos, o país enfraqueceu as relações de trabalho no mundo. Em uma recente análise, a revista inglesa *The Economist* mostra que a entrada da China, da Índia e da ex-União Soviética na economia mundial dobrou a força de trabalho. Com isso, o poder de barganha de sindicatos do mundo inteiro teria se esfacelado. Provavelmente por isso, diz a revista, salários e benefícios tenham crescido apenas 11% desde 2001 nas empresas privadas dos Estados Unidos, ante 17% nos cinco anos anteriores.

(*Você S/A*, set. 2005.)

A. a. Transcreva uma oração do texto introduzida pelo pronome relativo *que*.
   b. Qual é o antecedente desse pronome, isto é, a palavra a que ele se refere?
   c. Qual é a função sintática desse pronome na oração em que se encontra?

B. Transcreva dois trechos do texto em que há emprego de figura de linguagem e informe de que figura se trata, em cada caso.

C. Comente o efeito de sentido produzido pelo emprego do futuro do pretérito em "... o poder de barganha... teria se esfacelado." e do advérbio *provavelmente* (parte final do texto).

33. (Fuvest-SP)

História estranha

Um homem vem caminhando por um parque quando de repente se vê com sete anos de idade. Está com quarenta, quarenta e poucos. De repente dá com ele mesmo chutando uma bola perto de um banco onde está a sua babá fazendo tricô. Não tem a menor dúvida de que é ele mesmo. Reconhece a sua própria cara, reconhece o banco e a babá. Tem uma vaga lembrança daquela cena. Um dia ele estava jogando bola no parque quando de repente aproximou-se um homem e... O homem aproxima-se dele mesmo. Ajoelha-se, põe as mãos nos seus ombros e olha nos seus olhos. Seus olhos se enchem de lágrimas. Sente uma coisa no peito. Que coisa é a vida. Que coisa pior ainda é o tempo. Como eu era inocente. Como os meus olhos eram limpos. O homem tenta dizer alguma coisa, mas não encontra o que dizer. Apenas abraça a si mesmo, longamente. Depois sai caminhando, chorando, sem olhar pra trás.

O garoto fica olhando para a sua figura que se afasta. Também se reconheceu. E fica pensando, aborrecido: quando eu tiver quarenta, quarenta e poucos anos, como eu vou ser sentimental!

(Luis Fernando Verissimo, *Comédias para se ler na escola*)

O discurso indireto livre é empregado na seguinte passagem:

a. Que coisa é a vida. Que coisa pior ainda é o tempo.
b. Reconhece a sua própria cara, reconhece o banco e a babá. Tem uma vaga lembrança daquela cena.
c. Um homem vem caminhando por um parque quando de repente se vê com sete anos de idade.
d. O homem tenta dizer alguma coisa, mas não encontra o que dizer. Apenas abraça a si mesmo, longamente.
e. O garoto fica olhando para a sua figura que se afasta.

34. (Fuvest-SP)

Diálogo ultrarrápido

– Eu queria propor-lhe uma troca de ideias...

– Deus me livre!

(Mário Quintana)

No diálogo acima, a personagem que responde: – Deus me livre! cria um efeito de humor com o sentido implícito de sua frase fulminante.

a. Continue a frase "– Deus me livre!", de modo que a personagem explicite o que estava implícito nessa frase.

b. Transforme o diálogo anterior em um único período, utilizando apenas o discurso indireto e conservando o sentido do texto.

35. (ESPM) Assinale a afirmação incorreta sobre uma frase de propaganda, veiculada pela mídia, do refrigerante Coca-Cola:

"Todos falamos futebol"

a. A concordância do verbo não é gramatical (com o sujeito "todos"), mas sim ideológica.

b. Ao procedimento usado dá-se o nome de silepse de pessoa.

c. O emissor da mensagem se inclui entre aqueles que falam futebol.

d. O mesmo fenômeno de silepse ocorre na frase: "Vossa Excelência deve estar equivocado.", diferenciando-se apenas para a manipulação de gênero.

e. O uso da preposição "de" com o verbo falar é optativo, fazendo com que o complemento "futebol" ou "de futebol" tenham a mesma função sintática.

36. (Enem) No ano passado, o governo promoveu uma campanha a fim de reduzir os índices de violência. Noticiando o fato, um jornal publicou a seguinte manchete:

Campanha contra a violência do governo do Estado entra em nova fase

A manchete tem um duplo sentido, e isso dificulta o entendimento. Considerando o objetivo da notícia, esse problema poderia ter sido evitado com a seguinte redação:

a. Campanha contra o governo do Estado e a violência entram em nova fase.

b. A violência do governo do Estado entra em nova fase de Campanha.

c. Campanha contra o governo do Estado entra em nova fase de violência.

d. A violência da campanha do governo do Estado entra em nova fase.

e. Campanha do governo do Estado contra a violência entra em nova fase.

37. (UFPE/UFRPE) Em português, há casos em que as normas gramaticais permitem flexibilidade no que se refere à concordância verbal. Indique qual dos enunciados permite flexibilidade quanto ao uso singular ou plural da forma verbal.

a. Na imprensa nacional e internacional, <u>devem haver</u> informações manipuladas e falseadas.

b. Nenhuma das agências publicitárias <u>estão</u> isentas da responsabilidade social e ética.

c. O resultado das últimas pesquisas <u>mostraram</u> que o jornalismo é bastante respeitado pela sociedade.

d. A maior parte das notícias <u>são</u> veiculadas de maneira responsável e inteligente.

e. Cada uma das notícias divulgadas <u>precisam</u> ser profundamente investigadas.

38. (Fuvest-SP) A única frase que NÃO apresenta desvio em relação à concordância verbal recomendada pela norma culta é:

a. A lista brasileira de sítios arqueológicos, uma vez aceita pela Unesco, aumenta as chances de preservação e sustentação por meio do ecoturismo.

b. Nenhum dos parlamentares que vinham defendendo o colega nos últimos dias inscreveram-se para falar durante os trabalhos de ontem.

c. Segundo a assessoria, o problema do atraso foi resolvido em pouco mais de uma hora, e quem faria conexão para outros Estados foram alojados em hotéis de Campinas.

d. Eles aprendem a andar com a bengala longa, o equipamento que os auxilia a ir e vir de onde estiver para onde entender.

e. Mas foram na montagem de Kirov que ele conquistou fama, especialmente na cena "Reino das Sombras", o ponto alto desse trabalho.

39. (FGV-SP) Escolha a alternativa que preencha corretamente as lacunas abaixo.

1. Nunca vi um acidente igual ■.
2. Sempre vou ■ loja para comprar roupas.
3. ■ hora, eu estava viajando para o Rio de Janeiro.
4. Na audiência, diga a verdade, mas limite-se ■ que lhe perguntarem.
5. Quero uma moto igual ■ que estava ■ venda na exposição.

a. àquele, àquela, àquela, àquilo, à, à
b. aquele, aquela, aquela, aquilo, a, a
c. àquele, aquela, àquela, àquilo, a, à
d. aquele, àquela, aquela, àquilo, à, a
e. aquele, àquela, àquela, aquilo, a, à

40. (ESPM) Do trecho extraído do jornal *Folha de S.Paulo*, assinale a alternativa que possua a melhor pontuação:

a. Nos últimos quatro anos assisti nos EUA, a dois acontecimentos gravíssimos, causadores de muita morte e destruição, um deles provocado por mão humana, o ataque às Torres Gêmeas –; o outro, natural – o furacão Katrina, que acaba de destruir Nova Orleans.
b. Nos últimos quatro anos, assisti nos EUA a dois acontecimentos gravíssimos, causadores de muita morte e destruição: um deles provocado, por mão humana – o ataque às Torres Gêmeas –; o outro, natural – o furacão Katrina que acaba de destruir Nova Orleans.
c. Nos últimos quatro anos, assisti nos EUA a dois acontecimentos gravíssimos, causadores de muita morte e destruição: um deles provocado por mão humana – o ataque às Torres Gêmeas; o outro, natural – o furacão Katrina, que acaba de destruir Nova Orleans.
d. Nos últimos quatro anos, assisti nos EUA a dois acontecimentos, gravíssimos, causadores de muita morte, e destruição, um deles provocado por mão humana – o ataque às Torres Gêmeas –; o outro natural – o furacão Katrina, que acaba de destruir, Nova Orleans.
e. Nos últimos quatro anos, assisti, nos EUA a dois acontecimentos gravíssimos, causadores de muita morte e destruição, um deles, provocado por mão humana (o ataque às Torres Gêmeas); o outro, natural, o furacão Katrina, que acaba de destruir Nova Orleans.

41. (FGV-SP – Adaptada) No período "Por outro lado, no passado, os custos de medição das despesas eram elevados, e a diversificação dos produtos, pequena."

Há uma vírgula entre produtos e pequena. Essa vírgula

a. está correta, já que separa o sujeito de seu verbo.
b. está incorreta por separar um substantivo do respectivo adjetivo.
c. está correta, pois indica a omissão de um verbo.
d. está incorreta, pois separa do núcleo do sujeito o seu adjunto adnominal.
e. está correta, pois é normal separar com vírgula o sujeito do seu predicativo.

42. (PUC-SP) Leia com atenção o texto abaixo.

Estradas de Rodagem

Comparados os países com veículos, veremos que os Estados Unidos são uma locomotiva elétrica; a Argentina um automóvel; o México uma carroça; e o Brasil um *carro* de boi.

O primeiro destes países voa; o segundo corre a 50 km por hora; o terceiro apesar das revoluções tira 10 léguas por dia; nós...

Nós vivemos atolados seis meses do ano, enquanto dura a estação das águas, e nos outros 6 meses caminhamos à razão de 2 léguas por dia. A colossal produção agrícola e industrial dos americanos voa para os mercados com a velocidade média de 100 km por hora. Os trigos e carnes argentinas afluem para os portos em autos e locomotivas que uns 50 km por hora, na certa, desenvolvem.

As fibras do México saem por carroças e, se um general revolucionário não as pilha em caminho, chegam a salvo com relativa presteza. O nosso café, porém, o nosso milho, o nosso feijão e a farinha entram no carro de boi, o carreiro despede-se da família, o fazendeiro coça a cabeça e, até um dia! Ninguém sabe se chegará, ou como chegará. Às vezes, pensa o patrão que o veículo já está de volta, quando vê chegar o carreiro.

– Então? Foi bem de viagem?

O carreiro dá uma risadinha.

– Não vê que o carro atolou ali no Iriguaçu e...

– E o quê?

– ... e está atolado! Vim buscar mais dez juntas de bois para tirar ele.

E lá seguem bois, homens, o diabo para desatolar o carro. Enquanto isso, chove, a farinha embolora, a rapadura derrete, o feijão caruncha, o milho grela; só o café resiste e ainda aumenta o peso.

(Monteiro Lobato. *Obras completas*. 14. ed. São Paulo: Brasiliense,1972, v. 8, p. 74.)

No trecho, "o terceiro apesar das revoluções tira 10 léguas por dia; nós..." o uso das reticências indica, por parte do locutor do texto,

a. cansaço.
b. otimismo.
c. ironia.
d. alegria.
e. medo.

43. (UFJF-MG) O uso das aspas em 'homem de Marte' (I) e "homem de Marte" (II) pode ser justificado por:

a. ser uma citação, em (I), e reforçar a ironia no termo, em (II).

b. indicar uma oposição, em (I), e referir-se a termos jornalísticos, em (II).

c. indicar uma criação de termo, em (I), e ser uma referência a um termo citado, em (II).

d. garantir o distanciamento do autor em relação aos termos e citações usados em seu texto.

e. ser referência à fala do outro, nos dois casos, reforçando o argumento de autoridade nesse texto.

(I) [...] "Ela presume a postura do 'homem de Marte', o estado de alheamento total" [...] (2º parágrafo, linha 17)

(II) [...] "Não raro, a fantasia do "homem de Marte" acaba ajudando a erguer [...]" (2º parágrafo, linhas 17 e 18)

(FGV-SP) Considere o texto seguinte para responder às questões de números **44** e **45**.

> Não existe liberdade sem independência financeira. Ter um currículo turbinado ou uma rede de relacionamentos em dia pode perder o valor se você não tiver também uma reserva financeira para sobreviver num momento de transição de emprego.
>
> (*Você S/A*, set. 2005.)

44. a. Reescreva a primeira oração do texto substituindo *liberdade* por *perspectivas de futuro* e o verbo *existir* pela locução *poder haver*.

b. A palavra turbinado está empregada, no contexto, em sentido figurado. Reescreva o trecho substituindo a palavra em questão por termo ou expressão de sentido não figurado.

45. Reescreva o trecho "se você não tiver também uma reserva financeira para sobreviver", substituindo

a. o conectivo *se* por
- caso;
- a menos que.

b. o verbo *ter* pelo verbo *dispor*.

46. (UFBA)

> "A ciência é um processo de descoberta, cuja língua é universal e, ao menos em princípio, profundamente democrática: qualquer pessoa, com qualquer crença religiosa ou afiliação política, de diferentes classes sociais e culturas, pode participar desse debate."

Sobre o fragmento destacado, é correto afirmar:

a. "cuja língua é universal" pode ser reestruturada em "a língua da ciência é universal", sem alteração de sentido.

b. "ao menos em princípio" relativiza a declaração "profundamente democrática".

c. "qualquer pessoa" e "qualquer crença religiosa" são expressões que denotam ideia de especificidade.

d. "e", nas duas ocorrências, apresenta equivalência de sentido.

e. "de diferentes classes sociais e culturas" expressa uma generalização.

f. "pode participar" exemplifica uma falha de concordância verbal.

g. "desse debate" encerra uma informação que será esclarecida, posteriormente, no texto.

47. (ITA-SP – Adaptado)

> VOCÊ SE ENCONTRA DENTRO DE UM PARQUE NACIONAL, POR ISSO **EVITE**: fazer fogo e fogueiras; barulho, buzinar e som alto; não saia das trilhas ou dos pontos de visitação; pichar, escrever, riscar, danificar imóveis, placas, pedras e árvores; lavar utensílios e roupas nos rios.
>
> (Folheto do Parque Nacional de Itatiaia)

Considere o texto acima.

a. Identifique a inadequação sintática.

b. Reescreva o texto, eliminando tal inadequação. Faça as modificações necessárias.

48. (UnB-DF)

A ânfora de argila

... et vinum effunditur...
(Mat., IX, 7)

Está cheia demais minha ânfora de argila
Transborda a essência: és pobre e eu posso [reparti-la
contigo, ó tu que vens de tão longe e tão perto
passas de mim! É longo e estéril o deserto...

Meu vinho é puro e toca os bordos do meu vaso:
antes que o beba o chão, Peregrino do Acaso,
chega-te, e vem matar no bocal generoso
a eterna sede do teu cântaro poroso!
Enche-o e parte! Depois, olha atrás... e recorda!

Todo amor não é mais do que um "eu" que [transborda.

(Guilherme de Almeida. *Livro de horas de Sóror Dolorosa*; meus versos mais queridos. Rio de Janeiro: Ediouro, s.d. p. 52.)

Julgue os itens que seguem, com referência às ideias explícitas ou implícitas no texto.

a. Como a argila é matéria bruta, a "ânfora de argila" (v. 1) representa, no poema, a falta de amor.

b. No verso 3, em "tão longe e tão perto", há uma coordenação de adjuntos adverbiais de "vens".

c. O pronome "te", em "chega-te" (v. 7), refere-se a "Peregrino do Acaso" (v. 6), vocativo dirigido ao interlocutor.

d. Se a forma de tratamento utilizada para o interlocutor fosse você, então o verso 9 estaria assim escrito: Encha-o e parta! Depois, olhe atrás... e recorde!

49. (Unama-PA) Considere o emprego dos recursos coesivos destacados nas seguintes passagens:

"... olho esquadrado da madrugada **que** entrava, lívido, cortado em cruz e escorrente de transpiração condensada."

"... e aborreceu-se: **se** não conseguisse voltar a adormecer já, acabaria por ter o dia estragado."

Esses coesivos sequenciais introduzem ideias de natureza, respectivamente:

a. substantiva e adjetiva.

b. adverbial e adjetiva.

c. adjetiva e adverbial.

d. substantiva e adverbial.

50. (Vunesp)

Livro do Eclesiastes

Introdução

1 Palavras do Eclesiastes filho de David, rei de Jerusalém.

2 Vaidade de vaidades, disse o Eclesiastes; vaidade de vaidades, tudo é vaidade.

3 Que proveito tira o homem de todo o trabalho com que se afadiga debaixo do sol?

4 Uma geração passa, e outra geração lhe sucede; mas a terra permanece sempre estável.

5 O sol nasce e põe-se, e torna ao lugar donde partiu, e, renascendo aí,

6 dirige o seu giro para o meio-dia, e depois declina para o norte; o vento corre, visitando tudo em roda, e volta a começar os seus circuitos.

7 Todos os rios entram no mar, e o mar nem por isso trasborda; os rios voltam ao mesmo lugar donde saíram, para tornarem a correr.

8 Todas as coisas são difíceis; o homem não as pode explicar com palavras. O olho não se farta de ver, nem o ouvido se cansa de ouvir.

9 O que é que foi? É o mesmo que há de ser. Que é o que se fez? O mesmo que se há de fazer.

10 Não há nada novo debaixo do sol, e ninguém pode dizer: eis aqui está uma coisa nova, porque ela já existiu nos séculos que passaram antes de nós.

11 Não há memória das coisas antigas, mas também não haverá memória das coisas que hão de suceder depois de nós entre aqueles que viverão mais tarde.

12 Eu, o Eclesiastes, fui rei de Israel em Jerusalém,

13 e propus no meu coração inquirir e investigar sabiamente todas as coisas que se fazem debaixo do sol. Deus deu esta penosa ocupação aos filhos dos homens, para que se ocupassem nela.

14 Vi tudo o que se faz debaixo do sol, e achei que tudo era vaidade e aflição de espírito.

15 Os perversos dificultosamente se corrigem, e o número dos insensatos é infinito.

(*Bíblia Sagrada* – Antigo Testamento. Livro do Eclesiastes, I, 1-15. 1952.)

No Eclesiastes se verifica a adoção de períodos breves, de um vocabulário simples e eficaz e também de interrogações habilmente colocadas nos versículos 3 e 9, que esclarecem o argumento dominante.

Tomando por base esse comentário,

a. reescreva o versículo 9, substituindo as formas verbais "foi", "ser", "fez" e "fazer" por outras formas de outros verbos, buscando preservar, porém, o sentido das frases em que se encontram;

b. também procurando preservar ao máximo o sentido, reescreva o versículo 9, transformando cada sequência de "pergunta-resposta" em um período declarativo, de modo a produzir apenas uma sequência de dois períodos declarativos.

51. (UEL-PR) Assinale a alternativa que apresenta uma versão plausível para a frase: [...] "ele tinha cinco anos e não entendia o que acontecia", sem alteração substancial de sentido.

a. [...] "visto que ele tinha cinco anos, não entendia o que acontecia."

b. [...] "ele tinha cinco anos, porque não entendia o que acontecia."

c. [...] "ele tinha cinco anos, mas não entendia o que acontecia."

d. [...] "embora ele tivesse cinco anos, não entendia o que acontecia."

e. [...] "como ele tinha cinco anos, entendia o que não acontecia."

52. (UFPE/UFRPE) As palavras que ocorrem em um texto têm sempre uma função determinada. Leia os trechos abaixo e analise a função que é indicada para as expressões destacadas.

a. "Não é **assim**". *Termo que retoma, que supõe uma informação previamente dada.*

b. "A agilidade mental é imprescindível **para que** todos os aspectos envolvidos na escrita sejam articulados". *Expressão conectora que expressa ideia de causalidade.*

c. "**Portanto**, escrever não é fácil". *Palavra de ligação que denota um sentido de concessão.*

d. "A tarefa pode ir ficando **paulatinamente** mais fácil". *Termo que indica uma localização temporal de simultaneidade.*

e. "O que admiramos na literatura é **justamente** essa especificidade. Sempre queremos um texto ainda melhor do que o que chegamos a produzir." *Termo que exprime um estado de dúvida, de incerteza.*

53. (UFPE/UFRPE) Analisando a função dos elementos destacados abaixo, podemos dizer que eles expressam uma noção temporal.

1. O diabo é que, **mal** consigo aprender, a língua portuguesa já ficou diferente.
2. **Ainda bem** a gente não conseguiu aprender uma nova expressão, já vem o pessoal com outra.
3. **Aliás**, já não se usa mais a primeira pessoa, tanto do singular como do plural: tudo é 'a gente'.
4. E irão ao banho de mar **em vez de** ir à praia.
5. A lista poderia ser enorme, mas vou ficando por aqui, **pois** entre escrever e publicar há tempo suficiente...

Está(ão) correta(s) apenas:

a. 1
b. 1 e 2
c. 1, 2 e 4
d. 3, 4 e 5
e. 3 e 4

54. (UFSC)

O homem disse **que** tinha de ir embora – antes queria me ensinar uma coisa muito importante:

– Você quer conhecer o segredo de ser um menino feliz para o resto da vida?

– Quero – respondi.

O segredo se resumia em três palavras, **que** ele pronunciou com intensidade, mãos nos meus ombros e olhos nos meus olhos:

– Pense nos outros.

Na hora achei esse segredo meio sem graça. Só bem mais tarde vim a entender o conselho **que** tantas vezes na vida deixei de cumprir. Mas que sempre deu certo quando me lembrei de segui-lo, fazendo-me feliz como um menino.

(Fernando Sabino. *O menino no espelho*. 64. ed. Rio de Janeiro: Record, 2003. p. 17-18.)

Considerando o texto, é CORRETO afirmar que:

a. a palavra *que* nas três ocorrências destacada no texto (linhas 1, 8 e 13) está funcionando como pronome relativo, pois ao mesmo tempo em que liga orações também aponta para um antecedente.

b. o trecho: *Só bem mais tarde vim a entender o conselho que tantas vezes na vida deixei de cumprir* (linhas 12-14) pode ser substituído por: *bem mais tarde é que vim a entender o conselho que tantas vezes na vida deixei de cumprir*, já que tanto a expressão *só* como *é que* são recursos linguísticos indicadores de ênfase.

c. a expressão verbal *deixei de cumprir* (linhas 13 e 14) foi empregada para indicar anterioridade ao marco temporal passado *vim a entender* (linha 12).

d. o fragmento: *Mas que sempre deu certo quando me lembrei de segui-lo* (linhas 14 e 15) aponta uma causa cuja consequência está presente em: *fazendo-me feliz como um menino* (linhas 15 e 16).

55. (Mack-SP) Assinale a alternativa correta sobre a estrofe abaixo transcrita:

Não é de águas apenas e de ventos,
No rude som, formada a voz do Oceano:
Em seu clamor – ouço um clamor humano,
Em seus lamentos, todos os lamentos.

(Alberto de Oliveira)

a. A oração constituída pelos dois primeiros versos não tem sujeito.

b. "som" e "voz" são termos que se excluem mutuamente.

c. Os versos apresentam irregularidade métrica.

d. O substantivo correspondente a rude está corretamente grafado assim: "rudesa".

e. Os dois últimos versos constituem argumento para justificar a negativa inicial.

56. (PUCC-SP)

Não se pergunta a um atleta da Irlanda se é católico ou protestante. (Parágrafo 4)

Na frase acima,

a. o verbo "perguntar" foi empregado de forma a exigir unicamente o objeto indireto.

b. "da Irlanda" exerce a função de adjunto adverbial de lugar.

c. em ... se é católico..., o *se* é uma conjunção integrante.

d. a conjunção *ou* exprime, não a exclusão de um dos termos, mas a equivalência entre eles, como em "Tanto faz quem compareça, você ou ele".

e. os termos *católico* e *protestante* exercem a função de objeto direto (de *é*).

57. (Mack-SP)

A propósito da exposição de Malfatti

Há duas espécies de artistas. Uma composta dos que veem normalmente as coisas e em consequência disso fazem arte pura, guardando os eternos ritmos da vida [...]. A outra espécie é formada pelos que veem anormalmente a natureza, e interpretam-na à luz de teorias efêmeras, sob a sugestão estrábica de escolas rebeldes, surgidas cá e lá como furúnculos da cultura excessiva. São produtos do cansaço e do sadismo de todos os períodos de decadência: são frutos de fins de estação, bichados ao nascedouro.

[...] Se víssemos na Sra. Malfatti apenas uma "moça que pinta", como há centenas por aí, sem denunciar centelha de talento, calar-nos-íamos, ou talvez lhe déssemos meia dúzia desses adjetivos "bombons", que a crítica açucarada tem sempre à mão em se tratando de moças.

A. Assinale a alternativa INCORRETA.

a. O verbo *haver* (linha 1) empregado impessoalmente reforça o caráter universal das afirmações.

b. Na linha 7, *estrábica*, adjunto adnominal de sugestão, enfatiza a avaliação pejorativa.

c. Na linha 8, *escolas rebeldes* ilustra a visão de decadência da arte.

d. Com *crítica açucarada* (linha 17), o autor caracteriza seu próprio texto.

e. O normal é apresentado como desejável; o anormal, repudiável.

B. Assinale a alternativa correta.

a. O advérbio *cá* (linha 8) aponta para um espaço próximo de quem está falando – espaço onde também surgem furúnculos da cultura excessiva (linhas 8 e 9).

b. A oposição pureza / impureza está implícita apenas no primeiro período do primeiro parágrafo.

c. No segundo parágrafo, a crítica de arte feita na época é avaliada com mágoa e ressentimento.

d. No segundo parágrafo, confirma-se o talento de Malfatti, então relacionada à arte pura.

e. A expressão *adjetivos "bombons"* (linha 17) afasta qualquer crítica negativa em relação a Malfatti.

58. (UFV-MG)

"A dependência do tabaco também aumenta as desigualdades sociais porque muitos trabalhadores fumantes, além de perderem a saúde [...]."

O termo "além de", nesse fragmento, estabelece relação lógico-semântica de:

a. condição.

b. concessão.

c. adição.

d. conformidade.

e. consecução.

59. (UFPR) Em que alternativa(s) as duas sentenças estão de acordo com a norma culta quanto à concordância, regência ou flexão verbal?

1. a. Se houvesse, à disposição dos usuários, formulários suficientes, eles poderiam inscrever-se hoje.

   b. É importante você vir aqui para verificar as condições do prédio.

2. a. O sorteio foi suspenso porque houveram muitas reclamações no Procon.

   b. Para avaliação final do curso será solicitado trabalhos referentes a cada uma de suas unidades.

3. a. A pessoa de quem o diretor falou está aqui para a entrevista.

   b. Deixe essas questões para ser resolvidas quando você vier aqui.

4. a. O documento foi refeito cujo o anterior apresentava problemas.

   b. Essas recomendações só valem se você manter os dois empregos.

5. a. Como taxa adicional de inscrição será cobrado R$ 2,00 (dois) reais.
   b. Se ele não teve que fazer o serviço é porque existe outras pessoas que fizeram-no por ele.
6. a. Concordo com o autor onde ele fala que todos os pontos devem ser considerados.
   b. Eu faria o serviço se houvessem condições adequadas para realizá-lo.

60. (UFPA) Considere o conjunto de frases para responder à questão abaixo.

I. Nesta granja abatem-se mil galinhas diariamente.
II. Pedem-se mais verbas para a educação.
III. Diariamente destroem-se grandes porções da floresta Amazônica.
IV. Cora-se, grita-se, esperneia-se, mas não se resolve nada!
V. No Brasil, trabalha-se muito e ganha-se pouco.
VI. Vive-se feliz quando se ama.

Uma das funções da expressão **se** é funcionar como *partícula apassivadora*. Em quais frases ela exerce essa função?

a. I, II, III, IV
b. II, III, IV, V
c. III, IV, V, VI
d. I, IV, V, VI
e. II, IV, V, VI

61. (UFPA)

Catar feijão

Catar feijão se limita com escrever:
Joga-se os grãos na água do alguidar
E as palavras na folha de papel;
E depois, joga-se fora o que boiar.

(João Cabral de Melo Neto, poeta)

Ao manter a forma verbal do 2º verso, no singular, o poeta quer:

a. transgredir a norma-padrão da concordância verbal.
b. apassivar o sujeito "os grãos".
c. tornar o sujeito indeterminado.
d. tornar a oração sem sujeito.
e. apenas inverter a ordem das palavras.

62. (Enem)

De tudo ao meu amor serei atento
Antes e com tal zelo, e sempre, e tanto
Que mesmo em face do maior encanto
Dele se encante mais meu pensamento.

Quero vivê-lo em cada vão momento
E em seu louvor hei de espalhar meu canto
E rir meu riso e derramar meu pranto
Ao seu pesar ou ao seu contentamento.

E assim, quando mais tarde me procure
Quem sabe a morte, angústia de quem vive
Quem sabe a solidão, fim de quem ama.

Eu possa me dizer do amor (que tive):
Que não seja imortal, posto que é chama
Mas que seja infinito enquanto dure.

(Vinicius de Moraes. *Antolologia poética*. São Paulo: Cia. das Letras, 1992.)

A palavra *mesmo* pode assumir diferentes significados, de acordo com a sua função na frase. Assinale a alternativa em que o sentido de *mesmo* equivale ao que se verifica no 3º verso da 1ª estrofe do poema de Vinicius de Moraes.

a. "Pai, para onde fores, / irei também trilhando as mesmas ruas..." (Augusto dos Anjos)
b. "Agora, como outrora, há aqui o mesmo contraste da vida interior, que é modesta, com a exterior, que é ruidosa." (Machado de Assis)
c. "Havia o mal, profundo e persistente, para o qual o remédio não surtiu efeito, mesmo em doses variáveis." (Raimundo Faoro)
d. "Mas, olhe cá, Mana Glória, há mesmo necessidade de fazê-lo padre?" (Machado de Assis)
e. "Vamos de qualquer maneira, mas vamos mesmo." (Aurélio)

(Fuvest-SP) Texto para as questões de **63** a **66**

Ele se aproximou e com voz cantante de nordestino que a emocionou, perguntou-lhe:

– E se me desculpe, senhorinha, posso convidar a passear?

– Sim, respondeu atabalhoadamente com pressa antes que ele mudasse de ideia.

– E, se me permite, qual é mesmo a sua graça?

– Macabéa.

– Maca – o quê?

– Bea, foi ela obrigada a completar.

– Me desculpe mas até parece doença, doença de pele.

– Eu também acho esquisito mas minha mãe botou ele por promessa a Nossa Senhora da Boa Morte se eu vingasse, até um ano de idade eu não era chamada porque não tinha nome, eu preferia continuar a nunca ser chamada em vez de ter um nome que ninguém tem mas parece que deu certo – parou um instante retomando o fôlego perdido e acrescentou desanimada e com pudor – pois como o senhor vê eu vinguei... pois é...

– Também no sertão da Paraíba promessa é questão de grande dívida de honra.

Eles não sabiam como se passeia. Andaram sob a chuva grossa e pararam diante da vitrine de uma loja de ferragem onde estavam expostos atrás do vidro canos, latas, parafusos grandes e pregos. E Macabéa, com medo de que o silêncio já significasse uma ruptura, disse ao recém-namorado:

– Eu gosto tanto de parafuso e prego, e o senhor?

Da segunda vez em que se encontraram caía uma chuva fininha que ensopava os ossos. Sem nem ao menos se darem as mãos caminhavam na chuva que na cara de Macabéa parecia lágrimas escorrendo.

(Clarice Lispector, *A hora da estrela*)

63. Neste excerto, as falas de Olímpico e Macabéa

a. aproximam-se do cômico, mas, no âmbito do livro, evidenciam a oposição cultural entre a mulher nordestina e o homem do sul do País.

b. demonstram a incapacidade de expressão verbal das personagens, reflexo da privação econômica de que são vítimas.

c. beiram às vezes o absurdo, mas, no contexto da obra, adquirem um sentido de humor e sátira social.

d. registram, com sentimentalismo, o eterno conflito que opõe os princípios antagônicos do Bem e do Mal.

e. suprimem, por seu caráter ridículo, a percepção do desamparo social e existencial das personagens.

64. No trecho "mas minha mãe botou ele por promessa", o pronome pessoal foi empregado em registro coloquial. É o que também se verifica em:

a. "– E, se me desculpe, senhorinha, posso convidar a passear?"

b. "– E, se me permite, qual é mesmo a sua graça?"

c. "– Eu gosto tanto de parafuso e prego, e o senhor?"

d. "– Me desculpe mas até parece doença, doença de pele."

e. "– [...] pois como o senhor vê eu vinguei... pois é..."

65. No trecho que vai de "Eu também acho esquisito" a "eu vinguei... pois é...", o autor se vale, para traduzir o estado emocional de Macabéa, do seguinte recurso expressivo:

a. omissão de vírgulas entre orações.

b. emprego reiterado de frases nominais.

c. falta de rigor na concordância verbal.

d. eliminação da maioria dos conectivos entre as orações.

e. uso de regências verbais inadequadas.

66. No trecho "<u>Sem nem ao menos se darem as mãos caminhavam na chuva</u>", o segmento sublinhado pode ser corretamente substituído por: "Sem que nem ao menos se

a. deem as mãos".

b. davam as mãos".

c. deram as mãos".

d. dessem as mãos".

e. dariam as mãos".

(Fuvest-SP) Texto para as questões **67**, **68** e **69**

A explosão dos computadores pessoais, as "infovias", as grandes redes – a Internet e a World Wide Web – atropelaram o mundo. Tornaram as leis antiquadas, reformularam a economia, reordenaram prioridades, redefiniram os locais de trabalho, desafiaram constituições, mudaram o conceito de realidade e obrigaram as pessoas a ficar sentadas, durante longos períodos de tempo, diante de telas de computadores, enquanto o CD-Rom trabalha. Não há dúvida de que vivemos a revolução da informação e, diz o professor do MIT, Nicholas Negroponte, revoluções não são sutis.

(*Jornal do Brasil*, 13 fev. 1996.)

67. No texto, a expressão que sintetiza os efeitos da revolução operada pela informática é

a. "atropelaram o mundo".

b. "tornaram as leis antiquadas".

c. "reformularam a economia".

d. "redefiniram os locais de trabalho".

e. "desafiaram constituições".

68. A expressão "revoluções não são sutis" indica

a. a natureza efêmera das revoluções.

b. a negação dos benefícios decorrentes das revoluções.

c. a natureza precária das revoluções.
d. o caráter radical das revoluções.
e. o traço progressista das revoluções.

69. As aspas foram usadas em "infovias" pela mesma razão por que foram usadas em:

a. Mesmo quando a punição foi confirmada, o "Alemão", seu apelido no Grêmio, não esmoreceu.
b. ... fica fácil entender por que há cada vez mais pessoas preconizando a "fujimorização" do Brasil.
c. O Paralamas, que normalmente sai "carregado" de prêmios, só venceu em edição.
d. A renda média "per capita" da América Latina baixou para 25% em 1995.
e. A torcida gritava "olé" a cada toque de seus jogadores.

70. (Fuvest-SP)

Sinha Vitória falou assim, mas Fabiano resmungou, franziu a testa, achando a frase extravagante. Aves matarem bois e cabras, que lembrança! Olhou a mulher, desconfiado, julgou que ela estivesse tresvariando.

(Graciliano Ramos, *Vidas secas*)

Uma das características do estilo de *Vidas secas* é o uso do discurso indireto livre, que ocorre no trecho

a. "Sinha Vitória falou assim".
b. "Fabiano resmungou".
c. "franziu a testa".
d. "que lembrança".
e. "olhou a mulher".

71. (Fuvest-SP) Considerando-se a relação lógica existente entre os dois segmentos dos provérbios adiante citados, o quadradinho NÃO poderá ser corretamente preenchido pela conjunção *mas*, apenas em:

a. Morre o homem, ■ fica a fama.
b. Reino com novo rei, ■ povo com nova lei.
c. Por fora bela viola, ■ por dentro pão bolorento.
d. Amigos, amigos! ■ negócios à parte.
e. A palavra é de prata, ■ o silêncio é de ouro.

(Fuvest-SP – Adaptado) Texto para as questões **72** e **73**

Um dos traços marcantes do atual período histórico é [...] o papel verdadeiramente despótico da informação. [...] As novas condições técnicas deveriam permitir a ampliação do conhecimento do planeta, dos objetos que o formam, das sociedades que o habitam e dos homens em sua realidade intrínseca. Todavia, nas condições atuais, as técnicas da informação são principalmente utilizadas por um punhado de atores em função de seus objetivos particulares. Essas técnicas da informação (por enquanto) são apropriadas por alguns Estados e por algumas empresas, aprofundando assim os processos de criação de desigualdades. É desse modo que a periferia do sistema capitalista acaba se tornando ainda mais periférica, seja porque não dispõe totalmente dos novos meios de produção, seja porque lhe escapa a possibilidade de controle. O que é transmitido à maioria da humanidade é, de fato, uma informação manipulada que, em lugar de esclarecer, confunde.

(Milton Santos, *Por uma outra globalização*)

72. Observe os sinônimos indicados entre parênteses:

I. "o papel verdadeiramente despótico (= tirânico) da informação";
II. "dos homens em sua realidade intrínseca (= inerente).";
III. "são apropriadas (= adequadas) por alguns Estados".

Considerando-se o texto, a equivalência sinonímica está correta APENAS em:

a. I.
b. II.
c. III.
d. I e II.
e. I e III.

73. No contexto em que ocorrem, estão em relação de oposição os segmentos transcritos em:

a. novas condições técnicas / técnicas da informação.
b. punhado de atores / objetivos particulares.
c. ampliação do conhecimento / informação manipulada.
d. apropriadas por alguns Estados / criação de desigualdades.
e. atual período histórico / periferia do sistema capitalista.

74. (Fuvest-SP) As aspas marcam o uso de uma palavra ou expressão de variedade linguística diversa da que foi usada no restante da frase em:

a. Essa visão desemboca na busca ilimitada do lucro, na apologia do empresário privado como o "grande herói" contemporâneo.

b. Pude ver a obra de Machado de Assis de vários ângulos, sem participar de nenhuma visão "oficialesca".

c. Nas recentes discussões sobre os "fundamentos" da economia brasileira, o governo deu ênfase ao equilíbrio fiscal.

d. O prêmio Darwin, que "homenageia" mortes estúpidas, foi instituído em 1993.

e. Em fazendas de Minas e Santa Catarina, quem aprecia o campo pode curtir o frio, ouvindo "causos" à beira da fogueira.

75. (Fuvest-SP – Adaptado) Na posição em que se encontram, as palavras assinaladas nas frases abaixo geram ambiguidade, EXCETO em:

a. Pagar o FGTS **já** custa R$13,3 bi, diz o consultor.

b. Pais rejeitam **menos** crianças de proveta.

c. Consigo me divertir **também** aprendendo coisas antigas.

d. É um equívoco imaginar que a universidade do futuro será aquela que **melhor** lidar com as máquinas.

e. Não se eliminará o crime com burocratas querendo satisfazer o apetite por sangue do **público**.

76. (Fuvest-SP)

o Kramer apaixonou-se por uma corista que se chamava Olga. por algum motivo nunca conseguiam encontrar-se. ele gritava passando pela casa de Olga, manhãzinha (ela dormia): Olga, Olga, hoje estou de folga! mas nunca se viam e penso que ele sabia que se efetivamente se deitasse com ela o sonho terminaria. sábio Kramer. nunca mais o vi. há sonhos que devem permanecer nas gavetas, nos cofres, trancados até o nosso fim. e por isso passíveis de serem sonhados a vida inteira.

(Hilda Hilst, *Estar sendo. Ter sido*)

Observações

O emprego sistemático de minúscula na abertura de período é opção estilística da autora.

Corista = atriz/bailarina que figura em espetáculo de teatro musicado.

Considere as seguintes afirmações:

I. Kramer apaixonou-se por uma corista.

II. Kramer e a corista jamais se encontraram.

III. Talvez Kramer julgasse ter sido melhor assim.

As afirmações anteriores estão articuladas de modo coerente e correto no seguinte período:

a. Talvez Kramer tenha julgado ter sido melhor que ele e a corista por quem se apaixonou jamais se houvessem encontrado.

b. Muito embora Kramer se apaixonou por uma corista, jamais se encontraram, mesmo porque ele julgaria ter sido melhor assim.

c. Jamais se encontraram Kramer e a corista por quem se apaixonou, pois talvez Kramer julgava que é melhor ser assim.

d. Quando se apaixonou por uma corista, ainda que ambos jamais se encontraram, Kramer talvez tenha achado que assim seria melhor.

e. Desde que Kramer se apaixonou e julgou melhor assim, ele e a corista jamais teriam se encontrado.

(Fuvest-SP – Adaptado) Texto para as questões **77**, **78** e **79**

É impossível colocar em série exata os fatos da infância porque há aqueles que já acontecem permanentes, que vêm para ficar e doer, que nunca mais são esquecidos, que são sempre trazidos tempo afora, como se fossem dagora. É a carga. Há os outros, miúdos fatos, incolores e quase sem som – que mal se deram, a memória os atira nos abismos do esquecimento. Mesmo próximos eles viram logo passado remoto. Surgem às vezes, na lembrança, como se fossem uma incongruência. Só aparentemente sem razão, porque não há associação de ideias que seja ilógica. O que assim parece, em verdade, liga-se e harmoniza-se no subconsciente pelas raízes subterrâneas – raízes lógicas! – de que emergem os pequenos caules isolados – aparentemente ilógicos! só aparentemente! – às vezes chegados à memória vindos do esquecimento, que é outra função ativa dessa mesma memória.

(Pedro Nava, *Baú de ossos*)

77. A expressão "O que assim parece" tem, no contexto, o sentido de

a. o que aparenta ser uma pura lembrança.

b. o que aparenta ser uma associação de ideias.

c. o que parece harmonizado no subconsciente.

d. o que parece uma incongruência.

e. o que aparece como se fosse lógico.

78. O que Pedro Nava afirma no final do texto ajuda a compreender o título do livro

"Esquecer para lembrar", de Carlos Drummond de Andrade, título que contém

a. um paradoxo apenas aparente, já que designa uma das operações próprias da memória.
b. uma contradição insuperável, justificada apenas pelo valor poético que alcança.
c. uma explicação para a dificuldade de se organizar de modo sistemático os fatos lembrados.
d. uma fina ironia, pois a antítese entre os dois verbos dá a entender o inverso do que nele se afirma.
e. uma metáfora, já que o tempo do esquecimento e o tempo da lembrança não podem ser simultâneos.

79. O valor sintático-semântico do vocábulo destacado no trecho "Há os outros, [...] que **mal** se deram", corresponde ao do mesmo termo em:

a. Vou aceitar o cargo, apesar de falar mal o português.
b. Meu livro foi mal acolhido pelos críticos de plantão.
c. Mal sabia eu o que me esperava atrás daquela porta.
d. Em público, ela mal olha para mim.
e. Mal entrei em casa, o telefone tocou.

80. (FMTM-MG) Para responder à questão, leia o texto a seguir.

O cônego Dias era muito conhecido em Leiria. Ultimamente engordara, o ventre saliente enchia-lhe a batina; e a sua cabecinha grisalha, as olheiras papudas, o beiço espesso faziam lembrar velhas anedotas de frades lascivos e glutões.

(Eça de Queirós, *O crime do padre Amaro*)

Ao apresentar o cônego Dias, o narrador o faz de forma irônica e sarcástica. No texto, isso pode ser verificado:

I. pelo uso sistemático de adjetivos que, pelo contexto, assumem conotação pejorativa;
II. pela caracterização psicológica do personagem;
III. pelo uso da palavra *beiço* (para designar *lábio*).

Está correto o contido apenas em

a. II.
b. III.
c. I e II.
d. I e III.
e. II e III.

81. (UFRJ)

Na contramão dos carros ela vem pela calçada, solar e musical, para diante de um pequeno jardim, uma folhagem, na entrada de um prédio, colhe uma flor inesperada, inspira e ri, é a própria felicidade – passando a cem por hora pela janela. Ainda tento vê-la no espelho mas é tarde, o eterno relance. Sua imagem quase embriaga, chego no trabalho e hesito, por que não posso conhecer aquilo? – a plenitude, o perfume inusitado no meio do asfalto, oculto e óbvio. Sempre minha cena favorita. Ela chegaria trazendo esquecimentos, a flor no cabelo. Eu estaria à espera, no jardim. E haveria tempo.

(Jorge Viveiros de Castro. *De todas as únicas maneiras & outras*. Rio de Janeiro: 7Letras, 2002. p. 113.)

Ao longo do texto, utilizam-se dois tempos verbais. **Identifique-os** e **justifique** o emprego de cada um, considerando a experiência narrada no texto.

82. (UFRJ)

Viver

Vovô ganhou mais um dia. Sentado na copa, de pijama e chinelas, enrola o primeiro cigarro e espera o gostoso café com leite. Lili, matinal como um passarinho, também espera o café com leite. Tal e qual vovô. Pois só as crianças e os velhos conhecem a volúpia de viver dia a dia, hora a hora, e suas esperas e desejos nunca se estendem além de cinco minutos...

(Mário Quintana. *Sapato florido*. 1. reimpressão. Porto Alegre: Globo, 2005.)

Explique a semelhança entre a caracterização da vida na infância e na velhice, e **identifique** um recurso linguístico que traduza essa semelhança.

(Ufscar-SP) Texto para as questões **83**, **84**, **85** e **86**

Suponha o leitor que possuía duzentos escravos no dia 12 de maio e que os perdeu com a lei de 13 de maio. Chegava eu ao seu estabelecimento e perguntava-lhe:

– Os seus libertos ficaram todos?

– Metade só; ficaram cem. Os outros cem dispersaram-se; consta-me que andam por Santo Antônio de Pádua.

– Quer o senhor vender-mos?

Espanto do leitor; eu, explicando:

– Vender-mos todos, tanto os que ficaram, como os que fugiram.

O leitor assombrado:

– Mas, senhor, que interesse pode ter o senhor...

– Não lhe importe isso. Vende-mos?

– Libertos não se vendem.

– É verdade, mas a escritura de venda terá a data de 29 de abril; nesse caso, não foi o senhor que perdeu os escravos, fui eu. Os preços marcados na escritura serão os da tabela da lei de 1885; mas eu realmente não dou mais de dez mil-réis por cada um.

Calcula o leitor:

– Duzentas cabeças a dez mil-réis são dous contos. Dous contos por sujeitos que não valem nada, porque já estão livres, é um bom negócio.

Depois refletindo:

– Mas, perdão, o senhor leva-os consigo?

– Não, senhor: ficam trabalhando para o senhor; eu só levo a escritura.

– Que salário pede por eles?

– Nenhum, pela minha parte, ficam trabalhando de graça. O senhor pagar-lhes-á o que já paga.

Naturalmente, o leitor, à força de não entender, aceitava o negócio. Eu ia a outro, depois a outro, depois a outro, até arranjar quinhentos libertos, que é até onde podiam ir os cinco contos emprestados; recolhia-me a casa e ficava esperando. Esperando o quê? Esperando a indenização, com todos os diabos! Quinhentos libertos, a trezentos mil-réis, termo médio, eram cento e cinquenta contos; lucro certo: cento e quarenta e cinco.

(Machado de Assis, Crônica escrita em 26. 6. 1888. *Obra completa.*)

83. A frase – *Quer o senhor vender-mos?* – poderia ser reescrita, segundo uma perspectiva contemporânea e coloquial, da seguinte maneira:

a. O senhor quer me vender esses libertos?
b. O senhor quer-me os vender?
c. O senhor quer me vender-lhes?
d. O senhor mos quer vender os libertos?
e. Quer o senhor me os vender?

84. No processo argumentativo, o trecho – *mas a escritura de venda terá a data de 29 de abril* – tem a função de:

a. criar uma falsa analogia.
b. desfazer uma incompatibilidade.
c. estabelecer uma negociação justa.
d. valorizar a perda de uma das partes.
e. abrir caminho a uma renegociação.

85. A frase – *Nenhum, pela minha parte, ficam trabalhando de graça.* – pode ser reescrita, sem mudança de sentido, da seguinte maneira:

a. nenhum, com a minha parte, fica trabalhando de graça.
b. nenhum pagamento da minha parte, ficam trabalhando de graça.
c. nenhum, pela minha parte fica trabalhando de graça.
d. nenhum deles, pela minha parte, fica trabalhando de graça.
e. nenhum pagamento, pela minha parte, ficam trabalhando de graça.

86. Os pronomes *seu* em – *Chegava eu ao seu estabelecimento* – (no início do texto) e *outro* em – *Eu ia a outro, depois a outro, depois a outro* – (no final do texto) têm como referência, respectivamente:

a. libertos, libertos.
b. o leitor, ex-donos de escravos.
c. local de comércio, libertos.
d. o leitor, títulos de posse.
e. local de comércio, valores.

(Ufscar-SP) Para responder às questões **87** e **88**, leia o trecho extraído de *Gabriela, cravo e canela*, obra de Jorge Amado.

O marinheiro sueco, um loiro de quase dois metros, entrou no bar, soltou um bafo pesado de álcool na cara de Nacib e apontou com o dedo as garrafas de "Cana de Ilhéus". Um olhar suplicante, umas palavras em língua impossível. Já cumprira Nacib, na véspera, seu dever de cidadão, servira cachaça de graça aos marinheiros. Passou o dedo indicador no polegar, a perguntar pelo dinheiro. Vasculhou os bolsos o loiro sueco, nem sinal de dinheiro. Mas descobriu um broche engraçado, uma sereia dourada. No balcão colocou a nórdica mãe-d'água, Yemanjá de Estocolmo. Os olhos do árabe fitavam Gabriela a dobrar a esquina por detrás da Igreja. Mirou a sereia, seu rabo de peixe. Assim era a anca de Gabriela. Mulher tão de fogo no mundo não havia, com aquele calor, aquela ternura, aqueles suspiros, aquele langor. Quanto mais dormia com ela, mais tinha vontade. Parecia feita de canto e dança, de sol e luar, era de cravo e canela. Nunca mais lhe dera um presente, uma tolice de feira. Tomou da garrafa de cachaça, encheu um copo grosso de vidro, o marinheiro suspendeu o braço, saudou em sueco, emborcou em dois tragos, cuspiu. Nacib guardou no bolso a sereia dourada, sorrindo. Gabriela riria contente, diria a gemer: "precisava não, moço bonito..." E aqui termina a história de Nacib e Gabriela, quando renasce a chama do amor de uma brasa dormida nas cinzas do peito.

87. A oração *Vasculhou os bolsos o loiro sueco*, com a substituição do complemento verbal por um pronome oblíquo, equivale a

a. Vasculhou-o os bolsos.
b. Vasculhou-se o loiro sueco.
c. Vasculhou-lhe os bolsos.
d. Vasculhou-lhes o loiro sueco.
e. Vasculhou-os o loiro sueco.

88. Assinale a alternativa que contém um trecho em que o autor apresenta as informações numa linguagem altamente conotativa.

a. ... soltou um bafo pesado de álcool na cara de Nacib...
b. Os olhos do árabe fitavam Gabriela a dobrar a esquina...
c. Já cumprira Nacib, na véspera, seu dever de cidadão...
d. Mas descobriu um broche engraçado, uma sereia dourada.
e. Parecia feita de canto e dança, de sol e luar, era de cravo e canela.

(Unifesp) Leia a letra da música de Adoniran Barbosa, para responder às questões **89** e **90**.

Vide verso meu endereço

Seu Gervásio, se o doutor José Aparecido aparecer por aqui, o senhor dá esse bilhete a ele, viu? Pode ler, não tem segredo nenhum. Pode ler, seu Gervásio.

Venho por meio dessas mal traçadas linhas

Comunicar-lhe que fiz um samba pra você

No qual quero expressar toda minha gratidão

E agradecer de coração tudo o que você me fez.

Com o dinheiro que um dia você me deu

Comprei uma cadeira lá na Praça da Bandeira

Ali vou me defendendo

Pegando firme, dá pra tirá mais de mil por mês.

Casei, comprei uma casinha lá no Ermelindo

Tenho três filhos lindos, dois são meus, um é de criação.

Eu tinha mais coisas pra lhe contar

Mas vou deixar pra uma outra ocasião.

Não repare a letra, a letra é de minha mulher.

Vide verso meu endereço, apareça quando quiser.

(Adoniran Barbosa. CD *Adoniran Barbosa-1975*, remasterizado, EMI, 1994.)

89. Em *"Casei, comprei uma casinha lá no Ermelindo"*, o diminutivo no substantivo expressa, além de tamanho e carinho, o sentido de

a. penúria.
b. humilhação.
c. simplicidade.
d. pobreza.
e. ironia.

90. A expressão *vide verso* significa *ver no verso*. Se optasse pela forma verbal conjugada e mantivesse a forma de tratamento que dá ao doutor José Aparecido, o poeta escreveria

a. Vê no verso meu endereço, aparece quando quiser.
b. Vejas no verso meu endereço, aparece quando quiser.
c. Vês no verso meu endereço, apareça quando quiser.
d. Vejai no verso meu endereço, aparecei quando quiser.
e. Veja no verso meu endereço, apareça quando quiser.

91. (Fuvest-SP) Leia o seguinte texto:

Os irmãos Villas Bôas não conseguiram criar, como queriam, outros parques indígenas em outras áreas. Mas o que criaram dura até hoje, neste país juncado de ruínas novas.

Identifique o recurso expressivo de natureza semântica presente na expressão "ruínas novas".

92. (Fuvest-SP)

[...]
Num tempo
Página infeliz da nossa história
Passagem desbotada na memória
Das nossas novas gerações

Dormia
A nossa pátria mãe tão distraída
Sem perceber que era subtraída
Em tenebrosas transações
[...].

(Chico Buarque e Francis Hime, "Vai passar".)

a. É correto afirmar que o verbo "dormia" tem uma conotação positiva, tendo em vista o contexto em que ele ocorre? Justifique sua resposta.

b. Identifique, nos três últimos versos, um recurso expressivo sonoro e indique o efeito de sentido que ele produz. (Não considere a rima "distraída"/"subtraída".)

(Unicamp-SP) Leia o trecho a seguir para responder às questões **93** e **94**.

– Vovô, eu quero ver um cometa!

Ele me levava até a janela. E me fazia voltar os olhos para o alto, onde o sol reinava sobre a Saracena.

– Não há nenhum visível no momento. Mas você há de ver um deles, o mais conhecido, que, muito tempo atrás, passou no céu da Itália.

Muito tempo atrás... atrás de onde? Atrás de minha memória daquele tempo.

E vovô Leone continuava:

– Um dia, você há de estar mocinha, e eu já estarei morando junto das estrelas. E você há de ver a volta do grande cometa, lá pelo ano de 2010... Eu me agarrava à cauda daquele tempo que meu avô astrônomo me mostrava com os olhos do futuro e saía de sua casa. Na rua, com a cabeça nas nuvens, meus olhos brilhavam como estrelas errantes. Só baixavam à terra quando chegava à casa de vovô Vincenzo, o camponês.

(Ilka Brunhilde Laurito. *A menina que fez a América*. São Paulo: FTD, 1999, p. 16.)

93. No trecho "Muito tempo atrás... atrás de onde? Atrás de minha memória daquele tempo".

a. Identifique os sentidos de 'atrás' em cada uma das três ocorrências.

b. Compare "Atrás de minha memória daquele tempo" com "Atrás do jardim da minha casa". Explique os sentidos de 'atrás' em cada uma das frases.

94. Releia o seguinte recorte: "Eu me agarrava à cauda daquele tempo que meu avô astrônomo me mostrava com os olhos do futuro e saía de sua casa. Na rua, com a cabeça nas nuvens, meus olhos brilhavam como estrelas errantes. Só baixavam à terra quando chegava à casa de vovô Vincenzo, o camponês".

a. Explique as relações que as expressões 'cauda daquele tempo', 'olhos do futuro' e 'cabeça nas nuvens' estabelecem entre si.

b. No mesmo trecho, explique a relação do aposto com o movimento dos olhos do personagem.

95. (Fuvest-SP – Adaptado) Leia o texto a seguir:

Dinheiro encontrado no lixo

Organizados numa cooperativa em Curitiba, catadores de lixo livraram-se dos intermediários e conseguem ganhar por mês, em média, R$ 600,00 – o salário inicial de uma professora de escola pública em São Paulo. O negócio prosperou porque está em Curitiba, cidade conhecida dentro e fora do país pelo sucesso na reciclagem do lixo.

(*Folha de S.Paulo*, 22 set. 2000.)

Quando se lê essa notícia, nota-se que seu título tem duplo sentido.

a. Quais são os dois sentidos do título?

b. Crie para a notícia um título que lhe seja adequado e não apresente duplo sentido.

96. (Fuvest-SP – Adaptado) Leia o texto a seguir:

A gente via Brejeirinha: primeiro, os cabelos, compridos, lisos, louro-cobre; e, no meio deles, coisicas diminutas: a carinha não comprida, o perfilzinho agudo, um narizinho que-carícia. Aos tantos, não parava, andorinhava, espiava agora – o xixixi e o empapar-se da paisagem – as pestanas til-til. Porém, disse-se-dizia ela, pouco se vê, pelos entrefios: – "*Tanto chove, que me gela!*"

(Guimarães Rosa, Partida do audaz navegante, *Primeiras estórias*.)

a. Os diminutivos com que o narrador caracteriza a personagem traduzem também sua atitude em relação a ela. Identifique essa atitude, explicando-a brevemente.

b. "Andorinhava" é palavra criada por Guimarães Rosa. Explique o processo de formação dessa palavra. Indique resumidamente o sentido dessa palavra no texto.

97. (Fuvest-SP – Adaptado) Leia o texto a seguir:

"As pessoas ficam zoando, falando que a gente não conseguiria entrar em mais nada, por isso vamos prestar Letras", diz a candidata ao vestibular. Entre os motivos que a ligaram à carreira estão o gosto por literatura e inglês, que estuda há oito anos.

(Adaptado da *Folha de S.Paulo*, 22 out. 2000.)

a. As aspas assinalam, no texto acima, a fala de uma pessoa entrevistada pelo jornal. Identifique duas marcas de coloquialidade presentes nessa fala.

b. No trecho que não está entre aspas ocorre um desvio em relação à norma culta. Reescreva o trecho, fazendo a correção necessária.

(Uepa) Leia, com atenção, o texto abaixo para responder às questões numeradas de **98** a **100**.

O Cururu

Tudo quieto, o primeiro cururu surgiu na margem, molhado, reluzente na semiescuridão. Engoliu um mosquito; abaixou a cabeçorra; tragou um cascudinho; mergulhou de novo, e bum-bum! Soou uma nota de concerto interrompido. Em poucos instantes, o barreiro ficou sonoro, como um convento de frades. Vozes roucas, foi-não-foi, tãs-tãs, bum-bun-s, choros, esgoelamentos finos de rãs, acompanhamento de sapos, respondiam-se.

Os bichos apareciam, mergulhavam, arrastavam-se nas margens, abriam grandes círculos na flor d'água.[...] Daí a pouco, da bruta escuridão, surgiram dois olhos luminosos, fosforescentes, como dois vagalumes. Um sapo cururu grelou-os* e ficou deslumbrado, com os olhos esbugalhados, presos naquela boniteza luminosa. Os dois olhos fosforescentes se aproximavam mais e mais como dois pequenos holofotes na cabeça triangular de serpente. O sapo se movia fascinado. Sem dúvida queria fugir; previa o perigo, porque emudecera; mas já não podia andar imobilizado; os olhos feiíssimos, agarrados aos olhos luminosos e bonitos como um pecado. Num bote a cabeça triangular abocanhou a boca imunda do batráquio. Ele não podia fugir àquele beijo. A boca fina do réptil arreganhou-se desmesuradamente; envolveu o sapo até os olhos. Ele se baixava dócil entregando-se à morte tentadora, apenas agitando docemente as patas sem provocar nenhuma reação ao sacrifício. A barriga disforme e negra desapareceu na goela dilatada da cobra. E, um minuto, as perninhas do cururu lá se foram, ainda vivas, para as entranhas famélicas. O coro imenso continuava sem dar fé do que acontecia a um dos seus cantores.

(Jorge de Lima, *Calunga*, *O anjo*.)

* **grelou:** fitou profundamente os olhos.

98. Que sentimento humano a última frase do texto revela?

a. Alienação.
b. Ódio.
c. Solidariedade.
d. Amizade.
e. Desprezo.

99. No 1º parágrafo do texto, o narrador introduz o leitor no mundo do barreiro (alagado), onde o "drama" da relação dominante × dominado se manifesta. Para isso, valeu-se, predominantemente de:

a. períodos simples.
b. coordenação sindética entre as orações.
c. subordinação adjetiva.
d. subordinação adverbial.
e. subordinação substantiva.

100. Em qual das palavras destacadas do texto, a derivação se deu pelo emprego de dupla sufixação?

a. "feiíssimos"
b. "boniteza"
c. "fosforescentes"
d. "docemente"
e. "triangular"

101. (Uepa) No período:

"É hora de **a maioria**, empresários inclusive, se livrar dos projetos **da minoria**."

O emprego das expressões negritadas, não preposicionada, no 1º caso, e preposicionada, no 2º caso, justifica-se por:

a. ambas estarem empregadas impropriamente;
b. pertencerem a orações diferentes;
c. tratar-se de um período simples;
d. a primeira ter a função de sujeito e a segunda fazer parte do complemento da oração a que pertence;
e. a expressão **a maioria** estar seguida de vírgula.

102. (Uepa) Na expressão:

"O Brasil voa com mais conforto e tecnologia nas asas da Varig."

Utilizando-se da conotação para explicitar as intenções comunicativas do texto publicitário, o autor se valeu dos recursos da:

a. metonímia
b. ironia
c. pleonasmo
d. sinestesia
e. antítese

103. (UFPR) Dado o conjunto de informações a seguir, que alternativa(s) apresenta(m) essas mesmas informações de acordo com a norma culta, em sua modalidade escrita?

As pérolas são comuns hoje graças às técnicas de produção em massa. No comércio global de gemas, há um tipo – a pérola australiana dos mares do sul – que supera todas.

A pérola australiana dos mares do sul é retirada de ostras gigantescas do litoral noroeste da Austrália.

A pérola dos mares do sul rendeu para a Austrália, em 1996, 200 milhões de dólares em exportações.

1. As pérolas são comuns hoje graças às técnicas de produção em massa, cujo um tipo australiano dos mares do sul, supera todas no comércio global de gemas. Essa pérola é retirada de ostras gigantescas do litoral noroeste da Austrália, onde já lhe rendeu, em 1996, 200 milhões de dólares em exportações.
2. As técnicas de produção em massa fizeram que as pérolas se tornassem comuns. Superando todas no comércio global de gemas a pérola australiana dos mares do sul. A qual é retirada de ostras gigantescas do litoral noroeste da Austrália, que rendeu a ela, em 1996, 200 milhões de dólares em exportações.
3. Graças às técnicas de produção em massa, as pérolas tornaram-se comuns hoje, mas há um tipo, a pérola australiana dos mares do sul, que supera todas no comércio global de gemas. Retirada de ostras gigantescas do litoral noroeste da Austrália, ela rendeu a esse país, em 1996, 200 milhões de dólares em exportações.
4. As pérolas são comuns hoje graças às técnicas de produção em massa. No comércio global de gemas, no entanto, há um tipo que supera todas: a pérola australiana dos mares do sul, que rendeu para a Austrália, em 1996, 200 milhões de dólares em exportações. Essa pérola é retirada de ostras gigantescas no litoral noroeste daquele país.
5. Embora as pérolas têm se tornado comuns hoje, graças às técnicas de produção em massa, há um tipo especial – a pérola australiana dos mares do sul – onde supera todas no comércio global de gemas. Essa pérola é retirada de ostras gigantescas do litoral noroeste da Austrália, cujas exportações desse produto, em 1996, renderam para o país 200 milhões de dólares.
6. As pérolas são comuns hoje devido às técnicas de produção em massa, onde um tipo delas supera todas no comércio global de gemas, a pérola australiana dos mares do sul. A qual pérola, é retirada de ostras gigantescas do litoral noroeste desse país, e rendeu em 1996, 200 milhões de dólares em exportações para a Austrália.

(UFRGS) As questões **104** a **108** referem-se ao texto abaixo.

O cérebro e a memória

Como se formam lembranças no cérebro de um bebê? Por que uma melodia romântica pode disparar sensações tão agradáveis? Por que não conseguimos nos lembrar do que aconteceu conosco antes dos três anos de idade?

Lembrar não implica apenas arquivamento de informações. É difícil perceber, mas precisamos da memória para atribuir sentido a experiências vivenciadas e conectá-las com outras. Não notamos, mas precisamos da memória também, por exemplo, para associar aquela bicicleta caída a um tombo que levamos ou para acertar o trajeto da cozinha à sala.

Na infância, quando aprendemos a andar, há uma explosão de conexões entre as células cerebrais. Cada experiência, por mais trivial que seja, imprime uma marca no cérebro, formando um circuito entre neurônios. Já as memórias que perdem o interesse vão sendo descartadas. Essa constante transformação do cérebro impede que haja duas pessoas iguais no mundo.

Uma curiosidade da memória é a seleção. Convenhamos: armazenar tudo seria tão inútil quanto não guardar nada. Então, para não se sobrecarregar, o cérebro é sábio. Divide as tarefas e usa tipos diferentes de memória. Para entender e escrever o que se ouve ou se lê, usa-se uma memória descartável. Essa é a memória de trabalho. O cérebro sabe que não precisa guardar informações corriqueiras por muito tempo. Por isso, reserva espaço para a memória de longa duração. Dessa forma, o cérebro escolhe o que vai formar nossa bagagem de experiências.

Algumas lembranças, entretanto, parecem emergir do nada: uma música pode reacender as sensações de um jantar romântico. Nesse caso, o cérebro associou a melodia ao rosto, ao cheiro, ao nome de uma pessoa. Naquele momento, neurônios formaram conexões para reconhecer todos os detalhes. A imagem foi montada pelo córtex visual; o perfume foi reconhecido no córtex olfativo; a música e as emoções do momento foram registradas em outras áreas do cérebro.

Mesmo finda a sequência, a cena ainda não estará completamente arquivada. As informações, frescas, precisam passar pelo hipocampo, que, como uma cola, reforçará cada elo do circuito de neurônios. Uma interrupção pode, inclusive, causar a desgravação ou a não gravação. Por isso, depois de um acidente de carro, por exemplo, a vítima esquece os momentos imediatamente anteriores à batida. Um trauma interrompeu uma fase de gravação.

Uma vez fixado, um circuito de neurônios pode ficar no cérebro por décadas. Por isso, tempos depois, num bar, distraído, você ouve aquela música e pronto! Uma coisa puxa a outra e será o suficiente para reativar todo o circuito. Aliás, a lembrança pode ser até mais agradável do que foi o acontecimento real.

(Adaptado de: Drauzio Varella. *O cérebro e a mente* (Série Cérebro, a supermáquina). Disponível em: <www.drauziovarella.com.br>)

104. Observe as seguintes propostas de reformulação da frase **Por que uma melodia romântica pode disparar sensações tão agradáveis?** (linhas 2 e 3).

I. Perguntamo-nos sobre o porquê de uma melodia romântica poder provocar sensações tão agradáveis.

II. Perguntamo-nos porque uma canção romântica pode desferir sensações tão agradáveis.

III. Perguntamo-nos por que motivo uma música romântica pode suscitar sensações tão agradáveis?

Quais são reformulações corretas, e compatíveis em termos de significado, da frase dada?

a. Apenas I.
b. Apenas II.
c. Apenas III.
d. Apenas I e III.
e. Apenas II e III.

105. Considere as propostas de reformulação do fragmento **Não notamos, mas precisamos da memória também, por exemplo, para associar** (linhas 10 e 11).

I. Conquanto não notemos, evocamos, por exemplo, a memória também para associar.

II. Ainda que não percebamos, a memória se faz necessária também, por exemplo, para associar.

III. Embora sem se dar conta, recuperamos a memória também, por exemplo, para associar.

Quais são reformulações corretas, e compatíveis em termos de significado, do fragmento dado?

a. Apenas I.
b. Apenas II.
c. Apenas III.
d. Apenas I e II.
e. Apenas II e III.

106. Na frase **Essa constante transformação do cérebro impede que haja duas pessoas iguais no mundo** (linhas 19 a 21), a forma verbal assinalada poderia ser substituída, sem prejuízo da correção e do significado, por

a. possam existirem.
b. possam existir.
c. possam haver.
d. possa haverem.
e. possa existir.

107. No contexto em que se encontra, o nexo **Então** (linha 24) poderia ser substituído por

a. Ou seja.
b. Ainda assim.
c. Nesse momento.
d. Por isso.
e. Ao mesmo tempo.

108. Considere o penúltimo parágrafo do texto, que inicia com a frase **Mesmo finda a sequência, a cena ainda não estará completamente arquivada** (linhas 46 e 47). O tipo de relação semântica que há entre esse parágrafo e o que o precede é de

a. reiteração.
b. temporalidade.
c. concessão.
d. conclusão.
e. consequência.

(UFRGS) As questões **109** a **112** referem-se ao texto a seguir.

Fotógrafo descobria delicadeza de gestos

"Tirar fotos é prender a respiração quando todas as faculdades convergem para a realidade fugaz. É organizar rigorosamente as formas visuais percebidas para expressar o seu significado. É pôr numa mesma linha cabeça, olho e coração." Essa imbatível definição do ato fotográfico, feita pelo próprio Henri Cartier-Bresson, serve de ponto de partida para entender a magnitude e a ■ de sua obra em todo o mundo.

Cartier-Bresson fotografava com o instinto de um caçador que persegue obstinadamente sua presa. Ele até se enveredou pelo universo dos retratos e os fez bem, mas seu grande diferencial era um faro particular para capturar ■. Sua busca incansável era por aquilo que ele conceituou como o instante decisivo, o momento em que o universo em harmonia conspira a favor do artista.

Mais do que uma técnica apurada, o instante decisivo de Cartier-Bresson preconizava a paixão pelo prosaico e pela fugacidade da vida. Sua investigação não buscava a obtenção de fotografias grandiosas, mas, sim, a descoberta da beleza e da delicadeza dos pequenos gestos.

Ao aposentar-se, Bresson se abrigou no desenho e na pintura. "Não tenho saudades. O desenho é uma meditação, enquanto a foto é um tiro." A preferência pela meditação e pela ■ era também uma forma de fugir ao assédio.

Bresson morre no momento em que a fotografia passa por uma profunda transformação no mundo todo. Com a disseminação das câmeras digitais portáteis e dos celulares e *palm tops* que fotografam e com a facilidade de circulação das imagens via internet, uma nova linguagem está sendo elaborada sem que saibamos onde tudo isso vai dar.

A visão de mundo de Bresson e de seus pares, alicerçada na sensibilidade, na argúcia e no rigor estético, parece não ser mais suficiente para traduzir esses novos tempos. A era da velocidade e da informação carrega a convicção de que o instante decisivo ocorre o tempo todo e está on-line. Mera ilusão. Cartier-Bresson será sempre o fio da meada para se reencontrar uma sensibilidade em extinção.

(Adaptado de: *Folha de S.Paulo*, 5 ago. 2004. Caderno Mundo. p. A 20.)

109. Assinale a alternativa que preenche correta e respectivamente as lacunas das linhas 9, 15 e 28.

a. repercução – fragrantes – recluzão
b. repercussão – flagrantes – reclusão
c. repercussão – flagrantes – recluzão
d. repercussão – fragrantes – reclusão
e. repercução – flagrantes – recluzão

110. Considere as seguintes afirmações sobre a formação de palavras do texto.

I. O sufixo de **imbatível** (linha 6) tem o sentido de "passível de".

II. O prefixo de **enveredou** (linha 12) tem o mesmo sentido do prefixo de **emigrar**.

III. O adjetivo **apurada** (linha 19) provém de um verbo que é derivado de um adjetivo pelo acréscimo simultâneo de prefixo e sufixo.

Quais estão corretas?

a. Apenas I.
b. Apenas II.
c. Apenas III.
d. Apenas I e III.
e. I, II e III.

111. Leia as propostas de alteração de pontuação dadas abaixo e assinale com **1** as que constituem um **procedimento facultativo** e com **2** as que constituem um **procedimento incorreto**.

- Substituir os pontos-finais das linhas 3 e 5 por ponto e vírgula, com a necessária troca de ambos os **É** por **é**.
- Acrescentar vírgula antes do **e** (linha 13).
- Acrescentar dois-pontos depois de **preconizava** (linha 20).
- Substituir o ponto-final da linha 32 por vírgula.
- Substituir a primeira vírgula da linha 39 e a da linha 40 por parênteses ou travessões.

A sequência correta, de cima para baixo, é

a. 1 – 2 – 2 – 1 – 2.
b. 1 – 2 – 1 – 2 – 1.
c. 2 – 2 – 1 – 1 – 2.
d. 2 – 1 – 2 – 1 – 2.
e. 1 – 1 – 2 – 2 – 1.

112. A relação estabelecida entre a expressão **Mera ilusão** (linha 44) e a frase que a precede é de

a. causa.
b. conclusão.
c. condição.
d. oposição.
e. consequência.

113. (UFMS)

A sociedade **têm** clamado contra a injustiça que aos pobres se **fazem** de vedar-**lhes** o **acesso às** universidades públicas, por não poderem cursar escolas de boa qualidade e cursinhos preparatórios aos vestibulares.

O texto acima contém **ERROS** de natureza gramatical. Identifique, entre as alternativas que seguem, aquela(s) em que o comentário referente ao item em destaque se mostra **INCORRETO**.

a. **Têm** = considerando seu sujeito, o verbo no Presente do Indicativo apresenta concordância correta.

b. **Fazem** = o verbo fazer, na voz passiva sintética, tem como sujeito a injustiça; uma vez que o verbo deve concordar com o sujeito em número e pessoa, a forma correta é *faz*.

c. **Lhes** = o pronome pessoal oblíquo está se referindo a pobres.

d. **Acesso** = apresenta grafia correta.

e. **Às** = a crase é obrigatória porque introduz palavra feminina em função de objeto indireto.

114. (UEL-PR)

"Ainda estava sob a impressão da cena meio cômica entre sua mãe e seu marido, na hora da despedida. Durante as duas semanas da visita da velha, os dois mal se haviam suportado; os bons dias e as boas tardes soavam a cada momento com uma delicadeza cautelosa que a fazia querer rir. Mas eis que na hora da despedida, antes de entrarem no táxi, a mãe se transformara em sogra exemplar e o marido se tornara o bom genro. Perdoe alguma palavra mal dita, dissera a velha senhora, e Catarina, com alguma alegria, vira Antônio não saber o que fazer das malas nas mãos, gaguejar – perturbado em ser o bom genro. 'Se eu rio, eles pensam que estou louca', pensara Catarina franzindo as sobrancelhas. 'Quem casa um filho perde um filho, quem casa uma filha ganha mais um', acrescentara a mãe [...]."

(Clarice Lispector. *Laços de família*. 12. ed. Rio de Janeiro: José Olympio, 1982. p. 109-111.)

Na frase "Perdoe alguma palavra mal dita":

a. A ideia de incerteza vem expressa pelo pronome indefinido "alguma".

b. A indicação de ordem é representada pela forma verbal no imperativo.

c. A rudeza do falante é expressa pela forma verbal imperativa.

d. A referência a um momento anterior da narrativa está representada pela expressão de tempo "mal".

e. A palavra "mal" representa o precário nível de instrução do personagem.

115. (Enem) Érico Veríssimo relata, em suas memórias, um episódio da adolescência que teve influência significativa em sua carreira de escritor.

"Lembro-me de que certa noite – eu teria uns quatorze anos, quando muito – encarregaram-me de segurar uma lâmpada elétrica à cabeceira da mesa de operações, enquanto um médico fazia os primeiros curativos num pobre-diabo que soldados da Polícia Municipal haviam "carneado". [...] Apesar do horror e da náusea, continuei firme onde estava, talvez pensando assim: se esse caboclo pode aguentar tudo isso sem gemer, por que não hei de poder ficar segurando esta lâmpada para ajudar o doutor a costurar esses talhos e salvar essa vida? [...]

Desde que, adulto, comecei a escrever romances, tem-me animado até hoje a ideia de que o menos que o escritor pode fazer, numa época de atrocidades e injustiças como a nossa, é acender a sua lâmpada, fazer luz sobre a realidade de seu mundo, evitando que sobre ele caia a escuridão, propícia aos ladrões, aos assassinos e aos tiranos. Sim, segurar a lâmpada, a despeito da náusea e do horror. Se não tivermos uma lâmpada elétrica, acendamos o nosso toco de vela ou, em último caso, risquemos fósforos repetidamente, como um sinal de que não desertamos nosso posto."

(Érico Veríssimo. *Solo de clarineta*. Tomo I. Porto Alegre: Globo, 1978.)

Neste texto, por meio da metáfora da lâmpada que ilumina a escuridão, Érico Veríssimo define como uma das funções do escritor e, por extensão, da literatura,

a. criar a fantasia.

b. permitir o sonho.

c. denunciar o real.

d. criar o belo.

e. fugir da náusea.

Siglas

Cesama-Al: Centro de Ensino Superior Arcanjo Mikael de Arapiraca (Alagoas)

Enem: Exame Nacional do Ensino Médio

ESPM: Escola Superior de Propaganda e Marketing

FGV-SP: Fundação Getúlio Vargas (São Paulo)

FMTM-MG: Faculdade de Medicina do Triângulo Mineiro (Minas Gerais)

Fuvest-SP: Fundação Universitária para o Vestibular (São Paulo)

ITA-SP: Instituto Tecnológico de Aeronáutica (São Paulo)

Mack-SP: Universidade Presbiteriana Mackenzie (São Paulo)

PUCC-SP: Pontifícia Universidade Católica de Campinas (São Paulo)

PUC-SP: Pontifícia Universidade Católica de São Paulo

UEL-PR: Universidade Estadual de Londrina (Paraná)

UEM-PR: Universidade Estadual de Maringá (Paraná)

Uepa: Universidade Estadual do Pará

UFBA: Universidade Federal da Bahia

UFC-CE: Universidade Federal do Ceará

UFJF-MG: Universidade Federal de Juiz de Fora (Minas Gerais)

UFMS: Universidade Federal de Mato Grosso do Sul

UFPA: Universidade Federal do Pará

UFPE: Universidade Federal de Pernambuco

UFPR: Universidade Federal do Paraná

UFRGS: Universidade Federal do Rio Grande do Sul

UFRJ: Universidade Federal do Rio de Janeiro

UFRPE: Universidade Federal Rural de Pernambuco

UFSC: Universidade Federal de Santa Catarina

Ufscar-SP: Universidade Federal de São Carlos (São Paulo)

UFV-MG: Universidade Federal de Viçosa (Minas Gerais)

Unama-PA: Universidade da Amazônia (Pará)

UnB-DF: Universidade de Brasília (Distrito Federal)

Unicamp-SP: Universidade Estadual de Campinas (São Paulo)

Unifesp: Universidade Federal de São Paulo

Unifor-CE: Universidade de Fortaleza (Ceará)

Vunesp: Fundação para o Vestibular da Unesp (São Paulo)

Índice remissivo

Bibliografia

Esta bibliografia compreende as obras teóricas e os manuais de pesquisa que forneceram subsídios ao trabalho.

ACADEMIA BRASILEIRA DE LETRAS. *Vocabulário ortográfico da língua portuguesa*. Rio de Janeiro: Bloch, 1998.

ADAM, J. M. *Textes: types et prototypes*. Paris: Nathan, 1992.

______; GRISE, J. B.; BOUACHA, M. A. *Texte et discours: catégories pour l'analyse*. Dijon: EUD, 2004.

ALI, M. Said. *Gramática secundária e gramática histórica da língua portuguesa*. 3. ed. Brasília: Editora da UnB, 1964.

ASSIS ROCHA, Luiz Carlos. *Estruturas morfológicas do português*. Belo Horizonte: Editora da UFMG, 1998.

AULETE, Caldas. *Dicionário contemporâneo da língua portuguesa*. 5. ed. Rio de Janeiro: Delta, 1974.

AUTHIER-REVUZ, Jacqueline. *Ces mots qui ne vont pas de soi. Boucles réflexives et non-coïncidences du dire*. Paris: Larousse, 2000.

BAKHTIN, Mikhail. *Problemas da poética de Dostoiévski*. Rio de Janeiro: Forense Universitária, 1985.

______. *Marxismo e filosofia da linguagem*. São Paulo: Hucitec, 1992.

BARRETO, Mário. *Novos estudos da língua portuguesa*. 3. ed. Rio de Janeiro: Presença/INL/FCRB, 1980.

BASILIO, Margarida. *Teoria lexical*. 5. ed. São Paulo: Ática, 1998. (Série Princípios).

______. *Formação e classes de palavras no português do Brasil*. São Paulo: Contexto, 2004.

BATISTA, A. A. G. *Aula de português*. São Paulo: Martins Fontes, 1997.

BECHARA, Evanildo. *Moderna gramática portuguesa*. 37. ed. rev. e ampl. Rio de Janeiro: Lucerna, 2004.

______. *Ensino da gramática. Opressão? Liberdade?* São Paulo: Ática, 1985. (Série Princípios).

BESSE, H. *Méthodes et pratiques des manuels de langue*. Paris: Crédif/Didier, 1995.

BORBA, Francisco da Silva. *Introdução aos estudos linguísticos*. 3. ed. São Paulo: Nacional, 1973.

______. *Dicionário de usos do português do Brasil*. São Paulo: Ática, 2002.

BOTTÉRO, J.; MORRISON, K. et al. *Cultura, pensamento e escrita*. São Paulo: Ática, 1995.

BRONCKART, J. P. *Atividade de linguagem, textos e discursos*. São Paulo: Educ, 1999.

CALKINS, L. M. *A arte de ensinar a escrever: o desenvolvimento do discurso escrito*. Porto Alegre: Artes Médicas, 1989.

CÂMARA JR., Joaquim Mattoso. *Princípios de linguística geral*. 4. ed. Rio de Janeiro: Livraria Acadêmica, 1965.

______. *Manual de expressão oral e escrita*. 6. ed. Petrópolis: Vozes, 1981.

______. *Estrutura da língua portuguesa*. 13. ed. Petrópolis: Vozes, 1983.

______. *Dicionário de linguística e gramática*. 11. ed. Petrópolis: Vozes, 1984.

______. *Problemas de linguística descritiva*. 19. ed. Petrópolis: Vozes, 2004.

CARONE, Flávia de Barros. *Morfossintaxe*. São Paulo: Ática, 2004.

CARVALHO, José Herculano de. *Teoria da linguagem*. Coimbra: Atlântida, 1967. t. 1.

CHARAUDEAU, P. *Grammaire du sens et de l'expression*. Paris: Hachette, 1992.

CHARTIER, A. M.; HÉBRARD, J. *Discursos sobre a leitura*. São Paulo: Ática, 1995.

______ et al. *Ler e escrever: entrando no mundo da escrita*. Porto Alegre: Artes Médicas, 1996.

CUNHA, Celso Ferreira; CINTRA, Lindley. *Nova gramática do português contemporâneo*. 3. ed. rev. Rio de Janeiro: Nova Fronteira, 2001.

DIAS, A. E. S. *Sintaxe histórica portuguesa*. Lisboa: Livraria Clássica Editora, 1970.

DUBOIS, Jean et al. *Dicionário de linguística*. Dir. e coord. geral da tradução de Izidoro Blikstein. São Paulo: Cultrix, 1978.

DUCROT, O. *O dizer e o dito*. Campinas: Pontes, 1987.

ENCICLOPÉDIA EINAUDI. *Linguagem e enunciação*. Lisboa: Imprensa Nacional-Casa da Moeda, 1984.

ESBOZO DE UNA NUEVA GRAMÁTICA DE LA LENGUA ESPAÑOLA. Real Academia Española (Comisión de Gramática). Madrid: Espasa-Calpe, 1973.

FERNANDES, Francisco. *Dicionário de regimes de substantivos e adjetivos*. 2. ed. Porto Alegre: Globo, 1967.

______. *Dicionário de verbos e regimes*. 4. ed. Porto Alegre: Globo, 1967.

FERNANDES, José Augusto. *Dicionário de rimas da língua portuguesa*. Rio de Janeiro: Nova Fronteira, 1985.

FIORIN, José Luiz. *Elementos de análise do discurso*. São Paulo: Contexto/Editora da USP, 1996.

______. *As astúcias da enunciação*. São Paulo: Ática, 2001.

FOUCAMBERT, J. *A leitura em questão*. Porto Alegre: Artes Médicas, 1994.

FUCHS, C.; LE GOFFIC, P. *Les linguistiques contemporaines. Repères théoriques*. Paris: Hachette, 1992.

GRAMÁTICA DO PORTUGUÊS FALADO. 6 v. Vários autores e organizadores. Campinas: Editora da Unicamp, 1996/97.

ILARI, Rodolfo. *A linguística e o ensino da língua portuguesa*. São Paulo: Martins Fontes, 1985.

______; GERALDI, João Wanderley. *Semântica*. 4. ed. São Paulo: Ática, 1990. (Série Princípios).

JOLIBERT, J. *Formando crianças produtoras de texto*. Porto Alegre: Artes Médicas, 1994.

JOTA, Zélio dos Santos. *Dicionário de linguística*. Rio de Janeiro: Presença, 1976.

JUCÁ FILHO, Cândido. *Dicionário escolar das dificuldades da língua portuguesa*. 5. ed. Rio de Janeiro: Fename, 1982.

KERBRAT-ORECCHIONI, C. *L'énonciation. De la subjectivité dans le langage*. Paris: Armand Colin, 1980. (Há tradução em português.)

______. *L'implicite*. Paris: Armand Colin, 2000.

KOPSCGUTZ BASTOS, Lúcia; MATTOS, Maria Augusta de. *A produção escrita e a gramática*. 2. ed. São Paulo: Martins Fontes, 1992.

KURY, Adriano da Gama. *Novas lições de análise sintática*. São Paulo: Ática, 1985.

______. *Ortografia, pontuação e crase*. Rio de Janeiro: Fename, 1982.

LAPA, Manuel Rodrigues. *Estilística da língua portuguesa*. 7. ed. Rio de Janeiro: Livraria Acadêmica, 1973.

LEMLE, Miriam. *Análise sintática*. São Paulo: Ática, 1984.

LIMA, Carlos H. da Rocha. *Gramática normativa da língua portuguesa*. 20. ed. Rio de Janeiro: José Olympio, 1979.

LUFT, Celso Pedro. *Moderna gramática brasileira*. 2. ed. Porto Alegre: Globo, 1971.

______. *Língua e liberdade: por uma nova concepção da língua materna e seu ensino*. Porto Alegre: L&PM, 1985.

______. *Dicionário prático de regência verbal*. 8. ed. São Paulo: Ática, 1999.

MACAMBIRA, José Rebouças. *A estrutura morfossintática do português*. 2. ed. São Paulo: Pioneira, 1974.

______. *Português estrutural*. 2. ed. São Paulo: Pioneira, 1978.

MACHADO, José Pedro. *Dicionário etimológico da língua portuguesa*. 3. ed. Lisboa: Horizonte, 1967.

MAIA, Eleonora Motta. *No reino da fala – A linguagem e os seus sons*. São Paulo: Ática, 1985. (Série Fundamentos, 2).

MAINGUENEAU, D. *Nouvelles tendences en analyse du discours*. Paris: Hachette, 1987. (Há tradução em português.)

______. *Análise de textos de comunicação*. São Paulo: Cortez, 2002.

MARCUSCHI, Luiz Antônio. *Análise da conversação*. São Paulo: Ática, 1986. (Série Princípios).

MATEUS, Maria Helena et al. *Gramática da língua portuguesa*. Coimbra: Almedina, 1983.

MIRANDA, J. Alberto. *La formación de palabras en español*. Salamanca: Ediciones Colegio de España, 1994.

MONTEIRO, José Lemos. *Morfologia portuguesa*. Campinas: Pontes, 1991.

______. *A estilística*. São Paulo: Ática, 1991.

MOURA NEVES, Maria Helena de. *Gramática de usos do português*. 2. reimpressão. São Paulo: Editora da Unesp, 1999.

MURRIE, Z.; VIEIRA, A.; LOPES, H. *O ensino de português: do primeiro grau à universidade*. São Paulo: Contexto, 1995.

NOMURA, Masa. *Linguagem funcional e literatura*. São Paulo: Annablume, 1993.

ORLANDI, E. P. *Análise de discurso. Princípios & procedimentos*. Campinas: Pontes, 2000.

PERINI, Mário A. *Para uma nova gramática do português*. São Paulo: Ática, 1985. (Série Princípios).

______. *Sintaxe portuguesa*. São Paulo: Ática, 1989.

______. *Gramática descritiva do português*. 2. ed. São Paulo: Ática, 1996.

POSSENTI, Sírio. *Por que (não) ensinar gramática na escola*. Campinas: Mercado de Letras, 1996.

______. ______. Campinas: Mercado de Letras, 2000.

PRETI, Dino. *Sociolinguística: os níveis da fala*. 4. ed. São Paulo: Nacional, 1982.

ROJO, R.; BATISTA, A. A. G. *Livro didático de língua portuguesa, letramento e cultura da escrita*. Campinas: Mercado de Letras, 2003.

SANDMANN, Antônio J. *Morfologia lexical*. São Paulo: Contexto, 1992.

______. *Morfologia geral*. São Paulo: Contexto, 1997.

SCHNEUWLY, B.; DOLZ, J. *Pour un enseignement de l'oral*. Issy-les-Moulineaux: ESF, 1998.

______. *Gêneros orais e escritos na escola*. Trad. Roxane Rojo e Glaís S. Cordeiro. São Paulo: Mercado de Letras, 2004.

SHAFF, Adam. *Introdução à semântica*. Rio de Janeiro: Civilização Brasileira, 1968.

SILVA, Carly. *Gramática transformacional – Uma visão global*. Rio de Janeiro: Ao Livro Técnico, 1978.

SILVEIRA, Regina Célia Pagliuchi da. *Estudos de fonologia portuguesa*. São Paulo: Cortez, 1986.

TEBEROSKY, A.; CARDOSO, B. *Reflexões sobre o ensino da leitura e da escrita*. Campinas: Editora da Unicamp, 1989.

TODOROV, T.; DUCROT, O. *O dicionário enciclopédico das ciências da linguagem*. São Paulo: Perspectiva, 1977.

TRAVAGLIA, Luiz Carlos. *Gramática e interação – Uma proposta para o ensino de gramática no 1º e 2º graus*. 2. ed. São Paulo: Cortez, 1997.

ULLMAN, Stephen. *Semântica*. Lisboa: Calouste Gulbenkian, 1964.

VAN RIEMSHJK, Henk; WILLIAMS, Edwin. *Introdução à teoria da gramática*. São Paulo: Martins Fontes, 1991.